새로 옮긴

서경 書經

김학주 譯著

「서경」, 송대 채침의 「집전」

書셔傳뎐諺언解히 卷권之지一일

虞우書셔

堯요典뎐

書傳諺解一

堯요典뎐

曰왈若약稽계古고帝뎨堯요를 稽계호되 曰왈放방勳훈이시니
欽흠明명文문思ᄉᆞ 安안安안ᄒᆞ시며 安안安안ᄒᆞ신 文문思ᄉᆞ를 恭공ᄒᆞ시며
允윤恭공克극讓양ᄒᆞ샤 光광被피四ᄉᆞ表표ᄒᆞ시며 光광이 四ᄉᆞ表표에 被피ᄒᆞ시며
格격于우上샹下하ᄒᆞ니라 上샹下하의 格격ᄒᆞ시니라

ᄉᆞ며 能히 讓양ᄒᆞ샤 光광이 四ᄉᆞ表표에 被피ᄒᆞ시며

克극明명俊쥰德덕ᄒᆞ샤 以이親친九구族족ᄒᆞ시니 큰 德덕을 붉키샤 ᄡᅥ 九구族족을 親친ᄒᆞ시니
九구族족이 既긔睦목ᄒᆞᆫ 後후에 平평章쟝百ᄇᆡᆨ姓셩ᄒᆞ시니 九구族족이 이믜 睦목ᄒᆞᆫ 後후에 百ᄇᆡᆨ姓셩을 平평章쟝ᄒᆞ신대
百ᄇᆡᆨ姓셩이 昭쇼明명ᄒᆞ며 協협和화萬만邦방ᄒᆞ신대 百ᄇᆡᆨ姓셩이 昭쇼明명ᄒᆞ며 萬만邦방을 協협和화ᄒᆞ신대
黎려民민이 於오變변時시雍옹ᄒᆞ니라 黎려民민이 於오다 變변ᄒᆞ야 이 雍옹ᄒᆞ니라

書傳諺解一

堯요典뎐

乃내命명羲희和화ᄒᆞ샤 欽흠若약昊호天텬ᄒᆞ샤 命명ᄒᆞ야 昊호天텬을
曆력象샹日일月월星셩辰신ᄒᆞ야 敬경授슈人인時시ᄒᆞ라 ᄒᆞ시다 欽흠ᄒᆞ야 若약ᄒᆞ샤
羲희和화ᄅᆞᆯ 命명ᄒᆞ샤 日일月월星셩辰신을 曆력象샹ᄒᆞ야 敬경ᄒᆞ야 人인時시ᄅᆞᆯ 授슈ᄒᆞ라

分분命명羲희仲듕ᄒᆞ샤 宅ᄐᆡᆨ嵎우夷이ᄒᆞ시니 曰왈暘양谷곡이니 分분ᄒᆞ야 羲희仲듕을 命명ᄒᆞ샤 嵎우夷이예 宅ᄐᆡᆨᄒᆞ시니
寅인賓빈出츌日일ᄒᆞ야 平평秩딜東동作작ᄒᆞ라 東동作작을 平평秩딜ᄒᆞ야
日일中듕星셩鳥됴ᄅᆞᆯ 以이殷은仲듕春츈ᄒᆞ니 日일이 中듕ᄒᆞ며 星셩이 鳥됴ᅵ라 ᄡᅥ 仲듕春츈을 殷은ᄒᆞ니
厥궐民민은 析셕이오 鳥됴獸슈ᄂᆞᆫ 孳ᄌᆞ尾미라 其그 民민은
申신命명羲희仲듕ᄒᆞ샤 宅ᄐᆡᆨ 六뉵仲듕春츈이며 그 民민

서경(書經) 번역 주석 수정본 서문

이 『서경』은 필자의 중국 경전 번역 중 최초로 번역하여 출간한 것이다. 그리고 우리나라 최초의 현대적 완역본이었을 것으로 믿는다. 1967년 초판이 간행되었지만, 필자의 번역은 1964년부터 시작하게 되었다. 그 당시 우리나라에는 초등학생부터 시작하여 대학생에 이르는 전국 학생 및 일반인들을 상대로 고전 독서운동을 크게 펼쳤던 한국자유교육협회라는 단체가 있어서 필자도 그 협회의 독서운동에 적극 참여하였다. 자연히 그 단체에서는 필자에게 중국고전의 번역을 요구하게 되었고, 필자 자신도 젊은이들이 읽을 만한 중국고전의 충실한 번역의 필요성을 절감하고 있는 터였다.

이에 심사숙고 끝에 중국의 고전을 번역하자면 유가(儒家)의 경전이나 제자서(諸子書) 가운데에서 가장 어려운 것부터 착수해야겠다는 생각이 들었다. 만약 가장 어려운 고전을 성공적으로 번역하기만 한다면 여타의 것들은 번역에 별 어려움이 없을 것이라 여겨졌기 때문이다. 그래서 첫번째 번역감으로 고른 것이 『서경』이다.

『서경』은 근세의 석학 왕국유(王國維 : 1877~1927년)도 "『서경』에는 풀이할 수 없는 글이 태반이다(於書所不能解者, 殆十之五)."고 하였고,(『觀堂集林』 卷一 與友人論詩書成語書), 주자(朱子)의 제자 채침(蔡沈)도 『서집전(書集傳)』의 여러 곳에서 "무슨 뜻인지 모르겠다."고손들고 있는 책이다. 그러나 필자는 대만대학(臺灣大學)에 유학하여 『상서석의(尙書釋義)』(臺灣 中華文化出版事業委員會 刊 現代國民基本知識叢書 第4輯 : 1956년)란 근세의 명저를 낸 굴만리(屈萬里 : 1906~1979년) 교수의 『서경』과 『시경』에 대한(『시경』에 관하여는 『詩經釋義』란 명저가 같은 곳에서 나와 있음, 1952년) 강의를 듣고 귀국한 지 얼마 되지 않는 터라(1961년 귀국) 감히 『서경』을 1차 번역목표로 삼을 수가 있었다. 따라서 뒤에는 『시경』 번역도 냈지만(明文堂 : 1971년) 이 어려운 두 책의 번역에는 굴만리 교수의 교도와 영향이 무척 크다.

이 『서경』의 번역이 읽을 만하다는 평들이기에 그 뒤로 용기를 내어 계속 작업을 하여 중요하다고 생각되는 중국의 경서(經書)와 자서(子書) 10여 종을 번역 출간하게 되었다. 그 덕에 우리나라에 중국 고전들을 소개하고, 한때 출판계에 중국고전 간행 붐이 일어나게 한 데에도 일조(一助)하였다고 자부한다.

흔히 유가의 기본 경전을 삼경(三經)이라 하지만 그 중 『역경(易經)』은 본시 점책이어서, 뒤에 역리(易理)를 해설한 십익(十翼)이 보태어진 덕분에 철학서라 받아들여지기도 한다. 그러나 그 영향은 중국사상 발전에 적극적인 작용을 하기도 하였지만 그에 못지 않게 좋지 않은 영향도 끼쳤다고 여긴다.

그러나 『서경』과 『시경』만은 이미 선진(先秦)시대부터 맹자(孟子)나 순자(荀子) 같은 유가뿐만 아니라 공부하는 모든 사람들이 읽고 존중해온 책이다. 보기를 들면, 유가를 그의 저서 여러 편에서 신랄하게 공격하고 있는 묵자(墨子) 같은 사상가도 자기 사상을 내세우는 이론의 근거로 늘 『서경』과 『시경』의 구절들을 인용하고 있다.

그뿐 아니라 중국문학사에 있어서는 『서경』은 '산문지조(散文之祖)'이고 『시경』은 '운문지조(韻文之祖)'라고 떠받들어지고 있다. 따라서 후세 중국문화 전반에 끼친 영향을 말할 적에는 이 이경(二經)을 들어야 할 것이다. 『논어(論語)』를 보면 "공자께서 늘 말씀하신 것은 『시경』『서경』과 예를 지키는 일이었다."(述而편)고 말하고 있고, 옛 사람들은 늘 「시서(詩書)」란 말로 학문을 강조하였다. 그것은 이 두 가지 경서가 중국문화 발전의 가장 중요한 기초가 되고 있음을 뜻하는 것이다. 따라서 『서경』과 함께 『시경』도 읽어주기 바라는 마음 간절하다.

특히 『서경』은 옛날의 사관(史官)들이 역대 임금들의 말과 행동을 중심으로 하여 정치에 관한 일들을 기록해놓았던 것을 공자가 다시 편찬한 것이라 한다. 반고(班固 : 32~92년)의 『한서(漢書)』 예문지(藝

文志)를 보면 옛날 사관에는 좌사(左史)와 우사(右史)가 있었는데, 좌사는 말을 기록하고, 우사는 일을 기록하였다고 하였다. 지금 『서경』을 보면 요(堯)임금과 순(舜)임금에 관한 일에서 시작하여 흔히 삼대(三代)라 부르는 하(夏)·은(殷)·주(周) 세 왕조에 관한 기록들이 실려 있다.

대체로 공자의 견해를 따르면 요·순시대는 이상적인 덕(德)을 바탕으로 한 정치가 펴진 전설적인 시대요, 하·은·주의 초기 일부 시대는 실제로 덕을·바탕으로 한 정치가 잘 시행되었던 시대이다. 따라서 공자의 정치이상은 주나라 초기의 봉건주의(封建主義)를 재건하는 데에 목표가 있었다고까지 말할 수도 있다. 따라서 『서경』은 어떤 경전보다도 유가사상 또는 중국 고대의 정치이상을 추구할 수 있는 자료가 된다.

굴만리 교수는 『상서석의』를 낸 뒤 다시 1983년에는 『상서집석(尙書集釋)』(『屈萬里先生全集』②), 1984년에는 『상서금주금역(尙書今註今譯)』(『屈萬里先生全集』⑨)을 냈다. 50년대라면 국민정부가 대만으로 옮겨와 아직도 경황이 없던 때라, 그 시절의 책에는 잘못 인쇄된 글자 등이 많아 읽는 데 어려움이 있었다. 그 위에 굴만리 교수는 꾸준히 『시경』과 『서경』에 관한 연구를 쌓아 새로운 학설이나 견해도 많아져 이들 책을 다시 쓰게 된 것이다.

　이번 『서경』을 개정함에 있어서는 주로 여기에 든 굴만리 교수의 뒤에 나온 두 책을 참고하였다. 다만 시간이 없다는 핑계로 이 두 책의 내용도 제대로 소화해내지 못한 채 이 책의 정정을 마치게 되는 것이 한스러울 따름이다.

　이번 수정에 있어서 번역 자체에까지도 가장 많이 손을 댄 부분은 뒤의 주서(周書)이다. 주서는 문장 자체가 읽기 어렵기 때문에 본시 잘못된 번역이 퍽 많았다는 이유도 있지만, 그 사이 상고시대 왕조 중에서 주(周)나라에 대한 이해에 변화가 가장 많은 때문이기도 하다. 어떻든 경전 중에서도 『서경』의 글은 해석하기가 가장 어렵다. 최선을 다하였으나 미흡한 점이 아직도 많을 것이라 믿고 독자 여러분의 고견과 가르침이 있기를 빈다.

　끝으로 이 자리를 빌어 어려운 여건 속에서도 이 책의 간행을 맡아준 명문당 김동구(金東求) 사장의 문화사업에 대한 열정과 사명감에 경의를 표한다.

2012년 2월

김학주　인헌서실에서

❶ 이 책은 1972년 5월 한국자유교육협회에서 발간한 김학주(金學主) 주역(註譯) 『서경』의 정정본이다.

❷ 본시 역주(譯註)의 주요 참고서는 당(唐)나라 공영달(孔穎達)의 『상서정의(尙書正義)』(十三經注疏本), 송(宋)나라 채침(蔡沈)의 『서집전(書集傳)』, 전 대만대학(臺灣大學) 굴만리(屈萬里) 교수의 『상서석의(尙書釋義)』, James Legge의 『THE SHOO KING』이다. 그리고 여기에 인용된 대부분의 청(淸)대 학자들의 업적들은 대부분이 이들 책 속에서 재인용한 것이다.

❸ 본문은 일본 경도대학(京都大學) 동방문화연구소(東方文化硏究所)에서 낸 『상서정의정본(尙書正義定本)』을 표준으로 이용하였다.

❹ 「가짜 고문(僞古文) 25편」은 비록 문제가 있다 하더라도, 이미 천여 년 동안 우리 조상들이 그대로 읽어 큰 영향을 받고 있는 터이라 진짜 『서경』의 글인 금문(今文)과 구별만 해주고 똑같이 번역하고 주석을 달았다.

❺ 본문에는 읽기에 편하도록 토를 달았는데, 되도록 문장을 짧게 끊고 토를 현대화하기에 노력하였다.

❻ 번역문은 되도록 원문의 말의 순서를 따라 참조하기에 편하도록 배려하면서도, 우리의 쉽고도 현대적인 문장이 되도록 노력하였다.

❼ 원문을 되도록 짧은 대목으로 나누어 번역하고, 번역문 아래 원문과 주석 및 해설을 붙여놓음으로써 원문을 대조하며 읽기에 편하도록 하였다.

❽ 주해는 되도록 간략하게 달고, 특수한 풀이를 하고 있을 경우에는 그런 풀이를 한 근거를 괄호 안에 표시하였다.

❾ 맨 앞머리에는 『서경』을 읽는 데 도움이 되도록 『서경』 전반에 걸친 해제를 자세히 쓰기에 노력하였고, 각 편의 앞머리에도 해당 편의 성격을 미리 이해할 수 있도록 「서서」의 번역과 본문을 붙인 뒤 간단한 해설을 붙였다.

❿ 요순(堯舜) 시대로부터 주(周)나라에 이르는 시대의 왕조나 제왕들의 재위한 시대를 표시한 서기 기원을 바탕으로 하는 시기 표시는, 청(淸) 제소남(齊召南)이 편찬하고 완복(阮福)이 중교(重校)한 도광(道光) 4년 간(刊) 『역대제왕연표(歷代帝王年表)』를 기준으로 하였다.

⓫ 이번에 이 책을 정정함에 있어서는 서문에서도 언급한 바와 같이 주로 굴만리(屈萬里) 교수가 뒤에 낸 『상서집석(尙書集釋)』과 『상서금주금역(尙書今註今譯)』(이상 모두 臺北 聯經出版事業公司 刊)을 참고하였음을 밝혀둔다. 그러나 굴만리 교수의 해석을 따르지 않은 곳도 적지 않다.

차례

『서경』이란 어떤 책인가?

1. 『서경(書經)』의 시대 배경

『서경』은 흔히 『상서(尙書)』라고도 불렸는데, 상(尙)은 상(上)과 뜻이 통하여 대체로 '상고(上古)시대의 기록'이란 뜻을 담고 있다고 보고 있다. 『서경』에는 대체로 중국 상고시대의 역사적인 기록들이 실려 있기 때문이다. 전설을 따르면 중국에는 태고 적에 황제(黃帝)를 비롯한 삼황오제(三皇五帝)가 있어서 중국 땅을 다스렸다 한다. 그러나 이들은 신화시대에 속하는 임금들이라 삼황이 누구이고, 오제가 누구인지도 분명치 않고 그들이 나라를 어떻게 다스렸는지 아는 수가 없다. 중국 최초의 본격적인 역사책인 사마천(司馬遷, B.C. 145?–B.C.86?)의 『사기(史記)』는 중국역사의 기술을 권1 오제본기(五帝本紀)에서 시작하고 있는데, 여기의 오제는 황제·전욱(顓頊)·제곡(帝嚳)·요(堯)·순(舜)의 다섯 임금이다. 그 뒤를 흔히 삼대(三代)라 부르는 하(夏)·상(商)·주(周)의 세 왕조가 계승하였다 한다. 『서경』은 요임금(B.C. 2357-B.C. 2258)과 순임금(B.C. 2255-B.C. 2208)[1]의 시대로부터 시작하여 하나라(B.C. 2205-B.C. 1766)·상나라(B.C. 1766-B.C. 1122)·주나라(B.C. 1134-B.C. 1256)의 조정의 기록을 관장하는 관리인 사관(史官)들이 남긴 기록을 바탕으로 공자(B.C. 552-B.C. 479)가 편찬한 책으로 알려져 있다.

유가에서는 요임금과 순임금의 시대를 그들이 꿈꾸던 이상적인 정치가 이루어졌던 시대였다고 떠받들어 온다. 임금은 백성들에게 강요하는 일 없이 덕으로 나라를 다스리고, 백성들은 정부가 있는지조차도 느끼지 못하며, 각자의 생업에 힘쓰면서 평화로운 삶을 누렸다 한다. 진(晉)나라 황보밀(皇甫謐, 215-282)의 『제왕세기(帝王世紀)』에는 요임금 때 8, 90세가 된 노인이 질그릇으로 만든 타악기를 두드리며 노래 불렀다는 「격양가(擊壤歌)」가 실려 있는데, 이때의 세상 실정을 잘 표현하고 있다.

　　해가 뜨면 일어나 일하고
　　해가 지면 들어가 잠자네.
　　우물 파 물마시고
　　농사지어 먹고 사니,

---

1) 이상 이 책에서 사용하고 있는 周나라 이전의 西紀 紀元 年代는 편의상 淸대 齊召南이 지은 『歷代帝王年表』(臺北 世界書局, 1956 編刊) 의거함. 伏羲氏부터 시작되고 있는 年代記가 과학적이지 않다 하더라도 傳說的인 시대를 推定하는데 도움을 줄 것이라 믿기 때문이다.

임금의 권력이

나와 무슨 상관이랴!

日出而作하고, 日入而息이라.

鑿井而飮하고, 耕田而息하니, 帝力何于我哉아!

공자는 『논어』에서 요임금을 다음과 같이 칭송하고 있다.

"크도다! 요의 임금 됨이여! 위대하도다! 오직 하늘만이 크다고 하였
는데, 요임금은 그것을 본떴도다. 너무나 광대해서, 백성들은 그것
을 무엇이라 불러야 할지도 몰랐다. 위대하도다! 그의 이룩한 공적
이여! 빛나도다! 그가 마련한 예의제도여!"

요임금은 이처럼 어진 마음으로 세상을 다스린 뒤에 임금 자리를 덕
이 많다고 알려진 순에게 물려주어 순임금은 요임금의 정치를 더욱
발전시켰다. 요임금은 자신의 두 딸 아황(娥皇)과 여영(女英)을 순에
게 내려주어 부인으로 삼게 하였다.

다만 이들이 다스리던 황하 중하류의 지방은 황하의 홍수로 백성들
이 삶을 크게 위협받고 있었다. 황하는 장마가 지면 물이 넘쳐흐를 뿐
만 아니라 흔히 큰 물줄기까지 바꿔가며 넓은 땅을 이리저리 휩쓸었
다. 그러기에 태곳적부터 중국을 다스리는 이들의 가장 큰 사명은 이
강물을 다스리는 일이었다. 요임금 때부터 이 홍수를 다스리려고 무
척 애를 썼지만 성공하지 못하였는데, 순임금 때에 이 홍수를 다스린
위대한 인물이 나타난다. 그가 바로 하나라(B.C. 2205–B.C. 1766)를
연 우(禹)임금(B.C. 2205–B.C. 2198 재위)이다. 우임금은 온 나라의

강물을 다스린 위대한 공로로 말미암아 순임금으로부터 임금 자리를 물려받는다. 『서경』에 의하면 우임금에 이르러서야 온 중국 땅의 산과 강물이 다스려지고 행정구역이 나누어진 위에 여러 가지 정치제도가 생기기 시작한다. 그리고 이전까지는 임금 자리를 나라에서 가장 어진 사람을 골라 그에게 물려주었으나, 하나라로부터 그의 직계 혈육에게 임금 자리를 물려주기 시작한다. 그리하여 우임금 이후로 나라의 임금 자리가 아들과 형제들 사이에 주고받고 이어지다가 17대에 가서는, 후세에 포악한 임금으로 유명한 걸(桀)임금(B.C. 1818-B.C. 1766)이 나온다. 걸임금은 포악한 정치를 일삼다가 민심을 잃어 마침내 상나라(B.C. 1766-B.C. 1122) 탕(湯)임금(B.C. 1766-B.C. 1754)에게 멸망당하고 만다.

탕임금이 세운 상나라는 뒤에 반경(盤庚) 임금(B.C. 1401-B.C. 1374)이 도읍을 은(殷)으로 옮기어 나라 이름을 은나라라 부르기도 한다. 중국의 사학자들은 대체로 이 상나라로부터가 유사시대(有史時代)라 보고 있다. 192, 30년대에 들어와 하남(河南)성 안양(安陽)현 소둔(小屯)촌을 중심으로 한 옛날 은나라 도읍터에서 임금들이 거북껍질과 소 죽지뼈로 점을 치고 점친 내용을 뼈 위에 새겨놓은 수많은 갑골(甲骨)이 발견되었다. 그리고 점을 치게 된 까닭이나 점을 친 결과와 점친 사람 이름 같은 글을 이 뼈 조각에 새겨 놓았다. 이 글자를 '갑골문(甲骨文)'이라 부른다. 사마천의 『사기』 은본기(殷本紀)의 상나라를 대대로 이어온 임금들에 관한 기록이 이 후세 땅 속에서 나온 갑골문에 의하여 사실이었음이 증명되었다. 동시에 그들의 문화를 실증하는 역사적인 유물도 많이 발견되었기 때문에 상나라를 유사시대라고 보는 것은 매우 과학적이다. 다만 사마천이 무엇을 근거로 은본기의 글을 썼는지는 지금까지도 전혀 알 수가 없다.

이 중원 땅의 은나라는 황하의 중하류 지역인 지금의 산동(山東)성 동쪽 지방에서 하남성 서쪽 지방 일대에 걸친 지역을 차지하고 있었다. 은나라는 이미 한자도 써서 앞에서 얘기한 그들의 갑골문자가 전해지고 있으며, 지금까지 전하는 청동기를 통하여 보더라도 이미 상당히 높은 수준으로 문화가 발전했던 나라이다. 정치 사회 제도도 어느 정도 갖추어져 있었고 농업도 상당히 발달한 위에 화폐까지 만들어 썼음이 갑골의 기록에 보이고 있다. 중국의 전통문화는 한자문화라고도 할 수 있기 때문에 석기시대의 유적이 중국 여러 곳에서 발굴되고 있지만 중국의 전통문화는 황하의 중하류 지역에서 발생했다고 말하게 되는 것이다.

이에 비하여 은나라를 뒤이은 주나라 민족은 지금의 섬서(陝西)성 서안(西安) 서북쪽으로부터 옮겨온 야만민족이었다. 사마천의 『사기』 주본기(周本紀)에 의하면 주나라 선조인 기(棄)는 태(邰, 지금의 陝西省 武功縣 근처) 지방에 살았고, 순임금 아래에서 농사를 돌보는 후직(后稷)이란 벼슬을 하였다. 그러나 아들 불줄(不窋)은 자기 직책을 제대로 수행하지 못하여 오랑캐인 융적(戎狄)들이 사는 곳으로 도망가서 살았다. 다시 불줄의 손자 공류(公劉)가 후직의 직책을 잘 수행하여 주나라의 터전을 이룩하였고, 그의 아들은 빈(豳, 지금의 岐山 북쪽)으로 옮겨와 나라를 세웠다. 그 뒤로 8대째의 고공단보(古公亶父)가 지금의 서안 서쪽에 있는 주원(周原, 岐山 남쪽 기슭)이란 곳으로 옮겨와 오랑캐인 융적의 습속을 버리고 주나라를 발전시키기 시작하였다. 고공단보는 태왕(太王)이라고도 부르며 주나라는 실제로 여기로부터 출발하고 있다. 자기들의 조상인 태왕의 업적을 칭송한 『시경』 대아(大雅)「면(緜)」시에서도 이렇게 읊고 있다.

백성들을 처음 다스리기를
두수(杜水)로부터 칠수(漆水)에 이르는 지역에서 하셨는데,
고공단보께서는 굴을 파고 거기에 사셨으니
집이 없으셨네.
－ － －
주나라의 넓은 들은 기름져서
쓴 나물 씀바귀도 엿처럼 달았네.
이에 비로소 계획을 세우시고
거북으로 점을 쳐 보시고는
머물러 살만하다 여기시고
여기에 집을 지으셨네.

　　民之初生에, 自土沮漆이로다. 古公亶父이,
　　陶復陶穴하고, 未有家室이러라. － － －
　　周原膴膴하여, 菫荼如飴로다. 爰始爰謀하고, 爰契我龜로다.
　　曰止曰時하고, 築室于玆로다.

　　그리고는 태왕이 집을 짓던 모습을 길게 자랑삼아 노래하고 있다.
다시 그의 손자인 문왕(文王)은 훌륭한 정치를 베풀며 주변 여러 나라
들을 종속시키어 주나라의 세력을 크게 늘여놓았고 서쪽 지방 제후들
을 통할하는 서백(西伯)이 되었다. 그리고 문왕은 나라의 도읍을 지금
의 서안(西安) 근처인 풍(豐)으로 옮겼다. 다시 그의 아들로 이름이 발
(發)인 무왕(武王, B.C. 1134-B.C. 1116)이 술과 여자만을 즐기며 백
성들을 돌보지 않고 포학한 정치를 일삼은 은나라의 28대 주(紂)임금
(B.C. 1154-B.C. 1122)을 쳐부수어 멸망시킨다. 그리고 중국 황하 유

역을 중심으로 하는 북쪽 지방을 한 나라로 합쳐 지금의 중국의 지리적 문화적 터전인 중원(中原) 땅을 마련하게 된다.

무왕은 천하를 통일하고 2년 뒤에 병으로 죽어 어린 아들 성왕(成王, B.C. 1115-1079)이 임금 자리를 계승하자, 무왕의 아우인 주공(周公) 단(旦)이 임금 대신 나라 일을 맡아 처리하게 된다. 『순자(荀子)』에서는 주공이 한때 직접 성왕을 물리치고 임금 자리에 올랐었다고 말하고 있다.[2] 어떻든 아직 주나라 정치의 터전이 잡히지 않은 때라, 은나라 주왕의 아들 무경(武庚)은 주공의 본심을 의심하는 형제들을 부추기고 또 은나라 계열의 동쪽 동이족(東夷族)의 작은 나라들과 연합하여 반란을 일으킨다.

이에 주공은 직접 군대를 이끌고 동쪽 정벌에 나서서 3년 동안 싸워 무경을 잡아 죽이고 반란을 평정한 이외에도 동이족의 50여 나라를 쳐 부시었다. 그리고 주공은 은나라가 쓰고 있던 한자를 이용하여 서로 말이 통하지 않는 여러 나라들에게 행정 명령이나 여러 가지 뜻을 시달하여 나라를 다스리고, 여러 가지 새로운 정치 사회 제도를 마련하였다. 이때 주공이 마련한 새로운 이른바 예악제도(禮樂制度)가 중국 전통문화의 터전이 되는 것이다.

은나라에서는 거북 껍질이나 짐승 뼈를 이용하여 점을 쳐서 갑골문을 남겼지만, 주나라는 한자와 수리 개념을 활용하여 『역경』을 이용한 역점(易占)을 발전시켰다. 『역경』의 팔괘(八卦)는 복희씨(伏羲氏)가 만들었으나 그것을 64괘로 발전시킨 것은 주나라 문왕이고 괘사(卦辭)와 효사(爻辭)는 주공이 썼다고 알려지고 있다. 64괘에 괘사와 효사를 합친 것이 『역경』의 경문임으로 이를 『주역(周易)』이라고도 흔히 부르

---

2) 권4 儒效 편.

게 된 것이다.

『시경』은 특히 첫머리 풍(風)의 주남(周南) 11편을 『모시(毛詩)』에서
는 주공 단의 채읍(采邑)인 기산(岐山) 아래 옛 주나라 땅에서 모은 노
래의 가사라 하였다. 그리고 빈풍(豳風) 7편은 모두 주공의 정치 업적
과 관계가 있는 노래로 해설을 하고 있다. 『서경』은 요임금과 순임금
및 하나라·은나라·주나라의 옛날 사관들의 기록을 근거로 하여 공
자가 편찬한 것으로 전해진다. 그러나 가장 뒤의 '주나라 사관의 기록
(周書)'의 글은 대부분이 주나라 초기에 이루어진 것이지만 '상나라
사관의 기록(商書)' 이전 시대에 속하는 글은 오히려 '주나라 사관의
기록' 보다도 뒤에 이루어진 것이라 여겨지고 있다. 청대 학자들의 고
증에 의하면 '주나라 사관의 기록'의 「세상에 널리 고하는 말(大誥)」
에서 「성왕이 뒤에 강왕을 잘 돌보라고 내린 훈령(顧命)」에 이르는 12
편이 주나라 초기에 이루어진 가장 오래된 글이라고 하는데, 이 12편
은 모두 주공과 관계가 밀접한 글들이다.

『시경』·『서경』·『역경』뿐만이 아니라 예에 관한 경전인 『주례(周
禮)』·『의례(儀禮)』·『예기(禮記)』 등도 후세에 이루어진 책이지만 거
기에 쓰인 여러 가지 예의와 정치에 관한 제도는 그 바탕이 모두 이때
주공에 의하여 이루어진 것이다.

따라서 유가의 기본 경전인 오경은 대체로 주나라 초기에 주공에 의
하여 그 바탕이 이루어진 것이며, 중국의 전통문화와 학술 사상이 모
두 주나라 초기에 주공에 의하여 그 기본 틀이 이루어져 발전하기 시
작했다고 할 수 있다. 그러니 공자의 유학은 주공의 사상을 바탕으로
발전한 것이라 할 수 있다. 주나라는 중국의 전통문화의 터전을 이룩
한 뒤 그것을 다시 꽃피게 하였던 왕조라 할 것이다. 중국민족을 대표
하는 한족(漢族)도 기본적으로 주나라의 형성과 함께 이루어졌고 중

원(中原) 또는 중하(中夏)라고 하는 중국 땅을 가리키는 개념도 이때에 함께 이루어진 것이다.

『서경』에는 이상의 요·순 시대로부터 하·은·주의 세 왕조에 이르는 임금의 정치와 관련된 기록이 모아져 있다. 유가에서는 일반적으로 요·순 시대가 모든 제도를 초월한 자신들의 이상이 실현되었던 시대라면, 하·은·주의 '삼대' 초기는 현실적인 제도를 바탕으로 한 자기들의 이상정치가 시행되었던 시대라고 떠받든다.

2. 『서경』의 성격과 내용

『서경』은 중국문학사상 "산문의 할아버지(散文之祖)"라 할 수 있을 정도로 후세 산문 발달에 큰 영향을 끼친 중국에서 가장 오래된 전적의 하나이다. 『서경』은 본시 「서」라고만 불렸는데, 『시경』 소아(小雅) 「수레 내어(出車)」에 "외차간서(畏此簡書)"의 경우처럼 '서'는 공문을 뜻하는 말이었을 것이다.[3] 『한서』 예문지에 이런 말이 보인다.

> "옛날 왕자들에게는 시대마다 사관(史官)이 있었다. …… 좌사(左史)
> 는 말을 기록하고 우사(右史)는 일을 기록하였는데, 일의 기록이 『춘
> 추(春秋)』이고, 말의 기록이 『상서(尙書)』이다."[4]

이처럼 옛날부터 『서경』은 옛 사관의 기록을 모아놓은 책이라 하였으니 공문임에 틀림없는 것이다. 『한서』의 경우처럼 『서경』은 흔히

---

3) 許愼 『說文解字』 敍에서는 "著於竹帛謂之書"라 하였다.
4) "古之王者, 世有史官…左史記言, 右史記事; 事爲 『春秋』, 言爲 『尙書』."

『상서』라고도 부르는데, 『상서』라는 용어는 『묵자』의 명귀(明鬼)편에 나오는 것이 가장 빠르며, 상(尙)은 상(上)과 같은 뜻의 글자여서 이것은 일반적으로 '옛날의 책'이란 뜻으로 쓰인 말이라 여겨지고 있다. 「가짜 공전서(僞孔傳序)」에 의하면 한나라 문제(文帝, B.C. 179~B.C. 157 재위) 때에 복생(伏生)이란 학자가 『서경』을 전하면서 '옛날의 책'이란 뜻에서 『상서』라 하였다 한다. '상(尙)'자는 옛날이란 뜻도 있지만 높다는 뜻도 있다. 따라서 『상서』라는 말은 '옛날의 책'이라는 뜻도 되지마는, 한편 『서경』이나 마찬가지로 이 책을 높이는 뜻도 지니고 있는 것이다. 그 뒤 사마천의 『사기』, 동중서(董仲舒, B.C. 179~B.C. 93?)의 『춘추번로(春秋繁露)』 등에서 『상서』란 말을 즐겨 쓰기 시작하여 결국은 그 용어가 일반화되기에 이르렀다.

지금의 우리에게 전해지고 있는 『서경』(「十三經注疏」本)은 우나라 사관의 기록(虞書) 5편, 하나라 사관의 기록(夏書) 4편, 상나라 사관의 기록(商書) 17편, 주나라 사관의 기록(周書) 32편, 도합 58편인데, 이는 후세에 가짜로 만들어진 『고문상서(古文尙書)』이다. 따라서 여기에 붙어있는 한나라 공안국(孔安國)이 지었다는 『공전(孔傳)』도 가짜일 수밖에 없는 것이다.[5] 그러나 이 가짜 『고문상서』는 한나라 초에 복생(伏生)이 전했다는 『금문상서(今文尙書)』 29편을 근거로 한 것이기 때문에, 다행히도 전부가 가짜는 아니다. 가짜 『고문상서』는 복생의 29편을 33편으로 늘이고[6] 거기에 25편의 가짜를 덧붙여 만든 것이라 한다. 따라서 58편 중 가짜는 이 25편인 것이다.

---

5) 이에 대하여는 宋대 학자들로부터 의심을 갖기 시작한 끝에, 淸 閻若璩의 『古文尙書疏證』 및 惠棟의 『古文尙書考』에서 그 僞作임이 확증되었다.

6) 堯典의 後半을 나누어 舜典이라 하고, 皐陶謨의 일부를 떼어내어 益稷이라 하고, 盤庚을 3篇으로 나누어 33篇으로 만듦.

『서경』은 진시황(秦始皇, B.C. 246-B.C. 210 재위)이 세상의 책들을 모두 모아 태운 분서(焚書)라는 폭거로 말미암아 세상에서 거의 자취를 감추었었다 한다. 한 문제(B.C. 179-B.C. 157 재위) 때에 진나라 박사(博士)였던 복생이 『서경』에 정통하다는 말을 듣고 문제는 곧 그를 불렀다. 그러나 복생은 늙어서 기동이 부자유스러웠으므로, 태상시장고(太常使掌故)였던 조조(晁錯)를 그에게 보내어 『서경』을 배워오도록 하였다. 이때 조조가 복생에게 가서 베껴온 『서경』이 이른바 『금문상서』 29편이다. 복생은 진시황 때 『서경』을 자기 집 벽 속에 감추어 두었는데, 한나라 때에 와서 다시 찾아보니 많은 부분이 없어지고 29편만이 남아 있었다 한다. 복생은 나머지 『상서』를 가지고 제(齊)나라와 노(魯)나라 지방에서 가르치어, 많은 학자들이 『상서』에 관해서 알게 되었다고 한다.[7]

『고문상서』는 본시 한 경제(景帝, B.C. 156-B.C. 141 재위) 때[8] 노(魯)나라 공왕(恭王)이 공자의 옛 집을 헐다가 벽 속에서 『예기』·『논어』·『효경』 등과 함께 발견한 것이다. 옛 글씨체로 쓰여 있다고 해서 〈금문(今文)〉과 대비가 되는 〈고문(古文)〉이란 말을 붙인 것이며, 29편의 『금문상서』보다 16편이 더 많았다 한다.[9] 그러나 『고문상서』는 한나라 학자들의 인정을 받지 못하였기 때문에 위(魏)·진(晉) 대로 와서 영가지란(永嘉之亂, 311) 때 완전히 없어져 버렸다.[10] 이 밖에 서한(西漢) 때에는 하간헌왕(河間獻王), 동한(東漢) 때에는 두림(杜林)이 『고문상서』를 전하였다고 하나,[11] 이것들도 모두 지금은 전해지지 않

---

7) 『史記』, 『漢書』 儒林傳 참조.
8) 『漢書』 藝文志에는 "武帝末"이라 하였으나 잘못임.
9) 劉歆 『移太常博士書』, 『漢書』 藝文志 등 참조.
10) 『隋書』 經籍志.
11) 『漢書』 十三王傳 및 『後漢書』 儒林傳에 의거.

고 있다.

지금 우리에게 전하는 58편의 『서경』은 동진(東晉) 때 매색(梅賾)이 구해 바쳤다는 것인데,[12] 대체로 그가 가짜를 만들어 바친 것으로 보고 있다. 그러나 『가짜 고문상서(僞古文尙書)』는 천여 년을 두고 사람들이 아무런 의심 없이 진짜로 믿으며 읽어왔고, 또 지금까지도 이를 진짜라 믿고 있는 학자들이 있으니 그 영향은 무시할 수가 없는 것이다.

이 『서경』은 옛날 각 시대의 사관들의 기록을 공자가 편찬한 것이라 믿어왔다. 『사기』 공자세가(孔子世家)나 『한서』 예문지에 모두 『서경』은 공자가 편찬한 것이라 하였고, 공자가 그것을 『육경(六經)』의 하나로 채택하여 만인의 교과서로 삼았으니 편찬자는 공자임에 틀림없을 것 같다. 당나라 공영달(孔穎達, 574~648)의 『상서정의(尙書正義)』에는 동한 정현(鄭玄, 127~200)의 『서론(書論)』에 인용한 『상서위(尙書緯)』에 의거하여 다음과 같이 말하고 있다.

"공자는 『서』를 구하였는데, 황제의 현손인 제괴(帝魁)의 『서』로부터 진(秦)나라 목공(穆公)에 이르기까지 모두 3,240편을 얻었다. 그리하여 너무 오래된 불확실한 기록은 버리고, 가까운 시대의 세상의 법도가 될 만한 것 120편을 골랐다. 그 중에서 102편을 모아 『상서』를 만들고 18편으로 『중후(中侯)』를 지었다. 나머지 3,120편은 버렸다."

『서경』을 공자가 편찬하였다는 말은 반대할 만한 근거가 없다. 더욱이 공자가 살던 노나라는 여러 나라들 중에서도 가장 전통적인 문물

---

12) 『隋書』 經籍志.

이 갖추어져 있어서, 이러한 문서들이 가장 많이 보전되어 있었을 가
능성이 많다.

3. 『서경』 각 편의 글이 이루어진 시기

지금 전하는 『서경』의 금문 29편 중 가장 오래된 작품이 서주 때에
이루어진 주서의 『세상에 널리 고하는 말(大誥)』에서 「성왕이 뒤에 강
왕을 잘 돌보라고 내린 훈령(顧命)」에 이르는 12편이다. 주서의 글이
라 하더라도 「여후가 제정한 형법(呂刑)」은 서주 때 것이라고 확언하
기 어려운 성격의 것이다.

특히 『요임금의 업적(堯典)』을 비롯한 우나라 사관의 기록(虞書)에
보이는 '자기의 몸을 잘 닦고(修身)·자기 집안을 화목하게 하고(齊
家)·나라를 잘 다스리고(治國)·온 천하를 평화롭게 한다(平天下)'는
이론과 「탕임금이 하나라를 칠 적의 훈시(湯誓)」 등에 보이는 '백성들
을 괴롭히고 어지러운 정치를 하는 임금은 하늘의 뜻에 따라서 덕을
많이 쌓은 새로운 임금에 의하여 정벌 된다'는 조민벌죄(弔民伐罪)의
사상은 분명히 공자 이후에 쓰인 것임을 뜻한다. 곧 우나라 사관의 기
록·하나라 사관의 기록과 「탕임금이 하나라를 칠 적의 훈시」 등은 모
두 유가사상을 바탕으로 이루어진 것들임이 분명한 내용이다.[13] 따라
서 이것들은 거의가 전국시대에 와서야 이루어진 글이라 봄이 옳을

---

13) 이상 屈萬里 『尙書釋義』 叙論 참조. 余永梁은 『柴誓的時代考』(『古史辨』 2)에서, 이
篇들의 題名에 典·謨란 말을 쓰고 있고, "日若稽古"로 시작하고 있고, 임금을 帝
라 부르고 있으니(商周時에는 生時엔 王, 死後에야 帝라 부름. 據 金文), 모두 당시
의 기록이 아님이 분명하다 하였다.

것이다.

상나라 사관의 기록의 「반경 임금의 훈시(盤庚)」를 비롯하여 「고종에게 융제를 지내던 날에(高宗肜日)」·「서백이 여나라를 쳐 이겼을 때(西伯戡黎)」·「미자의 의도(微子)」 등은 비교적 오래된 글임이 분명하나 모두 송(宋)나라에 들어와 자기 조상들의 일을 다시 기록한 것일 것이다. 『서경』에도 송나라 문헌인 상서의 분량이 많은 것은 공자 자신이 은(殷)나라 사람이어서[14] 그 후손인 송나라를 중시했기 때문이며, 『시경』 송(頌)에 주송(周頌)과 함께 노송(魯頌)·상송(商頌)이 나란히 들어있는 것과 같은 뜻을 지닌다.

주나라 사관의 기록 중 주나라 초기의 작품이라고 한 12편도 대부분이 주공과 관계가 있는 작품이라는 것은, 그것들이 주공의 후손인 노나라에 보존된 문헌이었음을 뜻하는 것이다. 주공의 공로를 미화한 「쇠줄로 묶어놓은 궤짝(金縢)」 같은 것은 노나라에서 쓴 것일 가능성이 많다. 그리고 오행(五行)·오사(五事) 등을 논한 「위대한 원리(洪範)」 같은 것은 전국시대 음양가(陰陽家)의 영향을 받은 것임이 분명하다. 위융량(余永梁)은 「노나라 제후가 비 땅에서 한 훈시(費誓)」를 노 희공(僖公, B.C. 659–B.C. 627 재위) 때의 문서라 하였는데, 「진나라 목공의 훈시(秦誓)」도 그 무렵의 작품이다.[15] 그 밖의 것들도 모두가 공자 이후의 글이라 봄이 옳다. 대체로 어느 시대 누구의 말임을 밝히면서 어떤 문제에 관한 연설이나 신하에게 고하는 문장이 담긴 '고하는 말(誥)'·'훈령'(命)을 중심으로 한 편들이 주나라 초기의 것인 듯하고, 연설이나 대화의 형식을 빌리어 정치의 도리를 논하거나

---

14) 『禮記』 檀弓에 보임.
15) 余永梁 「쿠書的時代考」(『古史辨』 2).

옛 임금의 사적을 칭송하고 있는 '업적(典)'·'뜻(謨)'을 중심으로 한 편들은 주나라가 도읍을 동쪽으로 옮긴 뒤의 것인 듯하다. 『서경』의 내용을 보면 나라의 법도, 임금의 사적, 나라를 다스리는 데 대한 훈계, 임금이 신하에게 당부하는 훈령, 전쟁을 앞두고 임금이 백성과 군사들에게 한 훈시 등을 기록한 것이다.

『서경』의 각 편은 모두 서로 앞뒤의 연관이 없는 독립된 글들이다. 그리고 이것들은 한 사람의 글이 아니라 제각기 오랜 세월에 걸쳐 여러 사람들의 손에 의하여 이루어진 것들이기 때문에 그 문장의 성격도 서로 다르다.

『서경』에서 가장 오래된 글인 것 같다고 한 주서의 「세상에 널리 고하는 말(大誥)」이하 「성왕이 뒤에 강왕을 잘 돌보라고 내린 훈령(顧命)」에 이르는 12편은 대부분이 주공이 직접 한 말이거나 주공과 관계가 있는 글들이다. 따라서 이것들은 모두 노나라에 전하여진 문서이며, 공자의 『서경』 편찬은 본시 이것들이 중심이 되었을 것이다. 이 12편은 모두 대부분이 직접화법을 사용하고 있다. 각 편 앞머리에 훈시를 하게 된 연유와 훈시한 사람에 대한 간결한 설명을 한 부분만이 직접화법이 아니며, 「술에 대하여 널리 고하는 말(酒誥)」·「가래나무 재목(梓材)」처럼 아무런 설명도 없이 "임금님께서 이렇게 말씀하셨다.(王若曰)" 또는 "임금님께서 말씀하시기를(王曰)"이라는 말을 허두로 훈시를 시작한 편들도 있다. 직접화법은 어떤 뜻을 표현하는 이외에도 말하는 사람의 성격이나 감정 같은 것까지도 아울러 전달할 수 있고, 뜻의 전달을 좀 더 직접적이고 사실처럼 느끼게 한다는 장점이 있다. 그러나 여기에 사용된 문장은 모두 그때의 일상용어와는 전혀 다른 꾸며지고 다듬어진 글들이다. 보기로 「세상에 널리 고하는 말」의 한 대목을 든다.

그러니 이 작은 사람은 감히 하나님의 명을 어기지 못하겠소. 하늘은 나라를 화평케 하신 임금님을 아름답게 여기시어 우리 작은 주나라를 일으키셨소. 나라를 화평케 하신 임금님께서는 오직 점친 결과를 따르시어 하늘의 명을 편히 받으실 수가 있었소. 지금 하늘은 백성을 돕고 계시니 더욱이 점을 따라야 할 것이오. 아아! 하늘이 천벌을 내리시는 것은 우리의 크나큰 나라 다스리는 일을 도우시려는 것이오.

已子惟小子는, 不敢替上帝命이로다. 天休于寧王하사, 興我小邦周하시니라. 寧王惟卜用하사, 克綏受玆命이로다. 今天其相民하시니, 矧亦惟卜用이라. 嗚呼라! 天明畏는, 弼我丕丕基시니라.

그리고 『서경』은 사관의 기록으로서 사실을 기록한 것으로 알려져 있지만, 실은 거의 모두가 사실을 빙자한 허구적인 글이다. 거의 전편이 후세 사람들이 옛 자료를 주워 모아 직접화법으로 엮어놓음으로써 사실을 기록한 것인 것처럼 보여주고 있는 것이다. 주나라 사관의 기록의 초기 작품이라는 12편을 보더라도 한 사람의 말임에도 불구하고 한 대목이 시작될 때마다 "임금님께서 말씀하시기를(王曰)"·"임금님께서 이렇게 말씀하셨다.(王若曰)"·"공께서 말씀하셨다.(公曰)" 등의 허두를 거듭 붙이고 있는 것도, 이 글들이 단편적인 여러 개의 자료를 주워 모아 엮어진 것이기 때문인 듯하다. 지금 와서는 해석하기 어려운 대목과 후세의 문장처럼 매끄럽지 못한 곳이 많은 것도, 단편적인 옛 글을 주워 모아 놓은 것이기 때문이라고도 할 수 있을 것이다. 주공이 조정에서 쫓겨나자 폭풍이 불어와 다 익은 곡식과 고목들을 쓰러뜨리고, 다시 성왕(成王)이 주공의 진심을 알고 주공을 조정으로 불러들이자 바람이 반대편에서 불어와 쓰러진 곡식들을 일으켜 세워주고 넘어진 고목들을 되살아나게 했다는 얘기를 쓴 「쇠줄로 묶어놓은 궤짝(金縢)」 같은 것은 소설이나 비슷한 내용이다.

그리고 서술문으로 이루어진 「우임금이 천하의 산과 물을 다스림(禹貢)」·「위대한 원리(洪範)」 같은 편은 가장 늦은 전국시대의 글일 것이며, 「요임금의 업적(堯典)」·「쇠줄로 묶어놓은 궤짝(金縢)」처럼 서술문이 비교적 많이 섞인 편들도 대체로 전국시대의 글일 듯하며, 빨라도 춘추시대보다 앞서지는 못할 것이다. 서술문은 직접화법의 글보다 문장이 훨씬 매끄럽고 수사도 훨씬 발전된 양상을 보여준다. 보기로 요전의 첫머리 한 대목을 읽어보자.

옛날 요임금에 대하여 살펴보기로 한다. 그분 이름은 방훈(放勳)이었다. 몸가짐이 공경스럽고 총명하고 우아하고 신중하시어 온유함을 느끼게 하셨다. 진실로 공손하고 남에게 잘 양보하시어 사람들을 감화시키는 빛은 온 세상에 퍼지고 하늘에서 땅까지 뻗쳤다.

큰 덕을 잘 밝히시어 온 집안을 화목하게 하셨고, 온 집안을 화목케 하신 다음에는 백성을 밝게 다스리시고, 백성을 밝게 다스림으로써 온 세상을 평화롭게 하셨다. 백성들은 이러한 감화를 받아 화평을 누리게 되었던 것이다.

日若稽古帝堯컨대, 日放勳이라. 欽明文思이, 安安하시니라. 允恭克讓하사, 光被四表하여, 格于上下하니라.

克明俊德하사, 以親九族하시고; 九族旣睦하니, 平章百姓하시고; 百姓昭明하니, 協和萬邦하니라. 黎民은 於變時雍하니라.

이 대목의 후단은 압운(押韻)까지도 하고 있고, 대부분이 4언구여서

운문이라 하여야 할 형식이다. 그리고 "밝다"는 뜻의 "명(明)"자는 세 번이나 나오고, 또 이와 비슷한 뜻의 "장(章)"·"소(昭)"자도 보이며, "협(協)"·"화(和)"·"옹(雍)"·"흠(欽)"·"공(恭)" 등도 비슷한 뜻을 지닌 글자들이다. 그러니 뜻은 애매해지지 않을 수가 없는 글이다. 뜻의 표현보다도 수사에 더욱 힘을 쓴 듯하다. 주어의 생략은 말할 것도 없고 "흠명문사(欽明文思)"처럼 네 글자가 명사인지 또는 형용사나 동사인지조차도 분간하기 어려운 경우도 있다. 이러한 애매함은 함축성과도 통하지만 사물을 설명하는 데 있어서는 적지 않은 문제가 생긴다. 여기에는 한자라는 글자의 제약도 크게 작용하고 있다고 볼 수 있다.

어떻든 이 『서경』은 후세 산문의 규범이 되었다. 『서경』 각 편의 수사는 주나라 초기에 이루어진 글들보다 주나라 후기에 이루어졌다고 생각되는 것들이 더욱 발전하고 있다. 이러한 중국 문장의 수사는 후세에도 계속 발달하여 진나라와 한나라를 거쳐 위(魏)·진(晉)·남북조(南北朝)에 이르르는 산문의 수사를 극도로 발전시켜 변려문(騈儷文)을 이룩한다. 변려문은 모든 구절이 4자 또는 6자로 이루어지고, 대구를 많이 쓰며, 쓰이는 글자들의 성조의 조화까지 고려하는 운문이라고 할 수 있는 글이다. 수사의 추구를 통한 문학의 가능성은 이미 『서경』에서 보여주고 있기 때문에 후세에 가서는 산문의 수사를 극도로 추구한 나머지 결국은 변려문이 이루어지게 되었던 것이다.

당나라 중엽에 들어와 변려문의 지나친 수사로 말미암은 애매한 뜻의 표현을 반대하고 고문(古文)을 주장하던 사람들이 흔히 『서경』의 글을 고문의 본보기로 내세웠다.[16] 『서경』 중에서도 특히 주나라 초기

---

16) 劉知幾 『史通』 言語; "夫上古之世… 是以尋理則事簡而意深, 考文則詞難而義釋, 若 「尚書」 載伊尹立訓, 皐陶矢謨, 洛誥·康誥·牧誓是也." 同 叙事; "歷觀自古, 作者 權輿, 「尚書」 發蹤, 所載務於寡事."

의 작품이라고 한 주서의 12편이 가장 중시되었는데, 이는 문장도 화사하지 않고 해석하기 어려운 곳이 많지만 쓰고자 하는 일이나 생각을 솔직하게 꾸밈없이 표현한 문장의 수법을 높이 평가한 때문일 것이다. 따라서 변려문과 대비가 되는 고문도 역시 『서경』을 바탕으로 출발하고 있는 것이다.

뒤이어 나온 『좌전(左傳)』·『국어(國語)』·『전국책(戰國策)』·『사기』·『한서』 등 이른바 역사책들은 모두 이 『서경』을 계승한 것이다. 특히 사실의 기록을 빙자하여 유가의 예교 사상을 강조하는 허구적인 글을 쓰는 수법 같은 것은 『서경』을 규범으로 삼아 후세에도 매우 발전하게 된다. 역사의 기록을 목표로 한 『사기』와 『한서』 같은 책까지도 그러한 경향에서 완전히 벗어나지 못하고 있는 점은 『서경』의 영향이 얼마나 큰 것이었나를 설명해 준다고 할 것이다. 그리고 이들 역사서의 발전은 바로 중국산문 발전의 근간을 이룬다.

『서경』에 많이 쓰이고 있는 직접화법 또는 문답체의 문장은 후세의 역사서는 말할 것도 없고 산문 전체에 널리 영향을 끼쳤다. 『좌전』에서도 이미 이 수법을 발전시키어 문답체의 활용으로 생동하는 인상을 독자들에게 심어주고 있고, 이후 여러 가지 산문에 이 방법은 널리 응용된다. 따라서 중국문장의 특성으로 함축성·암시성·수사성 등 여러 가지를 들 수 있겠지만 그러한 모든 특징의 바탕은 이미 『서경』에 고루 갖추어져 있는 것이다. 곧 중국문장은 『서경』을 바탕으로 하여 발전하고 있는 것이다.

4. 서서(書序)에 대하여

『서경』에는 도합 100편의 서문이 옛날부터 전해 오고 있다. 이것을 「서서」라 한다. 그리고 이를 흔히 공자가 쓴 것이라 하나[17], 그렇게 단정할 수만도 없는 성질의 것이다. 이것은 노나라 공왕(恭王)이 궁전을 지으려고 공자가 살던 집을 헐 때 그 집 벽 속에서 여러 가지 옛날 책과 함께 발견한 것이라 한다. 「서서」는 『서경』의 각 편을 쓰게 된 연유를 간단 간단히 설명한 것이다. 공영달이 그의 『정의(正義)』에서 『시경』의 「소서(小序)」처럼 각 편의 앞머리에 나누어 놓았기 때문에 「서서」를 「소서」라 부르기도 한다.

그런데 이 서문에 의하면 『서경』에는 100편의 글이 있어야 한다. 흔히들 공자가 편찬한 『서경』에는 100편이 있었는데[18], 나머지는 없어지고 지금의 58편[19]만이 남았다고 한다. 어떻든 「탕서(湯誓)」[20]와 「태갑(太甲)」의 서문은 모두 『맹자』에도 보이고 있으니, 「서서」가 이루어진 것은 적어도 전국시대 중엽 이전의 일로 보아야 할 것이다. 그러나 「서서」가 오히려 『맹자』를 베낀 것으로 보고 전국시대 중엽 이후에 이루어진 것이라 보는 이도 있다. 또 『서경』의 내용은 공자 이후에도 많은 개편이 있었음을 아울러 생각할 때, 이 「서서」의 100편이 바로 공자가 편찬한 『서경』의 목차와 같은 것이라 할 수는 없을 것이다.

여기에 참고로 「서서」의 편목(篇目)을 적는다.

---

17) 『한서』 예문지.

18) 『한서』 예문지, 揚雄의 『法言』 問神편, 王充의 『論衡』 正說편 등 의거.

19) 가짜 古文 25편을 포함한 편수임.

20) 『서경』의 내용이나 板本 등을 설명하는 경우 篇名은 번역하지 않고 본시의 漢字 篇名을 그대로 쓴다. 이 점 계속 주의 바란다.

1 요전(堯典), 2 순전(舜典), 3 골작(汨作), 4~12구공(九共) 9편, 13 고어(稾飫), 14 대우모(大禹謨), 15 고요모(皐陶謨), 16 익직(益稷), 17 우공(禹貢), 18 감서(甘誓), 19 오자지가(五子之歌), 20 윤정(胤征), 21 제고(帝告), 22 이옥(釐沃), 23 탕정(湯征), 24 여구(汝鳩), 25 여방(汝方), 26 탕서(湯誓), 27 하사(夏社), 28 의지(疑至), 29 신호(臣扈), 30 전보(典寶), 31 중훼지고(仲虺之誥), 32 탕고(湯誥), 33 명거(明居), 34 이훈(伊訓), 35 사명(肆命), 36 조후(祖后), 37~39 태갑(太甲) 3편, 40 함유일덕(咸有一德), 41 옥정(沃丁), 42~45 함예(咸乂) 4편, 46 이척(伊陟), 47 원명(原命), 48 중정(仲丁), 49 하단갑(河亶甲), 50 조을(祖乙), 51~53 반경(盤庚) 3편, 54~56 열명(說命) 3편, 57 고종융일(高宗肜日), 58 고종지훈(高宗之訓), 59 서백감려(西伯戡黎), 60 미자(微子), 61~63 태서(泰誓) 3편, 64 목서(牧誓), 65 무성(武成), 66 홍범(洪範), 67 분기(分器), 68 여오(旅獒), 69 여소명(旅巢命), 70 금등(金縢), 71 대고(大誥), 72 미자지명(微子之命), 73 귀화(歸禾), 74 가화(嘉禾), 75 강고(康誥), 76 주고(酒誥), 77 자재(梓材), 78 소고(召誥), 79 낙고(洛誥), 80 다사(多士), 81 군아(君牙), 82 무일(無逸), 83 군석(君奭), 84 채중지명(蔡仲之命), 85 성왕정(成王政), 86 장포고(將蒲姑), 87 다방(多方), 88 입정(立政), 89 주관(周官), 90 회숙신지명(賄肅愼之命), 91 박고(亳姑), 92 군진(君陳), 93 고명(顧命), 94 강왕지고(康王之誥), 95 필명(畢命), 96 경명(冏命), 97 여형(呂刑), 98 문후지명(文侯之命), 99 비서(費誓), 100 진서(秦誓).

  이 「서서」의 내용과 성격에 있어서는 문제가 매우 복잡하다. 다만 이를 통하여 지금 우리에게 전해지고 있는 『서경』의 전승이 매우 복잡했다는 것을 알 수 있다. 그래도 『서경』 각 편의 내용을 이해하는 데에 도움이 되리라 싶어 번역문 각 편 제목 아래 그 편의 「서서」 번역문과 본문을 붙여놓았으니 참고 바란다.

5. 금문상서(今文尙書)

　한대의 경학(經學)에는 금문(今文)과 고문(古文)의 두 가지가 있었
다. 본시 '금문'이란 한나라 때에 일반적으로 쓰이던 예서(隸書)로 쓴
경서를 뜻하며, '고문'이란 진(秦)나라 이전에 쓰던 옛날 글자체로 쓰
인 책이었다. '고문'은 대개 한대에 이르러 옛날 집의 벽 사이 같은 데
서 발견되었거나, 우연히 민간에 전하여진 것이다. 그러나 이 '금문'
과 '고문'은 쓰인 글자뿐만이 아니라 경문 자체에도 많은 차이가 있
어, 학자들은 경서를 공부하는 데에 있어서 금문파와 고문파로 나누
어져 공부하는 방법이나 내용에 대한 이론이 분분하게 되었다. 이 금
문과 고문의 구분은 『서경』뿐만 아니라 『역경』·『시경』·『예기』·『논
어』·『효경』 등 모든 경전에 있다. 그러나 그 중에서도 금문과 고문의
차이가 가장 심하고, 따라서 이론이 가장 엇갈렸던 것이 이 『서경』이
다.

　『금문상서』는 29편(혹은 28편, 뒤의 편목 설명 참조)으로 한나라 초
기에 진나라 박사이던 복생(伏生)이란 사람이 전한 것이라 한다. 이
금문 29편은 지금까지 전해 내려오고 있는 『서경』 여러 편 중 진나라
시대 이전부터 전해온 확실한 경전이다. 복생의 『서경』이 전하여진 경
위에 대하여는 이미 앞의 '2. 『서경』의 성격과 내용'에서 자세히 설명
을 하였다.

　복생이 벽 속에 감추어 두어 전하여지게 된 본래의 책은 고문으로

된 것이라고 생각해야 할 가능성도 있다. 그러나 한나라 문제가 보낸 조조(晁錯)가 복생에게 가서 『서경』을 베껴 올 때에는 예서(隸書)인 금문을 사용한 것이다. 이밖에 복생이 책을 감추어 두었던 것이 아니라, 복생이 머릿속에 외우고 있던 것을 조조가 찾아가 입으로 외우도록 하고 그것을 베껴 왔다는 설도 있다.

그런데 복생이 전한 29편이란 무엇 무엇을 가리키느냐에 대하여는 학자에 따라 여러 가지 서로 다른 의견이 있다. 그중에서도 가장 믿을 만한 것은 청대 왕선겸(王先謙, 1842~1917)의 이론이다. 그의 『상서공전참정(尙書孔傳參正)』 서례(序例)에 의하면 29편의 편목은 다음과 같다.

1 요전(堯典, 僞古文인 舜典의 "愼徽五典" 이하도 붙어 있음), 2 고요모(皐陶謨, 僞古文의 益稷편도 합쳐 있음), 3 우공(禹貢), 4 감서(甘誓), 5 탕서(湯誓), 6 반경(盤庚), 7 고종융일(高宗肜日), 8 서백감려(西伯戡黎), 9 미자(微子), 10 목서(坶誓, 또는 牧誓), 11 홍범(鴻範, 또는 洪範), 12 대고(大誥), 13 금등(金縢), 14 강고(康誥), 15 주고(酒誥), 16 자재(梓材), 17 소고(召誥), 18 낙고(雒誥, 보통 洛誥라고도 쓰나 雒이 옳음), 19 다사(多士), 20 무일(無佚, 또는 無逸), 21 군석(君奭), 22 다방(多方), 23 입정(立政), 24 고명(顧命), 25 강왕지고(康王之誥), 26 비서(柴誓, 또는 費誓), 27 보형(甫刑, 呂刑이라고도 함), 28 문후지명(文侯之命), 29 진서(秦誓).

그러나 복생 뒤에 그의 학문을 계승한 구양(歐陽)이나 대소하후(大小夏侯)는 모두 「강왕지고」를 「고명」에 합쳐 한 편으로 치고 있다. 그들에 의하면 복생이 전한 『상서』면 28편이 된다.

그 뒤 선제(宣帝, 기원전 74~기원전 50 재위) 때에 하내(河內)의 여자가 옛 집을 헐다가 『역경』·『예기』와 함께 『서경』의 글 한 편씩을 얻어 임금에게 바쳤다. 그것이 지금 『서경』의 「태서(泰誓)」편으로 금문으로 된 것이었다. 그리하여 복생이 전한 『서경』은 본시 28편이었는데, 이 「태서」가 합쳐져서 29편이 되었다고도 하고[21], 복생의 29편에는 「서서」 한 편이 들어 있었다고 주장하기도 한다[22]. 그러나 이것은 모두가 잘못이다. 복생이 전한 『상서』는 앞에 편목을 보인 것처럼 본래 29편이었다.

그런데 『한서』 예문지(藝文志)에 의하면 복생의 『서경』을 전한 사람들의 저술로서, 『구양경(歐陽經)』 32권, 『구양장구(歐陽章句)』 31권과 『대소하후장구(大小夏侯章句)』 29권이 있다. 여기에는 모두 선제 때 얻은 「태서」가 들어 있다. 그런데도 이처럼 다 같이 복생의 『서경』을 전한 사람들의 편목이 다른 이유는 왕선겸에 의하면 다음과 같다.

이들 속에는 앞에 적은 복생의 29편 이외에도 모두 「태서」[23]가 들어 있다. 그런데 『대소하후장구』가 여전히 29편인 것은 「24, 고명(顧命)」에 「강왕지고(康王之誥)」를 합쳤기 때문이다[24]. 또 『구양장구』가 31권인 것은 「반경(盤庚)」편을 상·중·하 세 편으로 나누었기 때문이다. 다시 『구양경』이 32권인 것은 「서서」 한 권을 더 보탰기 때문이다.

이상 「금문상서」의 내용을 대략 설명하였다. 이들은 지금 전하여지는 『서경』 속에 모두 들어 있다. 그러므로 『서경』의 경전으로서의 가치는 특히 이 「금문상서」에 가장 소중한 무게가 주어지지 않을 수가

---

21) 『隋書』 經籍志.
22) 陳喬樅 『今文尙書經說考』.
23) 「僞古文」에서는 세 편으로 갈라 있으나 본시는 한 편.
24) 「僞孔序」 및 『釋文』 의거.

없는 것이다.

6. 고문상서(古文尙書)

『고문상서』는 공자의 옛집 벽 속에서 나온 것이다. 한나라 경제(景帝, B.C. 156~B.C. 141 재위) 때에[25] 노나라 공왕(恭王)이 궁전을 넓히려고 공자가 살던 옛집을 헐다가 벽 속에서 『서경』·『예기』·『논어』·『효경』 수십 편을 얻었다. 이것들은 모두가 한나라 이전의 옛날 글자로 쓰인 것이었다. 세상 사람들은 이 옛글자를 알아보지 못하였으나 공자의 후손인 공안국(孔安國, B.C. 156?~B.C. 74?)이 이것을 금문으로 읽었다 한다[26].

이때 『서경』을 『금문상서』와 견주어 본 결과, 29편 이외에 16편이 더 많았다. 공안국이 죽은 뒤 집안사람들이 이것을 임금에게 바쳤으나, 어떤 곡절이 있어 학관(學官)에 오르지는 못하였다[27].

복생의 「금문상서」 29편(「태서」는 안 들었음) 속에 없는 새로 발견한 16편이란 다음과 같다. 이 편목에 대하여는 학자들 간에 아무런 이견이 없다.

1 순전(舜典, 僞古文의 순전과는 완전히 다른 내용임), 2 골작(汩作),
11 구공(九共) 9편, 12 대우모(大禹謨), 13 익직(益稷), 14 오자지가

---

25) 『漢書』에는 武帝 말엽으로 되어 있으나 잘못임.
26) 『史記』儒林傳.
27) 『한서』藝文志에는 공안국이 책을 바쳤다고 하였으나, 淸나라 閻若璩의 『尙書古文疏證』卷2에 의하여 잘못이 증명되었다.

(五子之歌), 15 윤정(胤征), 16 탕고(湯誥), 17 함유일덕(咸有一德), 18 전보(典寶), 19 이훈(伊訓), 20 사명(肆命), 21 원명(原命), 22 무성(武成), 23 여오(旅獒), 24 경명(冏命,『尙書正義』의거).

이 중에서 〈11, 九共 9편〉을 한 편으로 묶어 16편으로 본 것이다. 이 것이 진짜 『고문상서』이다. 지금 전하여지고 있는 가짜 『고문상서』와 여러 편 이름이 같은 것이 있지마는, 내용은 전혀 달랐던 것이다.

이 『고문상서』는 앞서 말한 것처럼 내용은 풍부함에도 불구하고 일 반적으로 학자들의 인정을 받지 못하였다. 서한과 동한에 걸쳐 평제 (平帝, B.C. 1~B.C. 5 재위) 때에 단 한 번 『고문상서』 박사를 두었을 뿐, 전혀 학관(學官)에 오르지 못하였기 때문인 것 같다. 동한 말엽의 고문을 전한 가규(賈逵, 30~101) · 마융(馬融, 79~166) · 정현(鄭玄, 127~200) 등도 『서경』에 있어서는 금문인 여러 편에만 주석을 달았 다.

이로써 보면 조정에서만 『고문상서』를 대수롭게 여기지 않았을 뿐 아니라, 일반 학계에서도 별로 거들떠보지 않았음이 분명하다. 그때 문에 동한 광무제(光武帝, 25~57 재위) 때에는 〈무성(武成)〉 한 편이 없어져 버리고[28], 영가지란(永嘉之亂, 311년)에 이르러서는 나머지 15 편도 모두 없어져 버리고 말았다.

이밖에 하간헌왕(河間獻王)에게도 『고문상서』가 있었다고 하나[29] 이 것을 전한 이는 없다. 왕국유(王國維, 1877~1927)는 그것은 공자의 집 벽에서 나온 책을 베낀 것이라고 주장하였다[30]. 또 『후한서』 유림

---

28) 『尙書正義』 武成 편 『疏』의거.

29) 『漢書』 景十三王傳.

30) 『觀堂集林』 漢時古文諸經有轉寫本說.

전(儒林傳)에 의하면, 부풍(扶風) 두림(杜林)이 서주(西州)에서 옻칠로 쓴 『고문상서』한 권을 얻었다고 하였다. 그러나 그 내용이 어떠하였는지 알 길이 없다.

이상 소개한 것이 진짜 『고문상서』이다. 지금 전해지는 고문이란 다음에 소개하는 바와 같이 모두가 뒷사람들이 거짓으로 만든 것이다. 진짜는 없어지고 가짜만이 남았으니 재미있는 일이라고나 할까.

7. 가짜 고문상서(僞古文尙書)

『서경』의 위작은 일찍이 한나라 성제(成帝, B.C. 32~B.C. 7 재위) 때에 나왔다. 동래(東萊)의 장패(張覇)라는 사람이 가짜 102편을 만들어 임금에게 바친 것이다. 그는 복생의 『서경』29편을 쪼개어 수십 편을 만들고, 거기에 『좌전(左傳)』과 「서서(書序)」를 참고하여 앞뒤로 적당한 글을 끌어다가 붙여 102편을 만든 것이다[31]. 이 가짜는 거짓이 바로 드러나 경학을 공부하는 사람들에게는 별 영향을 끼치지 못하였다.

그러나 천여 년 동안 세상을 속여 왔고 지금까지도 진짜라고 믿고 있는 사람들이 있는 가짜 고문(僞古文) 『서경』이 동진(東晉) 때에 나왔다. 『수서(隋書)』경적지(經籍志)에는 다음과 같은 말이 있다.

"진(晉)나라 때에는 조정의 도서관에 『고문상서』경문이 있었는데 지금은 전하여지지 않는다. 영가지란(永嘉之亂, 311)에 이르러서는 구

---

31) 『論衡』正說편, 『漢書』儒林傳.

양(歐陽)과 대소하후(大小夏候)의 『상서』도 모두 없어졌다. 동진(東晋) 때에 이르러 예장내사(豫章內史) 매색(梅賾)이 비로소 공안국(孔安國)의 『전(傳)』을 얻어 임금에게 바쳤다. 그때에는 또 「순전(舜典)」한 편이 없었는데, 제(齊)나라 건무(建武, 494~497) 연간에 오흥(吳興) 사람 요방흥(姚方興)이 대항두(大航頭)에서 그것을 얻어 임금에게 바쳤다. 그 「순전」은 마융(馬融)과 정현(鄭玄)이 주(注)를 단 것보다도 28자가 많았다. 이에 『서경』이 국학(國學)에 한몫 끼이게 되었던 것이다."

여기에서 공안국의 『전(傳)』이라 한 것이 지금껏 세상에 전해지고 있는 『상서공전(尚書孔傳)』이다. 그리고 지금에 와서는 이 『고문상서』는 매색(梅賾)이 가짜를 만들어 바친 것으로 많은 학자들이 믿고 있다. 더 많은 28자란 가짜 고문 『서경』 「순전」 첫머리의 "日若稽古帝舜, 日重華, 協于帝. 濬哲文明, 溫恭允塞. 玄德升聞, 乃命以位."의 28자이다.

가짜 공본(僞孔本) 『서경』은 모두가 58편으로 그 내용은 이 책의 목차를 참고하기 바란다. 복생의 29편을 33편으로 나누었고, 그밖에 25편을 만들어 보탠 것이다.

이 25편에 대하여는 이미 남송 때의 오역(吳棫), 주희(朱熹, 1130~1200), 채침(蔡沈, ?-1890) 등이 의심하기 시작하였다. 그 뒤에 원나라 오징(吳澄, 1249~1331)은 『서찬언(書纂言)』에서 이 25편을 뒤로 빼 버리었고, 명대의 매작(梅鷟, 1500년대 사람)은 『상서고이(尚書考異)』란 책을 지어 그것이 가짜임을 논하였다. 그러나 아직 세상의 논의를 결정지을만한 것은 못되었다. 청대에 이르러 염약거(閻若璩, 1636~1704)가 『상서고문소증(尚書古文疏證)』을 지어 『가짜 고문상서」가 가짜임을 고증하였고, 다시 혜동(惠棟, 1697~1758)의 『고문상서고(古文尚書考)』와 왕명성(王鳴盛, 1722~1797)의 『상서후안(尚書後案)』이 나와 그것이 가짜임을 논하자, 이 25편은 가짜로 만든 것임이 뚜렷이 드러났다.

그 뒤로도 모기령(毛奇齡, 1623~1716) 같은 사람이 염약거의 이론을 열심히 반격하였으나, 이미 벗기어진 가짜 고문의 거짓됨을 가릴 수는 없었다. 다만 그것을 누가 가짜로 만들었는가는 의견이 확실치 않다. 매색 이외에 왕숙(王肅)이 위작했다고 주장하는 이들도 적지 않다.

지금 전하여지고 있는 『서경』 58편은 앞에서 말한 것처럼 그 중 25편이 가짜이다. 그러나 『공씨전(孔氏傳)』은 전부가 가짜를 바탕으로 만든 가짜인 것이다. 공안국(孔安國)은 「고문상서」를 전하였다고는 하지만 그 해설인 『전(傳)』을 지었는지 알 길이 없다. 복생의 『서경』 29편의 『공씨전』은 마융(馬融)·정현(鄭玄)·왕숙(王肅, 195~256) 등 여러 사람들의 설을 주워 모은 것이며, 나머지 25편은 경문(經文) 자체가 가짜이니 그 『공전(孔傳)』은 더 말할 필요도 없는 가짜임은 두말할 나위도 없다.

이 『상서공전(尚書孔傳)』의 위작은 지금 전하여지는 25편 이외에도 또 있었다. 이 가짜는 위(魏)나라 중엽(250年 전후)에 『논어훈(論語訓)』·『효경전(孝經傳)』·『공자가어(孔子家語)』·『공총자(孔叢子)』 등과 함께 왕숙(王肅)의 손으로 만들어진 것이다. 이것은 근세의 학자 정안(丁晏)이 그의 『상서여론(尚書餘論)』에서 처음으로 밝혀낸 것이다. 그러나 정안은 지금 전하여지고 있는 『가짜 공전(僞孔傳)』이 바로 왕숙(王肅)의 위작이라 잘못 생각하였다. 그 뒤 유사배(劉師培)에 의하여 왕숙의 가짜 『서경』은 이미 없어져서 지금 전하여지고 있는 『가짜 공전(僞孔傳)」과는 다른 것임이 증명되었다(『尙書源流考』).

8. 역대의 『서경』 주석

한대 이전에 『서경』을 주해(注解)한 사람이 있었다는 기록은 없다. 한대에 들어와서 복생이 『서경』을 전한 뒤, 그의 제자들이 스승의 설을 모아 『상서대전(尙書大傳)』[32]을 만들었다. 후세 사람들의 주석과 체제는 같지 않으나, 이것이 첫 번째의 『서경』 주해서이다.

그밖에 한대에는 『구양경(歐陽經)』·『구양장구(歐陽章句)』·『대소하후장구(大小夏侯章句)』 등이 있어 모두가 복생의 『서경』을 전하였다. 그러나 이들 금문가(今文家)들은 모두 글자와 글귀의 뜻을 해설하는 데에 힘쓰지 않고 경(經)을 빌어 정치를 논하고, 거기에 음양오행(陰陽五行)의 터무니없는 이론까지 보태었다. 이러한 『서경』의 주석을 쓴 구양고(歐陽高)나 대하후승(大夏侯勝)·소하후건(少夏侯建)은 모두가 박사였으나, 한나라 말엽에 이르러 쉽고 착실하게 경문의 뜻을 풀이하는 고문가(古文家)에게 눌리게 되었다. 그 뒤 영가지란(永嘉之亂, 311)에 이르러서는 이들 금문가의 업적은 모두가 자취를 감추고 말았다.

한나라 초기에는 행세하지 못하던 고문이 말엽에 가까워지면서 고개를 들었다. 한나라 말엽에서 위(魏)나라 시대에 걸쳐 마융(馬融, 79~166)은 고문가의 설을 많이 따서 『서전(書傳)』을 지었고, 정현(鄭玄, 127~200)과 왕숙(王肅, 195~256)은 금고문을 모두 따서 전주(傳

---

32) 지금 전하여지는 것으로는 陳壽祺가 모아 편찬한 『尙書大傳輯校』가 있다.

注)를 썼다. 그러나 이들 고문가들이 주해를 금문경에만 달고 고문에는 달지 않았다는 것은 주목할 만한 일이다. 이 세 사람들의 『서경』 전주는 그 뒤 오랫동안 학계에 절대적인 영향을 미치었다.

당나라 태종(太宗)대의 공영달(孔穎達, 574~648) 등은 칙명을 받들어 『가짜 공전(僞孔傳)』에 의거하여 『상서정의(尙書正義)』를 지었다. 이 책이 나오자 앞서 말한 마융·정현·왕숙 세 사람의 전주(傳注)도 모두 없어지고, 『가짜 공전(僞孔傳)』의 권위가 크게 굳어졌다.

당대 초기부터 송(宋)초에 이르기까지 『서경』은 모두가 가짜 공(孔傳)의 경문과 『정의(正義)』의 해석을 따랐다. 그러나 인종(仁宗)의 경력(慶曆, 104~1048) 연간 이후로 경학에는 일대 혁명이 일어났다. 왕응린(王應麟, 1223~1296)은 『곤학기문(困學紀聞)』에서 다음과 같이 말하였다.

> "한대로부터 경력(慶曆) 연간에 이르기까지 경학을 논하는 사람들은 모두가 덮어놓고 옛 설만을 따랐다. 그러나 『칠경소전(七經小傳)』(劉敞 著)이 나오자, 새로운 기풍이 나타나기 시작하였고, 『삼경신의(三經新義)』(王安石 著)가 나오자, 옛 한나라 선비들의 학설도 대수롭게 여기지 않게 되었다."

물론 이곳의 칠경(七經)과 삼경(三經) 속에는 『서경』이 들어 있다. 이들 이외에 소식(蘇軾, 1036~1101)의 『서전(書傳)』도 독자적인 안목으로 경을 풀이한 책이다. 그러나 이들은 단순히 옛 전주에 만족치 못하여 새로운 풀이를 시도했을 따름이다. 오역(吳棫)으로부터 시작하여 점차 『서경』 25편의 경문 자체가 가짜가 아닌가 여기기 시작하였다. 이것은 이미 앞서 말한 것처럼 이 뒤 학자들로 하여금 경문 자체의 진실여부를 일단 의심토록 만들었다.

이들 중에서 가장 뛰어난 주석은 주희(朱熹)의 학설을 받들어 채침 (蔡沈, 1166-1230)이 쓴 『서집전(書集傳)』이다. 이 책은 옛날 사람들의 해석에만 사로잡히지 아니하고 새로운 눈으로 『서경』을 읽어 이후의 서경학을 일신(一新)한 대저술이다. 원나라 인종(仁宗) 연유(延裕, 1314~1320) 연간에 과거법(科擧法)을 정할 때에는 이 『서집전』이 시험의 정본(定本)이 되었고, 그 뒤 청나라 말엽에 이르는 600여 년간 『서경』의 대표적인 주석으로 읽혀 왔다. 중국 역대를 통하여 앞에 든 당대의 『상서정의(尙書正義)』와 함께 이 『집전』은 학계에 가장 영향을 크게 끼쳤던 주해서라 할 것이다.

원나라와 명나라 때에는 대체로 모두 이 채침의 『서집전』을 따랐다. 청나라에 들어오면서 점차 송학(宋學)은 내용은 빈약하고 이론만이 복잡하다고 여겨져, 한학(漢學)이 다시 일어나게 되었다. 앞에서 말한 염약거(閻若璩)의 『고문상서소증(古文尙書疏證)』·혜동(惠棟)의 『고문상서고(古文尙書考)』 같은 것은 그 대표적인 저술이다. 이리하여 지금 전하여지는 고문(古文)은 가짜임이 움직일 수 없는 사실로 정하여진 것이다. 그 뒤로 왕명성(王鳴盛, 1722~1797)의 『상서후안(尙書後案)』, 손성연(孫星衍, 1753~1818)의 『상서금고문주소(尙書今古文注疏)』 등 한 대의 금고문가들의 주석을 중심으로 한 훌륭한 주해서가 나왔다.

다시 가경(嘉慶)·도광(道光) 연간(1796~1850) 이후 학자들은 서한의 금문을 숭상하는 경향이 짙었다. 그리하여 위원(魏源)의 『서고미(書古微)』·진교종(陳喬樅)의 『금문상서경설고(今文尙書經說考)』·『상서구양하후유설고(尙書歐陽夏侯遺說考)』·진수기(陳壽祺)의 『상서대전집교(尙書大傳輯校)』 등이 나왔다. 또 피석서(皮錫瑞)의 『금문상서고증(今文尙書考證)』이 그 뒤에 나왔다. 우리는 이들 저서를 통하여 서한 금문의 실마리를 찾아볼 수가 있다.

청말 때부터 현대에 이르기까지는 다시 경전 연구에 고고학적인 방법이 응용되었다. 다시 말하면, 옛날의 종정문(鐘鼎文)이나 갑골문(甲骨文)은 경서 연구에도 많은 과학적인 자료들을 제공한 것이다. 손이양(孫詒讓)의 『상서변지(尙書駢枝)』, 우성오(于省吾)의 『쌍검치상서신증(雙劍誃尙書新證)』, 양균여(楊筠如)의 『상서핵고(尙書覈詁)』 등은 모두가 이러한 과학적인 방법을 써서 이룬 주석서들이다.

이밖에 대만대학 교수를 역임한 굴만리(屈萬里)의 『상서석의(尙書釋義)』[33]는 간략하면서도 앞의 주석들의 장점만을 모두 망라한 뛰어난 주해서이다. 필자의 이 번역은 특히 이 굴만리 교수의 저서와 그분의 대만대학에서의 『상서』 강의에 크게 힘입고 있다. 영역본으로는 James Legge의 Chinese Classics Vol.3 The Shoo King (Oxford University Press, 1865)이 뛰어난 번역서로 공인되고 있다. 스웨덴의 언어학자 Bernhard Karlgren이 『서경』을 주석한 Glosses on The Book of Documents도 언어학을 바탕으로 하여 과학적인 주석에 노력한 참고할만한 업적이다. 이 책은 일찍이 대만(臺灣)에서 진순정(陳舜政)이 중국어로 번역하여 『고본한서경주석(高本漢書經注釋)』 상·하권(臺灣書局, 1970)으로 중화총서(中華叢書)로 발행되어 있다.

---

33) 中華民國 臺北 中華文化事業出版委員會 刊行.

제1편

우나라 사관의 기록 虞書

우나라 사관의 기록(虞書)

'우나라 사관의 기록'은 요·순 두 임금의 사적을 적은 것이다. 우(虞)는 순임금의 나라 이름이었다. 요임금의 나라 이름은 당(唐)이다. 이것을 '우나라 사관의 기록'이라 하나, 실제로는 주나라 사관의 기록(周書)의 중심을 이루는 「술에 관한 훈령(酒誥)」 같은 글보다 뒤에 이루어진 글임이 확실하다.

『가짜 공전(僞孔傳)』에서는 '우나라 사관의 기록'과 '하나라 사관의 기록(夏書)'이 나누어져 있어, 당나라 때의 공영달(孔穎達)의 『상서정의(尚書正義)』도 그것을 따르고 있으나, 서한(西漢) 때의 유향(劉向)을 비롯하여 동한(東漢) 때의 마융(馬融)·정현(鄭玄)·왕숙(王肅) 같은 학자들은 이를 합쳐 '우나라와 하나라 사관의 기록(虞夏書)'이라 하고 있으니, 그 편이 본시의 모양인지도 모른다.

1. 요임금의 업적(堯典)

서서(書序)

　옛날의 요임금은 총명한 위에 우아하고 신중하시어 사람들을 감화시키는 빛이 온 천하에 펴졌다. 임금 자리를 그만 두고 순(舜)에게 넘겨주려 하였을 적에 「요임금의 업적」이 지어졌다.

　昔在帝堯, 聰明文思, 光宅天下. 將遜于位, 讓于虞舜. 作堯典.

요임금 초상, 『삼재도회(三才圖會)』
인물권(人物卷)에서

　요임금(대략 기원전 2357~기원전 2258 무렵, 약 백 년 재위)의 업적에 관한 기록이다. 물론 '전(典)'에는 '법' 또는 '법도'의 뜻도 있으므로, '후세에 법도가 될만한 글'이라는 뜻도 함께 지니고 있다. 요임금은 성이 이기(伊祁)씨였고, 이름은 방훈(放勳), 오제(五帝)의 한 사람인 제곡(帝嚳)의 아들이라는 전설적인 황제이다. 뒤에 순임금에게 임금자리를 물려주었는데 이 요임금과 순임금이 다스린 시대는 덕(德)으로 나라를 다스렸던 태평성세라 하여 유가에서는 요·순 두 임금을 이상적인 성인다운 임금으로 떠받들고 있다.

옛날 요임금에 대하여 살펴 보기로 한다. 그분 이름은 방훈(放勳)이었다. 몸가짐이 공경스럽고 총명하고 우아하고 신중하시어 온유함을 느끼게 하셨고, 진실로 공손하고 겸양하시어 사람들을 감화시키는 빛은 온 세상에 펴져서 하늘로부터 온 땅에 퍼졌다.

原文 日若稽古帝堯컨대 日放勳이라. 欽明文思이 安安하시고 允恭克讓하사 光被四表하여 格于上下하니라.

註解 • 日(왈) - 월(粵) · 월(越)과도 통하는 말을 시작할 때 내는 소리로 별 뜻이 없다. • 若(약) - 조사, 그러나 '만약'의 뜻으로 풀이하여 '……할 것 같으면'으로 새겨도 뜻은 통한다. • 稽(계) - 따져보다, 살펴보다, 연구하다. • 放勳(방훈) - 요임금의 이름. 채침(蔡沈)의 『서전(書傳)』에는 '지극한 공로를 세웠다'는 뜻으로 풀이했으나 사마천(司馬遷)의 『사기(史記)』를 따랐다. • 欽(흠) - 공경스럽다, 행동이 공손한 것. • 明(명) - 총명한 것. • 文(문) - 문(紋)과도 통하며, 외모가 우아한 것. • 思(사) - 생각이 깊은 것. • 安安(안안) - 모습이 평안한 것을 형용하는 말로서, 온유하다는 뜻. • 允(윤) - 진실로. • 克(극) - 능(能)의 뜻, 잘하다, 가능하다. • 光(광) - 요임금의 덕 또는 그 감화의 빛임. • 四表(사표) - 사방, 곧 온 세상의 뜻. • 格(격) - 이르다. • 上下(상하) - 하늘과 땅. 요임금의 덕이 하늘에도 알려지고 백성들도 감화시켰다는 뜻.

큰 덕을 밝히시어 온 집안을 화목하게 하셨고, 온 집안을 화목하게 하신 다음에는 백성을 밝게 다스리시고, 백성을 밝게 다스림으로써 온 세상을 평화롭게 하셨다. 백성들은 이런 감화를 받아 화평을 누리게 되었던 것이다.

原文
극 명 준 덕　　　이 친 구 족　　　구 친 기 목　　　평 장 백 성
克明俊德하사 以親九族하고 九親旣睦하니 平章百姓하고

백 성 소 명　　　협 화 만 방　　　여 민　　오 변 시 용
百姓昭明하니 協和萬邦하여 黎民이 於變時雍하니라.

註解 • 俊(준) - 큰 것. • 九族(구족) - 자기를 중심으로 하여 고조 할아버지로부터 현손자(玄孫子)에 이르는 9대의 집안 사람들, 곧 온 친족들. • 平(평) - 고르다, 고르게 하다. • 章(장) - 밝히다. • 昭(소) - 밝다, 밝히다. 소명(昭明)은 위의 평장(平章)과 비슷한 뜻으로 볼 수 있다. • 協(협) - 화하다, 조화되다. '협화'는 화평케 하는 것. • 黎民(여민) - 백성들. • 於(오) - 감탄사, 아아. • 變(변) - 변하다, 감화되다. • 時(시) - 시(是)자와 같은 뜻의 조사. • 雍(옹) - 화평하게 하다.

解說 이것은 위대한 요임금의 덕으로 세상을 다스린 기록이다. 유가에서 주장하는 수신(修身) · 제가(齊家) · 치국(治國) · 평천하(平天下), 곧 몸을 닦은 다음, 집안을 가지런히 하고, 나라를 다스리고, 세상을 평화롭게 한다는 이상적인 사회를 요임금은 이룩하였다는 것이다. 곧 '큰 덕을 밝힌다' 는 것은 요임금의 몸을 닦으심(修身)이요, '온 집안을 화목하게 하셨다' 는 것은 집안을 가지런히 함(齊家)이요, '백성들을 밝게 다스리셨다' 는 것은 나라를 다스림(治國)이요, '온 세상을 평화롭게 하셨다' 는 것은 세상을 평화롭게 함(平天下)인 것이다. 유교에서는 정치란 개인의 덕을 닦는 일로부터 시작하여 자기 집안, 자기 주위의 사회를 감화시키고, 크게는 나라와 온 세상을 평화롭게 다스리는 것이라 믿었다. 그러나 여기에 이러한 유가사상이 구체적으로 표현되어 있다는 것은 이 글이 상당히 후세에 이루어진 것임을 증명하기도 한다.

2

그리고 희씨(羲氏)와 화씨(和氏)에게 명하시어, 넓은 하늘을 받들고 따르게 하시고, 해와 달과 별들의 운행을 자주 관찰하여 사람들에게 철을 알리도록 하셨다.

原文 　내 명 희 화　　흠 약 호 천　　　역 상 일 월 성 신　　경 수 인 시
乃命羲和하사 欽若昊天하고 歷象日月星辰하여 敬授人時하시니라.

註解 ·羲和(희화)─희씨(羲氏)와 화씨(和氏). 다음에 나오는 희중(羲仲)과 희숙(羲叔), 화중(和仲)과 화숙(和叔)을 가리킴. 이들은 대대로 자연과 계절의 변화를 다스려 온 집안이다. 후세에는 이 희씨와 화씨가 합쳐진 희화가 해의 신 곧 일어(日御)로 변하게 된다. ·欽(흠)─공경히 하다. ·若(약)─따르다. 순(順)과 같은 뜻. '흠약'은 '받들고 따른다'는 뜻임. ·昊天(호천)─넓고 큰 하늘. ·歷(역)─자주, 계속(『史記』). ·象(상)─관찰하는 것. ·敬授(경수)─삼가 알려주는 것. ·人時(인시)─사람들이 곡식을 씨뿌리고 거둬들이기에 알맞은 때.

희중에게 따로 명하시어 동쪽 바닷가에 살게 하니 바로 양곡이란 곳이며, 해가 뜨는 것을 공손히 맞아들이어 봄농사를 고루 지을 수 있도록 하셨다. 낮과 밤의 길이가 같은 것과 조성(鳥星)의 위치로 봄철을 바르게 대중잡아 주면, 백성들은 들로 나가고 새와 짐승들은 교미를 하고 새끼를 쳤다.

原文 　분 명 희 중　　택 우 이　　왈 양 곡　　인 빈 출 일　　평 질
分命羲仲하사 宅嵎夷하니 日暘谷이며 寅賓出日하여 平秩

_{동 작} _{일 중} _{성 조} _{이 은 중 춘} _{궐 민} _석 _{조 수}
東作하니라. 日中과 星鳥로 以殷仲春이면 厥民은 析이오 鳥獸는
_{자 미}
孶尾니라.

註解　•宅(택)－살다. •嵎夷(우이)－동쪽 바닷가의 땅. •暘谷(양곡)－탕곡(湯
谷), 양곡(暘谷)이라고도 쓰며 해가 돋는 곳. •寅(인)－공경스러움, 공손함. •賓
(빈)－손님, 손님을 맞아들이는 것. •平秩(평질)－질(秩)은 차례. '고르게 다스린
다'는 뜻. •東作(동작)－'봄농사'의 뜻. 오행설(五行說)에 의하면 동쪽은 봄에 해
당한다. •中(중)－고른 것. •日中(일중)－낮과 밤의 길이가 같은 것. •鳥(조)－
남방칠수(南方七宿)의 이름. 춘분(春分) 때는 조(鳥)의 칠수(七宿)가 나타난다 한
다. •殷(은)－바로잡는다, 대중잡아 준다. •仲春(중춘)－봄의 한창 때. •厥
(궐)－그것, 궐민(厥民)은 백성들. •析(석)－나뉘어지다. 백성이 밭으로 흩어져 나
간다는 뜻. •孶(자)－새끼를 치는 것. •尾(미)－교미하다.

　　다시 희숙에게 명하시어 남쪽 대교산(大交山)에 살게 하니 곧 명도
(明都)라는 곳이며, 여름의 농사일을 고루 다스리고 공손히 해의 그
림자를 표시하여 제사를 지내도록 하였다. 해가 긴 것과 대화성(大火
星)의 위치로 여름철을 바르게 대중잡아 주면, 백성들은 옷벗고 일하
고 새와 짐승들은 털과 깃을 갈아 성글게 하였다.

原文　_{신 명 희 숙} _{택 남 교} _{왈 명 도} _{평 질 남 와} _{경 치}
申命羲叔하사 宅南交하니 日明都며 平秩南訛하여 敬致하
_{일 영} _{성 화} _{이 정 중 하} _{궐 민} _인 _{조 수} _{희 혁}
니라. 日永과 星火로 以正仲夏면 厥民은 因이오 鳥獸는 希革하니라.

註解　•申(신)－거듭. •南交(남교)－남쪽의 대교산(大交山). 옛날에는 남쪽의
교지(交趾) 지방이라 풀이하였으나 합당치 못하다(王引之 『經義述聞』). •明都(명
도)－뒤에 나오는 유도(幽都)와 대가 되는 땅 이름. •南訛(남와)－남(南)은 여름의
뜻, 와(訛)는 화(化)와 통하는 글자로서 '농사일'이라는 뜻. •致(치)－『주례(周禮)』

에 '동하치일(冬夏致日)'이라 있듯이 하지(夏至)에 해의 그림자를 표시하며 해를 제
사 지내는 것. •火(화)—곧 대화성(大火星)으로 동방칠수(東方七宿)의 하나. •星火
(성화)—대화성(大火星)이 정남(正南)쪽에 오는 것을 뜻하며 앞의 일영(日永, 낮이
긴 것)과 함께 하지를 나타내는 현상. •因(인)—'옷을 벗고 일한다'는 뜻(『釋義』).
•希(희)—드물다. 희(稀)와 통하는 글자. •革(혁)—바뀌다. •希革(희혁)—새깃과
짐승털이 성글게 바꾸어진다는 뜻.

　　화중에게 따로 명하시어 서쪽 땅에 살게 하니 곧 매곡이라는 곳이
며, 해가 지는 것을 공경히 전송하여 추수를 고루 다스리도록 하셨
다. 밤과 낮의 길이가 같은 것과 허성(虛星)의 위치로 가을철을 바로
잡으면, 백성들은 더위가 간 것을 기뻐하고 새와 짐승들은 털과 깃을
갈았다.

原文　分命和仲하사 宅西하니 日昧谷이며 寅餞納日하여 平秩西
成하니라. 宵中과 星虛로 以殷仲秋면 厥民은 夷오 鳥獸는 毛毨하
니라.

註解　•昧谷(매곡)—해가 지는 골짜기. •餞(전)—전송의 뜻. •納(납)—받아들
이다. 들이다. •西成(서성)—추수의 뜻. 오행설에서 서쪽은 가을에 해당한다. •宵
中(소중)—밤과 낮의 길이가 같은 것. 소(宵)는 밤. •虛(허)—별이름으로 북방칠수
(北方七宿)의 하나. •星虛(성허)—허성(虛星)이 제자리에 와 있다는 뜻으로 '소중'
과 함께 추분(秋分) 때의 현상임. •夷(이)—기뻐하다. 더위가 물러가 사람들이 기
뻐한다는 뜻. •毨(선)—털을 가는 것.

　　다시 화숙에게 명하시어 북쪽 땅에 살게 하니 곧 유도라는 곳이며,
겨울 밭일을 고루 살피도록 하셨다. 해가 짧은 것과 묘성(昴星)의 위

치로 겨울철을 바로잡으면, 백성들은 방안으로 들어가고 새와 짐승들은 몸에 솜털이 많이 나게 되었다.

申命和叔하사 宅朔方하니 日幽都며 平在朔易하니라. 日短과 星昴로 以正仲冬이면 厥民은 隩요 鳥獸는 氄毛하니라.

（신 명 화 숙　택 삭 방　왈 유 도　평 재 삭 이　일 단　성 묘　이 정 중 동　궐 민　오　조 수　용 모）

•朔(삭)—북쪽. •幽都(유도)—해가 멀어 어두운 북쪽에 있는 땅이름. •平(평)—고르다. •在(재)—살피다. 찰(察)과 같은 뜻. •朔易(삭이)—겨울철에 밭을 다스리는 일. 이(易)는 치전(治田), 밭을 다스리는 것. •昴(묘)—별이름으로 서방칠수(西方七宿)의 하나. •星昴(성묘)—묘성(昴星)이 제자리에 온다는 뜻으로 '일단'과 함께 동지(冬至) 때의 현상. •隩(오)—날이 추워져 사람들이 방으로 들어간다는 뜻. •氄(용)—솜털, 솜털이 나다.

　임금님이 말씀하셨다. "아아! 그대들 희씨(羲氏)와 화씨(和氏)여! 일년은 366일이니 윤달로 사철이 어긋남없이 일년을 이루도록 하여, 여러 관원들을 잘 다스리고 여러 가지 일의 공적이 모두 빛나도록 해주시오."

帝曰:"咨아! 汝羲暨和여! 朞三百有六旬有六日이니 以閏月로 定四時成歲하여 允釐百工하고 庶績咸熙하라."

（제 왈　자　여 희 기 화　기 삼 백 유 육 순 유 육 일　이　윤 월　정 사 시 성 세　윤 리 백 공　서 적 함 희）

•咨(자)—감탄사, 아아. •暨(기)—'……과', '및'의 뜻. •朞(기)—한 돌. 일년의 뜻. 366일은 대체적인 날짜 수를 들어 말한 것으로 사실은 365일과 4분의 1일. 달이 지구를 한 바퀴 도는 데는 29여일이 걸리므로 음력(陰曆)에는 큰달[30日]과 작은달[29日]이 있다. 이 대소월(大小月) 12달을 합쳐야 1년 354 또는 355

일 밖에 되지 않는다. 지구가 해를 한 바퀴 도는 데 드는 날짜에 비하면 10여일이 모자라므로 음력은 윤달[閏月]로서 보충하여야 된다. 그리하여 음력에는 19년 동안에 일곱 달의 윤달이 있게 된다. •四時(사시)—사철. •允(윤)—용(用) 또는 이(以), 그럼으로써. •釐(리)—다스리다. •百工(백공)—여러 관원. •庶(서)—뭇, 여러 가지. •績(적)—공적, 업적. •咸(함)—다, 모두. •熙(희)—빛나다.

解說 여기에는 요임금이 '하늘을 섬기어 백성들을 다스리신' 모양이 적혀 있다. 곧 역법(曆法)을 정하는 것이다. 농경사회에 있어서 역법의 중요성은 다시 말할 필요도 없을 정도이다.

그리고 옛날 중국에는 천명사상(天命思想)이 있어서 임금은 하늘의 명을 받들어 백성들을 다스리는 것이라 생각하였기 때문에 임금을 천자(天子)라 불렀다. 그러므로 천자는 사람을 다스리기 위하여는 하늘의 뜻을 따라야만 한다고 믿었다. 자연의 모든 현상은 바로 사람들의 일과 밀접한 관계가 있는 것이라 믿었다. 혜성(彗星)이 나타나거나 일식·월식 또는 지진 같은 특별한 현상이 일어나는 것은 하나님의 노여움 또는 경고의 표시라고 여겨왔다. 그래서 천자들은 하늘과 땅의 모든 신에게 제사 지내고 아무런 변고가 없기를 빌었다.

이것이 이른바 옛날의 제정일치(祭政一致)인 것이다. 얼핏 생각하기에는 허황된 일인 것 같으나 중국에서는 옛날부터 황하의 홍수에 크게 시달려 왔었고, 일년 농사가 잘되고 못 되는 것은 주로 날씨 여하에 달려 있었다는 것을 생각할 때, 이것은 절실한 현실문제로부터 나온 일임을 알 수 있겠다. 자연현상이 순조로우냐 아니냐는 이래서 정치를 잘하고 못하는 것과 바로 연결되었다. 그리고 이것은 임금이 지닌 덕이 어떠한가에 달린 것이라고 믿었다. 그러기에 천자는 사람들을 다스리기에 앞서 하늘의 뜻을 따르며 자연계의 여러 신들을 떠받들었던 것이다.

여기의 희중[春]·희숙[夏]·화중[秋]·화숙[冬]은 주(周)나라에 와서는 춘관(春官)·하관(夏官)·추관(秋官)·동관(冬官)으로 발전하고 그 소임이

나 성격이 현실화하지만 훨씬 후대의 관제에서까지도 이들의 흔적이 남아 있게 된다.

3

임금님이 말씀하셨다. "누가 잘 순종하여 등용할 만한가요?"

방제가 대답하였다. "맏아드님 주(朱)가 총명하십니다."

임금님이 말씀하셨다. "아! 그애는 말에 성실성이 없고, 입씨름만 잘하는데 되겠소?"

原文 帝曰 : "疇咨若時하여 登庸고?"

放齊曰 : "胤子朱가 啓明하니이다."

帝曰 : "吁라! 嚚訟이니 可乎아?"

註解 •疇(주)—누구. •咨(자)—조사로 쓰였음. •若(약)—따르다, 순종하다. •時(시)—조사, 시(是)와 같음. •庸(용)—쓰다, 등용하다. •登庸(등용)—등용(登用)과 같은 말. •放齊(방제)—요임금의 신하 이름. •胤(윤)—맏, 맏아들. •朱(주)—요임금의 아들 이름. 단주(丹朱)라고도 한다(『史記』). •啓明(계명)—총명의 뜻. •吁(우)—감탄사. •嚚(은)— '하는 말에 충실성과 믿음이 없는 것' (『左傳』僖公 24年). •訟(송)—말다툼, 입씨름.

임금님이 말씀하셨다. "누가 나의 일을 잘 따라 하겠소?"

환두가 대답하였다. "아아! 공공(共工)이 민심을 얻고, 일을 많이 잘하고 있습니다."

임금님이 말씀하셨다. "어! 말은 잘하나 행동이 다르고, 겉으로는 공손하나 마음은 하늘을 가볍게 보고 있소."

原文　帝曰 : "疇^제咨若予采오?"

驩兜曰 : "都라! 共工이 方鳩僝功하니이다."

帝曰 : "吁라! 靜言庸違하고 象恭滔天하니라."

註解　•采(채)―일. •驩兜(환두)―요임금의 신하 이름. •都(도)―감탄사. •共工(공공)―관명으로 많이 쓰이나 여기에서는 인명으로 보아야 할 것이다. •方(방)―방금, 지금. 차(且)와 같은 뜻. •鳩(구)―모으다, 여기에서는 민심을 모은다는 뜻. •僝功(잔공)―공적을 갖추다, 일의 업적을 많이 이루다. •靜(정)―잘하다, 선(善)의 뜻《史記》). •庸違(용위)―행동이 말과 어긋난다는 뜻. •象(상)―형상, 외모, 상(像)과 통하는 글자. •滔(도)―오만한 것. •滔天(도천)―하늘에 대하여 마음이 오만한 것, 하늘을 가볍게 보는 것.

임금님이 말씀하셨다. "아아, 사악이여! 넘실대는 홍수가 널리 해를 끼치어, 콸콸 흐르는 물이 산을 삼키고, 언덕을 잠기게 하며, 질펀한 물은 하늘에 닿을 듯하오. 밑의 백성들은 이를 탄식하고 있소. 이를 다스리게 할만한 사람은 없겠소?"

여럿이 말하였다. "아아! 곤(鯀)이 있습니다."

임금님이 말씀하셨다. "어어! 안되지요. 명을 어기어 일을 그르치리다."

사악이 말하였다. "쓰십시오. 시험해 보시고 괜찮으면 그만 아닙니까?"

임금님이 말씀하셨다. "그럼 가서 잘 일을 하도록 해 주시오."

그는 9년이나 일을 하였으되 아무것도 이루지 못하였다.

原文 帝曰 : "咨아! 四岳이여! 湯湯洪水이 方割하여 蕩蕩懷山
襄陵하고 浩浩滔天이라. 下民其咨하나니 有能俾乂오?"

僉曰 : "於라! 鯀哉니이다."

帝曰 : "吁라! 咈哉로다! 方命圮族하리로다."

岳曰 : "异哉하소서. 試可면 乃已니이다."

帝曰 : "往欽哉하라!"

九載績用이로되 弗成하니라.

註解 • 四岳(사악)─사방의 제후를 통할하는 사람. • 湯湯(상상)─물결이 넘실
거리는 모습. • 方(방)─널리, 방(旁)자와 통하는 글자. • 割(할)─해치다, 해를 끼
치다. • 蕩蕩(탕탕)─물이 질펀한 모습, 물이 크게 불어난 모양. • 懷(회)─품다.
• 襄(양)─오르다. • 懷山襄陵(회산양릉)─홍수로 산이 물에 잠기고 물이 언덕 위
에까지 오른다는 뜻. • 其(기)─조사. • 咨(자)─탄식하다. • 俾(비)─……하여금,
……을 하게 하다. • 乂(예)─다스리다. • 僉(첨)─모두, 다. 그 자리에 있던 사람
모두의 뜻. • 於(오)─감탄사, 아아. • 鯀(곤)─우(禹)임금의 아버지. 그는 요임금
의 명을 받들어 강물을 다스리는 일에 힘썼으나 성공하지 못하고 순임금에게 형벌
을 받는다. 뒤에 아들인 우가 아버지가 못다한 일을 이루어 임금의 자리에까지 오
르게 된다. • 咈(불)─어기다, 안되다. • 方(방)─어기다, 거스르다. 역(逆)의 뜻.
• 圮(비)─무너지다. • 族(족)─유(類)와 통하는 글자로, 여기에서는 '좋은 사람,
좋은 일'을 모두 가리킨다. • 岳(악)─사악(四岳)의 약칭. • 异(이)─들다, 들어쓰
다, 등용하다. • 欽(흠)─공경히 하다, 여기에서는 '성실히 일하라'는 뜻.

解說 요임금은 사람을 쓰는 데 신중하였다. 그는 사람의 능력보다도 덕망이 더 중요하다고 믿었다. 그러기에 신하들이 추천하는 여러 유능한 사람들을 오직 덕행을 기준으로 하여 등용 여부를 결정했다. 자신의 맏아들까지도 행실이 바르지 못하대서 등용치 않는다. 이것은 이미 뒤에 그가 임금의 자리를 신하 중에서 어진 사람을 골라 물려줄 것임을 암시한다. 그리고 끝의 곤을 등용하는 대목에서는 옛날 중국에서 장마로 인한 홍수가 나라에 얼마나 큰 해를 끼쳤는가를 알려준다.

4

임금님께서 말씀하셨다. "아아, 사악이여! 내가 왕위에 오른 지 70년 동안 그대는 잘 명을 받들어 일하였으니 나의 자리를 물려줄까 하오."

사악이 아뢰었다. "덕이 없어서 임금의 자리를 욕되게 할 따름일 것입니다."

임금님이 말씀하셨다. "그럼 밝게 살피어 숨어 있는 훌륭한 사람을 드러내어 주시오."

여러 사람들이 임금에게 아뢰었다. "장가도 안든 사람이 민간에 있사온데 우순(虞舜)이란 사람입니다."

임금님이 말씀하셨다. "그렇소. 나도 들었소. 어떤 사람인가요?"

사악이 말하였다. "장님의 자식으로 아비는 어리석고, 어미는 간사하며, 아우인 상(象)은 오만합니다. 그러나 효성으로 잘 화합하고 성심으로 그들과 잘 어울리어 간악함을 크게 감화시켰다 합니다."

임금님이 말씀하셨다. "내 그를 시험해 보리라. 그에게 딸을 시집 보내어, 두 딸들을 통하여 그의 행동을 살펴보리라."

原文 帝曰:"咨아! 四岳이여! 朕在位七十載에 汝能庸命하니 巽朕位인저!"

岳曰:"否德이라 忝帝位리이다."

曰:"明明하고 揚側陋하라."

師錫帝曰:"有鰥在下니 曰虞舜이니이다."

帝曰:"俞라! 予聞이니 如何오?"

岳曰:"瞽子로 父頑하고 母嚚하며 象傲로되 克諧以孝하고 烝烝乂하여 不格姦하니이다."

帝曰:"我其試哉인저! 女于時하여 觀厥刑于二女하리라."

註解 •庸命(용명)―명을 받들어 일을 잘한다는 뜻. •巽(손)―유순하다, 여기에서는 사양한다는 뜻. •否(부)―아니다, 없다. •忝(첨)―욕되다, 욕되게 하다. •明明(명명)―밝게 살피다. •揚(양)―드러내다. •側陋(측루)―은루(隱陋), 곧 은일(隱逸)의 뜻(聞一多『古典新義』上), 숨어 있는 훌륭한 사람. •師(사)―뭇 사람, 여러 사람. •錫(석)―여(與)와 통하는 글자로 '더불어' '……에게'의 뜻. •鰥(환)―홀아비, 장가 안든 남자. •下(하)―민간(民間)의 뜻. •虞舜(우순)―우(虞)는 성이요, 순(舜)은 이름. 뒤에 요임금으로부터 왕위를 물려받아 임금이 된 사람. •俞(유)―대답하는 말, 긍정을 표시하는 대답으로 쓰임. •瞽(고)―장님. 순(舜)의 아버지는 정말 장님이 아니라, 옳고 그른 것을 분별할 줄 몰라 소견이 장님처럼 어둡대서 그렇게 불렀다고도 한다. •頑

(완)-완고하다, 어리석다. •嚚(은)-간악한 것. •象(상)-순의 배다른 동생. 그는 팥쥐처럼 계모와 함께 순을 괴롭혔고 여러 번 죽이려고까지 하였다. •傲(오)-오만한 것. •克(극)-능(能)히, 잘하다. •諧(해)-화해, 화합. •烝烝(증증)-두텁고 아름다운 모습으로 순의 효도를 형용한 말(『經義述聞』). •乂(예)-다스리다, 잘 어울리다. •不(부)-비(조)자와 통하는 글자. 매우 크게. •格(격)-이르다, 감응하다(『釋義』). •女(여)-동사로 시집보낸다는 뜻. •于時(우시)-어시(於是), 곧 '이에' '그에게'의 뜻. •厥(궐)-그것, 그 이. 순을 가리킴. •刑(형)-법도, 거동. •二女(이녀)-요의 두 딸, 아황(娥皇)과 여영(女英).

이에 두 따님을 규수(嬀水)의 물굽이로 시집보내어 우씨(虞氏)네 며느리로 삼게 하시었다. 그리고 임금은 "잘 공경하라!"고 말씀하셨다.

리 강 이 녀 우 규 예   빈 우 우   제 왈   흠 재
原文 釐降二女于嬀汭하여 嬪于虞하시니라. 帝曰：“欽哉하라!”
하시니라.

註解 •釐(리)-다스리다, 여기에서는 '……하게 한다'는 뜻. •嬀(규)-지금의 산서성(山西省) 영제현(永濟縣) 남쪽을 흐르고 있는 강이름. •汭(예)-물굽이. •嬪(빈)-여기에서는 부(婦)와 같은 뜻으로 '며느리로 삼았다'는 뜻. •欽(흠)-공경하다.

解說 여기에서는 임금의 자리를 어진 사람에게 넘겨주려는 요임금의 뜻을 구체적으로 밝히고 있다. 요임금은 어질고 덕망이 있는 사람을 구한 결과 순을 찾아낸다. 순은 배다른 동생과 계모의 구박 밑에서도 부모에게는 효도를 다하고 아우에게는 우애를 다한 온 백성들이 우러러볼만한 덕행을 쌓은 사람이었다.

2. 순임금의 업적(舜典)

서서(書序)

순은 출신이 미천하였다. 요임금은 그가 총명하다는 말을 듣고 임금자리를 잇게 하고자 하여 여러 번 어려운 일로 시험하여 보았다. 그리고 「순임금의 업적」이 지어졌다.

虞舜側微. 堯聞之聰明, 將使嗣位, 歷試諸難. 作舜典.

순임금 초상, 『삼재도회(三才圖會)』 인물권(人物卷)에서

순임금(대략 기원전 2255~기원전 2208 무렵 재위)은 성이 우(虞), 이름은 중화(重華)였고, 오제(五帝) 중의 한 사람인 전욱(顓頊)의 5세손이라 한다. 요임금은 기원전 2258년 무렵에 돌아가셨으나 순임금은 요임금의 아들에게 임금자리를 사양하는 뜻에서 2년 뒤에 임금 자리에 올랐다. 이 편은 순임금의 업적에 관한 기록이다.

『금문상서』에는 「순임금의 업적」이 「요임금의 업적」에 합쳐 있다. 이처럼 「순임금의 업적」이 따로 나뉘어 있는 것은 가짜 고문(僞古文)의 가짜로 만든 부분의 일부인 것이다. 체재나 문맥으로 보더라도 「순임금의 업적」은 「요임금의 업적」에 합쳐져 있는 것이 옳다. 『맹자』에도 「요임금의 업적」의 글이라고 하며 인용한 말이 있는데 여기의 「순임금의 업적」에 있는 글귀다.

1

옛 순임금에 대하여 살펴 보건대, 이름은 중화라 하였다. 임금님과 잘 화합하셨으며 신중하고 어질고 우아하고 총명하셨다. 온화하고 공손하고 진실하고 착실하셔서 숨겨져 있는 덕행이 위에까지 알려지니 임금자리를 물려받게 되셨던 것이다.

原文 日若稽古帝舜컨대 日重華라. 協于帝하시며 濬哲文明하시니라. 溫恭允塞하사 玄德升聞하니 乃命以位하시니라.

註解 •協(협)—화합하다, 화하다. •濬(준)—깊다, 신중하다. •哲(철)—어질다. •溫(온)—따스하다, 온화하다. •允(윤)—진실한 것. •塞(색)—실(實)과 통하여, 착실하다는 뜻. 온공(溫恭)은 부모님께 대한 효도, 윤색(允塞)은 아우에 대한 지극한 사랑을 형용한 말이라고도 본다. •玄德(현덕)—숨겨져 있는 덕. •升聞(승문)—위에 들려지게 되다, 임금에게까지 알려졌다는 뜻. •位(위)—지위, 임금의 자리.

解說 이 28글자는 『금문상서』에는 없다. 「요임금의 업적」에서 「순임금의 업적」을 나누어 놓고 「순임금의 업적」 앞머리에 『고문상서』를 가짜로 만든 사람이 가짜로 만들어 붙여 놓은 글이다.

이것은 「요임금의 업적」의 첫머리를 흉내내어 순임금의 위대한 덕행을 씀으로써 「순임금의 업적」의 머리를 만들어 가짜로 만든 것임을 감추려 한 것이다.

2

　삼가 '다섯 가지 윤리'를 백성들에게 펴라고 하시니, 백성들이 '다섯 가지 윤리'를 잘 따르게 되었다. 여러 관원들을 임명하게 하시니, 모든 관직에 질서가 잡히게 하였다. 사방 문으로 나가 제후들을 맞아들이게 하시니, 사방의 문에는 화기가 넘치게 되었다. 큰 숲 속으로 몰아넣었으나, 심한 바람과 뇌우에도 방향을 잃지 않으셨다.

原文　愼徽五典하시니 五典克從하니라. 納于百揆하시니 百揆時
敍하니라. 賓于四門하시니 四門穆穆하니라. 納于大麓하시니 烈風
雷雨에 弗迷하시니라.

註解　•愼(신)－삼가다. •徽(휘)－'아름답게 하라', 백성들에게 '잘 지키도록 하라'는 뜻. •五典(오전)－오륜(五倫), 유가의 '다섯 가지 윤리' 곧 '아버지와 아들은 친밀한 관계를 지녀야 하고(父子有親), 임금과 신하는 의로움으로 맺어져야 하고(君臣有義), 남편과 아내 사이에는 분별이 있어야 하고(夫婦有別), 어른과 아이들 사이에는 질서가 있어야 하고(長幼有序), 친구들 사이에는 신의가 있어야 한다(朋友有信)'의 다섯 가지. •納(납)－'들여놓는다', 곧 '맡긴다'는 뜻. •百揆(백규)－백관(百官), 여러 가지 벼슬자리. 요임금은 순을 시험하기 위하여 여러 가지 관원들을 임명하고 지휘하도록 하였다. •時(시)－조사. •敍(서)－질서가 잡힌다는 뜻. •賓(빈)－사방에서 임금을 뵈러 오는 제후들을 맞아들이는 것. •四門(사문)－사방의 문. •穆穆(목목)－화목한 모습. 공경스런 모양. •麓(록)－산기슭. 여기서는 산기슭의 숲이란 뜻.

解說　요임금이 순의 천자로서의 능력을 시험한 대목이다. 첫째, 세상 사람들에게 '다섯 가지 윤리'를 지키게 할 수 있는가, 둘째, 밑의 관원들을

올바로 임명하여 잘 거느릴 수 있는가, 셋째, 제후들을 잘 다스리어 천하를 평화롭게 할 수 있는가 살펴본 것이다. 그리고 끝으로 하늘이 순을 돕고 있는가 보기 위하여 길도 없는 숲 속에 몰아 넣었다. 폭풍우가 쳤어도 순은 방향을 잃지 않았다. 하늘도 순을 돕고 있음이 증명된 것이다.

　　임금님이 말씀하셨다. "그대 순에게 고하노라! 일을 시켜보고 하는 말을 살펴보았는데, 그대의 말을 따르면 정치 업적을 이룰 수 있다고 본 지 3년이 되었소. 그대가 임금자리에 오르시오."
　　순은 덕이 부족하다 사양하며 임금　자리에 오르지 않으셨다.

原文　帝曰 : "格汝舜하노라! 詢事考言컨대 乃言底可績이 三載라. 汝陟帝位하라."
舜讓于德하사 弗嗣하시니라.

註解　•格(격)—고하다. 본뜻은 '신이 내린다'는 것이어서, 혹은 '오라'는 뜻으로 풀이하기도 한다(『釋義』). •詢(순)—시험하다, 묻다. •乃(내)—너, 그대. •底(저)—이르다, 이루다. •績(적)—공적, 업적. •陟(척)—오르다. •嗣(사)—잇다, 계승하다. 임금 자리에 오르는 것.

解說　요임금은 순에게 임금자리를 물려주기 위하여 그의 여러 가지 능력을 시험하였다. 요임금은 순의 덕행과 나라를 다스릴 능력 및 하늘의 뜻을 알아본 뒤에, 곧 임금자리를 순에게 물려주려 한다. 순은 덕과 행정능력, 외교능력 및 하늘의 뜻과 같은 천자가 갖추어야 할 이상적인 요건을 다 잘 갖추고 있었다.

3

정월 첫날에 그만두신 임금 일을 종묘(宗廟)에서 물려받으셨다.

原文 　^{정 월 상 일}　^{수 종 우 문 조}
正月上日에 受終于文祖하시다.

註解 　•正月(정월)—순이 임금의 일을 맡은 첫해의 '첫째 달'. •上日(상일)—'첫째 날', 길일(吉日)이라는 설도 있다. 여기에서는 아직 정식으로 순이 임금이 된 것이 아니라 요임금이 늙었으므로 대신 임금의 일을 맡게 된 것이다. •終(종)—끝내다, 요임금이 늙어 임금의 일을 그만둔 것을 뜻함. •文祖(문조)—요임금의 태조의 묘(廟)(『釋義』), 곧 종묘의 뜻.

좋은 옥으로 장식한 혼천의(渾天儀)를 살피시어 천체의 운행을 바로잡으시고 나서, 하나님께 제사〔類〕지내고 하늘과 땅 및 사철을 제사〔禋〕지내고 산과 강물에 제사〔望〕지내고 여러 신들을 모두 제사 지내셨다.

原文 　^{재 선 기 옥 형}　　^{이 제 칠 정}　　^{사 류 우 상 제}　　^{인 우}
在璿璣玉衡하사 以齊七政하시고 肆類于上帝하시며 禋于
^{육 종}　　^{망 우 산 천}　　^{편 우 군 신}
六宗하시며 望于山川하시며 偏于羣神하시니라.

註解 　•在(재)—살피다. •璿(선)—미옥(美玉), 좋은 옥. •璣(기)—혼천의(渾天儀), 천체(天體)를 관측하는 데 쓰는 기계. •衡(형)—혼천의의 굴대라 한다. 선기옥형(璿璣玉衡)은 좋은 옥으로 장식한 혼천의를 가리킨다. •齊(제)—다스리다, 가지런히 하다. •七政(칠정)—해(日)와 달(月)과 다섯 가지 별(五星), 곧 천체(天體)의 뜻. •肆(사)—그리하고는, 수(遂)와 같은 뜻. •類(류)—제사의 이름. 뒤에도 여러 가지 다른 종류의 제사 이름이 보이는데 모두 제물과 제사 방법이 같지 않다.

• 禋(인)－제사의 이름. • 六宗(육종)－여기에 대해서는 해석이 구구하나 '하늘과 땅 및 봄·여름·가을·겨울(春夏秋冬)'을 뜻한다는 마융(馬融)의 설을 따른다(『經典釋文』). • 望(망)－제사의 이름. • 偏(편)－두루, 여기에서는 제사를 두루 지냈다는 뜻.

　다섯 가지 제후들의 홀(笏)을 모으고, 좋은 달과 좋은 날을 가리어 사악과 여러 고을의 장관들을 만나보신 뒤, 홀을 다시 제후들에게 돌려주셨다.

原文 輯五瑞하시고 既月乃日하사 覲四岳群牧하시고 班瑞于群后하시니라.
（집 오 서）（기 월 내 일）（근 사 악 군 목）（반 서 우 군 후）

註解 • 輯(집)－모으다, 집(集). • 五瑞(오서)－다섯 가지 제후들의 홀(笏). 홀이란 옥으로 만든 길쭉한 물건으로 제후들이 조회(朝會)나 회의를 할 때 손에 드는 것. 홀에는 다섯 가지가 있으니 『주례(周禮)』 춘관(春官)에 의하면 '공(公)은 환규(桓圭)를 들고, 후(侯)는 신규(信圭)를 들고, 백(伯)은 궁규(躬圭)를 들고, 자(子)는 곡벽(穀璧)을 들고, 남(男)은 포벽(蒲璧)을 들었다'고 하였다. 여하튼 이 홀은 제후들의 신분을 밝히는 증표인 것이다. 순임금은 이 제후들의 홀을 다 거두어들이어 그들이 나라를 다스리는 실정을 살펴본 다음, 일을 잘하고 있음을 확인한 뒤에 다시 돌려주었던 것이다. 이것은 제후를 다시 임명하는 것이나 같은 일이다. • 既月乃日(기월내일)－'길하고 좋은 달(吉月)을 고른 뒤에 또 길하고 좋은 날(吉日)을 골랐다'는 뜻(『史記』). • 覲(근)－뵙다, 만나다. • 四岳(사악)－사방의 제후들을 이끄는 사람. • 牧(목)－주목(州牧)으로 고을을 다스리는 장관. • 班(반)－'돌려준다'는 뜻. • 后(후)－제후, 임금.

　이해 2월에는 동쪽지방을 돌며 살펴보셨다. 태산에 이르러 제사〔柴〕를 지내고 차례로 산과 강물을 제사〔望〕 지내셨다. 그리하고는 동쪽 제후들을 만나 철과 달을 맞추고 날짜를 바로잡으셨으며, 악률 (樂律)과 도량형을 통일하시고, 다섯 가지 예(禮)와 다섯 가지 홀, 세 가지 비단, 두 가지 산 짐승, 한 가지 죽은 짐승 및 폐백(幣帛)을 정리 하셨다. 다섯 가지 홀만은 일이 끝난 뒤 되돌려 주셨다.

原文 歲二月에 東巡守하시니라. 至于岱宗하사 柴하시며 望秩于 山川하시니라. 肆觀東后하사 協時月하시고 正日하시며 同律度量 衡하시고 修五禮, 五玉, 三帛, 二生, 一死, 贄하시니라. 如五器 는 卒乃復하시니라.

註解 •歲二月(세이월)―마융(馬融)에 의하면 순이 왕위를 물려받은 지 5년째 되던 해 2월이라 한다(『史記集解』). •巡守(순수)―순수(巡狩)·순행(巡行)·순행 (巡幸)이라고도 하며 천자가 제후의 나라를 돌아다니며 실정을 살펴보는 것. •岱 宗(대종)―태산(泰山)을 가리킴. •柴(시)―제사의 일종. •望秩(망질)―차례로 망 (望)제사를 지냈다는 뜻. •東后(동후)―동쪽의 제후들. •協時月(협시월)―'철과 달을 맞춘다' 는 뜻. •正日(정일)―'날짜를 바로잡는다' 는 뜻. •同(동)―통일의 뜻. •律(율)―법률이라 풀이하기도 하나(『正義』), 악률(樂律)로 보는 편이 더 나을 듯하다(『集傳』). •度量衡(도량형)―자와 되와 저울. •修(수)―닦다, 여기서는 정 비한다는 뜻으로, 밑의 지(贄)에까지 걸린다. •五禮(오례)―즐거운 일을 할 적의 예의(吉禮)·나쁜 일을 할 적의 예의(凶禮)·손님들 접대하는 예의(賓禮)·군대에 서의 예의(軍禮)·결혼에 관한 예의(嘉禮)의 다섯 가지 예. •五玉(오옥)―앞에 나 온 오서(五瑞), 곧 다섯 가지 홀(笏). 제후들은 홀로 폐백을 삼았다. •三帛(삼백)― 제사 지낼 때 삼고(三孤 : 三公의 바로 밑자리로 少師·少傅·少保)가 들고 나가는 붉은색(赤)·흰색(白)·검은색(黑)의 세 가지 비단. •二生(이생)―제사 때 경대부 (卿大夫)들이 들고 나가는 새끼양[羔]과 기러기[雁]의 두 가지 산 짐승. •一死(일 사)―제사 때 선비[士]들이 들고 나가는 죽은 꿩[雉]. 이상 오옥(五玉)·삼백(三

帛)·이생(二生)·일사(一死)는 모두 신분에 따라 각각 들고 나가는 폐백의 이름임. •贄(지)—사람들이 처음 만날 때 서로 주고받는 예물, 폐백(幣帛). •五器(오기)—오옥(五玉)·오서(五瑞)를 뜻함. •卒(졸)—끝나다. •復(복)—되돌려 준다는 뜻. 앞에서도 말했던 것처럼 순은 제후들의 홀을 거두어놓고, 여러 제후들의 나라를 다스리는 실상을 시찰하고 여러 가지 제도를 정리한 뒤, 오옥인 홀을 제후들에게 되돌려 준 것이다. 다른 물건은 그렇게 중요한 것이 아니기에 되돌려 줄 필요가 없었다.

5월에는 남쪽지방을 돌며 살피시었다. 형산(衡山)에 이르러 태산에서와 같은 예식을 행하셨다. 8월에는 서쪽지방을 돌며 살피시었다. 화산(華山)에 이르러 처음과 같이 행하셨다. 11월에는 북쪽지방을 돌며 살피시었다. 항산(恒山)에 이르러 서쪽에서와 같이 예식을 행하셨다. 돌아오셔서는 종묘(宗廟)에 고하는 제사〔格〕를 지내셨는데 황소 한 마리를 제물로 쓰셨다.

原文 五月에 南巡守하시니라. 至于南岳하사 如岱禮하시니라. 八月엔 西巡守하시니라. 至于西岳하사 如初하시니라. 十有一月엔 朔巡守하시니라. 至于北岳하사 如西禮하시니라. 歸格于藝祖하시되 用特하시니라.

註解 •南岳(남악)—형산(衡山)을 가리킴. •如岱禮(여대례)—동쪽지방을 돌며 살펴볼 때 태산에서 행하였던 것과 같은 예식을 행하셨다는 뜻. •西岳(서악)—화산(華山)임. •如初(여초)—역시 처음 동쪽지방을 돌며 살펴볼 때와 같은 일들을 행하셨다는 뜻. •朔(삭)—북방. •北岳(북악)—항산(恒山)임. •如西禮(여서례)—서쪽지방을 돌며 살펴볼 때와 같은 예식을 행하셨다는 뜻. •格(격)—돌아온 것을 아뢰는 제사(『釋義』). •藝祖(예조)—앞에 나온 문조(文祖)와 같은 말로, 종묘의

뜻. •特(특)― '황소 한 마리의 제물' 이란 뜻.

　5년에 한 번씩 지방을 돌며 살펴보시고, 여러 제후들은 4년마다 한 번 천자를 찾아 뵙도록 하셨다. 널리 말로 아뢰도록 한 뒤 업적을 따져 밝히시고 수레와 옷을 내리셨다.

原文　五載에 一巡守하시고 群后는 四朝하니라. 敷奏以言하시며
明試以功하시고 車服以庸하시니라.

註解　•四朝(사조)―순임금이 5년에 한 번씩 지방을 돌며 살펴보는 사이 4년 동안에는 여러 제후들이 천자를 찾아 뵙도록 하였다는 뜻. •敷奏(부주)―널리 그들의 나를 다스리는 방법이나 여러 가지 의견을 천자에게 아뢰도록 하였다는 뜻. •庸(용)―제후들의 업적에 따라 수레와 옷을 순임금이 내리어 쓰게 하였다는 뜻.

　새로이 12주(州)를 마련하시고 12산을 정하여 제사 지내도록 하셨으며, 강을 준설하셨다.

原文　肇十有二州하시고 封十有二山하시며 濬川하시다.

註解　•肇(조)―개설의 뜻. •十有二州(십유이주)―기주(冀州)·연주(兗州)·청주(靑州)·서주(徐州)·형주(荊州)·양주(揚州)·예주(豫州)·양주(梁州)·옹주(雍州) 등 요임금 때의 9주에다가 순이 개설한 병주(幷州)·유주(幽州)·영주(營州)의 3주를 합친 것. •封(봉)―봉토(封土)로, 제단을 만들고 제사 지내는 것. •十有二山(십유이산)―12주의 가장 큰 산 12개를 말함. 몇 개를 제외한 12개 산의 이름은 지금 다 알 수 없다. •濬(준)―준설하다, 강바닥의 흙을 파내어 장마가 지더라도 물이 잘 흐르도록 함으로써 강물을 잘 다스렸다는 말.

解說 요임금은 나이가 많아지자 임금의 일을 순에게 맡겨 대신 나라를 다스리게 하였다. 이렇게 하여 나랏일을 28년 동안 맡아보다가 순은 요임금이 돌아가신 뒤에 정식으로 임금 자리에 올랐다.

순은 나라의 정사를 맡자 하늘의 뜻을 받들고 공경히 나라를 다스린다는 요임금의 뜻을 충실히 지킨다. 먼저 천체(天體)의 운행을 다스리고 하늘과 땅의 모든 신들에게 제사를 지낸다. 그런 뒤에야 사방을 시찰하며 행정을 정비한다. 물을 다스리는 것은 순에게도 소홀히 할 수 없는 중요한 일이어서 땅을 정비하고 강물을 잘 흐르게 한다. 이것은 나라를 잘 다스리어 위대한 임금이 될 기틀이라 보아 좋을 것이다.

4

법으로 일정한 형벌을 정하시고, 귀양살이로 다섯 가지 형벌 너그러이 대신케 하셨다. 회초리로써 관청의 형벌을 삼고, 종아리 치는 것으로 학교의 형벌을 삼았으며, 돈을 내고 형벌을 면할 수 있게 하셨다. 실수와 재난은 그대로 용서하였으나, 끝내 나쁜 짓을 하는 자는 사형에 처하기로 하셨다. "공경히 하고, 또 공경히 하라! 오직 형벌은 삼가야 하느니라!"

原文 象以典刑하시고 流宥五刑하시니라. 鞭作官刑하시고 扑作
敎刑하시며 金作贖刑하시니라. 眚災肆赦시나 怙終賊刑하시니라.
"欽哉欽哉인저! 惟刑之恤哉인저!"하시다.

註解 ・象(상)-법의 뜻. ・典(전)-일정한 것, 전형(典刑)은 일정한 형벌. ・流(유)-귀양보내는 것. ・宥(유)-죄를 용서하다, 여기에서는 '너그러이 하다'의 뜻. ・五刑(오형)-얼굴에 죄진 표시로 문신을 하는 형벌〔墨〕・코 베는 형벌〔劓〕・발을 자르는 형벌〔剕〕・불알 까는 형벌〔宮〕・사형〔大辟〕의 다섯 가지 형벌. ・鞭(편)-회초리, 회초리로 때리다. ・扑(복)-매로 종아리를 치는 것. ・金(금)-황금, 곧 돈. ・贖(속)-돈을 내는 것으로 형벌에 대신하는 것. ・眚(생)-허물, 과실・과오. ・災(재)-재난, 재앙. ・肆(사)-멋대로 하다. 여기에서는 종(縱)과 통하는 글자, 그대로. ・怙(호)-잘못을 여전히 저지르는 것을 말함. ・賊(적)-해치다. 여기서는 '죽인다'는 뜻. ・恤(휼)-근심하다. 여기에서는 걱정을 하듯이 '신중히 다룬다'는 뜻.

　공공을 유주로 귀양보내시고, 환두를 숭산으로 몰아내시고, 삼묘를 삼위로 쫓아내시고, 곤을 우산에서 처형하였다. 이 네 가지 죄를 추궁하자 천하가 다 복종하게 되었다.

原文 　流共工于 幽洲하시고 放驩兜于崇山하시며 竄三苗于三危하시고 殛鯀于羽山하시니라. 四罪하시니 天下咸服하니라.

註解 ・幽洲(유주)-유주(幽州)라고 씀이 옳다. 북쪽에 있던 순임금의 12주(州) 중의 하나. 지금의 하북성(河北省) 밀운현(密雲縣) 근처가 공공이 귀양살이했던 곳이라 한다(『括地志』). ・放(방)-유(流)와 다른 점은, '유'는 흐르는 물처럼 이곳저곳으로 옮겨다니며 귀양살이하는 것이고 '방'은 한 군데 제한된 지역에 갇혀서 귀양살이하는 것임. ・崇山(숭산)-지금의 호남성(湖南省) 대용현(大庸縣) 서남쪽에 있는 산. ・竄(찬)-귀양보내다. 역시 귀양보내는 것이나, '찬'은 내쫓아 버리는 것이다. ・三苗(삼묘)-종족(種族)의 이름, 여기서는 삼묘를 다스리던 제후를 가리킴. ・三危(삼위)-지금의 감숙성(甘肅省) 안서현(安西縣) 근처였다. 이곳에 삼위산(三危山)이 있는데 산이름에서 딴 땅 이름. ・殛(극)-죽이다, 처형하다. ・鯀(곤)-우(禹)임금의 아버지인 것을 생각할 때 사형이라고는 생각하기 힘들다고 믿

는 이들이 많다. 그래서 일부 학자들은 극(殛)도 역시 '귀양'이라고 주장한다. 죽을 때까지 귀양살이 시킨 것이라는 것이다. 위의 유·방·찬·극은 모두 '귀양보내는 것'이지만 성질에 있어 차이가 있었다고 보는 것이다. •咸(함)—모두, 다.

解說 여기에서는 순임금이 법으로 다스린 업적을 서술하고 있다. 순은 덕으로 나라를 다스리어 형벌을 가벼이 하였다. 네 명의 흉악범(四凶)이라고도 불리는 공공·환두·삼묘·곤 네 사람을 처벌하였을 뿐이었지만 세상이 순에게 잘 따르게 되었다는 것이다.

5

28년째 되던 해에 요임금께서 돌아가셨다. 백성들은 부모를 잃은 것처럼 슬퍼하였고, 3년 동안 온 세상에 음악소리가 끊어져 고요하였다.

原文 二十有八載에 帝乃殂落하시니라. 百姓은 如喪考妣하고
三載四海遏密八音하니라.

註解 •二十有八載(이십유팔재)—『사기』에 의하면 요임금이 나라를 다스린 지 70년만에 순임금을 등용하여 20년간 시험하셨고, 그후 순임금이 임금의 할 일을 대신 맡은 지 8년 만에 돌아가신 것이라 한다. •帝(제)—요임금. •殂(조)—죽다. •殂落(조락)—돌아가셨다는 뜻. •考(고)—죽은 아버지. •妣(비)—죽은 어머니. •遏(알)—그치다. •密(밀)—고요한 것. •八音(팔음)—쇠〔金〕·돌〔石〕·실〔絲〕·대〔竹〕·박〔匏〕·흙〔土〕·가죽〔革〕·나무〔木〕의 여

덟 가지 재료로 만든 악기. 여기에서는 음악소리의 뜻.

解說　여기에서는 요임금의 죽음과, 요임금이 죽었을 때 백성들이 얼마나 요임금의 덕망에 감복하여 슬퍼하였는가를 서술하고 있다.

6

첫달 첫날에 순임금은 종묘에 제사〔格〕를 지내셨다. 사악과 의논하여 사방의 문을 여시고, 사방으로 눈을 밝히시고 사방으로부터 잘 들리도록 하셨다.

原文　月正元日에 舜格于文祖하시다. 詢于四岳하사 闢四門하시고 明四目하시며 達四聰하시다.

註解　• 月正元日(월정원일) – 앞에 나왔던 정월상일(正月上日)과 같은 말로서 순임금이 정식으로 왕위에 오른 첫달 첫날. 설종(薛綜)의 「동경부(東京賦)」에는 이를 정월이라 인용하고 있다. • 格(격) – 앞에서도 보인 바와 같이 어떤 일을 신에게 고하는 제사. • 文祖(문조) – 순임금의 종묘. 여기에서는 정식으로 왕위에 올랐음을 조상들에게 아뢴 것이다. • 詢(순) – 묻다, 의논하다. • 闢(벽) – 열다. • 四門(사문) – 사방의 문. 벽사문(闢四門)은 사방의 문을 열어 어진 이들을 언제건 들어오게 하였다는 뜻. • 明四目(명사목) – 사방으로 견식을 넓힌다는 뜻. • 達(달) – 이르다. • 聰(총) – 밝게 듣는 것. 여기에서는 청(聽)과 통하는 글자. 달사총(達四聰)은 앞의 '명사목'과 함께 사방으로 견문을 넓히었다는 뜻임.

열두 고을의 주목(州牧)에게 이렇게 부탁하셨다.

"먹을 것, 이것은 철을 잃지 않아야 하오. 먼 곳은 달래고 가까운 곳은 도와주고, 덕을 두터이하고 어질게 되도록 성의를 다하며, 간악한 자들을 막아내면, 오랑캐들도 모두 복종하게 될 것이오."

原文 　咨十有二牧하사 曰 ; "食哉여! 惟時하라. 柔遠能邇하고 惇德允元하며 而難任人이면 蠻夷도 率服하리라."

註解 　•咨(자)—꾀하다, 부탁하다. •食(식)—먹는 것, 또는 먹는 것을 생산하는 것, 곧 농사짓는 것이란 뜻. •時(시)—때를 맞춘다, 또는 제철에 한다는 뜻. •柔(유)—회유하다, 달래다. •能(능)—도와주어 따르게 하는 것. •惇(돈)—두터운 것, 두텁게 하다. •允(윤)—믿다, 성실히 하다. •元(원)—착한 것, 어진 것. •難(난)—막아내다. •任(임)—임(壬)과 통하여, 간사한 것. •蠻夷(만이)—오랑캐들. •率(솔)—모두, 다.

解說 　요임금이 죽은 지 2년 뒤에 순임금이 요임금의 뜻을 따라 정식으로 임금이 된다. 순임금은 왕위에 올라 더욱 덕으로 세상을 다스리기에 힘쓰고 견문을 넓히었다.

7

순임금께서 말씀하셨다. "아아! 사악이여! 힘써 일하여 임금의 일을 빛내 주고, 여러 관리들을 거느리고 여러 가지 일을 통할하여 모든 일이 잘되도록 해줄 사람이 있을가요?"

　여러 사람들이 아뢰었다. "백우를 사공에 임명하십시오."

　임금님이 말씀하셨다. "좋소이다. 우여! 그대는 물과 흙을 다스리는 일에 오직 힘을 다해 주시오."

　우가 몸을 굽혀 머리를 조아리고, 직과 설과 고요에게 일을 사양하였으나, 임금님이 말씀하셨다. "알았소이다. 가서 일을 맡아 해주시오."

原文　舜曰："咨_아! 四岳_{이여}! 有能奮庸_{하여} 熙帝之載_{하고} 使宅百揆_{하여} 亮采惠疇_오?"

　僉曰："伯禹_를 作司空_{하시이다.}"

　帝曰："俞咨_라! 禹_여! 汝平水土_{하되} 惟時懋哉_{하라}!"

　禹拜稽首_{하고} 讓于稷契暨皐陶_{로되} 帝曰："俞_라! 往哉_{하라}!"

註解　•奮(분)-떨치다. •庸(용)-일, 공적. •奮庸(분용)-'공을 떨치다', 힘써 일하다. •熙(희)-빛나다. •帝(제)-요임금을 가리킴. •載(재)-일, 사업. •宅(택)-살다, 거느리다. •百揆(백규)-백관(百官). 택백규(宅百揆)는 여러 관리들을 거느리는 것. •亮(량)-밝히다, 또는 통할하는 것. •采(채)-일, 사업. •惠(혜)-순조로이 하다, 잘하다. •疇(주)-여러 가지 일. •僉(첨)-다, 모두. •伯禹(백우)-뒤에 임금이 된 우. 그의 아버지 곤(鯀)의 작위를 이어받았으므로 '백' 자를 앞에 붙인 것이다. •司空(사공)-사공(司工)이라고도 쓰며(金文), 천자의 삼공(三公) 중의 한 사람으로 토지에 관한 일을 맡은 사람. •時(시)-조사. •懋(무)-힘쓰다. •拜(배)-무릎을 꿇고 몸을 굽히어 두 손을 땅에 짚고 절하는 것. •稽(계)-머리를 조아리다. 계수(稽首)는 머리를 땅에 조아리는 것. •稷(직)-관명으로 농사일을 맡아보는 사람. 본 이름은 기(棄). 이 직책에 공이 현저하여 이름 대신 '직'이라 부른 것임. •契(설)-고

신씨(高辛氏)의 아들이며 뒤에 상(商)나라에 봉하여져 상나라의 조상이 된 순임금의 신하 이름. •皐陶(고요)—요임금 때부터 순임금까지 섬긴 신하 이름. •往(왕)—가서 충실히 직책을 다하라는 뜻.

임금님께서 말씀하셨다.

"기(棄)여! 백성들이 굶주림에 시달리고 있소. 그대는 후직(后稷)자리를 맡아 여러 가지 곡식을 씨뿌리도록 해주시오."

原文 제 왈　기　여 민 조 기　　여 후 직　　파 시 백 곡
帝曰："棄여! 黎民阻飢로다. 汝后稷이니 播時百穀하라."

註解 •棄(기)—앞에 나온 직(稷)의 이름. •阻飢(조기)—굶주림에 시달리고 있다는 뜻. •后稷(후직)—사직(司稷), 농사를 맡아보는 벼슬. •播(파)—씨뿌리다. •時(시)—시(蒔)자와 통하여 곡식을 심는 것.

임금님이 말씀하셨다. "설(契)이여! 백성들은 서로 친하게 지내지 않으며 다섯 가지 윤리를 따르지 않고 있소. 그대를 사도(司徒)에 임명하니 다섯 가지 윤리를 공경히 펴 지키도록 하되 너그러이 하시오."

原文 제 왈　설　　백 성 불 친　　오 품 불 손　　　여 작 사 도
帝曰："契이여! 百姓不親하며 五品不遜이로다. 汝作司徒
경 부 오 교　　재 관
이니 敬敷五敎하되 在寬하라."

註解 •五品(오품)—아버지와 아들(父子)·임금과 신하(君臣)·남편과 아내(夫婦)·어른과 아이(長幼)·친구들(朋友) 사이의 다섯 가지 사람들의 윤리적인 관계. 결국은 오교(五敎)·오상(五常)·오륜(五倫)과 같은 말. •遜(손)—따르다. •司徒

(사도)—삼공(三公)의 하나로서 민정(民政)을 맡은 벼슬 이름. •敷(부)—펴다. •在寬(재관)—관대함을 지키라는 뜻.

임금님이 말씀하셨다.

"고요(皐陶)여! 오랑캐들이 중국을 넘보고 도둑 떼가 안팎에 들끓고 있소. 그대를 사(士)에 임명하니, 다섯 가지 형벌을 시행하되 다섯 가지를 세 곳에서 행하며, 다섯 가지로 나누어 귀양을 보내되 다섯 가지 귀양살이 하는 자들을 세 곳으로 보내시오. 오직 밝게 행하여야만 믿고 따르게 될 것이오."

原文 帝曰: "皐陶여! 蠻夷猾夏하고 寇賊姦宄로다. 汝作士니 五刑有服하되 五服三就하며 五流有宅하되 五宅三居하라. 惟明克允이니라."

註解 •猾(활)—어지러운 것, 여기에서는 침란(侵亂)의 뜻. •夏(하)—중국의 뜻. •寇(구)—도적. •賊(적)—도적. •姦(간)—내부에서 도둑질을 하는 것. •宄(궤)—외부의 도둑. •士(사)—마융(馬融)에 의하면 옥관(獄官)의 우두머리라 한다(『史記集解』). 주나라 때의 사사(士師)는 이 사(士)로부터 내려온 것이다. •五刑(오형)—앞에서도 나온 바와 같이 죄진 표시를 얼굴에 문신을 하는 것과 코 베는 것·다리 자르는 것·불알 까는 것·사형의 다섯 가지 형벌. •服(복)—행하다. •三就(삼취)—세 곳에서 형벌을 행한다는 뜻. 죄가 큰 자는 들[原野]에서, 작은 자는 저자[市]와 궁정[朝]에서 형벌을 행한다 하였고, 삼차(三次)라고도 하였다(『國語』 魯語). •五流(오류)—다섯 가지 귀양[流配]. 앞에 이미 유(流)·방(放)·찬(竄)·극(殛)의 네 가지는 보였으나 또 한 가지는 무엇인지 분명치 않다. •宅(택)—귀양가서 머무르게 한다는 뜻. •五宅(오택)—다섯 가지의 귀양가서 머물러 있는 곳. •三居(삼거)—세 군데의 귀양살이하는 곳. •克(극)—능하다, 잘하다. •允(윤)—믿고 따르는 것.

임금님이 말씀하시었다. "누가 내 공사를 잘 처리할까요?"

여러 사람들이 아뢰었다. "수(垂)입니다."

임금님이 말씀하셨다. "그렇겠소. 수여! 그대를 공공(共工)에 임명하오."

수가 몸을 굽히어 머리를 조아리고 수장(殳斨)과 백여(伯與)에게 일을 양보하였으나, 임금님이 말씀하셨다. "좋소이다. 가서 그대는 모든 공사 일을 하는 사람들을 화합시키시오."

原文　帝曰;"疇若予工고?"

僉曰;"垂哉니이다."

帝曰;"俞咨라! 垂여! 汝共工이어다."

垂拜稽首하고 讓于殳斨曁伯與로되 帝曰;"俞라 往哉하여 汝諧할지니라."

註解　・若(약)—따르다. 곧 '따라 이룬다'는 뜻. ・工(공)—공사(工事). ・垂(수)—수(倕)라고도 하며(『呂氏春秋』重己) 손재주가 있던 순임금의 신하. ・共工(공공)—나라의 공사를 맡는 관청 우두머리. ・殳斨(수장)—백여(伯與)와 함께 순임금의 신하 이름.『집전(集傳)』에서는 수장(殳斨)을 수(殳)와 장(斨)의 두 사람으로 보고 수(殳)·장(斨)의 글자들이 보여주는 것처럼 무기를 잘 만든 데서 얻어진 이름이라 설명하고 있다. ・諧(해)—화해하다. 수(垂)에게 나라의 공사 일을 하는 사람들을 잘 화합시켜 일을 잘해 달라고 당부하는 말.

임금님이 말씀하셨다. "누가 나의 산과 늪의 풀과 나무와 새와 짐승들을 잘 다스려 줄까요?"

여러 사람들이 아뢰었다. "익(益)이 있습니다."

임금님이 말씀하셨다. "그렇겠소. 익이여! 그대는 나의 우(虞)가 되시오."

익이 몸을 굽히고 머리를 조아리며 주(朱)와 호(虎)와 웅(熊)과 비(羆)에게 일을 양보하였으나, 임금님이 말씀하셨다. "좋소이다! 가서 그대는 여러 사람들과 화합하여 일을 잘해주시오."

原文 帝曰；"疇若予上下草木鳥獸오?"

僉曰；"益哉니이다." 帝曰；"俞咨라! 益이여! 汝作朕虞하라."

益拜稽首하고 讓于朱虎熊羆로되 帝曰；"俞라 往哉하여 汝諧할지니라."

註解 • 上(상) − 산림(山林). • 下(하) − 택수(澤藪), 늪. • 益(익) − 백익(伯益)이라고도 하는 사람. • 虞(우) − 벼슬 이름으로 산과 못을 다스리는 사람. • 朱(주) · 虎(호) · 熊(웅) · 羆(비) − 사람 이름. 호랑이(虎) · 곰(熊) · 말곰(羆)은 산짐승을 잘 다스린 데서 붙여진 이름인 것 같다.

임금님이 말씀하셨다. "아아, 사악이여! 나의 세 가지 예를 맡을 만한 사람이 있을까요?"

여럿이 아뢰었다. "백이(伯夷)가 있습니다."

임금님이 말씀하셨다. "그렇겠소. 백이여! 그대를 질종(秩宗)에 임명하니 이른 새벽부터 밤늦게까지 오직 공경하며 곧고 깨끗이 일해야만 되오."

백이가 몸을 굽혀 머리를 조아리며 기(夔)와 용(龍)에게 일을 양보하였으나, 임금님께서 말씀하셨다. "좋소이다. 가서 공경히 그 벼슬을 해 주시오."

原文 帝曰;"咨! 四岳이여! 有能典朕三禮오?"

僉曰;"伯夷니이다."

帝曰;"俞咨라! 伯이여! 汝作秩宗이니 夙夜惟寅하며 直哉惟清하라."

伯拜稽首하고 讓于夔龍이로되 帝曰;"俞라 往欽哉하라."

註解 •典(전)－맡아 처리하다. •伯夷(백이)－사람 이름. 강씨(姜氏)는 그의 자손이라 한다(『國語』鄭語). •伯(백)－『사기』에는 밑에 이(夷)자가 하나 더 붙어 있다. 옛날에는 이름을 빼고 작위(爵位)만을 부르지 않았으니, 여기에서는 '이' 자가 빠져나간 것이라 봄이 옳겠다. •秩宗(질종)－의식을 맡은 관청의 우두머리. •夙夜(숙야)－이른 아침부터 늦은 밤까지. •寅(인)－공경하다. •直(직)－마음을 곧게 먹는 것. •淸(청)－맑다, 깨끗이 하는 것. •夔(기)－용(龍)과 함께 사람 이름.

임금님께서 말씀하셨다.

"기여! 그대를 전악에 임명하오. 태자나 경대부(卿大夫)들의 맏아들을 가르치어, 곧되 온화하고, 너그럽되 위엄있으며, 강하되 포악하지 않고, 단순하되 오만하지 않게 해주시오. 시는 뜻을 읊은 것이요, 노래는 말을 길게 늘인 것이오. 소리는 가락을 따라야 되고 음률은 소리가 조화되어야 하오. 여러 가지 소리를 조화시키어 서로 질서를 잃지 않게 하면 신과 사람들이 화합케 될 것이오."

原文 帝曰 ; "夔여! 命汝典樂하노라. 敎冑子하되 直而溫하고 寬而栗하며 剛而無虐하고 簡而無傲케 하라. 詩言志요 歌永言이라. 聲依永이오 律和聲이라. 八音克諧하여 無相奪倫이면 神人以和니라."

註解 • 典樂(전악)-주나라 때의 악정(樂正)과 같은 음악에 관한 일을 맡은 관청의 우두머리. • 冑子(주자)-천자와 경대부들의 맏아들을 가리킴. • 直而溫(직이온)-곧되 온화함. • 栗(률)-위엄이 있는 것. 너무 너그럽다 보면 뼈대 없는 사람이 되기 쉽기 때문이다. • 剛(강)-굳센 것. • 虐(학)-사나운 것. 센 사람은 포악해지기 쉽다. • 簡(간)-간략함, 곧 단순하다는 뜻. • 傲(오)-오만한 것. • 聲(성)-음악소리로서 궁(宮)·상(商)·각(角)·치(徵)·우(羽)의 다섯 가지 소리. • 永(영)-소리를 길게 빼는 것. • 律(율)-중국 음악의 12율, 곧 황종(黃鐘)·태주(太簇)·고선(姑洗)·유빈(蕤賓)·이칙(夷則)·무역(無射)·대려(大呂)·응종(應鍾)·남려(南呂)·임종(林鍾)·중려(仲呂)·협종(夾鍾). • 八音(팔음)-쇠·돌·실·대·박·흙·가죽·나무의 여덟 가지 재료로 만든 모든 악기의 소리. • 奪(탈)-뺏다, 잃다. • 倫(륜)-차례, 곧 질서.

　기가 말하였다. "아아! 제가 경(磬)을 치고 두드리니 여러 짐승들도 다같이 춤추더이다."

原文 夔曰 ; "於라! 予擊石拊石하니 百獸率舞더이다."

註解 • 於(오)-감탄사, 여기에서 기(夔)의 말은 임금의 말에 대한 대답이라 볼 수 없다. 이 '기왈(夔曰)'에서부터 '솔무(率舞)'까지의 12자는 「고요모(皐陶謨)」의 글귀인데 잘못 섞이어 여기에 끼이게 된 것임이 분명하다. • 拊石(부석)-격석(擊石)과 같은 말로서 경(磬)을 두드린다는 뜻. 부(拊)는 '가벼이 두드리는 것'이라 풀이하기도 한다.

임금님께서 말씀하셨다.

"용(龍)이여! 나는 남을 모함하는 말과 잔악한 행동이 나의 백성들을 떨고 놀라게 하는 것을 싫어하오. 그대를 납언(納言)에 임명하니 밤낮으로 나의 명을 알리고 보고하되 오직 성실하게 해주시오."

原文 帝曰;"龍이여! 朕聖讒說殄行이 震驚朕師라. 命汝作納言하니 夙夜出納朕命하되 惟允하라."

註解 •聖(즐)-싫어하다, 미워하다. •讒(참)-참소하다, 남을 모함하다. •殄(진)-다하다, 또는 잔악한 것, 포악한 것. •震驚(진경)-떨고 놀라다. •師(사)-무리, 여기에서는 백성들의 뜻. •納言(납언)-벼슬 이름, 신하들의 말을 임금에게 전하고 임금의 명을 밑으로 전달하는 사람.

임금님이 말씀하셨다.

"아아! 그대들 스물두 사람은 공경히 행동하며 오직 하늘의 일을 밝혀주시오."

原文 帝曰;"咨라. 汝二十有二人이어! 欽哉하며 惟時亮天功하라!"

註解 •二十二人(이십이인)-마융(馬融)의 설에 의하면 '기(棄)·설(契)·고요(皐陶)는 그전부터 관직에 있던 사람들로서 그들이 일을 잘 하는 것을 창찬했을 따름이지 새로 임명한 것은 아니다. 우(禹)와 수(垂) 이하 새로 임명을 받은 것은 모두 여섯이다. 앞에 나온 십이목(十二牧), 사악(四岳)과 합쳐 모두 이십 이인이다.' (『史記集解』)고 하였다. 그러나 채침(蔡沈)은 『집전(集傳)』에서 '사악(四岳)·구관(九官)·십이목(十二牧)'을 말한다고 하였다. 사악을 한 사람으로 본 『집전』의 견

해가 합리적인 듯하다. •時(시)—조사. •亮(량)—밝히다. •功(공)—공적, 일. 천공(天功)은 하늘의 뜻에 맞는 일.

解說 순임금은 왕위에 오르자 정식으로 관직을 다시 정비한다. 맨 먼저 우(禹)가 물을 다스리는 것과 관계있는 사공(司空)이란 요직에 오름은 그가 왕위를 물려받을 앞날을 미리 암시하는 것이라고도 할 수 있다. 몇 사람은 그들의 훌륭한 업적으로 말미암아 그들의 직위에 그대로 머무르게 하지만, 많은 관리들을 새로 임명하고 하늘의 뜻을 받들어 맡은 직책을 다할 것을 당부한다. 우를 비롯하여 이들의 대부분이 후세에까지도 순임금을 도와 훌륭한 공적을 이룬 것으로 알려져 있음은, 순임금의 훌륭한 정치를 말해주는 것이라 보아 좋을 것이다. 끝으로 기(夔)에게 전악(典樂)의 벼슬을 내리며 임금이 당부한 말을 통하여 공자의 시교(詩敎)나 악교(樂敎)의 사상도 근원을 여기에 두고 있음을 알 수 있겠다. 공자는 시나 음악의 감화를 통하여 사람들의 마음과 감정을 바르고 깨끗하게 닦을 수 있는 것이라고 믿고, 시와 음악을 대단히 중시하였다.

8

3년마다 행정업적을 살피시고 세 번 행정업적을 살피시는 동안 일을 못한 자는 내치시고 어진 사람은 승진시키시니, 모든 나랏일이 다 잘되어 갔고 삼묘족(三苗族)은 흩어져 도망가고 말았다.

原文 三載에 考績하시고 三考에 黜陟幽明하시니 庶績咸熙하고

분 배 삼 묘
分北三苗하니라.

註解 •三載(삼재)-3년. •考績(고적)-여러 높은 관리들의 정치 업적을
살펴보고 평가 하였다는 말. •三考(삼고)-세 번 살펴보고 평가하였다는 뜻
이니 곧 9년 동안의 일을 말하는 것임. •黜(출)-내치다. •陟(척)-오르다.
여기에서는 승진의 뜻. •幽(유)-어두운 것, 여기에서는 바르지 못한 관리.
•明(명)-밝은 올바른 관리. •庶(서)-여러 가지. •咸(함)-다, 모두. •熙
(희)-빛나다. 여기에서는 일이 잘 되어 나갔다, 발전하였다는 뜻. •分(분)-
분산, 흩어지다. •北(배)-도망치다. •三苗(삼묘)-임금에게 복종하지 않던
종족의 이름.

　　순임금은 나신 지 30년 만에 불리어 쓰이시고, 30년 동안 임금자리
를 대신 계셨으며, 50년 만에 지방을 순찰 하시다가 돌아가셨다.

　　　　순 생 삼 십　　징 용　　　　삼 십　　재 위　　　　오 십 재　　척 방
原文　舜生三十에 徵庸하시고 三十을 在位하시며 五十載에 陟方
내 사
乃死하시니라.

註解 •舜生三十(순생삼십)-곧 순임금이 서른 살 되던 해. •徵(징)-부르다.
이 구절은 즉 서른 살에 뽑히어 벼슬이 주어졌다는 뜻. •三十(삼십)-20이 옳다고
주장하는 이가 많다(王鳴盛, 段玉裁 등. 『史記』와 鄭玄의 말 등이 근거임). 그러나
우리는 「순임금의 업적」 앞쪽에서 본 바와 같이 순임금은 28년 동안 임금의 일을
대신하였다. 또 여기에 요임금이 순을 시험한 3년을 합치면 30년이 된다. 중국 고
전에서 대부분의 숫자가 실제적인 수가 아니고 대체적인 숫자라는 것을 생각할 때
28년이 옳든 30년이 옳든 간에 '30년'이라고 할 수 있을 것이다. •五十載(오십
재)-순임금이 왕위에 오른 지 50년. 여기에 요임금의 상을 치룬 2년(삼년상 중 1
년은 30년 속에 포함되어 있음)까지 합치면 순임금은 백열두 살을 산 셈이 된다.
『사기』나 정현은 순임금의 나이를 백 살로 잡고 있다. •陟(척)-오르다. 여기에서

는 '간다' 는 뜻. •方(방)―나라, 갑골문에서는 '방' 자가 국(國)의 뜻으로 자주 쓰였다. 따라서 척방(陟方)은 '제후의 나라를 돌아다니는 것' 곧 지방을 시찰하는 것임. 『사기』에 의하면 순임금은 남쪽지방을 돌아다니며 둘러보시다가 창오지야(蒼梧之野)에서 돌아가셨는데 강남(江南) 구의(九疑)에 묻혔다 한다. 지금의 광서성(廣西省)에 창오현(蒼梧縣)이 있는데 그곳에서 순임금이 돌아가셨다고 한다. 구의는 산이름으로 지금의 호남성(湖南省) 영원현(寧遠縣) 남쪽에 있다. 그러나 순임금이 이러한 남쪽 지방을 순수하였다는 것은 후세에 생겨난 전설로 보아야만 할 것이다.

解說　여기에서는 순임금이 안팎으로 많은 훌륭한 업적을 남기고 50년간 왕위에 계신 뒤 돌아가셨음을 얘기하고 있다. 이밖에 순임금 때의 기록으로 「골작(汨作)」·「구공(九共, 9편)」·「고어(藁飫, 11편)」가 있었다 하나 지금은 전하지 않는다.

3. 위대한 우의 뜻(大禹謨)

서서(書序)

　고요가 그의 뜻을 임금에게 아뢰고 우는 그가 맡은 일을 이룩하자, 순임금이 그들을 함께 칭찬하였다. 그리고 「위대한 우의 뜻」·「고요의 뜻」·「익과 직의 공로」가 지어졌다.

　　皐陶矢厥謨, 禹成厥功, 帝舜申之. 作大禹·皐陶謨·益稷.

* 세 편의 서임.

우임금의 초상, 『삼재도회(三才圖會)』 인물권(人物卷)에서

　이 「위대한 우의 뜻」은 금문에는 들어 있지 않은 가짜 고문(僞古文) 중의 한 편이다. 『좌전』·『국어(國語)』·『맹자』 등의 옛날 책으로부터 글귀를 주워 모아 만들었는데, 육조시대(六朝時代, 317-588)의 변려문(騈儷文)에 가까운 문체이다. 우임금(대략 기원전 2205~기원전 2198 재위)은 중국의 산과 물을 다스리고 하(夏)나라(대략 기원전 2205~기원전 1766)의 첫째 임금이었으므로 흔히 대우(大禹)라 부른다. '모(謨)'는 모(謀), 곧 계책, 뜻, 생각의 뜻이다. 「위대한 우의 뜻」이란 우가 임금자리에 오르기 전에 순임금과 얘기한 여러 가지 계책이나 정치에 관한 뜻이란 뜻이다. 그러나 실제 내용은 우와 익(益)과 순임금 세 사람의 대화이다.

옛날의 위대한 우에 대하여 살펴 보건대, 이름은 문명(文命)이었다. 온 세상의 땅을 다스렸으며, 공경히 임금님을 받들어 모셨다.

原文 曰若稽古 大禹컨대 曰文命이라. 敷于四海하시고 祇承于帝하시다.

註解 • 大禹(대우)—우가 세상의 강물을 다스리는 큰 공을 이루었다 하여 '대(大)' 자를 이름 위에 붙인 것이다. • 文命(문명)—우의 이름(『史記』). '명'을 교(敎) 또는 덕(德)의 뜻으로 보고 '문명'을 밑의 부(敷)의 목적어로 보고 '문화와 교육'·'문화적인 덕'의 뜻으로 풀이하기도 한다.(『集傳』, 『正義』). 송대의 소식(蘇軾, 1037-1101)은 "문명(文命)이 우의 이름이라면 부(敷)는 세상에 무엇을 폈다는 것이냐?"고도 말하였다. 그러나 「요임금의 업적」·「순임금의 업적」의 첫머리 글귀와 함께 생각할 때 이것은 『사기』의 설이 옳을 것 같다. • 敷(부)—펴다. 『시경』 상송(商頌) 「오래 두고 나타남(長發)」에 '우부하토방(禹敷下土方 : 우가 세상 땅을 다스렸다)'이란 구절이 있고, 다음 「우임금이 천하의 산과 물을 다스림(禹貢)」에도 '우부토(禹敷土 : 우가 나라 땅을 다스렸다)'란 말이 있는데 모두 부(敷)는 '다스린다'는 뜻이다. 여기의 '부'는 부토(敷土), 곧 '땅을 다스린다'의 뜻으로 봄이 옳을 것이다(The Shoo King, Book Ⅱ, p.53). • 祇承(지승)—공경히 받들다. 삼가 임금의 뜻을 받들어 일하다.

그는 말하였다. "임금은 그의 임금 노릇의 어려움을 알고, 신하는 그의 신하 노릇의 어려움을 알면, 정치가 바로 다스려지고 백성들은 덕을 닦는 데 재빠르게 될 것입니다."

임금님이 말씀하셨다. "그렇소. 진실로 그와 같이 하면 좋은 말이 숨겨질 이가 없고, 민간에 어진 이가 묻혀 있지 않게 되어 온 나라가

다 평안하게 될 것이오. 여러 사람과 의논하고 자기를 버리고 남을 따르며, 의지할 곳 없는 이를 학대하지 않고, 곤궁한 이들을 버려두지 않는 일은 오직 요임금만이 할 수 있으셨소."

原文 曰; "后_후克_극艱_간厥_궐后_후하고 臣_신克_극艱_간厥_궐臣_신이면 政_정乃_내乂_예하여 黎民_{여민}

이 敏德_{민덕}하리이다."

帝曰_{제왈}; "俞_유라! 允若兹_{윤약자}면 嘉言罔攸伏_{가언망유복}하고 野無遺賢_{야무유현}하여 萬邦咸_{만방함}

寧_녕하리로다. 稽于衆_{계우중}하고 舍己從人_{사기종인}하며 不虐無告_{불학무고}하고 不廢困窮_{불폐곤궁}은

惟帝時克_{유제시극}이시니라."

註解 ・后(후) — 임금. ・克(극) — 능하다, 잘하다. ・艱(간) — 어려움, 간난(艱難). ・厥(궐) — 그것. 이 구절은 『논어』의 '위군난, 위신불이(爲君難, 爲臣不易, 임금 노릇 하기도 어렵고 신하 노릇 하기도 쉽지 않다)'와 같은 뜻. ・乂(예) — 다스리다. ・敏(민) — 빠르다, 민첩하다. ・允(윤) — 진실로. ・嘉(가) — 아름다운 것, 훌륭한 것. ・罔(망) — 부정하는 말. ・攸(유) — …하는 바, 소(所)와 같은 뜻. ・伏(복) — 숨겨져 있는 것. ・野(야) — 민간, 초야(草野). ・遺(유) — 버려지다, 남다. ・稽(계) — 의논하다, 상의하다. ・舍己從人(사기종인) — '자기의 뜻을 버리고 남의 뜻을 따른다'는 뜻. ・虐(학) — 모진 것, 학대. ・無告(무고) — 하소연할 곳도 없는 외로운 사람들. 『예기(禮記)』 왕제(王制)에 의하면 '고아, 자식없는 노인, 늙은 홀아비, 늙은 과부를 무고자(無告者)라 한다'고 하였다. ・廢(폐) — 폐하다, 돌보지 않고 버려두다. ・帝(제) — 임금, 여기서는 요임금을 가리킴.

익이 말하였다.

"아아! 요임금님의 덕은 널리 행하여져 성스럽고 신통스러웠으며, 용감하시면서도 점잖으셨습니다. 하늘이 돌보사 명을 내리시어 세상

을 모두 다스리도록 하시어 천하의 임금님이 되셨던 것입니다."

原文 益曰；"都라! 帝德廣運하여 乃聖乃神하며 乃武乃文하시니라. 皇天眷命하사 奄有四海하여 爲天下君하시니이다."

註解 ・都(도)-감탄사. ・帝(제)-여기에서도 요임금을 가리킴. ・運(운)-옮겨지다, 행하여지다. ・乃(내)-조사, '……도 하고 ……도 하다'는 뜻. ・神(신)-신통(神通)스러운 것. ・武(무)-무용(武勇), 용감한 것. ・文(문)-문아(文雅)한 것, 점잖은 것. ・皇天(황천)-하늘을 높인 말. ・眷(권)-돌보다. ・奄(엄)-진(盡), '모두', '다'(『集傳』).

우가 말하였다.

"올바른 도를 따르면 길할 것이요, 도를 거스리는 길을 따르면 흉할 것이니, 이는 그림자나 메아리와 같은 것입니다."

原文 禹曰；"惠迪吉이오 從逆凶하여 惟影響이니이다."

註解 ・惠(혜)-순(順), 따르다. ・迪(적)-도(道), 올바른 도. ・逆(역)-도를 거스리는 것, 곧 옳지 못한 길을 가는 것. ・影響(영향)-물건의 그림자와 소리의 울림처럼 모든 일에 언제나 붙어 다닌다는 뜻.

익이 말하였다.

"아아, 경계하십시오. 걱정이 없을 때 경계하시어 법도를 잃지 마십시오. 편안히 놀지 말고 즐기는 일에 빠지지 마십시오. 어진 이를 벼슬자리에 쓰는 일에 뜻을 오로지 하시고, 나쁜 이를 내치시는 데 주저하지 마시며, 의심스런 계획은 시행하지 않으시면 모든 뜻이 다 이루어질 것입니다. 도에 어긋나는 짓을 하면서 백성들이 칭송하기를 바라지 마시고, 백성들의 뜻을 어기면서 자신의 욕심을 좇지 마십시오. 게을리 하지 않고 함부로 하지 않으시면 사방의 오랑캐들도 복종하게 될 것입니다."

　우가 말하였다.

　"아아! 임금님! 잘 생각하십시오. 덕으로만 옳은 정치를 할 수 있고, 정치는 백성을 보호하여 잘 살게 하는 데 목적이 있습니다. 물·불·쇠·나무·흙 및 곡식들을 잘 다스리시고, 또 덕을 바로잡고 쓰는 것을 편리하게 하며 생활을 풍족하게 해주어, 잘 화합하도록 하십시오. 이 아홉 가지 일이 다 질서가 잡히거든, 아홉 가지 질서를 노래하게 하십시오. 그들을 훈계하실 때는 좋은 말을 쓰시고, 그들을 격려하실 때는 위엄을 갖추시며, 그들에게 아홉 가지 노래를 권장하여 일을 그르치는 일이 없도록 하십시오."

原文　禹曰;"於라! 帝여! 念哉하소서. 德惟善政이요 政在養民이니이다. 水火金木土穀을 惟修하고 正德利用厚生을 惟和하소서. 九功惟叙커든 九叙를 惟歌하소서. 戒之用休하시고 董之用威하시며 勸之以九歌하사 俾勿壞하소서."

註解　•水(수) · 火(화) · 金(금) · 木(목) · 土(토) · 穀(곡)─뒤에 '여섯 가지 중요한 물자(六府)'이라고 말한 백성들이 살아가는 데 없어서는 안될 물건들. •修(수)─닦다, 여기에서는 잘 이용할 수 있도록 정리한다는 뜻. •正德(정덕) · 利用(리용) · 厚生(후생)─뒤에 '세 가지 일(三事)'이라고 표현한 나라를 다스리는 데 기본이 되는 세 가지 일. •九功(구공)─여섯 가지 중요한 물자(六府)와 세 가지 일(三事)을 합친 '아홉 가지 일'. •叙(서)─질서가 잡히는 것. •九叙(구서)─'아홉 가지 일'의 질서가 잡혔다는 뜻. •之(지)─그들, 백성들. •休(휴)─'좋은 말' 또는 앞에서 말한 '아름다운 노래'의 뜻. •董(동)─격려하다, 독려(督勵)하다. •俾(비)─……하게 하다. •壞(괴)─이루어 놓은 공을 무너뜨린다는 뜻.

임금님이 말씀하셨다.

"그렇소. 땅을 잘 다스리어 하늘의 뜻을 이루고, '여섯 가지 중요한 물자'와 '세 가지 일'이 참말로 잘 다스려져 만세토록 영원히 힘입게 된다면 이는 그대들의 공일 것이오."

原文 帝曰;"俞라! 地平天成하고 六府三事이 允治하여 萬世

永賴는 時乃功이니라."

註解 •地平(지평)－땅을 잘 다스리다, 세상을 잘 다스리다. •天成(천성)－하늘의 뜻대로 이루는 것. •賴(뢰)－힘입다, 의지하다. •時(시)－이것, 그것. •乃(내)－너, 그대들.

解說 여기에서는 우와 익이 번갈아가며 순임금께 요임금이 세상을 덕으로 다스린 업적을 칭송한다. 그런 뒤에는 여러 가지 정치에 관한 훌륭한 의견들을 아뢰인다. 맨 끝 순임금의 말에 "땅을 잘 다스렸다"고 한 것은 이미 우가 세상의 산과 강물을 다스리는 데 크게 성공하고 있음을 뜻하는 것으로 볼 수도 있다.

2

임금님이 말씀하셨다.

"그대 우에게 고하오! 내가 임금 자리에 있은 지도 33년이 넘었고 나이도 이미 90을 넘어 백 살이 되어 가니 일에 싫증이 나는구려. 그러니 당신이 게을리 말고 나의 백성들을 다스려 주오."

原文 帝曰;"格汝禹하노라! 朕宅帝位이 三十有三載어니 耄期

로 倦于勤이라. 惟不怠하여 摠朕師하라."

• 格(격)-고하다. • 耄(모)-늙은이. 80세에서 90세 사이를 뜻함(《正義》). • 期(기)-백 살의 뜻. 순임금은 63세에 즉위하여 이 해에는 95세였다(『正義』)고 한다. • 倦(권)-싫증나는 것. • 勤(근)-부지런히 일하다. 여기에서는 나라 다스리는 일을 가리킴. • 摠(총)-거느리다, 총괄하다. • 師(사)-무리들, 백성.

우가 대답하였다.

"제 덕으로는 감당할 수 없는 일이며 백성들이 따르지 않을 것입니다. 고요는 힘써 덕을 닦아 그의 덕이 세상에 널리 펴져서 백성들이 그를 따르고 있습니다. 임금님께서 굽어 살피십시오. 그 사람을 생각하게 되는 것도 그의 공적 때문이요, 그 사람을 버리게 되는 것도 그의 공적 때문이며, 그 사람의 이름을 부르고 그에 관한 말을 하게 되는 것도 그의 공적 때문이고, 그 사람에 대한 믿음이 우러나오는 것도 그의 공적 때문입니다. 임금님께서는 그의 공적을 생각하십시오."

原文 禹曰; "朕德罔克이오 民不依리이다. 皐陶邁種德하여 德乃降하니 黎民懷之니이다. 帝念哉하소서. 念玆在玆하고 釋玆在玆하며 名言玆在玆하고 允出玆在玆니이다. 惟帝念功하소서."

• 罔克(망극)-불능(不能), 무능(無能)의 뜻. • 依(의)-의지하다, 따르다. • 邁(매)-힘쓰다. • 降(강)-하(下)의 뜻으로, 세상에 널리 펴져 있다는 뜻. • 懷(회)-품다. 여기에서는 '진심으로 따른다'는 뜻. • 念玆在玆(염자재자)-자(玆)는 신하들의 공적을 가리킴. '어떤 사람을 생각하게 되는 것은 그의 공적이 있기 때문'이란 뜻. • 釋(석)-버리다. • 釋玆在玆(석자재자)-'어떤 사람을 버리고 쓰지

않게 되는 것도 그의 공적이 나쁘기 때문' 의 뜻. •名言(명언)－동사. •名言玆在玆(명언자재자)－ '어떤 사람의 이름을 부르고 그에 관한 얘기를 하게 되는 것은 그의 공적이 있기 때문' 이라는 뜻. •允出玆在玆(윤출자재자)－ '어떤 사람에 대한 신뢰감이 우러나오는 것은 그의 공적이 있기 때문' 이라는 뜻.

　　임금님이 말씀하셨다.

　　"고요여! 지금 신하들과 백성들 중에 아무도 나의 명령을 거스르는 이가 없는 것은 그대가 사(士)로서 다섯 가지 형벌을 밝히고 다섯 가지 윤리[五倫]로 도와주면서, 나의 다스리는 일을 맡아 잘 처리해 주었기 때문이오. 형벌을 씀에 형벌이 없어지도록 하여 백성들을 바르고 곧은길에 들어맞도록 한 것은 그대의 공이오. 더욱 힘쓰시오."

原文　帝曰；"皐陶여! 惟玆臣庶罔或干予正은 汝作士하여 明于五刑하고 以弼五敎하여 期于予治니라. 刑期于無刑하여 民協于中은 時乃功이니 懋哉하라!"

註解　•臣(신)－신하. •庶(서)－백성들. •或(혹)－ '어떤 사람' 또는 '간혹'. •干(간)－범하다, 거스르다. •予正(여정)－나의 바른 도(道), 올바른 명령. •士(사)－벼슬 이름. 형벌을 다스리는 사람. •五刑(오형)－다섯 가지 형벌. 얼굴에 죄 표시로 문신을 하는 것·코 베는 것·발 자르는 것·불알 까는 것·사형. •弼(필)－돕다, 보필(輔弼)하다. •五敎(오교)－오륜(五倫), 다섯 가지 윤리. •期(기)－당(當), '맡아서 책임을 완수하다'. •期(기)－뒤의 이 글자는 '목표를 두었다' 는 뜻, 기우무형(期于無刑)은 형벌이 없어지도록 힘썼다는 뜻. •協(협)－화하다, 들어맞다. •中(중)－중정, 올바르고 곧은길의 뜻. •時(시)－조사. •乃(내)－너, 당신. •懋(무)－힘쓰다.

고요가 말하였다.

"임금님의 덕에 하자가 없으셨기 때문입니다. 신하를 간편하게 대하시고 백성들을 너그럽게 다스리셨으며, 죄는 자손들에게까지 미치지 않게 하시고 상은 후세에까지 뻗치게 하셨으며, 과실은 커도 용서하시고, 고의로 저지른 죄는 작아도 벌하셨으며, 의심스러운 죄는 가벼이 하시고, 의심스러운 공로는 중히 평가하셨으며, 죄 없는 사람을 죽일진댄 차라리 법도를 잃어 일에 실패하는 편을 택하겠다고 하셨습니다. 삶을 아끼시는 덕이 백성들의 마음에까지 스며들어 관리들의 하는 일을 거스르지 않게 된 것입니다."

原文
고 요 왈
皐陶曰 ; "
제 덕 망 건
帝德罔愆하사
임 하 이 간
臨下以簡하시고
어 중 이 관
御衆以寬하시며

벌 불 급 사
罰弗及嗣하시고
상 연 우 세
賞延于世하시며
유 과 무 대
宥過無大하시고
형 고 무 소
刑故無小하시며

죄 의 유 경
罪疑惟輕하시고
공 의 유 중
功疑惟重하시며
여 기 살 불 고
與其殺不辜인댄
영 실 불 경
寧失不經하시니

이다.
호 생 지 덕
好生之德이
흡 우 민 심
洽于民心하여
자 용 불 범 우 유 사
茲用不犯于有司니이다."

註解 •愆(건)－허물, 잘못. •下(하)－신하를 가리킴. •簡(간)－간편한 것, 간소한 것 •罰弗及嗣(벌불급사)－죄지은 사람만을 벌하고 그의 가족은 벌하지 않았다는 뜻. •嗣(사)－후손, 자손(子孫). •延(연)－뻗다, 미치다. •世(세)－후세, 곧 사(嗣)와 같은 자손의 뜻. '사'는 가까운 자손, '세'는 먼 후손까지도 포함한다고도 한다(『集傳』). •賞延于世(상연우세)－공을 세운 사람들을 상줄 때는 그 상이 자손들에게까지도 멀리 미치도록 하였다는 뜻. •宥過無大(유과무대)－과실로 인하여 저지른 죄는 아무리 큰 죄라 할지라도 모두 용서하였다는 뜻. •故(고)－고의로, 일부러. •刑故無小(형고무소)－일부러 알면서도 저지른 죄는 아무리 작은 죄라 할지라도 벌하였다는 뜻. •輕(경)－가벼운 것, 가벼이 벌하였다는 뜻. •重(중)－중히 여기어 두터이 상을 주었다는 뜻. •與其(여기)~寧(영)－'……할진대는 차라

리 ……하겠다'는 뜻. •不辜(불고)−무고(無辜), 곧 죄 없는 사람. •經(경)−법, 법도(法度). •失不經(실불경)−법도에 맞지 않아 일에 실패한다는 뜻. •洽(흡)− 젖다, 스며들다. •有司(유사)−벼슬아치, 관리(官吏).

임금님이 말씀하셨다.

"내가 하고자 하는 대로 다스려져 사방이 바람에 나부끼듯 따르게 된 것은 오직 그대가 잘 해준 때문이오."

原文 帝曰;"俾予從欲以治하여 四方風動은 惟乃之休니라."
<small>제 왈 비 여 종 욕 이 치   사 방 풍 동   유 내 지 휴</small>

註解 •俾(비)−……하여금, ……시키다. •從欲(종욕)−'하고자 하는 대로', '욕심에 따라'. •風動(풍동)−바람이 불어 들의 모든 풀을 한쪽으로 기울어뜨리 듯이 백성들이 감화를 받아 모두가 임금의 뜻대로 움직였다는 말. •休(휴)−아름 다운 것, 잘한 것.

임금님이 말씀하셨다.

"이리 오오, 우여! 홍수가 나를 불안하게 하였으되 성실히 일을 잘 하여 공로를 이룩한 것은 오직 그대가 어진 때문이오. 나라 일에는 부지런하고 집안에서는 검소하며, 스스로 만족하거나 뽐내지 않으니 오직 그대가 어진 때문이오. 그대는 교만하지 않으나 천하에는 그대 와 재능을 다툴 자가 없으며, 그대는 자랑하지 않으나 천하에는 그대 와 공을 겨룰 자가 없소. 나는 그대의 덕이 큼을 알고 그대의 큰 공을 기리고 있소. 하늘의 돌아가는 운수가 그대 몸에 있으니 그대는 결국 임금이 되어야만 하오.

原文　帝曰 ; “來_{하라} 禹_{여!} 洚水儆予_{어늘} 成允成功_{하니} 惟汝賢

原文　帝曰 ; “來하라 禹여! 洚水儆予어늘 成允成功하니 惟汝賢^{제왈　내　　우　홍수경여　　성윤성공　　유여현}

이라. 克勤于邦하고 克儉于家하며 不自滿假하니 惟汝賢이라. 汝^{극근우방　　극검우가　　부자만가　　유여현　여}

惟不矜이나 天下莫與汝爭能이오, 汝惟不伐이나 天下莫與汝爭^{유불궁　천하막여여쟁능　　여유불벌　　천하막여여쟁}

功이라. 予懋乃德하고 嘉乃丕績이라. 天之曆數가 在汝躬이니 汝^{공　여무내덕　가내비적　천지역수　재여궁　여}

終陟元后니라.^{종척원후}

註解　•洚(홍)－장마, 홍수.『상서정의(尙書正義)』에는 강(降)으로 되어 있는데 '강수(降水)'는 '흘러내리는 물'로 해석해야 할 것이다. •儆(경)－조심하게 하다. 곧 '불안하게 하였다'는 뜻. •功(공)－공로, 세상의 강물을 다스린 공로. •克勤于 邦(극근우방)－'나라에 있어서는 부지런히 일을 잘 하였다.' 즉 '나랏일을 위하여 서는 부지런히 일하였다'는 뜻. •儉(검)－검소, 검약. •假(가)－크게 내세우는 것. •自滿假(자만가)－스스로 만족하고 스스로 위대한 체하는 것. •矜(궁)－자랑하 다, 뽐내다. •伐(벌)－자랑하다. •懋(무)－옛날에는 무(楙)자와 통용되었다. '크게 여긴다', '성대하다고 여긴다'의 뜻. •嘉(가)－아름답다, 기리다. •曆(역)－'하늘 의 때', 천체와 사철의 운행을 뜻함. •數(수)－운수. 역수(曆數)는 하늘의 때에 따 라 정해진 운수. •躬(궁)－몸, 자신. •元后(원후)－대군(大君), 곧 천자.

　사람의 마음은 위태롭기만 하고, 도를 지키려는 마음은 매우 희미 한 것이오. 오직 정성을 다하고 오직 마음을 통일하여, 진실로 그 바 르고 곧음을 지켜야만 하오.

原文　人心惟危하고 道心惟微니라. 惟精惟一하여 允執厥中라.^{인심유위　　도심유미　　유정유일　　윤집궐중}

註解　•人心惟危(인심유위)－사람의 마음은 도를 지키려 해도 이기적이어서 자

칫하면 도에 어긋나게 되므로 위태롭다는 뜻. •道心惟微(도심유미)—도를 지키려는 마음은 사람의 마음이 약하기 때문에 희미해지기 쉽다는 말. 이 구절은 『순자(荀子)』 해폐편(解蔽篇)의 '인심지위, 도심지미(人心之危, 道心之微 : 사람의 마음은 위태롭고 도를 지키려는 마음은 희미하다)'를 고쳐 쓴 것이다. •惟精惟一(유정유일)—이렇게 사람의 마음은 약한 것이기 때문에 '오직 정성을 다하고, 마음을 통일하여야만' 도를 따를 수 있다는 말. •允執厥中(윤집궐중)—『논어』의 구절. •允(윤)—진실로. •執(집)—잡다, 지키다. •厥(궐)—그것. •中(중)—중정(中正), 바르고 곧은 것.

근거 없는 말은 듣지 말 것이며, 상의하지 않은 계책은 쓰지 말아야 하오.

原文   無稽之言은 勿聽하며 弗詢之謀는 勿庸하라.
     무계지언   물청   불순지모   물용

註解   •無稽(무계)—'상고하여 증험이 없는', '근거 없는'의 뜻. •詢(순)—묻다. 여러 사람과 '의논한다'.

사랑스러운 것이 임금이 아니겠소? 두려워할 만한 것은 백성이 아니겠소? 백성은 임금이 아니라면 누구를 떠받들겠소? 임금은 백성이 아니라면 나라를 지켜 줄 사람이 없을 것이오. 공경하오! 그대가 갖게 될 임금 자리를 신중히 지키고 백성들이 바라는 일을 공경히 닦으시오. 온 세상이 곤궁해지면 하늘이 내린 벼슬도 영영 끝장이 날 것이오. 입에서는 좋은 말도 나오지만 말은 전쟁도 일으키는 것이니, 나는 더 말을 하지 않겠소."

原文   可愛非君가? 可畏非民가? 衆非元后면 何戴오? 后非衆이면
     가애비군   가외비민   중비원후   하대   후비중

망 여 수 방　　 흠 재　　 신 내 유 위　　 경 수 기 가 원　　 사 해 곤
罔與守邦이라. 欽哉하라! 愼乃有位하고 敬修其可願하라. 四海困
궁　　 천 록 영 종　　 유 구 출 호　　 흥 융　　 짐 언 부 재
窮하면 天祿永終하리라. 惟口出好나 興戎하나니 朕言不再리로다."

註解　•可愛非君(가애비군)－'사랑스러운 것이 임금이 아니겠는가?'의 뜻. 백
성들은 임금을 두려워함이 보통이다. 그러나 임금이 백성들을 잘 다스리면 임금과
친하여져 경애하는 마음이 생길 터이니, 백성들이 사랑하는 임금이야말로 훌륭한
임금이라는 뜻.　•戴(대)－머리에 이듯이 위로 떠받들어 모신다는 뜻.　•愼(신)－
삼가다, 신중히 지키다.　•有位(유위)－갖게 될 임금의 자리.　•可願(가원)－가욕
(可欲)과 같은 뜻으로 그들이 '바라는 일' 곧 '백성의 욕망'.　•天祿(천록)－하늘이
내리신 녹, 곧 왕위를 뜻함.　•出好(출호)－듣기 좋은 말을 한다는 뜻.　•興戎(흥
융)－전쟁을 일으킨다는 뜻. 여기에서는 '사람의 말이란 잘하면 좋은 결과를 가져
오지만 함부로 지껄이다가는 큰일을 저지르게 된다'는 뜻임.

우가 말하였다.

"공신들에 대하여 모두 점쳐 보시고 오직 결과가 좋은 사람을 임금
자리에 앉히십시오."

임금님이 말씀하셨다. "우여! 관청의 점은 먼저 뜻을 정하고, 뒤에
큰 거북에게 가르침을 청하는 것이오. 나의 뜻을 먼저 정하고 신하들
과 의논하였으나 모두 생각이 같았으며, 귀신들도 그렇게 따라주었
고 거북과 점가치도 똑같이 따라주었소. 점은 결과가 좋은 것을 거듭
치지 않는 법이오."

우가 몸을 굽히어 머리를 조아리며 굳이 사양하였으나, 임금님이
말씀하셨다.

"그러지 마오! 오직 그대야말로 임금으로 합당한 사람이오."

禹曰; "枚卜功臣하사 惟吉之從하소서."

帝曰; "禹여! 官占은 惟先蔽志하고 昆命于元龜니라. 朕志先定하고 詢謀僉同하며 鬼神其依하고 龜筮協從이라. 卜不習吉이니라."

禹拜稽首하고 固辭로되 帝曰; "毋하라! 惟汝諧니라."

[註解] • 枚卜(매복) — 하나하나 모든 사람들에 대하여 점친다는 뜻. • 官占(관점) — 점관(占官)의 점. • 蔽(폐) — 여기에서는 단(斷)의 뜻으로 '결단하다', '결정하다'의 뜻. • 昆(곤) — 뒤에. • 元龜(원귀) — 대귀(大龜), 큰 거북. • 詢謀(순모) — 여러 사람에게 '물어보고 의논하였다'는 뜻. • 僉同(첨동) — '모두의 의견이 같았다'는 뜻. • 鬼神(귀신) — 신령(神靈), 귀신. • 依(의) — 의순(依順), 즉 임금의 뜻대로 점괘를 통하여 '동의하였다'는 뜻. • 龜(귀) — 거북점을 치는 거북. • 筮(서) — 점가치로 괘(卦)를 만들어 『역경』으로 치는 점. • 協從(협종) — 역점과 거북점의 점괘도 임금의 뜻대로 '똑같은 점괘가 나왔다'는 뜻. • 習(습) — 중복(重複), 거듭하는 것. • 卜不習吉(복불습길) — '점을 침에 있어서 한 번 쳐서 좋은 결과가 나온 점은 다시 거듭 쳐보는 법이 아니라'는 뜻. • 毋(무) — '그러지 마라'는 뜻. • 諧(해) — 여기에서는 그대야말로 '임금의 자리에 올라 일을 잘 처리할 합당한 사람'이라는 뜻.

첫달 첫날 아침에 종묘에서 명을 받들어 임금자리에 올라 여러 관리들을 거느리셨는데, 순임금이 처음 임금의 일을 맡으실 때와 같이 하셨다.

原文 正月朔旦에 受命于神宗하사 率百官하시되 若帝之初하시다.

[註解] • 正月朔旦(정월삭단) — 「순임금의 업적」의 정월 상일(上日) 및 정월 원일

(元日)과 마찬가지로 즉위한 '첫달 첫날'의 아침을 가리킴. •神宗(신종)－요임금의 종묘(『集傳』). •帝(제)－순임금. •若帝之初(약제지초)－순임금이 처음 임금의 일을 맡으셨을 때와 똑같은 의식 및 일을 행하였다는 뜻.

解說 여기에서는 우의 뛰어난 공적과 어짊으로 말미암아 순임금으로부터 우가 임금의 자리를 맡게 되는 얘기가 쓰여 있다. 옛날에는 모든 중요한 일은 사람의 뜻으로만 결정하지 않고 반드시 점을 친 다음 그 결과도 참고하여 신중히 결정하였다. 단순히 점을 치는 것을 미신적인 행위로만 보아서는 안 된다. '두려워하여야 할 것은 백성'이라 말하며, 백성을 위한 백성을 중심으로 한 정치를 한 것은 지금까지도 변하지 않고 있는 정치의 기본 원리라 할 수 있다.

3

임금님이 말씀하셨다.

"아아! 우여! 오직 묘족(苗族)만이 따르지 않고 있으니 그대는 가서 그들을 정벌하오."

原文 帝曰 ; "咨아! 禹여! 惟時有苗不率하나니 汝徂征하라."

註解 •時(시)－조사. •不率(불솔)－거느려지지 않는다. 곧 복종하지 않는다의 뜻. •徂(조)－가다. •征(정)－정벌하다.

우는 곧 여러 제후들을 모아놓고 훈시하였다.

"여러분! 모두 내 명령을 들으시오. 어리석은 묘족의 임금은 멍청하고 미혹되어 공경히 행동할 줄을 모르고 남을 업신여기며 오만하고 스스로 현명한 체하며, 도를 어기고 덕을 무너뜨리고 있소. 군자들은 민간에 있고 소인들이 높은 자리에 있소. 백성들은 그들을 버리고 보호해 주지 않으며, 하늘은 그들에게 재앙을 내리시니, 드디어 내가 그대들 여러 장사들과 함께 명령을 받들어 죄를 묻기 위하여 그들을 정벌하려 하오. 그대들은 바라건대 마음과 힘을 하나로 뭉쳐야 하오. 그래야만 승리를 이룰 수가 있을 것이오."

原文　禹乃會群后하고 誓于師曰；"濟濟有衆이여! 咸聽朕命하라. 蠢玆有苗는 昏迷不恭하고 侮慢自賢하며 反道敗德이라. 君子在野하고 小人在位니라. 民棄不保하니 天降之咎하사 肆予以爾衆士로 奉辭伐罪로다. 爾尙一乃心力이라야 其克有勳이로다."

註解　•誓(서)－여기에서는 군사들 앞에서 장군이 싸움의 목적을 밝히고 군령을 전달하는 훈시. 『예기』 곡례(曲禮)에 '군대에 있어서는 서(誓)라 하였다'는 글귀가 있는데, 옛날에는 싸움하기 전에 반드시 군사를 전부 모아놓고 장군이 '서'를 하였다. 뒤의 「감 땅에서의 훈시(甘誓)」「탕임금이 하나라를 칠 때의 훈시(湯誓)」 등 참조. •濟濟(제제)－사람이 많은 모양. •蠢(준)－어리석은 것. •昏(혼)－어둡다, 멍청하다. •迷(미)－미혹되어 아무것도 분별 못한다는 뜻. •侮(모)－업신여기다. •慢(만)－오만한 것. •敗(패)－무너뜨리다. •咎(구)－재앙, 재난. •肆(사)－수(遂), '드디어'(『釋義』). •爾(이)－너, 그대. •辭(사)－'임금님의 말씀', '임금님의 명령'. •尙(상)－바라다. •一(일)－하나로 뭉치다. 통일하다. •乃(내)－너, 그대. •勳(훈)－공훈(功勳), 승리.

30일 동안 묘족들이 명을 거스르며 대항하니 익이 우를 돕기 위하여 말하였다.

　"오직 덕만이 하늘을 움직이여, 아무리 먼 곳이라 할지라도 이르지 못하는 곳이 없습니다. 자만하는 자는 손해를 보게 되고 겸손한 자는 이익을 보게 됨은, 바로 하늘의 도입니다. 임금님께서 처음 역산에서 밭에 나가 일하실 때, 매일 하늘과 부모님께 울부짖으시며 죄를 스스로 지시고 잘못을 자신에게 돌리셨습니다. 아버지 고(瞽) 영감을 공경히 섬기고 모시며, 엄숙하고 송구스런 모습을 하시니, 고 영감도 역시 믿고 따르게 되었던 것입니다. 지극한 정성은 귀신도 감동시키거늘 하물며 이 묘족이리이까?"

原文 三旬苗民逆命하니 益贊于禹曰 ; "惟德動天하여 無遠弗屆하니이다. 滿招損하고 謙受益은 時乃天道니이다. 帝初于歷山에 往于田하여 日號泣于旻天于父母하시며 負罪引慝하시니이다. 祗載見瞽瞍하시고 夔夔齋慄하시니 瞽亦允若하니이다. 至誠感神이어늘 矧玆有苗리이까?"

註解 ・三旬(삼순)－30일. 순(旬)은 열흘. ・逆命(역명)－'명을 거스른다'가 본 뜻이나, 여기에서는 '항복하지 않고 대항한다'는 뜻. ・贊(찬)－돕다. ・屆(계)－이르다. ・滿(만)－여기서는 '스스로 만족하는 것', 또는 '자만'의 뜻. ・招(초)－부르다. ・謙(겸)－겸손한 것. ・時(시)－조사. ・帝(제)－순임금. 순임금은 임금이 되기 전에 일찍이 역산(歷山 : 지금의 山東省 歷城縣에 있음. 千佛山이라고도 함)에서 밭을 갈았다 한다. 그때 그의 부모와 배다른 동생 상(象)은 순을 몹시 구박하였다. 마침 농사가 부모들의 뜻에 만족하리만큼 잘 되지 않아 순임금은 하늘과 부

모에게 울부짖었던 것이다(『集傳』). ・旻(민)－하늘. 閔(민)과 통하는 글자로서
'어짊(仁)이 위로부터 덮이어 밑의 백성들을 불쌍히 여긴다'는 뜻에서 민천(旻天)
이라 한다(『正義』)고도 하나, 두 자를 합쳐 '하늘'의 뜻으로 봄이 좋겠다. ・負罪
(부죄)－모든 죄를 스스로 짊어진다는 뜻. ・慝(특)－악함, 나쁨, 잘못. ・引慝(인
특)－모든 잘못을 자기에게로 돌리었다는 뜻. ・祇(지)－공경하다. ・載(재)－사
(事), '섬김' 또는 '섬기는 태도'. ・見(현)－뵙다, 모시다. ・瞽(고)－장님. ・瞍
(수)－장님, 그러나 여기서는 '나이 많은 사람에게 붙이는 존칭'이라고도 한다. 고
(瞽) 또는 고수(瞽瞍)를 순임금 아버지 이름이라고도 하고, 그는 장님이었기 때문에
그렇게 부른다고도 하고, 마음이 장님 같은 사람이어서 그렇게 불렀다고도 한
다.(『集傳』). ・夔夔(기기)－조심하고 두려워하는 모습. ・齋(재)－엄숙한 모양, 엄
숙히 공경하는 모습. ・慄(률)－두려워 떨다. 송구스러워하다. ・允(윤)－믿다. ・若
(약)－따르다. ・矧(신)－하물며.

우는 이 훌륭한 말에 절하며 "그렇습니다!" 하고, 군사를 되돌려
돌아오셨다. 임금님도 가르침과 은덕을 크게 베푸시며, 방패와 새 깃
을 들고 두 섬돌 사이에서 춤추시니, 70일 만에 묘족들이 감동하여
따르게 되었다.

原文 禹拜昌言曰; "俞라!"하시고 班師振旅하시니라. 帝乃誕敷
文德하시며, 舞干羽于兩階러니 七旬에 有苗格하니라.

註解 ・昌(창)－선(善), 착한 것. ・昌言(창언)－곧 '좋은 말'. ・班師(반사)－군
사를 돌리는 것. ・振旅(진려)－'군대를 정돈한다'는 뜻으로 많이 풀이하나, 진
(振)을 '거둘 진'으로 풀이하여 '군사를 거두어 나라로 되돌아온다'는 뜻으로 봄이
좋겠다(『集傳』). ・帝(제)－순임금. ・誕敷(탄부)－크게 펴다, 널리 펴다. ・文德
(문덕)－평화스러운 덕행, 가르침과 은덕. ・干(간)－방패. ・羽(우)－새 깃. 옛날
에 '무무(武舞)를 출 때에는 붉은 방패와 옥도끼를 들었다'(『禮記』明堂位)고 하였
고, 또 '왼손에는 피리를 쥐고 오른손에는 꿩 깃을 쥐고 춤추었다'(『詩經』)는 기록

도 보인다. 곧 무무(武舞)에는 방패 같은 무기를 들고 춤을 추고, 문무(文舞)에서는 새의 깃 같은 것을 들고 춤을 추었다. •兩階(양계)—'두 섬돌'의 뜻인데, 주인이 오르는 섬돌과 손님이 오르는 섬돌 두 개를 가리킨다. 여기에서는 곧 궁정이 된다. 순임금은 이처럼 문무와 무무를 춤으로써 묘족을 교화시켰던 것이다. •七旬(칠순)—70일. •格(격)—감복하다(『釋義』). '굴복하여 오다'.

解説 순임금은 우를 시켜 묘족을 처음에는 무력으로 정벌하려 하였다. 그러나 뜻대로 되지 않자 익의 제의에 따라 군대를 철수시킨 다음 노래와 춤으로 그들을 감화시킨다. 이처럼 무력을 이용한 정복보다는 가르침을 통한 감화를 중국 사람들은 옛날부터 그들의 이상으로 삼았던 것이다.

4. 고요의 뜻(皐陶謨)

서서(書序)

　고요가 그의 뜻을 임금에게 아뢰고 우는 그의 공로를 이룩하자, 순임금이 그들을 아울러 칭찬하였다. 그리고 「위대한 우의 뜻」·「고요의 뜻」·「익과 직의 공로」가 지어졌다.

　　皐陶矢厥謨, 禹成厥功, 帝舜申之. 作大禹 · 皐陶謨 · 益稷.

＊ 세 편의 서임.

고요의 초상, 『삼재도회(三才圖會)』
인물권(人物卷)에서

　이 편은 '금문'과 '고문'에 모두 들어 있다. 고요는 앞에서도 이미 여러 번 나왔던 것처럼 순임금의 신하로서 형벌을 다스리는 사(士)의 벼슬을 지낸 사람이다. 『좌전』 문공(文公) 18년에 의하면, 옛날 고양씨(高陽氏)에게는 밑에 재주가 뛰어난 사람 여덟 사람이 있었다는데 그 중에 정견(庭堅)이란 이름이 보인다. 두예(杜預)의 주(注)에 의하면 정견은 고요의 자(字)라 한다. 그러나 송(宋)대 나필(羅泌)의 『노사(路史)』에 의하면 고요와 정견은 다른 사람이며, 고요는 청양씨(靑陽氏)의 자손 대업(大業)의 아들이라 한다. 우는 왕이 되자 고요를 재상으로 삼으려 하였으나 곧 죽었다. 우는 대신 고요의 아들을 영육(英六)이란 고장에 봉하였다. 지금 중국의 고(皐)씨들은 모두가 고요의 자손이라 한다.

「고요의 뜻」은 고요가 순임금 앞에서 우와 얘기한 나라를 다스리는 데 대한 여러 가지 계책과 의견이다.

1

옛날 고요에 대하여 살펴보기로 한다. 그는 말하였다. "진실로 그의 덕을 따르면 계획하는 일이 밝게 잘되고 임금을 돕는 사람들도 서로 화합케 될 것입니다."

우가 말하였다. "그렇습니다! 어떻게 하면 될까요?"

고요가 말하였다. "아아! 삼가 그의 몸을 닦고 생각을 오래 하면 온 집안사람들이 화목해져 질서가 잡히며, 백성들은 밝아져 임금을 힘써 돕게 될 것입니다. 가까운 데로부터 먼 곳까지 잘 다스릴 수 있는 길이 여기 있습니다."

우는 훌륭한 말에 절하며 "그렇습니다."라고 말하였다.

原文 曰若稽古皐陶컨대 曰;"允迪厥德하면 謨明弼諧하리이다."

禹曰;"俞라! 如何오?"

皐陶曰;"都라! 愼厥身修하고 思永하면 惇叙九族하며 庶明勵翼이리이다. 邇可遠이 在玆하니이다."

禹拜昌言曰;"俞라."

註解 •曰(왈)-고요의 말. •允(윤)-진실로. •迪(적)-따르다. 이 구절은 나라를 다스리는 사람이 해야 할 일을 설명한 것임. •謨(모)-모(謀)와 통하는 글자. 여기에서는 나라를 다스리는 데 대한 계책, 계획 또는 의견의 뜻. •弼(필)-돕다, 임금을 돕는 사람들. •諧(해)-화합하다. 이 구절은 임금이 진실로 덕으로 나라를 다스린다면 그와 함께 여러 신하들이 나라를 다스리기 위하여 의논한 계획이 분명히 잘되고, 그를 도와 일하는 신하들도 의견이 맞아 화합케 되리라는 뜻. •都(도)-감탄사, 아아. •愼(신)-삼가다. •思永(사영)-생각을 길게 한다. 즉 나라를 다스리는 일에 대하여 '오래 두고 신중히 생각' 한 다음에 실행에 옮긴다는 뜻. •惇(돈)-두텁다. 여기에서는 친하고 화목하다는 뜻. •叙(서)-질서가 잡히어 화평하다는 뜻. •九族(구족)-고조(高祖)로부터 현손(玄孫)에 이르는 자기를 중심으로 한 온 집안사람들. •庶(서)-여러 사람, 백성. •庶明(서명)-백성들이 임금의 덕과 가르침을 분명히 알게 된다는 뜻. •勵(려)-힘쓰다. •翼(익)-돕다, 곧 보필의 뜻. •邇可遠(이가원)-'가까운 데로부터 먼 곳까지 모두 잘 다스릴 수 있다'는 뜻. •在兹(재자)-'여기에 있다', 곧 '······하는 길이 여기에 있다'는 뜻. •昌言(창언)-훌륭한 말.

　고요가 말하였다. "아아! 정치는 사람을 올바로 알아보는 데 달렸으며 백성들을 편안케 해주는 데 달렸습니다."

　우가 말하였다. "아아! 모든 일을 그렇게 잘한다는 것은 순임금님이라 할지라도 어려운 일입니다. 사람을 알아본다는 것은 곧 명철한 것이니 사람들을 제자리에 쓸 수 있을 것이고, 백성을 평안하게 한다는 것은 곧 은혜로운 것이니 백성들이 그를 따르게 될 것입니다. 명철하고 은혜로울 수 있다면, 환두(驩兜) 같은 자가 무슨 걱정이 되겠습니까? 무엇 때문에 묘(苗)나라 임금을 내칠 일이 생기겠습니까? 무엇 때문에 아첨하는 말을 하고 번드르하게 꾸민 얼굴을 하는 심히 간사한 짓을 하는 사람들을 두려워하겠습니까?"

皐陶曰 ; "都라! 在知人하며 在安民하니이다."

禹曰 ; "吁라! 咸若時는 惟帝其難之로다. 知人則哲이니 能官
人하며 安民則惠니 黎民懷之리라. 能哲而惠면 何憂乎驩兜며 何
遷乎有苗며 何畏乎巧言令色孔壬이리요?"

註解 •在知人(재지인)－나라를 임금이 잘 다스리는 길이 '사람을 올바로 알아보는 데 있다' 는 뜻. •咸(함)－모두, 모든 일. •若是(약시)－'이와 같다' 는 뜻. •帝(제)－순임금을 가리킴. •能官人(능관인)－사람들에게 그 사람에게 알맞는 적합한 벼슬을 줄 수 있다는 뜻. •懷(회)－품다, 사모하고 따른다는 뜻. •驩兜(환두)－유묘(有苗)와 함께 「순임금의 업적」에 보인 순임금이 내친 '넷 흉악한 자들' 중의 하나. •巧言(교언)－남의 비위를 맞추려고 아첨하는 말. •令色(령색)－아첨하기 위하여 꾸민 얼굴. •孔(공)－크게, 매우. •壬(임)－간사한 것. 여기의 교언령색공임(巧言令色孔壬)은 '넷 흉악한 자들' 의 하나인 공공(共工)을 가리키며, 곤(鯀)을 빼버린 것은 우의 아버지이기 때문이라고도 한다(『集傳』).

解說 여기의 고요와 우의 대화는 순임금 앞에서 한 것이라 한다. 여기에서는 고요가 나라를 다스리는 데 필요한 기본 원리를 말하고 있다. 곧 임금은 자신이 덕을 닦아 덕으로써 백성을 다스리고, 어짐으로써 사람들을 잘 알아 보아 적당한 사람을 등용하고 백성들을 편안히 잘 살도록 해주어야 된다는 것이다.

2

고요가 말했다.

"아아! 또한 사람의 행동에는 아홉 가지 덕이 있습니다. 그 사람이 덕이 있다고 말할 때에는 곧 어떤 일을 어떻게 행하였다고 말해야 될 것입니다."

原文 　皐陶曰 ; "都라! 亦行有九德하니이다. 亦言其人有德인댄 乃言曰 ; 載采采니이다."

註解 　• 九德(구덕) ─ 사람이 지녀야만 할 아홉 가지 덕. 다음 고요의 말에 이 아홉 가지가 전부 나오니 참조할 것. • 亦(역) ─ 조사로 뜻이 없음. 앞의 구절의 '역'은 '또'의 뜻으로 풀이하여도 된다. • 載(재) ─ 일하다, 행하다. • 采(채) ─ 일. • 載采采(재채채) ─ '이 일은 이렇게 하고 저 일은 저렇게 하였다'는 뜻.

우가 말하였다. "무슨 뜻이지요?"

고요가 말하였다. "너그러우면서도 엄격한 것과, 부드러우면서도 꿋꿋한 것과, 성실하면서도 공손한 것과, 잘 다스리면서도 공경스러운 것과, 온순하면서도 굳센 것과, 곧으면서도 온화한 것과, 간략하면서도 세심한 것과, 억세면서도 착실한 것과, 강하면서도 의로운 것을 말합니다. 이것들을 뚜렷이 드러내고 언제나 그렇게 한다면 모든 일이 잘 될 것입니다."

原文 　禹曰 ; "何오?"

<ruby>皐陶<rt>고요</rt></ruby><ruby>曰<rt>왈</rt></ruby>：“<ruby>寬而栗<rt>관이률</rt></ruby>과 <ruby>柔而立<rt>유이립</rt></ruby>과 <ruby>愿而恭<rt>원이공</rt></ruby>과 <ruby>亂而敬<rt>난이경</rt></ruby>과 <ruby>擾而毅<rt>요이의</rt></ruby>와 <ruby>直<rt>직</rt></ruby><ruby>而溫<rt>이온</rt></ruby>과 <ruby>簡而廉<rt>간이렴</rt></ruby>과 <ruby>剛而塞<rt>강이색</rt></ruby>과 <ruby>彊而義<rt>강이의</rt></ruby>니이다. <ruby>彰厥有常<rt>창궐유상</rt></ruby>이면 <ruby>吉哉<rt>길재</rt></ruby>니이다.”

註解 •何(하)－'아홉 가지 덕'이란 무엇이냐는 뜻. •寬(관)－너그러운 것. •栗(률)－엄하다, 너그러운 사람은 덮어놓고 남의 허물을 눈감아 주게 되기 쉽기 때문에 엄한 면도 있어야 한다. •柔(유)－부드러운 것. •立(립)－홀로 서듯이 '꼿꼿하다'는 뜻. •愿(원)－성실한 것. •亂(난)－혼란을 다스리는 것. •擾(요)－순하다, 온순하다. •毅(의)－굳셈. •直(직)－마음이 바르고 곧은 것. •溫(온)－온화 또는 온순의 뜻. •簡(간)－일을 번잡하게 하지 않는 것으로, 마음이 '단순'한 것. •廉(렴)－날카롭다, 여기에서는 사리의 분별에 '세심하다'는 뜻. •剛(강)－억세다. •塞(색)－착실한 것. •彊(강)－강한 것, 강(强)과 같은 글자. •彰(창)－밝다, 뚜렷이 드러나다. •厥(궐)－앞의 '아홉 가지 덕'을 가리킴. •常(상)－늘 그러한 것. •吉(길)－길한 것, 모든 일이 잘 되는 것. '아홉 가지 덕'을 언제나 갖추고 있는 사람은 무슨 일이나 잘할 사람이니 등용하여도 좋다는 것이다.

나날이 세 가지 덕을 베풀면 새벽부터 밤늦게까지 밝게 다스리어 집안을 잘 건사하게 될 것입니다. 나날이 여섯 가지 덕을 엄격히 공경하면 하는 일이 밝게 잘되어 나라를 잘 다스리게 될 것입니다. 이들을 모두 받아들여 널리 덕을 펴 일하게 한다면 아홉 가지 덕을 가진 사람들이 모두 와서 섬기게 되어, 뛰어난 훌륭한 사람들이 벼슬자리에 있게 되고, 여러 관원들은 서로 배우며 일하게 될 것입니다. 그리고 여러 관리들은 때를 맞추어 일하고 사철을 따라 일하여 여러 가지 일이 모두 이루어질 것입니다.

原文 日^일宣^선三^삼德^덕하면 夙^숙夜^야浚^준明^명하여 有^유家^가하리이다. 日^일嚴^엄祗^지敬^경六^륙德^덕하면 亮^량采^채하여 有^유邦^방하리이다. 翕^흡受^수敷^부施^시하면 九^구德^덕咸^함事^사하여 俊^준乂^예在^재官^관하고 百^백僚^료師^사師^사하리이다. 百^백工^공惟^유時^시하고 撫^무于^우五^오辰^신하여 庶^서績^적其^기凝^응하리이다.

註解 •日(일)-매일. •三德(삼덕)-위 구덕 중에서 세 가지 덕. •夙(숙)-일찍이, 새벽. •浚(준)-여기에서는 치(治)와 통하여 '다스린다'는 뜻. •有家(유가)-집을 갖게 된다. 여기에서는 집안을 잘 다스려 나가는 것. •祗(지)-공경스러운 것, 밑의 경(敬)과 같은 뜻. •六德(육덕)-앞의 구덕 중의 여섯 가지 덕. •亮(량)-밝히다, 밝게 잘되다. •采(채)-일. •邦(방)-여기에서는 제후의 나라를 가리킴. •翕受(흡수)-앞의 삼덕(三德)과 육덕(六德)을 갖춘 사람들을 모두 받아들인다는 뜻. •敷施(부시)-덕을 널리 펴는 것. •事(사)-여기에서는 삼덕과 육덕이 임금을 섬긴다는 뜻. •俊(준)-재능과 덕망이 뛰어난 사람. •乂(예)-재능과 덕망이 뛰어난 사람. •百僚(백료)-백공(百工), 여러 관원들. •師師(사사)-위 '사'자는 동사, 밑의 것은 명사. '스승에게 배운다'가 본뜻이나, 여기에서는 백관들이 서로 남의 잘하는 점을 배운다는 뜻. •百工(백공)-백관(百官), 여러 관리들. •撫(무)-좇다, 따르다. •五辰(오신)-사철의 뜻. 본시는 봄〔歲星〕·여름〔熒惑〕·늦은 여름〔塡星〕·가을〔太白〕·겨울〔辰星〕을 다스리는 다섯 개의 별이란 뜻이나 이 다섯 개의 별이 사철을 다스린 데서 사철이란 뜻으로도 쓰이게 된 것이다. •績(적)-업적, 하는 일. •凝(응)-이루어지다.

　안일함과 탐욕으로 나라를 다스리지 않게 하시고, 조심하고 두려워하며 일하십시오. 하루 이틀 사이에 만 가지 기틀이 생기는 것입니다. 여러 관리들이 일을 저버리지 않도록 하십시오. 하늘의 일을 사람들이 대신하는 것입니다.

원文 無教逸欲有邦하사 兢兢業業하소서. 一日二日에 萬幾니이
다. 無曠庶官하소서. 天工을 人其代之니이다.

註解 •無(무)-무(毋)와 통하는 금지사(禁止詞). •教(교)-사(使), …하게 하
다. 하여금. •逸(일)-편안, 안일. •欲(욕)-탐욕의 뜻. •兢兢(긍긍)-조심하고
삼가는 것. •業業(업업)-두려워하는 것. •一日二日(일일이일)-극히 짧은 기간
을 뜻함. •幾(기)-기미(幾微). 만기(萬幾)는 여러 가지 사건의 단서가 이루어지는
것. •曠(광)-비다. 여기에서는 관원들이 자리를 비워놓고 할 일들을 하지 않는다
는 뜻. •天工(천공)-하늘의 일. 나라는 하늘의 명을 받아 다스리는 것이므로 여
기에서는 나라를 다스리는 일. •人(인)-임금과 관원들을 뜻함.

　하늘의 질서에 법이 있어 우리에게 다섯 가지 법〔五倫〕을 삼가 지
키도록 하셨으니, 이 다섯 가지를 성실히 지키십시오. 하늘의 질서에
는 예가 있어 우리에게 다섯 가지 등급의 예를 좇게 하셨으니, 이 다
섯 가지를 제대로 실천하도록 하십시오. 다 같이 이를 받들고 서로
공경하여, 화합하여 착하게 되게 하십시오. 하늘은 덕이 있는 분에게
명을 내리시는 것이니, 다섯 가지 옷으로 다섯 가지 등급을 밝히십시
오. 하늘은 죄 있는 사람을 치시는 것이니, 다섯 가지 형벌을 다섯 가
지로 쓰십시오. 나라를 다스리는 일에 힘쓰고 힘쓰셔야 합니다.

原文 天敍有典하사 勅我五典하시니 五를 惇哉하소서. 天秩有禮
하사 自我五禮하시니 五를 庸哉하소서. 同寅協恭하사 和衷哉하소
서. 天命有德이시니 五服으로 五章哉하소서. 天討有罪이시니 五刑
으로 五用哉하소서. 政事를 懋哉懋哉하시이다.

註解 •敍(서)−질서의 뜻. •典(전)−법, 법도. •勅(칙)−삼가다, 여기에서는 '삼가 지킨다'는 뜻. •五典(오전)−오륜(五倫)임. •我(아)−모든 사람들을 가리킴. •五(오)−오전(五典)을 가리킴. •惇(돈)−두터이 하다. 성실히 지키다. •秩(질)−질서, 또는 계급, 등급. •自(자)−좇다, 따르다. •五禮(오례)−정현(鄭玄)에 의하면 천자(天子)·제후(諸侯)·경대부(卿大夫)·사(士)·서민(庶民)의 인간사회에서의 다섯 가지 계급의 사람들이 지켜야만 할 예(『正義』). •五(오)−오례(五禮)의 뜻. •庸(용)−쓰다, 실천하다. •寅(인)−공경하다. •同寅(동인)−협공(協恭)과 함께 모두 '함께 공경한다'는 뜻이나, 여기에서는 동인은 '함께 오륜(五倫)과 오례(五禮)를 받들어 일하는 것', 협공은 '서로서로 오륜과 오례를 공경하는 것'으로 보았다. •衷(충)−선(善)과 통하여 '착하다', '선하다'는 뜻. •五服(오복)−천자·제후·경대부·사·서민의 다섯 가지 등급의 사람들이 높고 낮은 계급을 나타내기 위하여 입는 다섯 가지의 다른 옷. •章(장)−밝다, 여기에서는 밝게 나타낸다는 뜻. •五刑(오형)−앞에 나온 다섯 가지 형벌. •懋(무)−힘쓰다.

　하늘이 듣고 보시는 것은 우리 백성들이 듣고 보는 것을 따르시고, 하늘이 밝히시고 억누르심은 우리 백성들이 밝히고 억누르는 것을 따르는 것입니다. 이처럼 하늘과 백성은 통하는 것이니, 공경할진저, 땅을 다스리는 이들이여!"

原文　天^천聰^총明^명은 自^자我^아民^민聰^총明^명하고 天^천明^명畏^외는 自^자我^아民^민明^명威^위니이다.
達^달于^우上^상下^하하니 敬^경哉^재인저 有^유土^토여!"

註解 •聰明(총명)−'듣는 것과 보는 것'. •自(자)−좇다, 따르다. •明(명)−일을 '밝힌다'는 뜻. •畏(외)−옛날에는 위(威)자와 통용되었다(『集傳』). 따라서 위의 외(畏)와 아래 위(威)는 같은 뜻을 가졌으며 나쁜 인간들을 '위압한다, 억누르다'의 뜻. •達(달)−이르다, 여기에서는 통한다는 뜻. •有土(유토)−땅 위를 다스리고 있는 사람들, 곧 임금을 가리킴.

고요의 말에 의하면 사람의 덕에는 아홉 가지가 있다고 한다. 이 중의 세 가지만 갖추면 집안을 다스릴 만한 사람이요, 여섯 가지만 갖추면 나라를 다스릴 만한 사람이라 한다. 천하를 다스리는 사람은 이러한 덕을 갖춘 사람들을 모두 등용하여야만 천하가 태평하여진다고 한다.

그리고 또 나라를 다스림에 있어서는 한 사람 한 사람의 덕도 중요하지마는 하늘의 뜻, 하늘의 질서를 따라 백성들을 법과 예로써 다스려야 한다. 그리고 이 하늘의 뜻은 백성들을 통하여 전달된다는 것이다. 백성들이 싫어하는 임금은 바로 하늘이 싫어하는 임금이요, 백성들이 좋아하고 따르는 임금은 하늘도 좋아하는 임금이 된다는 것이다.

3

고요가 말하였다. "저의 말은 사리에 맞는 것이어서 실행할 수 있을 것입니다."

우가 말하였다. "그렇습니다. 당신의 말은 실행하여 업적을 이룰 수 있는 것입니다."

고요가 말하였다. "저는 아는 것은 없으나 돕고 도와서 일이 이루어지도록 할 생각뿐입니다."

皐陶曰 ; "朕言惠하여 可底行이리이다."

禹曰 ; "俞라! 乃言이 底可績이로다."

皐陶曰 ; "予未有知로되 思日贊贊襄哉니이다."

•惠(혜)—여기에서는 순(順)과 통하여 순리(順理), 곧 이치에 맞는다는 뜻으로 쓰였다. •底行(저행)—'행함으로 이르게 한다', 곧 '실행토록 한다'는 뜻. •底可績(저가적)—저(底)는 실행한다는 뜻이어서, '실행하여 업적을 이룰 수 있다'는 뜻. •思曰(사왈)—'오직 생각은 ……뿐이다'의 뜻. •贊贊(찬찬)—돕고 돕는다는 뜻. •襄(양)—여기에서는 나라 다스리는 뜻을 이룬다는 뜻.

解說　여기에서는 고요가 자기가 이제껏 한 말이 모두 사리에 맞는 말이어서 실행할 수 있는 것임을 강조하면서도 실은 아직 모르는 게 많다고 겸양을 표시한 것이다. 옛사람들은 겸양을 아름다운 덕으로 알았다.

5. 익과 직의 공로(益稷)

서서(書序)

　고요가 그의 뜻을 임금님께 아뢰고, 우는 그의 공로를 이룩하자, 순임금이 그들을 아울러 칭찬하였다. 그리고 「위대한 우의 뜻」·「고요의 뜻」·「익과 직의 공로」가 지어졌다.

　　皐陶矢厥謨, 禹成厥功, 帝舜申之. 作大禹·皐陶謨·益稷.

* 세 편의 서임.

　『금문상서(今文尙書)』에는 이 편이 앞의 「고요의 뜻」에 같이 붙어 있다. 문맥으로 보더라도 이 편은 앞의 우와 고요의 문답을 듣고 있다가 순임금이 말참견하는 것으로 보는 게 좋겠다. 「익과 직의 공로」라고는 하지만 내용은 주로 순임금과 우와의 문답이다. 우가 익과 직의 공로를 찬양했대서 「익과 직의 공로」란 제목을 붙인 듯하다. 익과 직은 앞의 「순임금의 업적」에 이미 보인 바와 같이 모두 순임금의 신하다. 익은 나라 안의 풀과 나무 및 새와 짐승을 다스리는 우(虞)란 벼슬을 하였고, 직은 기(棄)의 벼슬 이름으로, 농사일을 다스리는 후직(后稷)의 벼슬에 있었으며 큰 공을 세웠기 때문에 관명인 직이 이름처럼 불리게 된 것이다.

1

　순임금께서 말씀하셨다.

　"오시오, 우여! 그대도 좋은 말을 해 보오!"

우가 절을 하고 말하였다.

"아아, 임금님! 제가 무슨 말씀을 아뢰겠습니까? 저는 날마다 부지런히 일할 것을 생각하고 있을 따름입니다."

原文 帝曰 ; "來하라 禹여! 汝亦昌言하라!"

禹拜曰 ; "都라! 帝여! 予何言하리이까? 予思曰孜孜하니이다."

註解 •汝亦昌言(여역창언) − 임금이 우에게 앞의 고요모의 말을 이어 고요처럼 너도 훌륭한 말을 하여 보라는 뜻. •日(일) − 날마다. •孜孜(자자) − 부지런히 힘써 일하는 모양.

고요가 말하였다. "아아! 무엇을 부지런히 일한다는 것입니까?"

우가 대답하였다. "홍수가 하늘에 닿을 듯이 불어, 질펀한 물이 산을 삼키고 언덕을 잠기게 하니, 백성들은 물에 빠져 어찌할 바를 모르고 있었습니다. 저는 네 가지 탈것을 타고, 산에 가면 나무를 베어 젖히며 일하였고, 익(益)과 더불어 여러 가지 새와 짐승과 물고기를 잡아 먹는 법을 일러주며, 아홉 개의 강물을 터서 바다로 흘러들게 하고, 도랑과 운하를 깊이 파 강으로 물이 흘러들도록 하였습니다. 직(稷)과 함께는 씨뿌리며, 어려울 때 먹는 음식과 새와 짐승과 물고기를 잡아먹는 법을 일러 주고, 힘써 없는 것과 있는 것들을 서로 바꾸게 하며 쌓여 있는 물건들을 날라다 팔도록 하였습니다. 그리하여 백성들은 밥을 먹을 수 있게 되었고 온 나라가 잘 다스려지게 되었던 것입니다."

고요가 말하였다. "좋은 말씀이십니다. 당신의 훌륭한 말씀을 본받아야겠습니다."

皐陶曰 ; "吁라! 如何오?"

禹曰 ; "洪水滔天하여 浩浩懷山襄陵하니 下民昏墊이라. 予乘
四載하여 隨山刊木하고 曁益으로 奏庶鮮食하며 予決九川하여 距
四海하고 濬畎澮하여 距川하니이다. 曁稷으로 播奏庶艱食鮮食하
고 懋遷有無하며 化居하니이다. 烝民乃粒하고 萬邦作乂하니이다."

皐陶曰 ; "俞라! 師汝昌言하리이다."

註解 • 滔天(도천)―물이 넘쳐 하늘에까지 닿는다는 뜻. • 浩浩(호호)―물이 질
펀한 모습. • 懷山(회산)―산을 삼킨다는 뜻. • 襄陵(양릉)―물이 언덕 위에까지
오른다는 뜻. • 下民(하민)―백성. • 昏(혼)―혼미(昏迷)해서 어찌할 바를 모르는
것. • 墊(점)―물에 빠지는 것. • 四載(사재)―땅에서 타는 수레·물에서 타는
배·진흙에서 타는 썰매·산에서 타는 가마의 네 가지 탈 것. • 隨山刊木(수산간
목)―'산에 가면 나무를 베어 길을 내고 일하였'는 뜻. • 曁(기)―여(與)와 뜻이
같은 글자로서, 기익(曁益)은 '익과 더불어'. • 奏(주)―일러주었다는 뜻. • 庶鮮
食(서선식)―여러 가지 고기를 먹는 것. 흉년에는 곡식이 모자라므로 산이나 들 또
는 물속의·새·짐승·물고기 같은 것을 잡아먹는 법을 가르쳐 준 것이다. • 決
(결)―물길을 트다. • 九川(구천)―아홉 개의 강. • 距(거)―이르다, 흘러들다. • 四
海(사해)―사방의 바다, 곧 중국 밖의 온 바다임. • 濬(준)―도랑을 깊이 파내는 것.
• 畎(견)―밭도랑. 1묘(一畝)의 밭 사이에 판 넓이와 깊이가 각각 한 자 정도의 도랑
(『周禮』). • 澮(회)―봇도랑. 1동(同：百里平方)의 땅 사이에 넓이가 2심(尋：여덟
자), 깊이 2인(仞：일곱 자) 정도로 판 도랑. 여기에서는 운하를 뜻한다. • 艱食(간
식)―어려울 때 곡식 대신 먹을 수 있는 나물이나 열매 같은 음식들. 간식(艱食)은
선식(鮮食)과 함께 백성들에게 흉년을 이기고 살아가는 데 필요한 음식이 되는 것
이다. • 懋(무)―힘쓰다. • 遷有無(천유무)―자기가 가지고 있는 것으로 남은 있으
되 자기는 없는 것으로 바꾸는 것, 곧 교역(交易)의 뜻. • 化居(화거)―자기가 쌓아
둔 물건을 없는 사람이나 없는 고장으로 옮기어 판다는 뜻. • 烝民(증민)―백성들.

• 粒(립)－밥을 지어 먹는 것. • 作乂(작예)－다스려졌다는 뜻. • 師(사)－여기에서는 동사로서 '배운다' '본뜬다' 는 뜻.

우가 말하였다. "아아, 임금님이시여! 임금님의 자리를 삼가 지키십시오."

임금님이 대답하였다. "그리하겠소."

우가 말하였다. "임금님의 뜻을 편안히 지키시고, 여러 가지 일의 빌미를 잘 살피시고 나라를 편케 하십시오. 보좌하는 신하들이 곧으면 움직이는 대로 크게 호응하며 뜻을 따라주어, 하나님께서 분명히 인정하시고, 하늘은 거듭 명을 내리심으로써 축복하실 것입니다."

原文 禹曰 ; "都라 帝여! 愼乃在位하소서."

帝曰 ; "俞라."

禹曰 ; "安汝止하시고 惟幾惟康하소서. 其弼直하면 惟動丕應徯志하여 以昭受上帝하고 天其申命用休리이다."

註解 • 止(지)－여기에서는 뜻이 머무는 곳, 곧 옳다고 생각하고 있는 곳. • 安汝止(안여지)－그대가 옳다고 생각하여 지키고 있는 그대의 입장을 편안히 잘 지키라는 뜻. • 幾(기)－빌미, 일의 기미. 여기에서는 동사로서 여러 가지 일의 빌미를 잘 살핀다는 뜻. • 康(강)－편안함. • 弼(필)－돕는 사람, 곧 신하. • 丕應(비응)－크게 호응하는 것. • 徯志(혜지)－뜻을 따르는 것. • 昭受(소수)－나라를 다스리는 사람의 뜻이나 덕이 밝게 받아들여진다는 것. • 申(신)－거듭하는 것. • 用(용)－이(以)와 통하는 글자, …함으로써. • 休(휴)－아름다운 것. 여기에서는 축복한다는 뜻.

임금님이 말씀하셨다. "아아, 훌륭한 신하로다, 내 옆에서 보좌해 주오! 내 옆에서 보좌해 주오, 훌륭한 신하여!"

우가 대답하였다. "그리하겠습니다."

임금님이 말씀하셨다. "신하는 바로 내 다리요, 팔이요, 귀요, 눈이오. 내가 내 백성들을 도와주려 하거든 그대는 나를 도와주시오. 내가 사방에 힘을 펴려 하거든 그대가 대신해주시오. 내가 옛사람들의 모범을 따라, 해와 달과 별과 산과 용과 꿩을 무늬로 만들고, 종묘의 술그릇과 물풀과 불과 흰 쌀과 보무늬와 불무늬를 수놓아 다섯 가지 채색을 다섯 가지 빛깔로 분명히 칠하여 옷을 만들고자 하거든 그대는 분명히 그것들을 만들어 주시오. 내가 여섯 가지 악률과 다섯 가지 소리와 여덟 가지 재료로 만든 악기 소리를 듣고 다스려지고 다스려지지 않음을 살피어 다섯 가지 덕에 맞는 말을 백성들에게 전하여 주고자 하거든 그대가 듣고 살피어 잘 해주시오.

原文　帝曰；"吁라! 臣哉로다, 鄰哉하라! 鄰哉하라, 臣哉여!"

禹曰；"俞라."

帝曰；"臣作朕股肱耳目이라. 予欲左右有民이어든 汝翼하라. 予欲宣力四方이어든 汝爲하라. 予欲觀古人之象하여 日月星辰과 山龍華蟲을 作會하고 宗彝藻火와 粉米黼黻을 絺繡하여 以五采로 彰施于五色하여 作服이어든 汝明하라. 予欲聞六律과 五聲八音하고 在治忽하여 以出納五言이어든 汝聽하라.

註解 • 鄰(린)ー이웃, 여기에서는 옆에서 보좌하는 것. • 股(고)ー다리. • 肱(굉)ー팔. • 左右(좌우)ー도와준다는 뜻. • 翼(익)ー돕는 것. • 宣力(선력)ー위력을 편다는 뜻. • 象(상)ー모양, 모범. 상(像)과 통함. • 華蟲(화충)ー꿩. 여기에 보이는 해·달·별·산·용·꿩의 무늬는 옛사람들이 저고리의 무늬로 썼다 한다. • 會(회)ー그림, 회(繪)와 통하는 글자. • 彝(이)ー종묘에서 쓰던 제사 그릇의 이름. 범의 무늬, 원숭이 무늬 등이 그려진 술그릇임. • 藻(조)ー물에서 자라는 풀. • 粉米(분미)ー흰 쌀. • 黼(보)ー보 무늬. 검은빛과 흰빛으로 된 도끼머리 모양이 이어지는 무늬. • 黻(불)ー불 무늬. 푸른빛과 검은빛으로 된 기(己)자 두 개가 등지고 있는 모양이 이어지는 무늬. 이것은 위의 술그릇·물풀·불·쌀·보 등의 무늬와 함께 옛날 사람들 예복의 바지에 수놓았다. • 絺(치)ー칡 베. 치수(絺繡)를 고운 베로써 수놓았다고 많이 보나, 치(絺)를 치(黹)와 통하는 글자로 보아, 그대로 '수놓았다'로 봄이 좋다(『釋義』). 이러한 저고리와 바지의 무늬로써 벼슬이나 신분이 높고 낮음을 나타내었던 것이다. • 五采(오채)ー뒤의 오색(五色)과 같은 뜻으로 파랑·노랑·붉은색·흰색·검은색의 다섯 빛깔. 색깔 자체를 채(采)라 하고 색을 칠한 것을 색(色)이라고 한다. • 彰(창)ー밝다. • 施(시)ー베풀다. 여기에서는 칠한다는 뜻. • 作服(작복)ー천자·제후·경대부·사·서민들이 입는 다섯 가지 옷을 만들었다는 뜻임. • 明(명)ー밝히어 신분에 맞도록 잘 만든다는 뜻. • 六律(육률)ー12율(「순임금의 업적」 참조) 중의 양률(陽律). 음(陰)은 양(陽)에 종속되므로 육률(六律)로써 중국의 옛날 악률(樂律)을 대표한 것이다. • 五聲(오성)ー궁(宮)·상(商)·각(角)·치(徵)·우(羽)의 오음. • 八音(팔음)ー여덟 가지 재료로 만든 악기의 소리(「순임금의 업적」 참조). • 在(재)ー살피다. • 忽(홀)ー소홀히 하다, 여기에서는 치(治)의 반대, 곧 다스려지지 않음, 어지러움의 뜻. • 出納(출납)ー백성들에게 '내어 받아들여지게 한다'는 뜻. • 五言(오언)ー다섯 가지 덕, 곧 어짊(仁)·의로움(義)·예의(禮)·지혜(智)·신의(信)에 맞는 말. • 出納五言(출납오언)ー백성들을 올바로 가르치고 이끄는 것을 뜻함. • 聽(청)ー듣고 잘 알아서 처리하라는 뜻.

　　내가 잘못하는 것을 그대들이 보필하는 것이니, 그대들은 면전에서만 따르고 물러나서는 다른 말을 하여서는 안 되며, 앞뒤와 좌우의 동료들을 공경하시오. 여러 어리석은 자와 남을 모함하기 잘하는 자들이 만약 옳지 않은 짓을 하거든, 법으로 그것을 밝히고 매질로 그것을 징계하며, 옷과 관의 장식을 떼고 등에 나쁜 점을 기록하여 그 것을 알려주어, 다 같이 잘 살아갈 수 있도록 해주기 바라오. 관리는 임금에게 말을 해주어, 옳을 때에는 그들을 등용해 주며, 잘못을 고 치면 곧 그들을 받들어 주고 써주고 하며, 그렇지 못하면 곧 그들을 위압하여야 하는 것이오."

原文 予違汝弼이니 汝無面從하고 退有後言하며 欽四鄰하라. 庶 頑讒說이 若不在時어든 侯以明之하고 撻以記之하며 書用識哉하 여 欲並生哉하라. 工以納言하여 時而颺之하고 格則承之庸之하며 否則威之하라."

註解 ・違(위)—어기다, 잘못하다. ・無(무)—무(毋), …하지 마라. ・面從(면 종)—면전에서만 아첨하고 말을 듣는다는 뜻. ・後言(후언)—뒷말, 곧 돌아서서 욕하거나 비방하는 말. ・欽(흠)—공경하다. ・四鄰(사린)—앞뒤와 양옆에서 보좌 하는 신하들. ・頑(완)—여기에서는 완우(頑愚), 곧 완고하면서도 어리석은 사람. ・讒說(참설)—남을 모함하는 말을 잘하는 사람. ・時(시)—시(是), 옳은 것. ・侯 (후)—유(維)와 통하는 글자, 법 또는 규율의 뜻. ・撻(달)—매질을 하다. ・記 (기)—기(認)자와 통하여 '징계한다'는 뜻(孫詒讓『尙書駢枝』). ・書(서)—죄인의 옷과 관의 장식을 떼고 등에 그의 나쁜 짓을 기록하여 주는 형벌(『釋義』). ・用 (용)—이(以), …함으로써. ・識(식)—그의 잘못을 알려준다는 뜻. ・工(공)—관 (官)의 뜻. ・納言(납언)—백성들의 뜻이나 말을 임금에게 전하는 것. ・颺(양)— 날리다. 여기서는 등용의 뜻. ・格(격)—바로잡다. ・承(승)—받들다. ・否(부)— 그렇게 하지 못하면, 곧 나쁜 자가 그들의 허물을 바로잡지 않으면의 뜻. ・威 (위)—'위압한다'는 뜻.

우가 말하였다.

"옳은 말씀이십니다, 임금님! 그러나 하늘 밑을 두루 비추시어 바다 끝 백성들에게까지 다스림이 미치도록 하시면, 온 세상의 여러 어진 이들이 모두 임금님의 신하가 되려 할 것입니다. 임금님께선 이들을 등용하셔서, 그들의 말을 널리 받아들이고, 백성들에게 그들이 하는 일을 밝히며, 그들의 신분을 수레와 옷으로 구별하면, 누가 감히 사양치 않겠으며, 누가 감히 공경하고 따르지 않겠습니까? 임금님께서 이러지 못하시면, 모두가 다 같이 하루도 일을 제대로 하지 못하게 될 것입니다.

原文 禹曰 ; "俞哉라 帝여! 光天之下하사 至于海隅蒼生하시면 萬邦黎獻이 共惟帝臣하리이다. 惟帝時擧하사 敷納以言하시고 明庶以功하시며 車服以庸하시면 誰敢不讓하며 敢不敬應하리이까? 帝不時하시면 敷同日奏罔功하리이다.

註解 • 俞(유) - 소식(蘇軾)에 의하면 여기서는 '입으로는 동의하면서도 마음으로는 찬성하지 않는' 뜻을 나타낸다고 한다(『集傳』). • 光(광) - 임금의 덕을 빛내는 것. • 隅(우) - 모퉁이. • 蒼生(창생) - 백성. • 黎(려) - 여민(黎民), 여러 사람들. • 獻(헌) - 현(賢)과 통하는 글자, 어진 사람. • 共(공) - '다 같이'의 뜻. • 惟(유) - 오직 ……만 하려 한다는 뜻. • 時擧(시거) - '수시로 등용한다'는 뜻. • 敷納以言(부납이언) - 널리 어진 이들의 말이나 의견을 받아들인다는 뜻. • 明庶(명서) - 여러 사람에게 밝힌다는 뜻. • 車服以庸(거복이용) - 쓰이는 사람의 신분을 수레와 옷의 모양·무늬·색깔 등으로써 분명히 밝힌다는 뜻. • 應(응) - 호응의 뜻. • 不時(불시) - '이렇게 하지 못한다면'. • 敷(부) - 모두. • 奏(주) - 진(進)의 뜻으로, 일주(日奏)는 '나날이 나아가는 것'. • 罔功(망공) - 무공(無功), 일을 못 이루는

것, 일을 제대로 하지 못하는 것.

단주(丹朱)처럼 오만하지 마십시오. 오직 아무 일도 안하고 놀기만을 좋아하며, 오만하고 포악한 짓만을 밤낮없이 쉬지 않습니다. 물이 없는 곳에도 배를 띄우려 하고, 무리를 지어 집안에서 음탕하게 놀아, 그의 후손도 끊기고 말았습니다.

原文 無若丹朱傲하소서. 惟慢遊是好하며 傲虐是作하여 罔晝夜額額하니이다. 罔水行舟하고 朋淫于家하여 用殄厥世하니이다.

註解 • 丹朱(단주) — 요(堯)임금의 아들. 요는 임금자리를 순에게 물려주고 아들주는 제후로서 단연(丹淵)에 머물게 하였다(『漢書』 律曆志). 곧 단(丹)은 주(朱)의 나라 이름인 것이다. • 慢(만) — 아무것도 하기 싫어 안하는 것. • 傲(오) — 오만하게 행동함. • 虐(학) — 포학한 짓을 함. • 額額(액액) — 쉬지 않는 모습. • 罔水行舟(망수행주) — 물이 없는 곳에서도 배를 띄우려 들듯이 억지로 행패와 놀이를 하였다는 말. • 朋(붕) — 무리. • 淫(음) — 방탕한 것. • 殄(진) — 끊기다. • 世(세) — 세계(世系), 세대(世代)의 뜻.

저는 이러한 것을 훈계로 삼아, 도산(塗山)으로 장가들었으나, 신(辛)날 · 임(壬)날 · 계(癸)날 · 갑(甲)날의 나흘밖에는 집에 못 있었고, 아들 계(啓)가 앙앙 우는 소리를 들었으나 나는 그 아들을 돌보아줄 틈도 없이 오직 온 힘을 산천을 다스리는 흙일에 바쳤습니다. 나랏일을 도와 땅을 다섯 지역으로 정리하여 땅의 넓이가 사방 5천 리에 이르렀습니다. 주마다 열두 사(師)를 두었고, 밖으로는 사방의 바다까지 영토가 뻗었으며, 그곳에는 모두 다섯 나라마다 우두머리를 한 사람씩 세웠습니다. 모든 나라들이 일하는 대로 따랐으나 오직 묘족(苗族)은 어리석어 일을 돕지 않았습니다. 임금님께서 이 일을 굽어 살피십시오."

原文　予創若時하여 娶于塗山이나 辛壬癸甲하고 啓呱呱而泣이
나 予弗子하고 惟荒度土功하니이다. 弼成五服하여 至于五千하니
이다. 州十有二師하고 外薄四海하며 咸建五長하니이다. 各迪有功
이어늘 苗頑하여 弗卽工하니이다. 帝其念哉하소서."

註解　•創(창)-'훈계로 삼는다'는 뜻. •塗山(도산)-산 이름. 중국에는 도산이 네 개 있으나 우의 처가가 살던 곳은 지금의 안휘성(安徽省) 회원(懷遠)이다. 이곳의 도산은 산 이름에서 딴 나라 이름이며, 우는 도산국의 제후의 딸에게 장가든 것이다. •辛壬癸甲(신임계갑)-우가 결혼한 뒤 처와 함께 있던 날. 곧 우는 장가든 지 나흘 만에 물을 다스리려고 집을 나갔던 것이다. •啓(계)-우의 아들. •呱呱(고고)-어린아이가 우는 모습. 『맹자』에 의하면, 우는 집을 나가 8년 동안 밖에 있으면서 세 번 집 앞을 지나쳤으나 집에 들리지 않았다 한다. 여기에서는 우가 장가든 지 나흘 만에 집을 나가 일을 하다 집 앞을 지나칠 때 자기 아들인 계(啓)의 울음소리가 들렸으나 집에 들어가 보지도 못했다는 것이다. •子(자)-동사, '아들로서 돌보아준다'는 뜻. •荒(황)-큰 것. •度(탁)-재다, 꾀하다. •荒度(황탁)-크게 힘을 다하여 일을 꾀하였다는 뜻. •土功(토공)-흙일, 곧 산천(山川)을 다스리는 일. •弼(필)-나랏일을 돕는다는 뜻. •五服(오복)-후(侯)·전(甸)·수(綏)·요(要)·황(荒)의 다섯 가지 지역(다음 편「禹貢」참조). •五千(오천)-5천리. 1복(服)은 각각 중앙으로부터 5백리 거리의 땅이어서 합치면 동서와 남북의 직경이 사방으로 5천 리였다. •州十有二師(주십유이사)-주(州)마다 12사(師)를 두었다. 『주례(周禮)』에 의하면 2,500명이 1사(師)인데, 고을마다 12사, 곧 3만의 일꾼을 준비하여 두게 하였다는 뜻. •外(외)-9주(州) 밖. •薄(박)-가까이하다. 박

(迫)과 통하는 글자. •咸(함) - 다, 모두. •五長(오장) - 9주(州) 밖의 땅엔 다섯 나라마다 어진 사람 하나를 골라 그 지방의 우두머리로 삼았는데 이를 오장(五長)이라 한다(『正義』). •各(각) - 9주의 안팎 모든 나라를 가리킴. •迪有功(적유공) - '일하는대로 따라하였다' 는 뜻. •頑(완) - 완우(頑愚), 완고하고 어리석다는 뜻. •卽工(즉공) - 취공(就工), '일을 하였다' 는 뜻.

임금님이 말씀하셨다.

"나의 덕을 따르게 된 것은 모두 그대의 공이 제대로 이루어졌기 때문이오. 고요는 방금 그가 맡은 일을 잘 정리하여, 형벌을 표시만 하는 방법을 쓰고 있는데 공명정대해야 하오."

原文 帝曰 ; "迪朕德은 時乃功惟敍로다. 皋陶方祇厥敍하여 方施象刑하니 惟明하라."

註解 •時(시) - 이것. •乃(내) - 너, 그대. •惟敍(유서) - '차례대로 되다', '제대로 이루어지다' 의 뜻. •方(방) - 바야흐로, 방금. •祇(지) - 공경하다. •施(시) - 시행(施行), 행하다. •象刑(상형) - 실제로 형벌을 가하지 않고 그가 법을 어기었음을 표시만 하는 방법. 요임금 때의 상형(象刑)을 보면, 상형(上刑)은 붉은색에 가를 시치지 않은 옷을 입히고, 중형(中刑)으론 얼룩덜룩한 신을 신게 하고, 하형(下刑)으론 검은 수건을 쓰게 하였다(『尙書大傳』). •惟明(유명) - 오직 형벌을 공명정대하게 해야 한다는 뜻.

解說 여기에서 우와 순임금이 나라를 다스리는 방법을 얘기하고 있다. 우는 주로 자기의 온 힘을 기울여 땅을 다스렸던 경험을 통하여 나라 다스리는 방법을 얘기한다. 한편 임금은 신하들이 임금을 잘 보좌하여 제도와 형벌을 밝혀야 됨을 역설한다. 임금이 제도와 형벌을 중점으로 하여 신하

들의 역할을 중시하고 있는데 비하여, 우는 임금의 덕을 중심으로 하여 어진 신하들을 등용하고 땅을 잘 다스리어 백성들을 편히 살게 하여야 한다고 주장하는 것은 좋은 대조라 할 것이다. 우는 그렇게만 하면 임금이 주장하는 제도나 형벌은 저절로 잘 다스려지는 것이라고 믿었다.

2

기가 말하였다.

"울리는 옥경(玉磬)을 가벼이 또는 세게 치고, 금(琴)과 슬(瑟)을 두드리고 치면서 노래하니, 조상들의 혼이 내려오시고 순임금의 손님이 제자리에 서고, 여러 제후들이 덕으로 서로 사양하였습니다. 뜰 아래엔 적(笛)과 손북과 북이 있고, 축(柷)과 어(敔)로 음악을 합주케 하고 멎게 하고 하며, 생(笙)과 큰 종(鐘)을 간간이 쓰니 새와 짐승들도 춤을 추었습니다. 소소(簫韶) 구장(九章)을 연주할 적에는 봉황새도 날아와 법식에 따라 춤추었습니다."

기가 또 말하였다.

"아아! 제가 경(磬)을 치고 두드리니 여러 짐승들이 다 같이 춤을 추었으며, 여러 관청의 우두머리들이 잘 화합하게 되었습니다."

原文　夔曰 ; “戛擊鳴球하고 搏拊琴瑟以詠하니 祖考來格하시며 虞賓在位하고 羣后德讓하더이다. 下管鼗鼓하고 合止柷敔하며 笙鏞以間하니 鳥獸蹌蹌하니이다. 簫韶九成엔 鳳凰來儀하더이다.”

기왈　　오　　여격석부석　　백수솔무　　서윤윤해
夔曰；"於라! 予擊石拊石하니 百獸率舞하며 庶尹允諧하니이
다."

註解 ·戛(알)－치다. 가벼이 치는 것을 알(戛), 세게 치는 것을 격(擊)이라
한다. ·球(구)－옥으로 만든 경(磬). ·鳴(명)－울리다. 경소리는 특히 많이
울리기 때문에 명구(鳴球)라 한 것이다. ·搏(박)－두드리다. ·拊(부)－치다.
박(搏)보다 가벼이 두드리는 것. ·琴(금)－현악기의 일종, 옛날에는 다섯 줄이
었으나 뒤에 일곱 줄로 늘었다. ·瑟(슬)－금(琴)보다 약간 큰 현악기. 열다섯,
열아홉, 스물다섯, 스물일곱 등 여러 가지 줄이 다른 종류가 있음. ·詠(영)－
읊다. 여기에서는 노래한다는 뜻. ·祖考(조고)－조상의 뜻. ·來格(래격)－강
림(降臨)해 오셨다는 뜻. ·虞賓(우빈)－'순임금의 손님', 제사 지내는 일을 도
우러 온 제후들임. ·羣后德讓(군후덕양)－여러 제후들이 모두 자신의 덕이
남만 못하다고 사양하며 딴 사람을 높은 자리로 앉게 하였다는 뜻. ·下(하)－
당하(堂下). ·管(관)－적(笛)과 같은 관악기. ·鼗(도)－가운데 자루가 달려
한 손에 쥐고 흔들어 소리를 내도록 되어 있는 작은 북. ·鼓(고)－북. ·合
(합)－합악(合樂). 음악을 합주하는 것. ·止(지)－지악(止樂), 음악의 합주를
멈추는 것. ·柷(축)－나무로 만든 타악기, 합악(合樂)을 시작할 때 쳤다. ·敔
(어)－호랑이 모양의 나무로 만든 타악기, 음악의 합주를 그치게 할 때 쳤다.
·笙(생)－생황. 관악기의 일종. ·鏞(용)－큰 종. 타악기의 일종. ·間(간)－
간간이 교대로 연주했다는 뜻. ·蹌蹌(창창)－춤추는 모양. ·簫韶(소소)－순
임금의 음악 이름. ·九成(구성)－구장(九章). 옛날에는 음악의 한 장(章)을 성
(成)이라 하였다. 주나라 무왕의 대무(大武)는 육장(六章)이었다. ·儀(의)－여
기에서는 법도 또는 의식에 맞추어 춤을 추었다는 뜻. ·庶(서)－여러. 많은.
·尹(윤)－여기에서는 관청의 우두머리란 뜻. ·允(윤)－진실로. ·諧(해)－화
해하다.

解說 이 대목은 앞 대목과 분명한 연결이 되지 않는다. 이 장은 순임금
의 사관(史官)이, 순임금이 임금 자리에 있던 50여 년 동안 여러 신하들의

훌륭한 말을 주워 모아 적어 놓은 것이다. 따라서 이 대목은 앞의 대목과 같은 때에 한 말이 아니다. 기(夔)는 앞의 「순임금의 업적」에 보인 바와 같이 음악을 다스리는 벼슬자리에 있었기 때문에 음악의 효용을 특히 크게 말하고 있다. 옛사람들은 음악을 통하여 여러 가지 의식(儀式)을 진행시키었다. 또 음악을 써서 백성들을 교화하려 하였다. 그러기에 그 나라의 음악은 그 나라의 정치가 올바르게 되고 안된 것과 크게 관계가 있다고 믿었던 것이다.

3

임금님은 이에 노래를 지으시면서 말씀하셨다. "하늘의 명을 받들어, 어느 때건 힘쓰고 무슨 일이건 빌미를 잘 살펴야 한다."고 말씀하시며 다음과 같이 노래를 부르셨다.

"신하들이 즐거우면 임금은 흥성하고
모든 관리들도 화락하여지리로다."

고요가 손을 땅에 짚고 머리를 조아리며 큰 소리로 말하였다. "굽어 살피십시오! 신하를 거느리고 일을 하시되, 당신의 법을 삼가 지키고 공경하십시오. 당신이 이루신 일을 자주 살피시고 공경 하십시오!"

原文 帝庸作歌曰 ; "勅天之命하여 惟時惟幾로다."하시고 乃歌
曰 ;

고 굉 희 재　　원 수 기 재
"股肱喜哉면 元首起哉하여

백 공 희 재
百工熙哉하리로다."

고 요　　배 수 계 수　　양 언 왈　　염 재　　솔 작 흥 사
皐陶이 拜手稽首하고 颺言曰 ; "念哉하소서! 率作興事하시되

신 내 헌　　흠 재　　누 성 내 성　　흠 재
愼乃憲하시고 欽哉하소서! 屢省乃成하시고 欽哉하소서!"

註解 • 庸(용)—쓰다. 이상 우와 익과 고요의 대화의 결론임을 뜻할 것이다. • 勑(칙)—삼가다. 칙(勅)과 같은 글자. • 惟時(유시)—'어느 때건 일에 힘쓴다'는 뜻. • 惟幾(유기)—'무슨 일의 빌미건 미리 잘 살핀다'는 뜻. • 股肱(고굉)—다리와 팔. 다리와 팔처럼 움직이며 일한다는 뜻에서 '신하'를 가리킴. • 喜(희)—기뻐하며 일한다는 뜻. • 元首(원수)—우두머리, 곧 임금님. • 起(기)—흥성(興盛)의 뜻. • 百工(백공)—백관(百官), 여러 관원들. • 熙(희)—화락하는 것. • 拜手稽首(배수계수)—이마에 손을 대고 허리를 굽히어 머리를 땅에 갖다 대는 '큰절'. • 颺言(양언)—큰 소리. • 率(솔)—신하와 백성을 거느린다는 뜻. • 興事(흥사)—일을 흥성하도록 한다는 뜻. • 憲(헌)—법. • 欽哉(흠재)—공경하는 태도로 성실히 일하라는 뜻. • 屢(누)—여러 번. • 省(성)—반성의 뜻. • 乃成(내성)—당신이 이루어 놓은 일.

그리고 이어 노래하였다.

"임금님이 밝으시면 신하들도 훌륭하여
모든 일이 편안히 잘되리로다."

또 노래하였다.

"임금님 하는 일이 번거롭고 잘면 신하들이 게을러져서
모든 일이 잘못 되리로다."

임금님이 허리를 굽히며 말하였다. "옳소이다. 가서 공경히 일해 주시오."

原文 乃_내賡_갱載_재歌_가曰_왈 ;

"元_원首_수明_명哉_재면 股_고肱_굉良_량哉_재하여

庶_서事_사康_강哉_재하리이다."

又_우歌_가曰_왈 ;

"元_원首_수叢_총脞_좌哉_재면 股_고肱_굉惰_타哉_재하여

萬_만事_사墮_타哉_재하리이다."

帝_제拜_배曰_왈 ; "俞_유라! 往_왕欽_흠哉_재하라!"

註解 • 賡(갱) — 잇다. • 載(재) — 위(爲)의 뜻. 따라서 재가(載歌)는 위가(爲歌)와 같으므로 '노래를 한다'는 뜻. • 康(강) — 편안히 뜻대로 잘된다는 뜻. • 叢(총) — 번 잡한 것. 번거로운 것. • 脞(좌) — 잘은 것. 총좌(叢脞)는 번잡하고 잘다는 뜻. • 惰 (타) — 게으름을 피우다. • 墮(타) — 떨어지다. 잘못되다.

解說 순임금이 여기에서는 고요와 이때까지의 모든 토론을 종결짓는 뜻 에서 노래를 주고받는다. 역시 이곳에서도 순임금은 신하의 할 일을 강조 하고 고요는 임금의 할 일을 강조하고 있는 것은 재미있는 일이다.

제2편

[하나라 사관의 기록 夏書]

하나라 사관의 기록(夏書)

하(夏)는 우(禹)와 그의 자손들이 다스렸던(대략 기원전 2205~기원전 1766) 나라 이름이다. 공영달(孔穎達)의 『상서정의(尙書正義)』에 의하면, 한(漢)나라 시대 여러 학자들의 글에는 모두 「하나라 사관의 기록(夏書)」을 「우나라와 하나라 사관의 기록(虞夏書)」이라 하여 앞의 글들과 합쳐놓고 있다 한다. 곧 본시 이 '하나라 사관의 기록'은 '우나라 사관의 기록'과 함께 있었다. 이것도 아마 『가짜 고문상서(僞古文尙書)』에서 이처럼 갈라놓은 것일 것이다.

1. 우임금이 천하의 산과 강물을 다스림(禹貢)

서서(書序)

우는 나라를 아홉 주로 나누고, 산줄기를 따라 땅을 다스리며 강물을 파서 잘 흐르게 하고, 지역에 따라 조정에 바칠 물건을 정하였다.

禹別九州, 隨山濬川, 任土作貢.

이 편은 '금문'과 '고문'에 모두 들어 있다. 공(貢)은 '공물' 또는 '조정에 바치는 물건'. 옛날에는 전세(田稅)를 부(賦), 제후들이 지방의 토산물을 천자에게 바치는 것을 '공'이라 하였는데, 여기의 '공'은 부와 공을 통틀어 말한다. 우가 산과 강물을 다스리고 전국을 아홉 주(州)로 정리한 다음 각 주의 공물을 바치는 방법에 대하여 쓴 내용이다. 따라서 이 편은 옛날부터 산업·지리 등 여러 면에서 특히 중시되어 왔다. 우가 지역에 따라서 공부(貢賦)의 종류를 정한 것은 요임금 때의 일이다. 그러나 '하나라 사관의 기록'의 첫머리에 이 「우임금이 천하의 산과 강물을 다스림」을 갖다놓은 것은 우가 이 업적으로 말미암아 임금이 되었기 때문이라고도 한다(『正義』). 그러나 이 말은 『가짜 고문(僞古文)』에 대한 변명에 불과한 것도 같다. 「우임금이 천하의 산과 강물을 다스림」이 요임금 때의 일이라는 것도 '하나라 사관의 기록'이 '우나라 사관의 기록'과 함께 붙어 있었다는 증거의 하나가 된다. 근래의 학자들은 이 글도 빨라야 춘추시대, 대체로는 기원전 3세기 무렵인 전국시대에 이루어진 글이라 보고 있다.

〈하나라 우임금의 입상〉
산동성 무량사(武梁祠)
화상석에서

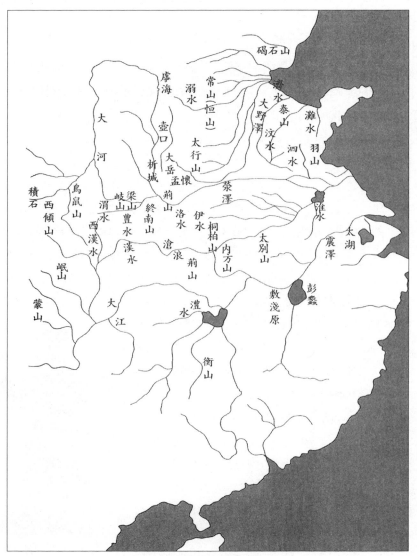

하나라 때의 강과 산

1

우는 땅을 다스렸다. 산에 다다르면 나무를 베어 젖히고, 높은 산과 큰 강을 안정시켰다.

原文 禹^우敷^부土^토하시니라. 隨^수山^산刊^간木^목하시고 奠^전高^고山^산大^대川^천하시다.

註解 •敷土(부토)-땅을 다스린다는 뜻(『釋義』). •隨山刊木(수산간목)-산에 다다르면 나무를 베어 젖혀 길을 내고 흙을 날라서 땅과 물을 다스렸다는 뜻. •奠(전)-다스리어 안정시켰다는 뜻.

기주(冀州)에 대하여. 호구산(壺口山)에서 시작하여 양산(梁山)과 기산(岐山)까지 다스렸다. 태원(太原) 땅을 닦고는 악산(岳山) 남쪽 기슭에 이르렀다. 담회(覃懷) 땅의 일을 마치고는 장수(漳水)가 가로지르는 곳에까지 이르렀다. 그곳 흙은 희고도 부드럽다. 부세(賦稅)는 1등급에 2등급이 섞여 있으며, 밭은 5등급이다. 항수(恒水)와 위수(衛水)가 잘 다스려지자 대륙(大陸) 호숫가는 농사지을 수 있게 되었다. 동북쪽 오랑캐들은 가죽옷을 바쳐 왔다. 그들은 갈석산(碣石山)을 오른쪽으로 끼고 황하(黃河)로 들어오게 된다.

原文 冀^기州^주라. 旣^기載^재壺^호口^구하여 治^치梁^량及^급岐^기니라. 旣^기修^수太^태原^원하고 至^지于^우 岳^악陽^양이로다. 覃^담懷^회底^저績^적하고 至^지于^우衡^형漳^장이로다. 厥^궐土^토는 惟^유白^백壤^양이라. 厥^궐賦^부는 惟^유上^상上^상에 錯^착하고 厥^궐田^전은 惟^유中^중中^중이라. 恒^항衛^위旣^기從^종하니 大^대陸^륙

기 작 도 이 피 복 협 우 갈 석 입 우 하
旣作하니라. **島夷**는 **皮服**이라. **夾右碣石**하고 **入于河**하니라.

註解 • 冀州(기주)—황제(黃帝)·전욱(顓頊)·제곡(帝嚳)을 비롯하여 요·순의 도읍지가 모두 이 안에 있었다. 따라서 9주(州)의 다스림을 기술함에 있어 기주로부터 시작한 것이다. • 載(재)—땅의 다스림을 시작하였다는 뜻. • 壺口(호구)—산 이름. 지금의 산서성(山西省) 길현(吉縣) 서남쪽에 있음. • 梁(량)—산 이름. 여량산(呂梁山)이라고도 하며, 지금의 산서성(山西省) 이석현(離石縣)에 있다. • 岐(기)—산 이름. 호기산(狐岐山)이라고도 부르며 지금의 산서성 개휴현(介休縣)에 있다. • 旣(기)—…을 하고 나서. • 修(수)—여기에서는 땅을 잘 정리하였다는 뜻. • 太原(태원)—땅 이름. 『시경』 유월(六月)시에 보이는 대원(大原)과 같은 곳이며, 지금의 산서성 영하현(榮河縣)과 문희현(聞喜縣) 사이(『釋義』). • 岳(악)—태악(太岳)·곽산(霍山)·곽태산(霍太山)이라고도 부르며, 지금의 산서성 곽현(霍縣) 동남쪽에 있다. • 陽(양)—남쪽 기슭의 뜻. • 覃懷(담회)—땅 이름. 지금의 하남성(河南省) 무척현(武陟縣). • 底績(저적)—'공적을 이루었다' 곧 '일을 잘 진행시켰다'는 뜻. • 衡(형)—횡(橫)자와 통함, 가로지르다. • 漳(장)—강 이름. 형장(衡漳)은 장수(漳水)가 가로질러 황하로 들어가는 곳의 뜻. 장수는 지금의 하북성(河北省) 부성현(阜城縣)에서 황하로 합쳐진다. • 壤(양)—고운 흙. • 上上(상상)—등급을 상상(上上)·상중(上中)·상하(上下)·중상(中上)·중중(中中)·중하(中下)·하상(下上)·하중(下中)·하하(下下)의 9등급으로 나눈 중에서 1등급에 해당하는 등급. 이곳 기주(冀州) 땅은 대개가 1등급에 해당되는 부세를 물었다는 것이다. 옛날 중국에서는 소득의 1할을 적당한 세율로 보았다(『孟子』). • 錯(착)—그것만 못한 2등급도 약간 섞이어 있었다는 뜻. • 中中(중중)—5등급. 밭이 5등급인데 비하여, 부세가 1등급인 것은 교통형편, 노동사정 등 때문일 것이다. • 恒(항)—항산(恒山)에서부터 흘러내리는 강 이름. • 衛(위)—강 이름. 지금의 하북성 영수현(靈壽縣) 지경을 흐르고 있다. • 從(종)—순종(順從), 잘 다스려지는 것. • 大陸(대륙)—호수 이름. 지금의 하북성 평향현(平鄉縣)에 있었다. • 作(작)—농작(農作), 농사짓는 것. • 島夷(도이)—『사기(史記)』·『한서(漢書)』 지리지(地理志)·『대대례(大戴禮)』 오제덕(五帝德) 및 마융(馬融)·정현(鄭玄) 같은 사람이 모두 조이(鳥夷)라 쓰고 있다. 조이(鳥夷)란 동북쪽에 살던 미개인으로 새나 짐승을 잡아먹고 살던 사람들이다(『史記集解』). • 皮服(피복)—짐승의 털가죽으로 만든 옷을 바쳐왔다는 뜻. • 夾(협)—옆

에 끼는 것. •碣石(갈석)-산 이름. 지금의 하북성 창려현(昌黎縣) 경계에 있음. 기주의 북쪽으로부터 공물을 가져올 때에는 북해(北海)에서 황하로 들어가(옛 황하는 지금의 天津 동쪽에서 바다로 흘러들어갔다) 남쪽을 향하여 갈석산(碣石山)을 오른편에 끼고 서쪽으로 돌아 서울로 도착하였던 것이다.

제수(濟水)와 황하(黃河) 사이에 연주(兗州)가 있다. 아홉 갈래의 황하물을 잘 인도하고, 뇌하(雷夏)를 호수로 만든 뒤 옹수(灉水)와 저수(沮水)를 그곳으로 모았다. 뽕나무가 잘 자라는 땅에는 누에를 치게 하니, 사람들이 언덕으로부터 내려와 평지에 살게 되었다. 그곳 흙은 검고 걸차서, 풀은 우거지고 나무는 길게 자랐다. 그곳 밭은 6등급이고, 부세(賦稅)는 9등급이었다. 13년 동안을 다스린 뒤에야 부세가 다른 주와 같아졌다. 그곳의 공물(貢物)은 칠(漆)과 명주실이고, 공물 바구니는 무늬를 넣어 짠 비단으로 채워져 있다. 그들은 제수(濟水)와 탑수(漯水)에 배를 띄워 황하에 이르게 된다.

原文 <ruby>濟河<rt>제 하</rt></ruby>에 <ruby>惟兗州<rt>유 연 주</rt></ruby>라. <ruby>九河旣道<rt>구 하 기 도</rt></ruby>하고 <ruby>雷夏旣澤<rt>뇌 하 기 택</rt></ruby>하여 <ruby>灉沮會同<rt>옹 저 회 동</rt></ruby>이라. <ruby>桑土旣蠶<rt>상 토 기 잠</rt></ruby>하니 <ruby>是降丘宅土<rt>시 강 구 택 토</rt></ruby>로다. <ruby>厥土<rt>궐 토</rt></ruby>는 <ruby>黑墳<rt>흑 분</rt></ruby>이니 <ruby>厥草惟繇<rt>궐 초 유 요</rt></ruby>요 <ruby>厥木惟條<rt>궐 목 유 조</rt></ruby>로다. <ruby>厥田<rt>궐 전</rt></ruby>은 <ruby>惟中下<rt>유 중 하</rt></ruby>요 <ruby>厥賦<rt>궐 부</rt></ruby>는 <ruby>貞<rt>정</rt></ruby>이라. <ruby>作十有三載<rt>작 십 유 삼 재</rt></ruby>하니 <ruby>乃同<rt>내 동</rt></ruby>이라. <ruby>厥貢漆絲<rt>궐 공 칠 사</rt></ruby>요 <ruby>厥篚織文<rt>궐 비 직 문</rt></ruby>이라. <ruby>浮于濟漯<rt>부 우 제 탑</rt></ruby>하여 <ruby>達于河<rt>달 우 하</rt></ruby>하니라.

註解 •濟(제)-강 이름. 제수(泲水)라고도 불렀다. •河(하)-황하(黃河). •兗州(연주)-연주(沇州)라고도 쓴다. •九河(구하)-옛날 황하의 아홉 갈래의 지류(支流). •道(도)-인도(引導)의 뜻. •雷夏(뇌하)-호수 이름. 뇌택(雷澤)이라고도 하며 지금의 산동성(山東省) 복현(濮縣) 동남쪽에 있었다. •澤(택)- '호수로 만들다' 라는 동사. •灉(옹)-저(沮)와 함께 강물 이름으로 뇌택(雷澤)으로 흘러 들어온

다. •會同(회동)－모았다는 뜻. •桑土(상토)－뽕나무가 자라기 알맞은 땅. •蠶(잠)－누에를 친다는 뜻. •是(시)－곧, 이에의 뜻. •降丘(강구)－사람들이 높은 곳에 살다가 낮은 곳으로 내려왔다는 뜻. •宅(택)－사는 것. •土(토)－평지(平地)의 뜻. •墳(분)－걸찬 것, 비옥(肥沃). •繇(요)－우거지다. •條(조)－길게 자라다. •中下(중하)－6등급. •貞(정)－정(正)자와 통하는 글자. 우가 아홉 주의 물을 다스릴 때 이곳 연주(兗州)는 맨 나중 아홉 번째로 일이 끝났다. 여기의 부세 등급은 일이 끝난 순서와 '꼭 같다', 곧 9등급이라는 뜻이다. •作(작)－일하고 다스리는 것. •十有三載乃同(십유삼재내동)－13년을 더 다스린 뒤에야 다른 여덟 개의 주와 사는 환경이 같아졌다는 뜻이다. 특히 연주는 낮고 습기가 많았기 때문이다. •漆(칠)－옻칠. •絲(사)－명주실. •篚(비)－공물을 담아 오는 바구니. •織文(직문)－무늬를 넣어 짠 비단. •漯(탑)－지금의 산동성 우성현(禹城縣)에서 시작하여 동쪽으로 흘러 고원현(高苑縣)에서 바다로 들어가던 강 이름. 배를 타고 제수(濟水)와 탑수(漯水)를 따라 내려가 황하에 이르렀다는 말. 천자의 도읍은 기주(冀州)에 있었는데 기주는 3면이 황하로 둘러싸여 있어 황하에만 이르면 곧 서울로 올 수 있었던 것이다.

바다와 태산(泰山) 사이가 청주(靑州)이다. 우이(嵎夷) 지방을 다스리고 나서 유수(濰水)와 치수(淄水)의 물을 인도하였다. 그곳 흙은 희고 걸찬데, 바닷가에는 넓은 개펄이 있다. 그곳의 밭은 3등급이고, 부세는 4등급이다. 공물은 소금과 고운 칡베인데 바다에서 나는 물건들이 섞여 있다. 태산의 산골짜기에서는 명주실·모시·납·소나무·괴상하게 생긴 돌이 난다. 내산(萊山)의 오랑캐들에게는 가축을 치게 하니, 그들의 공물 바구니에는 산누에고치실이 담기어 온다. 그들은 문수(汶水)에 배를 띄워 제수(濟水)에 이르게 된다.

原文 海岱에 惟靑州라. 嵎夷旣略하고 濰淄其道로다. 厥土는 白墳이오 海濱은 廣斥이라. 厥田은 惟上下요 厥賦는 中上이라. 厥

공 염 치　　해 물 유 착　　　　대 견　　사 시 연 송　　괴 석　　　　내 이
貢鹽絺요 海物惟錯이로다. 岱畎엔 絲枲鉛松과 怪石이로다. 萊夷

작 목　　　궐 비 염 사　　　　부 우 문　　달 우 제
作牧하니 厥篚檿絲로다. 浮于汶하여 達于濟하니라.

[註解] •岱(대)-태산(泰山). 바다와 태산 사이가 청주(靑州) 땅이라는 뜻. •嵎
夷(우이)-동해(東海) 가에 있던 땅 이름(「요임금의 업적」에도 보임). •略(략)-다
스리다. •濰(유)-강 이름. 지금의 산동성 거현(莒縣)에서 나와 창읍(昌邑)에서 바
다로 들어갔다. •淄(치)-강 이름. 산동성 내무현(萊蕪縣)에서 시작 수광현(壽光
縣)을 거쳐 바다로 들어갔다. •道(도)-인도하다, 이끌다. •墳(분)-땅이 걸찬 것.
•濱(빈)-물가. •斥(척)-개펄, 곧 염분이 많은 땅. •上下(상하)-3등급. •中上
(중상)-4등급. •絺(치)-고운 칡으로 짠 천. •岱(대)-태산. •畎(견)-산골짜기.
•枲(시)-모시. •鉛(연)-납. •萊(내)-산 이름. 지금의 산동성 황현(黃縣)에 있
음. •作牧(작목)-'가축을 치게 하였다'는 뜻. •檿(염)-산뽕나무, 염사(檿絲)는
산누에고치실. •汶(문)-강 이름. 지금의 산동성 내무현(萊蕪縣)에서 시작하여 서
남쪽으로 흘러 옛날에는 제수(濟水)로 흘러 들어갔다. 지금은 운하(運河)와 합친다.
문수(汶水)에서 제수로 가서 다시 황하에 다다랐다는 뜻.

　　바다와 태산과 회수(淮水) 사이가 서주(徐州)이다. 회수와 기수(沂
水)를 다스리니 몽산(蒙山)과 우산(羽山) 지방에도 농사를 지을 수 있
게 되었다. 대야(大野) 호숫물을 잘 막아 놓으니, 동원 땅이 평평해졌
다. 그곳 흙은 붉고 차지고 걸차고, 풀과 나무는 무성하게 자랐다. 밭
은 2등 정도이고, 부세는 5등이다. 공물은 다섯 가지 빛깔의 흙이 있
고, 우산의 골짜기에서는 다섯 가지 빛깔의 꿩털, 역산(嶧山)의 남쪽
기슭에서는 외로이 자란 오동나무, 사수(泗水) 가에서는 흙 속에 떠
있는 것 같은 경석(磬石)이 난다. 회수 근처의 오랑캐들은 진주와 물
고기를 바치고, 그들의 공물 바구니에는 검은 비단·흰색과 검은색
을 섞어 짠 비단·흰 비단이 들어 있다. 그들은 회수와 사수에서 배

를 띄워 황하에 이르게 된다.

<ruby>海岱及淮</ruby>에 <ruby>惟徐州</ruby>라. <ruby>淮沂其乂</ruby>하니 <ruby>蒙羽其藝</ruby>로다. <ruby>大野</ruby>
<ruby>旣豬</ruby>하니 <ruby>東原底平</ruby>이로다. <ruby>厥土</ruby>는 <ruby>赤埴墳</ruby>이오 <ruby>草木漸包</ruby>로다. 厥
田은 惟上中이오 厥賦는 中中이로다. 厥貢은 惟土五色이오 羽畎
夏翟과 嶧陽孤桐과 泗濱浮磬이라. 淮夷는 蠙珠曁魚하고 厥篚엔
玄纖縞로다. 浮于淮泗하여 達于河하니라.

註解 •淮(회)―강 이름. 하남성 동백산(桐柏山)에서 시작하여 안휘(安徽)·강
소(江蘇) 두 성(省)의 북쪽을 거쳐 동쪽으로 흘러 바다에 들어갔다. 지금의 회수(淮
水)는 옛날의 물길과 많이 다르다. •沂(기)―강 이름. 대기하(大沂河)라고도 불렸
으며 지금의 산동성 몽음현(蒙陰縣)에서 시작하여 남쪽으로 흘러 강소성 비현(邳
縣)에서 사수(泗水 : 지금은 운하)와 합쳤다. •乂(예)―다스리다. •蒙(몽)―산 이
름. 지금의 산동성 비현(費縣)에 있다. •羽(우)―산 이름. 지금의 산동성 담성(郯
城)에 있다. •藝(예)―곡식을 심어 농사지을 수 있게 되었다는 뜻. •大野(대야)―
호수 이름. 지금의 산동성 거야현(鉅野縣)에 있었다. •豬(저)―방죽을 쌓아 호수
물을 잘 막아 놓는다는 뜻. •東原(동원)―땅 이름. 지금의 산동성 동평(東平)·태
안(泰安) 두 현에 걸친 지방이다. •底平(저평)―'평평해졌다'. 곧 습기가 없어지
고 농사짓기 좋아졌다는 뜻. •埴(치)―찰흙. •漸(점)―자라는 것. •包(포)―포
(苞)와 통하는 글자. 무성한 것. •上中(상중)―2등급. •中中(중중)―5등급. •土
五色(토오색)―다섯 가지 빛깔의 흙. 먼저 서주(徐州)의 흙이 붉다고 한 것은 대체
적인 얘기이고, 지금의 제성(諸城)·동산(銅山 : 徐州)은 오색토(五色土)로 유명하
다. 임금이 땅의 신(地神)을 제사지내는 대사(大社)의 제단을 만들 때에 이 오색토
가 쓰였다 한다. •羽畎(우견)―우산(羽山) 골짜기. •夏翟(하적)―다섯 가지 빛깔
을 가진 꿩털. 깃대 위에 꽂는 데 쓰였다. •嶧(역)―산 이름. 지금의 산동성 역현
(嶧縣)에 있다. •陽(양)―산의 남쪽 기슭. •孤桐(고동)―외롭게 홀로 자란 오동나

무. 금(琴)이나 슬(瑟) 같은 악기를 만드는 데 좋은 재료가 된다 한다. •泗(사)−강 이름. 지금의 산동성 사수현(泗水縣)에서 시작하여 강소성 청하현(淸河縣)에서 회수(淮水)와 합쳤었다. 지금은 하류가 운하(運河)로 변하였다. •浮磬(부경)−흙 가운데 물에 뜨듯이 한 덩어리가 떠있는 돌로서 경(磬)을 만드는 데 좋은 재료라 한다. •蠙(빈)−조개. 빈주(蠙珠)는 조개에서 나온 진주. •玄(현)−적흑색(赤黑色)의 비단. •纖(섬)−검은 실과 흰 실을 섞어 짠 비단. •縞(호)−흰 비단. •河(하)−여기의 하(河)는 『한서(漢書)』 지리지와 『설문(說文)』에서는 가(菏)로 쓰고 있다. 회수(淮水)와 사수(泗水)는 황하와 통하지 않고 가수(菏水)와 통하였다. 서주(徐州) 사람들은 공물을 바칠 때 우선 회수와 사수에서 배에 짐을 싣고 내려가 가수로 갔고 다시 제수(濟水)를 거쳐 황하로 나가 서울에 이르렀던 것이다.

회수와 바다 사이가 양주(揚州)이다. 팽려호(彭蠡湖)의 물을 잘 막아 놓으니 기러기 같은 물새들이 그곳에 살게 되었다. 세 갈래의 강수를 바다로 인도하니, 진택(震澤) 못물이 일정하여져서 크고 작은 대나무들이 퍼졌다. 풀은 싱싱하고 길게 자랐고, 나무는 높다랗게 자랐다. 그곳의 흙은 진흙이 많다. 밭은 9등급이고, 부세는 7등급에다 6등급이 섞여 있다. 공물은 금·은·동 세 가지 쇠붙이와, 아름다운 옥돌과 보통 옥돌[琨]과 크고 작은 대나무와, 상아·짐승가죽·새깃·쇠꼬리 털과 나무이다. 섬에 사는 오랑캐들은 풀로 만든 옷을 바친다. 그들의 공물 바구니에는 조개무늬가 있는 비단이 담기어 있고, 그들의 보따리에 굴과 유자를 담아서 공물로 바친다. 그들은 강수를 따라 바다로 나가서 다시 회수와 사수로 올라온다.

原文 淮海에 惟揚州라. 彭蠡旣豬하니 陽鳥攸居로다. 三江旣入하니 震澤底定하여 篠簜旣敷로다. 厥草惟夭하고 厥木惟喬로다.

궐 토　　유 도 니　　　궐 전　　유 하 하　　궐 부　　하 상　　상 착
厥土는 **惟塗泥**로다. **厥田**은 **惟下下**요 **厥賦**는 **下上**에 **上錯**이라.

궐 공　　유 금 삼 품　　　요 곤 소 탕　　치 혁 우 모　　유 목　　　도 이
厥貢은 **惟金三品**과 **瑤琨篠簜**과 **齒革羽毛**와 **惟木**이로다. **島夷**는

훼 복　　궐 비　　직 패　　궐 포　　귤 유　　석 공　　　연 우 강 해
卉服이라. **厥篚**는 **織貝**요 **厥包**는 **橘柚**를 **錫貢**이로다. **沿于江海**하

달 우 회 사
여 **達于淮泗**하니라.

註解　•揚州(양주)—북쪽은 회수로부터 동남쪽은 바다에 이르는 땅이었다. •彭蠡(팽려)—호수 이름. 지금의 파양호(鄱陽湖). •豬(저)—물을 막아 고이게 하는 것. •陽鳥(양조)—해를 따라 옮아다니는 기러기 같은 철새들. •攸居(유거)—사는 곳. 소거(所居)의 뜻. •三江(삼강)—여러 가지 설이 있어 어느 말이 옳은지 종잡을 길이 없다. 유중초(庾仲初)의 「오도부주(吳都賦注)」에 의하면 진택(震澤 : 지금의 太湖)으로부터 바다로 흐르는 3개의 강. 곧 송강(松江)과 누강(婁江)과 동강(東江)이다. 지금도 이 세 강이 흐르는 근처를 삼강구(三江口)라 한다고 한다. •入(입)—바다로 흘러 들어간다는 뜻. •震澤(진택)—지금의 태호(太湖). •底定(저정)—일정하여졌다는 뜻. •篠(소)—조릿대. •簜(탕)—왕대. •敷(부)—여기에서는 가는 대와 굵은 대들이 물이 준 호숫가에 널리 많이 났다는 뜻. •夭(요)—무성하다, 또는 싱싱하고 길게 자란다는 뜻. •喬(교)—나무가 높다랗게 자랐다는 뜻. •塗(도)—진흙. •泥(니)—진흙. •下下(하하)—9등급. •下上(하상)—7등급. •上錯(상착)—윗등급인 6등급도 섞이어 있었다는 뜻. •金三品(금삼품)—금과 은과 동의 세 가지. •瑤(요)—옥돌. 아름다운 옥돌(美玉). •琨(곤)—보통의 옥돌. •齒(치)—상아(象牙). •革(혁)—가죽. •羽(우)—새깃. •毛(모)—쇠꼬리 털로서 깃대 위에 꽂았다. •島夷(도이)—섬에 사는 오랑캐들. 기주(冀州)의 도이(島夷)가 조이(鳥夷)인 것과 다름. •卉服(훼복)—여러 가지 풀로 만든 옷. •織貝(직패)—「시경」에 보이는 금패(錦貝)와 같은 것으로 조개무늬를 넣어 짠 비단. •包(포)—여기에서는 공물 보따리. •橘(귤)—귤. •柚(유)—유자. •錫貢(석공)—납공(納貢). 곧 공물로 바쳤다는 뜻. •沿(연)—강물따라 내려가는 것. 그들은 공물을 가져올 때 강수(江水)를 따라 바다로 나갔다가 회수와 사수를 통하여 다시 황하에 이르렀다.

형산(荊山)과 형산(衡山)의 남쪽 기슭 사이가 형주(荊州)이다. 강수(江水)와 한수(漢水)를 모아 바다로 흘러들어가게 하니, 아홉 가닥의 강수가 크게 바로잡히었다. 타수(沱水)와 잠수(潛水)를 잘 인도하니 운택(雲澤)의 땅이 보이게 되었고 몽택(夢澤)의 물이 다스려졌다. 그곳의 흙은 진흙이 많다. 밭은 8등급이오, 부세는 3등급이다. 그곳 공물은 새깃·쇠꼬리 털·상아·가죽과 금·은·동의 세 가지 쇠붙이 및 참나무·산뽕나무·향나무·잣나무와 거친 숫돌·고운 숫돌·살촉 돌·단사(丹砂)이다. 조릿대와 화살대 및 호(楛)나무는 세 나라에서 공물로 바치어 이름이 났다. 공물 보따리에는 궤짝에 넣은 가시 달린 띠풀이 있고, 그들의 바구니에는 검은 비단과 붉은 비단과 둥글지 않은 구슬과 구슬 꿰는 끈이 담기어 있고, 아홉 가닥의 강수에서는 큰 거북을 바친다. 그들은 강수와 타수와 잠수와 한수에 배를 띄워 낙수(洛水)를 거쳐 남쪽 황하(黃河)에 이르게 된다.

原文 荊及衡陽에 惟荊州라. 江漢을 朝宗于海하니 九江이 孔殷이로다. 沱潛旣道하니 雲土요 夢作乂로다. 厥土는 惟塗泥라. 厥田은 惟下中이오 厥賦는 上下로다. 厥貢은 羽毛齒革과 惟金三品과 杶榦栝柏과 礪砥砮丹이라. 惟箘簵楛는 三邦이 底貢厥名이라. 包匭는 菁茅요 厥篚는 玄纁璣組요 九江은 納錫大龜라. 浮于江沱潛漢하고 逾于洛하여 至于南河하니라.

註解 ·荊(형)―산 이름. 지금의 호북성(湖北省) 남장현(南漳縣)에 있다. ·衡陽

(형양)−형산(衡山)의 남쪽 기슭. 형산은 「순임금의 업적」에 나온 남악(南岳), 지금 의 호남성(湖南省) 형산현(衡山縣)에 있다. •江(강)−장강(長江). •漢(한)−섬서 성(陝西省) 영강현(寧羌縣)에서 시작하여 한양현(漢陽縣)에 이르러 장강(長江)과 합친다. 양수(漾水)·면수(沔水) 등은 한수(漢水)의 상류 일부이다. •朝宗(조종)− 강물이 바다로 '제후들이 임금을 찾아뵙듯이 흘러들어간다'는 뜻. 제후들이 봄에 천자를 찾아뵙는 것을 조(朝), 여름에 뵙는 것을 종(宗)이라 한다. 강수(江水)와 한 수(漢水)는 형주(荊州)에서 합류하여 바다로 흘러들어간다. •九江(구강)−지금의 동정호(洞庭湖)로 흘러들어가는 원(沅)·점(漸)·원(元)·신(辰)·서(敍)·유(酉)· 예(澧)·자(資)·상(湘)의 아홉 가닥의 강물. •孔(공)−크게, 매우. •殷(은)−바로 잡히다. •沱(타)−강 이름. 지금의 호북성(湖北省) 지강현(枝江縣)에서 강수와 합 쳐진다. •潛(잠)−강 이름. 잠(涔)이라고도 쓰며 지금의 호북성(湖北省) 잠강현(潛江縣)에 흐르고 있었을 것 같으나 확실치 않다(『釋義』). •雲(운)−강수 북쪽에 있던 호수, 운택(雲澤). 운토(雲土)는 운택(雲澤)의 바닥 흙이 드러났다는 뜻. •夢(몽)−강수 남 쪽에 있던 호수 이름. •下中(하중)−8등급. •上下(상하)−3등급. •杶(춘)−참나 무. 수레 만드는 데 쓰임. •榦(간)−산뽕나무. 활을 만드는 데 쓰임. •栝(괄)−향나 무. •柏(백)−잣나무. •礪(여)−거친 숫돌. •砥(지)−고운 숫돌. •砮(노)−살촉을 만드는 돌. •丹(단)−단사(丹砂). 붉은 물감의 원료로 쓰임. •箘(균)−조릿대. •簵 (로)−조릿대. 균(箘)과 로(簵)는 다 같이 가는 대의 일종으로 단단하여 화살대로 많 이 쓰였다. •楛(호)−호나무. 이것도 가늘고 단단하여 화살대에 적합한 나무. •三 邦(삼방)−운택(雲澤)과 몽택(夢澤) 가까이의 세 나라. •底貢厥名(저공궐명)−공물 을 바침으로써 그 이름이 알려졌다는 뜻. •包(포)−공물 보따리. •匭(궤)−궤짝, 갑. •菁(청)−우거지다. •茅(모)−띠풀. 청모(菁茅)는 가시가 달린 띠풀의 일종으 로 옛날 종묘에서 제사지낼 때 이 풀을 바쳐 술을 걸러 썼다 한다. 이처럼 청모는 제사에 쓰이는 귀중한 물건인데다가 가시가 달려 있어 먼저 궤짝 속에 넣은 다음 다시 보자기로 쌌던 것이다. •玄(현)−검은 비단. •纁(훈)−붉은 비단. •璣 (기)−둥글지 않은 구슬임. •組(조)−갓이나 도장 등을 매어다는 술 달린 끈. •納 錫(납석)−공물로 바쳤다는 뜻. •大龜(대귀)−큰 거북. 점치는 데 쓰였다. •洛 (락)−강 이름으로 낙(雒)이라고 씀이 옳다. 지금의 섬서성(陝西省) 낙남현(雒南縣) 에서 시작하여 낙양(雒陽)을 거쳐 공현(鞏縣)에서 황하와 합쳐진다. 낙수(雒水)를 낙수(洛水)라고도 썼지만 낙수(洛水)라는 또 다른 강이 있다. 강수(江水)·타수(沱 水)·잠수(潛水)·한수(漢水)는 낙수(雒水)와 통하지 않기 때문에 건넌다〔逾〕고 말

한 것이다. 곧 이들 강에서 물건을 싣고 와서 다시 땅위로 물건을 날라 낙수로 가서, 다시 배에 싣고 황하로 나갔던 것이다. •南河(남하)－동관(潼關)의 동쪽으로부터 동서로 흐르는 황하의 일단을 옛사람들은 남하라 하였다.

형산(荊山)과 황하 사이가 예주(豫州)였다. 이수(伊水)와 낙수(洛水)와 전수(瀍水)와 간수(澗水)를 황하로 흘러들여보내니, 형파(滎波) 호수 물이 잘 막히었다. 가택(菏澤) 호수 물을 끌어 맹저(孟豬)호수에 이르게 하였다. 그곳의 흙은 부드러우나, 밑 흙은 걸차면서 검고 굳다. 밭은 4등급이고, 부세는 2등급에다 1등급이 좀 섞이어 있다. 공물은 칠(漆)·모시·칡베·모시옷감이다. 그곳의 공물 바구니에는 가는 면사가 들어 있고, 명에 따라 경을 가는 숫돌을 바치기도 한다. 그들은 낙수에 배를 띄워 황하에 이르게 된다.

原文   荊河에 惟豫州라. 伊洛瀍澗이 旣入于河하니 滎波旣豬로다. 導菏澤하여 被孟豬로다. 厥土는 惟壤이나 下土는 墳壚로다. 厥田은 惟中上이오 厥賦는 錯上中이로다. 厥貢은 漆枲絺紵로다. 厥篚는 纖纊에 錫貢磬錯하니라. 浮于洛하여 達于河하니라.

註解   •荊河(형하)－남쪽은 형산(荊山)으로부터 북쪽은 황하까지, 그곳이 예주(豫州) 땅이라는 뜻. •伊(이)－강 이름. 지금의 하남성 노씨현(盧氏縣)에서 시작하여 낙양(雒陽)에서 낙수(雒水)와 합쳐졌다. •洛(락)－낙수(雒水). •瀍(전)－강 이름. 지금의 하남성 맹진현(孟津縣)에서 시작하여 언사(偃師)에서 낙수(雒水)와 합쳐졌다. •澗(간)－강 이름. 지금의 하남성 민지현(澠池縣)에서 시작하여 낙양에 이르러 낙수와 합쳐졌다. •滎波(형파)－호수 이름. 지금은 말라 없어졌는데 지금의 하남성 형택현(滎澤縣)에 옛 자리가 있다. •菏(가)－호수 이름. 지금은 말라 없

어졌는데 산동성(山東省) 정도현(定陶縣)에 옛 자리가 있다. •被(피)―미치다. •孟猪(맹저)―호수 이름. 맹저(孟諸)라고도 쓰며, 지금의 하남성 상구현(商丘縣)에 있다. •下土(하토)―속 흙. •壚(로)―검고 굳은 흙. •中上(중상)―4등급. •錯上中(착상중)―2등급에 1등급이 좀 섞이어 있는 것. •枲(시)―아직 짜지 않은 모시 실. 저(紵)는 이미 짠 모시 옷감. •紵(저)―모시베. •纖纊(섬광)―가는 목면사(木綿絲). •錫貢(석공)―사명(賜命), 곧 명이 내리는 데 따라 바쳤다는 뜻. •磬錯(경착)―경석(磬石)을 가는 숫돌. 경석을 가는 숫돌은 언제나 쓰이는 것이 아니므로 명령이 있을 때만 바쳤던 것이다. •浮于洛達于河(부우락달우하)―예주(豫州)는 서울과 가장 가까워서, 동쪽에서는 직접 황하를 이용하여 물건을 나를 수 있었고, 서쪽에서는 낙수에서 배에 짐을 싣고 황하에 들어왔다.

화산(華山)의 남쪽 기슭으로부터 흑수(黑水) 사이가 양주(梁州)이다. 민산(岷山)과 파산(嶓山) 근처를 농사지을 수 있게 하고, 타수와 잠수를 잘 인도하였다. 채몽산(蔡蒙山)도 잘 다스렸고, 화수(和水) 지방의 오랑캐들도 시키는 대로 일을 잘 하게 되었다. 그곳의 흙은 검푸르다. 밭은 7등급이고, 부세는 8등급에다 7등급과 9등급이 섞이어 있다. 공물은 황금·철·은·강철·살촉 돌·경석(磬石)과 곰·말곰·여우·너구리 등의 가죽과 짐승 털가죽으로 짠 융단이다. 서경산(西傾山)의 것은 환수(桓水)를 거쳐 오고, 다른 고장에서는 잠수(潛水)에 배를 띄워 면수(沔水)를 지나 위수(渭水)로 들어와서는 황하를 건너온다.

原文 華陽黑水에 惟梁州라. 岷嶓旣藝하고 沱潛旣道로다. 蔡蒙旅平하고 和夷底績이로다. 厥土는 靑黎며 厥田은 惟下上이오 厥賦는 下中三錯이로다. 厥貢은 璆鐵銀鏤砮磬과 熊羆狐貍織皮로

다. 西傾은 因桓是來하고 浮于潛하여 逾于沔하고 入于渭하여 亂
于河하니라.

[註解] • 華陽(화양)－화산(華山)의 남쪽 기슭. 화산은 「순임금의 업적」에 나온
서악(西岳)임. • 黑水(흑수)－설이 분분한데 지금의 금사강(金沙江)인 것 같다(『釋
義』). • 岷(민)－산 이름. 문산(汶山)이라고도 하며 지금의 사천성(四川省) 송반현
(松潘縣)에 있다. • 嶓(파)－산 이름. 파총산(嶓冢山)이라고도 부르며 지금의 섬서
성(陝西省) 영강현(寧羌縣)에 있다. • 藝(예)－농사짓는다는 뜻. • 沱(타)－민강(岷
江)의 지류로서 지금의 사천성 광원현(廣元縣)에 흐르고 있다. 이 타수(沱水)와 잠
수(潛水)는 형주(荊州)의 타수(沱水)와 잠수(潛水)와는 다른 강이다. • 蔡蒙(채
몽)－산 이름. 지금의 사천성 아안현(雅安縣)에 있다. 채산(蔡山)과 몽산(蒙山)의
두 산으로 보는 이도 많으나 옳지 않다(『釋義』). • 旅平(여평)－정리하여 평정되었
다. 잘 다스려졌다는 뜻. 여(旅)를 제사 또는 여행으로 보는 이가 있으나 '정리한
다' 는 뜻으로 봄이 좋다. • 和夷(화이)－화수(和水) 근방의 오랑캐. 화수는 환수(桓
水)라고도 하며 대설산(大雪山)에서 시작하여 사천성 낙산현(樂山縣)에서 민강(岷
江)으로 들어가는 지금의 대도하(大渡河)인 듯하다(『釋義』). • 底績(저적)－공적을
이루다. 곧 일을 잘하게 되었다는 뜻. • 靑黎(청려)－푸르고 검은 빛깔. • 下上(하
상)－7등급. • 下中三錯(하중삼착)－8등급에다 7등급과 9등급의 세 가지 등급이
섞이어 있다는 뜻. • 璆(구)－마융(馬融)은 류(鏐)라 썼으며 좋은 황금의 뜻(『經典
釋文』). • 鏤(루)－강철. • 砮(노)－돌 살촉. • 熊(웅)－곰. • 羆(비)－말곰. • 狐
(호)－여우. • 貍(리)－너구리. • 織皮(직피)－짐승의 털가죽으로 짠 융단. • 西傾
(서경)－산 이름. 지금의 청해성(靑海省) 노찰포랍산(魯察布拉山)임. • 桓(환)－강
이름. 앞의 주해 참조. • 沔(면)－한수(漢水)의 상류임. • 渭(위)－강 이름. 지금의
감숙성(甘肅省) 위원현(渭源縣) 조서산(鳥鼠山)에서 시작하여 섬서성(陝西省) 동관
(潼關)에 이르러 황하로 들어간다. • 亂(난)－흐름을 똑바로 가로질러 건너오는
것. 잠수(潛水)는 면수(沔水)와 통하지 않기 때문에 그 사이는 땅으로 운반한다. 면
수도 위수(渭水)와 통하지 않아 그 사이는 땅으로 운반한다. 위수에서 황하로 나와
곧장 황하를 가로질러 건너면 서울에 다다랐던 것이다.

흑수(黑水)와 서하(西河) 사이가 옹주(雍州)이다. 약수(弱水)를 서쪽으로 끌어내고 경수(涇水)를 위수(渭水) 북쪽 물굽이로 끌어들였다. 칠수(漆水)와 저수(沮水)를 다스리고 풍수(灃水)도 함께 위수로 합쳐졌다. 형산(荊山)과 기산(岐山)을 다스리고, 종남산(終南山)과 돈물산(惇物山)을 거쳐 조서산(鳥鼠山)에까지 이르렀다. 들과 진펄에서도 일을 잘하여 저야호(豬野湖)에까지도 손이 미치었다. 삼위산(三危山) 지방도 사람들이 살 수 있게 되니, 삼묘족(三苗族)들이 크게 다스려졌다. 그곳 흙은 누렇고 부드럽다. 그곳 밭은 1등급이며, 부세는 6등급이었다. 공물은 경을 만드는 옥과 여러 가지 옥돌이었다. 그들은 적석산(積石山) 기슭에서 배를 띄워 용문산(龍門山) 서하(西河)에 이르러 다시 위수(渭水) 북쪽 물굽이로 모이게 된다. 짐승 털가죽으로 짠 융단은 곤륜(崑崙)과 석지(析支)와 거수(渠搜) 지방에서 바쳐 왔으니, 이들 서쪽 오랑캐 나라들도 질서가 잡혔던 것이다.

原文 黑水西河에 惟雍州라. 弱水旣西하고 涇屬渭汭로다. 漆沮旣從하니 灃水攸同이로다. 荊岐旣旅하고 終南惇物로 至于鳥鼠로다. 原隰에 底績하여 至于豬野니라. 三危旣宅하니 三苗丕敍로다. 厥土는 惟黃壤이라. 厥田은 惟上上이오 厥賦는 中下니라. 厥貢은 惟球琳琅玕이로다. 浮于積石하여 至于龍門西河하고 會于渭汭하니라. 織皮는 崑崙과 析支와 渠搜니, 西戎이 卽敍하니라.

註解 • 黑水(흑수) - 양주(梁州)의 흑수(黑水)와 다른 강이다. 이 강은 장액계산

(張掖鷄山 : 甘肅省 甘州)에서 시작하여 남쪽으로 돈황(敦煌)과 삼위산(三危山) 기슭을 흘러가던 강물이다. ・西河(서하)-지금의 산서성(山西省)과 섬서성(陝西省) 경계선을 남북으로 흐르는 황하의 일부분을 가리킴. ・雍州(옹주)-동쪽은 서하 (西河)로부터 서북쪽은 흑수(黑水)에 이르는 땅을 일컬은 것이다. ・弱水(약수)- 지금의 감숙성 장액하(張掖河). 흑하(黑河) 또는 액제납하(額濟納河)라고도 부른다. ・旣西(기서)-서쪽으로 이끌었다는 뜻. ・涇(경)-강 이름. 지금의 감숙성 화평현 (化平縣)에서 시작하여 섬서성 고릉현(高陵縣)에서 위수(渭水)와 합쳐진다. ・屬渭 汭(촉위예)-위수 북쪽 물굽이로 끌여들였다는 뜻. ・漆(칠)-지금의 섬서성 동관 현(同官縣) 동북쪽 대신산(大神山)에서 시작하여 서남쪽으로 흘러 요현(耀縣)에서 저수(沮水)와 합쳐지는 강 이름. ・沮(저)-강 이름. 요현(耀縣) 북쪽에서 시작하여 동남쪽으로 흘러 칠수(漆水)와 합쳐진다. 이 칠저수(漆沮水)는 다시 조읍(朝邑)에 이르러 위수로 합친다. ・從(종)-종순하여졌다. 곧 다스려졌다는 뜻. ・灃(풍)-강 이름. 풍수(豊水)라고도 하며 지금의 섬서성 영섬현(寧陝縣) 동북진령(東北秦嶺)에 서 시작하여 함양(咸陽)에 이르러 위수(渭水)에 합쳐진다. ・同(동)-회동(會同), 합 치다. ・攸同(유동)-합쳐진 바가 되었다는 뜻. ・荊(형)-산 이름. 지금의 섬서성 부평현(富平縣)에 있다. 형주의 형산(荊山)과는 다른 산이다. ・岐(기)-산 이름. 지금의 섬서성 기산현(岐山縣)에 있다. ・旅(려)-여기에서는 잘 정리한다는 뜻. ・終南(종남)-산이름. 섬서성 서남쪽 장안(長安) 남쪽에 있다. ・惇物(돈물)-산 이름. 섬서성 무공현(武功縣) 남쪽에 있다. ・鳥鼠(조서)-산 이름. 지금의 감숙성 위원현(渭源縣)에 있다. ・原(원)-들, 평원. ・隰(습)-진펄. 습지. ・豬野(저야)- 호수이름. 감숙성 양주(涼州)에 있었고 한대(漢代)에는 휴도(休屠)라고도 불렀다. ・三危(삼위)-산 이름. 지금의 감숙성 돈황현(敦煌縣) 남쪽에 있음. ・宅(택)-잘 살 수 있게 되었다는 뜻. ・三苗(삼묘)-종족명.「순임금의 업적」에 나왔음. ・上上 (상상)-1등급. ・中下(중하)-6등급. ・球(구)-경 만드는 옥돌(「익과 직의 공로」편 참조). ・琳(림)-옥돌. ・琅玕(랑간)-모두 옥돌의 한 종류. 積石(적석)-대적산 (大積山). 지금은 대설산(大雪山)이라 부르며 청해성(靑海省) 남쪽 경계에 있다. ・龍門(용문)-산 이름. 용문(龍門)이란 이름을 가진 산이 중국에 네 개 있는데, 이 것은 산서성(山西省) 하진(河津)과 섬서성 한성(韓城) 사이에 있는 것임. 옹주(雍州) 사람들은 공물을 바칠 때 적석산(積石山) 기슭에서 배에 짐을 싣고 용문산 기슭의 서하(西河)로 나와 위수(渭水) 물굽이에서 모여 서울로 황하를 따라 왔다는 뜻. ・崑 崙(곤륜)-나라 이름. 지금의 감숙성 서녕현(西寧縣)에 있었다. ・析支(석지)-나라

이름. 지금의 청해성(靑海省) 북쪽에서 감숙성 귀덕현(貴德縣) 경계에 걸쳐 있었다. •渠搜(거수)-나라 이름. 지금의 섬서성 회원현(懷遠縣) 북쪽으로부터 몽고(蒙古) 근방에까지 걸쳐 있었다. •西戎(서융)-서쪽 오랑캐. 곤륜(崑崙)·석지(析支)·거수(渠搜)의 세 나라를 가리킴. 소식(蘇軾)은 위의 직피(織皮)로부터 즉서(卽敍)까지의 열두 자는 앞의 '낭간(琅玕)'의 밑 '부우(浮于)'의 위에 놓여야만 한다고 하였다(『集傳』). 문맥으로 볼 때 옳은 말이라 믿는다.

解說　여기에서는 우가 요임금 때에 온 나라 땅을 다스리고 행정구역을 9주(州)로 정리한 다음, 그곳의 부세(賦稅)와 땅의 등급 및 공물(貢物)의 종류를 정한 뒤에, 공물을 서울로 운반해 오는 경로를 한 주 한 주씩 서술하고 있다. 이것은 후세의 사관이 우의 업적을 종합하는 뜻에서 쓴 것이라 여겨진다. 이 「우임금이 천하의 산과 강물을 다스림」 전편이, 우 한 사람의 업적으로 보기에는 너무나 큰일을 적고 있어 신화에 가까운 얘기라고 보아야 한다.

그러나 이곳에서 신화적인 얘기는 빼버린다 하더라도, 옛날 중국은 우의 힘을 빌어 비로소 근대의 국가 같은 일정한 행정구역과 조직을 갖추게 되었다고 할 수 있다. 또 우는 이러한 신화가 생기리만큼 중국 온 나라 땅과 물을 다스리는 일에 큰 공로가 있었던 것 같다.

옛날 중국에서는 홍수가 무엇보다도 사람들의 무서운 적이었다. 황하는 거의 해마다 장마가 져서 물길을 이리저리 바꾸면서 온 나라를 휩쓸었다. 다른 강물도 마찬가지이다. 우는 이처럼 나라의 무서운 강물을 다스렸다는 것이다. 우의 뒤에도 황하는 몇 번 물길을 바꾸었지만 그전처럼 심하지는 않았다. 우로 말미암아 중국 땅은 안정되었던 것 같다.

이렇게 본다면 순임금이 임금 자리를 우에게 물려준 것은 당연한 일이라고도 할 수 있다.

여기에 보이는 산·강·호수들의 이름은 지금은 어느 것을 가리키는지 확실치 않은 것도 적지 않다. 몇 천년 전의 얘기라 할 수 없는 일이라 할 것이다. 그러나 이 「우임금이 천하의 산과 강물을 다스림」 한 편은 훌륭한 옛날 중국의 지리교과서라고도 할 수 있다. 뒤 페이지의 지도를 참고하며 이 편을 읽어 주기 바란다.

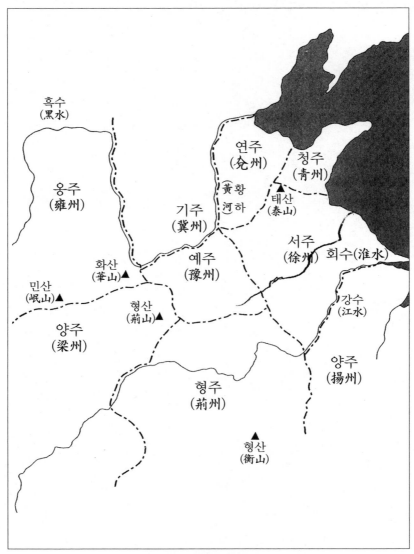

우(禹)의 구주(九州)

2

견산(岍山)과 기산(岐山)을 인도하여 형산에 이르렀다. 다시 황하를 건너서, 호구산(壺口山)과 뇌수산(雷首山)을 거쳐 태악에 이르렀다. 저주산(底柱山)과 석성산(析城山)을 거쳐 왕옥산(王屋山)에 이르렀고, 태행산(太行山)과 항산(恒山)을 거쳐 갈석산(碣石山)에 이르러, 결국은 바다에 다다랐다.

原文　導岍及岐하여　至于荊山하니라.　逾于河하여　壺口雷首하고　至于太岳하니라.　底柱析城으로　至于王屋하고　太行恒山으로　至于碣石하여　入于海하니라.

註解　•導(도)―인도하다. 산 자체는 어느 곳으로 인도할 수 없다. 우가 돌아다닌 목적은 물을 다스리는 데 있으므로, 이 도(導)는 앞에 이미 나온 산을 '다스린다'는 말과 같이 산 근처의 냇물들을 모두 잘 정리한 것으로 보아야 할 것이다.　•岍(견)―산 이름. 오악산(吳嶽山)이라고도 하며, 지금의 섬서성 농현(隴縣)에 있다.　•岐(기)―옹주의 기산(岐山).　•荊山(형산)―옹주에 있는 산.　•逾(유)―지나다. 건너다.　•河(하)―황하.　•壺口(호구)―기주의 호구산(壺口山).　•雷首(뇌수)―산 이름. 지금의 산서성(山西省) 영제현(永濟縣)에 있다.　•太岳(태악)―기주의 악산(岳山).　•底柱(저주)―산 이름. 지금의 하남성 섬현(陝縣) 동북 황하 옆에 있다.　•析城(석성)―산 이름. 산서성 양성현(陽城縣)에 있다.　•王屋(왕옥)―산 이름. 역시 양성현에 있다.　•太行(태행)―산 이름. 산서성 진성현(晋城縣)에 있다.　•恒山(항산)―「우임금의 업적」에 보인 북악(北岳)으로 지금의 하북성 곡양현(曲陽縣) 서북, 산서성 혼원현(渾源縣) 동남쪽에 있다.　•碣石(갈석)―기주의 갈석산(碣石山).　•入于海(입우해)―이처럼 여러 산의 개울물을 다스리면서 강을 따라 내려와 바다에 이르는 모든 물을 다스렸다는 뜻.

서경산(西傾山) · 주어산(朱圉山) · 조서산(鳥鼠山)을 거쳐 태화산(太華山)에 이르렀다. 웅이산(熊耳山) · 외방산(外方山) · 동백산(桐柏山)을 거쳐 배미산(陪尾山)에 이르렀다.

原文 西傾朱圉鳥鼠로 至于太華하니라. 熊耳外方桐柏으로 至于陪尾하니라.

註解 • 西傾(서경)－양주(梁州)의 서경산(西傾山). • 朱圉(주어)－산 이름. 지금의 감숙성 복강현(伏羌縣)에 있다. • 鳥鼠(조서)－옹주의 조서산(鳥鼠山). • 太華(태화)－화산(華山)으로 지금의 섬서성 화음현(華陰縣)에 있다. • 熊耳(웅이)－산 이름. 지금의 하남성 노씨현(盧氏縣)에 있다. • 外方(외방)－산 이름. 숭산(嵩山)이라고도 부르며 하남성 등봉현(登封縣)에 있다. • 桐柏(동백)－산 이름. 하남성 동백현(桐柏縣)에 있다. • 陪尾(배미)－산 이름. 지금의 산동성 사수현(泗水縣)에 있다.

또 파총산(嶓冢山)을 인도하여 형산에 이르렀고 내방산(內方山)을 거쳐 대별산(大別山)에 이르렀다. 또 민산의 남쪽 기슭을 거쳐 형산에 이르렀고, 강수(江水)의 아홉 가닥을 지나 부천원산(敷淺原山)에까지 다다랐다.

原文 導嶓冢하여 至于荊山하고 內方으로 至于大別하니라. 岷山之陽으로 至于衡山하고 過九江하여 至于敷淺原하니라.

註解 • 嶓冢(파총)－곧 양주(梁州)의 파산(嶓山)임. • 內方(내방)－산 이름. 지금은 장산(章山)이라 부르며 호북성(湖北省) 종상현(鐘祥縣)에 있다. • 大別(대별)－산 이름. 노산(魯山)이라고도 부르며 호북성 한양현(漢陽縣) 동북쪽에 있다.

• 岷山(민산) - 양주(梁州)에 있음. • 衡山(형산) - 「순임금의 업적」에 보인 남악(南岳). 형주에 있음. • 九江(구강) - 앞 절 주해 참조. • 敷淺原(부천원) - 이것에 대하여는 설이 구구하다. 주희와 청대의 호위(胡渭) 등은 바로 지금의 여산(廬山)이라 하였다. 여산은 강서성 구강현(九江縣) 남쪽에 있다.

解說 이미 앞에서 본 바와 같이 우는 아홉 주(州)의 물을 다스렸다. 앞의 절은 각 주를 중심으로 쓰여져서 앞뒤 연결이 잘 안되기 때문에, 여기에서는 다시 전국의 산을 중심으로 하여 우의 업적을 정리한 것이다. 옛사람들은 이 우의 업적을 세 가닥으로 나누어 말하였다. 곧 "견산과 기산을 인도하여"부터 "바다에 다다랐다"는 곳까지를 첫째 가닥의 일로, "서경산"부터 "배미산에 이르렀다"는 데까지를 둘째 가닥의 일로, "파총산을 인도하여"의 뒷부분을 셋째 가닥의 일로 본 것이다. 첫째 가닥을 북조(北條), 둘째를 중조(中條), 셋째를 남조(南條)라 보통 불렀는데, 이 3조의 일로써 중국의 온 땅은 다스려졌던 것이다.

3

약수(弱水)를 인도하여 합려산(合黎山)에 이르러서는 남아 흐르는 물을 유사(流沙)로 끌어넣었다.

原文 導弱水하되 至于合黎하여 餘波를 入于流沙하니라.
　　　도 약 수　　　지 우 합 려　　　여 파　　　입 우 유 사

註解 • 導(도) - 물길을 인도하다. 장마가 져도 강물이 잘 흐르도록 다스린다는 뜻. • 合黎(합려) - 산 이름. 지금의 감숙성(甘肅省) 장액현(張掖縣)에 있

음. •餘波(여파) - '남아 흐르는 물'. •流沙(유사) - 사막의 뜻으로 여기에서
는 감숙성 정신현(鼎新縣)부터 동쪽의 사막을 뜻한다.

흑수(黑水)를 인도하여 삼위산(三危山)에 이르러서는 남해(南海)로
들여보냈다.

原文 導黑水하되 至于三危하여 入于南海하니라.

註解 •黑水(흑수) - 앞에 나온 옹주의 흑수(黑水). 흑수는 남해(南海)로 흘러들
어가지 않는다. 옛사람들은 금사강(金沙江)과 같은 물로 알고, 금사강이 남해로 흘
러들어감을 잘못 말한 것 같다(《釋義》).

황하를 인도하여 적석산(積石山)을 거쳐 용문산(龍門山)에 이르렀
다. 남쪽으로는 화산(華山)의 북쪽 기슭에 다다랐고, 동쪽으로는 저
주산(底柱山)에 이르렀으며, 또 동쪽으로 나가 맹(孟) 나루에 이르렀
다. 동쪽으로 낙수(洛水) 북쪽 물굽이를 지나 대비산(大㟼山)에 이르
렀고, 북쪽으로 강수를 지나 대륙호(大陸湖)에 이르렀다. 또 북쪽으
로는 아홉 가닥으로 황하를 갈라놓고, 그것을 함께 다시 황하로 모아
바다로 흘러 들여보냈다.

原文 導河하여 積石으로 至于龍門하니라. 南至于華陰하고 東至
于底柱하며 又東至于孟津하니라. 東過洛汭하여 至于大㟼하고 北
過降水하여 至于大陸하니라. 又北播爲九河하여 同爲逆河하고 入
于海하니라.

註解 • 華陰(화음) – 화산(華山)의 북쪽 기슭. • 孟津(맹진) – 황하의 나루터 이름. 지금의 하남성 맹현(孟縣)에 있다. • 洛(락) – 낙수(雒水)임. • 大岯(대비) – 산 이름. 지금의 하남성 준현(濬縣)에 있음. • 降水(강수) – 장수(漳水)로서, 지금의 하북성 곡주(曲周) · 비향(肥鄕) 두 현 사이를 흐르고 있음. • 播(파) – 파헤치다. 파위구하(播爲九河)는 황하의 상류에 아홉 가닥의 지류를 만들었다는 뜻. • 逆河(역하) – 위의 아홉 가닥의 지류를 황하로 맞아들였다는 뜻.

파총산(嶓冢山)으로부터 양수(漾水)를 인도하여 동쪽으로 흘러 한수(漢水)를 이루고, 다시 동쪽으로 나가 창랑지수(滄浪之水)를 이루었다. 삼서수(三澨水)를 지나서 대별산(大別山)에 이르고, 남쪽으로 강수(江水)로 들어갔으며, 동쪽으로는 물이 고여 팽려호(彭蠡湖)를 이루었다. 또 동쪽엔 북강(北江)이 있어 바다로 들어갔다.

原文 嶓冢(파총)에 導漾(도양)하여 東流爲漢(동류위한)하고 又東爲滄浪之水(우동위창랑지수)하니라. 過(과)三澨(삼서)하여 至于大別(지우대별)하고 南入于江(남입우강)하며 東匯澤爲彭蠡(동회택위팽려)하니라. 東爲(동위)北江(북강)하여 入于海(입우해)하니라.

註解 • 漾(양) – 물 이름. 지금의 섬서성(陝西省) 영강현(寧羌縣)에서 시작하여 동남쪽으로 흘러 면수(沔水)가 되고, 다시 한중(漢中)으로부터 동쪽을 한수(漢水)라 부른다. • 滄浪之水(창랑지수) – 한수(漢水)의 일부분. 지금의 호북성(湖北省) 균현(均縣)의 한수(漢水)를 뜻함. • 三澨(삼서) – 삼참수(三參水)의 속명(俗名)으로 지금의 호북성 천문현(天門縣)에 흐르고 있다. • 匯(회) – 강물이 흐르지 못하고 돌면서 한 군데 고임을 뜻한다. • 北江(북강) – 앞에 나온 양주(揚州)의 삼강(三江) 중의 북강(北江)을 말함.

민산에서 강수(江水)를 인도하여 동쪽으로는 따로 타수(沱水)를 이루었고 또 동쪽으로 나가서는 예수(澧水)에 이르렀다. 아홉 가닥의 강을 지나 동릉(東陵)에 이르렀고, 동쪽으로 비켜 흘러 북쪽으로 물이 고인 팽려호로 합치었다. 다시 동쪽으로는 중강(中江)이 되어 바다로 흘러들어갔다.

原文　岷山에 導江하여 東別爲沱하고 又東至于澧하니라. 過九江하여 至于東陵하고 東迆北會于匯하니라. 東爲中江하여 入于海하니라.

註解　•東別爲沱(동별위타)－동쪽에 따로 타수(沱水)가 이루어졌다는 뜻. •澧(례)－강 이름. 지금의 호남성 상현(桑縣)에서 시작하여 동정호로 흘러 들어간다. •東陵(동릉)－땅 이름. 『집전』에 의하면 파릉현(巴陵縣 : 지금의 湖南省 岳陽縣)이 바로 그곳이라 한다. •迆(이)－비스듬히 흘러간다는 뜻. •匯(회)－강물이 모이는 것. 여기서는 팽려호(彭蠡湖)를 말함. •中江(중강)－양주(揚州)의 삼강(三江) 중의 중강(中江).

　　연수(沇水)를 인도하여 동쪽으로 흘러 제수(濟水)가 되어 황하로 들어갔다. 또 물이 넘쳐 형파호(滎波湖)가 되었고, 동쪽으로 흘러 도구(陶丘) 북쪽으로 나와 다시 동쪽으로 가택(菏澤)에 이르렀다. 또 동북쪽으로 흘러 문수(汶水)와 합쳐졌고, 다시 북쪽으로 가다 동쪽으로 꺾여 흘러 바다로 들어갔다.

原文　導沇水하되 東流爲濟하여 入于河하니라. 溢爲滎하고 東出

^{우 도 구 북} ^{우 동 지 우 하} ^{우 동 북} ^{회 우 문} ^{우 북 동}
于陶丘北하여 又東至于菏하니라. 又東北으로 會于汶하고 又北東

^{입 우 해}
하여 入于海하니라.

註解 • 沇水(연수)－제수(濟水)의 상류. 지금의 하남성 제원현(濟源縣). 왕옥산
(王屋山) 밑에서 시작하여 동쪽으로 흘러 하남성 하내현(河內縣)을 거쳐 황하로 들
어간다. • 榮(형)－앞에 나온 형파호(榮波湖). • 陶丘(도구)－땅 이름. 지금의 산동
성 정도현(定陶縣)에 있다. • 北東(북동)－북쪽으로 흐르다가 동쪽으로 꺾이었다
는 뜻.

　회수(淮水)를 동백산(桐柏山)으로부터 인도하여 동쪽으로 흘러 사
수(泗水)·기수(沂水)와 합쳐 동쪽으로 흘러 바다로 들어가게 하였다.

原文 ^{도 회} ^{자 동 백} ^{동 회 우 사 기} ^{동 입 우 해}
　　　導淮하되 自桐柏하여 東會于泗沂하고 東入于海하니라.

　위수(渭水)를 조서동혈산(鳥鼠同穴山)으로부터 인도하여 동쪽으로
흘러 풍수(灃水)와 합치게 하였고, 또 동쪽으로 흘러 경수(涇水)와 합
쳐지게 하였다. 다시 동쪽으로 칠수(漆水)와 저수(沮水)를 지나 황하
로 들여보내었다.

原文 ^{도 위} ^{자 조 서 동 혈} ^{동 회 우 풍} ^{우 동 회 우 경}
　　　導渭하되 自鳥鼠同穴하여 東會于灃하고 又東會于涇하니
^{우 동 과 칠 저} ^{입 우 하}
라. 又東過漆沮하여 入于河하니라.

註解 • 鳥鼠同穴(조서동혈)－앞에 나온 조서산(鳥鼠山)의 별명.

낙수(洛水)를 웅이산(熊耳山)으로부터 인도하여 동북쪽으로 흘러 간수(澗水)·전수(瀍水)와 합쳐지게 하였고, 또 동쪽으로 나가 이수(伊水)와 합쳐졌고, 다시 동북쪽으로 흘러 황하로 들어갔다.

原文 導洛하되 自熊耳하여 東北會于澗瀍하고 又東會于伊하고 又東北하여 入于河하니라.

解說 앞 절과 마찬가지로 우가 아홉 주를 다스린 일을, 이번에는 강물을 중심으로 하여 다시 정리한 것이다. 강물을 다스린 일도 대체로 산과 마찬가지로 북쪽으로부터 남쪽으로 내려오고 있다.

4

아홉 주가 다 같이 질서 잡히고 사방의 바다 구석까지도 사람이 살게 되었다. 모든 산의 나무를 베어 길을 내고, 모든 강물은 근원부터 잘 흐르도록 터놓고, 모든 호수들을 방죽으로 잘 막아놓았다.

原文 九州攸同하니 四隩旣宅이로다. 九山刊旅하고 九川滌源하고 九澤旣陂로다.

註解 •攸同(유동) – '다 같이 잘 다스려져서 질서가 잡히게 되었다'는 뜻. •四隩(사오) – '사방의 바닷가 구석구석의 땅'. •宅(택) – 사람들이 살게 되었

다는 뜻. •九山(구산)―아홉 주의 모든 산. •刊(간)―나무를 베는 것. •旅
(려)―통하게 하는 것, 곧 길을 낸다는 뜻. •九川(구천)―아홉 주 안의 모든
강. •滌(척)―여기에서는 강물이 잘 흐르도록 터놓는다는 뜻. •源(원)―근
원. •九澤(구택)―아홉 주 안의 모든 호수. •陂(피)―방죽을 쌓아 물을 잘 가
두어 놓는다는 뜻.

　온 세상이 임금님께 굴복하게 되고, 여섯 가지 중요한 물자들이 잘
다스려져, 모든 고장이 다 같이 바로잡히었다. 재물과 부세를 신중히
다루어 모두 세 가지 등급의 땅에 따라 중국의 부세를 정하였다. 땅
을 백성들에게 내려주고, 공경히 덕을 먼저 닦으니, 나의 하는 일을
아무도 거역하지 않게 되었다고 말씀하시기에 이르렀다.

原文　四海會同하고 六府孔修하여 庶土交正하니라. 底愼財賦하
되 咸則三壤하여 成賦中邦하니라. 錫土姓하고 祗台德先하니 不
距朕行이라 하시니라.

註解　•會(회)―제후들이 철에 따라 서울로 올라와 임금을 뵙는 것. •同(동)―
여러 제후들이 한꺼번에 임금님을 뵙는 것. •會同(회동)―임금님에게 복종한다는
뜻을 나타낸다. •六府(육부)―물·불·쇠·나무·흙·곡식의 사람들이 살아가는
데에 꼭 필요한 여섯 가지 물자. •孔(공)―매우 크게. 공수(孔修)는 매우 잘 다스
려졌다는 뜻. •庶土(서토)―'여러 고장'. •交(교)―여기에서는 '다 같이'의 뜻.
•底(저)―이루다. 저신(底愼)은 신중히 다룬다는 뜻. •咸(함)―다, 모두. •三壤
(삼양)―상중하(上中下) 세 등급의 땅. 칙삼양(則三壤)은 세 등급의 땅을 따랐다는
뜻. •成賦(성부)―부세를 정한 것. •中邦(중방)―'가운데 나라' 곧 중국(中國), 중
화(中華)의 뜻. •錫(석)―사(賜)와 통하는 글자, 내려주다. 석토성(錫土姓)은 백성
들에게 제후들로 하여금 땅을 나누어 주게 하였다는 뜻(『釋義』). •祗(지)―공경하

다. •台(이)-금문(金文)에서는 이(以)자의 뜻으로 많이 쓰이고 있다(보기 : 王孫鍾 ; 用享台孝, 用匽以喜). 여기에서도 이(以)의 뜻으로 보아야 한다(『釋義』). •距(거)-거(拒)와 통함. 막다.

서울로부터 사방 5백 리 땅이 전복(甸服)이다. 백 리 안은 부세로 곡식을 베어 묶은 채 바치게 하였다. 둘째 백 리 안은 이삭을 따서 바치게 하였다. 셋째 백 리 안은 짚과 수염만을 딴 곡식을 바치게 하였다. 넷째 백 리 안은 찧지 않은 곡식을 바치게 하였다. 다섯째 백 리 안은 찧은 곡식을 바치게 하였다.

原文　五百里가 甸服이라. 百里는 賦納總하고 二百里는 納銍하고 三百里는 納秸服하고 四百里는 粟하고 五百里는 米하니라.

註解　•五百里(오백리)-서울로부터 동서남북 사방 5백 리 거리 안쪽의 땅. 곧 1천평방리의 넓이임. •甸服(전복)-경기(京畿) 지역의 뜻. •百里(백리)-서울로부터 동서남북 백 리 거리 이내의 땅. •總(총)-곡식을 베어 그대로 짚채로 묶어 놓은 것. •二百里(이백리)-둘째 번으로 앞의 백 리 거리의 땅으로부터 다시 백 리 거리 안의 땅. 뒤의 3백 리, 4백 리도 이와 같이 셋째 번, 넷째 번 백 리 안의 땅임. •銍(질)-곡식의 이삭. •秸(갈)-곡식의 짚과 수염만을 따낸 것. •服(복)-겉껍질을 그대로 지닌 곡식, 곧 부(稃)와 같은 뜻으로 쓰였음(『釋義』). 『집전』·『정의』등에서는 짚만을 바치게 하였다고 풀이하는데 앞뒤 관계로 보나 상식적으로 생각하나 좋지 못한 해석이다. •粟(속)-찧지 않은 곡식. •米(미)-찧은 곡식.

또 그 밖의 사방 5백 리 땅이 후복(侯服)이다. 첫 백 리 안 땅은 경대부(卿大夫)들의 땅이었다. 두 번째 백 리 안 땅은 남작(男爵)들의 나라였다. 나머지 3백 리 안 땅은 제후들의 나라였다.

오 백 리 후 복 백 리 채 이 백 리 남 방 삼 백
五百里가 侯服이라. 百里는 采요 二百里는 男邦이요 三百

리 제 후
里는 諸侯이니라.

註解 • 五百里(오백리)−전복(甸服) 끝으로부터 다시 동서남북으로 5백 리 거리 안의 땅. • 侯服(후복)−제후들의 지역이란 뜻. • 采(채)−채읍(采邑). 곧 경대부(卿大夫)들의 식읍(食邑)의 뜻. 식읍이란 천자가 공이 있는 신하들에게 나누어 준 땅임. • 男邦(남방)−남작의 나라. 곧 제후의 조그만 나라임. • 三百里(삼백리)−나머지 3백 리의 뜻.

또 그밖의 5백 리가 수복(綏服)이었다. 첫 3백 리 안은 교육으로 교화시킴을 원칙으로 삼았다. 나머지 2백 리 안 땅은 무력을 떨치어 나라를 보위하였다.

原文 오 백 리 수 복 삼 백 리 규 문 교 이 백 리 분 무
五百里가 綏服이라. 三百里는 揆文敎하고 二百里는 奮武

위
衛하니라.

註解 • 五百里(오백리)−다시 후복(侯服)의 끝으로부터 동서남북으로 5백 리 더 나간 거리 안의 땅. • 綏服(수복)−나라를 편안히 하는 데 필요한 지역이라는 뜻. • 三百里(삼백리)−첫 3백 리 거리 안의 땅. • 揆(규)−법도. 여기에서는 원칙으로 삼았다는 뜻. • 文敎(문교)−백성을 가르치어 교화시키는 것. • 二百里(이백리)−나머지 2백 리. 뒤에 나오는 것도 같음. • 奮(분)−떨치다. • 衛(위)−호위하다, 보위하다.

또 그 밖의 5백 리가 요복(要服)이었다. 첫 3백 리 안은 오랑캐[夷]들이 살았고, 나머지 2백 리 안 땅은 가벼운 죄인을 귀양보내는 곳이

었다.

原文 오백리   요복   삼백리 이   이백리   살
五百里가 **要服**이라. **三百里**는 **夷**요 **二百里**는 **蔡**이니라.

註解 • 五百里(오백리)−수복(綏服)의 끝으로부터 다시 동서남북으로 5백 리씩 더 나간 거리 안의 땅. • 要服(요복)−억눌러 다스리는 지역의 뜻. • 夷(이)−뒤의 만(蠻)보다는 덜 미개한 오랑캐라 보아야 할 것이다. • 蔡(살)−귀양이나 뒤의 유(流)보다는 가벼운 죄를 진 사람들을 멀리 보내는 것.

또 그밖의 5백 리가 황복(荒服)이었다. 첫 3백 리 안 땅은 오랑캐〔蠻〕들이 살았고, 나머지 2백 리 안 땅은 중한 죄인을 귀양보내는 곳이었다.

原文 오백리   황복   삼백리   만   이백리   류
五百里가 **荒服**이라. **三百里**는 **蠻**이요 **二百里**는 **流**니라.

註解 • 五百里(오백리)−요복(要服)의 끝으로부터 다시 동서남북으로 5백 리씩 더 나간 거리 안의 땅. • 荒服(황복)−거칠어 잘 다스려지지 않는 지역의 뜻. • 蠻(만)−오랑캐. 야만인. • 流(류)−유배, 곧 귀양보내는 것.

동쪽으로는 바다에 다다랐고, 서쪽으로는 유사(流沙)에 이르렀으며, 북쪽으로부터 남쪽까지 명성과 교화가 온 세상에 퍼졌다. 우는 검은 옥으로 만든 홀을 바치고, 그의 일을 모두 이루었음을 아뢰었다.

原文 동 점 우 해   서 피 우 류 사   삭 남 기 성 교   흘 우 사 해
東漸于海하고 **西被于流沙**하며 **朔南曁聲敎**이 **訖于四海**하

니라. 禹이 錫玄圭하사 告厥成功하시니라.

<small>우</small> <small>석 현 규</small> <small>고 궐 성 공</small>

註解 •漸(점)—여기에서는 땅이 바다에 닿았다는 뜻. •被(피)—미치다, 이르다. •流沙(유사)—사막. •朔(삭)—북쪽. •曁(기)—여(與)의 뜻. ……과. •聲(성)—우의 명성. •敎(교)—우의 교화. •訖(흘)—흘(迄)과 통용됨, 이르다, 퍼지다. •禹錫玄圭(우석현규)—우가 물을 다스리기 전에, 임금님이 그에게 권한을 맡긴 증거로 주었던 검은 옥으로 만든 홀〔玄圭〕을 일이 모두 끝났으므로 임금에게 도로 바친 것임.

解說 우가 이처럼 물을 잘 다스렸기 때문에 온 나라 백성들이 편히 살게 되었다. 그리고 나라 땅은 오복(五服)으로 나누어져 행정에 질서가 잡히었다는 것이다. 이 절은 우의 업적에 대한 결론으로 볼 수 있다.

2. 감땅에서의 훈시(甘誓)

서서(書序)

  계가 유호와 감 땅의 들판에서 전쟁을 하였다. 그때 「감 땅에서의 훈시」를 지었다.
  啓與有扈, 戰于甘之野. 作甘誓.

계임금의 초상, 『삼재도회(三才圖會)』
인물권(人物卷)에서

이 편은 금문과 고문에 모두 들어 있다. 『서경』 중에서도 88자에 불과한 가장 짧은 편이다. 감(甘)은 땅 이름. 섬서성 호현(鄠縣, 지금의 扶風縣)에 있었다고 옛날에는 믿었다. 그러나 왕국유(王國維, 1877~1927)의 고증에 의하면 감나라는 곧 춘추시대 감소공(甘昭公)이 봉(封)함을 받았던 땅으로 주(周)나라와 정(鄭)나라 사이에 있었다(『釋義』 引). '서(誓)'는 싸움하기 전에 장군이 여러 군사를 모아놓고 훈시를 하는 것이다. 전쟁의 목적과 엄한 군령을 전달하는 훈시이다.(「위대한 우의 뜻」 참조).

이것은 우가 유호(有扈)와 싸울 때 일이라기도 하고(『墨子』 明鬼篇・『莊子』 人間世・『呂氏春秋』 김類篇・『說苑』 正理篇 등), 우의 아들 계(啓)가 유호와 싸울 때의 서(誓)라고도 한다(「書序」・『史記』 夏本紀 등).

또 『여씨춘추』 선기(先己)편에서는 하(夏)나라 임금이 유호와 싸웠다고만 말하고 있다. 어느 것이 옳은지는 모르나 이것은 하의 임금이 유호와 싸울 때 감에서 군인들에게 한 훈시인 것만은 틀림없겠다. 여기에서는 편의상 계의 일이라 생각하고 이 글을 해석하기로 한다.

이 『서경』에는 우가 언제 즉위하였는지 확실한 기록이 없다. 그러나 다른 기록들을 종합하면, 순이 대략 기원전 2208년에 죽고, 우는 순의 아들 상균(尙均)에게 양보하는 뜻으로 3년 있다가 기원전 2205년에 정식으로 임금이 되어 하(夏)나라가 시작된다. 우는 8년 동안 정식으로 나라를 다스린 뒤 죽고 그 아들 계가 왕위를 계승한다.

이 편의 얘기는 대략 기원전 2195년의 일이다. 그러나 굴만리(屈萬里) 교수는 이 편의 글은 대략 전국시대 만년의 작품이라 하였다(『書傭學論集』 尙書甘誓篇著成的時代).

감(甘) 땅에서 큰 싸움을 할 때에, 이에 앞서 임금은 전 군의 장수들을 다 불러 모으셨다.

原文   대 전 우 감   내 소 육 경
      大戰于甘하심에 乃召六卿하시다.

註解   • 六卿(육경) —6군(軍)의 장수. 옛날의 군제는 오(伍) · 양(兩) · 졸(卒) · 려(旅) · 사(師) · 군(軍)의 여섯 단위로 이루어져 육군은 전군을 말함. • 卿(경) —지금의 장관급의 벼슬. 임금의 군대의 장수들은 경(卿)급의 사람들을 임명하였으므로 육경이라 한 것임.

임금님께서 말씀하셨다.

"아아! 전 군의 모든 사람들이여! 나는 훈시를 하여 그대들에게 고하는 바요. 유호씨는 어짊(仁) · 의로움(義) · 예의(禮) · 지혜(智) · 신

의(信)의 다섯 가지 행실을 경멸하고, 하늘과 땅과 사람의 세 가지 올바른 길을 태만히 하고 버리니, 하늘이 그들에게 내려준 천명을 끊어 버리려 하고 계시오. 지금 나는 삼가 하늘의 벌주심을 대행하려 하오".

原文 <ruby>王<rt>왕</rt></ruby><ruby>曰<rt>왈</rt></ruby> ; "<ruby>嗟<rt>차</rt></ruby>아! <ruby>六事之人<rt>육사지인</rt></ruby>이여! <ruby>予誓告汝<rt>여서고여</rt></ruby>하노라. <ruby>有扈氏<rt>유호씨</rt></ruby>는 <ruby>威侮五行<rt>위모오행</rt></ruby>하고 <ruby>怠棄三正<rt>태기삼정</rt></ruby>하니 <ruby>天用勦絕其命<rt>천용초절기명</rt></ruby>이라. <ruby>今予<rt>금여</rt></ruby>는 <ruby>惟恭行<rt>유공행</rt></ruby> <ruby>天之罰<rt>천지벌</rt></ruby>하노라.

註解 • 六事之人(육사지인)-6군에 종사하는 모든 사람들, 즉 전군(全軍)의 뜻. • 有扈(유호)-감(甘) 땅의 북쪽에 있었다. 유호씨(有扈氏)는 유호(有扈)의 제후라는 뜻. 그는 하(夏)와 같은 성이었는데 복종하지 않았으므로 정벌하게 되었던 것이다. • 威(위)-멸(威)을 잘못 쓴 것이며, '멸'은 멸(蔑)과 같은 뜻의 글자로 '멸시한다'는 뜻(『經義述聞』). • 侮(모)-업신여기다. • 五行(오행)-금(金)·목(木)·수(水)·화(火)·토(土)이나 사람에게 있어서는 오상(五常), 곧 어짊(仁)·의로움(義)·예의(禮)·지혜(智)·신의(信)의 다섯 가지를 말한다. • 怠(태)-게을리하다. • 棄(기)-버리다. • 三(삼)-하늘(天)·땅(地)·사람(人)의 삼재(三才)의 뜻. 삼정(三正)은 하늘·땅·사람의 올바른 길. • 用(용)-원인을 나타내는 글자. '그래서'의 뜻. • 勦(초)-끊어 버리다. 없애다. • 命(명)-천명. • 恭(공)-'삼가'의 뜻.

왼편 군사들이 왼편의 적을 치지 않는다면 그 사람들은 명을 받들지 않는 것이오. 오른편 군사들이 오른편 적을 치지 않는다면 그 사람들은 명을 받들지 않는 것이오. 수레 모는 사람이 말을 제대로 몰지 않는다면 그 사람들은 명을 받들지 않는 것이오. 명을 잘 받드는 사람은 조상들 앞에서 상을 내릴 것이오. 명을 따르지 않는 사람은 땅의 신 앞에서 죽이되, 나는 그 사람들의 처자까지도 죽여 버리겠소."

原文 좌불공우좌 汝不恭命이니라. 右不攻于右면 汝不恭命
이니라. 御非其馬之正이면 汝不恭命이니라. 用命은 賞于祖하리로
다. 不用命은 戮于社하되 予則孥戮汝하리로다."

註解 ·左(좌)-앞의 것은 우리편 왼쪽 군사들. 뒤의 좌(左)는 적의 왼쪽 사람
들. ·恭命(공명)- '명령을 삼가 받든다.' '명령을 따른다' 는 뜻. ·右(우)-앞의
우(右)는 우리편 오른쪽 군사들. 뒤의 우(右)는 오른편의 적. ·御(어)-수레를 몰
다. 전차(戰車)를 모는 사람. ·馬之正(마지정)-말의 올바름. 곧 말을 올바로 모는
것. ·用命(용명)-명령에 따르는 사람. ·祖(조)-조상. 옛날에 천자가 전쟁터에
나갈 때에는 먼저 땅의 신에게 제사지내고 종묘에 고한 다음, 조상의 위패(神牌)를
수레에 싣고 다녔다. 상우조(賞于祖)는 조상들의 위패를 실은 수레 앞에서 상주겠
다는 뜻. ·戮(륙)-죽이다. ·社(사)-땅의 신의 위패를 실은 수레를 가리킴. ·孥
戮(노륙)-처자까지도 죽인다는 뜻.

解說 이 편은 계(啓)임금이 전쟁에 임하여 부하들에게 한 훈시다. 앞에
서는 적인 유호씨의 죄를 들고, 뒤에서는 부하들에게 군령을 따를 것을 강
조한다. 특히 맨 뒤의 군령을 어긴 자는 처자들까지도 죽여 버리겠다는 말
은, 벌써 앞의 요순시대보다는 세상이 훨씬 각박하여졌음을 느끼게 한다.

3. 다섯 형제들의 노래(五子之歌)

서서(書序)

태강이 나라를 잃자, 형제 다섯 명이 낙수의 물굽이에서 태강을 기다리다가 「다섯 형제의 노래」를 지었다.

太康失邦, 昆弟五人, 須于洛汭, 作五子之歌.

이 편은 가짜에 속하는 것으로 금문에는 들어 있지 않다. 그러나 내용에 있어서는 훌륭한 교훈적인 성격을 띠고 있어 읽을 만한 것이다.

'다섯 형제'는 계임금의 아들 태강(太康, 대략 기원전 2188~기원전 2160 在位)의 다섯 동생이다. 「다섯 형제들의 노래」란 이들 다섯 형제가 부른 노래란 뜻이다. 태강은 정치는 거들떠보지도 않고 사냥만을 일삼다가 나라를 예(羿)에게 빼앗기고 쫓겨났다. 태강의 동생 다섯 형제와 그의 어머니는 낙수(洛水)의 북쪽 물굽이에서 돌아오지 않는 태강을 기다리며 이 노래를 불렀다 한다.

노래 내용으로 보면 이들 다섯 형제는 훌륭한 사람들인 것 같다.

그러나 다른 글(『離騷』·『墨子』 非子篇·『逸周書』·『左傳』 昭公 元年 등)을 통하여 보면, 이들 다섯 형제들도 태강과 함께 나쁜 짓을 하였다. 이 점도 이 편이 가짜 글임을 증명하는 한 자료가 될 것이다.

1

태강은 하는 일 없이 자리만을 차지하고 놀고 게으름만 피우며 덕을 망쳤다. 백성들은 모두 두 마음을 갖게 되었으나, 그는 절도 없이 돌아다니며 놀기만 하였다. 낙수(洛水)의 남쪽 지방으로 사냥을 가서 백날이 지나도 돌아오지 않았다.

原文 太康尸位하여 以逸豫로 滅厥德이라. 黎民咸貳로되 乃盤
遊無度니라. 畋于有洛之表하여 十旬弗反이라.

註解 •太康(태강)—계(啓)의 아들. 기원전 2166년 무렵에 즉위하였다. •尸位 (시위)—신주를 모셔놓은 것처럼 임금의 자리만을 차지하고 아무 일도 하지 않는 것. •逸豫(일예)—편안히 노는 것. 또는 놀고 게으름만 피는 것. •貳(이)—여기에 서는 '두 마음을 갖게 되었다'. 곧 마음이 임금으로부터 떨어져 나갔다는 뜻. •盤 (반)—즐기다. 반유(盤遊)는 돌아다니며 놀기만 하는 것. •無度(무도)—절도가 없 는 것. 곧 지나친 것. •畋(전)—사냥하다. •洛(낙)—낙수(洛水). •表(표)—겉. 여 기에서는 남쪽 지방을 가리킴. •十旬(십순)—백일. 순(旬)은 열흘.

궁(窮)나라의 제후 예(羿)가 백성들이 견디지 못함을 이유로 그를 황하에서 막았다.

그의 동생 다섯 사람은 어머님을 모시고 따라갔다가 낙수의 북쪽 물굽이에서 그를 기다렸다. 다섯 형제들은 모두 원망을 하고 우임금 의 훈계를 되새기며 노래를 지어 불렀다.

原文 有窮后羿가 因民弗忍으로 距于河하니라.
厥弟五人이 御其母以從하여 徯于洛之汭라. 五子咸怨하고 述
大禹之戒以作歌하니라.

• 有窮(유궁)-궁(窮)나라. 지금의 산동성(山東省) 덕주현(德州縣)에 있었다. • 后(후)-임금. 제후. • 羿(예)-제후의 이름. 활의 명수로 이름이 높다. 요(堯)임금 때에도 예가 있었다. 해가 열 개 있던 것을 요임금이 예를 시켜 아홉 개를 활로 쏘아 떨어뜨리게 하였다는 전설이 있다. • 距(거)-막다, 거(拒)와 통하는 글자. • 御(어)-모시다. • 徯(혜)-기다리다. • 汭(예)-물굽이.

解說 여기에서는 태강의 다섯 동생들이 이 노래를 짓게 된 동기를 설명하고 있다.

2

그 중의 첫째가 노래하였다.

"할아버님께서 훈계 하시기를, 백성들은 가까이할지언정 낮잡아보면 안 되는 것이니,

백성이야말로 나라의 근본이어서, 근본이 굳어야 나라가 편하다고 하셨네.

내 천하를 둘러보니 어리석은 남자, 어리석은 여자도 모두 나보다 훌륭하게 보이네.

한 사람이 여러 번 실수하였다면, 원망이 어찌 밝게 드러날 때까지 기다리는가? 원망이 드러나지 않을 때 조치해야지.

나는 만백성을 대함에 썩은 고삐로 여섯 마리 말을 몰듯 두려움을 느끼나니,

남의 위에 앉은 사람이라면 어찌 공경하지 않을 수 있겠는가?"

原文 其一曰;

기 일 왈

"皇祖有訓하시되 民可近이언정 不可下니,

황 조 유 훈   민 가 근   불 가 하

民惟邦本이라 本固라야 邦寧이라 하시니라.

민 유 방 본   본 고   방 녕

予視天下하니 愚夫愚婦이 一能勝予로다.

여 시 천 하   우 부 우 부   일 능 승 여

一人三失이니 怨豈在明고? 不見是圖니라.

일 인 삼 실   원 기 재 명   불 현 시 도

予臨兆民에 懍乎若朽素之馭六馬하나니

여 임 조 민   늠 호 약 후 소 지 어 륙 마

爲人上者이 奈何不敬고?"

위 인 상 자   내 하 불 경

註解 •其一(기일)-그 중의 첫째 사람. 어떤 사람이 먼저 노래한 것인지 확실히 알 수는 없다. 혹시 나이가 많은 큰형부터 노래를 시작한 것이 아닐까 추측해 볼 따름이다. •皇祖(황조)-우임금을 가리킴. 이하는 우임금의 훈계를 노래한 것이다. •近(근)-가까운 것. 여기에서는 가까이 친하게 지낸다는 뜻. •下(하)-낮잡아보고 멋대로 다룬다는 뜻. •愚夫愚婦(우부우부)-낮은 백성 중의 어리석은 남녀. •一(일)-일체(一切). 전부. 모두의 뜻. •勝(승)- 보다 낫다, 훌륭하다는 뜻. •三失(삼실)-여러 번 실수하는 것. •怨豈在明 (원기재명)-정치를 잘못하고도 백성들의 원망이 밝게 드러날 때까지 어찌 그대로 있겠는가의 뜻. •見(현)-현(現)과 통함. 드러나다. •圖(도)-일을 꾀하다. 백성들의 원망이 분명히 드러나기 전에 일을 잘 처리해야 한다는 뜻. •予 (여)-우임금 자신. •兆民(조민)-만백성의 뜻. •懍(늠)-두려워하다. •朽 (후)-썩은 것. •素(소)-여기에서는 '말고삐'의 뜻. •馭(어)-몰다, 부리다. •六馬(육마)-여섯 마리의 말. 임금의 수레는 육마가 끌었다(『春秋公羊傳』· 許愼 『五經異義』). 그러나 일반적으로는 임금으로부터 대부에 이르기까지 모두 네 마리의 말이 끌었다 한다. 육마는 특별한 예인 것 같다. •爲人上者(위인상자)-사람들의 위에 있는 사람. 곧 위에서 사람들을 다스리는 임금의 뜻.

그 중의 둘째가 노래하였다.

"훈계를 이렇게 하셨네. 안으로 여색에 빠지거나, 밖으로 사냥질에 빠지거나,

술을 좋아하고 음악을 즐기거나, 높은 집과 조각한 담을 두르거나,

어느 한 가지만 여기에 있다 해도 망하지 않을 자는 하나도 없다네."

原文 其二曰 ;

"訓에 有之로다. 內作色荒이나 外作禽荒이나

甘酒嗜音이나 峻宇彫牆이나

有一于此라도 未或不亡이라 하니라."

註解 • 內(내) - 궁전 안. • 色(색) - 여색(女色). • 色荒(색황) - 여색에 빠져 버리는 것. • 外(외) - 궁전 밖. • 禽(금) - 새. 여기에서는 새와 짐승을 잡는 사냥의 뜻. • 甘酒(감주) - 술을 너무 즐기는 것. • 嗜音(기음) - 음악을 너무 좋아하는 것. • 峻(준) - 높은 것. • 宇(우) - 집. • 峻宇彫牆(준우조장) - 높다란 집에 조각한 담. 화려한 저택이나 궁전을 형용한 말. • 有一(유일) - 위에 든 몇 가지 중 '한 가지만 한다 하더라도'의 뜻.

그 중의 셋째가 노래하였다.

"저 요임금으로부터 이 기주(冀州) 지방을 다스려 왔네.

지금은 올바른 도를 잃고 나라의 기강이 어지러워져 멸망하기에 이르렀네."

原文　其三日 ;
^{기 삼 왈}

"惟彼陶唐으로 有此冀方이라.
^{유 피 도 당}　^{유 차 기 방}

今失厥道하고 亂其紀綱하여 乃底滅亡이로다."
^{금 실 궐 도}　^{난 기 기 강}　^{내 저 멸 망}

註解　• 陶唐(도당)－요임금은 처음에 도구(陶丘 : 지금의 山東省 定陶縣 서남
쪽)의 제후였다가 뒤에 당(唐 : 지금의 河北省 唐縣)에 옮긴 후 임금이 되었다. 그
리하여 요임금을 도당씨(陶唐氏)라고도 부른다. • 冀方(기방)－기주(冀州) 지방.
기주는 도읍이 있던 고장이므로 이로써 나라 전체를 가리킨 것이다. • 厥道(궐
도)－임금이 나라를 다스리던 올바른 도. • 紀綱(기강)－국가의 법도. • 底(저)－
이르다.

그 중의 넷째가 노래하였다.

"밝고 밝은 우리 할아버지께서는 모든 나라의 임금이셨네.

법도가 있고 규률이 있어 그것을 자손에게 물려주셨네.

도량형(度量衡)의 통용을 고르게 하여, 임금의 창고는 가득하였네.

그분의 유업을 함부로 망쳐 우리 종족 멸망시키고 후손도 끊기게

하였네."

原文　其四日 ;
^{기 사 왈}

"明明我祖는 萬邦之君이시로다.
^{명 명 아 조}　^{만 방 지 군}

有典有則하여 貽厥子孫이라.
^{유 전 유 칙}　^{이 궐 자 손}

關石和鈞하여 王府則有로다.
^{관 석 화 균}　^{왕 부 즉 유}

荒墜厥緒^{황 추 궐 서}하여 覆宗絶祀^{복 종 절 사}로다."

註解 • 明明(명명)－밝고 밝은. • 我祖(아조)－우임금을 가리킴. • 典(전)－법, 규칙. 그러나 전(典)은 국법이요, 칙(則)은 나라의 여러 가지 규율. • 貽(이)－주다, 끼치다. • 關(관)－여기에서는 통용의 뜻. • 石(석)－무게의 단위 중에서 가장 무거운 것(120斤)으로서, 여기에서는 무게 뿐 아니라 길이와 너비까지도 다 포함하는 도량형(度量衡)을 가리킴. • 和鈞(화균)－평균의 뜻. 고르게 하다. • 王府(왕부)－왕의 부고(府庫). • 荒(황)－거칠게. 함부로. • 墜(추)－떨어뜨리다, 망치다. • 緒(서)－실마리, 여기에서는 유서(遺緒), 곧 남겨준 사업의 뜻. 황추궐서(荒墜厥緒)는 우임금의 유업을 함부로 다루어 추락시켜 버렸다는 뜻. • 覆宗(복종)－종족(宗族)을 망쳐 놓았다는 뜻. • 絶祀(절사)－뒤에 제사지내 줄 후손이 끊어졌다는 뜻.

그 중의 다섯째가 노래하였다.

"아아! 어디로 돌아가야 하는가? 내 가슴의 슬픔이여!

만백성이 우리를 원수로 아니 우리는 장차 누구를 의지해야 하나?

답답하고 섧도다, 이내 마음이여! 얼굴은 뜨거워지고 부끄러운 마음 생기는구나.

그분의 덕을 삼가지 못하였으니 후회한들 돌이킬 수 있겠는가?"

原文 其五曰^{기 오 왈} ;

"鳴呼曷歸^{오 호 갈 귀}오? 予懷之悲^{여 회 지 비}여!

萬姓仇予^{만 성 구 여}니 予將疇依^{여 장 주 의}오?

鬱陶乎予心^{울 도 호 여 심}이여! 顏厚有忸怩^{안 후 유 뉵 니}로다.

불 신 궐 덕　　수 회 가 추
弗愼厥德이니 雖悔可追아?"

註解 ・曷(갈) – '어느 곳'. ・懷(회) – 가슴에 생각하고 있는 것. ・萬姓(만성) – 만백성. ・疇(주) – 누구. ・鬱陶(울도) – 마음이 답답하고 서러운 것. ・顔厚(안후) – 얼굴 살갗이 두꺼워진다는 것이 본뜻이나, 부끄러움을 나타내는 말이므로 우리말로는 낯이 뜨거워진다는 뜻. ・忸(뉴) – 부끄러워하다. ・怩(니) – 부끄러워하다. ・可追(가추) – '쫓아갈 수 있으랴.' 곧 '돌이킬 수 있겠느냐?'는 뜻.

解說 　여기에서는 태강의 아우 다섯이 번갈아가며 나라를 망친 자기의 형을 원망하고, 그들의 할아버지인 우임금의 교훈을 다시 생각하며 노래부른 것이다. 나랏일을 맡은 사람이 나랏일은 거들떠보지도 않고 쓸데없는 일에만 힘을 쓰면 망하게 된다는 것은 예나 지금이나 통용되는 진리인 것이다.

4. 윤나라 제후가 정벌할 때(胤征)

서서(書序)

하늘의 모습을 관장하는 희씨(羲氏)와 화씨(和氏)가 술에 빠지고 음란한 짓을 하며 때를 헤아리고 날짜를 살펴보는 일을 태만히 하고 어지럽히자 윤나라 제후가 그들을 정벌하였다. 그때 「윤나라 제후가 정벌할 때」가 지어졌다.

羲和湎淫, 廢時亂日, 胤往征之. 作胤征.

이 편도 『금문상서』에는 없는 가짜 고문(僞古文)의 일부분이다. 윤(胤)은 나라 이름. 정(征)은 윗사람이 아랫사람의 죄를 들어 치는 것. 「윤나라 제후가 정벌할 때」란 '윤나라의 제후가 임금의 명을 받들어 직책을 잘 수행하지 않은 희씨(羲氏)와 화씨(和氏)를 정벌할 때'를 말한다. 그러나 내용을 보면, 윤나라 제후가 그들을 정벌하기에 앞서, 전군을 모아놓고 한 훈시, 곧 서(誓)이다. 윤나라가 어떤 곳에 있었는지, 또는 그곳의 제후가 누구였는지는 자세한 기록이 없어 알 수 없다.

1

중강이 온 세상을 다스리기 시작하자 윤나라 제후에게 명하여 전군을 장악하게 하였다. 희씨와 화씨들이 그들의 직책을 저버리고 그들의 고을에서 술에 빠져 지내니, 윤나라의 제후가 임금의 명을 받들고 가서 그들을 정벌하게 되었다.

原文 　惟^유仲^중康^강이 肇^조位^위四^사海^해하여 胤^윤侯^후를 命^명掌^장六^육師^사라. 義^희和^화廢^폐厥^궐職^직

하고 酒^주荒^황于^우厥^궐邑^읍하니 胤^윤后^후承^승王^왕命^명徂^조征^정하니라.

註解 •仲康(중강)-太康(태강)의 동생. 앞편의 「다섯 형제들의 노래」에서 본 바와 같이 예(羿)는 태강이 사냥 나가 돌아오지 않는 것을 기화로 정권을 잡고 중강(仲康)을 왕위에 올려놓은 것이다(기원전 2137년 무렵). 중강이 윤후(胤侯)에게 명하여 희(羲)씨와 화(和)씨를 정벌케 한 것은 그 이듬해라 한다. 이로써 보면 중강은 정권을 재빨리 예로부터 되뺏은 듯싶다. 그러나 소철(蘇轍)은 이는 예가 중강의 명령을 빌어 희씨와 화씨를 치게 한 것이라 보기도 한다(『集傳』). •肇(조)-처음. 시작할 때. •位(위)-동사로 쓰여 '임금자리에 올라 다스렸다'는 뜻. •掌(장)- 맡다. 관장하다. •六師(육사)-육군(六軍). 임금의 전 군대. 전 군을 장악하는 사람을 대사마(大司馬)라 하였다. •義和(희화)-하늘의 천체와 사철의 변화를 다스리는 희중(羲仲)·희숙(羲叔) 및 화중(和仲)·화숙(和叔)(「요임금의 업적」참조)의 후손들. •荒(황)-빠지다. •邑(읍)-그들의 채읍(采邑). •徂(조)-가다.

　여러 군사들에게 말하였다.

　"아아! 나의 군사들이여! 성인에게 나라를 다스리는데 대한 교훈이 있어서 나라를 안정시키는 밝은 증험이 되고 있소. 옛날 임금은 하늘이 경계하라고 하는 일을 삼갔고, 신하들은 일정한 법도를 지니고 있었소. 모든 관리들은 임금을 위하여 일을 하고 보좌하여 모든 일이 밝게 잘 다스려졌었소. 매년 이른봄이 되면, 명령을 전달하는 관리가 나무추가 달린 방울을 흔들고 거리를 돌아다니며 '관리들은 서로 배우고 서로 바로잡아 주며, 일하는 사람들도 종사하는 일을 가지고서 의견을 말하라. 만약 누구라도 공경히 하지 않는다면 나라에는 일정한 형벌이 있다'고 알려주었소.

原文 告于衆曰;"嗟아! 予有衆이여! 聖有謨訓하사 明徵定保하
니라. 先王克謹天戒하고 臣人克有常憲하니라. 百官修輔厥后하니
惟明明하니라. 每歲孟春엔 遒人以木鐸으로 徇于路하며 '官師相
規하고 工執藝事以諫하라. 其或不恭하면 邦有常刑이라' 하니라.

註解 •告(고)-앞의 「감 땅에서의 훈시」의 서(誓)와 같은 성격의 말이다. •聖
(성)-우임금을 가리킨다. •謨訓(모훈)-나라를 다스리는 데 대한 교훈. •徵
(징)-증(證)과 통함. 명징(明徵)은 분명한 증험의 뜻. •定保(정보)-나라를 안정
시키는 것. •克(극)-동사 앞에 붙어서 강조하는 뜻으로 많이 쓰인다. •天戒(천
계)-하늘의 경계. 뒤에 나오는 일식이나 월식, 또는 살별(혜성), 지진 같은 기이한
자연현상을 말한다. 옛사람들은 이러한 특수한 현상은 나라가 잘 다스려지지 않을
때 하늘이 경계하는 뜻으로 나타내는 것이라 믿었다. •臣人(신인)-신하. •常憲
(상헌)-언제나 행하여야만 할 법. •修(수)-그가 맡은 일을 잘 닦아 행한다는 뜻.
•輔(보)-임금을 보필하는 것. •惟明明(유명명)-임금이나 신하나 모두가 나랏
일을 밝게 잘 다스리었다는 뜻. •孟春(맹춘)-이른봄. 정확히는 봄의 첫달인 정
월. •遒人(주인)-명령을 전달하는 관리. •木鐸(목탁)-옛날에 임금의 명령을 전
달할 때 흔들며 다니던 큰 방울. 목탁(木鐸)과 금탁(金鐸)의 두 종류가 있었다. 목
탁은 나무추가 달린 것으로서 정치와 관계되는 일에 썼으며, 금탁은 쇠추가 달린
것으로서 전쟁과 관계되는 일에 썼다. •徇(순)-돌다. 돌아다니다. •官(관)-여
러 관리들. •師(사)-서로 좋은 점을 배우는 것. •規(규)-바로잡다. •工(공)-
공인(工人). 모든 기예를 생업으로 하는 낮은 백성들. •藝事(예사)-기예로서 종
사하는 일. •或(혹)-혹인(或人), '어떤 사람'. •常刑(상형)-일정한 형벌. 여기
에서는 일정한 법이 있어 자기의 맡은 일을 충실히 이행하지 않고 죄를 지면 벌을
내린다는 뜻.

희씨와 화씨는 그들의 직책을 뒤엎어 버리고 술에 빠져 어지러워져서, 관직을 저버리고 자기 자리를 떠났고, 하늘의 질서를 어지럽히기 시작하였소. 그들이 맡은 일을 멀리 저버리어 늦은 가을 달 첫날에 해와 달이 방(房)에 모이지 않았소. 눈먼 악관은 북을 치고, 낮은 관원들은 달리고, 백성들은 뛰어 다녔으되, 희씨와 화씨는 그들의 관직을 저버리고 듣지고 알지도 못하는 체하였소. 하늘의 현상에 어둡고 미혹하여, 옛날 임금도 처벌할 죄를 범한 것이오.

原文 惟時義和는 顚覆厥德하고 沈亂于酒하여 畔官離次하고 俶擾天紀하니라. 遐棄厥司하여 乃季秋月朔에 辰弗集于房이라. 瞽奏鼓하고 嗇夫馳하며 庶人走로되 義和는 尸厥官하고 罔聞知하니라. 昏迷于天象하여 以干先王之誅로다.

註解 ・時(시)―조사. ・顚覆(전복)―둘러엎다. 망치다. ・德(덕)―하는 일, 직책. ・沈(침)―잠기다, 빠지다. ・畔官(반관)―자기의 관직을 버리고 떠나는 것. ・次(차)―자리. 자기의 직위의 뜻. ・俶(숙)―시작하다. ・擾(요)―어지럽히다. ・紀(기)―질서, 기강. ・遐(하)―멀리. ・司(사)―맡은 일. ・季秋(계추)―늦은 가을. 곧 가을의 마지막 달인 9월. ・朔(삭)―초하루. ・辰(신)―해와 달이 운행하다 만나는 것. ・房(방)―별 이름으로 28수(宿)의 하나. 창룡칠수(蒼龍七宿)의 넷째. 네 개의 별로 이루어져 있음. 9월 초하루에는 방(房)에서 해와 달이 만나게 되어 있다. 이날은 정상적으로 운행하지 않아서 해와 달이 방(房)으로 모이지 못하였는데, 이것은 결과적으로 일식(日蝕)이 있었음을 뜻한다. ・瞽(고)―장님. 여기에서는 장님의 악사. 옛날에는 장님들이 임금 곁에서 음악을 연주하였다. 『좌전』문공(文公) 15년에 의하면 '일식이 생기면 천자는 성찬을 먹지 아니하며 사(社)에서 북을 친다'고 하였다. 사(社)란 땅의 신을 제사지내는 곳이다. 여기에서는 임금 대신 악관이 북을 친

것이다. •嗇夫(색부)-낮은 관리. •馳(치)-달리다. •庶人(서인)-일반 백성들. 낮은 관리들과 백성들이 뛰어다니는 것도 일식과 관련된 일로 보아야 할 것이다. 『춘추곡량전(春秋穀梁傳)』 장공(莊公) 25년에 의하면 '천자는 일식을 구하기 위하여 다섯 개의 깃대를 세우고, 다섯 가지 무기와 다섯 가지 북을 벌여놓는다'고 하였다. 그 밖에도 『좌전』·『예기』 등에 임금과 제후들이 일식을 구해 내는 여러 가지 방법을 설명하고 있다. 낮은 관리와 백성들은 이러한 물건들을 급히 마련하기 위하여 뛰어다닌 것이라 본다. •尸(시)-신주. 여기에서는 직위만을 차지하고 앉아 일을 하지 않는다는 뜻. •天象(천상)-하늘의 여러 가지 현상. •干(간)-범하다.

나라 다스리는 법전에도 '때를 앞서는 자도 죽이고 용서치 않으며, 때에 미치지 못하는 자도 죽이고 용서치 않는다'고 하였소.

原文 政典에 曰 ; '先時者는 殺無赦하며 不及時者도 殺無赦라' 하니라.

註解 •政典(정전)-정치하는 데 필요한 법전. •先時者(선시자)-때에 알맞게 맞추어 일하지 못하고, 제 때보다 먼저 일하는 자. •赦(사)-용서하다.

지금 나는 그대들과 함께 임금의 명을 받들어 하늘이 내리시려는 벌을 내리려 하오. 여러 군사들은 왕실을 위하여 함께 힘을 다하고, 바라건대 나를 도와 천자의 위엄 있는 명령을 삼가 받들도록 하여 주오.

原文 今予以爾有衆으로 奉將天罰하노라. 爾衆士는 同力王室하고 尙弼予하여 欽承天子威命하라.

곤산(崑山) 마루턱에 불이 일어나면 옥과 돌이 함께 탈 것이나, 천
자의 관리가 직책을 저버리는 것은 사나운 불길보다도 더 심한 짓이
오. 그러한 짓을 한 거물들은 섬멸할 것이로되 협박에 의하여 따른
자는 죄를 다스리지 않을 것이오. 예전에 물들은 더러운 습속을 모두
새로워지도록 하겠소.

原文　火炎崑岡이면　玉石俱焚이나　天吏逸德은　烈于猛火라. 殲
厥渠魁하되　脅從罔治하리라.　舊染汙俗을　咸與惟新하리라.

아아! 위엄이 동정심을 이기면 진실로 성공할 것이나, 동정심이 위
엄을 이기면 참으로 일을 성공시키지 못할 것이오. 그대 여러 군사들
은 힘쓰고 경계하기 바라오!"

原文 嗚呼^{오 호}라! 威克厥愛^{위 극 궐 애}면 允濟^{윤 제}나 愛克厥威^{애 극 궐 위}면 允罔功^{윤 망 공}이라. 其^기

爾衆士^{이 중 사}는 懋戒哉^{무 계 재}하라!"

註解 •威(위)-위엄. 군대의 위력. •愛(애)-사사로운 감정에서 우러나오는 동정심. •允(윤)-진실로. •濟(제)-일을 이룬다는 뜻. •懋(무)-힘쓰다.

解說 희씨와 화씨의 역할에 대하여는 「요임금의 업적」을 참고하기 바란다. 옛날 정치는 천체의 운행을 살피고 사철을 다스린다는 것이 가장 중요한 일의 하나였다. 천체의 운행과 사철은 민생의 기본이 되는 농업과 밀접한 관계가 있기 때문이기도 하지만, 또 한편으로 하늘의 명을 받들어 천자가 나라를 다스리는 것이라 믿었던 옛사람들은 하늘이나 기타 자연현상 속에 하늘의 뜻이 표현되고 있다고도 생각하였기 때문에 중시했던 것이다. 이 하늘의 뜻을 알아내어 정치에 적용시킨다는 것은 중요한 일이 아닐 수 없다.

  이러한 중요한 직책을 가진 희씨와 화씨가 그들의 직책을 잘 수행하지 않았기 때문에, 임금은 윤나라 제후를 시켜 그들을 친 것이다.

제3편

상나라 사관의 기록 商書

상나라 사관의 기록(商書)

상은 탕(湯)임금(대략 기원전 1766~기원전 1754 재위)이 하나라의 걸(桀)임금을 쳐부수고 세운 나라 이름이다. 탕임금은 요순임금 때 사도(司徒)의 벼슬을 지낸 설(契)의 14세손이다. 설은 공에 의하여 상(지금의 陝西省 商縣) 땅에 요임금으로부터 봉함을 받았는데, 탕임금은 나라를 세운 뒤에 상이라 나라 이름을 정하고 박(亳) 땅(지금의 河南省 商丘縣)에 도읍하였다. 뒤에 제17대 반경(盤庚)임금에 이르러 도읍을 은(殷) 땅(지금의 하남성 偃師縣 서쪽)으로 옮기고 나라 이름도 은이라 고쳤다. 그래서 지금은 탕임금의 나라를 은나라라고 더 많이 부르기에 이르렀다.

그러나 굴만리(屈萬里)는 이 '상나라 사관의 기록'은 뒤에 그들 후손인 송(宋)나라 사람들이 조상의 일을 추모하면서 쓴 것일 것이라 하였다(『釋義』). 학자들은 '상나라 사관의 기록' 중에서는 「반경임금의 훈시(盤庚)」편의 저작연대가 가장 빠르다고 하나, 비록 그것이 서주시대에 이루어진 것이라 하더라도 역시 송나라 사람이 쓴 것으로 보아야 할 것이다.

『서경』의 편찬자인 공자는 은나라 사람이고 조상들이 송나라에서도 살았기 때문에, 『시경』에 노송(魯頌)과 상송(商頌)이 있듯이, 『서경』에는 '주나라 사관의 기록(周書)'에 이어 '상나라 사관의 기록'의 분량이 많은 것이다.

1. 탕임금이 하나라를 칠 적의 훈시(湯誓)

서서(書序)

이윤이 탕임금의 재상이 되어 걸을 칠 적에 이(陑) 땅(지금의 山西省 永濟縣)에서 출발하여 마침내 명조의 들판에서 걸과 싸웠다. 이때 「탕임금이 하나라를 칠 적의 훈시」가 지어졌다.

伊尹相湯伐桀, 升自陑, 遂與桀戰于鳴條之野. 作湯誓.

탕임금 초상, 『삼재도회(三才圖會)』 인물권(人物卷)에서

이 편은 금문과 고문에 모두 들어 있다. 하나라는 대가 내려갈수록 나라가 혼란해졌다. 이 현상은 걸(桀)왕(대략 기원전 1818~기원전 1766 재위)에 이르러 극에 다다랐다. 이때 상나라에 이윤(伊尹)이란 어진 이가 나와 덕망이 많은 탕(湯)을 도와 걸왕을 치게 하였다. 마침내는 명조(鳴條) 땅(지금의 山西省 安邑縣 북쪽의 鳴條岡 근처)에서 걸과 싸워 그를 쳐부수었다. 탕은 이 싸움을 하기 전에 박(亳) 땅에서 전군을 모아 놓고 훈시[誓]를 하였다(기원전 1766 무렵). 사관이 그 훈시를 적어놓은 것이 이 편이라 한다.

임금님께서 말씀하셨다.

"여러분에게 고하노니, 모두 내 말을 잘 들으시오. 나 같은 작은 사람이 감히 난을 일으키려는 것이 아니라, 하나라 임금이 죄가 많아 하늘이 그를 죽이라고 명하신 것이오.

原文　王曰；"格爾衆庶하노니 悉聽朕言하라이. 非台小子이 敢行稱亂이요 有夏多罪하여 天命殛之하시니라.

註解　•格(격)－고(告)한다는 뜻(『釋義』). •衆庶(중서)－전군을 가리킴. •悉(실)－모두, 다. •台(이)－나. •小子(소자)－작은 사람. 탕임금이 자기를 낮추어 한 말. •稱(칭)－일으키다. •有夏(유하)－하나라 임금, 걸(桀)왕. •殛(극)－죽이다. 처벌하다.

이곳에 있는 여러분! 여러분은 '우리 임금은 우리 백성들을 사랑하지 않네. 우리에게 농사일을 버리고 하나라를 치게 하니!' 하고 말할 거요. 나는 여러분의 말을 잘 듣고 있으나 하나라 임금은 죄가 있고 나는 하나님을 두려워하니, 감히 정벌하지 않을 수가 없소.

原文　今爾有衆이여! 汝曰；'我后不恤我衆이로다. 舍我穡事하고 而割正夏라.' 予惟聞汝衆言이나 夏氏有罪하고 予畏上帝니 不敢不正이라.

註解　•恤(휼)－걱정해 주다. 사랑하다. •舍(사)－버리다. 사(捨)와 통함. •穡(색)－농사. •割正(할정)－정벌의 뜻. •畏(외)－두려워하다, 탕임금이 죄를 진 사

람을 보고도 가만히 있으면, 하나님이 가만히 있는 자기까지 벌하시게 될까 하여 두렵다는 뜻. •正(정)－정(征)과 통하여, 정벌하다. 또는 그들의 죄를 바로잡는다는 뜻.

지금 여러분은 말할 거요. '하나라의 죄는 어떤 것이오?' 하고, 하나라 임금은 백성들의 힘을 피폐케 하고 하나라 고을들을 해치기만 하였소. 백성들은 모두 게으름 피고 협력하지 않으면서 '이 해는 언제나 없어질 건가? 우리는 너와 함께 망해 버렸으면 좋겠다!' 고 말하는 지경이오. 하나라의 덕이 이러하니, 이제 나는 치러 가야만 하겠소.

原文 　今汝其曰; '夏罪其如台요?'리라. 夏王率遏衆力하고 率割夏邑하니라. 有衆率怠弗協하고 曰; '時日曷喪고? 予及汝로 皆亡이라.' 夏德若茲니 今朕必往하리라.

註解 •如台(여이)－여하(如何)의 뜻. •率(솔)－다. 모두. 일체(一切)의 뜻. •遏(알)－다하다, 피폐하다. •割(할)－해치다. •怠(태)－직책을 게을리하였다는 뜻. •協(협)－협력하다. •時(시)－이것, 시(是)의 뜻. •日(일)－해, 태양. 걸왕의 천하를 가리킴. •曷(갈)－하(何). 곧 언제의 뜻. •喪(상)－멸망의 뜻. •皆亡(개망)－차라리 걸왕과 함께라도 속히 멸망하여 주었으면 좋겠다는 뜻. •往(왕)－치러 가겠다는 뜻.

바라건대, 여러분은 나 한 사람을 도와 하늘의 벌을 이루도록 하시오! 나는 여러분에게 큰 상을 줄 것이오. 여러분은 믿지 않는 일이 없도록 하오. 나는 헛된 말을 하지 않소. 여러분이 훈시를 따르지 않는다면, 나는 곧 여러분을 처자와 함께 죽일 것이며 용서하지 않겠소."

原文 爾^이尚^상輔^보予^여一^일人^인하여 致^치天^천之^지罰^벌하라! 予^여其^기大^대賚^뢰汝^여하리라. 爾^이
無^무不^불信^신하라. 朕^짐不^불食^식言^언이라. 爾^이不^불從^종誓^서言^언하면 予^여則^즉孥^노戮^륙汝^여하여 罔^망
有^유攸^유赦^사하리로다."

註解 • 尙(상) - 바라다. • 輔(보) - 돕다. 보좌하다. • 致(치) - 이룩하다. • 大賚
(대뢰) - 크게 상을 주겠다는 뜻. • 食言(식언) - 말을 먹어치우듯이 말만 하고 실행
을 하지 않는 것. 곧 헛된 거짓말을 하는 것. • 誓言(서언) - 서(誓). 곧 훈시하는
말. • 孥(노) - 처자. • 攸赦(유사) - 용서하는 바. 용서하는 것.

解說 이 편에서는 주로 탕임금이 걸왕을 치는 이유를 설명하고 있다. 탕
임금은 걸왕을 쳐부수라는 명령을 하늘로부터 받았다고 말하고 있다. 그러
나 백성들이 '농사일을 버리고 우리에게 하나라를 치게 하다니!' 하고 불평
하고 있을 것이라고 탕임금 스스로가 말한 것으로 보아, 아무리 폭군이라
하더라도 신하가 임금을 치는 데는 고충이 많았던 것 같다. 그러나 탕임금
은 군사들을 잘 설복시키어 이 싸움에서 걸왕을 쳐부수고 상나라를 세운
다.

이처럼 아무리 폭군이라 하더라도 신하가 임금을 치는 것은 옳지 못한
일이 아니냐 해서 중국에서 역대로 의논이 많았다. 그러나 임금이 임금노
릇을 제대로 못할 때, 백성들이 그 임금을 싫어할 때에는 그는 이미 임금이
아니라는 것이 일반적인 견해였다.

2. 중훼의 연설(仲虺之誥)

서서(書序)

  탕임금이 걸을 치고 하나라로부터 돌아와 대경에 도착하였다. 그 때 「중훼의 연설」이 지어졌다.

    湯歸自夏, 至于大坰. 仲虺作誥.

  이 편은 금문에는 들어 있지 않은 가짜 고문(僞古文)에 속하는 부분이다.

  중훼는 사람 이름. 하나라에서 거정(車正)이란 벼슬을 지낸 설(薛) 땅(지금의 山東省 滕縣 동남쪽)의 제후 해중(奚仲)의 후손이다. 중훼는 탕임금의 좌상(左相)이었다.

  고(誥)는 고한다는 뜻. 『주례』에 의하면 군사들 앞에서 하는 것을 서(誓), 일반 사람들을 모아놓고 연설하는 것을 고(誥)라 한다. 지금 말로는 연설이다. 이 편은 탕임금이 걸임금을 내치고 돌아오는 길에 대경(大坰) 땅(山東省 定陶縣)에서 중훼가 탕임금에게 아뢴 것(기원전 1752 무렵)을 사관이 기록한 것이라 한다.

  그러나 고(誥)라는 말의 뜻으로 볼 때 중훼가 여러 사람들 앞에서 탕임금에게 아뢴 말이라 봄이 좋을 것이다.

  탕임금은 걸(桀)을 남소(南巢)로 내치시고, 행동에 부끄러움을 느끼어 말씀하셨다.

"나는 후세에 내가 이야깃거리가 될까 두렵소."

原文　成湯放桀于南巢하시고 惟有慙德하여 曰 ; "予恐來世에
以台爲口實이라."

註解　•成湯(성탕)－탕임금이 무공(武功)을 이루었다는 뜻에서 그렇게 부르게
된 것이다. •放(방)－내치다. 사실은 걸임금이 남소(南巢)로 도망가자, 탕임금은
단지 그곳으로부터 걸을 돌아오지 못하도록 한 것뿐이다. 남소는 지금의 안휘성
(安徽省) 소현(巢縣) 동북 5리(里)에 있는 거소(居巢)의 옛 성 이름. •慙德(참덕)－
덕을 부끄러워하다. 탕임금이 신하로서 임금을 치고 나서 후회하는 빛을 나타낸
것임. •台(이)－나. •口實(구실)－'이야깃거리'.

중훼가 연설을 하며 말하였다.

"아아! 하늘이 사람들을 내실 때 욕망을 갖게 하여, 임금이 없으면
곧 어지러워질 것이기 때문에, 하늘은 총명한 이를 내셔서 이들을 다
스리도록 하신 것입니다. 하나라 임금은 덕이 없어 백성들을 도탄에
빠트렸습니다. 하늘은 이에 임금님께 용기와 지혜를 내리시어, 온 나
라의 모범이 되어 나라를 올바로 다스리고, 우임금의 옛일을 계승토
록 하신 것입니다. 이는 하늘의 법도를 따라서 하늘의 명을 받드는
것입니다.

原文　仲虺乃作誥하여 曰 ; "嗚呼라! 惟天生民有欲하여 無主乃
亂하니 惟天生聰明時乂니이다. 有夏昏德하여 民墜塗炭이니이다.
天乃錫王勇智하사 表正萬邦하고 纘禹舊服하시니이다. 茲率厥典

봉 약 천 명
하여 奉若天命이니이다.

[註解] •仲虺(중훼)-앞의 해설 참조. •有欲(유욕)-욕망을 갖게 하다. •時(시)-시(是)의 뜻. •乂(예)-다스리다. •塗炭(도탄)-진흙과 숯불. 도탄에 빠진다는 것은 몹시 곤란한 처지에 빠짐을 비유한 말. •錫(석)-주다. •表(표)-의표(儀表) 또는 모범의 뜻. •정(正)-올바로 다스리는 것. •纘(찬)-잇다. 계승의 뜻. •服(복)-행동, 일. •率(솔)-따르다. •典(전)-하늘의 법도. •奉若(봉약)-받들고 따르는 것.

하나라 임금은 죄를 졌습니다. 하늘의 뜻이라 속이고 백성들에게 명령을 내렸습니다. 하늘은 이를 옳지 않게 여기시고, 상나라가 명을 받아 백성들을 올바로 다스려 주도록 하신 것입니다.

하 왕 유 죄   교 무 상 천   이 포 명 우 하   제 용
[原文] 夏王有罪하니이다. 矯誣上天하여 以布命于下니이다. 帝用
부 장   식 상 수 명   용 상 궐 사
不臧하시고 式商受命하사 用爽厥師니이다.

[註解] •矯誣(교무)-속이다. 자기의 명령이 하늘의 뜻이라고 백성들에게 속이는 것. •布命于下(포명우하)-걸임금이 백성들이 자기를 따르지 않음을 알고 하늘의 명을 빌어 자기에게만 편리한 명령을 밑의 백성들에게 내리었다는 뜻. •帝(제)-상제. 곧 하느님. •用(용)-이(以)와도 통하며 원인을 나타내는 말. 곧 '그래서', '그 때문에'의 뜻. •不臧(부장)-좋지 않게 여겼었다는 뜻. •式(식)-앞뒤 구절의 용(用)과 같은 뜻. •爽(상)-밝히다, 올바로 다스리다. •師(사)-무리, 백성.

어진 이를 업신여기고 권세에 아부하는 무리들이 득실거려서, 애초부터 우리나라는 하나라 임금에게는 곡식싹 가운데의 가라지풀과 같았고, 곡식알에 섞인 쭉정이와 같이 여겨졌습니다. 그래서 지위가

낮은 사람이나 높은 사람이나 모두 떨면서 죄 없이 두려워하지 않는 이가 없었습니다. 하물며 우리 임금님의 덕에 관한 소문을 제대로 받아들였겠습니까?

原文 簡賢附勢이 寔繁有徒하여 肇我邦于有夏에 若苗之有莠하고 若粟之有秕하니이다. 小大戰戰하여 罔不懼于非辜니이다. 矧予之德言을 足聽聞이리이까?

註解 • 簡(간)－소홀히 하다. • 勢(세)－권세의 뜻. 이 구절은 걸임금의 신하들을 형용한 말이다. • 寔(식)－실로. 실(實)과 같은 자. • 寔繁有徒(식번유도)－그런 무리들이 실로 많았다는 뜻. • 肇(조)－처음. • 于有夏(우유하)－ '하나라 임금에게 있어서는'의 뜻. • 苗(묘)－곡식의 싹. • 莠(유)－가라지풀. 곡식을 해치는 밭에 나는 잡초. • 粟(속)－곡식. • 秕(비)－쭉정이. 곡식밭의 가라지풀을 뽑아내듯, 곡식알 가운데서 쭉정이를 가려내듯, 걸임금은 상나라를 없애 버리려 하였다는 뜻. • 小大(소대)－작은 사람이나 큰 사람이나, 곧 지위가 낮은 사람이나 높은 사람이나 모두의 뜻. • 戰戰(전전)－두려워 떠는 모습. • 非辜(비고)－무고(無辜), 곧 죄없는 것. • 矧(신)－하물며. • 予(여)－우리 탕임금. • 言足聽聞(언족청문)－탕임금의 덕에 관한 말이 걸임금의 귀에 제대로 들어간다는 뜻. 『사기』 하본기(夏本紀)에 의하면, 걸임금은 탕임금이 덕으로써 나라를 다스리어 백성들의 신망을 모으고 있다는 말을 듣고 탕임금을 하대(夏臺 : 鈞臺라고도 하며 지금의 河南省 禹縣 남쪽에 있음)에 가두었다. 이 구절은 걸임금이 탕임금의 덕에 관한 얘기를 들었을 터인데 가만히 두었을 리가 있겠느냐? 여러 번 박해를 가하였다는 뜻을 나타냄.

임금님께서는 노래와 여자를 가까이 않으시고 재물과 이익을 불리지 않으셨습니다. 덕이 많은 사람에게는 벼슬을 주기에 힘쓰시고 공이 많은 사람에게는 상을 내리기에 힘쓰셨습니다. 사람을 쓸 때는 자신과 같게 대우하시고, 잘못을 바로 잡는 일에는 주저하지 않으셨습니다. 관대하고 어지셔서 만백성들이 철저히 믿도록 되었습니다.

原文 惟王은 不邇聲色하시고 不殖貨利하시니이다. 德懋懋官하시고 功懋懋賞하시니이다. 用人惟己하시고 改過不吝하시니이다. 克寬克仁하사 彰信兆民하시니이다.

註解 • 邇(이)-가까운 것. • 聲(성)-성악(聲樂). • 色(색)-여색(女色). • 殖(식)-불리다. • 懋(무)-위의 것은 '성대하다', 곧 '많다'는 뜻. 밑의 것은 '힘쓰다'의 뜻. 밑의 구절도 같음. • 用人惟己(용인유기)-사람들을 등용함에 있어서 탕임금은 남을 자신처럼 믿고 재능을 인정하였다는 뜻. • 不吝(불린)-'아끼지 않았다' 또는 '주저치 않았다'는 뜻. • 克(극)-능(能)과 같은 뜻. • 彰信(창신)-분명히 믿다, 철저히 믿다. • 兆民(조민)-만민.

갈(葛) 땅의 제후가 밥 나르던 아이와 원수가 되니, 갈 땅부터 정벌을 시작하였습니다. 동쪽을 정벌하시면 서쪽 오랑캐들이 원망하고, 남쪽을 정벌하시면 북쪽 오랑캐들이 원망하며, '어째서 우리만을 뒤로 미루시는가?'라고 말하였습니다. 가시는 곳의 백성들은 온 집안이 서로 경축하며, '우리 임금님을 기다리고 있었는데, 이제야 오셔서 우리를 다시 살려 주셨다'고 말하였습니다. 백성들이 상나라를 떠받든 것은 이미 오래된 일입니다.

原文 乃葛伯이 仇餉하니 初征自葛이니이다. 東征이면 西夷怨하고 南征이면 北狄怨하여 曰 ; "奚獨後予오? 하니이다." 攸徂之民

은 室家相慶하여 曰；"徯予后러니 后來其蘇라"하니이다. 民之戴
商은 厥惟舊哉니이다.

註解　•葛(갈)－땅 이름. 지금의 하남성(河南省) 채구현(蔡丘縣)에 있었으며 탕 임금이 있는 박(亳)과 가까웠다. •伯(백)－백(伯)의 작위를 받은 제후. •仇(구)－ 원수. •餉(향)－밥을 먹여주는 것. 옛날에 갈(葛) 땅의 제후가 제사를 지내지 않 자, 탕임금이 사신을 보내어 이유를 물었다. 제삿밥을 지을 양식이 없다고 갈 땅의 제후가 대답하니, 탕임금은 박(亳) 땅의 백성들로 하여금 갈 땅으로 가서 농사지어 주도록 하였다. 늙은 사람과 어린이들이 이들 일하는 사람들에게 먹을 것을 날라 다 주었는데, 갈 땅의 제후는 밥을 나르는 아이를 보자 그를 붙들어 죽이고 밥을 뺏어 먹었으므로, 밥을 나르던 사람의 가족은 그와 원한을 갖게 되었다. 이에 탕임 금은 갈 땅으로부터 시작하여 부정한 자들을 정벌하러 나섰던 것이다(『集傳』). •奚 (해)－어찌. 어째서 빨리 우리를 다스리는 사람을 치시어 우리를 구해주지 아니하시 고 뒤로 우리를 미루시느냐는 뜻. •攸(유)－소(所)와 같은 뜻. •徂(조)－정벌하러 갔다는 뜻. •徯(혜)－기다리다. •蘇(소)－소생하다. •戴(대)－받들다. •厥惟舊哉 (궐유구재)－ '그것은 이미 오래된 일입니다' 의 뜻.

　　어진 이를 돕고 덕 있는 사람을 돌보시며 충실한 사람을 드러내시 고 훌륭한 사람을 끌어 주십시오. 허약한 나라는 아우르시고 어리석 은 나라는 치시며, 어지러운 나라는 빼앗아 버리시고 망할 짓을 하는 나라는 혼을 내주십시오. 도를 망치는 자들은 밀어 넘어트리고, 도를 잘 지키는 자들은 튼튼하게 해주시면, 나라는 창성해질 것입니다.

原文　佑賢輔德하시고 顯忠遂良하소서. 兼弱攻昧하시고 取亂侮 亡하소서. 推亡固存하시면 邦乃其昌하리이다.

• 佑(우)-돕다. • 輔(보)-보좌하다, 돌보아주다. • 賢(현)-재덕(才德)을 아울러 갖춘 사람. • 德(덕)-착한 일과 어진 일을 행하는 사람. • 顯(현)-드러내 다. • 遂(수)-끌어주다. • 良(양)-남을 위해 일하기 좋아하고 법도를 잘 따르는 사람. • 兼(겸)-아우르다. • 昧(매)-사리에 어두워 어리석은 사람. • 侮(모)-모 욕을 주다. 혼내주다. • 亡(망)-망하기에 알맞은 나쁜 짓만을 하는 자. 위의 겸 (兼)·공(攻)·취(取)·모(侮)는 모두 결과적으로는 쳐서 망하게 한다는 것이니 같 은 뜻임. • 推(추)-밀어 넘어뜨리다. 위의 겸(兼)·공(攻)·취(取)·모(侮)의 뜻을 모두 가졌음. • 亡(망)-도에 어긋나는 망할 짓을 하는 자. 위의 약(弱)·매(昧)· 란(亂)·망(亡)의 뜻을 모두 가졌음. • 固(고)-견고하게 하여준다, 튼튼하게 하여 준다. 앞의 우(佑)·보(輔)·현(顯)·수(遂)의 뜻을 모두 가졌음. • 存(존)-올바른 도를 잘 지키는 자. 앞의 현(賢)·덕(德)·충(忠)·량(良)을 모두 가리킴.

덕이 날로 새로워지면 온 나라가 따를 것이요, 마음이 자만해지면 온 집안사람들도 떨어져 나갈 것입니다. 임금님께서는 힘써 큰 덕을 밝히셔서, 백성들에게 올바름을 세워 주십시오. 의로움으로 일을 바 로잡으시고, 예의로 마음을 바로잡으시어, 후세에 넉넉한 삶을 남겨 주십시오. 제가 듣건대, '스스로 스승을 얻을 수 있는 사람은 왕노릇 을 할 것이요, 남은 모두 자기만 못하다고 말하는 사람은 망할 것이 다. 묻기를 좋아하면 넉넉하여지고, 자기 뜻만을 고집하면 작아진 다.'고 하였습니다.

德日新이면 萬邦惟懷하고 志自滿이면 九族乃離하리이다.

王懋昭大德하사 建中于民하소서. 以義制事하시고 以禮制心하사

垂裕後昆하소서. 子聞曰 ; '能自得師者는 王이요 謂人莫己若者

는 亡이라. 好問則裕요 自用則小라' 하니이다.

註解　•懷(회)―그리워하며 마음속으로부터 따른다는 뜻. •九族(구족)―고조 (高祖)부터 현손(玄孫)에 이르기까지 자기를 중심으로 하여 있는 온 집안. •懋 (무)―힘쓰다. •昭(소)―밝히다. •建中(건중)―중도(中道)의 길을 세워 백성들로 하여금 따르도록 한다는 뜻. •制(제)―바로잡는 것. •垂(수)―드리워주다. •裕 (유)―넉넉한 것, 넉넉한 삶. •後昆(후곤)―후세 또는 후손. •莫己若(막기약)―자 기만 같지 못한 것. •裕(유)―앞의 유(裕)와 같이 올바로 살아가기에 의로움이나 어짐 같은 덕행과 지식이 모든 것이 넉넉하여진다는 뜻. •自用(자용)―자기의 뜻 만으로 일하는 것.

　아아! 마지막까지 신중히 하려면 오직 처음부터 잘하여야 합니다. 예의가 있는 사람은 도와주고, 사리에 어둡고 포학한 자는 처벌하십시오. 하늘의 도를 공경하고 높이시어 하늘의 명을 영원토록 보전하십시오."

原文　嗚呼라! 愼厥終이어든 惟其始니이다. 殖有禮하시고 覆昏暴 하소서. 欽崇天道하사 永保天命하시이다."

註解　•愼厥終(신궐종)―그의 마지막을 삼가서 훌륭히 끝맺게 한다는 말. 이것 은 모든 일에 적용되는 말이다. •殖(식)―발전하도록 도와주는 것. •覆(복)―뒤 엎다, 곧 처벌하는 것. •昏(혼)―사리에 어두운 것. •暴(포)―포학한 짓을 하는 것. •欽(흠)―공경하다. •崇(숭)―높이다, 존중하다.

解說　탕임금이 걸임금을 친 것을 후회한 데 대하여 중훼가 그것이 올바 른 일이었음을 밝힌 말이 이 편이다. 중훼는 먼저 하늘의 명이 걸임금으로 부터 탕임금에게로 옮겨졌고 백성들의 뜻이 이에 따랐음을 설명한다. 옛날 부터 중국 사람들은 하늘의 뜻을 받들어 임금은 나라를 다스린 것이요, 하

늘의 뜻은 백성들을 통하여 나타난다고 믿은 것이다. 걸임금의 하나라가 망한 것은 하늘의 뜻이지 탕임금의 뜻이 아니라는 것이다.

  그리고 끝으로 중훼는 탕임금에게 덕을 더욱 닦아 하늘의 뜻을 따라 영원토록 나라를 잘 다스려 줄 것을 부탁한다. 덕으로 나라를 다스린다는 것은 예로부터 지금까지 중국에서는 이상 정치라고 믿어 왔다.

3. 탕임금이 널리 고하는 말(湯誥)

서서(書序)

탕임금이 하나라 임금을 쳐부수고 박으로 돌아온 뒤 「탕임금이
널리 고하는 말」이 지어졌다.

湯旣黜夏命, 復歸于亳, 作湯誥.

이 편도 금문에는 들어 있지 않은 가짜 고문(僞古文)에 속하는 부분이
다. 이것은 탕임금이 걸임금을 내치고 박(亳) 땅으로 돌아와서 온 제후
들과 신하들을 모아놓고 걸임금을 친 뜻을 온 천하에 알린 연설문이다.

임금님께서는 하나라를 정복하고 돌아오셔서 박(亳) 땅에 이르러
온 세상에 크게 고하시었다.

原文　王歸自克夏하시고 至于亳하사 誕告萬方하시다.

註解　• 克(극)―이기다, 정복하다. • 誕(탄)―크게.

"아아! 그대들 온 세상 백성들이여! 나 한 사람의 말을 분명히 들어
주오. 위대한 하늘께서 모든 사람들에게 바른 길을 내려 보이셨으니,
언제나 올바른 성품을 따르고, 하늘의 도를 편안히 잘 지킨다면 임금

노릇을 제대로 하게 될 것이오.

原文 王曰 ; "嗟아! 爾萬方有衆이여! 明聽予一人誥하라. 惟皇
上帝이 降衷于下民하시니 若有恒性하고 克綏厥猷면 惟后니라."

註解 • 予一人(여일인) – 탕임금이 자기를 강조하기 위하여 쓴 말. • 皇上帝(황
상제) – 대천제(大天帝)의 뜻. • 衷(충) – 바른 길. 올바른 법도. • 下民(하민) – 낮은
백성들. • 若(약) – 따르다. • 恒(항) – 언제나 변함없이 올바른 것. • 有恒性(유항
성) – 언제나 올바른 성품. • 克(극) – 능(能)의 뜻. • 綏(수) – 편안히 잘 지키는 것.
• 猷(유) – 도(道)의 뜻. • 后(후) – 동사로서 임금노릇을 제대로 한다는 뜻.

　하나라 임금은 덕을 망치고 사납게 위세를 떨치어 그대들 온 세상
백성들에게 포학한 정치를 폈소. 온 세상 백성들은 그의 흉악한 해침
을 입어 씀바귀와 벌레의 독 같은 괴로움을 참지 못하고, 다 같이 죄
없이 고통 받고 있는 것을 하늘과 땅의 신들에게 고하였소. 하늘의
법도는 착한 사람에게 복을 주고 나쁜 자에게는 화를 내리시는 것이
니, 하나라에 재앙을 내리어 그 죄를 밝히신 것이오.

原文 夏王滅德作威하여 以敷虐于爾萬方百姓이라. 爾萬方百
姓은 罹其凶害하여 弗忍荼毒하고 並告無辜于上下神祇니라. 天
道는 福善禍淫이니 降災于夏하사 以彰厥罪하시니라.

註解 • 滅德(멸덕) – 그의 덕을 망치는 것. 앞의 「위대한 우의 뜻(大禹謨)」의 패
덕(敗德)과 같은 말. • 作威(작위) – 사납게 위세로 억누르는 것. 곧 폭위(暴威)를

떨치는 것. •敷(부)-펴다. •虐(학)-학정의 뜻. •罹(이)-걸리다. 당하다. •荼(도)-씀바귀, 쓴 나물. •毒(독)-벌이나 독사의 독. 도독(荼毒)은 쓴 나물처럼 쓰고 벌레의 독처럼 지독한 괴로움을 나타내는 말. •並(병)-아우르다, 함께. •上下神祇(상하신기)-천신지기(天神地祇), 곧 하늘의 신과 땅의 신. •淫(음)-여기서는 선(善)의 반대로서 '나쁜 짓을 하는 자'의 뜻.

그러므로 나 같은 작은 사람은 하늘의 명을 받들고 그 위엄을 밝히기 위하여 감히 용서할 수가 없었소. 이에 검은 황소를 제물로 써서 하늘과 땅의 신에게 밝게 아뢰고 하나라 임금의 죄를 추궁하였소. 마침내 위대한 성인을 구하여 그와 함께 힘을 합쳐 그대들 백성과 더불어 하늘의 명을 추구하게 되었던 것이오. 하늘은 낮은 백성들을 진실로 도우셔서 죄인을 내치시고 굴복시키셨소. 하늘의 명이 어긋남이 없음은 아름답기가 풀과 나무에 꽃이 핀 것 같으니, 만백성들은 진실로 번영할 수 있게 된 것이오.

原文 肆台小子_{사이소자}이 將天命明威_{장천명명위}하여 不敢赦_{불감사}니라. 敢用玄牡_{감용현모}하여 敢昭告于上天神后_{감소고우상천신후}하고 請罪有夏_{청죄유하}하니라. 聿求元聖_{율구원성}하여 與之戮力_{여지륙력}하여 以與爾有衆_{이여이유중}으로 請命_{청명}하니라. 上天孚佑下民_{상천부우하민}하사 罪人黜伏_{죄인출복}하니라. 天命弗僭_{천명불참}이 賁若草木_{비약초목}하니 兆民允殖_{조민윤식}하니라.

註解 •肆(사)-그러므로. 고(故)와 같은 뜻. •台(이)-나. •將(장)-받들다. •明威(명위)-하늘의 위엄을 밝히는 것. •玄牡(현모)-검은 황소. 상나라는 흰 것을 숭상하여 흰색의 제물을 제사에 많이 썼으나, 이때는 아직 하나라의 예법을 따라 검은 황소를 제물로 쓴 것이라 한다(『正義』). •昭(소)-밝은 것. •上天(상천)-하늘, 하늘의 신. •神后(신후)-후토(后土). 곧 땅의 신(『集傳』). 두 자를 합

쳐 '하늘에 계신 하나님'으로 보아도 된다. •請罪(청죄)-죄를 추궁하는 것. •聿
(율)-마침내. 드디어. •元聖(원성)-위대한 성인. 다음 편에 나오는 이윤(伊尹)을
가리킨다. •戮(륙)-합치다. 협(協)과 통하는 글자임. •請命(청명)-하늘의 명을
청하였다는 뜻. •孚(부)-신(信) 또는 성(誠)의 뜻. 곧 '진실로'. •佑(우)-돕는
것. •黜(출)-물리치다. •伏(복)-굴복(屈伏). •僭(참)-어긋나는 것. •賁(비)-
식(飾)의 뜻이나, 여기에서는 외모를 잘 꾸미어 아름다운 것. •賁若草木(비약초
목)-풀과 나무에 꽃이 피는 것같이 아름답다는 뜻. •允(윤)-진실로. •殖(식)-
번식하다. 여기에서는 잘 살아 번성하게 되었다는 뜻.

　나 한 사람에게 명하여 그대들의 나라를 화평하고 편안하게 해주
도록 하셨소. 나는 하늘과 땅에 죄를 짓고 있지 않은지 몰라, 두려움
에 떨기를 깊은 연못에 떨어지려는 사람처럼 하고 있소.

原文　俾予一人으로 輯寧爾邦家하시니라. 玆朕未知獲戾于上下
하여 慄慄危懼를 若將隕于深淵하노라.

註解　•俾(비)-하여금, 시키다. •輯(집)-화평의 뜻. •邦家(방가)-국가. •獲
戾(획려)-죄를 짓게 되는 것. •上(상)-하늘. •下(하)-아래 땅의 신 또는 백성.
•慄慄(율률)-떠는 모습. •危懼(위구)-두려워하는 것. •隕(운)-떨어지다. •淵
(연)-연못. 심연.

　우리의 새나라는 옳지 못한 법을 따르지 않을 것이며, 방자하고 방
탕하게 나아가지 않을 것이오. 각기 그들의 법도를 지킴으로써 하늘
의 훌륭한 뜻을 받들도록 할 것이오.

原文　凡我造邦은 無從匪彝하고 無卽慆淫이라. 各守爾典하여

^{이 승 천 휴}
以承天休니라.

註解 •造邦(조방)-새로이 만든 나라. •匪(비)-비(非)와 통함. •彝(이)-법. 법도. •卽(즉)-나아가다. •慆(도)-방자한 것. •淫(음)-방탕한 것. •休(휴)- 아름다움. 여기에서는 휴명(休命), 곧 하늘의 훌륭한 뜻.

그대들이 착하면 나는 덮어두지 않을 것이오. 죄가 내게 있으면 스스로 용서하지 않을 것이며, 잘 살피어 하늘의 마음에 들도록 하겠소. 그대들 온 세상에 죄가 있다면 나 한 사람이 책임질 것이나, 나 한 사람에게 죄가 있는 것은 온 세상 사람들과는 상관도 없는 일이오.

原文 ^{이 유 선}爾有善이면 ^{짐 불 감 폐}朕弗敢蔽라. ^{죄 당 짐 궁}罪當朕躬이면 ^{불 감 자 사}弗敢自赦며 ^{유 간}惟簡
^{재 상 제 지 심}在上帝之心이니라. ^{기 이 만 방 유 죄}其爾萬方有罪는 ^{재 여 일 인}在予一人이나 ^{여 일 인 유 죄}予一人有罪는
^{무 이 이 만 방}無以爾萬方이니라.

註解 •蔽(폐)-가리다. •簡(간)-잘 살피다. 보통 이 구절은 '하느님의 마음이 검열하시고 있다'로 해석하지만(『正義』, 『集傳』) '잘 살피어 하느님의 마음에 들도록 행동하겠다'고 이해함이 좋을 듯하다(The Shoo King p.189). •在(재)-책임이 있다는 뜻. •無以(무이)-아무 상관도 없다는 뜻.

아아! 또한 정성껏 잘 일해야만 끝이 좋을 것이오."

原文 ^{오 호}嗚呼라! ^{상 극 시 침}尙克時忱이라야 ^{내 역 유 종}乃亦有終이니라."

註解 •尙(상)―‘또한’, ‘그리고’. •時(시)―시(是)의 뜻. •忱(침)―정성을 다하는 것. •有終(유종)―끝까지 나라가 잘 다스려진다는 뜻.

解說 이 편의 연설은 탕임금이 즉위할 때에 한 것이라 볼 수 있다. 탕임금은 대략 기원전 1751년 무렵에 걸왕을 몰아내고 왕위에 올라 기원전 1737년 무렵까지 13년간 나라를 다스렸다. 그러나 첫 7년간은 재난과 시련의 기간으로 전국에 큰 가뭄이 들었다.

이에 어느 사람이 사람을 제물로 하여 비를 내려주기를 비는 제사를 지내야만 비가 올 것이라 말하였다. 탕임금은 사람을 제물로 써야 한다면 바로 자기가 제물이 되어야 할 것이라 말하고, 머리와 손톱을 깎고 흰 옷에 흰 말이 끄는 수레를 타고 제물처럼 차리고서 딸기덩굴이 있는 들로 나가 하늘에 빌었다. 자기의 어떠한 잘못으로 인하여 이토록 심한 재난을 내리십니까 하고 제사를 지내면서 빌기 시작하였는데, 그 기도가 채 끝나기도 전에 하늘은 단비를 듬뿍 내렸다 한다.

이 탕임금의 얘기와 이 편의 탕임금의 말을 종합하여 생각할 때, 탕임금은 누구보다도 하늘에 대한 신앙이 두터웠음을 알 수 있다. 그는 오직 하늘의 명을 받들고 그 뜻을 따라 백성들을 지성으로 다스리려 한 것이다. 경건한 순교자의 자세를 그의 정치하는 태도에서 엿볼 수가 있다.

그러나 우리는 이를 통해서 상나라 시대까지도 이른바 제정일치(祭政一致)의 시대임을 알 수 있다. 그리고 탕임금은 무당의 우두머리인 무사장(巫師長)이었을 가능성도 크다.

4. 이윤의 훈계(伊訓)

서서(書序)

탕임금이 죽은 뒤 태갑 원년에 이윤이 「이윤의 훈계」와 「사명(肆命)」·「조후(徂后)」를 지었다.

成湯既沒, 太甲元年, 伊尹作伊訓 · 肆命 · 徂后.

> * 3편의 서서임. 단 뒤의 2편의 글은 전하지 않음.

이윤의 초상, 『삼재도회(三才圖會)』
인물권(人物卷)에서

이것도 『금문상서』에는 없는 가짜 고문에 속하는 글이다.

이(伊)는 이윤(伊尹)으로 탕임금의 재상. 이름을 지(摯)라 하였으며 본시는 유신씨(有莘氏)의 들(山東省 · 陝西省 · 河南省 등, 설에 따라 이 고장의 위치가 다르다)에서 농사를 짓고 있었다. 탕임금은 두터운 예를 갖추어 세 번이나 이윤을 초빙한 끝에 성공하여 그를 재상으로 삼았다. 그 후 걸임금이 포악한 정치를 일삼는 것을 보고 이윤 같은 이가 임금을 보좌하면 나라가 올바로 다스려질 것이라고 믿고, 탕임금은 이윤을 다섯 번이나 걸임금에게로 보냈으나 번번이 퇴짜를 맞고 되돌아왔다.

이에 탕임금은 이윤을 자기의 재상으로 삼아 훌륭한 정치를 베풀었고, 이윤은 탕임금이 걸임금을 쳐부수는 데에 큰 공을 세웠다. 탕임금이 돌

아간 뒤에는 그의 손자 태갑(太甲)이 왕위에 올랐다. 그러나 태갑은 무
도하여 이윤은 그를 동(桐) 땅(지금의 山西省 榮河縣)으로 내쳤다가 3년
후 태갑의 뉘우침을 보고 다시 박(亳)으로 데려왔다 한다. 이윤은 탕임
금의 상나라에서 요임금 때의 순, 순임금 때의 우, 우임금 때의 익과 같
은 절대적인 존재였다. 훈(訓)은 훈계 또는 교훈의 뜻이다. 이 편은 태갑
이 왕위에 오를 때 이윤이 젊은 임금에게 한 훈계이다.

　　태갑 원년 12월 을축(乙丑)날에 이윤이 선왕에게 제사지내면서, 뒤
를 이은 임금을 받들어 조상을 경건히 뵙도록 하였다. 후복(侯服)과
전복(甸服)의 여러 제후들이 모두 있었고, 모든 관리들도 자기의 일
을 거두고 재상의 말을 들었다. 이윤은 공 많은 조상이 이루어 놓은
업적을 밝게 말하며 임금에게 훈계하였다.

原文 　惟元祀十有二月乙丑에 伊尹祠于先王할세 奉嗣王하여
祇見厥祖라. 侯甸群后咸在하고 百官總己하고 以聽冢宰라. 伊尹
乃明言烈祖之成德하여 以訓于王하니라.

註解 　•元祀(원사)－원년. 곧 태갑(太甲)이 즉위한 원년의 뜻. 하나라에서는 세
(歲), 상나라에서는 사(祀), 주나라에서는 연(年)이라 해를 불렀다 한다(『集傳』).
•乙丑(을축)－날짜를 말하나 며칠인지는 확실치 않다. •祠(사)－태갑이 임금자
리에 올랐음을 고하는 제사. •先王(선왕)－탕임금을 가리킴. •嗣王(사왕)－임금
의 자리를 계승하는 임금. •祇(지)－공경하다. •厥祖(궐조)－주로 탕임금을 가리
킴. 이윤이 태갑을 받들어 모시고 탕임금에게 경건히 임금의 자리에 올랐음을 고하

는 제사를 지내도록 한 것이다. •侯甸(후전)－후복(侯服)과 전복(甸服)(「우임금이 천하의 산과 강물을 다스림」편 참조). •在(재)－모두 나와 제자리에 위치하고 제사에 참석하였다는 뜻. •總己(총기)－'자기의 일들을 묶어 두고' 곧 '자기의 일들을 밀어 두고', 모두 참석하였다는 뜻. 총을 일반적으로 총섭(總攝), 곧 '전체를 다스린다'는 뜻으로 해석하나 아무래도 잘 통하지 않는다. •冢宰(총재)－재상. •烈祖(열조)－공이 많은 조상(『集傳』), 곧 탕임금.

"아아! 옛날 하나라를 다스리던 첫 임금님은 덕에 힘쓰셔서 하늘의 재앙이 없었습니다. 산과 내의 귀신들도 모두 편안했으며 새와 짐승과 물고기와 자라들에 이르기까지도 모두 잘 지냈습니다. 그의 자손에 이르러 이를 따르지 않으니, 하늘은 재앙을 내리심에 명을 받은 우리의 손을 빌리셨습니다. 명조(鳴條)에서는 쳐들어오도록 만들어 주었고, 우리는 박(亳)에서 정벌을 시작하였던 것입니다.

原文 曰;"嗚呼라! 古有夏先后는 方懋厥德하여 罔有天災니이다. 山川鬼神도 亦莫不寧하며 暨鳥獸魚鼈도 咸若이니이다. 于其子孫弗率하니 皇天降災하사 假手于我有命하니이다. 造攻自鳴條하고 朕哉自亳하니이다.

註解 •有夏(유하)－'하나라를 다스린'의 뜻. •先后(선후)－우임금을 가리킴. •方(방)－방금. 매우. •懋(무)－힘쓰다. •暨(기)－'……에 이르기까지도'. •鼈(별)－자라. •若(약)－잘 지내는 것. 동물들까지도 마음 편히 잘살 수 있었다는 뜻. •弗率(불솔)－그의 선조인 우임금의 훌륭한 정치를 본받지 않았다는 뜻. •皇天(황천)－하늘 또는 하느님을 강조한 것. •假(가)－빌리다. 하늘의 명을 받은 탕임금의 손을 빌어 하늘이 걸임금에게 재앙을 내리셨다는 뜻. •鳴條(명조)－하나

라의 도읍지. 이 구절은 걸임금이 명조에서 폭정을 행하여 탕임금으로 하여금 자기들을 치도록 만들었다는 뜻. •朕(짐) - 나. 우리. •哉(재) - 시작하다. 우리 상나라는 도읍지인 박(亳) 땅에서 하나라를 정벌하는 행동을 시작했던 것이나 마찬가지라는 뜻.

우리 상나라 임금님께서는 성스러운 무력을 발휘하시고, 너그러움으로 포학함을 대신하니, 만민이 진심으로 따르게 되었던 것입니다.

原文 惟我商王은 布昭聖武하시고 代虐以寬하시니 兆民允懷하니이다.
     유 아 상 왕   포 소 성 무   대 학 이 관   조 민 윤 회

註解 •布昭(포소) - 펴서 밝힌다, 발휘하다. •聖武(성무) - '성스러운 무위', 곧 탕임금의 무력행사를 뜻함. •虐(학) - 걸임금의 학정. •寬(관) - 탕임금의 너그러운 덕치. •允(윤) - 진실로. •懷(회) - 품다. 마음속으로 우러르며 따른다는 뜻.

지금 임금님은 그분의 덕을 계승하셨는데 모든 일이 처음 시작하기에 달렸습니다. 사랑을 실천 하시되 친한 사람부터 하시며, 공경함을 행하시되 나이 많은 분부터 하십시오. 집과 나라에서 시작하시어 온 세상에 좋은 결과를 맺도록 하십시오.

原文 今王嗣厥德이시니 罔不在初하니이다. 立愛惟親하시고 立
     금 왕 사 궐 덕   망 부 재 초   입 애 유 친   입
敬惟長하소서. 始于家邦하사 終于四海하소서.
경 유 장   시 우 가 방   종 우 사 해

註解 •厥德(궐덕) - 탕임금의 덕. •罔不在初(망부재초) - '처음에 있지 않음이 없다', 곧 모든 일은 처음부터 어떻게 행동하는가에 결과가 좌우된다는 뜻. •立愛

(입애)-사랑을 실천하는 것. •惟親(유친)-친근한 사람들부터 사랑하기 시작하여 다른 사람들에게까지도 사랑이 미치도록 하라는 뜻. •敬(경)-앞의 애(愛)와 함께 나라 다스리는 이들이 실천하여야 할 두 가지 큰 일(『孝經』 天子章). •惟長(유장)-노인들부터 공경하기 시작하여 어린이에 이르기까지 모든 사람을 공경하라는 뜻. •始于家邦終于四海(시우가방종우사해)-자기의 집안과 나라로부터 사랑과 공경함을 실천하여 화평하게 다스림으로써, 온 세상에까지 그 결과가 미치도록 하라는 뜻.

아아! 선왕께서는 사람들의 기강을 닦는 일부터 시작하시어, 신하들이 간하는 말을 따라 어기는 일이 없었습니다. 먼저 백성들을 따르게 하셨습니다. 윗자리에 있는 사람들은 총명하게 일했습니다. 밑자리에 있는 사람은 충성을 다하였습니다. 사람들에게 모든 것을 다 갖추기를 바라지 않았습니다. 자신을 챙기심에는 부족함이 있는 거와 같이 하셨습니다. 그런 방법으로 온 나라를 다스리기에 이르렀습니다. 이것은 얼마나 어려운 일입니까!

原文 嗚呼라! 先王肇修人紀하사 從諫弗咈하시니이다. 先民時若하시고 居上克明하시며 爲下克忠하니이다. 與人不求備하시고 檢身若不及하사 以至于有萬邦하시니이다. 茲惟艱哉니이다.

註解 •肇(조)-시작하다. •人紀(인기)-사람들이 지켜야 할 기강. 곧 삼강오륜을 가리킴. •咈(불)-어기다. •先民(선민)-하나라의 백성들. •時(시)-시(是)와 같은 뜻. •若(약)-좇다. 따르다. •居上(거상)-윗자리에 있는 사람들, 장관들. •克明(극명)-'총명하게 일하였다'. •爲下(위하)-밑자리에 있는 사람들, 낮은 관리와 백성들. •與人(여인)-사람들에 대하여, 남에게. •不求備(불구비)-모든 능력이나 조건을 다 갖추기를 바라지 않았다는 뜻. 여인불구비(與人不求備)는

'그의 신하들이 이상적인 신하로서 모든 능력이나 조건을 다 갖추기 바라지 않았다'는 뜻. •檢身(검신)－자신의 행동을 챙기는 것, 자신을 거두는 것. •有萬邦(유만방)－온 세상을 다스리는 것. •惟(유)－간(艱)을 강조하고 있음.

널리 어진 사람을 구하여 당신 후손을 돕도록 하셨습니다.

原文 敷求哲人하사 俾輔于爾後嗣하니이다.

註解 •敷(부)－널리. •俾(비)－사(使), …하게 하다. •輔(보)－돕다. •爾(이)－후사(後嗣)와 동격. 후사는 후손의 뜻.

관청의 형벌을 제정하고, 벼슬자리에 있는 사람들에게 경고하여 말씀하셨습니다.

"감히 언제나 집안에서 춤을 추고 방에서 취하여 노래하는 이가 있다면, 이것은 무당바람이라 이르는 것이오. 감히 재물과 여색을 추구하고 언제나 놀이와 사냥을 하는 이가 있다면, 이것은 방탕 바람이라 이르는 것이오. 감히 성인의 말씀을 모욕하고 충성되고 곧음을 거스르며 늙은이와 덕 있는 이를 멀리하고 미련하고 유치한 사람들과 벗하는 이가 있다면, 이것은 어지러운 바람이라 이르는 것이오. 이 세 가지 바람과 열 가지 허물은, 벼슬하는 이들이 몸에 한 가지만 지니고 있다 해도 그 집안이 반드시 망할 것이오, 나라의 임금이 이 중의 한 가지만 몸에 지니고 있다 해도 그 나라는 반드시 망할 것이오. 신하들에게 이것을 올바로 지키지 않는 자가 있다면 그의 형벌은 묵형이 될 것이오. 그리고 이 모든 것을 공부하는 사람들에게 가르치도록 하시오."

制官刑하사 儆于有位曰 ; '敢有恒舞于宮하고 酣歌于室
이면 時謂巫風이라. 敢有殉于貨色하고 恒于遊畋이면 時謂淫風이
라. 敢有侮聖言하고 逆忠直하며 遠耆德하고 比頑童이면 時謂亂
風이라. 惟茲三風十愆은 卿士有一于身이면 家必喪하고 邦君有
一于身이면 國必亡이라. 臣下不匡이면 其刑墨이라. 具訓于蒙士
하라.' 하니이다.

註解 • 官刑(관형)—관청의 형벌. • 儆(경)—경고의 뜻. • 有位(유위)—벼슬자
리에 있는 사람들. • 恒(항)—늘. 언제나. • 酣(함)—술에 취한 것. • 時(시)—시
(是). • 巫(무)—무당. • 殉(순)—구하다. 추구하다. • 色(색)—여색. • 畋(전)—사
냥하는 것. • 淫(음)—방탕한 것. • 侮(모)—모욕하다, 업신여기다. • 逆(역)—거스
르다. • 耆(기)—늙은이. • 比(비)—친하다. • 頑童(완동)—아이들처럼 유치한 사
람. • 三風(삼풍)—세 가지 바람. 앞에 나온 무당 바람(巫風) · 방탕 바람(淫風) · 어
지러운 바람(亂風)의 세 가지 바람. • 十愆(십건)—앞에 나온 세 가지 바람(三風)을
이루는 열 가지 허물. • 卿(경)—옛날 관제에서는 제후들 나라의 장관급 이상의 벼
슬. 경사(卿士)는 경(卿)에서 대부(大夫). 사(士)에까지 이르는 모든 벼슬을 하는 신
분의 사람들. • 喪(상)—망하다. • 不匡(불광)—신하들이 이상의 교훈을 올바로 지
키지 않는다면의 뜻. • 墨(묵)—묵형(墨刑). 얼굴에 먹칠을 새기어 지워지지 않도
록 하여 놓은 형벌. 옛날 다섯 가지 형벌(五刑) 중의 하나였다. • 具(구)—앞에 든
교훈 전부를 가리킴. • 蒙士(몽사)—벼슬을 하려고 공부하고 있는 사람들.

아아! 뒤를 이은 임금님께서는 자신을 공경하며 잘 생각하십시오.
성인의 교훈은 위대하고, 훌륭한 말씀은 매우 밝습니다. 하늘은 늘
그대로만 계시지 않으시고, 착한 일을 하면 그에게 온갖 복을 내리시
고, 착하지 않은 일을 하면 그에게 온갖 재앙을 내리십니다. 당신께
서 덕을 행하시되 작은 일이라도 성의껏 행하시면, 온 나라가 기뻐할

것입니다. 당신께서 덕에 어긋나는 일을 행하시되 큰일이라도 멋대로 행하신다면 나라를 망치게 될 것입니다."

原文 嗚呼라! 嗣王祇厥身하시고 念哉하소서. 聖謨洋洋하고 嘉言孔彰하니이다. 惟上帝不常하사 作善이면 降之百祥하시고 作不善이면 降之百殃이니이다. 爾惟德罔小시면 萬邦惟慶이니이다. 爾惟不德罔大시면 墜厥宗이니이다."

註解 •祇厥身(지궐신)—그 자신의 행동을 삼가 탕임금의 가르침에 맞도록 한다는 뜻. •念(염)—탕임금의 교훈을 머릿속에 잊지 말고 잘 간직하라는 뜻. •謨(모)—모훈(謨訓)으로, 나라를 다스리는 데 대한 교훈. •洋洋(양양)—위대한 모습. •嘉言(가언)—성모(聖謨)와 함께 탕임금의 말씀과 교훈을 뜻한다. •孔(공)—매우. •彰(창)—밝은 것. •不常(불상)—늘 그대로만 있지 않다는 뜻. 곧 사람에 따라 하늘은 악한 자에게는 재앙을, 착한 자에게는 복을 내려주신다는 뒤의 말에 붙은 말이다. •祥(상)—복. 상서로움. •殃(앙)—재앙. •罔小(망소)—덕이라면 아무리 작은 일이라도 성심껏 행하라는 뜻. •罔大(망대)—덕에 어긋나는 일을 큰일임에도 불구하고 멋대로 행하는 것. •墜(추)—떨어지다, 무너지다, 망쳐지다. •宗(종)—종사(宗社), 조상들로부터 전해온 나라.

解說 이 편에서도 옛 성인들의 훌륭한 덕과 교훈을 받들어 나라를 잘 다스려야 한다는 덕치주의를 강조하고 있다. 이 편의 특색은 후세 유가들이 이상적인 임금의 본으로 많이 쓴 옛날의 훌륭한 임금의 개념을 분명히 일러주고 있는 것이라 하겠다.

그리고 방탕 바람(淫風)·어지러운 바람(亂風)과 함께 나라를 망치는 세 가지 바람(三風)의 하나로 무당 바람(巫風)을 들고 있는 점은 여러 가지 그 시대의 습속을 생각케 한다.

5. 태갑 임금에게 준 교훈(太甲) 상(上)

서서(書序)

태갑 임금이 임금 자리에 오른 뒤 일 처리가 밝지 않자, 이윤이 임금을 동(桐, 탕임금의 무덤이 있는 곳)으로 내쳤다. 3년 만에 박으로 되돌아오게 하여 올바른 도를 생각하도록 하였다. 이때 이윤이 「태갑 임금에게 준 교훈」 3편을 지었다.

太甲旣立, 不明, 伊尹放諸桐. 三年, 復歸于亳, 思庸. 伊尹作太甲三篇.

이 편도 「태갑 임금에게 준 교훈 중」·「태갑 임금에게 준 교훈 하」와 함께 금문에는 들어 있지 않은 가짜 고문에 속하는 부분이다. 이 편은 태갑(대략 기원전 1758~기원전 1721 在位)이 왕위에 올랐으나 제대로 나라를 다스리지 못하자, 이윤이 다시 임금에게 한 교훈이다. 이 편을 『사기』에서는 「태갑훈(太甲訓)」이라 부르고 있다. 이 편도 역시 사관이 기록한 것이어서 앞뒤 문장을 연결시키기 위한 사관의 말이 끼어 있다.

이 「태갑 임금에게 준 교훈」 상·중·하 세 편을 놓고 볼 때, 상편은 내용이 독립된 것이어서 문제없으나, 중·하의 두 편은 왜 나누어 놓았는지 분명치 않다. 옛날에는 대쪽에 글을 써 엮어 책을 만들었기 때문에 단순히 취급하기 좋으라고 나눈 것일까? 이윤이 태갑에게 한 훈계로 앞에 나온 「이윤의 훈계」 뒤의 「모두가 지녀야 할 올바른 덕(咸有一德)」 및 이 「태갑 임금에게 준 교훈」 상·중·하 3편 이외에도 「사명(肆命)」·「조후(徂后)」의 두 편이 더 있었다고 하나 지금은 전하여지지 않고 있다.

임금 자리를 뒤이은 임금이 아형(阿衡)의 뜻을 따르지 않았다. 이에 이윤이 글을 지어 아뢰었다.

"옛날의 우리 어진 임금님은 하늘의 밝은 명을 돌보시어, 하늘과 땅의 신들을 떠받드시고, 토지의 신과 곡식의 신 및 종묘에 대하여도 공경하지 않는 경우가 없었습니다. 하늘은 그분의 덕을 보시고 위대한 명을 이루시게 하시어 온 세상을 어루만져 평화롭게 하도록 하셨습니다. 이 윤(尹)은 몸소 그 임금님을 도와서 백성들을 안정시켰습니다. 그래서 임금님은 나라의 바탕이 되는 임금 자리를 무난히 이어가게 되신 것입니다.

原文 惟嗣王이 不惠于阿衡이라. 伊尹作書日 ;

"先王은 顧諟天之明命하사 以承上下神祇하시고 社稷宗廟를 罔不祇肅이니이다. 天監厥德하시고 用集大命하사 撫綏萬方하니이다. 惟尹躬克左右厥辟하여 宅師니이다. 肆嗣王不承基緒하시니이다.

註解 •惠(혜)―순종의 뜻. •阿(아)―옛날에는 의(倚)와 같은 음에 같은 뜻. 기대다. •衡(형)―평형의 뜻. 임금이 의지하고 표준으로 삼았다 하여 아형(阿衡)을 이윤의 관명으로 썼다 한다(『正義』). 그러나 『사기』에서는 이윤의 이름이 아형(阿衡)이라 말하고 있다. 어떻든 이윤을 대표하는 말임에는 틀림없다. •顧(고)―살펴보며 주의하였다는 뜻. •諟(시)―시(是)와 통하는 조사. •上下神祇(상하신기)―하늘과 땅의 신. •社(사)―토지의 신을 제사하는 곳. •稷(직)―곡식의 신을 제사하는 곳. 옛날 임금은 반드시 사직을 세우고 제사하여, 나라와 존망을 같이하였으므로 뒤에는 나라라는 뜻으로도 쓰였다. •祇(지)―공경하다. •肅(숙)―공경히 하다. •監(감)―보다. 살피다. •用(용)―이(以)와 통함. •集(집)―이루다. •撫(무)―어루만져주다. •綏(수)―편안케 하다. •躬(궁)―몸. 몸소. •左右(좌우)―

좌우(佐佑). 곧 보좌의 뜻. •辟(벽)-임금. •宅(택)-안정시켰다는 뜻. •師(사)-
백성들. •肆(사)-조사, '그래서'. •조(비)-크게. 매우. •基(기)-바탕이 되는
것. •緒(서)-유서(遺緒). 임금 자리.

이 윤(尹)이 몸소 전에 서쪽에 도읍하였던 하나라를 살펴보았습니
다. 임금님이 유종(有終)의 미(美)가 이루어지도록 다스리시니 재상
들도 끝까지 잘 다스렸습니다. 그 뒤를 이은 임금들이 유종의 미를
거두지 못하니 재상들도 끝까지 잘 다스리지 못하였습니다. 뒤를 이
은 임금님께서도 경계하시어 당신이 지켜야 할 법도를 존중하십시
오. 임금이 법도를 따르지 않는다면 당신의 조상들을 욕되게 하실 것
입니다."

原文 惟尹躬先見于西邑夏하니이다. 自周有終하니 相亦惟終이
러니 其後嗣王이 罔克有終하니 相亦罔終이더이다. 嗣王戒哉하사
祗爾厥辟하소서. 辟不辟이면 忝厥祖하리이다."

註解 •西邑夏(서읍하)-서쪽에 도읍하였던 하나라의 뜻. 우는 상나라의 서쪽
안읍(安邑)에 도읍하였다. •周(주)-군(君)의 옛글자를 잘못 쓴 것. 군의 고자
(古字)는 주(周)자와 혼동되기 쉬웠다(The Shoo King). 주(周)를 임금의 뜻으로 보
아야 뜻이 잘 통한다. •相(상)-재상. •厥辟(궐벽)-나라의 법도. •辟(벽)-윗
글자는 '임금', 아랫글자는 '법'의 뜻. •忝(첨)-욕되다.

임금은 용렬하여 들을 생각도 하지 않았다. 이윤이 또 말하였다.
"옛날의 우리 어진 임금들은 날이 새기도 전에 일어나 덕을 밝히려
하시며 앉아서 아침을 기다리셨고, 두루 뛰어나고 어진 사람들을 구

하여 뒷사람들에게 길을 열어 주셨습니다. 하늘의 명을 어기어 스스로 나라를 망치지 마십시오.

原文 王^왕惟^유庸^용하여 罔^망念^념聞^문이라. 伊^이尹^윤乃^내言^언曰^왈 ; "先^선王^왕은 昧^매爽^상丕^비顯^현하사 坐^좌以^이待^대旦^단하시고 旁^방求^구俊^준彦^언하사 啓^계迪^적後^후人^인하시니이다. 無^무越^월厥^궐命^명하사 以^이自^자覆^복하소서.

註解 • 庸(용) — 용렬한 것. 어리석은 것. 상(常)의 뜻으로 보아 '전과 다름없이'로 풀이하여도 통한다. • 昧爽(매상) — 어둡지도 밝지도 않은 이른 새벽. • 丕顯(비현) — 크게 밝히다. 곧 일찍 일어나 그의 덕을 크게 나타내려 한다는 뜻. • 旁(방) — 널리. • 俊(준) — 뛰어난 사람. • 彦(언) — 어질고 덕이 있는 사람. • 啓(계) — 열다. • 迪(적) — 길. • 越(월) — 어기다. 떨어뜨리다. • 覆(복) — 엎다, 멸망하다.

당신께선 검약의 덕을 삼가셔서 영원한 계책을 생각하십시오. 우인(虞人)이 쇠뇌의 시위를 잡아당겨놓고 가서 화살의 오늬를 살피어 법도에 맞으면 놓는 것처럼 하시어, 꼭 지켜야만 할 일을 신중히 하시고 당신의 조상께서 행하신 대로 따르십시오. 그러면 저도 기뻐할 것이고, 만세토록 기림을 받으시게 될 것입니다."

原文 慎^신乃^내儉^검德^덕하여 惟^유懷^회永^영圖^도하소서. 若^약虞^우機^기張^장하고 往^왕省^성括^괄于^우度^도 則^즉釋^석하사 欽^흠厥^궐止^지하시고 率^솔乃^내祖^조攸^유行^행하소서. 惟^유朕^짐以^이懌^역하고 萬^만世^세有^유辭^사하리이다."

註解 •乃(내)−너. 그대. •懷(회)−생각하는 것. •圖(도)−계획, 계책. •虞(우)−우인(虞人). 사냥하는 곳을 다스리는 사람. •機(기)−쇠뇌[弩]의 시위. •張(장)−시위를 당겨놓는 것. •省(성)−살피다. •括(괄)−오늬. 화살의 꼬리. •釋(석)−쇠뇌를 쏘는 것. 쇠뇌의 시위를 잡아당겨놓고 그 화살이 제대로 매어졌는가 살펴본 뒤에 제대로 매어졌으면 쏘는 것처럼, 정치도 자기의 덕을 닦은 뒤에 신하나 백성들의 동정을 살피어 그것이 옳은 일이라고 판단이 내려지거든 시행하라는 뜻. •厥止(궐지)−멈춰 머물러 있어야 하는 곳. 곧 꼭 지켜야만 할 일. 앞의 「익과 직의 공로(益稷)」편의 "안궐지(安厥止)", 『대학(大學)』의 "임금은 어짊에 처신해야 하고(君止於仁), 자식은 효도를 하는 일에 처신해야 한다(子止於孝)."를 참조 바람. •率(솔)−좇다, 따르다. •攸行(유행)−소행, 행한 일. •朕(짐)−나. •懌(역)−기뻐하다. •有辭(유사)−칭송을 받는 것.

임금은 태도를 그래도 바꾸지 아니하자, 이윤이 말하였다.

"그분의 불의는 습성이 되어 성격이 되었으니, 나는 의를 좇지 않는 사람과는 가까이하지 않겠다. 동(桐) 땅에 궁전을 세우고 옛날의 우리 어진 임금을 가까이하여 그분을 교훈으로 삼게 함으로써, 평생토록 미혹되지 않게 하여 드리자."

임금을 동궁으로 가서 상을 치르게 하니, 마침내는 진실한 덕을 터득할 수 있게 되었다.

原文 王未克變하시니 伊尹曰 ; "玆乃不義는 習與性成이니 子弗狎于弗順이로다. 營于桐宮하고 密邇先王하고 其訓하여 無俾世迷리로다."

王徂桐宮하사 居憂하니 克終允德하시니라.

•習(습)-습성. •性成(성성)-성격을 이룬다는 뜻. •狎(압)-친하다, 가까이 지내다. •弗順(불순)-의를 따르지 않는 자. •營(영)-짓다. 경영하다. •桐(동)-땅 이름. 지금의 산서성(山西省) 영하현(榮河縣)에 있었다. 또 이곳은 탕임금의 무덤이 있던 곳이다. •密邇先王(밀이선왕)-동궁(桐宮)에서 탕임금의 무덤을 가까이 대하고 뉘우치게 한다는 뜻. •世(세)-평생의 뜻. •居憂(거우)-거상(居喪)의 뜻으로, 태갑은 억지로 상복을 입고 탕임금 무덤 옆에서 삼년상을 치르며 반성하였던 것이다.

解說 이윤은 탕임금의 뒤를 이은 태갑에게 여러 번 나라를 덕으로 잘 다스려 줄 것을 훈계하였다. 그럼에도 불구하고 옳지 못한 일만 하니, 결국 이윤은 임금을 탕임금의 무덤이 있는 동(桐) 땅으로 억지로 보내어 반성케 한다. 얼핏 생각하면 신하가 임금을 연금(軟禁)시켜 놓고 반성을 강요한다는 것은 군주 국가에서는 있을 수 없는 일일 것 같다. 그리고 충성을 효도 못지않게 중요시한 유교의 도리에도 어긋날 것 같다.

그러나 임금이라도 임금노릇을 제대로 못할 때 백성들이 그를 싫어할 때는 이미 그는 임금이 아닌 것이다. 이런 임금은 임금 개인의 뜻을 어기고 억지로라도 바로잡아주는 것이 정의였던 것이다.

6. 태갑 임금에게 준 교훈(太甲) 중(中)

서서(書序)

　태갑 임금이 임금 자리에 오른 뒤 일 처리가 밝지 않자, 이윤이 임금을 동(桐, 탕임금의 무덤이 있는 곳)으로 내쳤다. 3년 만에 박으로 되돌아오게 하여 올바른 도를 생각하도록 하였다. 이때 이윤이 「태갑 임금에게 준 교훈」 3편을 지었다.

　　太甲旣立, 不明, 伊尹放諸桐. 三年, 復歸于亳, 思庸. 伊尹作太甲三篇.

　이 편은 태갑이 동 땅으로 가 있으면서 잘못을 뉘우친 뒤에 이윤이 다시 임금에게 한 훈계임.

　태갑 3년 12월 초하룻날, 이윤은 왕관과 예복을 가지고 가서 뒤를 이은 임금을 모시고 박(亳)으로 돌아왔다.

原文　惟三祀十有二月朔에 伊尹以冕服으로 奉嗣王하여 歸于亳하니라.

註解　•三祀(삼사)－태갑(太甲) 3년. •朔(삭)－초하루. 이 삼사십유이월삭(三祀十有二月朔)은 앞 「이윤의 훈계(伊訓)」의 원사십유이월을축(元祀十有二月乙丑)

과 함께 하력(夏曆)이냐 상력(商曆)이냐 하고 의론이 많다. 그러나 이는 이미 탕임금이 즉위한 지 여러 해 뒤의 일이므로 하력과는 상관이 없으리라 본다. 탕임금은 11월에 죽었고 그 해 12월에 태갑이 임금 자리에 오른 뒤 탕임금의 상을 치렀던 것이다. 그러나 태갑은 성실히 상을 치르지도 않고 나라를 제대로 다스리지도 않아 이윤이 억지로 탕임금의 무덤이 있는 동(桐) 땅으로 보내어 태갑으로 하여금 상을 치르며 뉘우치게 하였다. 이제 태갑 3년 11월은 대상(大喪)이었고 12월이면 3년 상이 완전히 끝난 달이다. •冕服(면복)－임금이 정식으로 쓰는 면류관과 예복. 이윤은 태갑의 상복을 갈아 입히기 위하여 관복을 가져갔던 것이다.

그리고 글을 지어 올렸다.

"백성은 임금이 아니면 서로 바로잡아 주면서 살아갈 수가 없는 것이요, 임금은 백성이 아니면 세상의 임금노릇을 할 수가 없습니다. 하늘이 상나라 왕실을 돌보시고 도우셔서, 뒤를 이은 임금으로 하여금 그 덕을 다할 수 있게 하셨으니 실로 만세토록 한량없을 축복입니다."

原文 作書曰 ; "民非后면 罔克胥匡以生이요 后非民이면 罔以辟四方이니이다. 皇天眷佑有商하사 俾嗣王克終厥德하시니 實萬世無疆之休니이다."

註解 •胥(서)－서로. •匡(광)－바로잡다. •辟(벽)－여기에서는 동사로 쓰여 '임금 노릇을 한다' 는 뜻. •四方(사방)－세상의 뜻. •眷(권)－돌보다. •佑(우)－돕다. •有商(유상)－상나라를 다스리는 사람. 곧 상나라 임금 또는 왕실. •無疆(무강)－한량없는 것. •休(휴)－복된 일. 이윤은 태갑이 삼년상을 치르고 난 뒤 많이 뉘우쳤음을 보고 기뻐서 한 말이다.

임금은 손을 이마에 얹고 머리를 땅에 대어 절을 하면서 말하였다.

"이 작은 사람은 덕에 밝지 못하여 스스로 못난 짓을 하였습니다. 욕망을 좇아 법도를 어기고 방종함으로써 예를 어기어, 이 몸이 죄에 빠지도록 하였습니다. 하늘이 내리시는 재앙은 비켜갈 수가 있으나, 스스로 만든 재앙은 피할 수가 없는 것입니다. 그 전에는 스승이며 보호자가 되시는 분의 교훈을 어기어 다스림의 시작을 제대로 하지 못하였습니다. 그러나 바로잡고 구하여 주시는 덕에 힘입어, 끝까지 잘 다스리도록 힘쓰고자 합니다."

原文 王拜手稽首曰 ; "予小子는 不明于德하여 自底不類니이다. 欲敗度하고 縱敗禮하여 以速戾于厥躬이니이다. 天作孽은 猶可違나 自作孽은 不可逭이니이다. 旣往엔 背師保之訓하여 弗克于厥初이나 尙賴匡求之德하여 圖惟厥終이니이다."

註解 •拜手稽首(배수계수)-두 손을 이마에 대고 몸을 굽히어 그 이마를 땅에 갖다대는 큰절. 이윤은 신하이나 임금은 그에게 스승의 예를 다하여 큰절을 한 것이다. •底(저)-이루다. 하다. •不類(불류)-불초(不肖)와 같은 말로 '못난 이'. •欲(욕)-개인의 욕망. •敗度(패도)-법도를 어기는 것. •縱(종)-방종한 것. •速戾(속려)-죄에 빠지는 것. •孽(얼)-재난. •逭(환)-도망하다. •師保(사보)-'스승이며 보호자가 되는 분', 곧 이윤을 가리킴. •尙(상)-바라다. •賴(뢰)-힘입다. 의뢰하다. •圖(도)-……에 힘쓰겠다는 뜻.

이윤이 손을 이마에 얹고 머리를 땅에 대어 큰절을 하면서 말하였다.

"몸을 닦아 진실한 덕으로 백성들과 화합하면, 바로 밝은 임금인 것입니다. 옛날 우리의 어진 임금님께서는 곤궁한 사람들을 자식처럼 사랑하셔서 백성들은 그분의 명령에 복종하며 기뻐하지 않는 사람이 없었습니다. 그분과 함께 나라를 다스리던 제후들의 이웃 백성들까지도 '우리 임금님을 기다리고 있으니, 임금님이 오시면 벌을 받지 않게 된다'고 말하였습니다."

原文 이윤배수계수왈 수궐신 윤덕협우하 유명후
伊尹拜手稽首曰;"修厥身하여 允德協于下면 惟明后니

선왕자혜곤궁 민복궐명 망유불열 병기
이다. 先王子惠困窮하시니 民服厥命하여 罔有不悅이더이다. 並其

유방궐린 내왈 혜아후 후래 무벌
有邦厥鄰이 乃曰;'徯我后하니 后來시면 無罰이라'하더이다."

註解 •協(협)-화합하다. •下(하)-신하 또는 백성. •子(자)-자식처럼 사랑하는 것. •惠(혜)-사랑. 困窮(곤궁)-곤궁한 사람들. •悅(열)-기뻐하다. •並(병)-아울러. ……까지도. •有邦(유방)-나라를 다스리는 제후. •鄰(린)-여기에서는 이웃 백성들의 뜻. 『집전(集傳)』이나 『정의(正義)』에서는 병기유방(並其有邦)에서 끊어 이를 '그때 제후들도 탕임금과 아울러 나라를 다스리고 있었으나'로 해석하고 있다. 그러나 궐린(厥鄰)을 한데 붙이어 '그분과 함께 나라를 다스리던 제후들의 이웃 백성들까지도'로 이해함이 더 좋을 것 같다(The Shoo King). •徯(혜)-기다리다. •我后(아후)-말할 것도 없이 탕임금을 가리킨다. •無罰(무벌)-형벌뿐만 아니라 모든 걱정이나 고통이 없어진다는 뜻으로 보아야 할 것이다.

"임금님은 자신의 덕을 닦기에 힘쓰시며 당신의 할아버지를 본받아, 언제나 편히 놀며 게을리 지내지 마십시오. 할아버지를 받드실 때는 효도를 생각하시고, 아랫사람을 대하실 때는 공손함을 생각하십시오. 멀리 밝게 보시고 덕에 관한 말을 귀 밝게 들으십시오. 그러면 저는 임금님의 훌륭하심을 받드는 데 싫증이 나지 않을 것입니다."

原文 "王懋乃德하시며 視乃厥祖하사 無時豫怠하소서. 奉先思孝하시고 接下思恭하소서. 視遠惟明하시고 聽德惟聰하소서. 朕承王之休하여 無斁하리이다."

註解 ・視(시)─보고 배운다. 곧 본뜬다는 뜻. ・無(무)─무(毋)의 뜻. ・時(시)─'언제나'. ・豫(예)─편안한 것. ・怠(태)─게으름 피다. 태만하다. ・先(선)─선조. ・下(하)─신하. ・休(휴)─훌륭한 일. 아름다움. ・斁(역)─싫증내다.

解說 태갑은 이윤의 억지 때문에 탕임금 무덤 곁에서 3년 동안 상을 치르면서 반성한 끝에 훌륭한 사람이 되었다. 이에 이윤은 다시 태갑을 모셔다놓고 태갑의 뉘우침을 기뻐하면서, 한편으로는 거듭 사랑과 공경으로 덕을 가지고 나라를 다스려 줄 것을 부탁하는 것이다.

7. 태갑 임금에게 준 교훈(太甲) 하(下)

서서(書序)

태갑 임금이 임금 자리에 오른 뒤 일 처리가 밝지 않자, 이윤이
임금을 동(桐, 탕임금의 무덤이 있는 곳)으로 내쳤다. 3년 만에 박
으로 되돌아오게 하여 올바른 도를 생각하도록 하였다. 이때 이윤
이 「태갑 임금에게 준 교훈」 3편을 지었다.

太甲旣立, 不明, 伊尹放諸桐. 三年, 復歸于亳, 思庸. 伊尹作太
甲三篇.

이 편은 「태갑 임금에게 준 교훈 중」에 이어지는 글이다. 「태갑 임금
에게 준 교훈 상」은 태갑의 과오가 드러나기 시작할 때, 「태갑 임금에게
준 교훈 중」은 태갑이 잘못을 뉘우쳤을 때, 이 「태갑 임금에게 준 교훈
하」는 잘못을 뉘우쳐 올바른 사람이 된 뒤에 이윤이 태갑에게 한 훈계
라 한다.

이윤이 거듭 임금에게 아뢰었다.

"아아! 하늘은 친한 사람이 따로 없고 공경하는 사람만을 친애하
고, 백성들은 일정한 따르는 사람이 없고 어진 사람만을 따르며, 귀
신은 일정하게 도와주는 사람이 없으나 정성을 다하는 사람만은 도
와주고 복을 줍니다. 천자의 자리란 어려운 자리입니다.

原文 　이 윤 신 고 우 왕 왈　오 호　유 천 무 친　극 경 유 친
伊尹申誥于王曰；"嗚呼라! 惟天無親이나 克敬惟親하고

민 망 상 회　회 우 유 인　귀 신 무 상 향　향 우 극 성　천
民罔常懷나 懷于有仁하며 鬼神無常享이나 享于克誠이니이다. 天

위 간 재
位艱哉니이다.

註解　•申(신)－거듭. •誥(고)－고하다. 아뢰다. •無親(무친)－뒤의 망상회(罔
常懷)·무상향(無常享)의 예에 따라 일정한 친한 사람이 없다는 뜻, 곧 무상친(無
常親)으로 해석하여야 한다. •常懷(상회)－일정하게 그리워하며 따르는 사람.
•享(향)－귀신이 제사를 받고 그 사람에게 복을 내리는 것. •天位(천위)－천자의
자리.

덕으로는 다스려지지만, 덕이 아니라면 어지러워집니다. 올바로
다스리는 사람들과 함께 같은 길을 가면 흥하지 않을 수 없을 것이
나, 어지러운 짓을 일삼는 자들과 함께 같은 일을 하면 망하지 않을
수 없을 것입니다. 처음부터 끝까지 함께 나랏일을 하는 사람들을 신
중히 택하면 밝고 밝은 임금이 될 것입니다.

原文　　덕 유 치　부 덕 란　여 치 동 도　망 불 흥　여 란
德惟治나 否德亂이니이다. 與治同道면 罔不興이나 與亂

동 사　망 불 망　종 시 신 궐 여　유 명 명 후
同事면 罔不亡이니이다. 終始愼厥與면 惟明明后니이다.

註解　•厥與(궐여)－함께 나랏일을 하는 사람, 곧 밑의 관리들. •明明(명명)－
'밝고 밝은'.

옛날 우리의 어진 임금님께서는 오직 자신의 덕을 힘써 닦고 공경
하시어 하늘의 짝이 되실 수 있으셨습니다. 지금 임금께서는 훌륭한

전통을 물려받으셨으니, 바라건대 이를 살피십시오.

原文 先王은 惟時懋敬厥德하사 克配上帝니이다. 今王嗣有令緖하시니 尙監茲哉하소서!

註解 •配(배)-짝, 임금으로서의 덕이 하늘이 내린 명과 어울린다는 뜻. •令緖(영서)-탕임금으로부터 물려받은 훌륭한 전통. •尙(상)-바라다. •監茲(감자)-탕임금처럼 임금으로서의 덕이 하늘의 명과 어울릴만한가를 언제나 살피라는 뜻.

높이 오를 때는 반드시 밑에서부터 시작하고, 멀리 갈 때는 반드시 가까운 데서부터 시작하는 것과 같이 하십시오.

原文 若升高必自下하고 若陟遐必自邇하소서.

註解 •若升高必自下(약승고필자하)-높은 곳을 올라가려면 밑에서부터 한 발자국 한 발자국 올라가듯이, 차례차례로 올바른 정치를 해 나아가라는 뜻. •陟(척)-나아가다. •遐(하)-먼 곳.

백성들의 일을 가벼이 여기지 마시고 어려움을 생각하시며, 임금 자리를 편안히 여기지 마시고 위태로움을 생각하십시오. 끝까지 삼가기 위해서는 처음부터 잘하십시오.

原文 無輕民事하고 惟難하시며 無安厥位하고 惟危하소서. 愼終

^{우 시}
于始하소서.

[註解] •民事(민사)-백성들이 종사하고 있는 일. •惟難(유난)-어렵게 생각하라. 또는 어려운 일을 생각하라. •厥位(궐위)-당신의 자리. 곧 임금자리. •愼終于始(신종우시)-끝까지 삼가려면 처음부터 삼가 나라를 다스려야 한다는 뜻.

당신의 마음을 거스르는 말이 들려올 때에는 반드시 도에 맞는 말인가 알아 보셔야 하고, 당신의 뜻을 따르는 말이 들려올 때에는 반드시 도에 어긋나는 말은 아닌가 알아보십시오.

[原文] ^{유 언 역 우 여 심}　^{필 구 저 도}　^{유 언 손 우 여 지}
有言逆于汝心이어든　必求諸道하시고　有言遜于汝志어든
^{필 구 저 비 도}
必求諸非道하소서.

[註解] •諸(저)-지어(之於)의 준말. 구저도(求諸道)는 그 말이 도에 맞는 말인가 따져 보라는 뜻. •遜(손)-따르다.

아아! 생각하지 않는다면 무엇을 얻을 수 있을 것이며, 하지 않는다면 무엇을 이룰 수가 있겠습니까? 한 사람이 매우 훌륭하면 온 나라가 올바르게 될 것입니다.

[原文] ^{오 호}　^{불 려 호 획}　^{불 위 호 성}　^{일 인 원 량}　^만
嗚呼라!　弗慮胡獲이며　弗爲胡成이리까?　一人元良이면　萬
^{방 이 정}
邦以貞하리이다.

[註解] •慮(려)-생각하다. •胡(호)-하(何)의 뜻. 어찌. •一人(일인)-임금을

가리킴. •元(원)−크게. 매우. •貞(정)−정(正)과 통하여 올바른 것.

　임금은 교묘한 말로 옛 정치를 어지럽히지 말아야 하고, 신하는 총애와 이익 있다 하여 이루어 놓은 공만 내세우지 않아야 합니다. 그러면 나라는 영원히 훌륭한 다스림을 보전하게 될 것입니다."

原文　君罔以辯言亂舊政하고　臣罔以寵利居成功이면　邦其永孚于休하리이다."

註解　•辯言(변언)−속은 없이 겉만 번드르르하게 잘하는 말. •舊政(구정)−옛날 조상의 훌륭한 정치. •寵(총)−총애(寵愛). •居成功(거성공)− 이루어 놓은 공로에 머물다, 공로를 내세우다. •孚(부)−믿는 것, 보전하는 것.

解說　태갑은 잘못을 뉘우쳐 올바른 임금이 되었음에도 불구하고, 또다시 하늘의 명과 덕으로 이윤은 임금을 교훈한다. 그리고 거듭 탕임금의 어진 정치를 본받으라고 부탁하고 있다.

8. 모두가 지녀야 할 올바른 덕(咸有一德)

서서(書序)

이윤이 「모두가 지녀야 할 올바른 덕」을 지었다.
伊尹作咸有一德.

이 편도 금문에는 없는 가짜 고문에 속하는 부분이다. 「모두가 지녀야 할 올바른 덕」이란 임금과 신하가 모두 한결같이 올바른 덕을 가지고 있어야 한다는 뜻이다. 한결같이 올바른 덕이란 올바른 도리를 깨달아 올바른 도를 지키면서 조금도 흔들리지 않는 덕을 말한다.

태갑은 이윤의 여러 번의 충고를 통하여 많이 뉘우치기는 하였으나 아직도 사람을 등용하는 데 있어서나 사리를 판단하는 데 있어서 잘 흔들렸다. 그러기에 이윤은 다시 태갑에게 한결같이 올바른 덕을 가지고 훈계한 것이다. 그러나 『사기』에 의하면 이것은 「탕임금이 하나라를 칠 적의 훈시(湯誥)」의 뒤에 붙어야 하며 이윤이 탕임금에게 한 말이라고도 한다.

이윤은 그의 임금에게 정사를 되 맡긴 뒤 은퇴를 앞두고 덕으로 훈계하였다.

原文　伊尹旣復政厥辟하고 將告歸할세 乃陳戒于德하니라.

註解 ・厥辟(궐벽)-그의 임금. 즉 태갑. ・告歸(고귀)-늙었으므로 임금에게 아뢰고 자기의 고을로 은퇴하는 것. ・陳(진)-진술하다.

"아아! 하늘은 믿고 있을 수만은 없는 것이고, 하늘의 명은 일정하지만은 않은 것입니다. 그러나 언제나 덕에 힘쓰면 임금 자리가 잘 보전될 것이고, 언제나 덕에 힘쓰지 못하면 온 나라가 망하게 될 것입니다.

原文 曰; "嗚呼라! 天難諶이오 命靡常이니이다. 常厥德이면 保厥位하고 厥德匪常하면 九有以亡하리이다.

註解 ・天難諶(천난심)-하늘은 믿고만 있기 어려운 것이다. 곧 명을 내렸던 사람이라도 그가 덕을 잃으면 바로 재앙을 내린다는 뜻. ・靡常(미상)-늘 같지 않다. 또는 일정하지 않다. 곧 하늘의 명은 그대로 있지 아니하고 임금의 덕을 따라 바꾸어진다는 뜻. ・常厥德(상궐덕)-언제나 그의 덕을 닦으면. ・匪(비)-비(非)와 같은 뜻. ・九有(구유)-구주(九州)의 뜻. 온 나라.

하나라 임금은 언제나 덕에 힘쓰지 못하고, 신을 업신여기고 백성을 학대하였습니다. 하늘은 그들을 보호하지 아니하시고, 온 세상을 둘러보시어 하늘의 명을 받을 사람에게 길을 열어 주셨습니다. 한결같이 올바른 덕을 가진 사람을 두루 구하시어 여러 신들을 제사지내는 우두머리로 삼으셨습니다. 이 윤(尹)은 몸소 탕임금과 함께 한결같이 올바른 덕을 가지고 있어서, 하늘의 마음을 잘 받들어 하늘의 밝은 명을 받았습니다. 그리하여 아홉 주(州)의 백성들을 다스리게 되었고, 이에 하나라 왕조를 바꾸기에 이르렀던 것입니다.

夏王弗克庸德하고 慢神虐民하니이다. 皇天弗保하시고 監于萬方하사 啓迪有命하니이다. 眷求一德하사 俾作神主니이다. 惟尹躬曁湯으로 咸有一德하여 克享天心하니 受天明命하여 以有九有之師하고 爰革夏正하니이다.

·庸(용)—상(常). 언제나. ·慢(만)—업신여기다. ·監(감)—둘러보는 것. ·啓迪有命(계적유명)—천명(天命)을 받을 만한 사람에게 길을 열어주고 이끌어 주셨다는 뜻. ·眷(권)—둘러보는 것. ·一德(일덕)—함유일덕(咸有一德)의 일덕으로 한결같이 올바른 덕. ·神主(신주)—신들을 제사지내는 우두머리. 곧 천자. 옛날의 임금은 하늘과 땅을 제사하는 제사장(祭祀長)이기도 하였던 것이다. ·享(향)—잘 따르다. 잘 받들다. ·師(사)—백성을 가리킴. ·爰(원)—어시(於是), 이에란. ·革(혁)—바꾸다. ·夏正(하정)—하나라의 정초. 하나라는 봄의 첫날 인(寅)날이 정초였는데 탕임금은 겨울의 마지막 달 축(丑)날을 정초로 바꾸었다. 따라서 하나라의 정초를 바꾸었다는 것은 하나라를 멸망 시켰음을 뜻한다.

하늘이 우리 상나라 임금을 사사로이 좋아했던 것이 아니요, 오직 하늘은 한결같이 올바른 덕을 지닌 사람을 도운 것입니다. 상나라가 아래 백성들에게 요구한 것이 아니요, 오직 백성들은 한결같이 올바른 덕을 지닌 사람을 따른 것입니다. 덕이 오직 한결같이 올바르다면 움직여서 길하지 않을 수가 없고, 덕이 이리저리 흔들리면 움직여서 흉하지 않을 수가 없습니다. 어긋남 없는 길함과 흉함이 사람의 행동에 달려 있고, 덕에 따라 하늘은 재앙과 복을 내리십니다.

非天私我有商이오 惟天佑于一德이니이다. 非商求于下民

이오 <ruby>惟民歸于一德<rt>유 민 귀 우 일 덕</rt></ruby>이니이다. <ruby>德惟一<rt>덕 유 일</rt></ruby>이면 <ruby>動罔不吉<rt>동 망 불 길</rt></ruby>하고 <ruby>德二三<rt>덕 이 삼</rt></ruby>이면 <ruby>動罔不凶<rt>동 망 불 흉</rt></ruby>이니이다. <ruby>惟吉凶不僭在人<rt>유 길 흉 불 참 재 인</rt></ruby>이오 <ruby>惟天降災祥在德<rt>유 천 강 재 상 재 덕</rt></ruby>이니이다.

지금 임금님께서는 하늘의 명을 새로이 행하시게 되셨습니다. 당신의 덕을 새로이 하시어 처음부터 끝까지 한결같이 올바르시면 날로 새로워지실 것입니다.

|原文| <ruby>今嗣王<rt>금 사 왕</rt></ruby>은 <ruby>新服厥命<rt>신 복 궐 명</rt></ruby>이니이다. <ruby>惟新厥德<rt>유 신 궐 덕</rt></ruby>하사 <ruby>終始惟一<rt>종 시 유 일</rt></ruby>이면 <ruby>時乃日新<rt>시 내 일 신</rt></ruby>이리이다.

관리를 임용하실 때는 오직 어질고 재능 있는 사람만을 쓰시며, 대신은 합당한 사람만을 쓰십시오. 신하가 임금을 위하도록 하려면 덕을 닦으셔야 하고, 아래 백성들이 임금을 위하도록 하려면 백성들을 아끼셔야 합니다. 그것은 어렵게 여기며 신중히 하여야만 될 일이니, 덕이 화합되고 한결같이 올바르도록 하십시오.

^{임 관 유 현 재} 任官惟賢才하시며 ^{좌 우 유 기 인} 左右惟其人하소서. ^{신 위 상} 臣爲上이면 ^{위 덕} 爲德하

시고 ^{위 하} 爲下면 ^{위 민} 爲民하소서. ^{기 난 기 신} 其難其愼이니 ^{유 화 유 일} 惟和惟一하소서.

註解 •左右(좌우)─좌우에서 보좌하는 대신. •其人(기인)─덕망이나 재능이
대신자리에 적합한 사람. •爲上(위상)─윗사람을 위하는 것. •爲德(위덕)─임금
이 덕을 닦는 것. 『집전』이나 『정의』나 모두 이 구절을 '위하위민(爲下爲民)'과 함
께 신하의 행동으로 보아 '윗자리에 있으려면 덕을 닦아야 된다'로 해석하고 있으
나, 처음부터 끝까지 임금이 하여야만 할 도리를 설명하고 있는 것이라 봄이 좋겠
다. •爲下爲民(위하위민)─신하가 아래 백성들을 위하도록 하려면 임금이 먼저
백성들을 아끼어야 한다는 뜻. •其難其愼(기난기신)─위의 그 일은 어렵게 여기
며 신중히 하여야만 될 일이라는 뜻. •惟和(유화)─임금의 덕이 신하와 화합하는
것. •惟一(유일)─덕이 한결같이 올바른 것.

  덕에는 일정한 스승이 없고 착함을 위주로 하는 것이 스승인 셈이
며, 착함에는 일정한 주인이 없고 덕이 한결같이 올바른 사람이 지니
게 되는 것입니다.

原文 ^{덕 무 상 사} 德無常師요 ^{주 선 위 사} 主善爲師며 ^{선 무 상 주} 善無常主요 ^{협 우 극 일} 協于克一이니이다.

註解 •主善(주선)─선을 주인으로 하는 것. 곧 선을 위주로 하여 행동하는 것.
•協(협)─화합하다, 지니다. •克一(극일)─덕이 한결같이 올바른 것.

  만백성들로 하여금 모두가 '크도다, 임금님의 말씀이시여!' 하고
말하도록 하십시오. 또 '한결같이 올바르도다, 임금님의 마음이여!'
하고 말하도록 하십시오. 그리고 옛날의 우리 어진 임금님의 업적을
잘 계승할 수 있게 되신다면, 영원히 백성들의 안락한 삶을 이루어

주시게 될 것입니다.

原文　俾萬姓咸曰；'大哉라 王言이여'케 하소서. 又曰；'一哉라
王心이여'케 하소서. 克綏先王之祿이시면 永底烝民之生하리이다.

註解　•綏(수)-편안한 것, 잘 계승하는 것. •祿(록)-천록(天祿). 곧 하늘의
명으로 다스린 나라를 가리킴. •底(저)-이루다. •烝民(증민)-중민(衆民), 백성
들. •生(생)-안락한 삶.

아아! 7대(代)의 조상들을 통하여 가히 그 나라의 덕을 알아볼 수가
있고, 만 사람의 우두머리를 통하여 가히 그 나라의 정치를 알아볼
수가 있는 것입니다. 임금은 백성이 아니면 부릴 것이 없고, 백성은
임금이 아니면 섬길 사람이 없습니다. 자기는 넓게 생각하고 남은 좁
다고 여기지 마십시오. 일반 남녀들이 스스로 성의를 다하지 않는다
면, 백성과 임금이 다 같이 그들의 일을 이루지 못하게 될 것입니
다."

原文　嗚呼라! 七世之廟에 可以觀德이오 萬夫之長에 可以觀政
이니이다. 后非民이면 罔使요 民非后면 罔事니이다. 無自廣以狹
人하소서. 匹夫匹婦가 不獲自盡이면 民主罔與成厥功하리이다."

註解　•七世之廟(칠세지묘)-7대 조상들의 묘. 『예기(禮記)』 왕제(王制)편에 의
하면 임금은 일곱 개의 묘를 가졌다. 이 칠묘에 관하여는 옛날부터 의론이 많으나
7대의 조상들을 가리키는 말로 보면 될 것이다. 여하튼 묘당에 모신 나라를 세우는

데 공이 많았던 임금 두세 사람과, 나라를 다스리고 있는 임금으로부터 네댓 대 앞의 조상들을 가리킨다고 보면 될 것이다. 이 임금의 조상들을 살펴보면 그 나라 임금들의 덕이 어떠하였나를 알 수 있다는 뜻이다. •萬夫(만부)-만민. 만부지장(萬夫之長)은 따라서 천자를 가리킴. •無(무)-무(毋), '…하지 마라'. •自廣以狹人(자광이협인)-자기 자신의 재능이나 덕은 넓고 크게 보고 남들의 그것은 좁고 작게 본다는 뜻. •匹夫匹婦(필부필부)-일반 백성 중의 남녀. •不獲(불획)-불능(不能)·부득(不得)의 뜻. •自盡(자진)-스스로 임금에게 자기의 능력이나 성의를 다 발휘하는 것. •民主(민주)-백성과 임금. •厥功(궐공)-그들의 일. 곧 나라를 올바로 다스리는 것.

解說　이제껏 편마다 나라를 다스릴 때에는 덕으로 교화시켜야 함을 거듭 강조하여 왔다. 여기에서는 한 걸음 더 나아가 처음부터 끝까지 조금도 흔들리지 않는 '한결같이 올바른 덕'을 강조하고 있다. 덕이라 하더라도 개인의 감정이나 사리를 잘못 판단하여 흔들리는 덕은, 임금이 갖추어야만 할 덕으로서는 부족하다고 생각하였던 것이다.

또 '한결같이 올바른 덕'이란 그 덕이 신하들과 화합하는 것이라는 점도 중요하다. 임금의 덕이 흔들리면 올바로 신하들을 쓰지 못할 때가 있어 임금과 신하가 완전히 덕을 통하여 화합되지 못한다. 임금과 신하가 다 같이 '한결같이 올바른 덕'을 가졌을 때, 나라는 비로소 하늘의 뜻대로 잘 다스려진다는 것이다.

9. 반경 임금의 훈시(盤庚) 상(上)

서서(書序)

반경 임금은 다섯 번째로 도읍을 다시 옮기어 박 땅을 도읍으로
출발한 은나라를 다스리려 하였으나 백성들이 탄식을 하며 서로
원망을 하였다. 이때 「반경 임금의 훈시」 3편을 지었다.

盤庚五遷, 將治亳殷, 民咨胥怨. 作盤庚三篇.

이 「반경 임금의 훈시」 상·중·하 세 편은 금문과 고문에 다 들어 있
다. 그러나 금문에는 세 편으로 나뉘어 있지 않고 모두 한 편에 합쳐져
있다. 반경(대략 기원전 1401~기원전 1374 재위)은 도읍을 은(殷) 땅
으로 옮기어 상나라의 중흥을 꾀한 임금이다. 이로부터 나라 이름도 은
나라라 부르게 되었다. 갑골문(甲骨文)에 의하면 '반경'의 반(盤)자는 은
(殷)이라고도 썼다. 그는 태갑으로부터 15대(代) 뒤의 임금이다.

태갑의 뒤를 이은 옥정(沃丁, 대략 기원전 1720~기원전 1692 재
위) 때에 이윤의 뒤를 이어 재상이 된 고선(咎單)이 「옥정」이라 부르는
글을 지었고, 태무(太戊, 대략 기원전 1637~기원전 1563 재위) 때에
는 이윤의 아들 이척(伊陟)이 「함예(咸乂)」 네 편을, 태무는 「이척(伊
陟)」·「원명(原命)」 두 편을, 중정(仲丁, 대략 기원전 1562~기원전
1550 재위) 때에는 「중정」과 「하단갑(河亶甲)」을, 조을(祖乙, 대략 기원
전 1525~기원전 1507 재위) 때에는 「조을」을 지었다 하나 지금의
『서경』에는 남아 전하지 않는다.

상나라는 탕임금 이후 여러 번 도읍을 옮기었다. 이 편은 반경이 엄
(奄, 지금의 山東省 曲阜縣 동쪽)으로부터 은(殷, 옛날의 亳, 지금의 河
南省 安陽의 殷虛)으로 도읍을 옮길 때 한 말이라 한다. 이때 백성들은

황하를 건너 은 땅으로 옮겨가기를 싫어하였으므로 반경은 여기에 실린 말로써 백성들에게 도읍을 옮겨야만 하는 필요성을 알려주었다. 그것을 뒤에 사관이 기록한 것이다.

이 「반경」 세 편은 그 첫머리 본문을 보면 상편은 '반경이 은 땅으로 도읍을 옮기려 마음먹었을 때', 중편은 '반경이 황하를 건너 은 땅으로 백성들을 옮기려 할 때', 하편은 '은 땅으로 옮기어 백성들의 삶이 안정되었을 때' 한 말이다.

반경이 은 땅으로 옮겨가려 하였으나 백성들은 옮겨가서 살려들지 않았다. 이에 여러 근심하는 사람들을 모아놓고 호소하는 말을 하였다.

原文 盤庚遷于殷할새 民不適有居로다. 率籲衆慼하사 出矢言하시니라.

註解 •適(적)—가다. •率(솔)—거느리다. 모아놓다. •籲(유)—호(呼)와 통하여 호소한다는 뜻. •慼(척)—근심하다. •矢(시)—맹세하다. 호소하다.

"임금인 내가 와서 이미 이곳에 정착하고 있소. 우리 백성들을 중히 여기어 모두 죽지 않게 하기 위한 것이었으나, 서로 바로 알도록 해주며 살 수가 없게 되었소. 이에 점을 쳐 이 일을 어찌하면 좋겠는가 물어보았소.

原文 曰；"我王來하여 旣爰宅于玆라. 重我民하여 無盡劉나 不能胥匡以生이라. 卜稽曰；其如台오 하니라.

•我王來(아왕래)—반경이 경(邢)으로부터 엄(奄) 땅으로 전에 도읍을 옮겨온 것을 가리킴. •爰(원)—조사. •宅(택)—정착(定着), 살고 있는 것. •茲(자)—이곳. 곧 엄 땅. •無盡劉(무진류)—재해나 물자의 부족으로 말미암아 백성들이 다 죽게 되지 않게 하고자 한다는 뜻. 옛날에 반경이 엄 땅으로 도읍을 옮겼던 이유를 설명하는 것임. •胥匡以生(서광이생)—서로 도우면서 바로 알도록 해주어 잘 사는 것. •卜稽(복계)—점을 쳐서 앞일을 물어보는 것. •如台(여이)—여이(如以). 곧 여하(如何)의 뜻. 엄 땅에서는 백성들이 편히 살 수 없게 되었으니, 어찌하면 좋겠느냐고 점을 친 것.

옛날의 우리 어진 임금님들께서는 일이 있으시면 하늘의 명을 공경하고 삼가셨으나, 그래도 언제나 편치 않으시어 일정한 도읍을 갖지 못하고, 지금까지 다섯 번이나 도읍을 옮겼소. 지금 옛일을 따르지 않는다면 하늘이 명을 끊으실지도 모르게 되었소. 그리고도 옛날의 우리 어진 임금님들의 공로를 계승한다고 할 수 있겠소?

原文 先王有服(선왕유복)이시면 恪謹天命(각근천명)이시나 茲猶不常寧(자유불상녕)하사 不常厥(불상궐)邑(읍)이 于今五邦(우금오방)이라. 今不承于古(금불승우고)면 罔知天之斷命(망지천지단명)이니라. 矧曰其(신왈기)克從先王之烈(극종선왕지렬)아?

•服(복)—일. 일하다. •恪(각)—삼가다. 공경하다. •五邦(오방)—다섯 번 도읍을 옮기며 나라를 다스렸다는 뜻. 곧 상나라는 탕임금 이후 중정(仲丁) 때에는 박(亳)에서 효(囂)(『史記』에는 隞라 하였다)로 도읍을 옮겼고, 하단갑(河亶甲)은 다시 상(相)으로 옮겼고, 조을(祖乙)은 다시 경(耿)(『史記』에는 邢으로 옮겼고, 경이 홍수에 휩쓸리자 다시 비(庇)로 옮겼고, 반경(盤庚)은 다시 엄(奄)으로 옮겼으며, 그는 또다시 은(殷)으로 옮기려 하고 있다. 박으로부터 엄까지는 꼭 다섯 개의 도읍이다. •承于古(승우고)—옛날 백성들을 위하여 도읍을 옮겼던 일을 받들어

따르겠다는 뜻. 곧 자기도 또 도읍을 옮기겠다는 말임. • 矧(신)－하물며, 그러면서도. 불승우고(不承于古)를 받는 말. • 烈(렬)－공로가 많은 것.

넘어진 나무의 그루터기에서 움이 돋아나는 것과 같이, 하늘은 이 새로운 도읍에서 우리의 명을 영원토록 하시고, 옛날 우리의 어진 임금들이 이룩하신 위대한 일을 잇고 회복시키도록 하여, 온 세상을 편안케 해주실 것이오."

原文 若顚木之有由蘖이니 天其永我命于玆新邑하시고 紹復先
王之大業하여 底綏四方이시니라."

註解 • 顚(전)－넘어지다. • 由蘖(유얼)－나무를 베고 남은 등걸에서 새 움이 솟는 것. 이것은 나라의 부흥을 나무에다 비유한 말. • 新邑(신읍)－새로운 도읍, 은 (殷) 땅을 가리킴. • 紹(소)－잇다. 계승하다. • 底(저)－이르다. • 綏(수)－편안함. 안락함. • 四方(사방)－온 세상.

반경이 백성들을 깨우치심에, 벼슬을 하는 이들이 먼저 옛날 일을 숭상하고 법도를 바로잡도록 하셨다. "아무도 감히 백성들이 간하고자 하는 일을 숨기지 말라!"고 말씀하시며, 임금은 여러 사람들에게 명하시어 모두 궁전으로 모이게 하였다.

原文 盤庚斅于民하시되 由乃在位하사 以常舊服하시고 正法度
하시니라. 日;"無或敢伏小人之攸箴하라!"하시고 王命衆하사 悉
至于庭하니라.

임금님은 이렇게 말씀하였다.

"여러분에게 고하오. 나는 여러분에게 훈계를 하려는 것이오. 여러분은 여러분의 사사로운 마음을 물리치기에 힘쓰고, 오만하게 편안함만을 좇지 마시오.

原文 王若曰 ; "格汝衆하노라. 予告汝訓하노라. 汝猷黜乃心하여 無傲從康하라.

옛날 우리 훌륭한 임금께서는 오직 경험 많은 사람을 등용해서 함께 정치를 하고자 하셨소. 임금이 그들에게 닦을 바를 널리 알려주시면, 그들은 그 뜻을 어기지 않았소. 임금은 그리하여 더욱 공경하게 되었고 그릇된 말이 없어져서 백성들도 크게 바로잡혔소. 지금 그대들은 떠들썩하게 그릇된 얕은 말들을 하고 있으니, 나는 그대들이 불평하는 바가 무엇인지 알지도 못하겠소.

<ruby>古我先王<rt>고 아 선 왕</rt></ruby>은 <ruby>亦惟圖任舊人共政<rt>역 유 도 임 구 인 공 정</rt></ruby>하시니라. <ruby>王播告之修<rt>왕 파 고 지 수</rt></ruby>면

<ruby>不匿厥指<rt>불 닉 궐 지</rt></ruby>하니라. <ruby>王用丕欽<rt>왕 용 비 흠</rt></ruby>하시며 <ruby>罔有逸言<rt>망 유 일 언</rt></ruby>하여 <ruby>民用丕變<rt>민 용 비 변</rt></ruby>하니라.

<ruby>今汝聒聒<rt>금 여 괄 괄</rt></ruby>하여 <ruby>起信險膚<rt>기 신 험 부</rt></ruby>하니 <ruby>予弗知乃所訟<rt>여 불 지 내 소 송</rt></ruby>이로다.

註解 •圖(도)-꾀하다, 힘쓰다. •舊人(구인)-오랫동안 일한 경험이 많은 사람. •播告(파고)-포고(布告)의 뜻. 널리 알리는 것. •修(수)-닦을 일, 시행하려 하는 정사(政事)를 말함. •匿(닉)-특(慝)과 통하여, 어기는 것(于省吾 說). •指(지)-지의(指意). 곧 뜻. •用(용)-인이(因以). 곧 '그러함으로써'의 뜻. •丕欽(비흠)-백성들의 솔직한 의견을 '크게 공경하여 참작하였다'는 뜻. •逸言(일언)-그릇된 말. •變(변)-변화(變化), 곧 바로잡혔다는 뜻. •聒聒(괄괄)-말이 많은 모습. •起(기)-갱(更)의 뜻, 다시. •信(신)-신(申)과 통함. 말하다. •險(험)-사(邪)의 뜻. 음험한 것. •膚(부)-얕은 말. 기신험부(起信險膚)는 '그 위에 그릇되고 천박한 말들을 하고 있다'란 뜻. •乃(내)-너. •訟(송)-말다툼하다. 불평하다.

나 스스로 올바른 덕을 망친 것이 아니오. 그대들이 덕을 버리고 나 한 사람을 두려워하지 않고 있소. 나는 불을 보는 것처럼 잘 알고 있으니, 나도 역시 시원찮게 일을 꾀하여 그대들을 잘 못하도록 한 셈이오.

原文 <ruby>非予自荒茲德<rt>비 여 자 황 자 덕</rt></ruby>이라. <ruby>惟汝含德<rt>유 여 함 덕</rt></ruby>하여 <ruby>不惕予一人<rt>불 척 여 일 인</rt></ruby>이라. <ruby>予若<rt>여 약</rt></ruby>

<ruby>觀火<rt>관 화</rt></ruby>니 <ruby>予亦拙謀<rt>여 역 졸 모</rt></ruby>하여 <ruby>作乃逸<rt>작 내 일</rt></ruby>이니라.

註解 •荒(황)-버리다, 망치다. •含(함)-『사기(史記)』에는 사(舍)로 되어 있는데 사덕(舍德), 곧 덕을 버리는 것으로 봄이 옳겠다(『釋義』). 이는 관리들이 도웁

을 옮기는 일을 반대하는 말을 퍼뜨리고 있음을 가리킨 것임. ·惕(척)-두려워하는 것. ·若觀火(약관화)-'명약관화(明若觀火 : 밝기가 불을 보는 거와 같다)'란 뜻. 곧 관리들의 그릇된 행동을 잘 알고 있다는 말. ·拙謀(졸모)-임금인 자기의 신하를 다스리는 방책도 시원찮았다는 뜻. ·作乃逸(작내일)-그대 관리들을 잘못되게 만들었다는 뜻.

   그물에 줄이 있어야 조리가 있어 문란해지지 않는 것과 같은 이치요. 농사꾼이 밭에서 일하고 힘들여 농사지어야 풍성한 가을이 있는 것과 같은 이치요.

原文　若網在綱이라야 有條而不紊이니라. 若農服田力穡이라야 乃亦有秋라.

註解　·若網在綱(약망재강)-그물의 갓이나 끝에 줄이 매어 있어 그물을 잘 다룰 수 있게 되어 있는 것과 같은 이치라는 뜻. 강(綱)은 나라의 기강(紀綱), 기율(紀律)도 상징하는 말이다. ·條(조)-조리(條理). ·紊(문)-어지러운 것. 문란(紊亂)의 뜻. ·農(농)-농사꾼. ·服(복)-일. ·穡(색)-농사짓다. ·秋(추)-가을에 풍성히 거둬들이는 것.

   여러분이 여러분의 사사로운 마음을 버리면 진실한 덕이 백성들에게 베풀어지게 되고, 그것이 친척과 친구들에게도 미쳐서, 그대들은 쌓은 덕이 있노라고 감히 큰소리 칠 수 있게 될 것이오.

原文　汝克黜乃心이면 施實德于民하고 至于婚友하여 丕乃敢大言汝有積德이니라.

註解 •黜(출)-물리치다, 내치다. •心(심)-사사로운 마음. •施(시)-베풀다.
•實(실)-진실, 사실. •婚(혼)-여기에서는 혼인관계로 맺어진 일가들. •조
(비)-크게. •大言(대언)-큰소리 치는 것.

그대들이 두려워하지 않으면 먼 사람 가까운 사람들에게 큰 해를
끼치게 될 것이오. 농사를 게을리 하고 스스로 편히 지내며 일하기에
힘쓰지 않고 밭이랑에서 일하지 않으면 메기장과 차기장을 거두지
못하게 될 것이오.

原文 乃不畏^{내 불 외}면 戎毒于遠邇^{융 독 우 원 이}니라. 惰農自安^{타 농 자 안}하고 不昏作勞^{불 혼 작 로}하고
不服田畝^{불 복 전 묘}면 越其罔有黍稷^{월 기 망 유 서 직}하리라.

註解 •乃(내)-너, 그대. •戎(융)-큰 것. •毒(독)-해독. •遠邇(원이)-'먼
사람과 가까운 사람들'의 뜻. •惰(타)-게을리하다. •昏(혼)-정현(鄭玄)에 의하
면 민(暋)과 통하여 '힘쓴다'는 뜻(『正義』). •作勞(작로)-일을 하는 것. •服
(복)-일하다. •畝(묘)-밭이랑. •越(월)-조사. •黍(서)-메기장. •稷(직)-차
기장. 서직(黍稷)은 모든 곡식을 대표하는 말이다.

그대들은 백성들에게 바른 말을 해주지 않아 그대들 스스로가 재
해를 낳게 하고 있소. 이는 파괴와 재난과 내분과 반란을 일으키게
되니, 그대들 스스로 자신의 재해를 만들고 있는 것이오. 그대들이
이미 백성들에 앞서 악을 행하여 백성들을 상심케 하고 있으니, 그대
들 자신이 후회한들 어찌 되겠소?

原文 汝不和吉言于百姓^{여 불 화 길 언 우 백 성}하고 惟汝自生毒^{유 여 자 생 독}이라. 乃敗禍姦宄^{내 패 화 간 궤}하여

^{이 자 재 우 궐 신}
以自災于厥身이라. 乃旣先惡于民하여 乃奉其恫이니 汝悔身何

^급
及이리요?

註解 • 和(화) - 옛날에는 환(桓), 선(宣)자와도 통용되어 여기에서는 선포(宣布)
의 뜻임(『釋義』). • 吉言(길언) - 바른 말, 좋은 말. • 生毒(생독) - 해를 낳게 한다
는 뜻. • 敗(패) - 무너지다. 파괴의 뜻. • 禍(화) - 재난. • 姦(간) - 나라 안에서 일
으키는 반란. • 尢(궤) - 나라 밖으로부터 일어나는 반란. • 乃(내) - 너. 그대. • 先
惡(선악) - 앞장서서 나쁜 짓을 하는 것. • 奉其恫(봉기동) - 그들로 하여금 상심케
한다는 뜻. • 悔身(회신) - 자신의 행동을 후회하는 것.

　낮은 백성들을 보면 그래도 훈계하는 말을 서로 돌보고 있으나, 그
들이 의견을 말하려 하면 그대들이 그릇된 말로 막고 있소. 하물며
나는 그대들의 목숨을 길고 짧게 마음대로 다스릴 수 있으니 알아서
들 하시오! 그대들은 어찌하여 나에게 고하지도 않고 허튼 말로 서로
충동하여 백성들을 협박하여 죄에 빠지게 하오? 들에 불이 타올라서
가까이 갈 수 없는 것 같은 경우에도 그것은 꺼버릴 수 있는 것이오.
다만 그대들 스스로가 불안하게 만든다면 내 허물이라 탓하지 마시
오.

原文 相時憸民하니 猶胥顧于箴言이나 其發有逸口라. 矧予制
乃短長之命이랴! 汝曷弗告朕하고 而胥動以浮言하여 恐沈于衆
고? 若火之燎于原하여 不可嚮邇도 其猶可撲滅이라. 則惟汝衆이
自作弗靖이면 非予有咎로다.

註解 • 相(상)—보다. • 時(시)—시(是)의 뜻. • 憸(험)—소(小)와 통하여 험민(憸民)은 낮은 백성들의 뜻. • 胥(서)—서로. • 顧(고)—돌아보다. 여기에서는 돌보고 주의한다는 뜻. • 箴言(잠언)—경계하는 뜻으로 훈계하는 말. • 其發(기발)—백성들이 의견을 말하는 것. • 逸口(일구)—그릇된 말. 곧 관리들이 그릇된 말로써 백성들의 좋은 의견을 막는 것. • 矧(신)—하물며. • 制(제)—관제(管制), 제어(制御). 곧 마음대로 다스린다는 뜻. 제내단장지명(制乃短長之命)은 그대들의 짧고 긴 목숨을 다스린다. 곧 그대들의 목숨을 좌우할 권한이 있다는 뜻. 그러니 너희들이 잘못하는 일을 그대로 보고만 있지는 않겠다는 것이다. • 曷(갈)—어찌. • 胥(서)—서로. • 動(동)—충동하는 것. • 浮言(부언)—뜬 말, 허튼 말. • 恐(공)—협박, 공갈. • 沈(침)—죄에 빠뜨리는 것. • 燎(료)—불타는 것. • 原(원)—들판. • 嚮邇(향이)—가까이 가는 것. • 撲滅(박멸)—불을 두드려 끄는 것. • 則(즉)—'오직'의 뜻. • 汝衆(여중)—관리들을 가리킴. • 自作弗靖(자작불정)—관리들 자신이 도읍 옮기는 일을 반대하는 말을 퍼뜨리어 나라를 불안하게 만드는 것. • 咎(구)—허물. 잘못.

지임(遲任)이 일찍이 말하기를 '사람은 경험이 많은 사람을 구하지만, 그릇은 옛것을 구하지 않고 새것을 구한다'고 하였소.

原文 遲任惟言曰 ; '人惟求舊나 器非求舊요 惟新이라.'
(지임유언왈) (인유구구) (기비구구) (유신)

註解 • 遲任(지임)—사람 이름, 옛날의 어진 사람. 혹은 옛날의 어진 사관(史官)이었다고도 하나(鄭玄) 자세한 것은 알 수 없다.

옛날 우리 훌륭한 임금들은 그대들의 할아버지, 그대들의 아버지들과 더불어 서로 안락과 노고를 함께하셨거늘, 내가 감히 함부로 부당한 형벌을 쓸 수 있겠소? 대대로 그대들의 수고를 헤아려 왔으니, 나도 그대들이 잘 하는 일은 덮어두지 않겠소. 지금 나는 옛날 우리의 어진 임금님들에게 크게 제사를 지내는데 그대들의 조상들도 거기에 따라 그 제사를 받고, 복을 주기도 하고 재난을 주기도 하는 것이오. 나도 감히 행동함에 있어 덕에 합당하지 않은 짓은 하지 않겠소.

原文 古我先王은 曁乃祖乃父로 胥及逸勤이어늘 予敢動用非罰아? 世選爾勞하나니 予不掩爾善이로다. 兹予大享于先王할새 爾祖其從與享之하여 作福作災하나니 予亦不敢動用非德이라.

註解 • 曁(기)—여(與)의 뜻. 더불어. • 胥(서)—서로. • 及(급)—여(與)와 통함. • 逸(일)—편안함. 안락함. • 勤(근)—수고로움. • 動(동)—함부로. • 非罰(비벌)—부당한 형벌. • 世(세)—세세(世世) 또는 대대(代代)의 뜻. • 選(선)—산(算)과 통함. 세다. 헤아리다. • 掩(엄)—가리다. • 享(향)—앞의 것은 제사지내는 것, 뒤의 것은 제사를 받는 것. • 非德(비덕)—덕에 합당하지 않은 것.

  나는 그대들에게 어려움을 고하노니, 활 쏘는 사람들이 과녁을 맞추려는 것과 같소. 그대들은 늙고 경험 있는 사람들을 업신여기지 말고, 외롭고 어린 사람들을 얕보지 마시오. 각기 그들의 사는 곳을 영구히 해주어야 할 것이니, 그대들은 힘을 내어 나 한 사람이 만든 계획을 따르시오.

原文 予告汝于難하노니 若射之有志로다. 汝無侮老成人하고 無弱孤有幼하라. 各長于厥居니 勉出乃力하여 聽予一人之作猷하라.

註解 •難(난)-나라를 잘 다스리는 어려움. 도읍을 옮겨야만 하게 된 어려운 처지를 가리킨다. •射(사)-활쏘는 사람. •志(지)-지(識)와 통하여 표지(標識), 곧 과녁의 뜻. 약사지유지(若射之有志)는 활쏘는 사람이 과녁만을 맞추려 하듯이 임금이 도읍을 옮기려 하는 것도 백성들을 잘살게 하여 주기 위한 것이라는 뚜렷한 목표가 있다는 뜻. •侮(모)-업신여기다. •老成人(노성인)-나이먹고 경험이 많은 사람. •弱(약)-여기에서는 동사로 쓰여 '약하게 본다', '얕잡아본다' 는 뜻. •孤有幼(고유유)-고여유(孤與幼). 곧 외로운 사람(또는 부모 없는 아이)과 어린 사람. •長(장)-동사로서 '길게 하다', '오래도록 하다' 의 뜻. •猷(유)-계획. 역시 도읍 옮기는 일을 가리킴.

　　멀고 가까움 없이, 죄를 지면 쳐서 그를 죽이고 덕을 행하면 그의 착함을 밝힐 것이오. 나라가 잘되는 것은 오직 그대들에게 달려 있고, 나라가 잘 다스려지지 않는 것은 오직 나 한 사람이 형벌을 잘못 쓰는 탓일 것이오.

原文　無有遠邇로 用罪는 伐厥死하고 用德은 彰厥善하리로다.
邦之臧은 惟汝衆이요 邦之不臧은 惟予一人有佚罰이로다.

註解 •用罪(용죄)-죄를 짓는 것. •伐(벌)-치다. •臧(장)-선(善)의 뜻으로 나라가 잘 다스려지는 것. •惟汝衆(유여중)-오직 그대 관리들에게 달려 있다는 뜻. •佚罰(일벌)-형벌을 잘못 쓰는 것.

　　그대들은 내 말을 따르도록 하오. 지금으로부터 뒷날에 이르기까지 각기 그대들의 일을 삼가서 그대들의 자리를 잘 지키고 그대들의 입을 법도에 맞도록 쓰시오. 벌이 그대들 몸에 미치면 후회할 수도 없을 것이오.”

原文 凡爾衆은 其惟致告하라. 自今至于後日로 各恭爾事하여

제 내 위　도 내 구　벌 급 이 신　불 가 회

齊乃位하고 度乃口하라. 罰及爾身이면 弗可悔니라.”

註解 ・其惟(기유)─권고를 강조하는 뜻을 나타낸다. ・致告(치고)─'고한 말대로 이루도록 하라.' 곧 '훈계한 대로 실행하라'는 뜻. ・齊(제)─제정(齊正)의 뜻. 잘 지키는 것. 제내위(齊乃位)는 그대들의 직위를 정제하고 바르게 잘 지키도록 하라는 뜻. ・度乃口(도내구)─그대들의 입을 법도에 맞게 하라. 곧 말을 올바로 하라는 뜻.

解說 반경은 도읍을 옮겨야만 된 어려운 처지를 백성들에게 이해시키기 위하여 먼저 관리들을 불러놓고 훈계한 것이다. 옛날의 관리들도 특히 나라가 어려울 때에는, 자기들이 맡은 직책을 충실히 이행하지 않고 직권으로 백성들을 억누르며 나라의 하는 일을 비방하였던 모양이다. 이에 반경은 특히 관리들에게 말조심하여 민심을 바로잡고 맡은 직책을 잘 이행하여 줄 것을 호소한다. 이와 함께 법규를 어기는 자는 엄벌로 다스릴 것을 강조한다. 나라가 일단 혼란에 빠지면 덕만으로는 수습이 안 되었던 것이다. 상나라는 탕임금 이후 반경 때에 이르기까지는 날이 갈수록 나라가 혼란해지고 있었다. 반경은 이에 나라의 중흥을 꾀한 것이다.

10. 반경 임금의 훈시(盤庚) 중(中)

서서(書序)

반경 임금은 다섯 번째로 도읍을 다시 옮기어 박 땅을 도읍으로 출발한 은나라를 다스리려 하였으나 백성들이 탄식을 하며 서로 원망을 하였다. 이때 「반경 임금의 훈시」 3편을 지었다.

盤庚五遷, 將治亳殷, 民咨胥怨. 作盤庚三篇.

이 편도 「반경 임금의 훈시」 상편에 이어 반경이 황하를 건너 도읍을 옮기기 직전에 이에 불만을 가진 백성들을 달래기 위하여 훈계한 말이다.

반경이 황하를 건너 백성을 옮길 계획을 세웠는데, 이에 따르지 않는 사람들이 있어 정성을 다하여 그들에게 고하였다. 백성들이 모두 모였는데 궁전 안에서 버릇없이 구는 자가 없었다. 반경이 이에 백성들을 앞으로 가까이 오게 하고 말하였다.

原文 盤庚作惟涉河以民遷할세 乃話民之弗率하사 誕告用亶하시니라. 其有衆이 咸造하여 勿褻在王庭이라. 盤庚乃登進厥民하시고 曰;

註解 •作(작)-계획하다. •涉(섭)-건너다. •河(하)-황하, 엄(奄)에서 은(殷)으로 옮기려면 황하를 건너야만 한다. •話(화)-『설문』의 해석에 따라 '회합선언(會合善言 : 좋은 말을 모은다)'의 뜻으로 많이 해석하나, 그대로 '얘기하다'의 일반적인 뜻으로 풀이하는 것이 더 좋을 것 같다. •誕(탄)-큰 것. •亶(단)-정성을 다하는 것. •咸(함)-다, 모두. •造(조)-모이다, 이르다. •勿(물)-부정사. •褻(설)-더러운 것. 설압(褻狎), 버릇없이 구는 것. •登進(등진)-가까이 앞으로 나오게 하는 것.

"나의 말을 분명히 듣고, 나의 명을 저버리지 마시오. 아아! 옛날 우리의 임금님들은 언제나 백성들을 보살피고 보호하시어, 임금님과 백성이 서로 친하였으니, 하늘의 때와 들어맞지 않는 일이 드물었소.

原文 "明聽朕言하고 無荒失朕命하라. 嗚呼라! 古我前后는 罔不惟民之承保하사 后胥慼하니 鮮以不浮于天時하니라."

註解 •荒失(황실)-잃어버린다. 또는 저버린다는 뜻. •前后(전후)-선대의 임금님들. •承保(승보)-돕고 보호하는 것. 또는 보살피고 보호하여주는 것. •胥(서)-서로. •慼(척)-척(戚)과도 통하여 친하게 지내는 것. 후서척(后胥慼)은 임금과 백성이 서로 친하게 지낸다는 뜻. •鮮(선)-드물다. •浮(부)-부(孚)와 통하여 부합(符合)하다, 들어맞다의 뜻. 부우천시(浮于天時)는 하늘의 때에 들어맞는 것.

은나라에 큰 재난이 내리자, 옛날 우리의 어진 임금님들께서도 그대로 머물러 살려 하지 않으셨소. 그분들이 하신 일은 백성들의 이익을 생각하여 도읍을 옮기는 것이었소. 어찌하여 그대들은 우리 옛 임금님에 대하여 들은 얘기를 생각해 보려 하지 않소? 그대들을 돌보고 그대들을 이롭게 하여, 그대들과 안락한 삶을 함께 누리는 것을 기뻐하신 때문이지, 그대들에게 허물이 있어 벌을 내리려고 그렇게 한 것이 아니오. 내가 이 새 도읍으로 갈 것을 호소하는 것은 역시 그대들 때문이며 옛 임금님들의 뜻을 좇으려는 것이오.

原文 殷降大虐하니 先王不懷하시니라. 厥攸作은 視民利用遷이시니라. 汝曷弗念我古后之聞고? 承汝俾汝하사 惟喜康共이니 非汝有咎하여 比于罰이시니라. 予若籲懷茲新邑은 亦惟汝故니 以不從厥志니라.

註解 •殷(은)—은나라. 이때는 아직도 은 땅으로 도읍을 옮기지도 않았는데, 나라 이름을 은이라 부르고 있으니, 이 편은 뒷사람들이 옛일을 생각하고 썼기 때문에 그렇게 되었음이 분명하다. •虐(학)—재앙. 대학(大虐)은 황하의 범람으로 인한 수재를 가리킨다. •先王(선왕)—이전의 훌륭한 임금, 옛날의 어진 임금. •懷(회)—마음속으로 생각하는 것. 불회(不懷)는 살던 땅에서 머물러 살려들지 않았다는 뜻. •厥(궐)—옛 임금을 가리킴. •攸作(유작)—행하신 바. •視(시)—보고 생각한다는 뜻. •用遷(용천)—이천(以遷). ……함으로써 도읍을 옮기었다는 뜻. •曷(갈)—어찌. •古后(고후)—선왕, 옛날 임금. •聞(문)—들은 것, 들은 얘기. •承(승)—돕다. 돌보다. •俾(비)—비(裨)와 통하여, 비익(裨益)의 뜻. 곧 이롭게 하여주는 것. •康共(강공)—편안한 삶을 함께 누리는 것. •咎(구)—허물. •比于罰(비우벌)—벌을 주는 것처럼 백성들을 괴롭히기 위하여 도읍을 옮긴 것이 아니라는 뜻. •籲(유)—호(呼)와 통하여 호소의 뜻. •懷(회)—옮기어 오는 것. •新邑(신읍)—새 도읍, 은 땅을 가리킴.

지금 나는 그대들을 옮기어 그대들의 나라를 안정시키려 하고 있소. 그대들은 내가 마음으로 괴로워하는 것은 걱정하지도 않고, 또 모두 그대들의 마음을 넓히어 정성스럽게 잘 생각하여 나 한 사람의 뜻을 움직이려 하지 않고 있소. 그대들은 오직 스스로 궁해지고 스스로 고통스럽게 되도록 만들고 있으니, 배를 타고 그대들이 건너지 않아 배에 실은 물건들이 썩어 버리게 되는 것과 같은 형편이오. 그대들의 정성이 부족하니 함께 물에 빠지게 될 것 같소. 그런 사실을 조금도 생각하지 않는다면, 자신이 성을 낸다 하더라도 어찌 잘못이 바로잡힐 수 있겠소?

原文 今予將試以汝遷하여 安定厥邦이라. 汝不憂朕心之攸困하고 乃咸大不宣乃心하며 欽念以忱하여 動予一人이로다. 爾惟自鞠自苦하니 若乘舟하여 汝弗濟면 臭厥載로다. 爾忱不屬하니 惟胥以沈이로다. 不其或稽면 自怒曷瘳리요?

註解 • 試(시) - 시도(試圖)의 뜻. 장시(將試)는 ……을 하려는 것. • 攸(유) - ……하는 것. 유곤(攸困)은 괴로워하는 바. • 宣(선) - 널리 펴다. 넓히다. • 忱(침) - 정성. • 動(동) - 감동 시키다, 뜻을 움직이다. • 自鞠自苦(자국자고) - 스스로 자신을 궁하게 만들고 또 괴롭게 만든다는 뜻. • 濟(제) - 물을 건너는 것. • 臭(취) - 썩다. • 厥載(궐재) - 그 배에 실은 물건. • 不屬(불촉) - 부족의 뜻. • 沈(침) - 가라앉다. 배가 물속에 가라앉는 것 같이 모든 일이 실패하는 것. • 或稽(혹계) - 조금은 생각한다는 뜻. • 怒(노) - 『한석경(漢石經)』에는 노(怒)가 원(怨)자로 되어 있는데 뜻이 더 잘 통한다. • 瘳(추) - 병이 낫다. 잘못이 바로잡히다. 고통이나 걱정이 모두 없어지는 것.

그대들은 오래 두고 일을 꾀하며 닥쳐올 재난은 생각치 아니하고, 크게 걱정만이 더 많아지게 하고 있소. 그대들에게 지금만 있고 뒷날이 없다면 그대들을 어떻게 하늘이 용납하시겠소? 지금 나는 그대들에게 마음을 통일할 것을 명하오. 나쁜 짓을 함으로써 스스로 멸망하지 않도록 하시오. 다른 사람들이 그대들의 몸을 넘어뜨리고 그대들의 마음을 비뚤어지게 하는 것을 두려워하시오.

原文 汝不謀長하여 以思乃災하고 汝誕勸憂로다. 汝其有今罔後면 汝何生在上이리요? 今予命汝一하노라. 無起穢以自臭하라. 恐人倚乃身하고 迂乃心하라.

註解 •長(장)―장구(長久). 곧 오랫동안. •誕(탄)―크게. •勸(권)―더하다, 조장(助長)하다. •有今罔後(유금망후)―지금만 있고 뒷날은 없는 것. 곧 앞날은 생각치 않고 나쁜 짓만 하는 것을 뜻함. •上(상)―하늘. 재상(在上)은 하늘이 살게 하여 준다, 즉 하늘이 용납한다는 뜻. •一(일)―한마음. •起(기)―작(作)과도 통하여 ……한 짓을 하는 것. •穢(예)―더러운 짓. 곧 나쁜 짓. •臭(취)―썩는 것. 멸망하는 것. •倚(의)―기울다, 넘어지다. •乃身(내신)―그대 자신. •迂(우)―구부러지다. 비뚤어지다.

나는 하늘로부터 받은 명을 계승하려는 것인데, 내가 어찌 그대들을 위압하겠소? 그럼으로써 그대들을 잘살게 하려는 것이오.

原文 予迓續乃命于天이니 予豈汝威리요? 用奉畜汝衆이니라.

註解 •迓(아)―마중하다, 받아들이다. •續(속)―잇는 것. •威(위)―위압, 곧 위엄으로 누르는 것. •奉畜(봉휵)―봉양(奉養) 또는 부양(扶養), 잘살게 해주는 것.

나는 우리 옛 신성한 임금님께서 그대들의 조상을 수고롭게 하셨던 일을 생각하고 있소. 내가 그대들을 잘살게 해주려는 것은 그대들을 생각해서 그러는 것이오.

原文 　子念我先神后之勞爾先이니라. 子丕克羞爾는 用懷爾然
이로다.

註解 ·先神后(선신후)-선대의 신성한 임금. 즉 탕임금을 가리킴. ·勞爾先(노이선)-도읍을 옮김으로써 '그대들의 조상들을 수고롭게 하였다'는 뜻. ·羞(수)-양(養)의 뜻. 곧 잘살게 해주는 것. ·懷爾(회이)-그대들을 위하여 생각한다는 뜻.

다스림에 실패하여 오래되면, 높으신 임금님께서 죄에 대하여 벌을 무겁게 내리시고 '어찌하여 나의 백성들을 학대하는가?'라고 말씀하실 것이오.

原文 　失于政하여 陳于玆면 高后丕乃崇降罪疾하사 曰 : '曷虐
朕民고?'하시리라.

註解 ·陳(진)-오래되는 것. ·高后(고후)-높은 임금, 곧 탕임금을 가리킨다. ·丕(비)-내(乃)와 합쳐 모두 조사. ·崇(숭)-크게 또는 중하게의 뜻. ·罪疾(죄질)-죄에 대하여 벌로써 괴로움을 당하게 한다는 뜻.

그대들 만백성이 생업에 힘쓰며 나 한 사람이 계획하는 것과 마음을 같이하지 않으면, 옛 임금님께서 그대들 죄에 대하여 벌을 크게 내리시고, '어찌하여 나의 자손과 화합하지 않는가?' 라고 말씀하실 것이오. 그러므로 그릇된 행동을 하게 되면 위에서 그대들을 벌할 것이니 그대들은 도망치지도 못할 것이오.

原文　汝萬民乃不生生하고　暨予一人猷同心이면　先后丕降與 汝罪疾하사　日；'曷不暨朕幼孫有比요?'하시리라. 故로　有爽德이 면　自上其罰汝하시리니　汝罔能迪이라.

原文 汝萬民乃不生生하고 暨子一人猷同心이면 先后丕降與 汝罪疾하사 日 ; '曷不暨朕幼孫有比요?'하시리라. 故로 有爽德이 면 自上其罰汝하시리니 汝罔能迪이라.

註解 • 生生(생생)─해석이 구구하나 앞의 생(生)자는 동사, 밑의 것은 명사이 다. 따라서 위의 생자는 '살려고 애쓰는 것', 밑의 생자는 '삶' 의 뜻. 『장자(莊子)』 대종사(大宗師)편에도 '생생자불생(生生者不生 : 삶을 살려고 애쓰는 자는 제대로 살지 못한다)' 이라는 말이 나온다. 삶을 살려고 애쓴다는 것은 곧 생업에 힘쓴다는 말이다. • 猷(유)─꾀. 계획. • 比(비)─화합하여 친하게 지내는 것. • 爽德(상 덕)─패덕(敗德), 그릇된 행동을 하는 것. • 上(상)─앞의 고후(高后). 곧 탕임금을 가리킨다. • 迪(적)─여기서는 도망한다는 뜻.

　옛날 우리 훌륭한 임금들께서도 이미 그대들 할아버지와 아버지를 수고로이 하셨소. 그대들은 다 같이 내가 먹여살리려는 백성들인데, 그대들이 환란을 일으키려는 생각을 마음속에 갖고 있다면, 우리 옛 임금님들께서 그대들 할아버지와 아버지를 편안케 해주셨으니, 그대 들 할아버지와 아버지는 그대들을 끊고 버리어, 그대들이 죽는 것도 구해주지 않을 것이오.

原文 古我先后도 旣勞乃祖乃父시니라. 汝共作我畜民이니 汝

有戕則在乃心^{유 장 즉 재 내 심}이면 我先后綏乃祖乃父^{아 선 후 수 내 조 내 부}시니 乃祖乃父乃斷棄汝^{내 조 내 부 내 단 기 여}하

여 不救乃死^{불 구 내 사}하리라.

註解 • 共作(공작) - '다같이 ……이 된다'는 뜻. • 畜民(휵민) - 먹여살리는 백
성. • 戕(장) - 해치는 것. • 則(즉) - 적(賊)의 가차자(假借字). 장즉(戕則)은 해치는
것, 환란(患亂)을 일으키는 것. • 綏(수) - 편안한 것.

이에 나와 나라를 다스리는 여러 벼슬하는 사람들이 자기의 재물
을 모으는 짓만 한다면, 그대들 할아버지와 아버지가 우리 높으신 임
금님께 고하여 '우리 자손들에게 큰 형벌을 내리십시오' 하고 말하여
높으신 임금님께 아뢰면, 크게 무거운 재앙을 내리시게 될 것이오.

原文 茲予有亂政同位^{자 여 유 란 정 동 위}이 具乃貝玉^{구 내 패 옥}하면 乃祖乃父^{내 조 내 부}가 丕乃告我高^{비 내 고 아 고}

后日^{후 왈}；'作丕刑于朕孫^{작 비 형 우 짐 손}하소서' 하고 迪高后^{적 고 후}면 丕乃崇降弗祥^{비 내 숭 강 불 상}하리라.

註解 • 亂(란) - 혼란을 다스리는 것. • 同位(동위) - 함께 벼슬하는 여러 사람
들. • 具(구) - 여기에서는 많은 물건을 주워모으는 것(『釋義』). • 貝(패) - 옛날에
는 조개를 돈 대신 썼다. 이 구절은 관리들의 부당한 탐욕을 가리킨 말이다. • 作
(작) - 행한다는 뜻. • 迪(적) - 여기에서는 계(啓)와 통하여 아뢴다는 뜻. • 弗祥(불
상) - 상서롭지 않은 것. 곧 재앙의 뜻.

아아! 지금 나는 그대들에게 쉽지 않은 일을 고하였으니, 영원히
큰 걱정을 중시하여 모든 사람이 등한히 하지 않도록 하시오. 그대들
은 함께 꾀하고 생각하며 모두가 순종하여 각기 올바른 생각을 그대
들 마음속에 지니도록 하시오.

原文　嗚呼라! 今予告汝不易하였나니 永敬大恤하여 無胥絶遠하
라. 汝分猷念以相從하여 各設中于乃心하라.

註解　•不易(불이)－쉽지 않은 일, 곧 어려운 일. 이(易)를 '역'으로 읽어 변경
할 수 없는 일이라 풀이하기도 한다. •恤(휼)－근심하는 것. •胥絶遠(서절원)－
훈계를 따르지 않고 모두가 그것을 등한히 하는 것. •分猷念(분유념)－계획과 생
각을 나누어 한다. 곧 함께 계획하고 생각한다는 뜻. •中(중)－중정(中正), 곧 가
운데의 올바름.

　그대들 중에 좋지 못하고 순종하지 않는 자가 있어, 타락하여 공경
치 아니하고 짧은 혼란을 틈타 간악한 짓을 하면, 나는 그를 베어 죽
이어 자손도 남기지 않음으로써 이 새로운 도읍으로 그자들의 씨가
옮겨가지 않도록 할 것이오.

原文　乃有不吉不迪하여 顚越不恭하고 暫遇姦宄면 我乃劓殄
滅之하고 無遺育하여 無俾易種于玆新邑하리라.

註解　•不吉(불길)－불선(不善). 좋지 않은 행동. •不迪(부적)－불순(不順). 곧
순종하지 않는 것. •顚越(전월)－엎어지고 떨어지는 행동을 하는 것. 곧 타락하는
것. •暫遇(잠우)－도읍을 옮기려 하고 있는 짧은 동안의 혼란한 시기를 틈타서의
뜻. •姦宄(간궤)－간악한 짓을 하는 것. •劓(의)－『설문(說文)』에 의(劓)자를 의
(劓)라 쓰기도 한다 하였는데 『광아(廣雅)』에 의하면 '자른다'는 뜻이다(『釋義』).
옛날 오형(五刑) 중에 코 베는 형벌이 있었으나, 여기에서 코 벤다고 해석하면 어
색하다. 의진멸지(劓殄滅之)는 그를 베어 멸망시켜 버리겠다는 뜻. •育(육)－여기
서는 기르는 아이의 뜻. 유육(遺育)은 따라서 후손의 뜻. •易(역)－여기에서는 옮
긴다는 뜻. 역종(易種)은 나쁜 사람들의 씨가 옮겨오는 것.

가서 생업에 들 힘쓰시오! 지금 나는 그대들을 옮기어 영원한 그대들의 집을 세워주려는 것이오."

原文　往^왕哉^재生^생生^생하라! 今^금予^여將^장試^시以^이汝^여遷^천하여 永^영建^건乃^내家^가니라."

解說　반경이 도읍을 옮기려는 자기의 계획을 백성들에게 얘기한다. 도읍을 옮기는 것은 옛날 선조들의 전례를 따르는 것이요, 백성들을 위하는 것이기 때문에 이를 따르지 않으면 조상들이 노하시어 반대하는 사람들에게 무거운 형벌을 내리실 것이라 위협한다. 그리고 끝으로는 직접 자기를 따르지 않는 자들을 크게 꾸짖고, 그런 자들은 그 자신뿐만 아니라 온 집안을 멸망시킬 것이라고 공갈한다.

　이 편에서는 위급한 나라의 가쁜 숨결이 느껴지는 듯하다. 옛날 사람들도 위급할 때에는 결국 기강(紀綱)과 엄형(嚴刑)으로써 우선 질서를 잡지 않을 수가 없었던 모양이다.

서서(書序)

반경 임금은 다섯 번째로 다시 도읍을 옮기어 박 땅을 도읍으로 출발한 은나라를 다스리려 하였으나 백성들이 탄식을 하며 서로 원망을 하였다. 이때 「반경 임금의 훈시」 3편을 지었다.

盤庚五遷, 將治亳殷, 民咨胥怨. 作盤庚三篇.

이 편은 반경이 도읍을 은 땅으로 옮긴 뒤 백성들에게 한 말이다.

반경이 도읍을 옮기어 그들의 사는 곳을 안정시키고 그들의 벼슬자리를 바로잡아 백성들을 안락하게 해주었다.

原文 ^{반 경 기 천}盤庚旣遷하사 ^{전 궐 유 거}奠厥攸居하시고 ^{내 정 궐 위}乃正厥位하사 ^{수 원 유 중}綏爰有衆하시니라.

註解 • 奠(전) − 안정의 뜻. • 攸居(유거) − 소거(所居). 곧 사는 곳. • 厥位(궐위) − 백성들의 지위. 곧 여러 가지 계급의 벼슬자리. • 綏(수) − 편안하게 하다. • 爰(원) − 어(於)와 같은 조사.

그리고 말하였다.

"놀며 게으름 피지 말고, 위대한 하늘의 명을 바로 세우기에 힘쓰시오. 지금 나는 심장과 콩팥과 창자를 다 펴서 그대 백성들에게 내 뜻을 모두 고하는 바요. 그대들을 죄주지 않을 것이니, 그대들은 함께 성내며 함께 무리를 이루어 나 한 사람을 모함하지 마시오.

原文 曰; "無戱怠하고 懋建大命하라. 今予其敷心腹腎腸하여 歷告爾百姓于朕志하노라. 罔罪爾衆이니 爾無共怒하여 協比讒言 予一人하라.

註解 •戱(희)—희롱하고 노는 것. •怠(태)—게으름 피는 것. •懋(무)—힘쓰다. •大命(대명)—위대한 하늘의 명, 나라의 운명. •其(기)—강조의 뜻을 가졌음. •敷(부)—펴다. •心腹腎腸(심복신장)—심장과 콩팥과 창자. 몸속의 모든 것을 통틀어 일컬은 말. •歷(역)—다하다. 전부의 뜻. •罔罪爾衆(망죄이중)—그대들을 죄주지 않겠다. 곧 도읍을 옮기는 나라의 큰 일을 함에 있어서는 엄벌로 나라를 다스렸으나 이제는 일이 끝났으니 엄벌을 쓰지 않겠다는 뜻. •協比(협비)—힘을 합쳐 무리를 이루는 것. •讒言(참언)—거짓으로 남을 모함하여 해치는 말을 하는 것.

옛날 우리 훌륭한 임금님은 이전 시대보다 많은 공로를 세우고자 하시어 산기슭으로 도읍을 옮겨가시어, 우리의 재난을 줄이시고 우리나라에 아름다운 업적을 이루셨소. 지금 우리 백성들은 흘러다니고 흩어져 서로 떨어져 살고 있으며, 안정되게 머물러 사는 곳이 없소. 그대들은 나에게 '어찌하여 만백성들을 진동시키면서 옮겼는가?' 고 말하고 싶을 것이오.

原文 　　<ruby>古<rt>고</rt></ruby> <ruby>我<rt>아</rt></ruby> <ruby>先<rt>선</rt></ruby> <ruby>王<rt>왕</rt></ruby>은 <ruby>將<rt>장</rt></ruby> <ruby>多<rt>다</rt></ruby> <ruby>于<rt>우</rt></ruby> <ruby>前<rt>전</rt></ruby> <ruby>功<rt>공</rt></ruby>으로 <ruby>適<rt>적</rt></ruby> <ruby>于<rt>우</rt></ruby> <ruby>山<rt>산</rt></ruby>하사 <ruby>用<rt>용</rt></ruby> <ruby>降<rt>강</rt></ruby> <ruby>我<rt>아</rt></ruby> <ruby>凶<rt>흉</rt></ruby> <ruby>德<rt>덕</rt></ruby>하시

고 <ruby>嘉<rt>가</rt></ruby> <ruby>績<rt>적</rt></ruby> <ruby>于<rt>우</rt></ruby> <ruby>朕<rt>짐</rt></ruby> <ruby>邦<rt>방</rt></ruby>하시니라. <ruby>今<rt>금</rt></ruby> <ruby>我<rt>아</rt></ruby> <ruby>民<rt>민</rt></ruby> <ruby>用<rt>용</rt></ruby> <ruby>蕩<rt>탕</rt></ruby> <ruby>析<rt>석</rt></ruby> <ruby>離<rt>리</rt></ruby> <ruby>居<rt>거</rt></ruby>하여 <ruby>罔<rt>망</rt></ruby> <ruby>有<rt>유</rt></ruby> <ruby>定<rt>정</rt></ruby> <ruby>極<rt>극</rt></ruby>이라.

<ruby>爾<rt>이</rt></ruby> <ruby>謂<rt>위</rt></ruby> <ruby>朕<rt>짐</rt></ruby>하여 '<ruby>曷<rt>갈</rt></ruby> <ruby>震<rt>진</rt></ruby> <ruby>動<rt>동</rt></ruby> <ruby>萬<rt>만</rt></ruby> <ruby>民<rt>민</rt></ruby> <ruby>以<rt>이</rt></ruby> <ruby>遷<rt>천</rt></ruby>고?'하리라.

註解 • 先王(선왕)−탕임금을 가리킴. • 前功(전공)−선조들의 공. • 適(적)−도읍을 옮겨 가는 것. • 山(산)−산기슭, 곧 산기슭의 박(亳) 땅을 가리킴. • 用(용)−이(以)의 뜻. '그럼으로써'. • 降(강)−줄이다. • 凶德(흉덕)−'재앙을 당하는 나쁜 조건'. • 嘉(가)−아름다운 것. • 績(적)−업적. • 蕩(탕)−여기에서는 '떠다니는 것'. • 析(석)−'흩어지는 것'. • 極(극)−끝으로 머무는 곳. 정극(定極)은 안정되게 살 곳. • 曷(갈)−어찌. • 震動(진동)−크게 움직이게 하는 것.

　　지금 하늘은 우리의 높으신 조상의 덕을 회복시키어 우리 집안을 다스려 주시었소. 나는 착실히 공경하는 신하들과 더불어 백성들의 삶을 존중하고 중시하여 영원히 새로운 도읍에서 살도록 한 것이오.

原文 　　<ruby>肆<rt>사</rt></ruby> <ruby>上<rt>상</rt></ruby> <ruby>帝<rt>제</rt></ruby> <ruby>將<rt>장</rt></ruby> <ruby>復<rt>복</rt></ruby> <ruby>我<rt>아</rt></ruby> <ruby>高<rt>고</rt></ruby> <ruby>祖<rt>조</rt></ruby> <ruby>之<rt>지</rt></ruby> <ruby>德<rt>덕</rt></ruby>하사 <ruby>亂<rt>난</rt></ruby> <ruby>越<rt>월</rt></ruby> <ruby>我<rt>아</rt></ruby> <ruby>家<rt>가</rt></ruby>하시니라. <ruby>朕<rt>짐</rt></ruby> <ruby>及<rt>급</rt></ruby> <ruby>篤<rt>독</rt></ruby> <ruby>敬<rt>경</rt></ruby>

으로 <ruby>恭<rt>공</rt></ruby> <ruby>承<rt>승</rt></ruby> <ruby>民<rt>민</rt></ruby> <ruby>命<rt>명</rt></ruby>하여 <ruby>用<rt>용</rt></ruby> <ruby>永<rt>영</rt></ruby> <ruby>地<rt>지</rt></ruby> <ruby>于<rt>우</rt></ruby> <ruby>新<rt>신</rt></ruby> <ruby>邑<rt>읍</rt></ruby>하니라.

註解 • 肆(사)−지금. 그러나. • 亂(난)−다스리는 것. • 越(월)−이에. 어(於)의 뜻. • 我家(아가)−우리 국가. • 篤敬(독경)−착실히 일을 공경하는 사람들. • 及(급)−더불어. 급급하게의 뜻으로 풀이하기도 한다. • 民命(민명)−백성들의 삶. • 永地(영지)−영원히 사는 것.

　　지금 이 사람이 당신들을 위한 계책을 버리지 아니하고 하늘의 명을 잘 따랐으며, 모두가 감히 점괘를 어기지 않음으로써 이 아름다운

일을 완성할 수 있었던 것이오.

原文 肆予冲人이 非廢厥謀하고 弔由靈하며 各非敢違卜하여
用宏茲賁이니라.

註解 ·冲人(충인)－임금이 자기를 낮추어 한 말, 어린 사람. ·厥謀(궐모)－도
읍을 은 땅으로 옮기어 잘살아 보려는 계획. ·弔(조)－금문(金文)에서 숙(叔)과 모
양이 비슷하여 옛날에는 혼동되기 쉬웠다. 따라서 조는 숙(叔)으로 보고 '숙'은 숙
(淑)과 통하여 선(善), 잘하는 것.(『釋義』). ·由(유)－따르다. ·靈(령)－령(令)과
통하여 명의 뜻. 따라서 조유령(弔由靈)은 선용명(善用命), 곧 하늘의 명을 잘 따랐
다는 뜻. ·卜(복)－도읍을 옮기기 전에 점을 쳤을 때 점괘가 보여준 도읍을 옮김
이 좋다는 결과. ·宏(굉)－크게 하다. 완성하다. ·賁(분)－아름다운 것. 아름다움
이란 도읍을 옮기어 백성들을 잘살게 하는 일.

아아! 제후들과 관청의 우두머리들과 여러 일을 맡은 사람들은 바
라건대 모두가 걱정하여 주시오. 나는 힘써 그대들을 골라 벼슬을 맡
기어 나의 백성들을 걱정하고 위해주도록 하였소.

原文 嗚呼라! 邦伯師長百執事之人은 尙皆隱哉어다. 予其懋簡
相爾하여 念敬我衆하리로다.

註解 ·邦伯(방백)－나라의 우두머리, 곧 제후. ·師長(사장)－여러 관리(官吏)
들의 우두머리. ·百執事之人(백집사지인)－여러 일을 맡고 있는 사람들, 곧 벼슬
아치들. ·尙(상)－바라다. ·隱(은)－속으로 걱정하는 것. ·簡(간)－가리다, 곧
간택(簡擇)의 뜻. ·相(상)－돕는 것, 곧 임금을 돕는 일을 시키겠다, 다시 말하면
벼슬을 주겠다는 뜻.

나는 재물을 좋아하는 사람은 쓰지 않고, 생업에 힘쓰는 사람을 존중하며, 사람들을 길러주고 사람들의 편안한 삶을 꾀하여 주는 사람을 벼슬자리에 앉히고 존경하겠소.

原文 朕不肩好貨하고 敢恭生生하여 鞠人謀人之保居를 敍欽하리로다.

註解 •肩(견)—맡기다. 곧 임용의 뜻. •好貨(호화)—재화를 좋아하는 사람. •敢恭(감공)—감히 존중한다. 곧 존중하여 벼슬을 주겠다는 뜻. •生生(생생)—생업에 힘쓰는 사람. •鞠人(국인)—사람들을 길러주는 사람. •謀人之保居(모인지보거)—사람들의 편안한 삶을 꾀하는 사람. •敍(서)—차례에 따라 벼슬을 주겠다는 뜻.

지금 나는 이미 그대들에게 내 뜻이 옳다고 여기는 것과 그르다고 여기는 것을 자세히 고하였으니, 신중히 하지 않는 일이 없도록 하시오. 재물과 보물 모으기에 힘쓰지 말고 생업에 힘써 자급자족하게 해 주시오. 백성들에게 덕을 펴, 영원히 한마음을 갖도록 하시오.”

原文 今我旣羞告爾于朕志若否하였나니 罔有弗欽하라. 無總于貨寶하고 生生自庸하라. 式敷民德하여 永肩一心하라.”

註解 •羞(수)—奉(봉)과 뜻이 통하여 ‘받는다’는 뜻. •羞告(수고)—자세히 고한다. 또는 고하여 바치는 것. •若(약)—같은 것. 내 뜻에 맞는 것. •否(부)—내 뜻에 맞지 않는 것. •總(총)—모으다. 수집하다. •自庸(자용)—자급자족의 뜻. •式(식)—조사. •肩(견)—어깨에 메듯 가지고 있는 것. 영견(永肩)은 영원히 가지고 있

는 것. •一心(일심)−충성된 마음. 한마음.

解說 반경이 도읍을 은 땅으로 옮기기는 하였으나 질서가 하루아침에 회복되는 것은 아니다. 이에 반경은 도읍을 옮길 때의 엄한 형벌을 버리고 어진 사람들을 등용하여 백성들의 삶을 안정시킬 것을 호소한 것이다. 벼슬하는 사람들에게는 사리사욕을 버리고 백성들을 위하여 일함으로써 사회의 질서를 되찾아 줄 것을 호소하고 있다.

12. 부열에게 내린 명령(說命) 상(上)

서서(書序)

　고종이 꿈에 부열을 만나고 여러 관리들로 하여금 민간에서 그를 찾도록 하였는데 부암에서 그를 발견하였다. 이때「부열에게 내린 명령」3편을 지었다.

　高宗夢得說, 使百工營求諸野, 得諸傅巖. 作說命三篇.

고종의 초상, 『삼재도회(三才圖會)』
인물권(人物卷)에서

　이「부열에게 내린 명령」편도 상·중·하 세 편 모두 금문에는 없는 가짜 고문에 속하는 부분이다.

　여기에서 '열(說)'은 고종(高宗)인 무정(武丁, 대략 기원전 1324~기원전 1266 재위)의 재상. 무정이 꿈에 어진 사람을 꿈꾸고 그와 같은 사람을 찾은 결과 부암(傅巖)이란 곳에서 열(說)을 발견하였다 하여 부열(傅說)이라고도 부른다.

　반경의 뒤를 이은 소신(小辛, 대략 기원전 1378~기원전 1353 재위)과 소을(小乙, 대략 기원전 1352~기원전 1325 재위)은 국세를 펴 약화시켰는데 무정은 다시 은나라 형세를 강하게 만들었다. 무정은 높은 덕을 가지고 있어 존경할 만한 임금이라 하여 고종(高宗)이라고도 불렀다 한다.

무정이 열을 재상으로 삼은 다음, 여러 가지 훈계가 되는 명령을 내린 것이 「부열에게 내린 명령」 상편의 내용이다. 그러나 중편과 하편은, 똑같이 제목은 「부열에게 내린 명령」이나, 반대로 열이 임금에게 아뢰는 내용이다. 중편에서는 열이 재상이 된 다음 훈계가 될 만한 말을 임금에게 아뢰는 내용이고, 하편은 열이 배움에 관한 말을 아뢰는 내용이다. 내용으로 보아 중편과 하편은 제목을 「부열이 고하는 말(說誥)」이라 함이 타당하겠다.

임금님은 아버지 상(喪)을 지키며 3년을 움막에서 지내셨다. 그리고 상을 면하고 나서도 임금님은 아무 말도 하지 않으셨다.

原文 王宅憂_{왕 택 우}하사 亮陰三祀_{양 음 삼 사}하시니라. 旣免喪_{기 면 상}이로되 其惟弗言_{기 유 불 언}하시니라.

註解 • 宅憂(택우) – 거상(居喪)하는 것, 부모의 상을 치루는 것. • 亮陰(양음) – 해설이 구구하다. 옛날에는 양은 신(信), 음은 묵(黙)으로 풀이하였으나, 잘 통하지 않는다. 양음(亮陰)을 『논어』에서는 양음(諒陰), 『예기』에서는 양암(諒闇), 『한서』 오행지(五行志)에서는 양음(涼陰), 『상서대전(尙書大傳)』에서는 양암(梁闇), 정현(鄭玄)의 『예기』 주(注)에서는 양암(梁鷂)으로 쓰고 있다. 양(亮)은 밝을 량, 음(陰)은 그늘 음자로서 '밝은 것을 가리고 어두운 데 들어앉아 있는 모습'으로 의려(倚廬)라 하여 중문(中門) 밖에 움막을 치고 들어앉아 복상(服喪)하는 것을 뜻한다.

여러 신하들이 다 같이 임금에게 간하였다.

"아아! 잘 아는 것을 밝고 어질다 하고, 밝고 어질면 실로 법을 만들게 되는 것입니다. 천자는 은나라를 다스리는 분으로 여러 관리들이 받들고 공경하는 분이니, 임금님의 말씀이 바로 명령이 됩니다. 말씀을 하시지 않으시면 신하들은 명령을 받을 수가 없게 됩니다."

原文 群臣咸諫于王曰；"嗚呼라! 知之曰明哲이오 明哲實作則이니이다. 天子惟君萬邦으로 百官承式이니 王言惟作命이니이다. 不言이시면 臣下罔攸稟令하리이다."

註解 • 知之(지지) — 사리를 잘 아는 사람. • 作則(작칙) — 규범, 또는 법을 만드는 것. • 君(군) — 동사로서 나라를 다스리는 것. • 承(승) — 받들다. • 式(식) — 공경하다. • 罔攸稟令(망유품령) — 무소수명(無所受命). 곧 명령을 받을 곳이 없다는 뜻.

그러자 임금은 글을 지어 고하였다.

"나로 하여금 온 세상을 바로 다스리도록 하셨으나, 나는 덕이 훌륭하지 못한 것을 두려워하여, 이 때문에 말하지 않은 거요. 공경하고 침묵하며 도를 생각하고 있었는데, 꿈에 하늘이 나에게 훌륭한 보조자를 보내주셨소. 그가 나를 대신하여 말하게 될 것이오."

原文 王庸作書以誥曰；"以台正于四方이나 台恐德弗類하여 茲故弗言이라. 恭默思道러니 夢에 帝賚予良弼이라. 其代予言하리라."

이에 그의 형상을 더듬어 그의 모습을 그려 가지고, 온 천하에서 두루 그를 찾게 하셨다. 열(說)이 부암(傅巖) 땅의 들에서 흙을 다지고 있었는데 모습이 비슷하였다.

이에 그를 세워 재상으로 삼고, 임금님은 그를 곁에 놓아두셨다.

原文 乃審厥象하사 俾以形하시고 旁求于天下하시니라. 說築傅巖之野러니 惟肖라. 爰立作相하사 王置諸其左右하시니라.

그에게 명하여 말씀하셨다.

"아침저녁으로 가르침을 올리어 내 덕을 도와주시오. 만약 내가 쇠라면 그대를 숫돌로 삼겠소. 만약 큰 냇물을 건너게 된다면 그대를 배와 노로 삼겠소. 만약 큰 가뭄이 드는 해가 왔다면 그대를 단비로 삼겠소. 그대의 마음을 열어 나의 마음을 윤택하게 해주시오.

原文　命之曰 ; "朝夕納誨하여 以輔台德하라. 若金이면 用汝作
礪하리라. 若濟巨川이면 用汝作舟楫하리라. 若歲大旱이면 用汝作
霖雨하리라. 啓乃心하여 沃朕心하라.

註解　•誨(회)―가르침, 교훈. •若金(약금)―이하는 비유한 말. 쇠붙이를 갈아
예리하게 하듯이 나를 돕고 충고하여 훌륭한 임금으로 만들어 달라는 뜻. •礪
(려)―숫돌. •楫(즙)―노. •霖(림)―단비. 장맛비. •啓(계)―열다. •沃(옥)―마
음을 윤택하게 하는 것.

만약 약이 독하지 않으면 병은 잘 낫지 않을 것이오. 만약 맨발로
걸으면서 땅을 보지 않는다면 그의 발이 부상당할 것이오.

原文　若藥弗瞑眩이면 厥疾弗瘳리라. 若跣弗視地면 厥足用傷
하리라.

註解　•瞑眩(명현)―약효가 독하여 머리가 아찔하여진다는 뜻. 이것은 신하가
임금에게 올바른 말을 하는 것을 비유로 한 말이다. •瘳(추)―병이 낫는 것. •跣
(선)―맨발.

그대의 동료들과 언제나 같은 마음을 가지고, 그대의 임금을 바로
잡아 주오. 옛 훌륭한 임금들을 따르고 우리 높으신 임금을 뒤좇아
만백성을 편히 해줄 수 있도록 해주시오.

原文　惟暨乃僚로 罔不同心하여 以匡乃辟하라. 俾率先王하고

적 아 고 후　　이 강 조 민
迪我高后하여 以康兆民하라.

註解　•僚(료)－함께 벼슬하는 사람들. •匡(광)－바로잡아 주는 것. •辟(벽)－
임금. •牽(솔)－따르다. •迪(적)－좇아가는 것. •兆民(조민)－만민. 곧 만백성.

아아! 나의 명령을 공경히 받들어 끝까지 잘되도록 힘써 주시오."

原文　오 호　　　흠 여 시 명　　기 유 유 종
　　嗚呼라! 欽予時命하여 其惟有終하라."

註解　•時(시)－시(是), 이것. •有終(유종)－훌륭한 종말이 되도록 잘 다스리는
것.

열이 임금님께 아뢰었다.

"나무는 먹줄을 따르면 발라지고, 임금은 간함을 따르면 성스러워
집니다. 임금님께서 성스러워지신다면 신하는 명하지 않으셔도 그
뜻을 받들 것이니, 누가 감히 임금님의 아름다운 명령을 공경히 받들
며 따르지 않겠습니까?"

原文　열 복 우 왕 왈　　　유 목 종 승 즉 정　　　후 종 간 즉 성
　　說復于王曰 ; "惟木從繩則正이요 后從諫則聖이니이다.
후 극 성　　　　신 불 명 기 승　　　주 감 부 지 약 왕 지 휴 명
后克聖이시면 臣不命其承이니 疇敢不祗若王之休命하리이까?"

註解　•復(복)－대답하다. 복명(復命)하다. •繩(승)－목수들이 쓰는 먹줄. •不
命其承(불명기승)－명령하지 않아도 임금님의 뜻을 받드는 것. •疇(주)－누구. •祗
(지)－공경하다. •若(약)－따르다. •休命(휴명)－올바르고 위대한 명령.

解說　초야에 묻혀 있는 어진 사람을 등용하는 것은 어진 임금이 해야할 일이다. 부열의 얘기는 마치 뒤의 주나라 문왕(文王)이 낚시질을 하고 있는 강태공(姜太公)을 등용하여 재상으로 삼았던 얘기나 비슷하다. 초야에 묻혀 있는 어진 사람을 식별하는 밝은 눈은 훌륭한 임금이 꼭 갖추어야할 조건이라 믿었던 것이다.

13. 부열에게 내린 명령(說命) 중(中)

서서(書序)

　고종이 꿈에 부열을 만나고 여러 관리들로 하여금 민간에서 그를
찾도록 하였는데 부암에서 그를 발견하였다. 이때 「부열에게 내린
명령」 3편을 지었다.

　高宗夢得說, 使百工營求諸野, 得諸傳巖. 作說命三篇.

　제목은 「부열에게 내린 명령」으로 되어 있으나 실제 내용은 부열이 무
정임금에게 나라를 다스리는 방법을 아뢴 것이다.

부열의 초상, 「삼재도회(三才圖會)」
인물권(人物卷)에서

부열에게 명하여 모든 관리들을 총괄하도록 하셨다. 그러자 임금님에게 아뢰었다.

"아아! 밝은 임금은 하늘의 도를 받들고 좇아 나라를 세우고 도읍을 마련하며, 천자와 제후의 법도를 세우고 여러 가지 벼슬과 관청의 우두머리들을 임명하여 편히 놀지 않고 백성들을 다스리십니다.

原文 惟說을 命總百官하시니라. 乃進于王曰 ; "嗚呼라! 明王은 奉若天道하여 建邦設都하며 樹后王君公하고 承以大夫師長하여 不惟逸豫하고 惟以亂民하니이다.

註解 •總(총)-거느리다. 총괄하다. •進(진)-진언의 뜻으로 봄이 옳다. •明王(명왕)-밝고 어진 임금. •若(약)-좇다. 따르다. •樹(수)-세우다. •后王(후왕)-천자. •君公(군공)-제후. 수후왕군공(樹后王君公)은 천자와 제후의 법도를 세우는 것. •承(승)-받들다. 대부와 사장(師長)들이 명을 '받들게 한다', 곧 대부와 사장들을 임명한다는 뜻. •大夫(대부)-경대부들로 여러 계급의 벼슬자리에 있는 사람들. •師長(사장)-여러 관청의 우두머리들. •逸豫(일예)-편히 놀며 즐기는 것. •亂(란)-다스리다.

하늘은 총명하십니다. 성군께서 이를 본받으시면 신하들은 공경히 따를 것이며, 백성들은 따라서 잘 다스려질 것입니다.

原文 惟天聰明하니이다. 惟聖時憲하시면 惟臣欽若하며 惟民從乂하리이다.

•聖(성)-성인, 성군. •時(시)-시(是)의 뜻. •憲(헌)-본받다. 법도로 삼다. •若(약)-좇다. •從乂(종예)-임금과 신하들의 어진 정치를 '따라서 다스려진다'는 뜻.

입은 부끄러운 일을 생기게 하며, 갑옷과 투구는 전쟁을 일으킵니다. 옷은 장 속에 두었다 잘 내리시도록 해야 하고, 방패와 창은 자기 자신을 잘 살펴보고 쓰시도록 해야 합니다. 임금님께서 이것들을 경계하시어 진실로 분명히 하실 수 있다면, 잘 다스려지지 않는 일이 없게 될 것입니다.

原文 惟口起羞하며 惟甲冑起戎하니이다. 惟衣裳在笥하고 惟干戈省厥躬이니이다. 王惟戒玆하사 允玆克明하시면 乃罔不休리이다.

註解 •起羞(기수)-입을 함부로 놀리면 '수치스러운 일만을 가져오게 된다'는 뜻. •冑(주)-투구. •起戎(기융)-전쟁을 일으킨다는 뜻. •衣裳(의상)-저고리와 치마. 임금이 신하들에게 공에 따라 내리는 옷. 『주례(周禮)』 대종백(大宗伯)에 '일명(一命)에는 직을 받고, 재명(再命)에는 옷을 받으며, 삼명(三命)……사명(四命)……구명(九命)……'이라 하였다. •笥(사)-여기서는 옷을 넣어두는 장. 재사(在笥)는 옷장 속에 넣어두고 함부로 아무에게나 옷을 내리지 않는다는 뜻. •干戈(간과)-방패와 창. 전쟁을 뜻한다. •干戈省厥躬(간과성궐궁)-임금은 자기 자신을 잘 살펴본 다음 전쟁을 하여야 한다는 뜻. •玆(자)-입을 조심할 것, 무비를 함부로 말 것, 벼슬을 함부로 내리지 말 것, 전쟁을 함부로 일으키지 말 것 따위 네 가지를 가리킨다. •克明(극명)-총명하게 행동하는 것. •休(휴)-정사가 위아래로 잘 다스려진 것을 가리킴.

다스려지고 어지러워짐은 여러 관리들에게 매여 있습니다. 벼슬은 사사로이 친한 사람에게 주시지 않도록 하시고, 오직 능력에 따라 주십시오. 작위(爵位)는 악한 덕을 가진 사람에게 주지 않도록 하시고, 오직 어짊에 따라 주십시오.

原文 惟治亂在庶官하니이다. 官不及私昵하고 惟其能하소서. 爵罔及惡德하고 惟其賢하소서.

註解 •庶官(서관)-여러 관리들. •官(관)-동사로 사람을 관리로 임용하는 것. •不及私昵(불급사닐)-사사로이 친한 사람에게 내리지 않는다는 뜻. •爵(작)-작위, 높은 벼슬.

최선을 생각하며 행동하시고, 행동은 때에 맞게 하십시오. 스스로 자신이 착하다고 생각하고 있으면 그는 착함을 잃고, 스스로 자신이 능력이 있다고 자랑하면 그는 아무런 공로도 이룩하지 못할 것입니다.

原文 慮善以動하시고 動惟厥時하소서. 有其善하면 喪厥善하고 矜其能하면 喪厥功하리이다.

註解 •慮(여)-생각하다. •厥時(궐시)-일에 적절한 때. •有其善(유기선)-스스로 자신이 착하다고 인정하는 것. •矜(긍)-자랑하다. •功(공)-공로.

모든 일은 준비가 되어 있어야 하는 것이니, 준비가 되어 있으면 걱정이 없을 것입니다. 어떤 사람을 그릇 총애하여 모욕을 받는 일이 없도록 하시고, 치욕이 되고 허물이 될 나쁜 짓을 하지 마십시오. 오직 적절히 처신하시면 나랏일이 깨끗하게 잘될 것입니다.

原文 惟事事에 乃其有備니 有備無患이리이다. 無啓寵納侮하시
며 無恥過作非하소서. 惟厥攸居시면 政事惟醇하리이다.

[유사사] [내기유비] [유비무환] [무계총납모] [무치과작비] [유궐유거] [정사유순]

註解 • 事事(사사)—일마다. • 啓寵(계총)—총애의 문을 연다. 곧 어떤 사람을
총애하여 과분한 권력이나 벼슬을 주기 시작한다는 뜻. • 納侮(납모)—모욕을 받
다. • 恥過(치과)—치욕이 되고 허물이 되는 일. • 作非(작비)—나쁜 짓을 하는 것.
• 攸居(유거)—소거(所居), 곧 사람이 꼭 처신하여야만 할 올바른 곳에 몸을 두는
것. • 醇(순)—깨끗한 것, 순박한 것.

제사를 더럽히는 것을 공경치 않는 짓이라 말합니다. 예가 번거로
우면 어지러워져서, 신을 섬겨도 어려워지게 됩니다.”

原文 黷于祭祀를 時謂弗欽이니이다. 禮煩則亂하여 事神則難이
니이다.”

[독우제사] [시위불흠] [예번즉란] [사신즉난]

註解 • 黷(독)—모독하는 것. • 時(시)—시(是)의 뜻. • 煩(번)—번거로운 것.
• 事神(사신)—위와 같은 방법으로 ‘신을 섬기면’ 의 뜻.

임금이 말하였다.
“훌륭하오. 열이여! 그대의 말대로 행할 것이오. 그대가 말을 잘 해
주지 않았다면, 나는 행할 바를 듣지 못하였을 것이오.”

原文 王曰 ;“旨哉라 說이여! 乃言惟服이로다. 乃不良于言이면

[왕왈] [지재] [열] [내언유복] [내불량우언]

子罔聞于行이로다."

註解 ・旹(지)—여기서는 훌륭하다는 뜻. ・服(복)—행하는 것. ・良于言(양우언)—훌륭한 말을 잘하는 것. ・聞于行(문우행)—행동을 잘하는 데 대한 말을 듣는다는 뜻.

부열은 머리를 조아려 절을 하며 아뢰었다.

"제대로 아는 것이 어려운 것이 아니라, 그것을 행하는 일이 어려운 것입니다. 임금님께서 정성껏 일하시어 어렵지 않게 되신다면 진실로 옛 훌륭한 임금들의 이루신 덕과 같게 될 것입니다. 열이 말씀드리지 않은 일이라면 모든 허물을 책임지겠습니다."

原文 說拜稽首曰 ; "非知之艱이요 行之惟艱이니이다. 王忱不艱하시면 允協于先王成德하시리이다. 惟說不言이면 有厥咎하리이다."
열 배 계 수 왈 ; 비 지 지 간, 행 지 유 간, 왕 침 불 간, 윤 협 우 선 왕 성 덕, 유 열 불 언, 유 궐 구

註解 ・稽首(계수)—머리를 조아리다. ・艱(간)—어려운 것. ・忱(침)—여기에서는 동사로 쓰여 정성을 다해 일한다는 뜻. ・協(협)—합치되다. 같아지다. ・有厥咎(유궐구)—자기가 임금님이 나라를 잘 다스리도록 말씀드리지 못하여, '임금이 허물을 지게 되면 책임을 자기가 지겠다'는 뜻.

解說 재상이 된 부열이 무정임금에게 나라를 잘 다스리는 여러 가지 방법을 아뢴다. 그리고 임금은 부열의 충고를 진심으로 고맙게 받아들인다. 예로부터 중국 사람들은 이처럼 훌륭한 신하는 임금에게 바른 말을 귀가 아프도록 하고, 훌륭한 임금은 신하들의 바른 말을 진심으로 받아들여야 한다고 믿었던 것이다.

14. 부열에게 내린 명령(說命) 하(下)

서서(書序)

　고종이 꿈에 부열을 만나고 여러 관리들로 하여금 민간에서 그를 찾도록 하였는데 부암에서 그를 발견하였다. 이때 「부열에게 내린 명령」 3편을 지었다.

　　高宗夢得說, 使百工營求諸野, 得諸傳巖. 作說命三篇.

　여기에서도 부열이 임금의 요구에 따라 배움에 관한 이야기를 임금에게 아뢴다. 「부열에게 내린 명령」이란 제목이 내용과 맞지 않음은 물론이다.

　임금님이 말씀하셨다.

　"오시오, 그대 열이여! 이 소인이 옛날 감반(甘盤)에게 배웠는데, 후에 거친 들에 물러나 살았고, 황하 안쪽으로 들어가 살았으며, 황하로부터 박(亳)으로 갔었으나, 마침내 제대로 깨우치지는 못하고 말았소.

　原文　王曰 ; "來汝說이여! 台小子이 舊學于甘盤이러니 旣乃遯于荒野하고 入宅于河하며 自河徂亳하여 曁厥終罔顯이라.

註解 •台(이)-나. •小子(소자)-자신을 낮추어 부른 말. •甘盤(감반)-은나라의 어진 신하.『주서(周書)』군석(君奭)편에도 "무정(武丁) 때에는 감반(甘盤)이 있었다" 하였다. 감반은 소을(小乙) 때부터 무정(武丁) 초에 걸쳐 임금을 보좌한 어진 신하인 것 같다. 감반이 죽은 뒤에 부열을 무정이 찾아낸 것이라고 보아야 할 것이다. 이것은 임금이 즉위하기 전의 이야기이다. •旣(기)-어떤 일이 다 끝난 뒤란 뜻. •遯(둔)-달아나다. 은둔(隱遯). 곧 피하여 숨어 산다는 뜻. 무정의 아버지가 거친 들에 무정을 살게 하여, 백성들의 어려운 삶을 깨우치도록 한 것이라 한다. •宅(택)-살다. •河(하)-하내(河內). 황하의 안쪽. 이것도 역시 백성들의 삶을 체험시키기 위한 것이었다. •徂亳(조박)-다시 황하의 북쪽으로부터 도읍지인 박 땅으로 돌아왔다는 뜻. •曁厥終(기궐종)-'끝에 이르기까지'의 뜻. •罔顯(망현)-그의 머리가 깨우쳐지지를 못하였다는 뜻.

그대는 나의 뜻에 대하여 훈계하여, 만약 술이나 단술을 만들려 하거든 그대가 바로 누룩이 되어 주고, 만약 찌개를 만들려 하거든 그대가 바로 소금과 매실이 되어 주오. 그대는 여러 모로 나를 닦아 나를 버려두지 말아 주오. 나는 그대의 교훈대로 실천할 작정이오."

原文 爾惟訓于朕志하여 若作酒醴면 爾惟麴蘖하고 若作和羹이면 爾惟鹽梅하라. 爾交修予하여 罔予棄하라. 予惟克邁乃訓하리라."

註解 •醴(례)-단술. 술이 다 익기 전에 뜬 술. •麴蘖(국얼)-누룩. 술이나 단술을 만들 때 꼭 누룩이 있어야 한다. •和羹(화갱)-여러 가지 양념을 넣고 만든 찌개의 이름. •鹽(염)-소금. •梅(매)-매실(梅實). 여기에서는 초(醋)의 뜻. 옛날의 초는 신 매실로 만들었다. 양념이 여러 가지 들어가는 국은 소금과 초로 맛을 낸다. •交(교)-'여러 가지'의 뜻. •邁(매)-실행. 행하는 것.

부열이 말했다.

"임금님! 어떤 사람이든 많은 것을 들으려 한다면 그는 하는 일을 잘 이룩할 것이고, 옛 가르침을 배운다면 얻는 것이 있게 될 것입니다. 일을 함에 있어서 옛일을 스승으로 삼지 아니하고도 영원히 계속 발전할 수 있다는 말은 저로서는 들은 일이 없습니다.

原文　說曰 ; "王이여! 人求多聞이면 時惟建事요 學于古訓이면 乃有獲이리이다. 事不師古하여 以克永世는 匪說攸聞이니이다.

註解　• 時(시)-시(是). 이것. • 建事(건사)-일을 이루는 것. • 匪(비)-비(非). 부정사.

오직 배움에 있어서는 겸손한 뜻을 지니고, 언제나 민첩하기에 힘쓰면 그의 학문이 잘 닦이어질 것입니다. 진실로 그렇게 할 마음을 품는다면 올바른 도가 그의 몸에 쌓여갈 것입니다.

原文　惟學遜志하고 務時敏하면 厥修乃來하리이다. 允懷于玆면 道積于厥躬하리이다.

註解　• 遜志(손지)-'겸허한 마음을 갖고' 배운다는 뜻. • 時敏(시민)-언제나 민첩한 것. • 厥修(궐수)-배우는 사람의 학문이 닦아지는 것. • 允(윤)-진실로. • 懷(회)-마음에 품는 것. • 玆(자)-앞의 언제나 겸손한 마음으로 민첩하게 배움에 힘쓰는 것을 가리킨다. • 道(도)-올바른 도.

가르침을 따르는 것이 배움의 절반인 것입니다. 처음부터 끝까지 언제나 배움에 힘쓸 것을 생각한다면 그의 덕이 깨닫지 못하는 사이에 닦이어질 것입니다.

原文　惟敎學半_{유효학반}이니이다. 念終始典于學_{염종시전우학}하면 厥德修罔覺_{궐덕수망각}하리이다.

註解　•敎學半(효학반) − '가르침을 따르는 것은 배움의 절반이라'는 뜻. •典(전) − 상(常)의 뜻으로도 쓰이어 '언제나 힘쓰는 것'. •德修罔覺(덕수망각) − '덕의 닦임을 깨닫지 못한다' 곧 '모르는 사이에 덕이 닦아진다'는 뜻.

옛 훌륭한 임금님들의 본을 살피시어 영원히 허물없도록 하십시오.

原文　監于先王成憲_{감우선왕성헌}하사 其永無愆_{기영무건}하소서.

註解　•監(감) − 잘 살펴보는 것. •憲(헌) − 법도, '본보기'

저는 그렇게 하시는 일을 공경히 받들고, 뛰어나게 어진 사람들을 널리 불러들이어 벼슬자리에 임명하겠습니다."

原文　惟說式克欽承_{유열식극흠승}하고 旁招俊乂_{방초준예}하여 列于庶位_{열우서위}하리이다."

註解　•式(식) − 용(用). 이(以)와 통하여 '그렇게 하심을'의 뜻. •旁(방) − 널리. •俊乂(준예) − 남보다 재능이 뛰어난 사람들(「고요의 뜻」 참조). •列(열) − 여기에서는 동사로서 반열(班列)에 서게 한다. 즉 '벼슬을 준다'는 뜻. •庶位(서위) − 여러 벼슬자리.

임금이 말했다.

"아아! 열이여! 온 세상 사람들이 모두 나의 덕을 우러르게 된다면 그건 바로 그대의 덕분일 것이오. 다리팔이 있어야 사람이 되듯, 좋은 신하가 있어야 성군(聖君)이 되오.

原文 王曰;"嗚呼라 說이여! 四海之內이 咸仰朕德은 時乃風이로다. 股肱惟人이며 良臣惟聖이니라.

註解 •風(풍)-풍교(風敎)의 뜻으로 많이 해석하나, 바람이 풀과 나무를 한쪽으로 쓰러뜨리듯 '영향(影響)을 준다' 또는 '덕분이다'는 뜻으로 봄이 좋겠다. •股(고)-넓적다리. •肱(굉)-팔뚝.

옛날의 재상 보형(保衡)은 우리의 옛 훌륭한 임금을 일어서게 하신 분인데, 그분은 '내가 임금님을 요임금과 순임금처럼 만들지 못한다면, 그 마음의 부끄러움이 시장에서 매 맞는 것과 같을 것이라' 하였소. 한 남자라도 옳지 않은 자가 있다면 곧 '이것은 나의 허물이라' 하였소. 이처럼 우리의 공 많은 할아버지를 도와 하늘에까지 알려지게 하였소. 그대는 바라건대, 나를 밝게 보호하여 아형(阿衡)이 상나라를 다스린 아름다운 공로를 자기만이 차지하지 못하도록 하여 주오.

原文 昔先正保衡이 作我先王이시러니 乃曰;'予弗克俾厥后惟堯舜이면 其心愧恥이 若撻于市라'하니라. 一夫不獲이면 則

曰 ; ‘時子之辜라’하니라. 佑我烈祖하여 格于皇天하니라. 爾尙明
保予하여 罔俾阿衡專美有商하라.

註解　•先正(선정)—선대의 재상의 뜻. •保衡(보형)—「태갑 임금에게 준 교훈」
상(上)에 나온 아형(阿衡)과 같은 말로 이윤(伊尹)을 가리킴. •作(작)—일으키다.
•愧恥(괴치)—부끄러워하는 것. •撻(달)—종아리 치는 것. 매질하는 것. •一夫
(일부)—백성 중의 ‘한 남자’. •獲(획)—뜻대로 옳게 행동하는 것. •時(시)—시
(是), 이것. •辜(고)—허물. 잘못. •佑(우)—돕다. •烈祖(열조)—공 많은 조상, 곧
탕임금을 가리킴. •格于皇天(격우황천)—이윤이 탕임금을 도와 나라를 잘 다스리
어 그 덕이 하늘에까지 알려졌다는 뜻. •尙(상)—바라다. •阿衡(아형)—이윤을
가리킴. •有商(유상)— ‘상나라를 다스림’ 의 뜻.

　임금은 어진 이가 아니면 다스리지 못하고, 어진 이는 임금이 아니
면 녹을 먹지 못하오. 그대는 그대의 임금으로 하여금 옛 훌륭한 임
금들의 뒤를 잇게 하여, 영원토록 백성들을 편안하게 하여 주시오.”

原文　惟后非賢不乂하고 惟賢非后不食이니라. 其爾克紹乃辟
于先王하여 永綏民하라.”

註解　•乂(예)—다스리다. •食(식)—녹(祿)을 먹는 것. •紹(소)—잇다. 계승하
다. •乃辟(내벽)—그대의 임금. 곧 임금 자신을 가리킴.

　부열은 머리를 조아리어 절하고 아뢰었다.
“감히 천자의 아름다운 명을 따라 일을 잘 하겠습니다.”

原文 說拜稽首曰；"敢對揚天子之休命하리이다."

註解 ・對(대) - 임금님의 하시는 일에 대응하는 것. ・揚(양) - 발양(發揚), 일을 잘 하는 것.

解說 이 편은 임금의 배움을 논한 것이다. 임금에게 있어서 학문은 나라를 다스리는 현실적인 문제와 밀접하게 연관된 것이다. 그리고 주로 옛날을 배워야 한다고 강조하였는데, 옛날의 훌륭한 언행을 배운다는 것은 지금까지도 변함없이 배움의 지름길일 것이다. 후세까지도 중국 사람들은 훌륭한 옛사람을 배우는 것을 학문하는 가장 중요한 길로 여기고 있다. 그러기에 『서경』속에서도 자주 눈에 뜨이는 옛 훌륭한 임금〔先王〕이나, 옛 어진 분〔先人〕들이란 나라를 올바로 다스린 훌륭한 옛 임금과 임금을 올바로 도와 나라의 정치를 제대로 이끈 옛 사람들을 가리킨다. 옛것을 익히어 새 것을 안다는 온고지신(溫故知新)이란 학문방법은 바로 이것을 말하는 것이다.

15. 고종에게 제사를 지내던 날에(高宗肜日)

서서(書序)

고종이 탕임금을 제사지낼 적에 꿩이 날라와 솥의 손잡이에 앉아서 울었다. 조기가 그 일로 임금에게 훈계를 하여 「고종에게 제사를 지내던 날」이 지어졌다.

高宗祭成湯, 有飛雉升鼎耳而雊. 祖己訓諸王, 作高宗肜日.

이 편은 금문 고문에 다 들어 있다. 고종(高宗)은 무정(武丁) 임금의 시호(諡號). 융(肜)은 제사지낸 다음날 또 지내는 제사 이름으로, 융일(肜日)은 융제를 지내던 날이란 뜻이다. 「서서」에서는 고종이 탕임금을 제사지낼 때에 조기(祖己)가 임금에게 훈계한 것이라 하였다. 그러나 지금 전하는 갑골문(甲骨文)에도 융제에 대한 기록이 많이 보이는데, 융일(肜日)이란 말 위에는 반드시 제사를 받는 사람의 이름이 붙어 있다.

따라서 이 '고종융일'이라는 말은 후세의 임금이 무정을 제사지낸 것이라고 봄이 옳겠다. 다시 말하면, 무정 뒤의 조경(祖庚, 대략 기원전 1265~기원전 1259 재위, 武丁의 아들)이 즉위하여 그의 아버지를 융제(肜祭) 지내던 날, 조기(祖己)가 임금께 올린 가르침을 후세의 사관이 기록한 것이 이 편이라 보는 것이다(『釋義』 참조).

고종에게 제사를 지내던 날, 꿩이 울면서 나타났다. 조기(祖己)가 말하였다.

"먼저 임금이 올바르게 되면 제사도 바로잡힐 것입니다."

高宗肜日에 越有雊雉라. 祖己曰；"惟先格王이면 正厥事하리라."

註解 • 越(월)―발어사. '이에'의 뜻으로 보기로 한다. • 雊雉(구치)―꿩이 우는 것.『정의』에 의하면 고종(高宗)을 융제(肜祭)하는 날 꿩이 날아와 솥[鼎] 귀에 앉아 울었다. 이러한 변고는 제사지내는 사람이 바르지 않거나 덕이 부족하기 때문에 일어나는 것이라 믿었다. • 祖己(조기)―어떤 사람인지 다른 기록이 없다. 오기창(吳其昌)은 조기(祖己)는 무정(武丁)의 아들 효기(孝己), 곧 조갑(祖甲)의 형일 것이라 하였다(「殷契解詁」). • 格(격)―바로잡다. • 厥事(궐사)―제사지내는 일.

그리고 임금에게 훈계하였다.

"하늘이 밑의 사람들을 살피실 때에는 그들이 올바른가 어떤가를 위주로 하시어 그들에게 긴 수명을 내리시기도 하고 길지 않은 수명을 내리시기도 하는 것입니다. 하늘이 사람들을 일찍 죽게 하는 것이 아니라, 사람들이 자기 스스로 목숨을 끊는 것입니다.

原文 乃訓于王曰；"惟天監下民엔 典厥義하사 降年有永有不永이니이다. 非天夭民이요 民中絶命이니이다.

註解 • 監(감)―감시. 살피는 것. • 民(민)―사람을. • 典(전)―주(主)자와 통하여 위주로 한다는 뜻. • 年(년)―해. 곧 사람의 수명이나, 집안 또는 나라를 다스리는 기간. • 夭(요)―일찍 죽는 것. • 中(중)―사람의 마음으로, 곧 '자기 스스로'.

사람들 중에 덕을 따르지 아니하고 지은 죄를 인정치 않는 이가 있습니다. 하늘은 명을 내리어 그들의 덕을 올바로 지니라고 하셨거늘

'그 정도로 어떻게 되랴?'고 하면 되겠습니까?

原文 民有不若德^{민유불약덕}하며 不聽罪^{불청죄}니이다. 天旣孚命正厥德^{천기부명정궐덕}이시어늘 乃曰^{내왈};'其如台^{기여이}아?'

註解 • 若(약)—따르다. • 聽罪(청죄)—자기가 지은 죄를 인정하고 벌을 달게 받는 것. • 孚(부)—『사기』에는 부(付)로 되어 있다. 주는 것. • 台(이)—이(以)와 통함. 여이(如台)는 여하(如何). '어찌하랴?'의 뜻.

아아! 임금 자리에 올라 백성들을 공경히 다스리는 분이라면 하늘의 후손이 아닌 분이란 없습니다. 제사를 지내실 때에는 자기 아버지 사당에만 풍성하게 하면 안 됩니다.”

原文 嗚呼^{오호}라! 王司敬民^{왕사경민}이면 罔非天胤^{망비천윤}이니이다. 典祀^{전사}에 無豐于^{무풍우} 昵^녜하소서.”

註解 • 司(사)—맡아 하는 일. • 天胤(천윤)—천자 또는 천손(天孫)의 뜻. • 典祀(전사)—제사를 맡아 지내는 것. • 昵(녜)—아버지 사당, 부묘(父廟).

解說 옛날 사람들은 하늘에 혜성이 나타나든가 일식이나 월식 또는 지진 같은 변고가 나타나는 것은 하늘이 임금에게 경고하는 표시라 믿었다. 그밖에 이 편에서처럼 제사지낼 때에 꿩이 나타난 사건도 마찬가지이다. 그러므로 이러한 모든 변고는 반드시 제사를 올바로 지내며 임금의 덕으로 바로잡아야만 한다고 생각했던 것이다.

16. 서백이 여나라를 쳐 이겼을 때(西伯戡黎)

서서(書序)

은나라가 주나라를 미워하기 시작하였는데, 주나라 군대가 여나라와 싸워 이겼기 때문이었다. 조이가 두려워하며 달려가 수(受, 殷나라 紂王)에게 사실을 고하였다. 이때 「서백이 여나라를 쳐 이겼을 때」가 지어졌다.

　殷始咎周, 周人乘黎. 祖伊恐, 奔告于受. 作西伯戡黎.

서백(西伯)이었던 주나라 문왕의 조각상, 산동 무씨전석실(武氏前石室)에서

이 편도 금문 고문에 모두 들어 있다. 서백은 주(周)나라 문왕(文王)이다. 감(戡)은 '싸워서 이기는 것'. 여(黎)는 나라 이름(옛날의 上黨 東北, 곧 지금의 山西省 長治縣). 이곳 제후는 몹시 무도하였으므로 문왕이 이를 쳐부수었다. 이때 은나라의 임금은 포악한 임금으로 유명한 주(紂, 대략 기원전 1154∼기원전 1122 재위) 임금이었다. 어진 신하 조이(祖伊)가 주나라의 덕이 날로 강성하여짐을 보고 은나라의 앞날을 걱정하여 주임금에게 훈계한 것이 이 편이다.

서백이 여(黎)나라를 쳐 이기자 조이(祖伊)는 두려워서 달려와 임금에게 고하였다.

原文 <ruby>西<rt>서</rt></ruby><ruby>伯<rt>백</rt></ruby><ruby>旣<rt>기</rt></ruby><ruby>戡<rt>감</rt></ruby><ruby>黎<rt>려</rt></ruby>하니 <ruby>祖<rt>조</rt></ruby><ruby>伊<rt>이</rt></ruby><ruby>恐<rt>공</rt></ruby>하여 <ruby>奔<rt>분</rt></ruby><ruby>告<rt>고</rt></ruby><ruby>于<rt>우</rt></ruby><ruby>王<rt>왕</rt></ruby>하다.

註解 • 祖伊(조이)—주왕(紂王)의 신하이며 어진 사람. • 奔(분)—달리다.

"천자여! 하늘은 우리 은나라의 명을 끊으려 하고 계십니다. 지극히 잘 아는 사람과 큰 거북도 앞날이 길할 것이라 보장 못하고 있습니다. 옛 훌륭한 임금님들께서 우리 후손들을 돕지 않으시는 게 아니라, 오직 임금님이 방탕하게 노심으로써 스스로 하늘의 명을 끊고 계십니다.

原文 <ruby>曰<rt>왈</rt></ruby>; "<ruby>天<rt>천</rt></ruby><ruby>子<rt>자</rt></ruby>여! <ruby>天<rt>천</rt></ruby><ruby>旣<rt>기</rt></ruby><ruby>訖<rt>글</rt></ruby><ruby>我<rt>아</rt></ruby><ruby>殷<rt>은</rt></ruby><ruby>命<rt>명</rt></ruby>이니이다. <ruby>格<rt>격</rt></ruby><ruby>人<rt>인</rt></ruby><ruby>元<rt>원</rt></ruby><ruby>龜<rt>귀</rt></ruby>도 <ruby>罔<rt>망</rt></ruby><ruby>敢<rt>감</rt></ruby><ruby>知<rt>지</rt></ruby><ruby>吉<rt>길</rt></ruby>이니이다. <ruby>非<rt>비</rt></ruby><ruby>先<rt>선</rt></ruby><ruby>王<rt>왕</rt></ruby><ruby>不<rt>불</rt></ruby><ruby>相<rt>상</rt></ruby><ruby>我<rt>아</rt></ruby><ruby>後<rt>후</rt></ruby><ruby>人<rt>인</rt></ruby>이요 <ruby>惟<rt>유</rt></ruby><ruby>王<rt>왕</rt></ruby><ruby>淫<rt>음</rt></ruby><ruby>戲<rt>희</rt></ruby><ruby>用<rt>용</rt></ruby><ruby>自<rt>자</rt></ruby><ruby>絶<rt>절</rt></ruby>이니이다.

註解 • 訖(글)—마치다. 끊기다. • 格(격)—지(至)자와 통하여 격인(格人)은 지극히 잘 아는 사람, 곧 지극한 도에 통한 사람으로 사람의 앞일을 내다볼 수 있는 사람. • 元龜(원귀)—점칠 때 쓰는 큰 거북의 껍질. 거북이 클수록 영험하다고 믿었다. • 罔敢知吉(망감지길)—길함을 감히 알지 못한다. 곧 은나라의 앞날에 관하여 지극히 잘 아는 사람이나 큰 거북으로 점을 쳐 보아도 전혀 길하다는 점괘는 나올 줄을 모른다는 뜻. • 相(상)—돕다. • 淫(음)—방탕한 것. • 戲(희)—노는 것. • 用(용)—이(以), …으로써. • 自絶(자절)—스스로 하늘의 명을 끊는 것.

그리하여 하늘이 저희를 버리셨으므로 편안히 먹고 살지 못하게 되었고, 하늘이 내려주시는 것을 즐기지 못하게 되었고, 나라의 법도 따르지 않게 되었습니다.

原文 　故^고天^천棄^기我^아하사 不^불有^유康^강食^식하고 不^불虞^우天^천性^성하고 不^부迪^적率^솔典^전하니 이다.

註解 　• 不有康食(불유강식) − 편안히 먹고 살기가 어려운 것. • 虞(우) − 즐기다. 하늘이 내려주시는 것을 즐기지 못한다는 것은 자연스럽게 사람들이 일하며 어울리어 평화롭게 살 수 없게 된 것을 말한다. • 迪率(적솔) − 법을 '따라 행동하는 것'.

　지금 우리 백성들은 나라가 망하기를 바라지 않는 이가 없으며, 모두 '하늘은 어찌하여 벌을 내리시지 않을까? 위대한 하늘의 명을 받은 분이 오시지 않네! 지금의 임금을 어찌하면 좋단 말인가?'고 말하고 있습니다."

原文 　今^금我^아民^민罔^망弗^불欲^욕喪^상하여 曰^왈 ; '天^천曷^갈不^불降^강威^위오? 大^대命^명不^부挚^지로다! 今^금王^왕其^기如^여台^이오?'"

註解 　• 欲(욕) − 바라다. • 喪(상) − 망하는 것. • 曷(갈) − 어찌하여. • 威(위) − 위엄. 위엄을 내린다는 것은 천벌을 내린다는 뜻. • 大命(대명) − 하늘의 큰 명을 받은 사람. • 挚(지) − 이르다. 오다. • 如台(여이) − 여이(如以), 여하(如何)의 뜻. 곧 '어찌하면 좋은가?'

　임금이 말하였다.

"아아! 내가 살고 있는 것은 목숨이 하늘에 달려 있기 때문이 아닌가?"

原文 　왕 왈　　오 호　　아 생 불 유 명 재 천
王曰；"嗚呼라! 我生不有命在天가?"

조이가 대답하였다.

"아아! 당신의 죄가 하늘에 많이 쌓여 있거늘, 하늘에 목숨을 책임지우실 수 있습니까? 은나라가 곧 망하게 된 것은 바로 당신이 한 일 때문입니다. 당신 나라에 죽음이 없을 수 없을 것입니다."

原文 　조 이 반 왈　　오 호　　내 죄 다 참 재 상　　　내 능 책 명 우 천
祖伊反曰；"嗚呼라! 乃罪多參在上이어늘 乃能責命于天
　은 지 즉 상　　지 내 공　　　불 무 륙 우 이 방
이리까? 殷之卽喪은 指乃功이니이다. 不無戮于爾邦이리이다."

註解 ・反(반)－여기에서는 대(對)의 뜻으로 '대답'. ・乃(내)－너. ・參(참)－쪽 벌이어 있다는 뜻. ・上(상)－하늘. ・責命于天(책명우천)－자기의 목숨의 길고 짧은 것을 하늘에 책임지우는 것. ・指乃功(지내공)－그대의 한 일을 손꼽아야 한다. 곧 그대가 한 일 때문이라는 뜻. ・戮(륙)－죽음.

解說 　이 편에서는 은나라가 망할 것을 예언하고 있다. 주(紂)임금은 무도하고 포학하여 백성들은 도탄에 빠져 있었다. 그럼에도 주임금은 그의 신하 조이(祖伊)가 간하는 말에는 조금도 귀를 기울이지 않는다. 백성들의 뜻이 이미 은나라로부터 떠나 버렸으니, 하늘의 명도 은나라로부터 다른 어진 이에게로 옮겨간 것이다. 문왕은 이때 이미 하늘의 명을 받고 있었다 한다.

17. 미자의 뜻(微子)

서서(書序)

　은나라가 하늘의 명을 어지럽히자, 미자가 자기의 뜻을 글로 지어 보사와 소사에게 알리었다.

　　殷旣錯天命, 微子作誥, 父師少師.

　이 편도 금문 고문에 모두 들어 있다. 미자는 이름이 계(啓), 제을(帝乙, 대략 기원전 1209~기원전 1175 재위)의 맏아들, 주임금의 배다른 형으로 어머니가 천한 집안사람이어서 임금자리에 못 올랐다 한다(『史記』). 그렇다면 미자는 주임금의 서형이다. 그러나 어머니가 같은 형제라 주장하는 이들도 많다. 은나라가 멸망하여가자 미자는 은나라를 떠날 것을 결심하고 보사(父師)인 기자(箕子)와 소사(少師)인 비간(比干)에게 그 일을 상의한 것이다. 이들의 대화를 후세의 사관이 기록한 글이 이 편이다. 이것은 기원전 1112년 무렵, 은나라가 완전히 망하던 전 해의 일이다.

　미자가 이렇게 말하였다.

　"보사님! 소사님! 은나라는 세상을 조금도 올바로 다스리지 못하고 있습니다. 우리 조상들이 앞서 이루어 놓은 업적이 앞에 벌여져 있으나, 우리는 뒤에 와 술에 빠져 주정을 일삼으면서 그분들의 업적을 어지럽히고 망쳐놓았습니다.

^{미 자 약 왈}   ^{보 사}   ^{소 사}   ^{은 기 불 혹 란 정 사 방}   ^아
微子若曰 ; "父師여 少師여! 殷其弗或亂正四方이니이다. 我

^{조 저 수 진 우 상}   ^{아 용 침 후 우 주}   ^{용 란 패 궐 덕 우 하}
祖底遂陳于上이시나 我用沉酗于酒하여 用亂敗厥德于下하니이다.

註解   •微子(미자)—이름이 계(啓)로 제을(帝乙)의 아들. 미(微)는 나라 이름이며, 자(子)는 작위(爵位)라 한다. •父師(보사)—『사기』에 태사(太師)로 되어 있으며, 이때 기자(箕子)가 태사의 벼슬에 있었다. 기자는 이름이 서여(胥餘), 주임금의 삼촌이라 한다. 주임금의 무도함을 여러 번 간하였으나 듣지 않으므로 뒤에는 미친 체하며 살아갔다 한다. 주나라 무왕이 은(殷)나라를 쳐부수고 그를 찾아가 하늘의 도에 관하여 물었을 때 『서경』에 실려 있는 「위대한 원리(洪範)」편을 지었다 한다. 무왕은 그를 조선(朝鮮)의 왕으로 봉하였는데 그는 완전히 독립하여 신하로서 주나라를 대하지 않았다고도 한다. •少師(소사)—비간(比干). 그도 역시 주임금의 삼촌이다. 주임금의 무도함을 간하다가 비참하게 죽음을 당하였다. •或(혹)—'조금도'. '누구도'의 뜻. •亂(란)—다스리다. •底遂(저수)—이루어 놓은 것. •陳(진)—늘어놓는 것. •上(상)—뒤의 하(下)와 대를 이루어 윗대, 앞선 시대. •我(아)—아조(我祖)의 반대로 지금의 우리. •酗(후)—술주정하는 것. •厥德(궐덕)—조상들의 업적.

　은나라는 아래 사람 윗사람 할 것 없이, 노략질과 도둑질과 반란과 소란을 좋아합니다. 벼슬아치들은 법도에 어긋나는 일만을 서로 본뜨고, 죄를 지은 여러 사람들도 전혀 잡지 않고 있습니다. 낮은 백성들은 다 같이 일어나서 서로 원수가 되어 싸우고 있습니다.

原文   ^{은 망 불 소 대}   ^{호 초 절 간 궤}   ^{경 사}   ^{사 사 비 도}
殷罔不小大로 好草竊姦宄하니이다. 卿士는 師師非度하고

^{범 유 고 죄}   ^{내 망 항 획}   ^{소 민 방 흥}   ^{상 위 적 수}
凡有辜罪를 乃罔恒獲하니이다. 小民方興하여 相爲敵讎하니이다.

註解   •小大(소대)—작은 사람과 큰 사람. 곧 신분이 낮은 사람과 높은 사람들. •草(초)—초(鈔)와 통하여 노략질하는 것. •竊(절)—도둑질 하는 것. •姦(간)—

안에서 난리를 일으키는 것. •尢(궤)－밖으로부터 난리가 일어나는 것. •卿士(경
사)－경(卿)과 대부(大夫)와 사(士). 모든 벼슬하는 사람과 할 수 있는 위치에 있는
사람들. •師師(사사)－서로 스승으로 삼고 배우는 것. •恒(항)－항상. 늘. •獲
(획)－잡는 것. •方興(방흥)－병기(並起). 다 같이 들고 일어난다는 뜻.

　지금 은나라가 망해가고 있는 것이 큰 강물을 건너야 하는 데 나룻
목이 없는 것과 같습니다. 은나라가 드디어 망하게 될 날이 지금 다
가온 것입니다."

原文　今殷其淪喪이 若涉大水에 其無津涯니이다. 殷遂喪이 越
至于今이니이다."

註解　•淪喪(윤상)－망해가는 것. •津涯(진애)－나룻목, 나루터. •越(월)－어
조사, 월(粵)·왈(曰)과 통용. '이에〔於是〕'의 뜻이라고도 한다.

　또 말하였다.

　"보사님! 소사님! 나는 떠나가 버릴까요? 우리 집이 어지러워도 거
친 들로 도망가 살까요? 지금 당신들께서는 내게 가르쳐 주지 않으
시니, 나라는 망하는데 어찌 해야 되겠습니까?"

原文　曰；"父師여 少師여! 我其發出狂이리까? 吾家耄로되 遜
于荒이리이까? 今爾無指告子시면 顚隮若之何其오?"

註解　•狂(광)－『사기』에는 왕(往)으로 되어 있어 뜻이 더 잘 통한다. 은나라를
떠나간다는 뜻. •耄(모)－어지러운 것(鄭玄). •遜(손)－달아나는 것. •荒(황)－

거친 들, 먼 곳. •指告(지고)-가리켜주는 것. •顚(전)-엎어지는 것. •隮(제)-
떨어지는 것. 전제(顚隮)는 멸망의 뜻.

　보사가 다음과 같이 대답하였다.

　"왕자님! 하늘은 호되게 재앙을 내리시어, 은나라를 망하게 하고
있는데도, 모두 술에 빠져 주정을 일삼고 있습니다. 두려워해야 할
것을 두려워하지 않고, 나이 많은 사람들과 오랫동안 벼슬한 사람들
의 뜻을 거스르고 있습니다.

原文　父師若曰 ; "王子여! 天毒降災하사 荒殷邦이시어늘 方興
沈酗于酒니이다. 乃罔畏畏하고 咈其耉長과 舊有位人하니이다.

註解　•毒(독)-호되다는 뜻. •荒(황)-황폐케 하다. 망하게 하다. •方興(방
흥)-병기(竝起). 다 같이 들고일어난다는 뜻. •畏(외)-밑의 외(畏)자는 명사로서
마땅히 두려워하여야만 할 것. •咈(불)-어기다. •耉長(구장)-늙고 나이 많은
사람. •舊有位人(구유위인)-오랫동안 벼슬한 경험 많은 사람.

　지금 은나라 백성들이 하늘과 땅의 신에게 올리는 여러 가지 제물
들을 훔쳐가도 그냥 내버려두고 있으며, 그것을 먹어 버려도 아무런
형벌도 내리지 않습니다.

原文　今殷民乃攘竊神祇之犧牷牲이어늘 用以容하고 將食無災
니이다.

註解　•攘(양)-훔치다. •神(신)-천신. •祇(기)-지기(地祇), 곧 땅의 신. •犧

(희)-제물로 쓰는 짐승. •牷(전)-통채로 제물로 쓰는 짐승. •牲(생)-제사에 쓰이는 소·양·돼지 같은 짐승. •用(용)-퍽 뜻이 애매하고 해설도 구구하다. '위와 같은 나쁜 짓들을 하게 두고서' 의 뜻을 나타냄. •容(용)-용서하다. 받아들이다. •將食無災(장식무재)- '그것을 먹어도 형벌이 없다' 는 뜻. 장(將)은 훔친 제물을 가리키며, 재(災)는 형벌의 뜻.

밑으로 은나라 백성들을 살펴보면 다스린다는 핑계로 재물을 거둬들이어 원수를 만드는 짓만을 열심히 하고 있습니다. 아래 위의 죄가 하나로 합쳐졌으니 괴로움이 큰 데도 호소할 곳조차 없습니다.

原文 降監殷民이면 用乂讐斂하여 召敵讐不怠하니이다. 罪合于一하니 多瘠罔詔니이다.

註解 •降監(강감)-아래로 살펴보는 것. •用乂(용예)-다스리는 것을 핑계로 삼는 것. •讐斂(수렴)-원수를 대하듯 지나치게 부세를 많이 거둬들이는 것. •召(소)-초래(招來). 곧 ……하게 만든다는 뜻. •不怠(불태)-불사(不巳), 곧 ……하여 마지않는다는 뜻. •罪合于一(죄합우일)-임금과 관리들이 하나가 되어 죄를 짓는다는 뜻. •瘠(척)-궁핍한 것. 고난. •詔(조)-고(告)와 통하여, 호소의 뜻.

상나라에는 지금 재난이 닥쳐왔으니 우리는 모두가 그 화를 당하게 될 것입니다. 상나라가 멸망하게 되더라도 우리는 다른 나라의 신하나 일꾼이 되어서는 안되겠습니다. 왕자님께 권하노니 도망가십시오. 저는 오래 전부터 당신을 임금이 해치려 한다고 말해 왔습니다. 왕자님께서 떠나시지 않으면 우리 후손까지 완전히 끊기게 됩니다. 자중하여 모든 사람이 옛 훌륭한 임금님께 스스로 공헌하여야 합니다. 저는 도망칠 생각이 없습니다."

商今其有災나 我興受其敗하리이다. 商其淪喪이라도 我罔

爲臣僕이니이다. 詔王子出迪하리이다. 我舊云刻子니이다. 王子弗

出이면 我乃顚隮하리이다. 自靖하여 人自獻于先王이니이다. 我不

顧行遯이니이다."

•興受其敗(흥수기패) – 모두가 그 재난의 화를 당하게 될 것이다. 흥(興)
은 모두, 다 같이. 패(敗)는 화(禍). •罔爲臣僕(망위신복) – 다른 나라의 신하나 노
복(奴僕)이 되지 않겠다는 뜻. •詔(조) – 아뢰다. 권하다. •迪(적) – 도망하다.
•舊云(구운) – 옛날부터 말하였다는 뜻. •刻子(각자) – 임금이 당신을 해친다는
뜻. •我乃顚隮(아내전제) – 우리나라 왕실의 후손까지 완전히 망하여 끊긴다는
뜻. •自靖(자정) – 스스로 자중하는 것. '꾀할 정'자로 풀이해도 통한다. •人
(인) – '사람마다'. •自獻(자헌) – 올바른 일을 함으로써 자신만이라도 공헌하는
것. •不顧行遯(불고행둔) – 달아날 것은 생각도 않는다는 뜻.

유가 사상 가운데 어지러운 세상에서 군자들이 처신하는 방법에는
크게 나누어 두 가지가 있다. 앞에 나온 이윤(伊尹)처럼 걸임금이든 탕임금
이든 아무 밑에서나 일하여 세상을 바로잡는 방법과, 여기의 미자처럼 세
상이 잘 다스려지면 나가 벼슬하고 세상이 어지러워지면 물러나 초야에 묻
혀 살면서 자기 몸만을 닦는 것이다. 모두가 군자만이 실행할 수 있는 일이
나, 어지러운 세상에 나가 세상을 바로잡는다는 것은 힘든 일이다.

그러기에 옛날부터 중국의 군자들은 여기의 미자처럼 어지러운 세상을
피하여 숨어 사는 방법을 흔히 써왔다. 나쁘게 말하면 도피주의라고까지
말할 수 있을 것이며, 동양사상의 소극적인 성격의 일면을 이런 곳에서도
찾아볼 수 있겠다.

제4편

주나라 사관의 기록 周書

주나라 사관의 기록(周書)

「주나라 사관의 기록」은 주나라에 관한 사관의 기록을 모아놓은 책. 주나라는 기원전 1122년부터 기원전 256년까지 중국을 다스린 왕조이다. 주나라의 조상은 순임금 때 후직(后稷)이었던 기(棄). 뒤에 고공단보(古公亶父)에 이르러 기원전 1342년 무렵에 기(岐, 지금의 陝西省 岐山縣) 땅으로 옮기어 나라 이름을 '주' 라 불렀다. 뒤에 고공단보는 태왕(太王)이라 부르게 되었으며, 그가 죽자 아들 계력(季歷)이 뒤를 이었고, 기원전 1185년 무렵에는 다시 그의 아들 창(昌)이 뒤를 이어 크게 덕을 닦고 민심을 모아 문왕(文王)이라 부르게 되었다. 다시 기원전 1134년에는 세자 발(發)이 즉위하여 기원전 1122년(주)에는 마침내 은나라를 쳐부수고 정식으로 중국 땅을 다스렸다. 발이 바로 무왕(武王)이다.

『서경』의 이 앞부분의 글들은 가짜 고문은 말할 것도 없고 금문(今文)에 속하는 글들까지도 주나라 이후에 이루어진 글들임에 비하여, 이 「주나라 사관의 기록」에 실린 글들은 대부분이 주나라 때 쓴 글이고 주나라 초기에 이루어진 글도 여러 편이어서 그 사료로써의 가치는 가장 소중하다. 그리고 『서경』 중에서 글도 반대로 가장 먼저 이루어진 것들이어서, 읽기에 어려운 곳이 특히 많다. '금문' 에 속하는 글도 두드러지게 많아 19편이나 된다.

1. 위대한 무왕의 훈시(泰誓) 상(上)

서서(書序)

11년에 무왕이 은나라를 쳤다. 1월 무오(戊午) 날 무왕의 군대는
맹진을 건너갔다. 그곳에서 「위대한 무왕의 훈시」 3편이 지어졌다.

惟十有一年, 武王伐殷, 一月戊午, 師渡孟津. 作泰誓三篇.

주나라 무왕의 초상, 『삼재도회
(三才圖會)』 인물권(人物卷)에서

이 「위대한 무왕의 훈시」 상·중·
하 세 편은 금문에는 없는 가짜 고문
에 속하는 것이다.

'태(泰)'는 크다, 또는 위대하는 뜻
이며 태(太)로도 쓴다. 서(誓)는 앞에
서도 이미 나온 바와 같이 전쟁을 하
기에 앞서 임금이나 장군이 전 장병
을 모아놓고 하는 훈시이다. 이 「위
대한 무왕의 훈시」는 무왕이 주(紂)
임금을 칠 때(B.C. 1122)*에 맹진
(孟津, 지금의 河南省 孟縣 남쪽)이
란 나루터에서 여러 제후들과 장병
을 모아놓고 한 훈시다. 상편은 나루를 건너기 전에, 중편은 나루를 건
너자마자, 하편은 나루를 다 건너 그곳을 떠나기 전에 한 훈시라 한다.

---

*무왕이 주임금을 친 해를 董作賓의 『中國年曆總譜』에서는 B.C. 1111, 陳夢家의 『殷墟卜辭
綜述』에서는 B.C. 1027로 계산하고 있다. B.C. 1122는 『漢書』 律曆志를 근거로 한 것이다.

13년 봄, 맹진(孟津)에 전군이 대대적으로 모였다.

原文　惟十有三年春에 大會于孟津하니라.
　　　유 십 유 삼 년 춘　대 회 우 맹 진

註解　•十有三年(십유삼년)-문왕(文王)이 하늘의 명을 받은 지 13년째 되던 해. 이 해에 무왕은 은나라 주임금을 쳐부수었다. 이 13년에 대하여는 학자들 사이에 논의가 많다. •春(춘)-첫봄. 정월달임. •大會(대회)-주왕을 치기 전에 무왕의 장병들과 그를 따르는 나라의 제후들을 한 곳에 '크게 모은 것'.

　임금이 말씀하셨다.
　"아아! 우리의 우방 임금들과 우리나라 일을 맡은 여러 사람들이여! 훈시를 분명히 들으시오!

原文　王曰；"嗟아! 我友邦冢君과 越我御事庶士여! 明聽誓하라!
　　　왕 왈　차　아 우 방 총 군　월 아 어 사 서 사　명 청 서

註解　•冢君(총군)-대군(大君)의 뜻으로 제후들을 가리킴. •越(월)-여(與)와 통하여, '및'의 뜻. •御事庶士(어사서사)-'일을 맡아 처리하고 있는 여러 사람들'의 뜻.

　하늘과 땅은 만물의 부모요, 사람은 만물의 영(靈)이오. 진실로 총명한 사람이 천자가 되고, 천자는 백성들의 부모가 되오.

原文　惟天地는 萬物父母요 惟人은 萬物之靈이라. 亶聰明이 作
　　　유 천 지　만 물 부 모　유 인　만 물 지 령　단 총 명　작
元后요 元后作民父母니라.
원 후　원 후 작 민 부 모

지금 상나라 임금 수(受)는 위의 하늘을 공경하지 아니하여 밑의
백성들에게 재앙을 내리게 하고 있소.

^{금 상 왕 수} ^{불 경 상 천} ^{강 재 하 민}
今商王受이 弗敬上天하여 降災下民이라.

註解 •受(수)‒주(紂)왕의 이름.

술에 젖고 여자와 즐기는 데에 빠져 포학한 짓을 감행하고 있소.
사람들을 죄줌에 있어 친족들에게도 벌이 미치게 하고, 사람들을 벼
슬자리에 앉히는 일은 대대로 벼슬을 전하도록 하고 있소. 오직 궁실
과 누각(樓閣)과 연못과 사치한 옷을 좋아하여, 그대 백성들을 해치
고 있소. 충성되고 훌륭한 사람들을 태워 죽이고, 아이 밴 부인의 배
를 가르고 뼈를 발라 죽이었소. 하늘은 크게 노하시어 나의 돌아가신
아버님 문왕에게 명하시어 하늘의 벌을 엄하게 내리도록 하셨으나,
큰 일을 이루시지 못하고 말았소.

原文 ^{침 면 모 색} ^{감 행 포 학} ^{죄 인 이 족} ^{관 인 이 세}
沈湎冒色하여 敢行暴虐이라. 罪人以族하고 官人以世로다.
^{유 궁 실 대 사 피 지 치 복} ^{이 잔 해 우 이 만 성} ^{분 자 충 량}
惟宮室臺榭陂池侈服으로 以殘害于爾萬姓이라. 焚炙忠良하고
^{고 척 잉 부} ^{황 천 진 노} ^{명 아 문 고} ^{숙 장 천 위} ^{대 훈 미}
刳剔孕婦로다. 皇天震怒하사 命我文考로 肅將天威시나 大勳未
^집
集하시니라.

•沈湎(침면)-술에 빠지다. 술에 젖다. •冒色(모색)-여자와 즐기며 노는 일에 빠지는 것. •罪人以族(죄인이족)-한 사람이 죄를 지면 그의 집안사람들까지 죽이거나 벌하는 것. •官人以世(관인이세)-사람들에게 벼슬을 줌에 있어서 그의 재능은 생각하지 않고 벼슬한 사람의 자손들에게 다시 벼슬을 주는 것. •臺(대)-흙을 높이 쌓아올리어 그 위에 건물을 지을 수 있게 만든 것. •榭(사)-대위에 지은 정자. 그러나 여기에서 대사(臺榭)는 높은 누각(樓閣)의 총칭으로 보았다. •陂池(피지)-연못. •侈(치)-사치하는 것. •殘(잔)-해치는 것. •焚炙(분자)-사람을 태워 죽이는 것. 주임금은 구리기둥을 숯불에 달군 뒤 기름을 바르고, 죄인으로 하여금 그 기둥을 오르다 타죽게 하였는데 이것을 포락지형〔炮烙之刑〕이라 했다(『史記』). •刳剔(고척)-살을 갈라 뼈를 발라내는 것. 주임금은 충신인 비간(比干)의 가슴을 쪼개어 보고, 그의 아이 밴 부인의 배를 갈라 그 태아를 보았다 한다(皇甫謐『高士傳』). •震怒(진노)-하늘이나 임금이 크게 노하는 것. •文(문)-문왕(文王), 문덕(文德)이 있다는 뜻을 지녔다. •考(고)-죽은 아버지. 문왕 때에 이미 주(周)나라는 천명을 받았다 한다(『史記』). •肅(숙)-공경히, 엄히. •將(장)-행하다, 내리다. •大勳(대훈)-큰 일, 천명을 행하는 일. •集(집)-이루다.

그래서 이 소인 발(發)이 그대 친한 나라의 임금들과 함께 상나라의 정치를 살펴보았소. 수(受)는 마음을 뉘우치지 아니하고, 편히 지내며 하늘과 땅의 신들을 섬기지 아니하고 그의 선조들의 종묘도 버려두고 제사지내지 않고 있소. 제물과 제사 지낼 때 쓰는 물건을 흉악한 도적들이 다 훔쳐가고 있거늘, 그래도 '나는 백성을 거느리고 있고, 하늘의 명을 받고 있다'고 말하면서 남을 업신여기면서 뉘우치지 아니하고 있소.

肆予小子發이 以爾友邦冢君으로 觀政于商이라. 惟受罔有悛心하고 乃夷居하며 弗事上帝神祇하고 遺厥先宗廟弗祀라.

희생자성　　기우흉도　　　내왈　　오유민유명　　　　망징기
犧牲粢盛은 旣于凶盜어늘 乃曰 ; '吾有民有命이라' 하고 罔懲其

모
侮니라.

註解 • 肆(사)－그래서. 그러므로. • 發(발)－무왕의 이름. • 悛心(전심)－마음
을 뉘우치고 고치는 것. • 夷居(이거)－'편히 지내는 것. 거(居)를 거(距)의 뜻으로
보아 '편안히 책상다리하고 앉아서'라고 풀 수도 있다. • 神(신)－천신(天神). • 祇
(기)－지기(地祇). 곧 땅의 신. • 遺(유)－버리다. • 犧牲(희생)－제물로 쓰이는 여
러 가지 짐승. • 粢盛(자성)－제사에 쓰이는 기장밥, 희생을 제외한 제사 지낼 때
쓰는 물건. • 旣(기)－다 훔쳐갔다는 뜻. • 凶盜(흉도)－흉악한 도적. • 懲(징)－징
개(懲改). 곧 잘못을 뉘우쳐 고친다는 뜻. • 侮(모)－모만(侮慢). 곧 남을 업신여기
고 혼자 잘난 체한다는 뜻.

　　하늘은 아래 백성들을 도우시어 그들에게 임금을 마련해 주고 그
들에게 스승을 마련해 주시었소. 그리하여 그들이 하늘을 도와 온 세
상을 사랑으로 편안히 하도록 하시었소. 죄가 있고 없는 것에 대하여
내가 어찌 감히 하늘의 뜻을 벗어나는 수가 있겠소?

　　　　　　천우하민　　　작지군　　　　작지사　　　　　유기극상상
原文 天佑下民하사 作之君하시고 作之師하시니라. 惟其克相上

제　　　총수사방　　　　유죄무죄　　여갈감유월궐지
帝하여 寵綏四方하시니라. 有罪無罪에 予曷敢有越厥志리요?

註解 • 相(상)－돕다. • 寵(총)－총애. 사랑. • 綏(수)－편안한 것. • 有罪無罪
(유죄무죄)－죄가 있는 사람과 죄가 없는 사람을 가리어 처벌하는 것. • 越厥志(월
궐지)－그분의 뜻, 곧 하늘의 뜻을 벗어나는 것.

　　능력이 같을 적에는 그들의 덕을 헤아리고, 덕도 같을 적에는 그들

의 의로움을 헤아리어야 하는 것이오. 수(受)는 억만의 신하가 있으나 억만의 마음이 있고, 나는 3천 명의 신하가 있으나 오직 한마음이오.

原文 同力度德하고 同德度義니라. 受有臣億萬이나 惟億萬心이요 予有臣三千이나 惟一心이라.

註解 •同力度德(동력탁덕)—능력이 같은 사람들이라면 그들의 덕을 헤아리어 그들을 평가해야 한다는 뜻임. •億萬心(억만심)—억만인이 제각기 딴 마음들을 먹고 있는 것.

상나라의 죄는 세상에 가득 차서 하늘이 명하사 그를 치게 하셨으니, 내가 하늘을 따르지 않는다면 그 죄가 같아질 것이오.

原文 商罪貫盈하여 天命誅之하시니 予弗順天하면 厥罪惟鈞하리라.

註解 •貫盈(관영)—죄가 어느 곳이고 '꿰뚫도록 가득 찼다'는 뜻. •誅(주)—치다. 처벌하다. •厥罪(궐죄)—하늘을 따르지 않는 죄. •鈞(균)—주임금의 죄와 같아진다는 뜻.

이 소인은 새벽부터 밤늦게까지 공경하고 두려워하며 돌아가신 아버지 문왕의 명을 받았소. 하늘에 제사[類]를 지내고, 땅에도 제사[宜]를 지냈으며, 그대들을 거느리고 하늘의 벌하심을 이루려는 것이오.

原文　여소자　숙야지구　　수명문고　　유우상제
予小子는 夙夜祗懼하여 受命文考하니라. 類于上帝하고
의우총토　　이이유중　　저천지벌
宜于冢土하여 以爾有衆으로 底天之罰하노라.

註解　•夙夜(숙야)-새벽부터 밤늦게까지. •祗(지)-공경하다. •懼(구)-두려
워하는 것. •類(류)-제사 이름. 임금이 먼 곳을 나갈 때나(『禮記』王制), 군사를
일으킬 때(『爾雅』釋天) 하늘에 제사. •宜(의)-제사 이름. 땅에 지내는 제사. •冢
土(총토)-땅, 대지(大地). •底(저)-이루다.

　하늘은 백성을 가엾게 여기시니, 백성이 바라는 것을 하늘은 반드
시 그대로 따르시오. 그대들은 바라건대, 나 한 사람을 도와 온 세상
을 영원히 깨끗하게 해 주시오! 때가 왔으니 때를 잃어서는 안되오!"

原文　천긍우민　　민지소욕　　천필종지　　이상필여
天矜于民하시니 民之所欲을 天必從之하시니라. 爾尙弼予
일인　　영청사해　　시재　불가실
一人하여 永淸四海하라! 時哉니 弗可失이니라."

註解　•矜(긍)-불쌍히 여기는 것. •時哉(시재)-마침 '좋은 때가 왔다'는 뜻.

解說　앞의 「탕임금이 널리 고하는 말(湯誓)」에서 탕임금이 걸을 칠 때처
럼, 무왕이 주임금을 치는 것도 하늘의 명을 받는 것이라 생각한 것이다.
덕 있는 사람이 백성들이 싫어하는 무도한 임금을 치는 것은, 신하가 임금
을 치는 것이 아니라, 하늘의 뜻을 덕 있는 사람이 행하는 것이라 주장하고
있는 것이다.

2. 위대한 무왕의 훈시(泰誓) 중(中)

서서(書序)

11년에 무왕이 은나라를 쳤다. 1월 무오(戊午) 날 무왕의 군대는 맹진을 건너갔다. 그곳에서 「위대한 무왕의 훈시」 3편이 지어졌다.

惟十有一年, 武王伐殷, 一月戊午, 師渡孟津. 作泰誓三篇.

주나라 무왕이 은나라 주임금을 치기 전에, 맹나루(孟津)를 건너가 황하 가에서 그를 따르는 여러 제후 이하 전 장병들에게 한 훈시이다.

무오(戊午) 날 임금은 황하 북쪽에 머무시었다. 여러 제후들도 군사를 이끌고 모두 모이니, 임금은 이에 군사들을 둘러보며 훈시하였다.

原文　惟戊午에 王次于河朔하시다. 群后以師畢會하니 王乃徇師而誓하시다.

註解　• 戊午(무오) – 무왕이 황하를 건넌 날짜. 무왕은 하늘의 명을 받은 지 13년째 되는 해의 1월 임진(壬辰, 2일)날 주임금을 치러 출발하여 같은 달 무오(戊午, 28일)에 맹진(孟津)에서 황하를 건너고, 엿새 뒤인 갑자(甲子)날에는 주임금을 죽였다 한다. • 王(왕) – 무왕(武王). • 次(차) – 머무르다. • 朔(삭) – 북쪽. • 以師(이사) – '군사를 거느리고'. • 畢(필) – 모두, 다. • 徇(순) – 둘러보다.

"아아! 서쪽 땅의 여러분이여! 모두 나의 말을 들으시오!

原文   曰;"嗚呼라! 西土有衆이어! 咸聽朕言하라!

註解   •西土(서토)－서쪽 땅. 무왕의 아버지 문왕은 서쪽 땅의 제후들을 거느리는 서백(西伯)이었다.

    내가 듣건대 '훌륭한 사람은 착한 일을 행하면서 오직 날이 부족한 듯이 행동하고, 흉악한 자는 좋지 않은 일을 행하면서 역시 날이 부족한 듯이 행동한다' 하였소. 지금 상나라 임금 수(受)는 법도에 어긋나는 일에 힘쓰면서, 검버섯이 난 노인들을 내버리고 죄인들과 친하게 지내며, 방탕과 술주정과 방종과 포학한 짓을 일삼고 있소. 신하들도 그런 물이 들어 패거리를 이룬 자들이 서로 원수가 되어 권세로 협박하며 서로를 멸망시키고 있소. 이에 죄 없는 사람들이 하늘에 호소하니 더러운 행동이 밝게 알려지게 되었소.

原文   我聞;'吉人爲善하되 惟日不足이요 凶人爲不善하되 亦惟日不足이라.' 今商王受는 力行無度하여 播棄犁老하고 昵比罪人하며 淫酗肆虐이라. 臣下化之하여 朋家作仇하고 脅權相滅이라. 無辜籲天하니 穢德彰聞이라.

註解   •吉人(길인)－뒤의 흉인(凶人)의 반대로 '훌륭한 사람'. •播棄(파기)－내버리다. •犁老(리로)－피부에 검버섯이 난 노인. •昵(닐)－친하다. •比(비)－친한 것. •淫(음)－방탕한 것. •酗(후)－술주정하다. •肆(사)－방자한 것. •虐

(학)-포학한 것. •化(화)-같은 물이 드는 것, 동화(同化)되는 것. •之(지)-주
(紂)임금을 가리킴. •朋(붕)-패거리를 이룬 자들. •脅(협)-위협. 협박의 뜻.
•籲(유)-호소하다. •穢(예)-더러운 것. •德(덕)-'행동'이라 봄이 좋다.

하늘은 백성에게 은혜로우시니 임금은 하늘을 받들어야 하오. 하
나라를 다스린 걸(桀)이 하늘을 따르지 못하고 온 세상에 해를 끼치
자, 하늘은 이에 탕임금에게 명을 내리시고 그분을 도우셔서 하나라
를 멸망시켰던 것이오.

原文 惟天惠民이시니 惟辟奉天이라. 有夏桀弗克若天하고 流毒
下國하니 天乃佑命成湯하사 降黜夏命하시니라.

유천혜민 유벽봉천 유하걸불극약천 유독
하국 천내우명성탕 강출하명

註解 •辟(벽)-임금. •若(약)-따르다. •流毒(유독)-해독을 끼치는 것. •下
國(하국)-그의 밑에 예속된 나라들. 온 세상. •降黜(강출)-아래로 쫓아내다. 멸
망시키다.

수의 죄는 걸보다 더하오. 훌륭하고 어진 사람을 약탈하여 망하게
하고, 간하고 돕는 사람을 해치고 학대하였소. 자기는 하늘의 명을
갖고 있다고 뽐냈소. 공경은 행할 만한 것이 못 된다 하였소. 제사를
지내는 것은 이익이 없는 짓이라 하였소. 포학한 짓은 남을 해치는
것이 아니라 말했소. 그가 보아야 할 거울은 멀지 않은 곳에 있으니
바로 하나라 임금이오. 하늘은 나로 하여금 백성을 다스리게 하셨소.
나의 꿈은 나의 점과 들어맞고, 아름다운 조짐이 거듭 생겨나고 있으
니, 상나라를 치면 반드시 이길 거요.

原文　惟受罪浮于桀이라. 剝喪元良하고 賊虐諫輔하니라. 謂己
有天命이라 하니라. 謂敬不足行이라 하니라. 謂祭無益이라 하니라.
謂暴無傷이라 하니라. 厥鑒惟不遠하니 在彼夏王이라. 天其以予
乂民하시니라. 朕夢協朕卜하고 襲于休祥하니 戎商必克하리라.

註解　•浮(부)－더하다는 뜻. •剝(박)－벗기다, 약탈하다. •喪(상)－망하게 하
다. •元(원)－훌륭한 사람. •良(량)－어진 사람. •賊(적)－해치다. •諫輔(간
보)－임금의 잘못을 간하고, 임금을 도와주는 훌륭한 신하. •暴(포)－포학한 짓.
•厥鑒(궐감)－그러한 짓을 하는 자의 거울. 곧 본보기. •夏王(하왕)－하나라의
걸(桀)임금. •朕夢協朕卜(짐몽협짐복)－나의 꿈도 나의 점괘와 같이 모두가 길하
기만 하다는 뜻. •襲(습)－되풀이하는 것. •休(휴)－아름다운 것. •祥(상)－조
짐, 상서. •戎商(융상)－상나라를 치는 것.

　수는 억조의 평범한 사람들을 거느리고 있으나 그들의 마음이 떠
나가고 그들의 행동이 모두 서로 다르오. 나는 다스리는 신하 열 사
람이 있으나 그들의 마음이 모두 같고 그들과 행동을 같이하고 있소.
비록 지극히 친한 사람들이 있다 하더라도 어진 사람만은 못한 것이
오.

原文　受有億兆夷人이나 離心離德이라. 予有亂臣十人이나 同
心同德이라. 雖有周親이나 不如仁人이니라.

註解　•夷人(이인)－평인(平人). 평범한 사람. •離心(이심)－마음이 제각기 자
기 개인의 이익만을 생각하여 떨어져 나가는 것. •離德(이덕)－덕은 행동, 따라서

'행동이 서로 다른 것'. •亂(난)—다스리다. •周親(주친)—지극히 친한 사람.

　하늘이 보실 때는 우리 백성들을 통하여 보시며, 하늘이 들으실 때도 우리 백성들을 통하여 들으시오. 백성들에게 허물이 있다면 나 한 사람에게 책임이 있는 것이니, 지금 나는 꼭 그들을 치러 가야만 하오.

原文　_{천 시 자 아 민 시} 天視自我民視하시며 _{천 청 자 아 민 청} 天聽自我民聽하시니라. _{백 성 유 과} 百姓有過는 _{재 여 일 인} 在予一人이니 _{금 짐 필 왕} 今朕必往하리라.

註解　•自我民(자아민)—'우리의 백성들을 통하여'의 뜻. •往(왕)—치러 간다는 뜻.

　나의 무력을 드날리고 그의 땅으로 쳐들어가, 그 흉악한 해독을 끼치는 자를 잡겠소. 나의 정벌이 행하여진다면 탕임금에게도 영광스런 일이 될 것이오.

原文　_{아 무 유 양} 我武惟揚하고 _{침 우 지 강} 侵于之疆하여 _{취 피 흉 잔} 取彼凶殘하리라. _{아 벌 용 장} 我伐用張하면 _{우 탕 유 광} 于湯有光하리라.

註解　•武(무)—무력, 또는 무덕(武德). •揚(양)—드날리다. •侵(침)—쳐들어가다. •之(지)—은나라, 주임금을 가리킴. •疆(강)—땅. 국경. •凶殘(흉잔)—흉악하게 해독을 끼치는 사람. •用(용)—이(以)의 뜻. •張(장)—행해지다. 곧 성공의 뜻.

힘써주오! 장사들이여! 전혀 두려워말고, 전혀 그들은 대적치 못하리라 생각하오. 백성들은 지금 두려워하기를, 그의 이마가 깨지게 된 것처럼 여기고 있소. 아아! 그대들은 같은 행동과 한 마음으로 그 일을 성공시키어, 세상이 영원할 수 있도록 하여 주오.”

原文 勖哉라 夫子여! 罔或無畏하고 寧執非敵하라. 百姓懍懍하여 若崩厥角이라. 嗚呼라! 乃一德一心으로 立定厥功하여 惟克永世하라.”

註解 ・勖(욱)―힘쓰다. ・夫子(부자)―장사(將士)들. ・罔或(망혹)―'조금도 ……할 것 없다'의 뜻. ・寧(영)―전혀, 차라리. ・執(집)―'마음먹다'. 생각하다. ・非敵(비적)―대적치 못하는 것. ・懍懍(름름)―두려워하는 모습. ・崩厥角(붕궐각)―그의 이마가 깨지는 것. 모두 이마가 깨질 것같이 두려워 떨고 있는 것. ・厥功(궐공)―그 일, 주임금을 치는 일.

解說 무왕이 아무리 하늘의 명을 좇아 주임금을 치는 것이라 하더라도 몹시 조심스러웠던 모양이다. 강물을 한 번 건너는 사이에 세 번이나 거듭 주임금의 죄를 들어 부하들의 단결을 호소하고 있다.

3. 위대한 무왕의 훈시(泰誓) 하(下)

서서(書序)

11년에 무왕이 은나라를 쳤다. 1월 무오(戊午) 날 무왕의 군대는 맹진을 건너갔다. 그곳에서 「위대한 무왕의 훈시」 3편이 지어졌다.

惟十有一年, 武王伐殷, 一月戊午, 師渡孟津. 作泰誓三篇.

황하 북쪽에서 하룻밤 묵고 그곳을 떠나 주임금과의 결전을 하러 가기에 앞서 무왕이 군사들에게 한 훈시이다.

때는 그 이튿날, 왕은 전 군을 돌아보시고 여러 군사들에게 분명히 훈시하셨다.

原文   時厥明에 王乃大巡六師하고 明誓衆師하시다.

註解   •時厥明(시궐명) – '때는 그 명일(明日)이었다'의 뜻. 그것이란 앞편의 황하 북쪽으로 와서 머문 날을 가리킴. •巡(순) – 순시하다. •六師(육사) – 육군(六軍), 곧 전군(全軍)의 뜻.

임금이 말하였다.

"아아! 나의 서쪽 땅 군자들이여! 하늘에는 밝은 도가 있어서, 그 법칙이 분명하오. 지금 상나라 임금 수(受)는 다섯 가지 윤리를 가벼이 여기고 그것을 버려둔 채 게을리 하며 공경하지 않음으로써, 스스로 하늘로부터 버림받게 되고, 백성들과 원수 사이가 되었소.

原文 王曰 ; "嗚呼라! 我西土君子여! 天有顯道하여 厥類惟彰
이라. 今商王受이 狎侮五常하고 荒怠弗敬하여 自絶于天하고 結
怨于民이라.

註解 • 君子(군자) – 이곳의 장병들을 추켜서 한 말. 옛날에는 벼슬하는 사람들을 군자라 불렀다. • 顯道(현도) – 사람들이 지켜야 할 밝은 도. 뒤의 다섯 가지 윤리를 뜻한다. • 厥類(궐류) – 하늘의 밝은 도의 법칙. 하늘의 법칙. • 彰(창) – 밝다. • 狎侮(압모) – 업신여기다. 가벼이 여기다. • 五常(오상) – 다섯 가지 윤리, 오륜(五倫). • 荒(황) – 버리다. • 絶于天(절우천) – 천명이 끊이었다, 하늘로부터 버림받다.

아침에 물 건너는 사람의 정강이를 자르고, 어진 사람의 심장(心臟)을 쪼개며 위압하고 죽임으로써 온 세상에 해독을 끼치고 괴롭히고 있소. 간사한 자들을 높여주며 신임하고, 스승과 보호자들을 내치며, 법과 형벌을 팽개쳐 버리고, 올바른 사람들을 가두고 노예로 만들었소. 하늘과 땅에 제사지내지 아니하고, 종묘에도 제사지내지 아니하며, 기묘한 재주와 지나친 기교를 부리게 하며, 한 여자만을 즐겁게 하였소. 하늘은 그를 못마땅하게 여기시고 그를 망하도록 버리셨소. 그대들은 부지런히 나 한 사람을 받들어 하늘의 벌을 삼가 행하여 주시오.

斷^착朝涉之脛^{조섭지경}하고 剖賢人之心^{부현인지심}하여 作威殺戮^{작위살륙}으로 毒痛四海^{독부사해}로다. 崇信姦回^{숭신간회}하고 放黜師保^{방출사보}하며 屛棄典刑^{병기전형}하고 囚奴正士^{수노정사}하니라. 郊社不修^{교사불수}하고 宗廟不享^{종묘불향}하며 作奇技淫巧^{작기기음교}하여 以悅婦人^{이열부인}이라. 上^상帝弗順^{제불순}하사 祝降時喪^{축강시상}하시니라. 爾其孜孜^{이기자자}하고 奉予一人^{봉여일인}하여 恭行^{공행}天罰^{천벌}하라.

註解 ·斷(착)-베다. 자르다. ·涉(섭)-물을 건너다. ·脛(경)-정강이. 어느 겨울날 아침 주임금이 바지를 걷고 물을 건너고 있는 사람을 보았다. 그는 그 사람의 다리는 구조가 보통 사람과 달라서 물이 찬데도 불구하고 걸어서 건널 수 있는 것이라 생각하고, 그를 불러 정강이를 쪼개어 보았다 한다(『正義』). ·剖(부)-가르다. 쪼개다. 주임금의 충신 비간(比干)이 임금에게 바른 말로 간하자, 주임금은 충신의 마음은 보통 사람과 다를 거라면서 그의 가슴을 쪼개고 심장을 꺼내 보았다(『正義』). ·作威(작위)-위압을 한다. 곧 포학한 짓을 한다는 뜻. ·毒痛(독부)-해를 끼쳐 괴롭히는 것. ·崇(숭)-높이다. ·姦回(간회)-간사한 자들. ·師保(사보)-천자 또는 태자를 가르쳐 인도하는 사람. ·屛(병)-물리치다. ·郊(교)-하늘에 지내는 제사. ·社(사)-땅에 지내는 제사. ·奇技(기기)-괴상한 재주. ·淫巧(음교)-지나치게 교묘하게 만든 물건. ·婦人(부인)-여인, 달기(妲己)를 가리킴. 달기는 주임금의 비로서 주(紂)의 포학을 도와 은나라를 망하게 만들었다. ·順(순)-쫓다. 따르다. '불순(弗順)'은 하늘이 주임금의 하는 짓을 못마땅하게 여기었다는 뜻. ·祝(축)-끊다. 버리다. ·時(시)-주임금을 가리킴. ·喪(상)-망하는 것. ·孜孜(자자)-부지런히 쉬지 않고 힘쓰는 모습.

옛사람이 말하기를 '우리를 보살펴주면 임금이지만, 우리를 학대하면 원수다' 라고 하였소. 외로운 남자 수는 크게 위압을 일삼고 있으니, 바로 그대들 대대의 원수요. 덕을 심은 것은 자라도록 힘쓰고, 악을 제거할 때에는 뿌리채 뽑도록 힘써야 하오. 그래서 이 소인이 많은 군사를 동원하여 그대들의 원수를 섬멸하려는 것이오. 그대 여러 군사들은 바라건대, 용감하고 굳세게 나아가 그대들의 임금의 일을 이루어 주시오.

原文 古人有言曰；'撫我則后요 虐我則讐라.' 獨夫受는 洪惟
作威하니 乃汝世讐라. 樹德務滋요 除惡務本이라. 肆予小子가 誕以
爾衆士로 殄殲乃讐라. 爾衆士는 其尙迪果毅하여 以登乃辟하라.

註解 •獨夫(독부)-주왕. 하늘도 버리고 백성들도 버리어 '외롭게 된 남자' 라는 뜻. •洪(홍)-큰 것. •世(세)-세대. 대대(代代)로. •滋(자)-자라난다는 뜻. •誕(탄)-큰 것. •殄殲(진섬)-섬멸하다. •迪(적)-나아가다. •果毅(과의)-용감하고 굳센 것. •登(등)-이루다. •乃辟(내벽)-그대 임금의 일.

공이 많은 사람에겐 두터운 상이 있을 것이고, 나아가지 않는 자는 여럿 앞에서 죽일 것이오.

原文 功多有厚賞하고 不迪有顯戮하리라.

註解 •顯戮(현륙)-여러 사람들 앞에서 공공연히 죽이는 것.

아아! 나의 아버님 문왕께서는 해와 달이 비추시는 것 같으셨소. 그 빛은 온 세상을 비추어 서쪽 땅을 밝히셨으니, 우리 주나라는 많은 나라들을 크게 받아들일 수 있게 된 것이오.

_{오 호} _{유 아 문 고} _{약 일 월 지 조 림} _{광 우 사 방} _현
嗚呼라! 惟我文考는 若日月之照臨이라. 光于四方하사 顯

_{우 서 토} _{유 아 유 주} _{탄 수 다 방}
于西土하시니 惟我有周는 誕受多方하니라.

註解 • 誕受(탄수) — 크게 받아들이어 복종시키는 것. • 多方(다방) — '여러 나
라'.

내가 수를 이기게 된다면 내 무력 때문이 아니라, 나의 돌아가신
아버지 문왕께서 죄가 없으셨기 때문이오. 수가 나를 이기게 된다면
나의 돌아가신 아버지 문왕께 죄가 있어서가 아니라, 오직 이 소인이
훌륭하지 못한 탓이오."

原文 _{여 극 수} _{비 여 무} _{유 짐 문 고 무 죄} _{수 극 여} _{비 짐 문}
予克受면 非予武요 惟朕文考無罪니라. 受克予면 非朕文

_{고 유 죄} _{유 여 소 자 무 량}
考有罪요 惟予小子無良이니라."

註解 • 無罪(무죄) — 뒤의 유죄의 죄와 함께 모두 '잘못'의 뜻.

解說 또다시 무왕은 주임금의 죄를 들어 자기가 주임금을 치는 것이 올
바른 일임을 강조한다. 그리고 무왕은 하늘과 백성들의 뜻을 받들고, 그의
아버지 문왕의 덕에 힘입고 있음을 강조한다. 끝으로 전군을 모아놓고 엄
한 군율로 군사들을 위협하고 있음은 전쟁에서는 피치 못할 일이라 할 것
이다.

4. 목 땅에서 내린 무왕의 훈시(牧誓)

서서(書序)

무왕은 전차 300대와 용감한 병사 300명을 거느리고 수(受, 殷나라 紂王)와 목 땅의 들판에서 싸웠다. 이때 「목 땅에서 내린 무왕의 훈시」가 지어졌다.

武王戎車三百兩, 虎賁三百人, 與受戰于牧野. 作牧誓.

이 편은 금문 고문에 다 들어 있다. 목(牧)은 땅 이름. 목(坶)으로도 쓰며, 주왕의 도읍 조가(朝歌)가 있던 지금의 하남성(河南省) 기현(淇縣)의 남쪽 70리에 있다. 이 편도 주나라 무왕이 은나라 주임금과 목(牧) 땅에서 싸움을 하기에 앞서 군사들에게 한 훈시다.

때는 갑자날 이른 새벽, 임금은 일찍이 상나라 교외 목(牧) 땅에 이르러 훈시하셨다.

原文　　時甲子昧爽에 王朝至于商郊牧野하여 乃誓하시니라.
　　　시 갑 자 매 상　　왕 조 지 우 상 교 목 야　　내 서

註解　•甲子(갑자)─「위대한 무왕의 훈시」중편의 무오(戊午)보다 엿새 뒤인 2월 4일. •昧爽(매상)─어둡지도 밝지도 않은 이른 새벽. •朝(조)─조(早)와 통하여 '일찍이'의 뜻(『釋義』). •商郊(상교)─상나라 도읍지의 교외.

임금은 왼손에는 누런 도끼를 들고, 오른손에는 흰 깃발을 들고 지휘하면서, "멀리 왔도다, 서쪽 땅의 사람들이여!" 하고 말을 시작하였다.

原文 王左杖黃鉞하시고 右秉白旄以麾하여 曰; "逖矣라 西土之人이어!" 하시다.

註解 ・左杖(좌장)-왼손에 든 것. ・黃鉞(황월)-누런 금으로 만든 무기로 쓰는 도끼. ・秉(병)-잡다. ・旄(모)-쇠꼬리로 만든 손에 들고 지휘하는 데 쓰는 기. ・麾(휘)-지휘하다. ・逖(적)-'멀리 왔다'는 뜻.

임금님께서 말씀하셨다.

"아아! 나의 친구 나라 제후들과 일을 맡은 사도・사마・사공・아려・사씨・천부장・백부장들 및 용・촉・강・무・미・로・팽・복 사람들이여! 그대들의 창을 들고, 그대들의 방패를 나란히 하고, 그대들의 긴 창을 세우시오. 내 훈시를 하리다."

原文 王曰; "嗟아! 我友邦冢君과 御事인 司徒, 司馬, 司空, 亞旅, 師氏, 千夫長, 百夫長과 及庸, 蜀, 羌, 髳, 微, 盧, 彭, 濮人이여! 稱爾戈하고 比爾干하고 立爾矛하라. 予其誓하리라."

註解 ・御事(어사)-일을 맡아 처리하는 사람들로 사도(司徒) 이하 여러 벼슬하는 사람들을 가리킴. ・司徒(사도)-백성들을 다스리는 사람, 곧 내정(內政)을 맡은 사람. ・司馬(사마)-군사를 다스림. ・司空(사공)-토지를 다스림. 이상 세 사

람이 이른바 삼공(三公)이다. •亞旅(아려)−상대부(上大夫). •師氏(사씨)−중대부 (中大夫)로 '아려'와 함께 군대를 지휘하는 장수. •千夫長(천부장)−천 명의 군사 를 거느리는 사람. •百夫長(백부장)−백 명의 군사를 거느리는 사람. •庸(용)−작 은 나라 이름. 지금의 호북성(湖北省) 운양현(鄖陽縣)에 있었다. •蜀(촉)−지금의 사천성(四川省) 북부의 작은 나라. •羌(강)−서쪽의 유목민의 작은 나라. •髳 (무)−산서성(山西省) 남부에 있던 오랑캐족의 작은 나라. •微(미)−미(眉)와 통하 여, 미(鄖)라고도 불렀는데, 지금의 섬서성(陝西省) 미현(鄖縣)에 있던 한 종족의 작은 나라. •盧(로)−오랑캐의 일종으로 지금의 호북성(湖北省) 양남현(襄南縣)에 있던 작은 나라. •彭(팽)−지금의 사천성 팽현(彭縣)에 있던 한 종족의 작은 나라. •濮(복)−호북성 형주부(荊州府)에 있던 한 종족의 작은 나라. 이들은 모두 오랑캐 나라들이지만 무왕을 따르고 있었다. •稱(칭)−들다. •戈(과)−자루의 길이가 여 섯 자인 창. •比(비)−나란히 하다. •干(간)−방패. 적을 막기 위하여 방패를 나란 히 잇대는 것이다. •矛(모)−자루 길이가 1장(丈) 6척(尺) 또는 2장 4척 되는 긴 창.

임금이 또 말하였다.

"옛사람 말에 '암탉은 아침을 알리지 못한다. 암탉이 아침을 알리 면 집안이 망한다' 하였소. 지금 상나라 임금 수는 오직 여인의 말만 을 듣고 있소. 그가 마땅히 제사지내야 할 분들을 아무렇게나 버리고 그분들에게 보답치 않으며, 살아계신 임금의 부모 동생들도 아무렇 게나 버리고 거들떠보지 않소. 그리고 오직 사방에서 죄를 짓고 도망 온 자들을 높이고 공경하며, 이들을 믿고 써서 대부와 경사를 삼고, 백성들에게 포학한 짓을 하게 하며, 상나라 고을에서 간사하고 악독 한 짓을 일삼도록 하였소.

原文 王曰；"古人有言曰；'牝雞無晨이라. 牝雞之晨은 惟家 之索이라.' 今商王受는 惟婦言是用이라. 昏棄厥肆祀하고 弗答하

며 昏棄厥遺王父母弟하고 不迪하니라. 乃惟四方之多罪逋逃를
是崇是長하고 是信是使하여 是以爲大夫卿士하고 俾暴虐于百姓
하며 以姦宄于商邑하니라.

註解 •牝雞(빈계)－암탉. •晨(신)－새벽에 닭이 우는 것. •索(삭)－없어지다,
망하다. 이 구절은 '암탉이 울면 집안이 망한다'는 뜻. •婦(부)－달기(妲己)를 가
리킴. •昏(혼)－혼미하게. 아무렇게나. •肆(사)－'마땅히 ……해야 한다'는 뜻.
•荅(답)－보답(報答). •遺(유)－여기서는 선왕들의 후손으로서 '살아 있는' 의
뜻. •王父母弟(왕부모제)－설이 구구하나 '임금의 부모들이 낳은 아우들'의 뜻으
로 보았다. •不迪(부적)－불사진(不使進) 또는 불용(不用). 곧 쓰지 않았다, 또는
거들떠보지도 않았다는 뜻. •多罪(다죄)－죄를 많이 지은 것. •逋逃(포도)－도망
온 사람. •崇(숭)－높이다. 존경하다. •俾(비)－ …하게 하다. •姦宄(간궤)－여
기에서는 '간사하고 악독하다'는 뜻으로 보았다.

　지금 나 발은 오직 하늘의 벌주심을 삼가 행하려는 것이오. 오늘의
전쟁에 있어서는 여섯 발자국 일곱 발자국을 넘지 않게 가서는 머물
러서 대오를 정돈해야 하오. 장사들이여! 힘써주오!

原文 今子發은 惟恭行天之罰이라. 今日之事는 不愆于六步七
步하여 乃止齊焉하라. 夫子여! 勖哉하라!

註解 •今日之事(금일지사)－주(紂)와의 싸움. •愆(건)－과(過), 지나다. 넘다.
•止齊(지제)－멈추고 대열을 정제히 하는 것. 대열을 흩뜨리지 않고 질서있게 싸
움터에서 전진할 것을 요구하는 말이다. •夫子(부자)－장사(將士)의 뜻. •勖
(욱)－힘쓰다.

네 번 공격, 다섯 번 공격, 여섯 번 공격, 일곱 번 공격을 넘지 않게 하고는 멈춰서 대오를 정돈하여야 하오. 힘써 주오! 장사들이여!

原文 _{불 건 우 사 벌 오 벌 육 벌 칠 벌} 不愆于四伐五伐六伐七伐하여 _{내 지 제 언} 乃止齊焉하라. _{욱 재} 勗哉하라! _{부 자} 夫子여!

註解 •伐(벌)-치다. 한 번 치고 찌르는 것을 일벌(一伐)이라 한다고 한다. 그러나 단순히 '공격'이라 봄이 좋을 듯하다. 이 구절은 싸움할 때에 진용을 흐뜨리지 말고 신중히 공격할 것을 당부하는 말이다.

바라건대, 상나라 교외에서 용맹하기가 범과 같고, 비휴와 같고, 곰과 같고, 말곰과 같으오. 도망 오는 자는 맞아 싸우지 말 것이며, 오직 서쪽 땅을 위해 일해 주시오. 힘써 주오, 장사들이여! 그대들이 만약 힘쓰지 않는다면 그대들의 몸은 죽음을 당하게 될 것이오."

原文 _{상 환 환 여 호 여 비 여 웅 여 비 우 상 교} 尙桓桓如虎如貔如熊如羆于商郊하고 _{불 아 극 분} 弗迓克奔하며 _{이 역} 以役 _{서 토} 西土하라. _{욱 재} 勗哉하라 _{부 자} 夫子여! _{이 소 불 욱} 爾所弗勗이면 _{기 우 이 궁 유 륙} 其于爾躬有戮하리라."

註解 •尙(상)-바라다. •桓桓(환환)-용맹스런 모습. •貔(비)-범과 비슷하며 수컷을 비(貔), 암컷을 휴(貅)라 한다. 날랜 군사를 흔히 비휴(貔貅)에 비긴다. •羆(비)-말곰. •迓(아)-맞아 싸우는 것. •克奔(극분)-도망쳐 나와 항복하려는 사람. •役西土(역서토)-서쪽 땅의 주(周)나라를 위하여 일하는 것. •所(소)-여기서는 약(若)과 통하여 '만약'의 뜻(『釋義』).

解說 앞의 「위대한 무왕의 훈시」와 마찬가지로 주왕을 칠 때 무왕이 군

사들에게 한 훈시다. 그러나 이 편은 결전을 앞두고 말한 것이어서 말씨가
더 격렬하고, 또 가장 많이 전쟁과 관련된 말을 하고 있다.

5. 무공을 이룩함(武成)

서서(書序)

　무왕이 은나라를 정벌하였을 적에 가서 싸운 뒤에는 소와 말 같
은 짐승을 돌려보내고 그가 다스릴 일에 대하여 기록하였다. 그래
서 「무공을 이룩함」이 지어졌다.

　武王伐殷, 往伐歸獸, 識其政事. 作武成.

　이 편은 금문에는 없는 가짜 고문에 속하는 것이다. 「무공을 이룩함」
은 사관이 무왕이 은나라를 쳐부순 뒤 말과 소들을 놓아주고 여러 신들
을 제사지내며 나라를 잘 다스린 얘기를 기록한 것이다.

　그러나 이 편은 대단히 읽기 힘들다. 옛날 책은 대쪽을 엮은 것이어서
이 대쪽들의 순서가 뒤바뀌고 빠져나가고 한 것 같다. 그러기에 어떤 문
장은 밑도 끝도 없는 것이 있다. 옛날부터 이 점을 느끼고 새로 이 편의
앞뒤를 바꿔 문맥이 통하도록 만든 사람들이 있었다. 그 중에도 채침(蔡
沈)의 고정(考定)이 가장 뛰어났다. 그러나 여기에서는 원전대로 따르기
로 한다. 왜냐하면 별다른 근거가 없는 이상 완전한 교정이란 있을 수
없는 것이라 믿기 때문이다.

　1월 임진 날은 거의 달빛이 없는 초이틀이었고, 그 다음날 계사에
이르러 임금은 아침에 주나라를 출발하여 상나라를 치러 갔다.

^{유 일 월 임 진 방 사 백}惟一月壬辰旁死魄이요 ^{월 익 일 계 사}越翼日癸巳에 ^{왕 조 보 자 주}王朝步自周하사
^{우 왕 벌 상}于往伐商하시다.

註解 • 壬辰(임진)-날짜. • 旁(방)-여기서는 '거의 ……하여졌다'는 뜻. • 魄(백)-달의 윤곽의 빛이 없는 부분. 사백(死魄)은 달빛이 전혀 없어진 때, 곧 초하루. 방사백(旁死魄)은 거의 달빛이 없는 때로 '초이튿날'의 뜻. • 越(월)-급(及)의 뜻, '……에 이르러'. • 翼(익)-익(翌)과 통하여 익일(翼日)은 '다음날', 곧 초사흗날 계사(癸巳). • 步(보)-출발의 뜻. • 于(우)-가다.

그 넷째 달, 달이 밝아지려 하는 사흗날에 왕은 상나라로부터 돌아와 풍에 이르렀다. 그리고 무력을 거두고 문화 정책을 펴려고, 말은 화산의 남쪽 기슭으로 돌려보내고, 소는 도림의 들에 풀어놓아, 천하에 다시 쓰지 않을 것을 보이었다.

原文 ^{궐 사 월 재 생 명}厥四月哉生明에 ^{왕 래 자 상}王來自商하사 ^{지 우 풍}至于豐하시니라. ^{내 언 무 수}乃偃武修
^문文하여 ^{귀 마 우 화 산 지 양}歸馬于華山之陽하시며 ^{방 우 우 도 림 지 야}放牛于桃林之野하사 ^{시 천 하 불 복}示天下弗服
하시다.

註解 • 哉生明(재생명)-달이 밝아지기 시작할 때, 곧 사흗날. • 偃武(언무)-무력을 거두는 것. • 文(문)-문교(文敎). • 歸馬(귀마)-군용으로 쓰던 말을 산으로 돌려보내어 놓아주었다는 뜻. • 華山(화산)-앞의 「우임금이 천하의 산과 강물을 다스림(禹貢)」에 나왔으니 참조 바람. • 桃林(도림)-땅 이름. 지금의 하남성 문향현(閿鄕縣) 서쪽으로부터 섬서성 동관현(潼關縣) 동쪽에 이르는 곳. 도원(桃原)이라고도 부름. • 服(복)-쓰다. 무력과 말과 소를 군용으로 쓰는 것을 뜻함.

정미 날에는 주나라 종묘에 제사지내니, 나라 안과 전복(甸服)과 후복(侯服)과 위복(衛服)의 제후들이 모두 재빨리 달려와 뛰어다니며 제사 그릇을 날랐다. 사흘 뒤 경술 날에 하늘에 시제(柴祭)를 지내고 산과 강에 망제(望祭)를 지내어 무공을 이루었음을 크게 고하였다.

原文　丁未에 祀于周廟하시니 邦甸侯衛이 駿奔走하고 執豆籩하니라. 越三日庚戌에 柴望하사 大告武成하시다.

註解　• 丁未(정미)―4월 19일. • 邦(방)―왕기(王畿)를 가리키며 전(甸)·후(侯)·위(衛)는 모두 『주례(周禮)』의 육복(六服) 중의 일복(一服). 육복이란 왕성을 중심으로 5백 리 사방 땅이 기내(畿內), 기내에서 밖으로 5백 리가 후복(侯服), 다시 밖으로 5백 리가 전복(甸服), 다시 5백 리마다 남복(男服), 채복(采服)·위복(衛服)·요복(要服)의 순이 있었다. 방전후위(邦甸侯衛)는 온 나라를 가리키며, '온 나라의 제후들'의 뜻으로 보아야 한다. • 駿(준)―빠른 것. • 豆(두)―나무로 만든 굽이 달린 제사 그릇. • 籩(변)―대나무로 짠 굽 높은 과일 담는 제사 그릇. • 越三日(월삼일)― '사흘 지나'의 뜻. 따라서 경술(庚戌)은 4월 22일. • 柴(시)―섶을 불사르며 하늘에 지내는 제사. • 望(망)―산과 강에 지내는 제사 이름.

달그림자가 살아나기 시작하는 열엿샛날, 여러 나라의 제후와 여러 관리들이 주나라의 임명을 받았다.

原文　旣生魄에 庶邦冢君暨百工이 受命于周하니라.

註解　• 旣生魄(기생백)―달그림자가 생기기 시작하는 16일. 이것은 4월 16일로서 기록의 순서가 뒤바뀌어 있다.

임금은 다음과 같이 말하였다.

"아아! 여러 제후들이여! 옛날 우리의 훌륭한 임금께서 나라를 세우시어 땅을 여시었고, 공류께서는 앞의 많은 일을 착실히 잘하셨으며, 태왕에 이르러 비로소 왕업의 터전을 마련하였고, 왕계께서는 임금 집안일을 부지런히 하셨던 것이오. 나의 훌륭한 덕이 많은 아버지 문왕은 그분들의 업적을 잘 계승하셨고, 크게 하늘의 명을 받아 온 중원 땅을 보살피셨소. 그리하여 큰 나라는 그 힘을 두려워하고 작은 나라는 그 덕을 그리게 되었소. 이처럼 9년 동안 다스리셨으나 큰 일은 이루지 못하셨소. 이 소인이 그분의 뜻을 계승하려는 것이오.

原文 王若曰 ; "嗚呼라 群后여! 惟先王建邦啓土하시고 公劉克篤前烈하시며 至于大王하여 肇基王迹하시고 王季其勤王家하시니라. 我文考文王은 克成厥勳하시고 誕膺天命하사 以撫方夏하시니라. 大邦畏其力하고 小邦懷其德이라. 惟九年이나 大統未集이시니라. 子小子이 其承厥志니라.

註解 ·先王(선왕)-주나라의 선조인 후직(后稷). ·公劉(공류)-후직의 증손. ·大王(태왕)-고공단보(古公亶父). 문왕의 할아버지. ·肇(조)-비로소. ·王迹(왕적)-왕업(王業). ·王季(왕계)-문왕의 아버지. ·王家(왕가)-임금 집안의 할일. ·誕(탄)-큰 것. ·膺(응)-받다. ·方夏(방하)-사방의 중원 땅. ·惟九年(유구년)-'문왕이 그렇게 덕으로 다스리기 9년'의 뜻. ·大統(대통)-'대업', 하늘의 명을 이룩하는 일. ·集(집)-이루다.

상나라 죄를 드러내어 하늘과 땅의 신과 지나는 곳의 명산과 큰 강물에게 고하였소. '도가 있는 분의 자손인 주나라 임금 발(發)은 장차 상나라를 크게 바로잡으려 합니다. 지금 상나라 임금 수(受)는 무도하여 하늘이 만드신 물건들을 함부로 망치고, 백성들을 해치고 학대하며, 천하의 도망치는 자들의 임금이 되어, 못에 고기가 모이듯 숲에 짐승이 모이듯 하고 있습니다. 이 작은 사람은 이미 어진 사람을 얻어 감히 하늘을 공경하고 받들며, 어지러운 짓을 못하게 하니, 중원 땅과 남북 오랑캐 모든 사람들이 따르고 말을 듣지 않는 이가 없게 되었습니다.

原文 底商之罪하여 告于皇天后土와 所過名山大川曰 ; '惟有
저 상 지 죄　　고 우 황 천 후 토　　소 과 명 산 대 천 왈　　　유 유

道曾孫周王發은 將有大正于商하노이다. 今商王受無道하여 暴殄
도 증 손 주 왕 발　　장 유 대 정 우 상　　　금 상 왕 수 무 도　　폭 진

天物하고 害虐烝民하며 爲天下逋逃主로 萃淵藪니이다. 予小子
천 물　　해 학 증 민　　위 천 하 포 도 주　　췌 연 수　　　여 소 자

旣獲仁人하고 敢祗承上帝하여 以遏亂略하니 華夏蠻貊이 罔不
기 획 인 인　　감 지 승 상 제　　이 알 란 략　　　화 하 만 맥　　망 불

率俾니이다.
솔 비

註解 •底(저)—드러내는 것. •有道(유도)—'도가 있는 분', 곧 그의 조상들. •曾孫(증손)—제후가 자손으로서 조상들에게 자기를 가리켜 부르는 말(『禮記』曲禮). •暴殄(폭진)—함부로 멸하다. 함부로 망치다. •天物(천물)—하늘이 만드신 물건. 곧 사람을 제외한 생물들. •逋逃主(포도주)—죄를 짓고 도망 온 자들의 임금. •萃(췌)—모이다. •淵(연)—연못. •藪(수)—숲. •萃淵藪(췌연수)—나쁜 자들이 못에 고기나 숲속에 짐승이 모이듯 한다는 것. •遏(알)—막다. 못하게 하다. •亂略(란략)—주임금의 나라를 어지럽히는 정략. 어지러운 짓. •華夏(화하)—중원 땅. •蠻(만)—남쪽 오랑캐. •貊(맥)—북쪽 오랑캐. 화하만맥(華夏蠻貊)은 중국으로부터 오랑캐 땅에 이르기까지의 온 세상 사람들을 가리킴. •俾(비)—복종하여 부림을 당한다는 뜻.

하늘을 공경하여 하늘의 명을 이룩하고, 다시 나는 동쪽을 정벌하여 그곳 남녀들을 편안케 하였습니다. 그곳 남녀들은 바구니에 그들의 검고 누런 비단을 담아가지고 와서 우리 주나라 임금에게 바쳤습니다. 하늘의 축복이 진동하듯 하니, 우리 큰 고을 주나라를 모두가 따르게 된 것입니다.

註解 •篚(비)－대광주리. •玄黃(현황)－검은 비단과 누런 비단. •昭(소)－공물을 주나라 임금에게 바치어 그 덕을 세상에 밝히었다는 뜻. •天休(천휴)－하늘이 주나라를 축복하는 것. •震動(진동)－온 세상에 떨치었다는 뜻. •用(용)－이(以)와 통하여 '그리하여'의 뜻. •附(부)－귀순(歸順)의 뜻. •大邑(대읍)－큰 고을, 큰 나라의 뜻.

바라건대, 당신들 신께서는 나를 도우셔서, 만민을 구제하여 신으로서 부끄러움이 될 일은 하지 마십시오!'"

原文 惟爾有神은 尙克相予하여 以濟兆民하고 無作神羞하시이다!'"

註解 •相(상)－돕는 것. •神羞(신수)－신으로서 부끄러워할 만한 행동.

무오 날 군사들은 맹 나루를 건넜고, 계해 날에는 상나라 교외에

진을 치고 하늘의 아름다운 명이 내려지기를 기다렸다. 갑자 날 이른 새벽에 수는 숲 같은 그의 군사들을 이끌고 와서 목 땅의 들에서 만나 싸웠으나 우리 군사들을 전혀 대적하지 못하였다. 앞에 있던 적의 무리들이 창끝을 거꾸로 돌리어 뒤의 자기편을 공격하여 달아나게 하니, 피가 흘러 절굿공이가 떠다니었다. 군복을 입고 한 번 싸우자 천하가 크게 안정되었던 것이다. 이에 상나라의 정치를 뒤집고 옛날 정치를 회복하였다. 갇힌 기자(箕子)를 풀어주고, 비간(比干)의 무덤에 봉분(封墳)을 만들었으며, 상용(商容)의 마을에서 수레 앞턱에 기대어 인사하였다. 녹대(鹿臺)의 재물을 풀어 주고 거교(鉅橋)의 곡식을 내주어 온 세상에 많은 물건을 내리니 만백성들은 기뻐하며 따르게 되었다.

原文 既戊午에 師渡孟津하고 癸亥에 陳于商郊하고 俟天休命하시니라. 甲子昧爽에 受率其旅若林하여 會于牧野로되 罔有敵于我師라. 前徒倒戈하여 攻于後以北하니 血流漂杵라. 一戎衣에 天下大定이라. 乃反商政하고 政由舊하니라. 釋箕子囚하고 封比干墓하며 式商容閭하니라. 散鹿臺之財하고 發鉅橋之粟하여 大賚于四海하니 而萬姓悅服하니라.

註解 • 既戊午(기무오)-「위대한 무왕의 훈시(泰誓)」중(中)에 보였듯이 1월 28일. • 癸亥(계해)-2월 3일. • 甲子(갑자)-2월 4일. • 會(회)-회전(會戰), 곧 만나 싸운다는 뜻. • 前徒(전도)-주임금의 군대의 앞에 선 무리들. • 倒戈(도과)-창끝을 적편으로 돌리지 않고 반대쪽으로 자기편에게 돌리는 것. • 攻于後(공우후)-

뒤에 있던 자기편을 공격하는 것. •北(배)−달아나는 것. •漂(표)−떠다니는 것. •杵(저)−절굿공이. •一戎衣(일융의)−'무왕이 한 번 군복을 입고' 싸우니의 뜻. •反商政(반상정)−상나라의 어지러운 정치와 반대되는 훌륭한 정치를 하였다는 뜻. •政由舊(정유구)−무왕의 정치는 옛날 요순이나 탕임금 같은 어진 임금의 방법을 따랐다는 뜻. •釋(석)−기자(箕子)가 주임금에게 잡히어 노예가 되어 있던 것을 풀어주었다는 뜻. •封(봉)−봉분의 뜻으로 무덤에 흙을 쌓은 것. •式(식)−식(軾)과 통하여, 수레 앞턱 가로나무에 기대어 인사하는 것. •商容(상용)−어진 사람이었는데 주임금에게서 쫓겨나 숨어 살고 있었다. •閭(려)−마을. •鹿臺(록대)−주임금이 재물을 쌓아 두던 창고. 유향(劉向)의 『신서(新序)』에는 '그 넓이가 3리, 높이가 1천 자였다' 고 하였다. •鉅橋(거교)−주임금이 양곡을 쌓아 두던 창고. •賚(뢰)−주는 것.

　작위(爵位)는 다섯 가지로 정하고, 땅은 세 가지로 나누었다. 관리를 쓸 때는 오직 어진 이만을 쓰고, 벼슬을 주어 일 시킬 때는 오직 능력을 따랐다. 백성들에게는 다섯 가지 윤리를 중히 여기게 하고, 먹는 것과 장사지내는 것과 제사를 중히 여기게 하였다. 믿음을 두터이 하고 의로움을 밝히며, 덕을 높이고 공로에 보답하니, 옷을 늘어뜨리고 팔짱을 끼고 있어도 천하가 다스려지게 되었다.

原文 列爵惟五요 分土惟三이라. 建官惟賢이요 位事惟能이라. 重民五敎하고 惟食喪祭하니라. 惇信明義하고 崇德報功하니 垂拱而天下治니라.

註解 •列(열)−벌여 놓다, 정하다. •爵(작)−작위. •五(오)−공(公)·후(侯)·백(伯)·자(子)·남(男)의 다섯 가지 작위. •分土(분토)−이들 작위를 가진 제후들에게 '땅을 나누어 준 것'. •三(삼)−'공(公)과 후(侯)에게는 백 리 사방의 땅, 백

(伯)은 70리, 자(子)와 남(男)은 50리의 땅'으로 세 가지로 구분하여 준 것. •五敎 (오교)─오상(五常), 오륜(五倫), 다섯 가지 윤리. •食喪祭(식상제)─먹는 것, 장사 지내는 것, 제사지내는 것, •惇(돈)─두터이 하다. •垂(수)─옷을 늘어뜨리고 편 히 있는 것. •拱(공)─팔짱을 끼는 것.

解說 이 편은 무왕이 상나라 주임금을 쳐부수고 올바로 나라를 다스리 게 된 과정을 쓴 것이다. 앞에서도 말한 바와 같이, 쓴 순서가 뒤바뀌어 있 고 일부가 빠져 달아난 듯한 부분이 있으니, 특히 주의하여 읽어야 줄거리 를 잡을 수 있을 것이다.

6. 위대한 원리(洪範)

서서(書序)

　무왕이 은나라에 승리를 거두고 수(주임금)를 죽인 다음, 무경을
세워 제사를 잇게 한 뒤 기자를 모시고 돌아왔다. 그때 「위대한 원
리」가 지어졌다.
　　武王勝殷, 殺受, 立武庚, 以箕子歸. 作洪範.

　이 편은 금문 고문에 모두 들어 있다. 홍(洪)은 '크다'의 뜻. 범(範)은
법 또는 규범(規範)의 뜻. 홍범이란 '세상의 큰 규범' 곧 세상에 통용되
는 '위대한 원리'란 뜻이다. 본문에 보이듯이 이 「위대한 원리」에는 '아
홉 조목(九疇)'이 있었다. 따라서 '위대한 원리 아홉 조목'이라고도 흔
히 말한다. 옛날부터 이 세상을 바로잡는 하늘의 위대한 원리가 담겨 있
는 내용이라 하여 『서경』 중에서도 각별히 중시되어 온 것이 이 편이다.
　무왕은 상나라를 쳐부수고 주왕이 죽자, 그의 아들 무경(武庚)을 그 땅
에 봉하여 상나라의 제사를 받들게 하였다. 그리고 주나라로 기자(箕子)
를 데리고 돌아와 '하늘의 도'에 대하여 물으니, 기자는 이 「위대한 원
리」를 지어 올렸다 한다. 기자는 그 뒤 조선(朝鮮)으로 가 왕이 되었다고
한다.(『史記』)

　13년째 되는 해에 임금은 기자를 찾아갔다.

<ruby>惟<rt>유</rt></ruby><ruby>十<rt>십</rt></ruby><ruby>有<rt>유</rt></ruby><ruby>三<rt>삼</rt></ruby><ruby>祀<rt>사</rt></ruby>에 <ruby>王<rt>왕</rt></ruby><ruby>訪<rt>방</rt></ruby><ruby>于<rt>우</rt></ruby><ruby>箕<rt>기</rt></ruby><ruby>子<rt>자</rt></ruby>하시다.

原文 惟十有三祀에 王訪于箕子하시다.

註解 ・十有三祀(십유삼사) – 무왕이 즉위한 지 13년째 되던 해.

임금이 말하였다.

"아아, 기자여! 하늘은 아래 백성들의 할 일을 미리 정하여 놓고 그들이 살아가면서 서로 돕고 화합하도록 하셨소이다. 그러나 나는 그 하늘의 일정한 윤리(倫理)의 내용을 알지 못하고 있소."

原文 王乃言曰 ; "嗚呼라. 箕子여! 惟天陰騭下民하고 相協厥居시로되 我不知其彝倫攸叙하노라."

註解 ・陰騭(음즐) – 백성들의 운명, 사람으로서 하여야 할 일 같은 것을 미리 정하여 놓았다는 뜻. ・相(상) – 돕는 것. ・協(협) – 화합하는 것. ・彝(이) – 상(常)과 통하여 '일정하고 변함없다'는 뜻. ・攸叙(유서) – 베풀어지는 순서. 실행되는 내용.

기자가 말하였다.

"제가 듣건대, 옛날에 곤(鯀)이 홍수를 잘못 막아 그 오행(五行)의 배열을 어지럽혀 놓았습니다. 하늘은 이에 크게 노하시어 '위대한 원리 아홉 가지'를 내려주지 않으시어, 일정한 윤리가 무너져 버렸습니다. 곤은 곧 사형을 당하였고, 우(禹)가 그를 이어 일어나니, 하늘은 우에게 '위대한 원리 아홉 조목'을 내리시어 일정한 윤리의 내용을 알려주었습니다.

原文 箕子乃言曰 ; "我聞컨대 在昔에 鯀陻洪水하여 汨陳其五

行이니이다. 帝乃震怒하사 不畀洪範九疇하시니 彝倫攸斁이니이다.

鯀則殛死하고 禹乃嗣興하니 天乃錫禹洪範九疇하사 彝倫攸敍하

니이다.

기자내언왈 / **아문** / **재석** / **곤인홍수** / **골진기오** / **행** / **제내진노** / **불비홍범구주** / **이륜유두** / **곤즉극사** / **우내사흥** / **천내석우홍범구주** / **이륜유서**

註解 ・鯀(곤)-우(禹)의 아버지. ・陻(인)-막다. ・汨(골)-어지럽히는 것. ・陳(진)-배열. ・畀(비)-주다. ・九疇(구주)-'아홉 가지' 또는 '아홉 조목'. 뒤에 이 '위대한 원리 아홉 조목(洪範九疇)'에 대한 조목별 설명이 나온다. 옛날에는 낙수(洛水)에 큰 거북이 신비스런 그림을 등에 지고 나타났었는데, 우는 이 그림을 보고 위대한 원리 아홉 조목을 풀이하여 냈다.(『正義』)고 보았으나 믿을 수 없다. 하늘이 주었다는 것은 하늘의 계시로 보면 될 것이다. ・斁(두)-멸망. 무너지다. ・殛死(극사)-사형. 곤은 우(禹)임금의 아버지여서 죽을 때까지 귀양살이 시킨 것이라 흔히 풀이한다(「舜典」 참조). ・嗣(사)-잇다. 계승하다. ・錫(석)-내려주다. ・攸敍(유서)-베풀어진 것. 그 내용.

첫째는 오행(五行)이요, 다음 둘째는 다섯 가지 일을 공경히 행하는 것이요, 다음 셋째는 여덟 가지 정사를 힘써 행하는 것이요, 다음 넷째는 다섯 가지 원리를 조화되게 쓰는 것이요, 다음 다섯째는 임금의 법칙을 세워 놓는 것이요, 다음 여섯째는 세 가지 덕을 다스리는 것이요, 다음 일곱째는 의문이 되는 일을 점을 쳐서 결정하는 것이요, 다음 여덟째는 여러 가지 징험을 생각하며 행동하는 것이요, 다음 아홉째는 다섯 가지 복을 누리는 것과 여섯 가지 하늘의 형벌로 위압하는 것입니다.

초일 왈 오행 차 이 왈 경 용 오 사 차 삼 왈 농 용
初一은 曰五行이오 次二는 曰敬用五事요 次三은 曰農用

팔 정 차 사 왈 협 용 오 기 차 오 왈 건 용 황 극 차 륙
八政이요 次四는 曰協用五紀요 次五는 曰建用皇極이요 次六은

왈 예 용 삼 덕 차 칠 왈 명 용 계 의 차 팔 왈 념 용 서 징
曰乂用三德이요 次七은 曰明用稽疑요 次八은 曰念用庶徵이요

차 구 왈 향 용 오 복 위 용 륙 극
次九는 曰嚮用五福과 威用六極이니이다.

註解 •五行(오행)―이하 아홉 가지는 뒤에 다시 자세한 설명이 나온다. •用
(용)―쓰다. 행하다. 행동하다. •農(농)―힘쓰다. •皇(황)―임금. •極(극)―기본
이 되는 법칙. •稽疑(계의)―의문 나는 것을 의논하는 것, 의심스러운 일을 점을
쳐서 결정하는 것. •庶徵(서징)―여러 가지 징험. •嚮(향)―향(饗)과 통하여, '받
는다, 누린다'는 뜻. •極(극)―궁(窮)과 통하여 복(福)의 반대로, 불행. 하늘의 형
벌.

첫째 ; 오행은 첫째는 물이고, 둘째는 불이요, 셋째는 나무고, 넷째
는 쇠고, 다섯째는 흙입니다. 물은 적시며 내려가는 것이고, 불은 타
며 올라가는 것이고, 나무는 굽고 곧은 것이고, 쇠는 그 모양을 바꿀
수가 있는 것이고, 흙은 곡식을 심고 거두게 하는 것입니다. 적시며
내려가는 것은 짠맛을 내고, 타며 올라가는 것은 쓴맛을 내고, 굽고
곧은 것은 신맛을 내고, 모양을 바꿀 수가 있는 것은 매운맛을 내고,
곡식을 심고 거두게 하는 것은 단맛을 냅니다.

原文 일 오 행 일 왈 수 이 왈 화 삼 왈 목 사 왈 금
一, 五行은 一曰水요 二曰火요 三曰木이요 四曰金이요

오 왈 토 수 왈 윤 하 화 왈 염 상 목 왈 곡 직 금 왈 종
五曰土니이다. 水曰潤下요 火曰炎上이오 木曰曲直이요 金曰從

혁 토 원 가 색 윤 하 작 함 염 상 작 고 곡 직 작 산
革이요 土爰稼穡이니이다. 潤下作鹹이요 炎上作苦요 曲直作酸이

종 혁 작 신　　가 색 작 감
요 從革作辛이요 稼穡作甘이니이다.

註解 •潤下(윤하)-적셔 내려가는 것. •炎(염)-불타다. •從革(종혁)-쇠붙이란 사람의 뜻에 따라 그 모양을 바꾸어 쓸 수가 있다는 뜻. •爰(원)-이에. 조사. •稼穡(가색)-곡식을 심고 거두다, 농사짓다. •鹹(함)-짠 것. 바닷물에서 소금이 난다. •苦(고)-쓴 것. 불에 탄 음식은 맛이 쓰다. •酸(산)-신 것. 나무에 맛이 신 과일이 달린다. •辛(신)-매운 것. 쇠가 불에 달면 맛이 맵다. •甘(감)-단 것. 흙에서 단 곡식들이 많이 난다.

　둘째 ; 다섯 가지 일이란, 첫째는 겉모습이오, 둘째는 말이요, 셋째는 보는 것이요, 넷째는 듣는 것이요, 다섯째는 생각하는 것입니다. 겉모습은 공손해야 하고, 말은 이치를 따라야 하고, 보는 것은 밝아야 하고, 듣는 것은 분명해야 하고, 생각하는 것은 슬기로워야 합니다. 공손하면 엄숙하게 되고, 이치를 따르면 일이 잘 처리 되고, 밝으면 지혜가 있게 되고, 분명하면 계책이 올바로 서고, 슬기로우면 성인의 경지에 이릅니다.

原文　이　　오사　　일왈모　　이왈언　　삼왈시　　사왈청
二, 五事는 一曰貌요 二曰言이요 三曰視요 四曰聽이요
오왈사　　　모 왈 공　　언왈종　　시왈명　　청왈총　　　사
五曰思니이다. 貌曰恭이요 言曰從이요 視曰明이요 聽曰聰이요 思
왈 예　　　공작숙　　종작예　　명작철　　총작모　　예작성
曰睿니이다. 恭作肅이요 從作乂요 明作哲이요 聰作謀요 睿作聖이
니이다.

註解　•從(종)-이치에 따르는 것. •聰(총)-밝게 듣는 것. •睿(예)-슬기로운 것. •乂(예)-다스려지는 것, 일이 잘 되는 것. •哲(철)-지혜가 있는 것. •謀(모)-꾀. 계책이 제대로 잘 되는 것. •聖(성)-성인처럼 만사에 통달하게 된다는 뜻.

셋째 ; 여덟 가지 정사라는 것은, 첫째는 먹는 것을 해결하는 것이요, 둘째는 재물을 잘 다스리는 것이요, 셋째는 제사를 지내는 일이요, 넷째는 땅을 다스리는 것이요, 다섯째는 백성을 가르치는 것이요, 여섯째는 범죄를 다스리는 것이요, 일곱째는 손님을 대접하는 것이요, 여덟째는 군대를 통솔하는 것입니다.

三, 八政은 一曰食이요 二曰貨요 三曰祀요 四曰司空이요 五曰司徒요 六曰司寇요 七曰賓이요 八曰師니이다.

•食(식)-먹는 것을 다스리는 관리. •貨(화)-물자를 잘 유통케 하는 것, 재물관리를 맡은 관리. •司空(사공)-땅과 백성이 사는 곳을 다스리는 관리. •司徒(사도)-백성을 가르치는 관리. •司寇(사구)-범죄를 다스리는 관리. •賓(빈)-제후들이 임금을 뵈러 들어오는 것 같은 귀한 손님의 접대를 맡은 관리. •師(사)-군대의 일을 맡은 관리.

넷째 ; 다섯 가지 원리라는 것은, 첫째는 해요, 둘째는 달이요, 셋째는 날이요, 넷째는 별이요, 다섯째는 역법(曆法)입니다.

四, 五紀는 一曰歲요 二曰月이요 三曰日이요 四曰星辰이요 五曰曆數니이다.

•星(성)-28수(宿). 밤중으로부터 다음날 밤중까지 차례로 나타나는 모든 성좌. •辰(진)-별.

다섯째 ; 임금의 법칙이란 임금이 그가 다스리는 법을 세우는 것입니다. 다섯 가지 복을 모아 가지고서 그의 백성들에게 베풀어 주면, 그 백성들도 당신의 법칙을 따라 당신에게 법을 지켜줄 것입니다.

原文　五, 皇極은 皇建其有極이니이다. 歛時五福하여 用敷錫厥
庶民하면 惟時厥庶民이 于汝極에 錫汝保極하리이다.

註解　•皇(황)－임금. •有極(유극)－나라를 다스리는 법칙. •歛(염)－거두어 들이다, 모으다. •時(시)－이것. 조사. 다섯 가지 복(五福)에 대한 설명은 뒤 아홉 가지 조목(九疇)의 아홉 번째 설명에 자세함. •用(용)－이(以)의 뜻. •敷(부)－펴다. 베풀다. •錫(석)－주다. •時(시)－조사. 시(是). •于汝極(우여극)－'당신의 법칙을 따라' 의 뜻.

그 백성들에 그릇된 무리를 이룬 자들이 없고, 관리들에 자기 무리만을 위하는 행동이 없게 되는 것은, 임금이 법칙을 세웠기 때문입니다.

原文　凡厥庶民에 無有淫朋하며 人無有比德은 惟皇作極이니이다.

註解　•淫(음)－과한 것. 그릇된 것. •朋(붕)－무리를 이루는 것. •人(인)－앞의 민(民)과의 대(對)로서 관리들. •比(비)－자기 무리만 위하는 것. •德(덕)－행동의 뜻. 비덕(比德)은 자기 무리만을 위하는 행동.

그 백성들 중에 계책을 생각하는 이가 있고, 뜻있는 일을 하는 이가 있고, 자기 행실을 잘 지키는 이가 있으면, 당신은 그들을 생각하여 주십시오. 법칙에 맞지 않았다 하더라도 죄악에 빠지지 않았다면, 임금은 곧 그를 받아들이십시오. 그리고 부드러운 얼굴빛을 하고 '내가 좋아하는 바는 덕이라'고 말하며, 당신은 그들에게 벼슬을 내려주십시오. 그러한 사람들은 이렇게 하면 임금님의 법칙을 따르게 될 것입니다.

原文 凡厥庶民에 有猷有爲有守면 汝則念之하소서. 不協于極이라도 不罹于咎면 皇則受之하소서. 而康而色하여 曰; '子攸好德이라'하고 汝則錫之福하소서. 時人斯其惟皇之極하리이다.

註解 •猷(유)－계책을 생각하는 것. •有爲(유위)－뜻있는 일을 하는 것. •有守(유수)－자기의 할 행동을 잘 지키는 것. •罹于咎(리우구)－'죄악에 빠지는 것'. •受之(수지)－그들을 용서하고 받아들이는 것. •而(이)－윗것은 '그리고'의 뜻. •康而色(강이색)－'편안하고 부드러운 얼굴빛을 하는 것'. •子攸好德(여유호)－'내가 좋아하는 바'. •福(복)－오복 중의 하나인 벼슬을 가리킨다. •時(시)－이것. •斯(사)－'이러면'의 뜻. •惟皇之極(유황지극)－'임금의 법칙만을 따를 것'이라는 뜻.

그들은 의지할 곳 없이 외로운 사람들을 학대하지 않고 지위가 높고 유명한 사람들을 두려워하지 않을 것입니다.

原文 無虐煢獨하고 而畏高明하리이다.

註解 •煢(경)－형제가 없는 것. •獨(독)－자식이 없는 것. 경독(煢獨)은 '의지할 곳 없이 외로운 사람'. •高明(고명)－'지위가 높고 유명한 사람'.

사람들에게 능력이 있고 뜻있는 일을 행하려는 뜻을 발전시켜 그것을 행하게 한다면 나라는 창성할 것입니다. 그리고 올바른 사람들은 더 부하여지고 더 착해질 것입니다. 당신이 그들로 하여금 국가에 좋은 일을 하게 할 수가 없다면 그들은 죄를 범하게 될 것입니다. 덕을 좋아하지 않는 자에게 당신이 비록 벼슬을 내린다 하더라도, 그들은 당신을 이용하여 죄를 짓게 될 것입니다.

原文 人之有能有爲를 使羞其行하면 而邦其昌하리이다. 凡厥正人은 旣富方穀이리이다. 汝弗能使有好于而家면 時人斯其辜리이다. 于其無好德엔 汝雖錫之福이라도 其作汝用咎하리이다.

註解 ・羞(수)-발전하는 것. ・方穀(방곡)-더욱 좋아진다. 더욱 착해지다. ・有好(유호)-좋은 일을 하는 것. ・家(가)-국가. ・時(시)-이것. ・辜(고)-허물. ・其作汝用咎(기작여용구)-'그들은 당신을 이용하여 죄짓는 일을 하리라' 는 뜻.

'비뚤어지고 기울어지는 일 없이 임금의 법칙을 지키라.
혼자만 좋아하는 일을 하지 말고 임금의 도를 따르라.
혼자만 싫어하는 일을 내치지 말고 임금의 길을 따르라.
비뚤어지지 않고 치우치지 않으면 임금의 길은 넓으리.
치우치지 않고 비뚤어지지 않으면 임금의 길은 평평하리.
법에 어긋나게 하지 않고 잘못하지 않으면 임금의 길은 바르고 곧게 되리.
법을 잘 지키는 이들만 모으면 모두가 법을 따르게 되리.'"

'無偏無陂하고 遵王之義하라.

無有作好하고 遵王之道하라.

無有作惡하고 遵王之路하라.

無偏無黨하면 王道蕩蕩하리라.

無黨無偏하면 王道平平하리라.

無反無側하면 王道正直하리라.

會其有極하면 歸其有極하리라.' "

註解 ・偏(편)-비뚤어짐. ・陂(피)-기울어지는 것. 여기서부터는 노래 부른 것임. ・義(의)-의로움, 법칙. ・作好(작호)-'자기 혼자만 좋아하는 일을 하는 것'. ・作惡(작악)-작호(作好)의 반대로서 '자기 혼자만 싫어하고 딴 일을 하는 것'. ・黨(당)-자기편으로만 치우치는 것. ・蕩蕩(탕탕)-넓은 모습. ・反(반)-옳은 일에 반대로 하는 것, 법에 어긋나는 것. ・側(측)-기울다, 잘못되다. ・有極(유극)-'법을 잘 지키는 사람'. ・歸其有極(귀기유극)-'모두가 법을 지키게 되리라'는 뜻.

이어 말하였다.

"임금의 법칙을 펴는 말은 일정하고도 교훈이 되어야 하며, 하늘의 뜻을 따르는 것이어야 합니다. 그의 백성들이 법칙을 펴는 말을 교훈 삼고 실행한다면 천자의 광명함이 밝히어져, '천자께서는 백성들의 부모가 되시어 천하를 다스리는 분이시다'고 말하게 될 것입니다.

原文 曰 ; "皇極之敷言은 是彝是訓이오 于帝其訓이니이다. 凡

궐 서 민 극 지 부 언 시 훈 시 행 이 근 천 자 지 광 왈 천
厥庶民이 極之敷言을 是訓是行하면 以近天子之光하여 曰;'天
자 작 민 부 모 이 위 천 하 왕
子作民父母하사 以爲天下王이라' 하리이다.

註解 •敷(부)－펴다. •是(시)－강조하는 뜻으로 붙인 것. •彝(이)－언제나 변
치 않고 일정한 것. •訓(훈)－順(순)과 통하여, 따르는 것. •近(근)－昕(흔)과 통
하여 밝혀지는 것(楊筠如『尙書覈詁』).

　여섯째 ; 세 가지 덕이라는 것은, 첫째는 바르고 곧은 것이요, 둘째
는 지나치게 억센 것이요, 셋째는 지나치게 부드러운 것입니다. 평화
롭고 안락한 것은 바르고 곧은 이의 특징이고, 강하여 남과 친하지
못하는 것이 지나치게 억센 이의 특징이고, 남과 화합하고 친하게 지
내는 것이 지나치게 부드러운 이의 특징입니다. 지나치게 억센 이는
억눌러 숙여지게 하고, 지나치게 부드러운 이는 높이고 밝게 해주어
야 합니다.

原文 육 삼 덕 일 왈 정 직 이 왈 강 극 삼 왈 유 극
六, 三德은 一曰正直이오 二曰剛克이요 三曰柔克이니이
평 강 정 직 강 불 우 강 극 섭 우 유 극 침
다. 平康은 正直이요 彊弗友는 剛克이오 燮友는 柔克이니이다. 沈
잠 강 극 고 명 유 극
潛剛克하고 高明柔克이니이다.

註解 •剛克(강극)－억셈이 지나친 것. 지나치게 억센 것. 극(克)은 이기다, 지
나치다의 뜻. •彊(강)－强(강)과 같은 자. 강한 것. •弗友(불우)－남과 친하게 지
내지 못하는 것. •燮友(섭우)－화친. 곧 화하고 친하게 지내는 것. •沈潛(침잠)－
가라앉히듯이 억눌러 숙여지게 하는 것.

오직 임금만이 복을 내릴 수 있고, 임금만이 위세를 쓸 수 있으며,
임금만이 진귀한 음식을 받을 수 있는 것입니다.

原文 惟^유辟^벽作^작福^복하고 惟^유辟^벽作^작威^위하며 惟^유辟^벽玉^옥食^식이니이다.

註解 ·辟(벽)-임금. ·作福(작복)-사람에게 벼슬이나 명예 같은 것을 주어
잘살도록 해주는 것. ·玉食(옥식)-진귀한 음식. 임금만이 여러 나라로부터 보내
오는 진귀한 음식을 받을 수 있다는 뜻.

 신하가 복을 내릴 수 있고 위세를 쓸 수 있고 진귀한 음식을 받을
수 있어서는 안 됩니다. 신하가 복을 내릴 수 있고, 위세를 쓸 수 있
고, 진귀한 음식을 받을 수 있게 된다면, 그 해가 그의 집안에 미치게
되고 재난이 그의 나라에 미치게 될 것입니다. 관리들이 일을 잘못하
고 비뚤어지고 치우치게 하면 백성들도 그릇되고 법을 어기는 짓을
하게 될 것입니다.

原文 臣^신無^무有^유作^작福^복作^작威^위玉^옥食^식이니이다. 臣^신之^지有^유作^작福^복作^작威^위玉^옥食^식이면
其^기害^해于^우而^이家^가하고 凶^흉于^우而^이國^국하리이다. 人^인用^용側^측頗^파僻^벽하면 民^민用^용僭^참忒^특하
리이다.

註解 ·于(우)-미친다[及]는 뜻. ·人(인)-관리들. ·側(측)-기울어지다, 일
을 바르게 하지 못하는 것. ·頗(파)-한쪽으로만 치우쳐 비뚤어진 것. 일을 잘못
하는 것. ·僻(벽)-편벽된 것. 일을 잘못하는 것. ·僭(참)-자기 윗사람을 넘보는
것. 잘못되는 것. ·忒(특)-법을 어기는 것.

일곱째 ; 의문이 되는 것을 밝힌다는 것은, 거북점과 시초(蓍草) 점
치는 사람을 골라 세우고, 거북점과 시초점을 치도록 하는 것입니다.

原文　七, 稽疑는 擇建立卜筮人하고 乃命卜筮니이다.

註解　•擇(택)–가리다. •卜(복)–거북으로 점치는 것. •筮(서)–시초(蓍草)를
써서 『역경』으로 점치는 것. 시초는 톱풀이라고도 하는 엉거싯과에 속하는 다년
초. 그 줄기를 잘라 점가치로 쓰는 것이다.

비가 오겠다, 비가 개이겠다, 안개가 끼겠다, 날이 밝겠다, 흐렸다
맑았다 하겠다는 등의 점괘가 나올 것이며, 정괘(貞卦)와 회괘(悔卦)
를 잘 살펴야 할 것입니다.

原文　曰雨와 曰霽와 曰蒙과 曰驛과 曰克이며 曰貞과 曰悔니이다.

註解　•霽(제)–비가 개는 것. •蒙(몽)–안개가 끼어 날이 어두운 것. •驛
(역)–고문(古文)에서는 체(圛)로 되어 있어 '기(氣)가 흩어져 잘 이어지지 않는 모
습' 이라 흔히 풀이하고 있다. 그러나 『시경』 제풍(齊風) 재구(載驅) 시의 "제자기제
(齊子豈悌)" 의 주에서 정현(鄭玄)이 '제(弟 : 悌)는 『고문상서(古文尚書)』에서는 제
(弟)를 체(圛)라 쓰고 있는데 체란 밝다는 뜻이다' 라고 풀이하고 있다. 따라서 여기
에서도 역(驛)이나 체(圛)를 '날이 밝다' 는 뜻으로 봄이 좋겠다. •克(극)– '서로
섞인다' 는 뜻으로(『集傳』), '날이 흐렸다 맑았다 하겠다' 는 뜻. •貞(정), 悔(회)–
시초로 치는 역점(易占)의 괘에는 아래위 두 가지 괘가 있는데(보기로 ䷁), 위의 것
(☷)을 외괘(外卦)라 하고 '회(悔)' 라 부르며, 아래의 것(☷)을 내괘(內卦)라 하고
'정(貞)' 이라 부른다. 이 회(悔)와 정(貞)의 변화로써 앞일을 점치는 것이다.

이 일곱 가지는 거북점에 다섯 가지, 시초 점에 두 가지가 쓰이며, 이들의 변화를 미루어 결과를 알게 되는 것입니다.

原文 凡七^{범 칠}은 卜五^{복 오}요 占用二^{점 용 이}며 衍忒^{연 특}이니이다.

註解 •七(칠)—우(雨)·제(霽)·몽(蒙)·역(驛)·극(克)·정(貞)·회(悔). 이 중에서 앞의 다섯 가지는 거북점의 점괘고, 뒤의 두 가지는 시초점의 점괘다. •衍忒(연특)—변화를 미루어 점친 결과를 알게 되는 것. 특(忒)은 변화.

이 사람들을 내세워 거북점과 시초점을 치되, 세 사람이 점쳤다면 곧 두 사람의 말을 따르십시오.

原文 立時人卜筮^{입 시 인 복 서}하되 三人占^{삼 인 점}이면 則從二人之言^{즉 종 이 인 지 언}하소서.

註解 •時人(시인)—'이 사람들', 곧 점치는 사람들.

당신에게 큰 의문이 있으면 당신의 마음에 물어보고, 공경(公卿)과 관리들에게 물어본 다음, 거북점과 시초점을 치십시오. 당신 마음이 그러하고, 거북이 그러하고, 시초가 그러하며, 공경과 관리들이 그러하고, 백성들의 뜻도 그러하다면, 이것을 일컬어 '대동'이라고 하는 것입니다. 자신은 안락하고 자손들은 창성하여 모든 일이 잘 될 것입니다.

당신 마음이 그러하고, 거북이 그러하고, 시초가 그러하다면, 공경과 관리들이 그러하지 아니하고, 백성들의 뜻이 그러하지 아니하다 하여도 일이 잘 될 것입니다.

공경과 관리들이 그러하고, 거북이 그러하며, 시초가 그러하다면, 당신이 그러하지 아니하고, 백성들의 뜻이 그러하지 아니하다 해도 일이 잘 될 것입니다.

백성들의 뜻이 그러하고, 거북이 그러하며, 시초가 그러하면, 당신이 그러하지 아니하고, 공경과 관리들이 그러하지 아니하다 하여도 일이 잘 될 것입니다.

당신 마음이 그러하고, 거북이 그러하되, 시초가 그러하지 아니하고, 공경과 관리들이 그러하지 아니하며, 백성들의 뜻이 그러하지 아니하다면, 안에서 하는 일은 잘 되고, 밖에서 하는 일은 잘 되지 않을 것입니다.

거북과 시초가 다 같이 사람의 뜻과 어긋난다면, 가만히 있으면 일이 잘 될 것이고 움직이면 일이 잘 되지 않을 것입니다.

原文 汝則有大疑면 謀及乃心하고 謀及卿士하며 謀及卜筮하소서. 汝則從하고 龜從하고 筮從하고 卿士從하고 庶民從이면 是之謂大同이니이다. 身其康彊하고 子孫其逢吉하리이다.

汝則從하고 龜從하고 筮從하면 卿士逆하고 庶民逆하여도 吉하리이다.

卿士從하고 龜從하고 筮從하면 汝則逆하고 庶民逆하여도 吉하리이다.

庶民從하고 龜從하고 筮從하면 汝則逆하고 卿士逆하여도 吉하리이다.

汝則從하고 龜從하되 筮逆하고 卿士逆하고 庶民逆하면 作內吉
하고 作外凶하리이다.

龜筮共違于人하면 用靜吉하고 用作凶하리이다.

註解 ·謀(모)─물어보라, 점을 쳐 보아라. ·大同(대동)─의견이 '크게 같다',
온 천하가 화합함을 뜻함. ·身(신)─자신. ·康彊(강강)─안락한 것. ·逢(봉)─크
게 된다. 창성한다는 뜻. ·吉(길)─일이 잘 되는 것, 길한 것. ·作內(작내)─'나라
안에서 어떤 일을 하는 것'. ·作外(작외)─나라 밖에서 어떤 일을 하는 것. ·凶
(흉)─길(吉)의 반대, 일이 잘 되지 않는 것. ·用靜(용정)─아무 일도 하지 않고 그
대로 지내는 것. ·用作(용작)─반대로 어떤 일을 하는 것.

여덟째 ; 여러 가지 징험이라는 것은, 비오는 것과, 햇빛 나는 것
과, 더운 것과, 추운 것과, 바람 부는 것과, 철이 돌아가는 것을 말하
는 것입니다. 다섯 가지가 갖추어지고 각기 그 질서대로 되어지면 모
든 풀이 무성히 자랄 것입니다. 한 가지만 너무 갖추어져도 제대로
잘 되지 않고, 한 가지만 너무 없게 되어도 제대로 잘 되지 않습니다.

原文 八, 庶徵은 曰雨와 曰暘과 曰燠과 曰寒과 曰風과 曰時니
이다. 五者來備하고 各以其敍하면 庶草蕃廡하리이다. 一極備도
凶하고 一極無도 凶하니이다.

註解 ·暘(양)─햇빛이 나는 것. ·燠(욱)─따뜻한 것. 여기서는 뒤의 한(寒)의
반대로 '덥다'는 뜻. ·時(시)─사철이 돌아가는 것. ·來備(래비)─'다 갖추어지
는 것.' ·各(각)─이 여러 징험들 각각의 뜻. ·敍(서)─이들이 모두 알맞게 철에

따라 작용하는 것. •蕃廡(번무)-무성한 것. •極備(극비)-한 가지만 '지나치게 많이 갖추어지는 것.'

아름다운 징험이란, 사람들이 엄숙한 몸가짐을 지니어 철에 맞는 비가 내리는 것과, 사람들이 일을 잘 처리하여 철에 맞는 햇빛이 비치는 것과, 사람들이 지혜 있는 행동을 하여 철에 맞는 더위가 오는 것과, 사람들이 신중히 일을 꾀하여 철에 따라 알맞는 추위가 오는 것과, 사람들이 성인다워서 철에 맞는 바람이 부는 것입니다.

原文　日休徵은 日肅에 時雨若과 日乂에 時暘若과 日哲에 時燠若과 日謀에 時寒若과 日聖에 時風若이니이다.

註解　•休(휴)-아름다운 것. •肅(숙)-이하 예(乂)·철(哲)·모(謀)·성(聖)은 두 번째 '다섯 가지 일'을 설명하는 데 나왔음. •時雨(시우)-철에 맞추어 비가 내리는 것. •若(약)-따르다. "숙시우약(肅時雨若)"은 "사람들이 엄숙한 몸가짐을 지니어 철에 맞는 비가 내리게 된다."는 뜻.

나쁜 징험이라는 것은, 사람들이 경망한 몸가짐을 지니어 오랫동안 비가 내리게 되는 것과, 사람들이 일을 제대로 하지 못하여 오랫동안 내내 햇빛이 비치는 것과, 사람들이 분별없이 행동하여 오랫동안 더위가 따라 이어지는 것과, 사람들이 조급히 일을 하여 오랫동안 추위가 따라 이어지는 것과, 사람들이 멍청한 짓을 하여 오랫동안 바람이 따라 불게 되는 것입니다."

原文　日咎徵은 日狂에 恒雨若과 日僭에 恒暘若과 日豫에 恒

<ruby>燠<rt>욱</rt></ruby><ruby>若<rt>약</rt></ruby>과 <ruby>曰<rt>왈</rt></ruby><ruby>急<rt>급</rt></ruby>에 <ruby>恒<rt>항</rt></ruby><ruby>寒<rt>한</rt></ruby><ruby>若<rt>약</rt></ruby>과 <ruby>曰<rt>왈</rt></ruby><ruby>蒙<rt>몽</rt></ruby>에 <ruby>恒<rt>항</rt></ruby><ruby>風<rt>풍</rt></ruby><ruby>若<rt>약</rt></ruby>이니이다.”

[註解] • 咎徵(구징) — 앞의 휴징(休徵)의 반대인 나쁜 징험. • 狂(광) — 경망한 것. • 恒(항) — 오랫동안의 뜻. • 僭(참) — 일을 제대로 하지 못하는 것. • 豫(예) — 분별 없는 행동을 하는 것, 놀기만 하는 것. • 急(급) — 일을 조급히 하는 것. • 蒙(몽) — 멍청한 것, 몽매한 것. 이상 광(狂) · 참(僭) · 예(豫) · 급(急) · 몽(蒙)은 앞에 보인 숙(肅) · 예(乂) · 철(哲) · 모(謀) · 성(聖)의 반대의 뜻이다.

또 말하였다.

“임금은 해를 살피어야 되고, 공경과 관리들은 달을, 낮은 관리들은 날을 살펴야 합니다.

[原文] <ruby>曰<rt>왈</rt></ruby>;“<ruby>王<rt>왕</rt></ruby><ruby>省<rt>성</rt></ruby><ruby>惟<rt>유</rt></ruby><ruby>歲<rt>세</rt></ruby>요 <ruby>卿<rt>경</rt></ruby><ruby>士<rt>사</rt></ruby><ruby>惟<rt>유</rt></ruby><ruby>月<rt>월</rt></ruby>이오 <ruby>師<rt>사</rt></ruby><ruby>尹<rt>윤</rt></ruby><ruby>惟<rt>유</rt></ruby><ruby>日<rt>일</rt></ruby>이니이다.

[註解] • 王省惟歲(왕성유세) — 임금은 해를 살피어야 한다는 뜻. 왜냐하면 임금이 잘하고 못하는 데 대한 징험은 1년을 두고 나타나기 때문이다. • 師尹(사윤) — 낮은 관리들.

해와 달과 날을 따라 철의 돌아감이 어긋나지 아니하면, 모든 곡식이 잘 여물고, 다스림이 밝아지며, 뛰어난 사람들이 드러나고, 집안이 안락해질 것입니다.

[原文] <ruby>歲<rt>세</rt></ruby><ruby>月<rt>월</rt></ruby><ruby>日<rt>일</rt></ruby>에 <ruby>時<rt>시</rt></ruby><ruby>無<rt>무</rt></ruby><ruby>易<rt>역</rt></ruby>하면 <ruby>百<rt>백</rt></ruby><ruby>穀<rt>곡</rt></ruby><ruby>用<rt>용</rt></ruby><ruby>成<rt>성</rt></ruby>하고 <ruby>乂<rt>예</rt></ruby><ruby>用<rt>용</rt></ruby><ruby>明<rt>명</rt></ruby>하며 <ruby>俊<rt>준</rt></ruby><ruby>民<rt>민</rt></ruby><ruby>用<rt>용</rt></ruby><ruby>章<rt>장</rt></ruby>하고 <ruby>家<rt>가</rt></ruby><ruby>用<rt>용</rt></ruby><ruby>平<rt>평</rt></ruby><ruby>康<rt>강</rt></ruby>하리이다.

註解　•無易(무역)－'철의 돌아감이 어긋나지 않고 제대로 돌아가면'의 뜻.　•成(성)－잘 여무는 것.　•乂(예)－다스리다.　•俊民(준민)－백성 중에 재능이나 덕행이 뛰어난 사람.

　날과 달과 해를 통하여 철의 돌아감에 어긋남이 있다면 모든 곡식이 잘 여물지 못하고, 다스림이 어둡고 밝지 않게 될 것이며, 뛰어난 사람들이 숨겨지고, 집안이 편안치 못하게 될 것입니다.

原文　_{일 월 세} 日月歲에 _{시 기 역} 時旣易하면 _{백 곡 용 불 성} 百穀用不成하고 _{예 용 혼 불 명} 乂用昏不明하며 _준 俊 _{민 용 미} 民用微하고 _{가 용 불 녕} 家用不寧하리이다.

註解　•微(미)－숨다, 잘 보이지 않게 되는 것.

　백성들은 별을 잘 살펴야 할 것이니, 별에는 바람을 좋아하는 것이 있고 또 비를 좋아하는 것이 있습니다. 해와 달의 운행은 겨울과 여름을 있게 하고, 달이 별을 따름으로써 바람과 비가 생기게 되는 것입니다.

原文　_{서 민 유 성} 庶民惟星이니 _{성 유 호 풍} 星有好風하고 _{성 유 호 우} 星有好雨하니이다. _{일 월 지 행} 日月之行 은 _{즉 유 동 유 하} 則有冬有夏하고 _{월 지 종 성} 月之從星으로 _{즉 이 풍 우} 則以風雨하니이다.

註解　•惟星(유성)－별을 잘 살펴야 한다는 뜻.　•星有好風, 星有好雨(성유호풍, 성유호우)－별 중에는 기성(箕星)이 바람을 좋아하고, 필성(畢星)이 비를 좋아한다 한다. 백성들은 별을 통하여 비오고 바람 부는 것에 잘 대처함으로써 농사를

잘 지어야 한다는 것이다. •月之從星(월지종성)－옛 천문학에서 달이 기성(箕星)을 지나가면 바람이 많이 불고, 필성(畢星)을 만나면 비가 많이 온다고 한다.

아홉째 ; 다섯 가지 복이라는 것은 첫째 오래 사는 것과, 둘째 부하게 되는 것과, 셋째 안락함과, 넷째 훌륭한 덕을 닦는 것과, 다섯째 늙도록 산 뒤에 목숨이 끝나는 것입니다.

原文　九, 五福은　一日壽와　二日富와　三日康寧과　四日攸好德과　五日考終命이니이다.

註解　•攸(유)－수(修)의 뜻. 닦다. •好德(호덕)－훌륭한 덕, 미덕. 앞의 '여유호덕(予攸好德)'과 다르다. •考終命(고종명)－늙도록 산 뒤에 자연사 하는 것.

여섯 가지 하늘의 형벌이라는 것은, 첫째 갑자기 죽는 것과 일찍 죽는 것, 둘째 병드는 것, 셋째 근심하게 되는 것, 넷째 가난하게 되는 것, 다섯째 흉악한 일을 당하는 것, 여섯째 약하게 되는 것입니다."

原文　六極은　一日凶短折과　二日疾과　三日憂와　四日貧과　五日惡과　六日弱이니이다."

註解　•凶(흉)－갑자기 죽는 것. •短折(단절)－요절(夭折). 곧 일찍 죽는 것.

解說 이 '아홉 가지 큰 규범'을 도표로 풀이하면 다음과 같다.

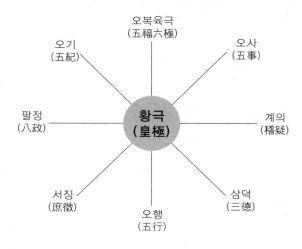

1. 오행

① 물 – 적시고 내려감 – 짠 것을 만듦

② 불 – 타고 올라감 – 쓴 것을 만듦

③ 나무 – 굽고 곧음 – 신 것을 만듦

④ 쇠 – 모양을 바꿀 수 있음 – 매운 것을 만듦

⑤ 흙 – 곡식을 심고 거둠 – 단 것을 만듦

2. 다섯 가지 일

① 겉모습 – 공손함 – 엄숙히 만듦

② 말 – 이치를 따름 – 일이 잘 되게 만듦

③ 보는 것 – 밝음 – 지혜 있게 만듦

④ 듣는 것 – 분명함 – 계책을 잘 세우게 만듦

⑤ 생각 – 슬기로움 – 성인같이 만듦

3. 여덟 가지 정사

① 먹는 것을 다스림 ⑤ 백성을 다스림
② 재물을 다스림 ⑥ 범죄를 다스림
③ 제사를 다스림 ⑦ 손님을 접대함
④ 땅을 다스림 ⑧ 군대를 다스림

4. 다섯 가지 기율

① 해 ④ 별
② 달 ⑤ 역법 제정
③ 날

5. 임금의 법칙

6. 세 가지 덕

① 바르고 곧음 – 평화롭고 안락함 ③ 지나치게 부드러운 것
② 지나치게 억센 것 ㉠ 남과 화합하고 친하게 지냄
　㉠ 강하여 남과 친하지 않음 ㉡ 높이고 밝게 해주어야 함
　㉡ 억눌러 숙여지게 해야 함

7. 의심을 물음

① 거북점 ㉢ 안개 낌
　㉠ 비 옴 ㉣ 맑음
　㉡ 비 개임 ㉤ 흐렸다 맑았다 함
② 시초점
　㉠ 정(곧음) ㉡ 회(뉘우침)

8. 여러 가지 징험

	(아름다운 징험)	(나쁜 징험)
① 비옴	— 엄숙한 몸가짐	— 경망한 몸가짐
② 햇빛 남	— 일을 잘 처리함	— 일을 그르침
③ 더움	— 지혜 있음	— 분별 없음
④ 추움	— 계책을 잘 세움	— 조급히 일을 처리함
⑤ 바람 붊	— 성인 같음	— 멍청함

9. 다섯 가지 복

① 오래 삶　　　　　　④ 훌륭한 덕을 닦음

② 부유함　　　　　　⑤ 늙어 죽음

③ 안락함

여섯 가지 하늘의 형벌

㉠ 갑자기 죽는 것과 일찍 죽음　　㉣ 가난하게 됨

㉡ 병듦　　　　　　　　　　　　㉤ 흉악한 일을 당함

㉢ 근심하게 됨　　　　　　　　　㉥ 약하게 됨

　앞 도표에서 볼 수 있듯이 '아홉 가지 큰 규범'이란 다섯째 '임금의 법칙〔皇極〕'을 중심으로 하고 있다. 첫째 '오행'이란 사람이 살아가는 데 꼭 필요한 기본 요소고, 둘째 '다섯 가지 일'이란 사람들이 살아가며 꼭 지켜야 할 몸가짐이고, 셋째 '여덟 가지 정사'란 나라를 다스리는 데 있어서 가장 힘을 주어 잘하여야만 할 일들이고, 넷째 '다섯 가지 기율'이란 사람이 시간이나 날짜를 깨닫고 기록하는 데 꼭 필요한 요소이고, 여섯째 '세 가지 덕'이란 사람과 사람 사이의 기본 관계이고, 일곱째 '의심을 물음'은 점을 치는 기본 방법(옛날 사람들은 개인의 생활이나 정치를 하는 데 있어서 꼭 점을 쳐 그 일을 할까, 하지 말까를 결정하고 행하였다)이고, 여덟째 '여러 가지 징험'이란 자연현상과 사람의 생활과의 기본 관계이고, 아홉째 '다섯 가지 복'이란 사람들의 행복의 다섯 가지 기본 요소이며, '여섯 가지 하늘의 형벌'이란 사람들의 불행의 종류를 가리킨다.

　이 '큰 규범'이란 사람들이 살아가는 데 꼭 필요한 아홉 가지의 기본원리인 것이다. 개인과 나라와 자연현상과의 관계가 모두 이 속에 담겨 있다. 그래서 옛사람들은 이 '위대한 원리 아홉 조목(洪範九疇)'을 매우 중시하였다.

7. 여족이 보내온 개(旅獒)

서서(書序)

서쪽의 여족(旅族)이 큰 개(獒)를 바쳐왔다. 태보가 이때 「여족이
보내온 개」를 지었다.

西旅獻獒, 太保作旅獒.

이 편은 금문에는 없는 가짜 고문에 속하는 것이다. 여(旅)는 옛날 중
국의 아홉 주 밖 서쪽에 살던 오랑캐 이름. 오(獒)는 개(犬)의 한 종류.
이 여족들이 주나라 무왕에게 큰 개를 바쳐왔다. 이때 태보(太保)였던
소공(김公)이 임금을 훈계하기 위하여 지은 것이 이 편이라 한다.

주나라 태보(太保)였던 소공의 초상,
「삼재도회(三才圖會)」 인물권(人物卷)에서

상나라를 쳐부수자 드디어 모든 사방의 오랑캐들과 교통이 열리었다. 서쪽의 여족이 그들의 큰 개를 공물로 바쳐왔는데, 태보가 이에 「여족이 보내온 개」라는 글을 지어 임금을 훈계하였다.

原文　惟克商하니 遂通道于九夷八蠻이라. 西旅底貢厥獒러니 太保乃作旅獒하여 用訓于王하니라.

註解　•九夷八蠻(구이팔만)－사방의 모든 오랑캐들. 동쪽 오랑캐를 이(夷), 서쪽 오랑캐를 융(戎), 남쪽 오랑캐를 만(蠻), 북쪽 오랑캐를 적(狄)이라 한다(『禮記』). 9와 8이라는 숫자는 많은 것을 뜻하며, 이(夷)와 만(蠻)으로 사방의 오랑캐 전부를 대표한 것이다. •底貢(저공)－공물로 갖다 바치는 것. •太保(태보)－벼슬 이름으로 삼공(三公) 중의 하나. 이때의 태보는 문왕의 서자인 소공(召公)이었다.

"아아! 명철한 임금님께서 덕을 삼가시니, 사방의 오랑캐들이 모두 찾아와 굴복하였습니다. 먼 곳 가까운 곳 할 것 없이 모두가 그들 고장의 산물을 바쳐왔는데, 대체로 늘 쓰이는 옷과 음식과 그릇이었습니다.

原文　曰 ; "嗚呼라! 明王愼德하니 四夷咸賓하나이다. 無有遠邇로 畢獻方物하니 惟服食器用이니이다.

註解　•明王(명왕)－명철한 임금. •四夷(사이)－사방의 오랑캐. •賓(빈)－여기서는 복종하고 굴복하여 찾아뵈러 오는 것. •畢(필)－모두. 다. •方物(방물)－그 지방의 토산물.

임금님께서는 곧 덕으로 말미암아 여러 나라가 바쳐온 물건들을 온 세상에 밝혀주어, 그들의 할 일을 태만히 하지 않도록 하셨습니다. 보배와 옥을 아저씨뻘이 되는 분들의 나라에 나누어 주어, 친애함을 더욱 두터이 하셨습니다. 사람들은 그 물건을 가벼이 여기지 않고, 그 물건들을 임금님의 은덕으로 여겼습니다.

原文　王乃昭德之致于異姓之邦하사　無替厥服하니이다.　分寶玉于伯叔之國하사　時庸展親하니이다.　人不易物하고　惟德其物하니이다.

註解　・昭(소)─분명히 온 세상에 밝히는 것.　・德之致(덕지치)─덕이 이르도록 한 물건들.　・異姓之邦(이성지방)─천자와 성이 다른 제후들의 나라.　・無替厥服(무체궐복)─그들의 할 일을 태만히 하지 않도록 하는 것.　・伯叔之國(백숙지국)─임금의 아저씨뻘이 되는 제후들의 나라. 앞의 이성지방(異姓之邦)의 반대로 성이 같은 나라들이다.　・時庸(시용)─시이(是以). '그리하여'의 뜻.　・展(전)─두터이 하다.　・易(이)─가벼이 여기다.

덕이 많은 분은 남을 희롱하고 업신여기지 않습니다. 군자를 희롱하고 업신여기면 사람들이 자신의 마음을 다 바치지 않을 것이고, 소인들을 희롱하고 업신여기면 그들은 자기의 힘을 다 바치지 않을 것입니다.

原文　德盛不狎侮니이다.　狎侮君子면　罔以盡人心하고　狎侮小人이면　罔以盡其力하리이다.

註解 • 狎(압)-희롱하는 것. • 侮(모)-업신여기는 것. • 盡人心(진인심)-사
람들이 마음을 다하여 임금을 돕고 따르는 것.

귀와 눈의 즐거움을 추구하지 않으면 모든 법도가 올바르게 될 것
입니다.

原文 不役耳目이면 百度惟貞하리이다.
　　　　불 역 이 목　　　　백 도 유 정

註解 • 役耳目(역이목)-귀를 즐겁게 하는 음악이나, 눈을 즐겁게 하는 여자나
사치 같은 본능적인 즐거움을 추구하는 것. • 百度(백도)-모든 일의 법도.

사람을 놓고 장난치면 덕을 잃을 것이고, 물건을 놓고 장난치면 뜻
을 잃을 것입니다. 뜻은 도에 의하여 편안히 되고, 말은 도에 따라 주
고받아야 합니다. 무익한 일을 함으로써 유익한 일을 해치지 않으면,
일이 잘 이루어질 것입니다. 특이한 물건을 귀하게 여기고 늘 쓰는
물건을 천하게 여기지 않는다면 백성들이 풍족하여질 것입니다.

原文 玩人喪德이요 玩物喪志니이다. 志以道寧이요 言以道接이
　　　완 인 상 덕　　완 물 상 지　　　지 이 도 녕　　언 이 도 접
니이다. 不作無益害有益이면 功乃成하리이다. 不貴異物賤用物이
　　　부 작 무 익 해 유 익　　　공 내 성　　　　불 귀 이 물 천 용 물
면 民乃足이리이다.
　　민 내 족

註解 • 玩(완)-앞의 압모(狎侮)와 비슷한 뜻, 장난치다. • 志以道寧(지이도
녕)-사람의 뜻은 올바른 길을 따름으로써 편안하여진다는 말.

개나 말은 풍토에 성질이 맞는 것이 아니면 기르지 마시고, 진귀한 새나 기이한 짐승을 나라 안에서 기르지 마십시오. 먼 곳의 물건을 보배로 여기지 않으면 먼 곳 사람들이 따르게 될 것이고, 보배로 여기는 것이 오직 어진 사람이라면 곧 가까운 사람들이 편안하게 될 것입니다.

原文 犬馬는 非其土性이면 不畜하시고 珍禽奇獸를 不育于國하소서. 不寶遠物하면 則遠人格하고 所寶惟賢이면 則邇人安하리이다.

註解 • 土性(토성)−그 고장 풍토에 맞는 성질을 지닌 것. • 畜(휵)−기르다. • 格(격)−덕에 굴복하여 오다. 따르다.

아아! 새벽부터 밤까지 부지런히 일하지 않는 일이 없도록 하십시오. 잘달은 행실을 삼가지 않으면 마침내는 큰 덕에 누를 끼치게 될 것입니다. 아홉 길 높이의 산을 만듦에 있어서, 한 삼태기의 흙이 모자라도 일을 다 이루지 못하는 것입니다.

原文 嗚呼라! 夙夜罔或不勤하소서. 不矜細行하면 終累大德하니이다. 爲山九仞에 功虧一簣하니이다.

註解 • 矜(긍)−삼가다. • 細行(세행)−잘고 작은 행동. • 爲山九仞(위산구인)−아홉 길 높이의 산을 만드는 것. • 虧(휴)−부족, 일그러지다. • 簣(궤)−삼태기. • 功虧一簣(공휴일궤)−흙 한 삼태기가 모자라 산을 완성시키지 못하는 것.

진실로 이 길을 따르신다면 백성들은 그들의 삶을 보전하게 되고, 당신께서는 대대로 임금노릇을 하게 될 것입니다."

原文 _{윤 적 자} 允迪玆시면 _{생 민 보 궐 거} 生民保厥居하고 _{유 내 세 왕} 惟乃世王하시리이다."

註解 • 允(윤) — 진실로. • 迪(적) — 나아가다. • 世王(세왕) — 대대로 임금노릇을 하는 것.

解說 임금이란 위엄을 잃거나 특이한 일이나 물건을 좋아해서는 안 된다. 잗달은 일들로부터 한 가지 한 가지 모두 올바른 도를 따라 행동하면 나라는 저절로 잘 다스려진다. 한 가지 조그만 일이 큰 일을 그르치기 쉽다. 공물로 바쳐오는 개 같은 물건을 좋아하다보면 큰 일은 하지 못하게 될 것이니 받지 말라는 것이다. 여기에 보인 "완물상지(玩物喪志)"라는 말은 지금까지도 흔히 쓰이고 있는 교훈이 되는 성어(成語)이다.

8. 쇠줄로 묶어 놓은 궤짝(金縢)

서서(書序)

무왕이 병이 났을 적에 주공이 「쇠줄로 묶어놓은 궤짝」을 지었다.

武王有疾, 周公作金縢.

주공의 조각상, 산동 곡부(曲阜)
천성도(天聖圖)에서

이 편은 금문과 고문에 모두 들어 있다. 금(金)은 쇠의 뜻, 등(縢)은 끈으로 묶다, 또는 봉한다는 뜻. 무왕이 병들어 위독하자, 그의 아우 주공(周公)이 무왕의 병이 낫게 해달라고 조상들에게 제사를 지내면서, 무왕 대신 자기가 병이 들어 죽게 해달라고 조상들에게 비는 축문(祝文)을 지어 빌었다. 그리고 그것을 궤짝에 넣고 쇠줄로 묶어 봉하여 놓았다. 그러자 무왕의 병이 완쾌되었다. 뒤에 무왕이 죽고 어린 성왕(成王, 기원전 1115-기원전 1079 재위)이 뒤를 잇자 주공은 천자 대신 나랏일을 맡아 처리하였다. 그러자 주공의 형제들이 주공이 천자 자리를 넘보고 있다고 모함하였다. 주공은 그 모함을 피하기 위하여 2년 동안이나 동쪽지방으로 가 있었다.

이때 성왕이 주공의 진심을 알아보기 위하여 주공이 전에 무왕의 병을 낳게 하려고 조상들에게 제사 지낸 다음 제사에서 빈 글을 궤짝에 넣고 봉해 놓은 것을 열어보았다. 성왕은 궤짝 속의 축문을 보고서야 주공의 진심을 알고 감격을 한다. 이때 사관이 그때 일의 경과를 기록해 놓은 것이 이 편이다.

이 편은 옛날부터 주공에 관한 전설의 기본 자료로 매우 중시되어 왔으나, 내용 전부가 사실일 수는 없는 일이다.

상나라를 쳐부순 뒤 2년째 되던 해에 임금님께서 병이 나서 편치 못하셨다.

태공과 소공이 말하였다.

"우리가 임금님을 위하여 삼가 점을 치겠습니다."

주공이 말하였다.

"그래가지고는 우리 옛 훌륭한 임금님들의 마음을 움직일 수 없을 것입니다."

原文　既克商二年에 王有疾하사 弗豫하시다. 二公曰；"我其爲王穆卜하리라." 周公曰；"未可以戚我先王이라."

註解　•既克商二年(기극상이년)－상나라를 쳐부순 지 2년째 되던 해, 기원전 1110년. •豫(예)－편안한 것. •二公(이공)－태공(太公)과 소공(召公). 태공은 문왕 때부터의 재상인 태공망(太公望) 여상(呂尙). 소공은 문왕의 서자이며, 이름은 석(奭). •穆(목)－공경하는 것. •戚(척)－마음을 움직이다. 감동시키다.

주공은 이에 스스로 자신이 책임을 지고, 똑같이 깨끗이 치운 땅에 세 제단을 만들었다. 다시 단을 남쪽에 만들고 주공이 거기에 북쪽을 향해 서서, 옥으로 만든 벽(璧)을 앞에 놓고 옥으로 만든 규(珪)를 들고서 태왕과 왕계와 문왕에게 아뢰었다.

原文 　공 내 자 이 위 공 　위 삼 단 동 선 　위 단 어 남 방 　북
公乃自以爲功하고　爲三壇同墠이라.　爲壇於南方하고　北

면　주 공 립 언　치 벽 병 규　내 고 태 왕 왕 계 문 왕
面하여　周公立焉하사　植璧秉珪하고　乃告太王王季文王하시다.

註解　•公(공)－주공(周公). 이하 모두 그러함.　•自以爲功(자이위공)－스스로 자기가 할 일이라 생각하는 것, 스스로 책임을 지는 것.　•三壇(삼단)－태왕(太王)·왕계(王季)·문왕을 위한 3개의 제단.　•墠(선)－제사터로서 땅을 깨끗이 하는 것.　•壇(단)－제사지내는 주공 자신이 설 단.　•植(치)－놓다. 치(置)와 통함.　•璧(벽)－옛날 신에게 제사지낼 때의 예물로 썼던 옥을 둥글게 조각한 물건.　•秉(병)－손에 드는 것.　•珪(규)－옥으로 만든 홀(笏)의 일종.

사관에게 축문을 지어 빌게 하였다.

"당신들의 큰손자 아무개가 나쁜 병이 들어 위태롭게 되어 있습니다. 만약 당신들 세 임금님께서 하늘에 계시며 그 자손을 보호할 책임이 있으시다면, 이 단(旦)으로 아무개의 몸을 대신하도록 하여 주십시오.

原文 　사 내 책 축 왈　유 이 원 손 모　구 려 학 질　약 이 삼
史乃册祝曰；"惟爾元孫某가　遘厲虐疾하니이다.　若爾三

왕　시 유 비 자 지 책 우 천　이 단 대 모 지 신
王이　是有丕子之責于天이시면　以旦代某之身하소서.

  저는 어질게 돌아가신 아버님의 뜻을 잘 따르고, 재능이 많고 재주가 많아 귀신을 잘 섬깁니다. 그러나 당신들의 큰손자는 이 단처럼 재능과 재주가 많지를 못하여, 귀신을 잘 섬기지 못할 것입니다.

原文 予仁若考하고 能多材多藝하여 能事鬼神이니이다. 乃元孫
은 不若旦多材多藝하여 不能事鬼神이리이다.

  그리고 하늘의 뜰에서 명을 내리시어 온 세상을 널리 도와주시고, 아래 땅에서 당신들 자손들의 삶이 안정될 수 있도록 해주십시오. 온 세상 백성들은 공경하고 두려워하지 않는 이가 없게 될 것입니다. 아아! 하늘이 내리신 소중한 명을 망치지 않도록 해주십시오. 우리 옛 훌륭한 임금님들께서도 그래야만 영원히 의지할 곳이 있게 됩니다.

原文 乃命于帝庭하사 敷佑四方하고 用能定爾子孫于下地하시
이다. 四方之民이 罔不祗畏리이다. 鳴呼라! 無墜天之降寶命하소

서. <ruby>我<rt>아</rt></ruby><ruby>先<rt>선</rt></ruby><ruby>王<rt>왕</rt></ruby><ruby>亦<rt>역</rt></ruby><ruby>永<rt>영</rt></ruby><ruby>有<rt>유</rt></ruby><ruby>依<rt>의</rt></ruby><ruby>歸<rt>귀</rt></ruby>리이다.

註解 •命于帝庭(명우제정)－하늘의 뜰에서 무왕에게 명을 내리셨다는 뜻. •敷(부)－널리. •定(정)－안정시키는 것. •下地(하지)－하늘 밑의 땅. •祗(지)－공경하는 것. •畏(외)－두려워하는 것. 백성들이 무왕을 공경하고 그분의 위엄을 두려워한다는 뜻. •墜(추)－떨어뜨리다. 망치다. •寶命(보명)－보배로운 하늘의 명을 받은 주나라의 국운(國運). •依歸(의귀)－의지하다, 기대다.

　이제 저는 곧 큰 거북에게 점을 쳐보겠습니다. 당신들께서 제게 허락하시면, 저는 옥으로 만든 벽(璧)과 규(珪)를 바치고 돌아가 당신들의 명하심을 기다리겠습니다. 당신들께서 제게 허락치 않으신다면, 저는 곧 벽과 규를 거두어들이겠습니다."

原文 <ruby>今<rt>금</rt></ruby><ruby>我<rt>아</rt></ruby><ruby>卽<rt>즉</rt></ruby><ruby>命<rt>명</rt></ruby><ruby>于<rt>우</rt></ruby><ruby>元<rt>원</rt></ruby><ruby>龜<rt>귀</rt></ruby>하리이다. <ruby>爾<rt>이</rt></ruby><ruby>之<rt>지</rt></ruby><ruby>許<rt>허</rt></ruby><ruby>我<rt>아</rt></ruby>면 <ruby>我<rt>아</rt></ruby><ruby>其<rt>기</rt></ruby><ruby>以<rt>이</rt></ruby><ruby>璧<rt>벽</rt></ruby><ruby>與<rt>여</rt></ruby><ruby>珪<rt>규</rt></ruby>하고 <ruby>歸<rt>귀</rt></ruby><ruby>俟<rt>사</rt></ruby><ruby>爾<rt>이</rt></ruby><ruby>命<rt>명</rt></ruby>하리이다. <ruby>爾<rt>이</rt></ruby><ruby>不<rt>불</rt></ruby><ruby>許<rt>허</rt></ruby><ruby>我<rt>아</rt></ruby>면 <ruby>我<rt>아</rt></ruby><ruby>乃<rt>내</rt></ruby><ruby>屏<rt>병</rt></ruby><ruby>璧<rt>벽</rt></ruby><ruby>與<rt>여</rt></ruby><ruby>珪<rt>규</rt></ruby>하리이다."

註解 •命(명)－조상들의 뜻을 알아보기 위하여 점을 쳐보겠다는 뜻. •以(이)－용(用)과 통하여, 여기서는 신에게 바친다는 뜻. •屏(병)－거두어들인다는 뜻.

　그리고 세 거북에게 점을 쳐 보니 다 같이 일이 잘될 것이라는 점괘가 거듭되었고, 자물쇠를 따고 책궤를 열어 점책을 보니 역시 일이 잘될 것이라 하였습니다.

原文 <ruby>乃<rt>내</rt></ruby><ruby>卜<rt>복</rt></ruby><ruby>三<rt>삼</rt></ruby><ruby>龜<rt>귀</rt></ruby>하니 <ruby>一<rt>일</rt></ruby><ruby>習<rt>습</rt></ruby><ruby>吉<rt>길</rt></ruby>이요 <ruby>啓<rt>계</rt></ruby><ruby>籥<rt>약</rt></ruby><ruby>見<rt>견</rt></ruby><ruby>書<rt>서</rt></ruby>하니 <ruby>乃<rt>내</rt></ruby><ruby>并<rt>병</rt></ruby><ruby>是<rt>시</rt></ruby><ruby>吉<rt>길</rt></ruby>이라.

• 三龜(삼귀)-세 마리의 거북. 세 임금에게 빌었기 때문에 각각 세 마리 거북에게 점친 것이다. • 一(일)-한결같이. • 習(습)-겹치다. 거듭되다. • 籥 (약)-자물쇠. 계약(啓籥)은 자물쇠를 따고 책궤를 여는 것. • 書(서)-점을 치는데 쓰는 책. • 幷(병)-모두.

주공이 말하였다.

"점괘는 임금에게 해가 없음을 나타내고 있다. 나 같은 작은 사람 이 세 임금들로부터 새로 명을 받았으니, 끝까지 잘 노력할 것이다. 이제 기다려 볼 것이니, 우리의 한 분을 잘 돌보아 주실 것이다."

公曰;"體는 王其罔害로다. 子小子이 新命于三王이니 惟永終是圖하리라. 玆攸俟니 能念子一人이리라."

• 體(체)-점괘. 점상(占象). 또는 점의 결과가 거북에 나타난 모양. • 永 終(영종)-영구(永久). 끝까지. • 圖(도)-꾀하다. 노력하다. • 攸俟(유사)-결과를 기다려 보겠다는 뜻. • 念(념)-생각하고 돌보는 것. • 子一人(여일인)-무왕을 가 리킴. 앞의 '작은 사람(小子)'은 무왕, 여기에 '한 사람(一人)'은 중공을 가리킨다 고 보는 이들도 많다.

주공은 돌아가 쇠로 봉한 궤짝 안에 축문을 넣어 놓았다. 임금은 이튿날에 곧 병이 나으셨다.

公歸하여 乃納册于金縢之匱中이라. 王翼日乃瘳하시니라.

• 册(책)-축문.

무왕이 돌아가신 뒤에 관숙과 그의 여러 아우들이 나라에 뜬소문을 퍼뜨리었다.

"주공은 장차 어린아이에게 이롭지 않은 짓을 할 것이다."

주공은 이에 태공과 소공에게 아뢰었다.

"내가 피하지 않는다면, 나는 우리 옛 훌륭한 임금님들께 아뢸 말이 없게 될 것입니다."

原文 武王旣喪에 管叔及其群弟가 乃流言於國曰 ; "公將不利於孺子하리라." 周公乃告二公曰 ; "我之弗辟면 我無以告我先王이라."

註解 ・旣喪(기상)—죽은 뒤. 무왕은 기원전 1105년에 죽고, 기원전 1104년에는 열세 살 된 무왕의 아들 성왕(成王)이 즉위하였다. ・管叔(관숙)—문왕의 셋째 아들로 이름은 선(鮮). 무왕의 아우며 주공의 형. 여러 아우들이란 채숙(蔡叔)과 곽숙(霍叔). ・流言(유언)—뜬소문. ・孺子(유자)—어린아이. 성왕을 가리킴. ・辟(피)—피하다. 피(避)와 통함. 뒤에 보이는 것처럼 주공은 2년 동안 몸을 피하여 동쪽으로 가 있었다.

주공이 동쪽에 가서 지낸 지 2년 만에 죄인들이 잡히게 되었다.

原文 周公居東二年에 則罪人斯得이라.

註解 ・斯(사)—강조하는 뜻을 겸하였음. ・得(득)—잡히었다는 뜻. 이것은 성왕이 주공을 의심했던 것을 뉘우치고, 간악한 짓을 일삼는 주왕의 아들 무경(武庚)을 치고 관숙(管叔)을 베고 채숙(蔡叔)을 내친 일을 가리킨다(다음편 「세상에 널리

고하는 말」참조).

그 뒤에 주공은 시를 지어 임금님께 바쳤는데, 그 제목은「올빼미」
라는 것이었다. 임금님도 또한 감히 주공을 꾸짖을 수가 없었다.

原文　于後에 公乃爲詩以貽王하여 名之曰 '鴟鴞'로다. 王亦未
敢誚公하시다.

註解　•鴟鴞(치효)-올빼미. 이 시는 『시경』 빈풍(豳風)에 실려 있다. •誚
(초)-꾸짖다.

가을에 크게 곡식이 여물었으나 아직 거둬들이지 않고 있을 때에
하늘에서 크게 우레와 번개가 치며 바람이 불어, 곡식이 모두 넘어지
고 큰 나무가 뽑히어지니, 나라 사람들이 크게 두려워하였다. 임금은
고관들과 더불어 예복을 차려 입고서 쇠로 봉해 놓은 글을 열어 보았
다. 이에 주공이 자신이 책임져야 할 일이라 생각하고, 무왕의 병을
대신하겠다고 빈말이 적힌 축문을 발견하였다.

原文　秋에 大熟未穫이어늘 天大雷電以風하여 禾盡偃하고 大木
斯拔하니 邦人大恐이라. 王與大夫盡弁하고 以啓金縢之書라. 乃
得周公所自以爲功하여 代武王之說하시다.

註解　•禾(화)-벼. 곡식. •斯(사)-강조하는 뜻을 가졌음. •弁(변)-주대의

예복과 함께 쓰던 관. 여기서는 예복을 입고 관을 썼다는 뜻. •代武王之說(대무왕
지설)—주공이 무왕의 병을 대신하여 자기가 죽도록 하여 달라고 빈말이 적힌 문
서의 뜻.

　태공과 소공 및 임금이 이에 사관들과 여러 일하는 관리들에게 그
것에 대하여 물으셨다. 그들은 대답했다.

　"정말입니다. 아아! 주공께서 명하시어 우리들은 감히 말을 못하였
습니다."

原文　二公及王이 乃問諸史與百執事하니라. 對曰 ; "信이니이
다. 噫라! 公命하사 我勿敢言이니이다."

註解　•信(신)—진실로.

　임금님은 글을 듣고 울면서 말하였다.

　"그것은 삼가 점쳐볼 필요도 없다. 옛날에 주공께서는 임금 집안을
위하여 부지런히 수고하셨으나, 오직 나만이 어려서 알지 못하고 있
었다. 지금 하늘은 위엄을 나타내시어 주공의 덕을 밝혀 주셨다. 이
작은 사람은 그분을 친히 맞아들이리라. 우리나라의 예에 따라 그렇
게 하는 것이 옳은 일이다."

原文　王執書以泣曰 ; "其勿穆卜이로다. 昔公勤勞王家시어늘
惟子沖人弗及知라. 今天動威하사 以彰周公之德하니라. 惟朕小

자　기신역　　　아국가례역의지
子이 其新逆하리라. 我國家禮亦宜之니라.”

註解 •其勿穆卜(기물목복)－성왕이 하늘의 재난의 원인을 알아내기 위하여 주
공이 쇠로 봉해 놓은 궤짝을 우선 조사하였던 것인데, 이러한 사실을 알았으니,
‘이제는 삼가 점을 쳐서 재난의 원인을 알아볼 필요가 없다’는 뜻. 임금은 재난의
원인은 자기가 충성된 주공을 의심한 때문이라고 깨달았기 때문이다. •沖人(충
인)－어린 사람. •新(신)－친(親)과도 통하여 ‘친히’의 뜻. •逆(역)－마중하는
것. •禮亦宜之(예역의지)－‘예에 따르더라도 또한 그분을 자신이 친히 잘 모심이
옳다’는 뜻.

　임금이 교외로 나가니 하늘은 비를 내렸고, 반대로 바람이 부니 곡
식은 모두 일어났다. 태공과 소공은 나라 사람들에게 명하여 넘어진
큰 나무들을 모두 일으켜 세우고 북을 돋아주게 하였다. 그러자 그
해에 크게 풍년이 들었다.

原文
왕 출 교　　　천 내 우　　반 풍　　　화 즉 진 기　　이 공 명 방
王出郊하니 天乃雨하고 反風하니 禾則盡起라. 二公命邦
인　　범 대 목 소 언　　진 기 이 축 지　　세 즉 대 숙
人하여 凡大木所偃을 盡起而築之하니 歲則大熟하니라.

註解 •築(축)－나무에 북을 돋아주는 것.

解說　주공은 충성을 다하며 어린 조카인 성왕을 위하여 나라의 정사를
도맡아 일하였다. 그러나 그의 형제들까지도 주공에게 딴 마음이 있다고
뜬소문을 퍼뜨리자, 그는 잠시 동쪽 땅으로 몸을 피하였다. 그러나 결국 주
공을 해치려는 사람들이 반란을 일으키자, 주공은 친히 군사들을 이끌고
동쪽지방으로 출동하여 이들을 정벌하였다. 그러나 성왕의 주공에 대한 의

심은 완전히 풀리지 않는다. 그러나 풍년이 든 해의 가을에 불어 닥친 폭풍의 피해를 기화로, 성왕이 주공이 무왕의 죽음을 자기로 대신하여 달라고 조상들에게 빈 축문을 보게 되어 임금의 의심이 완전히 풀린다.

주공이 몸을 피하여 있으면서 임금에게 보낸 「올빼미」라는 시는 다음과 같은 것이다.

> 올빼미야! 올빼미야!
> 내 자식 이미 잡아갔으니,
> 내 둥지는 부수지 마라.
> 알뜰살뜰 그를 길러 왔으니
> 그 자식이 가엾단다.

이것은 그 시의 제1절이다. '올빼미'는 본문에 나온 관숙(管叔)·채숙(蔡叔) 같은 나쁜 신하들, '자식'은 자기의 조카인 나이 어린 성왕(成王), '둥지'는 주나라를 가리킨다. 어린 성왕이 간신들의 손에 흔들리어 주나라가 위태로워지고 있음을 풍자한 시이다.

9. 세상에 널리 고하는 말(大誥)

서서(書序)

　무왕이 죽자, 삼감(三監, 管叔·蔡叔·霍叔의 3인)과 회땅의 오
랑캐들이 반란을 일으켰다. 주공은 성왕을 보좌하면서 은나라의
남아 있는 세력을 쓸어 없애려 하였다. 이때 「세상에 널리 고하는
말」이 지어졌다.

　武王崩, 三監及淮夷叛, 周公相成王, 將黜殷. 作大誥.

주나라 성왕 초상, 『삼재도회
(三才圖會)』인물권(人物卷)에서

　이 편은 금문과 고문에 모두 들어 있
다. 대고는 '크게 고한다.' 또는 '세상
에 널리 고하는 말'의 뜻.

　무왕이 죽은 뒤, 어린 성왕이 즉위하
고 주공이 섭정을 하게 되었는데, 그의
형제인 채숙(蔡叔)과 관숙(管叔) 등이
주공에게 딴 마음이 있다고 뜬소문을
퍼뜨리어 성왕조차도 충성된 주공을 의
심하였다. 그러자 주공은 몸을 피하여
숨어 살고 있었다. 그러자 좋은 기회가
왔다고 생각한 그를 모함하던 관숙과
채숙 및 곽숙(霍叔)은 곧 주(紂)임금의 아들 무경(武庚)과 함께 반란을 일
으키어 민심을 소란케 하였다. 이를 흔히 '삼감(三監)의 란'이라 부른다.
이에 주공은 곧 스스로 나서서 이들을 치려 하였다. 그러나 많은 신하들
이 전쟁을 반대하자, 주공은 성왕의 이름을 빌어 온 천하에 이들을 쳐야
만 될 이유를 밝혔다. 사관이 그 말을 기록한 것이 이 편이라 한다.

임금님이 다음과 같이 말하였다.

"아아! 그대들 여러 나라와 일을 맡아보는 그대들에게 널리 고하오.

原文　　<ruby>王若日<rt>왕 약 왈</rt></ruby>；"<ruby>猷<rt>유</rt></ruby>라! <ruby>大誥爾多邦<rt>대 고 이 다 방</rt></ruby>과 <ruby>越爾御事<rt>월 이 어 사</rt></ruby>하노라.

註解　　• 猷(유) - 감탄사. • 越(월) - 여(與)와 통하여 '……과' 또는 '및'의 뜻.
• 御事(어사) - 여러 가지 일을 맡아보는 관리와 군인들.

불행히도 하늘은 우리 집안에 재앙을 내리시는 일을 조금도 늦추지 않으셨소. 크게 생각하여 보건대, 이 어린 사람이 한없이 큰 나라의 운명과 다스리는 일을 계승하였으나, 지혜를 발휘하여 백성들을 편안히 이끌지 못하였소. 하물며 하늘의 명을 제대로 이해했다고 말할 수 있겠소?

原文　　<ruby>弗弔<rt>불 조</rt></ruby>히 <ruby>天降割于我家<rt>천 강 할 우 아 가</rt></ruby>하사 <ruby>不少延<rt>불 소 연</rt></ruby>이라. <ruby>洪惟我幼沖人<rt>홍 유 아 유 충 인</rt></ruby>이 <ruby>嗣無疆大歷服<rt>사 무 강 대 력 복</rt></ruby>하여 <ruby>弗造哲<rt>불 조 철</rt></ruby>하고 <ruby>迪民康<rt>적 민 강</rt></ruby>이라. <ruby>矧日其有能格知天<rt>신 왈 기 유 능 격 지 천</rt></ruby><ruby>命<rt>명</rt></ruby>가?

註解　　• 弗弔(불조) - 불행의 뜻(王國維『觀堂集林』卷一 與友人論詩書中成語書 참조). • 割(할) - 재앙. 무왕의 죽음을 뜻함. • 少延(소연) - 재앙을 내리는 일을 '조금도 늦추지 않았다'는 뜻. • 洪惟(홍유) - 크게 생각하는 것. • 疆(강) - 끝. 경계. 무강(無疆)은 한이 없는 것. • 歷(역) - 역수(歷數)로 운명의 뜻. • 服(복) - 일. 대력복(大歷服)은 나라의 운명과 나라를 다스리는 일. • 造哲(조철) - '어질게 하다', 또는 '지혜를 발휘하다'의 뜻. • 迪(적) - 이끌다. • 格(격) - 격지(格知)는 궁리하여 아는 것. 격물치지(格物致知)와 같은 용법임.

그리하여 작은 사람 나는 깊은 물을 건널 때처럼, 나는 오직 내가 건널 곳을 찾아 다녔소. 아름다운 정치를 펴고, 옛 분들이 받은 명을 펴며, 이러한 큰 일을 잊지 않으려 하였소. 나는 감히 나를 통해 하늘이 위압을 내리시려는 뜻을 거역치 못하오.

原文 已子_惟小子이 若涉淵水하니 子惟往求朕攸濟라. 敷賁하고 敷前人受命하며 玆不忘大功이라. 子不敢閉于天降威用이라.

<small>이 여유소자   약섭연수   여유왕구짐유제   부비   부전인수명   자불망대공   여불감폐우천강위용</small>

註解 • 已(이)－접속사로서 '앞의 말을 받아 또 다른 말을 시작할 때 쓰는 말'《集傳》임. 곧 '그리하여' '그러니' 의 뜻. • 淵水(연수)－깊은 물. • 敷(부)－펴다, 시행하다. • 賁(비)－꾸미어 아름다운 것으로 아름다운 정치를 가리킴. • 受命(수명)－천명을 받은 것. • 閉(폐)－거역하는 것. • 威用(위용)－위압을 나타내는 것으로, 무도한 무경(武庚)과 관숙(管叔) 및 채숙(蔡叔)을 벌하려 함을 뜻함.

나라를 편케 하신 임금님께서는 나에게 큰 보배로운 거북을 남겨 주시어, 하늘의 밝은 뜻을 알아보도록 하셨소. 그래서 점을 치니, '서쪽 땅에 큰 어려움이 있을 것이다. 서쪽 땅 사람들은 매우 안정되지 못하고 동요하고 있다.' 는 것이오.

原文 寧王遺我大寶龜하사 紹天明하시니라. 卽命하니 曰 ; '有大艱于西土라라. 西土人亦不靜하고 越玆蠢이라.'

<small>영왕유아대보귀   소천명   즉명   왈   유   대간우서토   서토인역부정   월자준</small>

註解 • 寧王(영왕)－'나라를 편케 하신 임금' 으로 무왕을 가리킴. 문왕이라 보는 이도 있으나, 뒤의 영무(寧武) 영고(寧考)와 같이 모두 무왕으로 봄이 좋다고 믿는다. 영고는 무왕을 가리키어, 무왕이 문왕을 문고(文考)라 부르던 말과 대비가

된다. •紹天明(소천명)-하늘의 밝으심을 이어 받게 하셨다는 뜻. 즉 거북을 통하여 점을 침으로써 하늘의 올바른 뜻을 알게 하셨다는 것이다. •命(명)-점을 치게 하는 것. •靜(정)-안정의 뜻. 곧 서쪽 땅인 주나라 사람들이 안정되지 못할 것이라는 뜻. •越(월)-조사. •蠢(준)-꿈틀거리다. 동요하다.

　은나라의 조그만 임금이 감히 그의 왕업을 크게 바로잡아 보겠다 벼르고 있소. 하늘이 위압을 내리시니, 우리나라에 잘못이 있어 백성들이 편안치 못하다고 여기고서, '내가 우리의 법통을 되찾겠다'고 하며 도리어 우리 주나라를 넘보고 있소.

原文　殷小腆이 誕敢紀其叙라. 天降威하니 知我國有疵하여 民
不康하고 曰 ; '子復'이라 하고 反鄙我周邦이라.

註解　•小腆(소전)-작은 임금, 곧 은(殷)나라 주왕의 아들 녹보(祿父), 곧 무경. •誕(탄)-크게. •紀其叙(기기서)-그의 왕업(王業)을 바로잡으려 하는 것. •天降威(천강위)-하늘이 위압을 내리다. 무왕의 죽음을 가리킴. •疵(자)-결함. 흠. 잘못. •子復(여복)-'내가 잃은 우리나라의 법통(法統)을 되찾아보겠다'는 뜻. •鄙(비)-천히 여기다. 넘보다.

　지금 움직이고 있는데, 움직이기 시작한 다음날 백성들이 열 사람을 바쳐와 나를 돕게 함으로써, 나라를 편케 하신 무왕께서 꾀하시던 일을 잘 계승하도록 하였소. 내가 큰 일을 한다 해도 좋은 결과가 될 것이니, 내 점은 언제나 길하기 때문이오.

原文　今蠢하니 今翼日에 民獻有十夫予翼하여 以于敉寧武圖

^공功이라. ^{아 유 대 사}我有大事라도 ^휴休리니 ^{짐 복 병 길}朕卜幷吉이라.

註解 ・蠢(준)―무경(武庚)이 움직이기 시작하는 것. ・今翼日(금익일)―무경이 반란을 일으키어 움직이기 시작한 다음날. ・十夫(십부)―열 사람의 유능한 사람. ・翼(익)―돕다. ・粉(미)―어루만지다. 잘 계승하다. ・寧武(영무)―나라를 편케 하신 무왕. ・圖功(도공)―주나라를 잘 다스리는 일을 뜻함. ・休(휴)―아름다운 것. 좋은 결과.

그러므로 나는 나의 우방 제후들과 장관들·관리들 및 일을 맡아 보는 사람들에게 고하오.

"나는 일이 잘될 것이라는 점친 결과를 얻었소. 나는 당신들 여러 나라들과 함께 은나라의 도망 다니는 신하들을 치러 가려 하오."

原文 ^{사 여 고 아 우 방 군}肆予告我友邦君과 ^{월 윤 씨 서 사 어 사}越尹氏庶士御事하노라. ^왈曰;"^{여 득 길}予得吉 ^복卜이니 ^{여 유 이 이 서 방}予惟以爾庶邦으로 ^{우 벌 은 포 파 신}于伐殷逋播臣하노라."

註解 ・越(월)―여(與). 곧 '……과'의 뜻. ・尹氏(윤씨)―여러 관청의 장(長). ・庶士(서사)―여러 관리들. ・御事(어사)―일을 맡아보는 사람들. 서사(庶士)를 무관(武官)으로, 어사(御事)는 문관(文官)으로 보는 이도 있다. ・逋播臣(포파신)―도망 다니는 신하. 곧 죄진 신하의 뜻. 무경과 그 신하들을 가리킴.

그대들 여러 나라의 제후들과 여러 관리 및 일을 맡은 사람들은 반대치 않는 이가 없었소. '어렵고 큰 일입니다. 백성들이 안정치 못하고 있는 것은 오직 임금의 궁전 사람들과 제후들 집안사람들 때문입니다. 우리 아래 작은 사람들은 윗사람을 공경하는 뜻에서 정벌을 하

면 안 된다고 여깁니다. 임금님께서는 어찌하여 점을 어기지 않으려 하십니까?'

原文 爾庶邦君과 越庶士御事는 罔不反曰 ;'艱大하니이다. 民

原文 爾庶邦君과 越庶士御事는 罔不反曰 ;'艱大하니이다. 民
不靜은 亦惟在王宮邦君室이니이다. 越子小子考翼이니 不可征이
니이다. 王害不違卜이니이까?'

註解 •艱大(간대)－어렵고도 큰 일로서 무경을 치는 일을 가리킴. •惟在王宮
(유재왕궁)－백성들이 안정치 못하는 이유가 '오직 임금의 친족인 관숙이나 채숙
에게 있다'는 뜻. 그들은 왕실의 사람들이다. •邦君室(방군실)－제후의 집안, 곧
무경의 집안을 가리킴. 곧 집안일이니 전쟁까지 일으킬 필요가 없다는 말. •考
(고)－효(孝)와 통하여 윗사람을 섬기는 것. •翼(익)－공경하는 것. 곧 자기들은
윗사람들을 섬기고 행동을 공경히 한다는 뜻에서, 무경이나 관숙·채숙을 못 치겠
다는 말. •害(할)－어찌.

이에 이 어린 사람은 오래 갈 어려움을 생각하고 '아아! 정말로 소
동을 그대로 둔다면 홀아비와 과부들이 불쌍하다.'고 말했소. 내가
할 일은 하늘의 부리심을 받는 것이니, 나 자신에게 큰 일이 내려지
고 어려움이 맡기어졌소. 이에 이 어린 사람은 나 자신을 걱정할 겨
를도 없소. 옳기로 말한다면, 당신들 제후들과 장관이나 일을 맡아보
는 여러 사람들은 나를 위로해 주면서, '걱정을 하지 마십시오. 당신
나라를 편히 하신 아버님께서 꾀하시던 일을 이루지 않으면 안 됩니
다.'고 말해야만 될 거요.

原文 肆予沖人이 永思艱하고 曰; '嗚呼라! 允蠢이면 鰥寡이 哀哉로다.' 予造天役이며 遺大投艱于朕身이라. 越予沖人은 不卬自恤이라. 義엔 爾邦君과 越爾多士인 尹氏御事는 綏予曰; '無毖于恤하소서. 不可不成乃寧考圖功이니이다' 해야 하니라.

註解 ·允蠢(윤준)-'정말로 소동을 일으키게 그냥 둔다면'. ·鰥(환)-홀아비. ·寡(과)-과부. 환과(鰥寡)는 홀아비·과부들을 위시하여 의지할 곳 없는 사람들. ·造(조)-하는 일. ·天役(천역)-하늘이 부리는 것. ·遺大(유대)-큰 일을 내려 주었다는 뜻. ·投艱(투간)-어려움을 맡기는 것. ·卬(앙)-나. 아(我). ·恤(휼)- 근심하는 것. ·義(의)-'옳은 것으로 말한다면'의 뜻. ·綏(수)-편안한 것. 위안하는 것. ·毖(비)-말하는 것(『釋義』). ·寧考(녕고)-나라를 편케 하신 아버지, 곧 무왕.

그러니 이 작은 사람은 감히 하늘의 명을 저버리지 못하겠소. 하늘은 나라를 편케 하신 임금님을 아름답게 여기시어 우리 작은 주나라를 일으키셨소. 나라를 편케 하신 임금님께서는 오직 점을 따르시어 하늘의 명을 편히 받으실 수가 있었소. 지금 하늘은 백성들을 돕고 계시니, 또 점을 따라야만 하겠소. 아아! 하늘이 천벌을 내리시는 것은 우리의 크고 큰 나라의 터전을 더 든든히 해주시려는 때문이오."

原文 已予惟小子는 不敢替上帝命이라. 天休于寧王하사 興我小邦周라. 寧王惟卜用하사 克綏受玆命이라. 今天其相民하시니 矧亦惟卜用이라. 嗚呼라! 天明畏는 弼我丕丕基시니라."

註解 •替(체)-폐하는 것. 저버리는 것. •綏受(수수)-편히 받는 것. •兹命 (자명)-천명의 뜻. •相(상)-돕다. •矧(신)-하물며. 여기서는 '어떻든'의 뜻. •明畏(명외)-두려움을 밝히는 것. 곧 천벌을 내리는 것. •조조(비비)-크고 큰. •基(기)-왕기(王基). 나라의 터전.

임금님이 말하였다.

"그대들 중 옛 관리들은 먼 지난 일도 잘 살필 수 있을 것이니, 그대들은 나라를 편히 한 임금님께서 어떤 일에 부지런하셨는가를 알 것이오. 하늘은 슬며시 우리가 성공할 것을 알리셨으니, 나는 감히 나라를 편히 하신 임금님께서 꾀하시던 일을 계승하여 잘 끝맺지 않을 수가 없소. 그래서 나는 우리와 친한 나라의 제후들을 크게 깨우쳐 이끌려는 것이오. 하늘은 믿고 있을 수만은 없는 것이니, 하늘의 뜻을 우리 백성들에게서 살펴 알아내어야 하오. 내 어찌 옛 나라를 편히 하신 분들이 꾀하시던 일을 끝맺지 않을 수 있겠소? 하늘도 우리 백성들을 부지런히 삼가도록 하시면서 병이 있는 사람을 돌보듯 하고 계시오. 내 어찌 옛 나라를 편히 하신 분들이 받은 아름다운 하늘의 명을 감히 끝까지 잘 계승하지 않을 수 있겠소?"

原文 王曰; "爾惟舊人은 爾조克遠省이리니 爾知寧王若勤哉리라. 天閟毖我成功所니 予不敢不極卒寧王圖事로다. 肆予大化誘我友邦君이라. 天棐忱辭하고 其考我民이라. 予曷其不于前寧人圖功攸終이리요? 天亦惟用勤毖我民하사 若有疾이시니라. 予曷敢不于前寧人攸受休畢이리요?"

・舊人(구인)－옛 무왕 때부터 일해 온 관리들. ・遠省(원성)－멀리 과거를 되새기는 것. ・閟(비)－슬며시. 몰래. 비비(閟毖)는 몰래 슬며시 알리는 것. ・所(소)－어조사. 「소공이 널리 고하는 말」의 '왕경작소(王敬作所)', 「소공 석을 만류함」의 '다력년소(多歷年所)'의 소(所)자들이 모두 어조사로 뜻 없음과 같다(『釋義』). ・極卒(극졸)－잘 끝맺는 것. ・化(화)－교화의 뜻. 화유(化誘)는 깨우쳐 이끄는 것. ・棐(비)－비(匪)와 통하여 부정사. ・忱(침)－믿는 것. ・辭(사)－사(斯)와 같은 조사. ・考(고)－살펴 알아내는 것. 고아민(考我民)은 위 사실을 '우리 백성들의 동정 속에서 알아내는 것'. ・寧人(녕인)－나라를 편케 한 사람들. 곧 무왕・태왕 같은 조상들. ・攸終(유종)－이종(以終), 곧 '……을 잘 끝맺는 것'. ・勤(근)－부지런한 것. ・毖(비)－삼가는 것. 若有疾(약유질)－병이 있는 것처럼 하늘이 백성들을 올바른 길로 잘 보살펴 인도하였다는 뜻. ・休(휴)－아름다운 것. 하늘의 명을 가리킴. ・畢(필)－끝까지 잘 하는 것.

임금님이 말하였다.

"옛날처럼 나는 그들을 치러 가려 하면서 그 어려움에 대하여 매일 생각하고 있소. 만약 아버지가 집을 지으려고 이미 설계를 이루어 놓았으나, 그의 아들은 집터도 닦으려 하지 않고 있다면 집이 이루어질 수가 있겠소? 그의 아버지가 땅을 일구어 놓았으나, 아들은 씨도 뿌리려 하지 않고 있다면 곡식을 수확할 수가 있겠소? 그를 도와주는 아버지라 하더라도 '내게 후손이 있으니, 우리 터전을 버리지 않을 것이다'고 말하겠소? 그러니 내 어찌 감히 나라를 편케 한 임금님의 큰 명을 이어 나라를 잘 다스리지 않을 수가 있겠소?

原文 王曰 ; "若昔朕其逝에 朕言艱하고 日思라. 若考作室하여 旣底法이로되 厥子乃弗肯堂이면 矧肯構아? 厥父菑로되 厥子乃 弗肯播면 矧肯穫고? 厥考翼이 其肯曰 ; '子有後니 弗棄基'아?

사 여 갈 감 불 월 앙 미 녕 왕 대 명
肆予曷敢不越卬敉寧王大命고?

註解 ・其逝(기서)-동쪽으로 옛날 무경을 치러 가려 하였을 때에. ・若(약)-
만약. ・考(고)-죽은 아버지. ・室(실)-집. ・底法(저법)-계획을 다 마련하여 놓
은 것. 설계를 하여 놓은 것. ・堂(당)-여기서는 집터를 닦는 것. ・構(구)-여기
서는 지붕을 얹어 집을 이루는 것. ・치(菑)-땅을 일구는 것. ・播(파)-씨 뿌리는
것. ・考翼(고익)-그를 도와주려는 아버지. ・後(후)-후손. ・敉(미)-어루만져
잘 다스리는 것.

만약 돌아가신 임금님에게 친구가 있는데, 그들이 자기 자식을 치
려 한다면, 그들을 격려하고 도와주면서 자식을 구하여 주지 않겠
소?"

약 형 고 내 유 우 　 벌 궐 자 　 민 양 기 권 불 구
原文 若兄考乃有友러니 伐厥子면 民養其勸弗救아?"

註解 ・兄考(형고)-'형'은 황(皇)과 통하여 황고(皇考), 선왕, 돌아가신 임금님
을 뜻함. 무왕을 가리키는 말임. ・友(우)-친구. 무경과 관숙, 채숙을 가리킴. ・厥
子(궐자)-성왕 자신을 가리키는 말. ・民養(민양)-'민'은 면(勉), '양'은 장(長)의
뜻으로 격려하는 것. ・勸(권)-권장하다. 도와주다.

임금님이 또 말하였다.
"아아! 힘써 주시오! 그대 여러 나라의 제후들과 일을 맡은 그대들
이여! 나라가 밝아짐은 어진 이로 말미암는 것인데, 또한 돕겠다고
나선 열 사람들은 하늘의 명을 이해하는 사람들이오. 하늘은 믿고 있
을 수만은 없는 것이나, 그대들이 지금 감히 법도를 가벼이 여기지만
않는다면, 하물며 지금 하늘에서 주나라에 재난까지 내리시겠소? 큰

혼란을 일삼는 자들은 매우 가까운 곳에 있는 그들 집안에서 서로 치고 받고 있는데, 그대들도 아직 하늘의 명은 가벼이 할 수 없다는 것을 잘 알지 못하고 있소.

王曰 ; "嗚呼라! 肆哉하라. 爾庶邦君과 越爾御事여! 爽邦由哲이어늘 亦惟十人은 迪知上帝命이로다. 越天棐忱이로되 爾時罔敢易法이면 矧今天降戾于周邦이시랴? 惟大艱人이 誕鄰胥伐于厥室이로되 爾亦不知天命不易로다.

•肆(사)-힘쓰다. •爽(상)-밝은 것. •由哲(유철)-어진 이로 말미암는다. 즉 어진 이의 힘으로 이루어진다는 뜻. •十人(십인)-앞에 나온 십부(十夫)로 백성들 가운데서 자진하여 성왕을 돕겠다고 나온 어진 사람들. •迪知(적지)-앞으로 나아가는 것. 이해하는 것. •棐(비)-비(匪)•비(非)와 통함. •忱(침)-믿는 것. •爾時(이시)-'그대들이 이러한 때에'의 뜻. •易法(이법)-하늘의 법도를 가벼이 여기는 것. •戾(려)-허물. 재난. 백성들의 동요를 가리킨다. •大艱人(대간인)-크게 어려움을 만드는 사람. 즉 무경과 관숙•채숙. •誕鄰(탄린)-매우 가까운 이웃, 바로 이웃에서. •胥(서)-서로. •易(이)-소홀히 하는 것.

나는 오랫동안 '하늘이 은나라를 멸하신 것은 농사꾼의 일과 같은 것이니, 내 어찌 감히 나의 밭일을 끝내지 않을 수 있으랴?'고 생각하여 왔소. 하늘은 또한 이전의 나라를 편케 한 분들을 아름답게 여기고 계시오. 내 어찌 거듭 다시 점쳐 볼 필요가 있겠으며, 감히 점괘를 따르지 않을 수가 있겠소? 나라를 편케 한 분들의 뜻을 따르려 하는데, 그분들은 나라 땅을 잘 다스리라 가르치셨소. 하물며 지금 점이 모두 뜻대로 잘될 것이라 하지 않소? 그래서 나는 크게 그대들과

더불어 동쪽지방을 정벌하려는 것이오. 하늘의 명은 어긋나지 않을
것이고, 점도 이렇게 하라고 말하였소."

原文 予永念曰; '天惟喪殷은 若穡夫시니 予曷敢不終朕畝리
요?' 天亦惟休于前寧人이라. 予曷其極卜하며 敢弗于從고? 率寧
人이니 有指疆土이니라. 矧今卜幷吉이랴? 肆朕誕以爾東征이라.
天命不僭이오 卜陳惟若玆니라."

註解 • 永(영)－오랫동안. •穡夫(색부)－농부. •不終朕畝(부종짐묘)－나의 밭
일을 끝맺지 않는 것. •極(극)－빠르게. 거듭 다시. •從(종)－선조들에게 내린 하
늘의 명을 따르는 것. •指(지)－가르치다, 지시하다. •疆土(강토)－나라 땅을 잘
보전하는 것. •矧今卜幷吉(신금복병길)－선조들께서도 나라 땅을 잘 다스리라 하
셨고, 지금 점을 쳐봐도 길한데 간사한 무리들을 안칠 수가 있겠느냐는 뜻. •僭
(참)－어긋나다. •陳(진)－말하다.

解說 주희가 말한 것처럼 이 편의 문장은 대단히 어렵다. 옛날부터 『서
경』은 중국 산문의 할아버지라 하였지만, 특히 이 편은 많은 고문운동가들
이 본보기라고 말한 글이다. 고문운동이란 산문을 운문처럼 넉 자와 여섯
자 구의 대구(對句)를 주로 써서 짓는 변려문(騈驪文)을 반대하고, 『사기(史
記)』 이전의 옛 산문들처럼 생각나는 대로 자연스런 문장을 써야 한다는
운동이다.
  이 고문운동은 당대 한유(韓愈, 768~824)와 유종원(柳宗元, 773~813)에
의하여 크게 추진되었고, 송 대에 이르러 그 결실을 보았던 것이다. 고문운
동가들이 이 글을 본뜨라고 한 것은, 이 글의 어려움이 아니라 이 글의 형
식이었다.

「세상에 널리 고하는 말」이라 번역한 본래의 제목 '대고'란 '위대한 도로써 천하에 고한 것'(『正義』)이라 옛날 사람들은 흔히 풀이하였다. 그러나 다른 『서경』의 편들에 비하여 특히 '대'란 표현을 쓸 만한 내용은 보이지 않는다. 단순히 주공이 성왕의 명을 빌어 제후들과 그의 신하들에게 무경·관숙·채숙 등을 쳐야 할 이유를 설명한 말이다.

10. 미자에게 내리는 훈령(微子之命)

서서(書序)

　성왕이 은나라의 하늘의 명을 물리치고 무경을 죽인 다음, 미자 계에게 명하여 은나라의 뒤를 대신 맡도록 하였다. 이때 「미자에게 내리는 훈령」이 지어졌다.

　　成王旣黜殷命, 殺武庚, 命微子啓代殷後. 作微子之命.

　이 편은 금문에 없는 가짜 고문에 속하는 글이다. 성왕은 무경을 쳐 죽인 다음에, 그곳에 주(紂)임금의 형인 미자(微子)를 봉하여 송(宋)이라 불렀다. 이 편은 성왕이 미자를 송나라에 봉하며 내린 훈령이다.

　임금은 다음과 같이 말하였다.

　"아아! 은나라 임금의 큰아들이여! 오직 옛 분들을 생각하고 덕 있는 이를 높이며 현명한 이를 본받아, 옛날 우리의 훌륭한 임금들의 전통을 이어받고 그 예의와 문물을 닦으시오. 천자를 제때에 찾아뵙고 나라와 더불어 함께 아름다움을 누리어 영세무궁토록 하시오.

原文　王若曰 ; "猷라 殷王元子여! 惟稽古崇德象賢하여 統承
先王하고 修其禮物하라. 作賓于王家하고 與國咸休하여 永世無

^궁
窮하라.

註解 • 猷(유)-감탄사. • 元子(원자)-큰아들. 미자(微子)는 주(紂)임금의 형이
다. • 稽(계)-생각하다. 참고하다. • 象(상)-본뜨다. 본받다. • 統(통)-전통. • 禮
物(예물)-예의와 문물. • 賓(빈)-손님. 빈복(賓服)의 뜻으로 제후가 천자를 찾아뵙
는 것.

아아! 그대의 할아버지인 큰 공을 이룩하신 탕임금은, 바르고 성스
럽고 넓고 깊은 분이어서 하늘이 돌보시고 도우시어 크게 하늘의 명
까지 받으시었소. 너그러움으로 백성들을 위해 주고, 악하고 사나운
자들을 쫓아내어 공로가 날로 더해져서 덕이 후손들에게까지 드리웠
소.

原文 ^{오 호} 嗚呼라! ^{내 조 성 탕} 乃祖成湯은 ^{극 제 성 광 연} 克齊聖廣淵하시니 ^{황 천 권 우} 皇天眷佑하사 ^탄 誕
^{수 궐 명} 受厥命이라. ^{무 민 이 관} 撫民以寬하고 ^{제 기 사 학} 除其邪虐하여 ^{공 가 우 시} 功加于時하니 ^{덕 수 후} 德垂後
^예 裔하니라.

註解 • 齊(제)-바른 것. • 淵(연)-깊은 것. • 眷(권)-돌보아주다. • 于時(우
시)-시간이 갈수록 더해지는 것. '때에 따라' '날로'의 뜻.

그대는 오직 그분의 길을 따르고 닦아서 오래 전부터 아름다운 소
문이 났소. 삼가 효도를 행하여 신과 사람들을 공경하였으니, 나는
그대의 덕을 가상히 여기어 '성실한 그대의 덕행을 잊지 않을 것이
라' 하였소. 하늘은 그대의 제사를 받아 드실 것이며 아래 백성들도

삼가 화합할 것이니, 이에 그대를 제후로 세워서 이 동쪽 중화 땅을
다스리게 하는 바요.

爾惟踐修厥猷하여 舊有令聞이라. 恪慎克孝하며 肅恭神
人하니 予嘉乃德曰 ; '篤不忘이라' 하니라. 上帝時歆하시며 下民
祗協하리니 庸建爾于上公하여 尹茲東夏하노라.

•踐(천)－따르는 것. •猷(유)－길, 도. •令(령)－아름다운 것. •聞
(문)－소문(所聞). •恪(각)－삼가다. •肅(숙)－공경하다. •嘉(가)－기리다. 가상
히 여기다. •篤不忘(독불망)－'독실한 그대의 덕행을 잊지 않으리라' 는 뜻. •歆
(흠)－제사를 흠향(歆饗)하다. 제사를 잘 받아들이다. •庸(용)－용(用). 이(以)와
통함. •上公(상공)－'상공' 의 작위, 제후를 뜻함. •尹(윤)－다스리다.

공경하오! 가서 그대의 교훈을 펴고 그대의 직책과 명령을 신중히
수행할 것이며, 일정한 법을 따름으로써 왕실의 울타리가 되시오.

欽哉하라! 往敷乃訓하고 慎乃服命하며 率由典常하여 以
蕃王室하라.

•服命(복명)－일과 명령, 직책과 명령. •典(전)－법. •蕃(번)－번(藩)과
같은 뜻. 울타리.

그대의 공 많은 조상의 덕을 넓히고, 그대의 백성들을 법도로 다스
리며, 그 자리를 영원히 편안토록 하여 나 한 사람을 도우시오. 대대

로 덕을 누리고, 온 나라의 모범이 되어, 나의 주나라로 하여금 싫어
하지 않도록 하시오.

原文　弘乃烈祖하고 律乃有民하며 永綏厥位하여 毗子一人하라.
　　　世世享德하고 萬邦作式하여 俾我有周無斁하라.

註解　•弘(홍)－넓히다. •乃烈祖(내렬조)－탕임금의 덕을 가리킴. •律(율)－
법도로 다스리는 것. •毗(비)－돕다. •式(식)－본뜨다. 모범. •斁(역)－싫어하는
것.

　아아! 가서 오직 훌륭하게 일함으로써 나의 명령을 저버리지 마시
오!"

原文　嗚呼라! 往哉惟休하여 無替朕命하라!"

註解　•替(체)－저버리는 것.

解說　옛날 중국의 어진 임금들은 적의 나라를 쳐부수더라도 완전히 그
나라의 후손을 끊지 않았다. 무왕이 주(紂)임금을 쳐부수고 그의 아들 무경
(武庚)을 그 땅에 봉하여 놓았고, 그 무경이 못된 짓을 하자, 성왕은 다시
무경을 쳤으나 그 뒤에는 역시 주임금의 형인 미자(微子)를 그곳에 봉한다.
위대한 덕치주의의 실천이다.

11. 강숙에게 널리 고하는 말(康誥)

서서(書序)

성왕은 관숙과 채숙을 정벌하고 나서, 은나라 나머지 백성들이 사는 곳을 강숙에게 봉해 주었다. 이때 「강숙에게 널리 고하는 말」·「술에 대하여 널리 고하는 말」·「가래나무 재목」이 지어졌다.

成王旣伐管叔蔡叔, 以殷餘民, 封康叔. 作康誥·酒誥·梓材.

이 편은 금문과 고문에 모두 들어 있다. 성왕은 주공을 시켜 무경(武庚)과 함께 관숙(官叔)·채숙(蔡叔)을 정벌한 뒤, 은나라 옛 땅을 쪼개어 한쪽은 미자에게 주어 송(宋)나라라 하였고(「미자에게 내리는 훈령」 참조), 나머지 땅에 강숙(康叔)을 봉하고 위(衛)나라라 하였다. 강숙은 무왕의 어머니 태사(太姒)가 낳은 동생. 위나라를 잘 다스리어 뒤에는 성왕의 사구(司寇)까지 되었다. 성왕이 강숙을 제후로 봉하며 한 말이 이 편이다.

『서경』의 다른 편명의 예로 보아 이 편은 「강숙지명(康叔之命)」이라 해야 옳을 터인데 「강고」라 하였음은 이해하기 곤란하다. 여러 사람들 앞에서 강숙에게 고하였다 하여 그런 제목을 붙인 것도 같다.

3월달 달의 흰빛이 생기기 시작하던 월 초에, 주공은 터를 닦기 시작하여 동쪽 땅 낙(洛)에 새로 큰 도읍을 만들기 시작하였다. 사방의 백성들이 크게 기뻐하며 모여 후복·전복·남복 및 채복·위복의 여

러 관리들과 유랑하던 백성들이 다 같이 주나라의 일을 위하여 힘썼다. 주공은 모든 사람들을 돌보아 주고, 크게 다스리는 법을 고하였다.

주공의 초상, 『삼재도회(三才圖會)』 인물권(人物卷)에서

原文 惟三月哉生魄에 周公初基하여 作新大邑于東國洛이라.

四方民大和會하여 侯甸男邦采衛의 百工播民이 和見士于周라.

周公咸勤하고 乃洪大誥治라.

註解 • 惟三月(유삼월)―어느 해 3월인지 확실치 않다. '왕명으로 다음과 같이 말하였다(王若曰)' 이전의 이 첫 단에 대하여는 학자들의 견해가 구구하다. 소식(蘇軾)은 「낙 땅에 도읍을 만들고 널리 고하는 말(洛誥)」의 앞에 붙어 있던 것이 따로 빠져 나와 여기 와 있는 것이라 하였고(『書傳』), 김리상(金履祥)은 「가래나무 재목(梓材)」의 첫머리로 (『尙書表注』), 진력(陳櫟)은 「소공이 널리 고하는 말(召誥)」 일부가 따로 빠져 나와 있는 것으로 (『書集傳纂疏』), 방포(方苞)는 「여러 관리들에게 알림(多士)」의 첫머리로 (『方望溪先生全集』 「讀尙書記」), 오징(吳澄)은 「가래나무 재목(梓材)」의 일부가 따로 빠져 나와 있는 것으로(『書纂言』), 오여륜(吳汝綸)은 「세상에 널리 고하는 말(大誥)」의 끝머리로 보았다(『尙書故』). 어떻든 이 첫 단은 '왕명으로 다음과 같이 말하였다.(王若曰)' 이후의 말과의 연결이 분명치 않다. 여

기의 '3월'을 『정의』의 설에 따라 주공이 섭정한 지 7년째 되는 해(기원전 1097)의 3월로 보았다. •哉生魄(재생백)－달이 처음으로 하얗게 보이기 시작하는 매월 2, 3일, 또는 그 며칠 뒤(王國維 『觀堂集林』生覇死覇考). •洛(낙)－낙읍(洛邑), 본시는 낙(雒)이라 썼다. 전국(戰國) 이후로는 낙양(洛陽)이라 불렸으며 지금의 하남성(河南省) 낙양현(洛陽縣). •和(화)－화합하고 기뻐하는 것. •侯(후)·甸(전)·男(남)·采(채)·衛(위)－오복(五服)을 가리킴(「禹貢」 참조, 다만 「우임금이 천하의 산과 강물을 다스림」의 오복과는 약간 차이가 있다). 후복(侯服)은 왕성으로부터 1천 리, 다음은 1천5백 리, 다음은 2천 리, 다음은 2천5백 리, 끝의 것은 3천 리 떨어진 거리의 사방 안의 땅. •播民(파민)－「세상에 널리 고하는 말(大誥)」의 포파신(逋播臣)의 뜻으로 고향을 떠나 떠돌아다니는 백성들. 은나라 백성들을 가리킨다. •和(화)－합(合)과 통하여 '다 같이'. •見(현)－힘을 내는 것. •士(사)－사(事)와 통함. 일하다. 섬기다. •咸(함)－다. 모두. •勤(근)－돌보아주다, 위로하다. •誥治(고치)－'나라를 다스리는 데 대하여 고하였다'는 뜻.

왕명으로 다음과 같이 말하였다.

"제후의 우두머리이며 나의 동생인 작은 사람 봉아! 너의 크게 밝으신 아버지 문왕께서는 덕을 밝히고 형벌은 삼가셨고, 감히 홀아비와 과부들도 업신여기지 않으셨으며, 열심히 일하고 공경스러우며 위엄이 있으셨고, 백성들을 존중하셨다. 그리고 중화 땅에 구역을 처음으로 만드시어, 이에 우리 한두 나라들도 그 제도를 따라 다스렸으며, 우리 서쪽 땅은 오직 이분을 의지하고 떠받들게 되었다. 업적이 하늘에 알려지자 하늘은 아름답게 여기시고, 이에 문왕에게 크게 하늘의 명을 내리시어 은나라를 쳐 멸하게 하시니, 그 하늘의 명을 잘 받드셨다. 이에 나라 백성들이 모두 잘 살아가게 되었다. 그것을 나의 형님께서 이어받아 힘쓰셨으니, 그 때문에 너 작은 사람 봉이 이 동쪽 땅을 다스리게 된 것이다."

原文 왕약왈 맹후 짐기제 소자봉 유내비현고문
王若曰 ; "孟侯이며 朕其弟인 小子封이여! 惟乃丕顯考文

왕 극명덕신벌 불감모환과 용용 지지 위위 현
王은 克明德愼罰하시고 不敢侮鰥寡하시며 庸庸, 祗祗, 威威, 顯

민 용조조구하 월아일이방이수 아서토 유시
民하시니라. 用肇造區夏하사 越我一二邦以修하며 我西土는 惟時

호모 문우상제 제휴 천내대명문왕 에융은
怙冒니라. 聞于上帝하니 帝休하사 天乃大命文王하시고 殪戎殷하

시니 탄수궐명 월궐방궐민 유시서 내과형 욱
시니 誕受厥命하시니라. 越厥邦厥民이 惟時敍니라. 乃寡兄이 勗

사여소자봉 재자동토
하니 肆汝小子封이 在茲東土니라."

註解 • 王若曰(왕약왈)—주공이 성왕의 명을 받아 하는 말이라는 뜻이다. • 孟侯(맹후)—제후들의 우두머리. 곧 방백(方伯). • 朕其弟(짐기제)—나의 동생. 여기서 기(其)는 지(之, ……의)의 뜻. • 封(봉)—강숙(康叔)의 이름. • 乃(내)—너. 그대. • 庸庸(용용)—부지런히 일하는 것. 수고하는 것. • 祗祗(지지)—공경히 행동하는 것. • 威威(위위)—위엄이 있는 것. • 顯民(현민)—백성들을 존중하는 것. • 用(용)—이(以)의 뜻. • 區(구)—구역을 나누는 것. • 夏(하)—중화 땅. • 越(월)—조사. 이에. • 一二邦(일이방)—서쪽의 몇 나라의 뜻. • 修(수)—나라를 다스리는 것. • 時(시)—시(是). • 怙(호)—믿고 의지하는 것. • 冒(모)—위에 떠받든다는 뜻. • 殪(에)—멸하다. • 戎(융)—정벌하는 것. • 敍(서)—질서가 잡히다. 잘살게 되다. • 寡(과)—과인(寡人)의 과(寡)자로 자기를 낮춘 말. 과형(寡兄)은 나의 형님, 무왕. • 勗(욱)—힘쓰는 것.

왕명은 또 이어졌다.

"아아! 봉이여! 너는 잘 생각하라. 지금부터 백성들을 잘 다스리기 위하여 너의 아버지 문왕의 업적을 공경히 계승하고, 은나라의 덕정을 베푼 이들에 관한 말을 잘 듣도록 하라. 가서 은나라 옛 어진 임금들 본을 받아 백성들을 돌보아주고 다스려야 한다. 그대는 멀리 상나

라의 늙고 경험 많은 사람들의 말을 들어 마음을 다스리고 교훈으로
삼아라. 그밖에도 옛 어진 임금들에 관한 일을 널리 듣도록 노력하
여, 백성들을 편히 보살펴주면 하늘이 크게 감싸줄 것이다. 만약 네
자신의 덕이 넉넉하면, 왕명으로 쫓겨나는 일이 없을 것이다."

原文 王曰;"嗚呼라 封이어! 汝念哉하라. 今民將在祗遹乃文
考하고 紹聞衣德言하라. 往敷求于殷先哲王하여 用保乂民하라.
汝丕遠惟商耉成人하여 宅心知訓하라. 別求聞由古先哲王하여
用康保民하면 弘于天하리라. 若德裕乃身이면 不廢在王命하리라."

註解 •遹(휼)－쫓다. 따르다. •紹(소)－소(昭)와 통하여, 밝게, 잘. •衣(의)－
은(殷)자와 옛날에는 통용됨, 은나라. •敷求(부구)－널리 추구하다. 본받다. •丕
(비)－강조하는 뜻을 지님. •惟商(유상)－오직 상나라의 ……의 말을 들으라는
뜻. •耉成人(구성인)－나이 많고 경험 많은 사람. •宅心(택심)－그 사람들의 말
을 들어 '마음을 다스리라'는 뜻. •別求聞(별구문)－'그밖에도 …을 듣도록 노력
하라'는 뜻. •弘于天(홍우천)－『순자(荀子)』부국편(富國篇)에 이 글을 인용하여
'홍복호천(弘覆乎天)'이라 했다. 곧 '하늘이 널리 덮어 감싸줄 것이다'의 뜻. •裕
(유)－넉넉한 것. •不廢(불폐)－저버리지 않는 것.

　왕명으로 또 말하였다.
　"아아, 작은 사람 봉이여! 그대의 몸이 아프고 병이 든 듯이 공경하
라. 하늘은 두려운 존재이니 믿고만 있을 수 없는 것이나, 백성들의
실정을 통해서 하늘의 뜻을 대략 알 수가 있다. 낮은 백성들은 보살
피기 어려운 것이니, 가서 너의 마음을 다하고, 편히 일 않고 놀기를
좋아하지 않는다면, 바로 백성을 잘 다스리게 될 것이다. 내가 듣건

대 '원망은 큰 데에만 있지도 아니하고 또한 작은 데에만 있지도 않는 것이라'고 하니, 따르지 않는 이는 따르게 하고, 힘쓰지 않는 이는 힘쓰게 하라.

原文 王曰 ; "嗚呼라 小子封아! 恫瘝乃身하여 敬哉하라. 天畏棐忱이나 民情大可見이라. 小人難保니 往盡乃心하고 無康好逸豫면 乃其乂民하리라. 我聞曰 ; '怨不在大요 亦不在小'니 惠不惠하고 懋不懋하라.

註解 ・恫(통)－아픈 것. ・瘝(관)－병이 든 것. ・棐忱(비침)－믿고만 있을 수 없는 것. ・小人(소인)－낮은 백성들을 가리킴. ・逸(일)－편안한 것, 일예(逸豫)는 일 안하고 노는 것. ・怨不在大, 亦不在小(원부재대, 역부재소)－'크건 작건 잘못하기만 하면 백성들이 원망하게 된다'는 뜻. ・惠(혜)－순종의 뜻. ・惠不惠(혜불혜)－따르지 않는 자는 따르게 하라는 뜻.

그러니 너 작은 사람이여! 너는 일에 힘써 임금의 뜻을 넓히고, 은나라 백성들을 받아들이고 보호하라. 오직 임금을 도와 하늘의 명을 안정시키고 백성들을 새롭게 만들어라."

原文 已汝惟小子여! 乃服惟弘王하고 應保殷民하라. 亦惟助王하여 宅天命하고 作新民하라."

註解 ・乃(내)－너. 그대. ・服(복)－일. ・弘王(홍왕)－임금의 뜻을 널리 펴는

것. •應(응) – '백성들의 뜻에 응하는 것'. 백성들을 받아들이는 것. •宅(택) – 안정의 뜻. •新民(신민) – 백성들을 새롭게 하는 것.

왕명은 계속되었다.

"아아, 봉이여! 너의 형벌을 삼가고 분명히 하라. 사람에게 조그만 죄가 있다 하더라도 과실이 아니고, 또 끝까지 그러하면 스스로 법을 따르지 않는 것이다. 남이 본뜰 것이니 그의 죄가 작다 하더라도 죽이지 않을 수가 없는 것이다. 그러나 큰 죄가 있다 하더라도 끝까지 하지 않으면, 이것은 과실과 재난으로 우연히 한 것이다. 이미 그의 죄를 다 자백하였다 하더라도 그를 죽이면 안 되는 것이다."

原文 王曰; "嗚呼라 封아! 敬明乃罰하라. 人有小罪라도 非眚乃惟終이면 自作不典이라. 式爾니 有厥罪小나 乃不可不殺이라. 乃有大罪라도 非終이면 乃惟眚災로 適爾라. 旣道極厥辜라도 時乃不可殺이니라."

註解 •眚(생) – 잘못. 과실. •終(종) – 끝까지 그러한 것. •不典(부전) – 법을 따르지 않는 것. •式(식) – 본뜨다. 식이(式爾)는 남이 '이것을 본뜨는 것'. •眚災(생재) – 과실과 재난. •適爾(적이) – 우연의 뜻. •道極(도극) – 모두 자백하는 것. •辜(고) – 허물. •時(시) – 이것.

왕명으로 또 말을 이었다.

"아아, 봉이여! 이대로 질서가 잘 잡히고, 또 직책을 크게 잘 수행하면, 백성들은 힘을 다하게 되고 힘써 화합하게 될 것이다. 병자를 돌보듯이 하면 백성들은 모두 허물을 버릴 것이고, 어린 아기를 보호해주듯 하면 백성들이 편안히 다스려질 것이다.

原文 王曰; "嗚呼라 封이여! 有敍時하고 乃大明服하면 惟民其
勑懋和하리라. 若有疾하면 惟民其畢棄咎하고 若保赤子하면 惟民
其康乂하리라.

註解 •有敍時(유서시)—서(敍)는 순(順)의 뜻이어서, '이대로 잘 질서가 잡히고'. •勑(칙)—힘을 다하다. •懋(무)—힘쓰다. •若有疾(약유질)—병이 있는 사람을 돌보듯 백성을 위하는 것. •畢(필)—다. 모두. •赤子(적자)—갓난아기.

너 봉은 사람들을 벌주고 사람들을 죽이는 자가 아니니, 네 멋대로 사람을 벌주거나 사람을 죽이지 마라. 너 봉에게 사람의 코나 귀를 자르라고 하지 않았으니, 멋대로 사람의 코나 귀를 자르지 마라."

原文 非汝封이 刑人殺人이니 無或刑人殺人하라. 非汝封이 又
曰劓刵人이니 無或劓刵人하라."

註解 •非汝封刑人殺人(비여봉형인살인)—너 봉은 사람들을 벌하고 죽이는 자가 아니라는 뜻. •劓(의)—코를 베는 형벌. •刵(이)—귀를 자르는 형벌.

왕명으로 또 말하였다.
"범죄에 관한 일을 처리함에 있어서, 너는 이 법을 적용하여 일하되, 은나라 형벌도 이치에 맞는 점은 본뜨도록 하라."

王曰 ; "外事에 汝陳時臬司하되 師茲殷罰有倫하라."

原文 王曰 ; "外事에 汝陳時臬司하되 師茲殷罰有倫하라."

註解 •外事(외사)－범죄를 다스리는 일. 감옥은 조정 밖에 있었기 때문에 바깥 일이라 한 것이다. •陳(진)－공포하다, 모든 일에 적용하다. •時(시)－시(是). •臬 (얼)－법. •司(사)－사(事)와 통하여 일을 하는 것. •師(사)－본뜨다. 법도로 삼다. •有倫(유륜)－이치에 맞는 것.

또 말하였다.

"죄수를 가둠에 있어서는 대엿새 생각을 할 것이며, 열흘이 되었을 때에 가둔 죄수를 엄히 재판하라."

原文 又曰 ; "要囚는 服念五六日하며 至于旬時하여 不蔽要囚 하라."

註解 •要囚(요수)－죄수를 심문하여 가두는 것. •服(복)－생각하다. •旬 (순)－열흘. •蔽(폐)－결판하다. 재판하다.

왕명으로 다시 말하였다.

"너는 이 법을 적용하여 일하되, 벌 주는 것은 은나라 법도를 본받 으라. 그들의 옳은 형벌과 옳은 사형제도를 따르되, 너 봉 멋대로 처 결하지 마라. 모두가 네게 순종하여 질서가 잡히었다 하더라도, 아직 순조롭게 일이 되지 않는 것처럼 생각하라.

原文 王曰 ; "汝陳時臬事하되 罰蔽殷彝하라. 用其義刑義殺하

되 勿庸以次汝封하라. 乃汝盡遜하여 曰時叙라도 惟曰未有遜事
라 하라.

註解 •陳時臬(진시얼)-'이 법을 적용한다.'는 뜻. •罰蔽殷彝(벌폐은이)-죄
인을 벌함에 있어서는 은나라 법에 따라 처리하는 것. •義刑義殺(의형의살)-올
바르게 벌하고 올바르게 죽이는 것. •庸(용)-행하다, 처결하다. •次(차)-멋대
로 하는 것. •遜(손)-순종의 뜻.

   그리고 너, 작은 사람이여! 너 봉의 마음과 같은 사람은 있지 않은
것이다. 내 마음 내 행동은 오직 네가 알 것이다.

原文 己汝惟小子여! 未其有若汝封之心이라. 朕心朕德을 惟乃
知리라.

註解 •德(덕)-덕행. 곧 바른 행동의 뜻.

   백성들이 스스로 죄를 짓고 도둑질과 약탈과 소란과 반란을 일삼
으며, 재물 때문에 사람을 죽이고 억지를 쓰며 죽음을 두려워 않거든
모두 사형에 처하라."

原文 凡民自得罪하고 寇攘姦宄하며 殺越人于貨하고 暋不畏死
어든 罔弗憝하라."

註解 •寇(구)-도둑질. •攘(양)-약탈하는 것. •姦(간)-안에서 나쁜 자들이

소란을 일으키는 것. •尢(궤)-밖에서 난동을 일으키는 것. •越(월)-운(隕)과 뜻이 통하여, 역시 죽인다는 뜻. •于貨(우화)-'재물 때문에'의 뜻. •暋(민)-강(强)과 통하여 '억지를 쓰는 것' •憝(대)-미워하다. 『맹자(孟子)』에는 이를 인용하여 대(譈)라 했는데, 조기(趙岐)의 주(注)에는 '죽인다'는 뜻이라 하였다.

왕명으로 또 말하셨다.

"봉이여! 매우 악한 자는 크게 미워해야 할 것인데, 하물며 효도를 하지 않고 우애 없는 자이랴? 아들이 그의 아버지를 공경과 순종으로 섬기지 않아, 그의 아버지의 마음을 크게 상하게 하면, 아버지로서도 그의 아들을 사랑하지 않게 될 것이고, 그 아들을 미워하게 되리라. 아우로서 하늘이 밝히신 도리를 생각치 아니하고 그의 형을 공경하지 못한다면, 형도 역시 어린 동생의 가련함을 생각치 아니하고 동생에게 크게 우애를 다하지 않게 될 것이다. 이렇게 되면 우리 다스리는 사람에게는 죄를 지지 않았다 하더라도, 하늘이 우리 백성들에게 내려준 법도가 크게 혼란해질 것이니, 속히 문왕께서 정해 놓으신 벌을 내리어 그들을 벌주어 용서치 않아야만 할 것이다.

原文 王曰;"封아! 元惡大憝니 矧惟不孝不友아? 子弗祗服厥父事하여 大傷厥考心이면 于父不能字厥子하고 乃疾厥子하리라. 于弟弗念天顯하여 乃弗克恭厥兄이면 兄亦不念鞠子哀하고 大不友于弟하리라. 惟弔茲면 不于我政人得罪라도 天惟與我民彝大泯亂이니, 曰乃其速由文王作罰하여 刑茲無赦하라.

註解 • 元(원)-크게. 매우. • 考(고)-죽은 아버지. • 字(자)-사랑하는 것. • 疾(질)-미워하는 것. • 天顯(천현)-'하늘이 밝히시는 도리'의 뜻으로 다섯 가지 윤리(五倫)를 가리킨다. • 鞠子(국자)-어린 동생을 가리킴. • 弔(적)-이르다. 되다. • 于我政人得罪(우아정인득죄)-우리 정치하는 사람에게 죄를 짓는다. 곧 국법을 어긴다는 뜻. • 彝(이)-법. • 泯亂(민란)-혼란해지다.

따르지 않는 자는 크게 법으로 다스려야 한다. 또한 자제들을 가르치는 관리와 사람들을 교육하는 관리 및 관청의 우두머리들과 낮은 신하들과 부절(符節)을 갖고, 사신으로 가는 사람들에게 각각 다르게 명령을 내리어, 백성들에게 큰 기림을 받도록 만들라. 할 일을 생각도 않고 하지도 않아 그의 임금을 마음 아프게 하는 자들이 있다면, 그들은 곧 악을 자라게 하는 것이니, 내가 미워하는 자들인 것이다. 그러니 너는 속히 이 의로운 법을 따라서 그런 자들은 모두 죽여라.

原文 不率大戞이라. 矧惟外庶子訓人과 惟厥正人과 越小臣과 諸節이 乃別播敷하여 造民大譽하라. 弗念弗庸하여 瘝厥君이면 時乃引惡이니 惟朕憝니라. 已汝乃其速由茲義하여 率殺하라.

註解 • 戞(알)-벌하다. 법으로 다스리다. • 矧(신)-또한. 또. • 庶子(서자)-공경(公卿)의 자제들을 가르치는 관리. • 訓人(훈인)-사람들을 가르치는 것. 서자는 내신(內臣)과 구별되기 때문에 외서자(外庶子)라 한 것이다(『釋義』). • 正人(정인)-관청의 우두머리. • 越(월)-여(與, ……과)의 뜻. • 小臣(소신)-내소신(內小臣). 곧 사무 보는 낮은 관리들. • 諸節(제절)-여러 부절(符節)을 가지고 사신으로 나가는 관리들. • 別(별)-달리, 각각 다르게. • 播(파)-베풀다. 파부(播敷)는 여러 관리들이 자기 임무를 올바로 수행하도록 '각각 그들 직책에 맞게 행동하도록 명령을 내리는 것'임. • 造民大譽(조민대예)-백성들로 하여금 크게 다스리는 사

람을 기리도록 만드는 것. •弗念(불념)-할 일은 생각도 않는 것. •弗庸(불용)-할 일을 하지 않는 것. •瘝(관)-마음 아프게 하는 것. •引惡(인악)-악을 조장하는 것. •懟(대)-미워하는 것. •速由玆義(속유자의)-속히 이 의로운 법을 따라서의 뜻.

또한 너는 임금이요 우두머리이다. 너의 집안사람들과 낮은 관리 및 가르치는 관리, 관청의 우두머리들을 잘 다루지 못하면, 오직 위세를 부리고 포악한 짓을 하게 되어, 크게 임금의 명을 저버리고, 바로 덕에 어긋나는 방법으로 나라를 다스리게 될 것이다.

原文 亦惟君惟長이니 不能厥家人과 越厥小臣外正이면 惟威惟虐으로 大放王命하고 乃非德用乂리라.

註解 •惟君惟長(유군유장)-군장(君長). 임금이요 우두머리, 곧 제후의 뜻. •能(능)-잘 다루는 것. •外正(외정)-앞에 보인 외서인(外庶人)과 정인(正人). •放(방)-버리다. 저버리다.

너는 또 법을 공경치 않는 일이 없도록 하고, 백성들을 풍족하게 하여 주어라. 오직 문왕께서 공경하고 조심하시던 대로만 하면, 백성들이 풍족해질 것이다. '나는 오직 문왕을 계승하기에 애쓰며 일한다.'고 말하게 된다면, 곧 나 한 사람도 기뻐하게 될 것이다."

原文 汝亦罔不克敬典하고 乃由裕民하라. 惟文王之敬忌면 乃裕民이라. 曰;‘我惟有及이라’하면 則予一人以懌하리라.”

• 敬典(경전) - 법을 공경하는 것. • 乃由裕民(내유유민) - 이를 따라 행동함으로써 백성들이 여유 있게 잘살도록 하라는 뜻. • 믄(기) - 조심하는 것. • 我惟有及(아유유급) - '급'은 汲(급)과 통하여, 급급히, 다급히 애쓰는 것. 나는 오직 문왕을 계승하기 위하여 애써 일하겠다는 뜻. • 懌(역) - 기뻐하는 것.

왕명으로 또 말하였다.

"봉아! 백성들은 잘 편안하게 이끌어 주어야만 한다. 나는 그래서 오직 은나라의 옛 어진 임금들의 덕으로 백성들을 편히 다스리며, 그분들처럼 되려고 힘쓰고 있다. 더욱이 지금 백성들은 인도하여 따르지 않는 자가 없지 않은가? 인도해 주지 않는다면 곧 그의 나라에는 정치가 없다고 할 것이다."

原文 王曰 ; "封이여! 爽惟民迪吉康이라. 我時其惟殷先哲王德으로 用康乂民하고 作求니라. 矧今民罔迪不適이랴? 不迪則罔政在厥邦이니라."

• 爽惟(상유) - 발어사(發語詞, 王引之『經典釋詞』). • 迪(적) - 이끌다, 인도하다. • 吉(길) - 善(선)과 통하여 '잘하는 것'. • 時其(시기) - 시이(是以). '이래서'. '그래서'의 뜻. • 求(구) - 述(술)와 통하여, '같게 되는 것'. 作求(작구)는 은나라 옛 어진 임금처럼 되도록 힘쓰는 것.

왕명으로 말을 이었다.

"봉아! 나는 잘 돌보지 않을 수가 없으니, 너에게 덕에 관한 말과 벌에 관한 행동을 고하는 것이다. 지금 백성들은 안정되지 못하고 그들의 마음이 일정하지 못하며, 계속 이끌어 주고 있으나 아직 화합하지는 못하고 있다. 하늘이 나를 벌하고 처벌하시더라도, 나는 그것을 원망하지 않을 것이다. 오직 그 죄는 큰 것만이 문제가 아니고, 또한 많은 것만이 문제가 되는 것도 아니다. 더욱이 그러한 모든 것은 하늘에 분명히 알려진다고 하지 않던가?"

原文 王曰 ; "封이여 予惟不可不監이니 告汝德之說于罰之行이라. 今惟民不靜하고 未戾厥心하며 迪屢未同이라. 爽惟天其罰殛我라도 我其不怨하리라. 惟厥罪無在大요 亦無在多니라. 矧曰 其尙顯聞于天가?"

註解 •監(감)－돌보다, 살피다. •德之說(덕지설)－덕에 관한 얘기. •于(우)－여(與, ……과)의 뜻. •戾(려)－일정한 것. 안정된 것. •迪屢(적루)－거듭 이끌어 주는 것. •同(동)－화동(和同). 화합의 뜻. •爽惟(상유)－발어사. •殛(극)－처벌하다. •無在大亦無在多(무재대역무재다)－죄는 '크거나 많아야만 죄가 되는 것이 아니라'는 뜻. •尙(상)－'또한'. 오히려.

  왕명으로 또 말하였다.
  "아아, 봉이여! 공경하라. 원망 받을 일은 하지 말고, 그릇된 계책이나 잘못된 법을 시행함으로써, 너의 정성을 망치지 마라. 그리고 덕을 닦는 데 민첩하여 네 마음을 편케 하고, 네 행실을 되돌아보고, 네 이상을 원대히 하여 백성들을 편케 해주면, 너를 아무도 멸망시키지 못할 것이다."

王曰 ; "嗚呼라 封이여! 敬哉하라. 無作怨하고 勿用非謀
非彝하여 蔽時忱하라. 丕則敏德하여 用康乃心하고 顧乃德하며 遠
乃猷裕하여 乃以民寧하면 不汝瑕殄하리라."

• 無作怨(무작원) - 원망받을 짓은 하지 마라는 뜻. • 非謀(비모) - 올바른
계책이 아닌 것. • 蔽(폐) - 폐(敝)와 통하여 망치다, 그르치다(楊筠如). • 忱(침) -
정성, 진심. • 丕則(비즉) - 어시(於是)의 뜻. • 顧(고) - 돌아보고 존경토록 만드는
것. • 遠(원) - 멀리 퍼지게 하는 것. • 猷裕(유유) - 이상. 두 글자 모두 도(道)의
뜻. • 不(불)……瑕(하) - 어조사. 『시경』에도 많이 보임. 하(瑕)는 하(遐)로도 쓴다
(屈萬里). • 殄(진) - 멸망하다.

왕명으로 또 말하였다.

"아아! 힘써라, 너 작은 사람 봉아! 하늘의 명이란 늘 그대로 있는
것이 아니니, 너는 잘 생각하여 우리의 제사가 끊이지 않도록 하라.
네가 행하여야 할 직책에 힘쓰고, 네가 듣는 것을 넓게 하여 백성들
을 편안하게 다스려라."

王曰 ; "嗚呼라! 肆하라. 汝小子封아! 惟命不于常이니 汝
念哉하여 無我殄享하라. 明乃服命하고 高乃聽하여 用康乂民하라."

• 肆(사) - 힘쓰다. • 命不于常(명불우상) - 천명은 언제나 한 곳에만 머물
러 있는 것이 아니라는 뜻. • 殄(진) - 끊기다. • 享(향) - 제사를 지내는 것. • 明
(명) - 맹(孟)과 통하여, 힘쓴다는 뜻(屈萬里). • 服命(복명) - 해야 할 일. 직책. • 高
乃聽(고내청) - 견문을 넓히라는 뜻.

왕명으로 다시 다음과 같이 말하였다.

"가거라, 봉아! 공경해야만 할 법을 어기지 말고, 내가 네게 고한 말을 따르면, 너는 은나라의 백성들을 거느리며 대대로 조상의 제사를 받들게 될 것이다."

原文 　王若曰 ; "往哉封이여! 勿替敬典하고 聽朕告汝면 乃以殷
民世享하리라."

註解 　•替(체)-어기는 것. •世享(세향)-대대로 조상의 제사를 지내는 것, 곧 대대로 나라를 다스리는 것.

解說 　이 편에서는 강숙(康叔)에게 엄한 형벌로 법에 따라 나라를 다스릴 것을 거듭 강조하고 있다. 강숙이 다스릴 나라의 백성들이 본시 은나라 사람들인데다가, 그들은 무경(武庚)과 더불어 반란을 일으킨 일이 있었기 때문에 그처럼 법을 이용한 엄정한 다스림을 요구했을 것이다.

12. 술에 대하여 널리 고하는 말(酒誥)

서서(書序)

성왕은 관숙과 채숙을 정벌하고 나서, 은나라 나머지 백성들이 사는 곳을 강숙에게 봉해 주었다. 이때 「강숙에게 널리 고하는 말」·「술에 대하여 널리 고하는 말」·「가래나무 재목」이 지어졌다.

成王旣伐管叔蔡叔, 以殷餘民, 封康叔. 作康誥·酒誥·梓材.

이 편도 금문과 고문에 모두 들어 있다. 내용은 '술에 대하여 훈계하는 말을 한 것'이다. 이것은 뒤의 「가래나무 재목(梓材)」편과 함께 앞의 「강숙에게 널리 고하는 말」편과 같은 때 만들어진 것이다. 곧 주공이 임금의 명을 받들어 강숙(康叔)을 위(衛)나라에 봉할 때 훈계한 말이다. 은나라 백성들은 주(紂)임금의 영향으로 술을 너무 좋아하였기 때문에, 주공은 그곳에 강숙을 봉하며, 특히 술의 해를 들어 따로 훈계한 것이다.

『한비자(韓非子)』설림(說林)편에는 이 편의 말을 이용함에 "강숙에게 널리 고하는 말」에 이르기를(康誥曰)"이라 하고 있다. 사실 이 「술에 대하여 널리 고하는 말」과 「가래나무 재목」편은 「강숙에게 널리 고하는 말」의 일부라 보아도 될 것이다. 그러나 「강숙에게 널리 고하는 말」이 강숙 한 사람에게 말한 것임에 비하여, 이 편은 강숙과 함께 은나라 백성들에게도 아울러 고한 말이다.

왕명으로 주공이 다음과 같이 말하였다.

"매나라에 큰 명령을 공포하겠소.

原文 　王若曰 ; "明大命于妹邦하노라.

註解　• 王若曰(왕약왈) — 여기에서도 주공이 임금을 대신하여 말하는 것임. •妹(매) — 땅 이름. 주(紂)임금의 도읍이 있던 곳. 『시경』 용풍(鄘風)의 매향(沫鄉)이 바로 '매방'이며, 지금의 하남성(河南省) 기현(淇縣) 근처.

그대들이 공경하는 아버님 문왕께서는 서쪽 땅에 나라를 여시고, 여러 제후와 여러 관리들과 관청의 부관(副官)들과 일을 맡은 사람들에게 훈계하시어 아침저녁으로 말씀하셨소. '제사에만 술을 써야 한다. 하늘은 명을 내리시어 우리 백성들을 다스리게 하셨는데, 오직 큰 제사에만 술을 쓰도록 하셨다. 하늘이 벌을 내리시는 것은 우리 백성들이 크게 어지러워져서 덕을 잃었기 때문이오, 또 그렇게 되는 것은 모두가 술을 좋아했기 때문이다. 또 작고 큰 나라들이 망하게 되는 것도 역시 모두가 술로 죄를 짓기 때문이다.'

原文 　乃穆考文王이 肇國在西土하시고 厥誥毖庶邦庶士와 越少正御事하사 朝夕曰 ; '祀茲酒하라. 惟天降命肇我民하시니 惟元祀니라. 天降威는 我民用大亂喪德이요 亦罔非酒惟行이라. 越小大邦用喪도 亦罔非酒惟辜'라 하시니라.

註解　• 乃(내) — 너. 그대. • 穆(목) — 공경하다. • 誥毖(고비) — '고하여 삼가게

한다'. 곧 훈계한다는 뜻. •越(월)-여(與, ……과)의 뜻. •少正(소정)-정(正)은 관청의 장, 소정은 관장의 부관(副官). •祀玆酒(사자주)-'제사에만 이 술을 써라'는 뜻. •肇我民(조아민)-앞의 조국(肇國)과 같은 뜻으로 '백성들을 다스리기 시작하는 것'. •惟元祀(유원사)-큰 제사에만 술을 써야 한다는 뜻. •行(행)-유행의 뜻으로 여럿이 좋아하는 것. •酒惟辜(주유고)-술로 죄를 짓는 것.

　　문왕께서는 젊은이와 관장과 관리들에게도 교훈을 내리셨소. '언제나 술을 마셔서는 안 된다. 여러 나라들 모두 제사 때에만 술을 마셔야 할 것이니, 그러면 덕이 도와주어 취하지 않을 것이다.'

原文　文王誥敎小子와 有正有事하시니라. '無彝酒하라. 越庶國飮惟祀니 德將無醉'라 하시니라.

註解　•小子(소자)-젊은이. •有正(유정)-관청의 장. •有事(유사)-일을 맡아보는 관리. •彝酒(이주)-언제나 술을 마시는 것. •將(장)-돕다.

　　또 말씀하시기를, '우리 백성들은 젊은이들을 인도하여, 오직 땅에서 나는 물건만을 아끼게 하라. 그러면 그들의 마음이 착해질 것이다. 조상들의 법과 훈계를 잘 들어, 작고 큰 행동을 젊은이들이 오직 한 마음으로 하도록 하라.'고 하셨소.

原文　惟曰 ; '我民迪小子하여 惟土物愛면 厥心臧이라. 聰聽祖考之彝訓하여 越小大德에 小子惟一하라.'

　매 땅 사람들이여! 그대들은 대신들의 뜻을 이어받아 오로지 곡식을 가꾸기에 힘쓰고, 그대들 윗사람들을 부지런히 섬기시오. 힘써 수레와 소를 끌고 멀리 가 장사하여 그대들 부모님을 효도로써 봉양하시오. 그대들 부모님이 기꺼워하면, 스스로 깨끗하고 풍성히 음식을 마련하고 술을 올리시오.

原文 妹土여! 嗣爾股肱하여 純其藝黍稷하고 奔走事厥考厥長하라. 肇牽車牛遠服賈하여 用孝養厥父母하라. 厥父母慶이면 自洗腆하고 致用酒하라.

　여러 관리들과 관장들 및 여러 제후들이여! 그대들은 내 가르침을 언제나 잘 들으시오. 그대들은 노인들과 임금에게 크게 음식을 마련해 올리고 나서야 음식을 배불리 먹고 술을 취하도록 마셔도 되는 것이오. 다시 말하노니, 그대들이 언제나 돌보고 살피어 올바른 덕에 합당하게 되어야만, 그대들은 음식을 차려놓고 제사지낼 수 있게 되고, 그대들은 스스로 편히 즐길 수 있게 될 것이오. 이렇게 되면 진실로 임금에게 올바른 일을 하는 신하가 될 것이며, 또한 하늘도 그들의 큰 덕을 따라 임금 집안을 영원히 망치지 않게 될 것이오.”

註解 •越(월)−여(與, ……과)의 뜻. •庶伯(서백)−백(伯)은 제후의 작위로서 '여러 제후들의 뜻'. •君子(군자)−그들을 높이어 부른 말. •典(전)−상(常)과 통하여 '늘' '언제나'. •羞(수)−음식을 드리는 것. •耉(구)−늙은이. •惟(유)−여(與, ……과)의 뜻. •君(군)−임금. •丕惟(비유)−어조사. •永(영)−언제나의 뜻. •觀省(관성)−자신을 돌아보고 살피고 하는 것. •稽(계)−합치하는 것. •中德(중덕)−중정지덕(中正之德), 올바른 덕. •尙克(상극)−……할 수 있게 되는 것. •羞饋祀(수궤사)−음식을 바치어 제사지내는 것. •介(개)−걸(乞)의 뜻으로(于省吾), 추구하는 것. •用逸(용일)−음식을 먹고 마시며 즐기는 것. •茲乃(자내)−'이렇게 되면'. •王正事之臣(왕정사지신)−임금에게 올바로 일하는 신하. •若(약)−따르다. •元(원)−큰 것. •永不忘在王家(영불망재왕가)−임금 집안을 영원히 망치지 않게 될 것이다. 망(忘)은 망(亡)과 통함.

임금은 또 말하였다.

“봉아! 우리 서쪽 땅에서는 저 제후들과 일을 맡아보는 사람들과 젊은이들은 문왕의 가르침을 잘 지키어 술을 많이 마시지 않았다. 그래서 우리는 지금에 이르도록 은나라의 천명을 대신 받고 있게 된 것이다."

原文 王曰 ; "封아! 我西土棐徂邦君과 御事小子는 尙克用文
王敎하여 不腆於酒하니라. 故我至於今으로 克受殷之命이니라."

註解 ・棐(비)－비(匪), 피(彼)와 통함《經傳釋詞》). 그. 저. ・徂(조)－어조사.
・尙克(상극)－……을 할 수 있게 되다, 잘하다. ・腆於酒(전어주)－술을 많이 마시는 것.

왕명은 계속되었다.
"봉아! 내가 듣건대, 옛날에 은나라의 어진 임금들은 하늘의 밝은 명과 백성들을 두려워하여, 덕을 좇고 총명하게 행동하였다 한다. 탕 임금으로부터 제을에 이르기까지, 모두 임금이 할 일을 이룩하고 일을 두려워하며 잘 살피었다. 일을 맡은 사람들은 그들의 할 일이 없다 하더라도 감히 한가하고 평안히 놀지 아니하였다. 하물며 그들이 감히 술 마시는 일을 좋아했겠는가?

原文 王曰 ; "封아! 我聞惟曰 ; 在昔殷先哲王은 迪畏天顯小
民하여 經德秉哲하니라. 自成湯咸至于帝乙로 成王畏相하니라.
惟御事는 厥棐有恭하여 不敢自暇自逸하니라. 矧曰其敢崇飮아?

•迪(적)-조사. •天顯(천현)-하늘의 밝은 명. •經(경)-좇다. •秉哲
(병철)-명철함을 지키는 것, 총명하게 행동하는 것. •成王(성왕)-왕업을 이루는
것. •畏相(외상)-일을 두려운 듯이 공경하며 잘 살피는 것. •棐(비)-없는 것,
비(非)와 같은 뜻. •恭(공)-공(供)·공(共)과 통하여 '할 일'을 뜻함. •自暇(자
하)-스스로 한가하게 지내는 것. •自逸(자일)-스스로 일을 하지 않고 편히 지내
는 것.

또한 바깥 지방의 후복·전복·남복·위복의 제후들과, 나라 안의
모든 관리들·여러 관장들·부관(副官)들·일하는 사람들·높은 관
리들 및 마을에 사는 백성들이 모두 감히 술에 빠지는 일이 없었다.
감히 술에 빠지지 않았을 뿐만 아니라, 그런 짓을 할 틈도 없었다. 그
리고 오직 임금의 일을 이루고 덕을 밝히는 일을 도와, 다스리는 사
람들이 다 같이 법을 존중하였다.

原文 越在外服의 侯甸男衛邦伯과 越在內服의 百僚庶尹惟亞
惟服宗工과 越百姓里居이 罔敢湎于酒하니라. 不惟不敢이요 亦
不暇니라. 惟助成王德顯하여 越尹人祗辟하니라.

•外服(외복)-나라 바깥 지방. •侯(후)·甸(전)·男(남)·衛(위)-오복
(五服) 중의 사복(四服). •邦伯(방백)-나라의 제후. •惟亞(유아)-관청의 장을
돕는 부관. •惟服(유복)-일을 맡아보는 사람들. •宗工(종공)-높은 관리들. •百
姓里居(백성리거)-관계에서 은퇴하여 마을에 살고 있는 사람들, 마을에 사는 백
성들. •成王(성왕)-왕업을 이루는 것. •越(월)-여(與, ……과)와 통함. •尹人
(윤인)-다스리는 사람들. •祗(지)-공경하는 것. •辟(벽)-법.

내가 듣건대 또 말하기를, 그들 뒤를 이은 임금은 몸에 흠뻑 술이 배어, 그의 명령이 백성들에게 밝혀지지 않았고, 오직 원망 받는 일만을 계속하고 행실을 고치지 않았다 한다. 크게 법도에 어긋나도록 방종하고 지나치게 즐김으로써 위엄 있는 몸가짐을 잃으니, 백성들은 마음 아파하고 슬퍼하지 않는 이가 없었다. 술에 너무 빠져서, 스스로 그만둘 수 없었을 뿐만 아니라 여전히 즐기기만 하였다. 그의 마음은 악독하고 잔인해져서 죽음도 두려워하지 않았으며, 죄가 상나라 도읍에 쌓여 은나라가 망하게 되었어도 근심하지 않았다.

原文 我聞亦惟曰, 在今後嗣王은 酗身하여 厥命罔顯于民이요 祗保越怨不易이라. 誕惟厥縱淫泆于非彝하여 用燕喪威儀하니 民罔不盡傷心이라. 惟荒腆于酒하여 不惟自息乃逸이라. 厥心疾很하여 不克畏死하며 辜在商邑하여 越殷國滅無罹니라.

註解 •今後(금후)—그 뒤의 뜻. •嗣王(사왕)—뒤를 이은 임금으로 주(紂)임금을 가리킴. •酗(감)—흠뻑 술마시며 즐기는 것. 酗身(감신)은 온몸이 흠뻑 술에 빠져 있는 것. •祗(지)—지(只)와 통함. 다만. •保越怨(보월원)—원망받을 일만을 계속 하는 것. •不易(불역)—행동을 고치지 않는 것. •縱(종)—방종한 것. •淫泆(음일)—지나친 행동을 하는 것. •用燕(용연)—편히 즐기는 것. •喪(상)—잃는 것. •盡(혁)—가슴아파 하는 것. •荒(황)—지나친 것. •息(식)—그치다. •疾很(질흔)—마음이 악독하고 잔인한 것. •辜在商邑(고재상읍)—상나라 도읍에 죄가 쌓이는 것. •罹(리)—근심하는 것.

덕의 향내와 향기로운 제사가 하늘에 올라가지 않았을 뿐만 아니라, 백성들은 크게 원망하게 되었다. 여러 사람들이 술을 마시어 비린내가 하늘에까지 다다랐다. 그래서 하늘은 은나라에 벌을 내리시고 은나라를 더 이상 아끼지 않으셨으니, 오직 너무 즐겼기 때문인 것이다. 하늘이 잔인한 것이 아니요, 오직 사람들이 스스로 죄를 짓는 일에 힘썼기 때문인 것이다."

原文 <ruby>弗<rt>불</rt></ruby><ruby>惟<rt>유</rt></ruby><ruby>德<rt>덕</rt></ruby><ruby>馨<rt>형</rt></ruby><ruby>香<rt>향</rt></ruby><ruby>祀<rt>사</rt></ruby>가 <ruby>登<rt>등</rt></ruby><ruby>聞<rt>문</rt></ruby><ruby>于<rt>우</rt></ruby><ruby>天<rt>천</rt></ruby>이요 <ruby>誕<rt>탄</rt></ruby><ruby>惟<rt>유</rt></ruby><ruby>民<rt>민</rt></ruby><ruby>怨<rt>원</rt></ruby>이라. <ruby>庶<rt>서</rt></ruby><ruby>羣<rt>군</rt></ruby><ruby>自<rt>자</rt></ruby><ruby>酒<rt>주</rt></ruby>하여 <ruby>腥<rt>성</rt></ruby><ruby>聞<rt>문</rt></ruby><ruby>在<rt>재</rt></ruby><ruby>上<rt>상</rt></ruby>이라. <ruby>故<rt>고</rt></ruby><ruby>天<rt>천</rt></ruby><ruby>降<rt>강</rt></ruby><ruby>喪<rt>상</rt></ruby><ruby>于<rt>우</rt></ruby><ruby>殷<rt>은</rt></ruby>하사 <ruby>罔<rt>망</rt></ruby><ruby>愛<rt>애</rt></ruby><ruby>于<rt>우</rt></ruby><ruby>殷<rt>은</rt></ruby>하시니 <ruby>惟<rt>유</rt></ruby><ruby>逸<rt>일</rt></ruby>이니라. <ruby>天<rt>천</rt></ruby><ruby>非<rt>비</rt></ruby><ruby>虐<rt>학</rt></ruby>이오 <ruby>惟<rt>유</rt></ruby><ruby>民<rt>민</rt></ruby><ruby>自<rt>자</rt></ruby><ruby>速<rt>속</rt></ruby><ruby>辜<rt>고</rt></ruby>니라."

註解 • 德馨(덕향)―덕의 향내. • 香祀(향사)―향기로운 제사. 올바른 사람이 지내는 제사를 뜻한다. • 腥(성)―누린내. 술냄새를 가리킴. • 惟逸(유일)―너무 술을 마시며 향락에만 빠졌기 때문이라는 뜻.

왕명은 또 계속되었다.

"봉아! 나는 이처럼 많이 말하기를 좋아하는 것은 아니다. 옛사람들의 말에 '사람은 물을 거울로 삼을 것이 아니라, 백성들을 거울로 삼아야 한다'고 하였다. 지금 은나라는 하늘의 명을 잃었으니, 내 어찌 이를 크게 거울로 삼고 살펴보지 않을 수 있겠는가? 나는 말하노니, 너는 은나라 어진 신하들과 후복·전복·남복·위복의 제후들 및 태사 친구들·내사(內史) 친구들과 어진 신하와 여러 높은 관리들, 너를 섬기는 잔칫일을 맡은 관리와 제삿일을 맡은 관리들, 그리고 너의 친구들인 어긋난 자를 치는 사마(司馬)와 선한 사람을 보호하는 사도(司徒)와 임금님을 안정시키는 사공(司空)들에게 고하여 가르치고, 또 너도 술을 엄격히 절제하여야 한다.

原文　王曰；"封아! 予不惟若玆多誥니라. 古人有言曰；'人無
於水監이오 當於民監이라'하니라. 今惟殷墜厥命이니 我豈可不大
監撫于時리요? 予惟曰；汝劼毖殷獻臣과 侯甸男衛와 矧太史友
內史友와 越獻臣百宗工과 矧惟爾事인 服休服采와 矧惟若疇인
圻父薄違와 農父若保와 宏父定辟하고 矧汝剛制于酒하라!

註解　•惟(유)—스스로 '……하려 한 것' •監(감)—거울. 이 구절은 '위정자는
물에 자기 모습만을 비춰볼 것이 아니라, 백성들의 동정을 통하여 정치의 성과를
알아봐야 한다'는 뜻. •墜(추)—무너지다. 잃다. •監撫(감무)—거울로 삼아 살피
다. 무(撫)는 살펴보는 것. •劼毖(할비)—고비(誥毖)로 씀이 옳으며, 고교(誥敎),
곧 고하여 가르치는 것. •獻(헌)—현(賢). 현명한 것. •侯(후)·甸(전)·男(남)·
衛(위)—후복·전복·남복·위복의 제후들을 가리킴. •矧(신)—우(又). 또의 뜻
(『經傳釋詞』). •太史(태사)—임금의 공적인 말이나 행동, 곧 나라의 역사를 기술
하는 관리. •內史(내사)—임금의 사사로운 말과 행동을 기록하는 관리. •友(우)—
요우(僚友)의 뜻. 곧 태사(太史)나 내사(內史)는 여러 사람이기 때문에 우(友)자를
붙인 것이다. •越(월)—여(與, ……과)의 뜻. •獻臣(헌신)—어진 신하. •宗工(종
공)—높은 관리. •爾事(이사)—'너를 섬기는'. •服休(복휴)—잔치나 노는 일을 맡
은 관리. •服采(복채)—조회나 제사 의식을 맡은 관리(『正義』). •若疇(약주)—너
의 친구들. 너의 무리. •圻父(기보)—사마(司馬)로서 국경의 방비를 맡은 군사를
관장하는 사람. •薄(박)—치다. •違(위)—어기다, 국법을 어긴 사람들. •農父(농
보)—사도(司徒)로서 농사일을 맡은 관리, 곧 사공(司空). •若保(약보)—선한 사람
을 보호하는 것. 약(若)은 선(善)의 뜻. •宏父(굉보)—백성들이 사는 곳과 땅을 관
장하는 관리. 곧 사공(司空). •定辟(정벽)—임금님을 안정시키는 것. •剛制(강
제)—강하게 절제하다. 엄격히 절제하다.

　　누가 여럿이 술을 마시고 있다고 알리거든, 너는 놓치지 말고 모두

붙들어서 주나라로 보내거라. 나는 그들을 죽여 버리겠다.

原文 厥^궐或^혹誥^고曰^왈；羣^군飮^음이라 하면 汝^여勿^물佚^일하고 盡^진執^집拘^구하여 以^이歸^귀于^우
周^주하라. 予^여其^기殺^살하리라.

註解 • 佚(일) — 잃는 것. 놓치는 것.

또 은나라의 여러 신하와 관리들이 술에 빠져 있다면, 그들을 죽일
것 없이 가르쳐라. 이런 밝은 은덕을 베풀어 주어도 내 가르치는 말
을 따르지 않는다면 나 한 사람도 그를 동정하지 않을 것이다. 너의
일을 분명히 하지 않는다면 이것은 죽을 죄와 같게 될 것이다.”

原文 又^우惟^유殷^은之^지迪^적諸^제臣^신惟^유工^공이 乃^내湎^면于^우酒^주면 勿^물庸^용殺^살之^지하고 姑^고惟^유
敎^교之^지하라. 有^유斯^사明^명享^향이나 乃^내不^불用^용我^아敎^교辭^사면 惟^유我^아一^일人^인弗^불恤^휼이라. 弗^불
蠲^견乃^내事^사면 時^시同^동于^우殺^살이니라.”

註解 • 迪(적) — 구절 가운데 넣는 조사. • 工(공) — 관(官). 곧 관리. • 庸(용) —
용(用)과 통함. • 姑(고) — 차(且)와 통하여, ‘또한’ 의 뜻. • 明享(명향) — 향(享)은
향(嚮)과 통하여, 은덕을 베풀며 이끌어 주는 것(孫詒讓). 따라서 밝은 은덕을 베푸
는 것. • 恤(휼) — 동정하는 것. • 蠲(견) — 밝히다. • 時(시) — 이것. • 同于殺(동우
살) — 사형의 죄와 같다는 뜻.

왕명으로 또 말하였다.
“봉아! 너는 언제나 나의 훈계를 따라라. 너의 관리들과 백성들로

하여금 술에 빠지지 않도록 하거라."

原文 原文　王曰 ; "封아! 汝典聽朕毖하라 勿辯乃司民湎于酒하라."

註解　・典(전) − 상(常)과 통하여 '언제나'의 뜻. ・毖(비) − 여기서는 교훈의 뜻.
・辯(변) − 여기서는 '……하게 만든다'는 뜻. ・司(사) − 벼슬아치.

解說　술이 지나치면 자기의 몸을 해칠 뿐만 아니라, 이성을 흐리게 하여 모든 일을 그르친다. 이것은 예나 지금이나 변함없는 진리다. 특히 나라를 다스리는 사람들이 술과 여자에 빠졌을 때 그 나라는 틀림없이 망한다. 은나라 주임금이 그 좋은 본보기다. 다만 은나라는 조상과 신에게 올리는 제사를 매우 중시했는데, 제사를 지내는 중에 자연히 술을 많이 마시게 되기도 하였던 것 같다. 어떻든 주공은 강숙에게 술을 많이 마시는 폐해를 들며 윗사람들뿐만 아니라 신하와 백성들에게도 술을 삼가도록 만들라고 간곡히 부탁하는 것이다. 또 주나라 관리들이 술을 마시면 죽여 버리겠다면서도, 은나라 사람들에게는 너그러운 태도를 취하는 것은 망한 은나라 백성들에 대한 회유책이었던 것 같다.

13. 가래나무 재목(梓材)

서서(書序)

성왕은 관숙과 채숙을 정벌하고 나서, 은나라 나머지 백성들이 사는 곳을 강숙에게 봉해 주었다. 이때 「강숙에게 널리 고하는 말」·「술에 대하여 널리 고하는 말」·「가래나무 재목」이 지어졌다.

成王旣伐管叔蔡叔, 以殷餘民, 封康叔. 作康誥·酒誥·梓材.

이 편도 금문과 고문에 모두 들어 있다. 자(梓)는 '가래나무'. 이 편도 앞의 「강숙에게 널리 고하는 말」·「술에 대하여 널리 고하는 말」편과 함께 만들어진 것이다. 가래나무 재목은 나무 중에서도 가장 값진 것. 주공은 이 가래나무 재목으로 나라를 다스리는 법에 비유하여 훈계한 것이다.

『사기』 위세가(衛世家)에도 "강숙의 나이가 어렸기 때문에 주공 단(旦)이 「가래나무 재목」을 지어 강숙에게 법도로 삼도록 하였다"고 쓰여 있다.

왕명으로 주공이 말하였다.

"봉아! 백성들과 신하들을 잘 다스리어 대신들과 뜻이 서로 통하게 하며, 신하들을 잘 다스리어 임금과 뜻이 잘 통하게 하는 것이 제후이다.

原文 　王曰；"封아! 以厥庶民暨厥臣으로 達大家하며 以厥臣으로 達王이 惟邦君이니라.

註解 •庶民(서민)－낮은 백성. •暨(기)－및. •厥臣(궐신)－낮은 신하들. •大家(대가)－『맹자』의 거실(巨室)과 같은 뜻으로 경대부(卿大夫)의 집안. 달대가(達大家)는 낮은 백성이나 벼슬아치들의 생각이 '높은 지위에 있는 사람들과 서로 잘 통하도록 한다.'는 뜻. •厥臣(궐신)－앞의 궐신(厥臣)보다 뜻이 넓어 경대부까지 포함한 모든 신하들을 가리킨다. •惟邦君(유방군)－나라를 다스리는 제후의 책임이라는 뜻.

　너는 이렇게 언제나 말하라. '나의 관청의 우두머리들과 삼공(三公)인 사도·사마·사공과 대부들 및 여러 관리들이여! 나는 함부로 사람을 죽이지 않겠노라.' 또한 그 임금이 먼저 공경하고 수고하면, 마침내는 그들도 따라서 공경하고 수고하게 될 것이다. 그러니 가거든 간사하고 간악한 자와 사람을 죽인 자와 난동을 하는 자라도 용서할 자는 용서하라. 또 그의 임금을 본떠 일하는 자라면 남을 상처 입히고 해친 자라도 용서하라.

原文 　汝若恒越曰；'我有師師와 司徒司馬司空과 尹旅여! 曰 予罔厲殺人이라'하라. 亦厥君先敬勞면 肆徂厥敬勞니라. 肆往하여 姦宄殺人歷人이라도 宥하라. 肆亦見厥君事면 戕敗人이라도 宥하라.

註解 •若(약)－이와 같이. 이렇게. •恒(항)－늘. 언제나. •越(월)－조사. •師

師(사사)－윗자는 중(衆)의 뜻, 여럿(『釋詁』). 밑의 자는 장(長), 우두머리(『周禮』鄭玄 注). 따라서 여러 관청의 우두머리들. •司徒(사도)－농사와 백성들을 인도하는 일을 맡은 관리. •司馬(사마)－군사를 장악하는 사람. •司空(사공)－땅과 일을 맡은 사람. 이들이 이른바 삼공(三公)이다. •尹(윤)－나랏일을 하는 대부(大夫)들(屈萬里). •旅(려)－일반 관리들. 곧 사(士). •厲(려)－'함부로'. •敬勞(경로)－공경하고 일하는 것. •肆(사)－고로. 드디어. •往(왕)－임지인 위(衛)나라로 가거든의 뜻. •姦(간)－간사한 것. •宄(궤)－간악한 것. •歷人(력인)－난동을 일삼는 자(『釋義』). •宥(유)－용서하는 것. •見(현)－본뜨다. •戕(장)－상처 입히다. 장패인(戕敗人)은 남을 상하게 하고 해치는 사람.

임금님이 한 지역을 감독할 제후를 임명하심은 백성들을 다스리고 위해주려는 것이다. 그래서 '서로 해치지 말고, 서로를 학대하지 마라. 약한 자들을 공경해 주는 경지에 이르고, 부인들까지도 돌보아주는 경지에 이르고, 모든 사람이 따르도록 감싸주어라.'고 하신 것이다. 임금님이 제후들과 관리들을 이끌어주기 위하여 명령을 내린 것은 무엇 때문이었는가? 백성을 잘 살도록 이끌어주고 편안히 지내도록 이끌어주기 위해서다. 예로부터 임금님은 그렇게 하시어, 한 지역을 보살피는 제후는 잘못되는 일이 없도록 하셨던 것이다.

原文 王啓監은 厥亂爲民이니 曰 ; '無胥戕하고 無胥虐하라. 至于敬寡하고 至于屬婦하여 合由以容하라' 하시니라. 王其效邦君越御事하여 厥命曷以요? 引養引恬이니라. 自古王若玆시어 監罔攸辟이니라.

註解 •啓(계)－처음으로 세우는 것. •監(감)－한 지역을 보살피는 사람. 곧 제

후의 뜻. •亂(난)-다스리는 것. •胥(서)-서로. •胥戕(서장)-서로 해치는 것. •寡(과)-약한 사람. •至于敬寡(지우경과)-정치가 약한 사람들까지도 공경하여 주는 경지에 이른다는 뜻. •屬(촉)-돌보아주다. •合(합)-모두의 뜻. •由(유)- 따르게 하는 것. •容(용)-포용, 감싸주는 것. •效(효)-이끌어 주다, 가르치다. •曷以(갈이)-하이(何以). 곧 '무엇 때문'의 뜻. •引養(인양)-백성들을 인도하 여 잘 먹고 살도록 해주는 것. •恬(념)-편안한 것. •辟(벽)-편벽된 것. 잘못되 는 것.

또 말씀하시기를, '밭을 다스릴 때 애써 널리 땅을 일구어 놓았다 면, 그것을 잘 정리하여 그 경계와 도랑을 만들어야 함과 같다. 집을 지을 때에 애써 벽을 세워 놓았다면, 다시 흙을 바르고 지붕을 잇도 록 하여야 함과 같다. 가래나무 재목으로 물건을 만들 때 애써 다듬 고 깎았다면, 단청을 잘 칠해야 함과 같다.'"

原文 惟曰; '若稽田에 旣勤敷菑면 惟其陳修하여 爲厥疆畎이 라. 若作室家에 旣勤垣墉이면 惟其塗墍茨라. 若作梓材에 旣 勤樸斲이면 惟其塗丹雘이라.'"

註解 •稽(계)-다스리다. •勤(근)-'힘써'. •敷(부)-널리. •菑(치)-땅을 일구는 것. •陳修(진수)-잘 정리하는 것. •疆(강)-지경. 땅의 경계. •畎(견)- 밭의 도랑, 배수구. •垣墉(원용)-벽, 담. •塗(도)-『설문해자(說文解字)』에는 도 (敷)라 인용하고 있고, 『정의(正義)』에는 도(斁)로 쓰고 있는데 모두 '꾀한다'는 뜻 (『釋義』)이다. •墍(기)-벽에 흙을 바르는 것. •茨(자)-지붕을 잇는 것. •作梓 材(작자재)-가래나무로 그릇을 만드는 것. •樸(박)-다듬는 것. •斲(착)-깎는 것. •丹雘(단확)-붉은 칠을 하는 것, 단청(丹靑)을 하는 것.

"지금 임금님께서 말씀하시기를 '선왕께서 이미 힘써 밝은 덕을
펴심으로써 제후들을 달래어 왕실을 보좌하도록 하셨으니, 여러 나
라들이 공물을 바쳐오고 형제의 나라가 되어 찾아오게 되었다.'고
하셨다. 그처럼 이미 밝은 덕을 펴셨으니, 제후들이 언제나 모여들고
여러 나라들이 모두 공물을 바쳐오게 된 것이다.

原文 "今王惟曰; '先王旣勤用明德하사 懷爲夾하시니 庶邦享
하고 作兄弟方來니라.' 亦旣用明德하니 后式典集하고 庶邦丕享
하니라.

註解 •懷(회)―달래다. 회유하다. •夾(협)―돕다. 곧 왕실을 보좌하는 것. •享
(향)―공물을 바치는 것. •方(방)―나라의 뜻(『釋義』). 작형제방(作兄弟方)은 형제
의 나라처럼 친하게 되는 것. •來(래)―굴복하여 오는 것. •亦(역)―그처럼, 또.
•后(후)―제후들. •式(식)―용(用)의 뜻. 조사. •典(전)―늘. 언제나.

하늘이 중국의 백성과 그 땅을 옛 우리 임금님에게 내리셨으니, 지
금 임금님은 오직 덕을 펴시어 미혹된 백성들을 앞서 이끌어주고 뒤
에서 밀어주며 화합하여 기뻐하게 하고, 옛 우리 임금님께서 받으신
하늘의 명을 완성시키고 계시다.

原文 皇天旣付中國民越厥疆土于先王하시니 肆王惟德用하사
和懌先後迷民하시고 用懌先王受命하시니라.

註解 •付(부)―주다. 내리다. •先王(선왕)―문왕을 가리킴. •肆王(사왕)―지

금의 임금. 성왕을 가리킴. •和(화)-화합케 하는 것. •懌(역)-기쁘게 하는 것.
•先(선)-앞에서 끄는 것. •後(후)-뒤에서 미는 것. •懌(역)-역(斁)자와 통하
여, 완성시킨다는 뜻.

　그러니 너는 이것을 거울로 삼아라. 오직 말하노니, 만년토록 대대
로 왕 노릇을 하는 것을 목표로 하여, 자자손손이 영원토록 백성들을
보전하도록 하라는 것이다."

原文 　已若茲監하라. 惟曰；欲至于萬年惟王하여 子子孫孫永
保民하라!"

註解 　•若(약)-너. 그대. •監(감)-거울. 거울로 삼다.

解說 　이 편에 대한 해석은 예로부터 여러 가지 다른 견해가 많다. 그러
나 여기에서는 글의 앞뒤가 뒤바뀐 때문이라는 주장을 인정치 않고, 앞의
「강숙에게 널리 고하는 말」·「술에 대하여 널리 고하는 말」과 같이 주공이
강숙에게 임금을 대신하여 훈계하는 말로 풀이하였다. 제목은 가래나무 재
목이지마는 가래나무로 정치를 비유한 곳은 단 한 구절밖에 없다.

14. 소공이 널리 고하는 말(召誥)

서서(書序)

성왕은 풍에 있으면서 낙읍에 자리 잡고자 하여 소공으로 하여금 먼저 그곳을 살펴보도록 하였다. 그때 「소공이 널리 고하는 말」이 지어졌다.

成王在豊, 欲宅洛邑, 使召公先相宅. 作召誥.

이 편도 금문과 고문에 모두 들어 있다. 성왕은 무왕의 뜻을 받들어 도읍을 낙(洛) 땅에 새로 만들고자 하였다. 이에 소공을 먼저 낙 땅으로 보내어 그곳을 둘러보도록 하였다. 소공은 그곳을 둘러본 뒤 임금에게 새 도읍에 관한 글을 올렸다. 사관이 그때 사정을 기록한 것이 이 편이다. 소공이 주공을 통하여 성왕에게 고한 말이라고도 여겨진다.(『史記』)

대체로 앞의 「쇠줄로 묶어 놓은 궤짝」과 「세상에 널리 고하는 말」은 무왕이 죽고 성왕이 임금 자리에 오른 해(B.C. 1024)에 이루어지고, 주공이 동쪽 정벌을 끝낸 다음 해(B.C. 1022)에 「강숙에게 널리 고하는 말」·「술에 대하여 널리 고하는 말」·「가래나무 재목」·「소공이 널리 고하는 말」이 이루어지고, 뒤이어 「낙 땅에 도읍을 만들고 널리 고하는 말」과 「여러 관리들에게 알림」이 이루어졌다고 본다.

2월 16일에서 엿새 지난 을미 날에, 임금님은 아침에 주나라 도읍으로부터 걸으시어 풍 땅으로 오셨다.

惟二月^유既^이望^월越^기六^망日^월乙^육未^일에 王^왕朝^조步^보自^자周^주하사 則^즉至^지于^우豐^풍하시다.

原文 惟二月既望越六日乙未에 王朝步自周하사 則至于豐하시다.

註解 ・二月(이월)−성왕(成王) 4년, 기원전 1021년의 2월(『正義』). ・既望(기망)−16일. ・越六日(월육일)−엿새가 지난 것. ・乙未(을미)−곧 21일. ・周(주)−주나라의 도읍 호경(鎬京). 지금의 섬서성 장안(長安) 서쪽. ・豐(풍)−문왕이 도읍하였던 곳으로 문왕의 묘가 있었다. 지금의 섬서성 호현(鄠縣). 호경으로부터 25리의 거리다. 임금은 낙 땅에 새 도읍을 짓는 일을 종묘에 고하고자 풍(豐)으로 간 것이다.

태보는 주공에 앞서 도읍 터를 조사하였다. 그 다음 3월 달 초사흘 병오 날부터 사흘 지난 무신 날에, 태보는 아침에 낙(洛) 땅에 이르러 도읍 터를 점쳤다. 그는 길하다는 점괘를 얻고는 곧 측량하여 설계하기 시작하였다.

原文 惟^유太^태保^보는 先^선周^주公^공相^상宅^택이라. 越^월若^약來^래三^삼月^월惟^유丙^병午^오朏^비越^월三^삼日^일戊^무申^신에 太^태保^보朝^조至^지于^우洛^락하여 卜^복宅^택하니라. 厥^궐既^기得^득卜^복하고 則^즉經^경營^영하니라.

註解 ・太保(태보)−벼슬 이름으로 삼공(三公)의 하나. 소공(召公)을 가리킨다. ・相(상)−조사하는 것. ・宅(택)−살 곳, 도읍 자리. ・越若(월약)−월약(粵若)이라고도 쓰며, 조사. ・來(래)−내월(來月)의 래(來). 곧 다음. 오는. ・丙午(병오)−3일이 병오 날임. ・朏(비)−3일의 뜻. ・越三日(월삼일)−사흘 지나. ・戊申(무신)−곧 5일. ・卜宅(복택)−도읍지에 대하여 길흉을 점치는 것. ・得卜(득복)−길하다는 점괘를 얻음. ・經(경)−측량하는 것. ・營(영)−표지를 세워 건물의 방향과 위치를 정하는 것.

사흘이 지난 경술 날에 태보는 여러 은나라 사람들을 거느리고 낙수 물굽이에 터를 닦기 시작하여, 닷새가 지난 갑인 날에 터를 다 이루었다.

原文 越三日庚戌에 太保乃以庶殷으로 攻位于洛汭하여 越五日甲寅에 位成하니라.

註解 • 越三日庚戌(월삼일경술)-초 7일. • 庶殷(서은)-여러 은나라 사람들. • 攻位(공위)-터를 닦는 것. • 洛汭(낙예)-낙수의 물굽이. 낙수의 북쪽에 해당한다. • 越五日甲寅(월오일갑인)-3월 11일.

이튿날 을묘에는 주공이 아침에 낙 땅에 와서 새로운 도읍터를 닦은 것을 살펴보았다.

原文 若翼日乙卯에 周公朝至于洛하여 則達觀于新邑營하니라.

註解 • 若(약)-급(及)의 뜻. 미쳐서. • 翼日(익일)-다음날. • 乙卯(을묘)-12일. • 達觀(달관)-두루 보다, 살펴보다.

사흘이 지난 정사 날, 하늘에 지내는 제사에 제물로 소 두 마리를 썼다. 다음날 무오에는 또 땅에 지내는 제사를 새 도읍에서 지냈는데, 소 한 마리, 양 한 마리, 돼지 한 마리를 제물로 썼다.

原文 越三日丁巳에 用牲于郊러니 牛二라. 越翼日戊午에 乃社于新邑이러니 牛一羊一豕一이라.

註解 • 越三日丁巳(월삼일정사)-14일. • 牲(생)-제물. • 郊(교)-하늘에 지내는 제사. • 越翼日戊午(월익일무오)-15일. • 社(사)-땅과 곡식의 신에게 지내는 제사.

이레가 지난 갑자 날에는 주공이 아침에 글로 여러 은나라 제후와 후복·전복·남복의 제후들에게 명을 내렸다. 그가 은나라 사람들에게 명을 내리자, 여러 은나라 사람들은 곧 나와 일하였다.

原文 越七日甲子에는 周公乃朝用書하여 命庶殷侯甸男邦伯하니라. 厥旣命殷庶하니 庶殷丕作하니라.

註解 • 越七日甲子(월칠일갑자)-21일. • 用書(용서)-'공문(公文)으로서' 의 뜻. 여러 제후들에게 새로 도읍을 짓는 데 관한 명령을 내린 것이다. • 丕作(비작)-모두가 나와 일하였다, '비'는 모두를 뜻한다.

태보는 여러 나라 제후들과 더불어 나가서 폐백을 가지고 다시 들어와 주공에게 바치며 말하였다.

"손을 머리에 대고 몸을 굽히어 큰절을 하며 임금님과 공에게 아뢰며 인사드립니다. 그리고 여러 은나라 사람들과 관리 여러분들에게 말하고자 합니다.

原文 太保乃以庶邦冢君으로 出取幣하고 乃復入錫周公하며 曰 ; "拜手稽首하고 旅王若公하니이다. 誥告庶殷과 越自乃御事하노라.

註解 •冢君(총군)−임금, 또는 제후의 뜻. •幣(폐)−폐백. 예물. •錫(석)−주다. 바치다. •旅(여)−아뢰다. 아뢰며 인사드리다. •若(약)−여(與, ……와)의 뜻. •誥告(고고)−훈계하다. 말하다. 이 소공의 말은 주공뿐만 아니라 은나라 백성 및 여러 관리들 앞에서 한 것이다. •越(월)−여(與, ……와)의 뜻. •自(자)−조사. 뜻이 없다. 『시경』 대아(大雅) 사제(思齊)편의 정전(鄭箋)에는 이 구절을 인용하고 있으나 자(自)자가 없다.

　아아! 하늘에 계신 하나님이 자신의 큰아들 천자를 바꾸고 큰 나라 은에 내린 하늘의 명도 바꾸어 내렸습니다. 임금님께서 하늘의 명을 받으셨으니, 한없이 복되기도 하려니와 또한 한없이 걱정되기도 하는 일입니다. 아아! 어찌 공경하지 않을 수가 있겠습니까!

原文　嗚呼라! 皇天上帝이 改厥元子茲大國殷之命이니이다. 惟王受命하시니 無疆惟休시나 亦無疆惟恤이니이다. 嗚呼라! 曷其奈何弗敬이리까?

註解 •改(개)−바꾸다. 개혁하다. •厥元子(궐원자)−큰아들, 천자를 가리킴. •王(왕)−성왕을 가리킴. •休(휴)−복된 것, 경사스러운 것. •恤(휼)−근심하다. •曷(갈)−어찌.

　하늘은 이미 큰 나라 은에 내렸던 명을 끊어 버리셨으나, 지금도 은나라의 많은 옛 어진 임금들이 하늘에 계십니다. 후대의 임금이나 후세의 백성들은 하늘의 명을 잘 따라야만 했으나, 그들 마지막 임금 때에는 지혜 있는 사람은 숨고 병폐 많은 자들이 벼슬자리에 있었습니다. 사람들은 그의 처자를 안고 끌고 다니면서 슬픔으로 하늘에 호소하였고, 나라 밖으로 도망을 나가다 잡히기도 했습니다. 아아! 하늘도 세상 백성들을 가엾이 여기셔서 그들을 돌보시고 하늘의 명을 새로 내리시어 올바로 힘쓰도록 하셨으니, 임금님은 덕을 부지런히 공경하셔야 합니다.

原文 天既遐終大邦殷之命이시나 玆殷多先哲王이 在天이니이다. 越厥後王後民은 玆服厥命이나 厥終智藏瘝在니이다. 夫知保抱携持厥婦子하여 以哀籲天하고 徂厥亡出執하니이다. 嗚呼라! 天亦哀于四方民하사 其眷命用懋하시니 王其疾敬德이니이다.

註解　•遐(하)—하(暇)와 통하여, 이미(《詩鄭箋》). •越(월)—조사. 이에. •服(복)—따르다. •厥終(궐종)—은나라의 끝 임금, 주임금 때. •智藏(지장)—지혜있는 사람은 은퇴하여 숨는 것. •瘝在(관재)—백성들에게 병폐 많은 사람들이 벼슬자리에 있는 것. •夫(부)—'사람들'의 뜻. •知(지)—조사(《說文》; 知, 詞也). •保抱(보포)—품에 보호하듯 안는 것. •携持(휴지)—손을 잡아 끄는 것. •婦子(부자)—처자. •籲(유)—호소의 뜻. •徂厥亡(조궐망)—그 나라를 도망쳐 가는 것. •執(집)—잡다. •眷(권)—돌아보다. •命(명)—명을 내리는 것. •用懋(용무)—올바른 일에 힘쓰도록 하는 것.

　옛날 백성을 다스린 하나라 임금들을 보면, 하늘의 뜻을 따라서 백성을 자식처럼 보호하여 주었으나, 뒤에 하늘의 뜻을 어기어 지금은 그들이 받았던 하늘의 명을 잃고 있습니다. 지금 은나라 임금을 보더라도 하늘이 인도하고 바로잡아 보호하여 주셨으나, 뒤에 하늘의 뜻을 어기어 지금은 이미 그들이 받았던 하늘의 명을 잃고 있습니다.

原文 　相古先民有夏면 天迪從子保라가 面稽天若하여 今時既

墜厥命하니이다. 今相有殷이면 天迪格保라가 面稽天若하여 今時

既墜厥命하니이다.

註解 ・相(상)－보다. ・有夏(유하)－하나라를 다스리던 우임금 같은 사람. ・迪從(적종)－뜻을 따르는 것. ・子保(자보)－자식처럼 보호하는 것. ・面稽(면계)－위배하고 따르지 않는 것. 면(面)은 면(偭)과 통하여, 위배하는 것. 계(稽)는 애(礙)의 뜻, 따르지 않는 것(『尙書集釋』). ・天若(천약)－하늘의 뜻. ・今時(금시)－지금. ・格(격)－바로잡는 것. ・墜(추)－잃는 것.

　지금 어린 임금께서 자리를 이으셨으니, 늙고 경험 많은 이들을 버리지 않도록 하셔야겠습니다. 우리 옛사람들의 덕을 생각하라 하였으니, 하물며 하늘의 뜻을 생각하며 일을 처리하여야 한다는 것은 더 말할 나위가 있겠습니까?

原文 　今沖子嗣하시니 則無遺壽耇하소서. 曰其稽我古人之德이

어늘 矧曰其有能稽謀自天이리이까?

註解 ・沖(충)－어린 것. ・遺(유)－버리는 것. ・壽耇(수구)－나이 많고 경험 많은 사람. ・稽(계)－참고하다. 생각하다. ・稽謀(계모)－참작하며 일을 처리하는 것.

　아아! 나라를 다스리는 임금님은 비록 어리나 하늘의 큰아드님이십니다. 그분이 낮은 백성들과 잘 화합하는 것은 지금 사람들의 복입

니다. 임금님은 감히 뒤로 미루시는 일 없이 백성들의 여러 가지 말을 돌보며 두려워하셔야 합니다.

原文 嗚呼(오호)라! 有王雖小(유왕수소)나 元子哉(원자재)니이다. 其丕能諴于小民(기비능함우소민)은 今休(금휴)니이다. 王不敢後(왕불감후)하사 用顧畏于民碞(용고외우민암)하소서.

註解 • 元子(원자)－하늘의 큰아들. 곧 천자의 뜻. • 諴(함)－화합하다. • 後(후)－일을 뒤로 미루는 것. • 碞(암)－암(喦)과 통하여, 말이 많은 것, 다양한 의견.(王應麟『困學紀聞』).

임금님은 이곳으로 오셔서 하늘의 뜻을 이어, 중화 땅을 다스리셔야 합니다. 제가 말씀드리건대, '큰 고을을 만들었으니 그 고을에서 하늘의 뜻에 맞도록 하시고, 하늘과 땅에 삼가 제사지내시고 중화 땅을 잘 다스리셔야 합니다. 임금님이 받으신 하늘의 명을 따르시면 백성을 다스림이 이제는 아름다워질 것입니다.'

原文 王來紹上帝(왕래소상제)하사 自服于土中(자복우토중)하소서. 旦曰(단왈); '其作大邑(기작대읍)하니 其自時配皇天(기자시배황천)이요 毖祀于上下(비사우상하)하고 其自時中乂(기자시중예)로다. 王厥有成命(왕궐유성명)하시면 治民今休(치민금휴)하리이다.'

註解 • 來(래)－'이 낙 땅의 새 도읍으로 오셔서'의 뜻. • 紹(소)－잇다. 계승하다. • 自(자)－용(用)으로 씀이 옳음(『正義』). • 服(복)－다스리는 것. • 土中(토중)－곧 중토(中土). 중화 땅의 뜻. • 旦(단)－주공의 이름. • 自時(자시)－유시(由是). 이렇게 함으로써. • 中乂(중예)－중토(中土)가 다스려진다는 뜻. • 有(유)－하

늘로부터 '받은'의 뜻.

　임금님은 먼저 은나라 관리들을 복종케 하여, 우리 주나라의 관리들과 친하게 하면 그들의 성격을 조절하게 되어 날로 그들이 힘쓰게 될 것입니다. 임금은 처신을 삼가고, 덕을 공경하지 않으면 안 되는 것입니다.

原文　王先服殷御事하사 比介于我有周御事시면 節性하여 惟日其邁리이다. 王敬作所요 不可不敬德이니이다.

註解　•服(복)―굴복. 또는 복종시키는 것. •比(비)―친한 것. •介(개)―이(尒)를 잘못 쓴 것으로 이(邇), 곧 가까운 것. 고본(古本)에는 이(尒) 또는 이(迩)로 되어 있다. •比介(비개)―친근의 뜻(『釋義』). •節性(절성)―은나라 관리들의 성격을 조절하는 것. •邁(매)―힘쓰다. 노력하다. •所(소)―몸과 마음을 두는 곳, 곧 처신의 뜻.

　우리는 하나라 임금을 거울로 삼지 않아서는 안 되며, 또 은나라 임금들을 거울로 삼지 않아도 안 됩니다. 제가 감히 아는 체하는 것은 아니오나, 하나라 임금은 하늘의 명을 따라서 여러 해 동안 나라를 다스렸다 합니다. 제가 감히 아는 체하는 것은 아니오나, 그들이 더 이어지지 못한 것은 그들이 덕을 공경하지 않아 바로 그들의 하늘의 명을 잃었던 때문이라 합니다. 제가 감히 아는 체하는 것은 아니오나, 은나라 임금은 하늘의 명을 받아 여러 해 나라를 다스렸다 합니다. 제가 감히 아는 체하는 것은 아니오나, 그들이 더 이어지지 못한 것은 그들이 덕을 공경하지 못하여, 바로 그 하늘의 명을 잃었던 때문이라 합니다. 지금 임금님께서는 그 하늘의 명을 이어 받으셨으니, 우리는 이들 두 나라의 운명을 참고로 하여 왕업을 이어가야겠습니다.

原文 我不可不監于有夏^{아불가불감우유하}며 亦不可不監于有殷^{역불가불감우유은}이니이다. 我不敢知^{아불감지}나 曰^왈；有夏服天命^{유하복천명}하여 惟有歷年^{유유력년}이니이다. 我不敢知^{아불감지}나 曰^왈；不其延^{불기연}은 惟不敬厥德^{유불경궐덕}하여 乃早墜厥命^{내조추궐명}이니이다. 我不敢知^{아불감지}나 曰^왈；有殷受天命^{유은수천명}하여 惟有歷年^{유유력년}이니이다. 我不敢知^{아불감지}나 曰^왈；不其延^{불기연}은 惟不敬厥德^{유불경궐덕}하여 乃早墜厥命^{내조추궐명}이니이다. 今王嗣受厥命^{금왕사수궐명}하시니 我亦惟茲二國命^{아역유자이국명}하여 嗣若功^{사약공}이니이다.

註解 ・歷年(역년)—여러 해. ・延(연)—연속. 이어지는 것. ・我(아)—주나라 임금과 신하들. ・惟(유)—생각하다. ・命(명)—운명(運命). ・若(약)—기(其)의 뜻(『經傳釋詞』). 그들. 하나라와 은나라 임금들을 가리킴. ・功(공)—왕업(王業)을 뜻함.

임금님은 처음으로 일을 시작하셨으니, 아아! 아이를 낳아 놓은 것과 같은 것입니다. 모든 일에 처음 태어날 때부터 하늘이 명철한 지혜를 내려주시도록 해야 합니다. 하늘은 그에게 지혜를 명철하게 해줄 수도 있고, 운명을 매우 좋게 또는 흉하게도 해주실 수 있으며, 오래 살도록 해주기도 합니다.

王乃初服이시니 嗚呼라! 若生子니이다. 罔不在厥初生에 自^{왕 내 초 복}

原文 王乃初服이시니 嗚呼라! 若生子니이다. 罔不在厥初生에 自
貽哲命이니이다. 今天其命哲하시고 命吉凶하시며 命歷年하니이다.

註解 •服(복)―일. 일하다. •在厥初生(재궐초생)―그가 처음 태어날 적에. •貽
(이)―하늘이 주는 것. 자이철명(自貽哲命)은 하늘이 명철한 지혜를 내려주도록 해야
한다는 뜻임.

지금 우리는 처음으로 일하기 시작하여 새로운 도읍에 살게 되었
으니, 임금님은 오직 덕을 공경하는 일에 힘써야만 할 것입니다. 임
금님이 덕을 펴시는 것이, 하늘의 명이 영원하기를 비는 셈이 됩니
다.

原文 知今我初服하여 宅新邑하니 肆惟王其疾敬德하소서. 王其
德之用이 祈天永命이니이다.

註解 •肆(사)―그러니.

임금님은 낮은 백성들이 법도에 어긋나는 짓을 함부로 했다 하여
바로 죽여 버리지는 않아야 합니다. 덕으로 백성들을 다스리면, 곧
다스림이 이루어질 것입니다.

原文 其惟王은 勿以小民淫用非彝로 亦敢殄戮하소서. 用乂民
하면 若有功하리이다.

　임금 자리에 계신 분이 덕의 근원이 되신다면, 낮은 백성들도 그것
을 법도로 삼아, 천하에 덕이 펴져서 임금님 하시는 일도 빛나게 될
것입니다.

原文 其惟王位在德元하면 小民乃惟刑하여 用于天下하여 越王
顯하리이다.

註解 ·王位(왕위)-임금자리에 있는 분. ·在德元(재덕원)-덕의 근원이 되는
위치에 있는 것. ·惟刑(유형)-법도로 삼다, 본뜨다. ·用于天下(용우천하)-천하
에 덕이 쓰이다, 천하에 덕이 펴지다.

　위아래가 부지런하고 걱정하면서, '우리가 받은 하늘의 명이 하나
라 임금이 여러 해 다스릴 때와 같아야 하며, 은나라 임금이 여러 해
다스릴 때와 어긋나지 않아야 한다'고 말하여야 합니다. 임금님은
낮은 백성들을 잘 다스리어 하늘의 영원한 명을 받으시게 되기 바랍
니다."

原文 上下勤恤하여 其曰；'我受天命이 丕若有夏歷年하며 式
勿替有殷歷年이라.' 欲王以小民으로 受天永命하시이다."

註解 ·上下(상하)-임금과 신하들. ·勤(근)-부지런히 일하는 것. ·恤(휼)-

근심하는 것. •式(식)-용(用)의 뜻. •替(체)-어긋나는 것.

손을 머리에 대고 몸을 굽히어 큰절을 하며 다시 말하였다.

"이 작은 신하는 감히 임금님의 원수였던 백성과 여러 관리들 및 우리 주나라 백성들과 더불어, 임금님의 위엄 있는 명령과 밝은 덕을 받들려 하고 있습니다. 임금님께서 끝내 하늘의 명을 이루시면, 임금님도 역시 빛나게 될 것입니다. 저는 감히 부지런히 일한다고 할 수 없으니, 삼가 폐백을 바치어 임금님께 드림으로써, 하늘의 영원한 명을 비실 수 있도록 하고자 하는 바입니다."

原文　拜手稽首曰 ; "予小臣은 敢以王之讐民과 百君子와 越友民으로 保受王威命明德하나이다. 王末有成命하시면 王亦顯하리이다. 我非敢勤이니 惟恭奉幣하여 用供王能祈天永命하노이다."

註解　•讐民(수민)-원수였던 백성. 곧 은나라 백성을 말함. •君子(군자)-벼슬하고 있는 관리들. •保受(보수)-받드는 것. •末(말)-끝. 끝내.

解說　이 편도 앞뒤 문맥이 잘 통하지 않아 옛날부터 학자들의 의론이 많다. 이 속에는 소공의 말과 함께 주공의 말, 성왕의 말들이 뒤섞여 있다고 보는 것이다. 그러나 이러한 학술적인 문제를 떠나서 처음부터 끝까지 소공과 주공의 말로 보았다. 그러나 내용은 여러 가지 얘기가 섞여 있어 종잡기 힘듦은 어찌하는 수가 없다.

15. 낙 땅에 도읍을 만들고 널리 고하는 말 (洛誥)

소공이 도읍할 곳을 살펴본 뒤에 주공이 가서 성주를 건설하기로 하였는데, 성왕은 와서 점친 결과를 고하도록 하였다. 이때 「낙 땅에 도읍을 만들고 널리 고하는 말」이 지어졌다.

召公既相宅, 周公往營成周, 使來告卜. 作洛誥.

이 편도 금문과 고문에 모두 들어 있다. 낙 땅에 도읍을 정한 다음, 주공은 점친 결과를 임금에게 보고하고 임금은 주공을 낙 땅에 머물러 있게 한다. 이때 사관이 주공과 임금의 문답과 이때의 전례(典禮) 등을 대화 속에 담아 기록하여 세상에 널리 알린 것이 이 편이다. 「낙 땅에 도읍을 만들고 널리 고하는 말」은 낙 땅의 중요성을 세상에 알리는 말이다. 앞의 「소공이 널리 고하는 말」과 같은 때에 이루어진 글이다.

주공이 손을 이마에 대고 머리를 조아리며 말하였다.

"제가 명철한 임금이신 당신에게 아룁니다.

原文　　주공배수계수왈　　짐복자명벽
周公拜手稽首曰 ; "朕復子明辟하나이다.

註解　　•復(복)—아뢰다. 대답하다. •子(자)—당신. 그대.

임금님께서는 하늘이 처음으로 명을 내리시고 또 그 명을 안정시킨 일을 이어가지 못할까 걱정하는 것 같습니다. 저는 대를 이어 왕실을 보좌하면서 동쪽 땅을 크게 둘러보았으니, 그것은 백성들을 위한 명철한 임금을 만들기 위해서였습니다.

原文 王如弗敢及天基命定命하시니 予乃胤保하고 大相東土하니 其基作民明辟이니이다.

註解 • 如弗敢及(여불감급) — '미치지 못하는 것과 같다'. 곧 하늘의 명을 이어 가기 어려울 듯하다는 뜻. • 基命(기명) — 천명이 처음으로 내려진 일. 곧 문왕의 업적을 가리킴. • 定命(정명) — '천명을 안정시킨 것'. 곧 무왕의 업적을 가리킴. • 胤保(윤보) — 주공이 문왕·무왕을 보좌하고 또 이어 성왕을 보좌함을 뜻한다. • 相(상) — 보다. 시찰하다. • 東土(동토) — 낙읍. 낙은 호경(鎬京)의 동쪽에 있었다. • 基(기) — 모(謀)의 뜻. 꾀하다. ……하려 하다. • 作民明辟(작민명벽) — 백성들의 밝은 임금으로 만든다는 뜻.

저는 을묘 날 아침에 낙 땅으로 왔습니다. 저는 황하 북쪽의 여수를 점쳐 보았고, 저는 또 간수 동쪽과 전수 서쪽을 점쳐 보았습니다. 그러나 오직 낙 땅이 가장 결과가 좋았습니다. 저는 또 전수의 동쪽도 점쳐 보았으나, 역시 오직 낙 땅이 가장 결과가 좋았습니다. 임금님을 오시도록 하여 지도와 함께 점친 결과를 바치는 바입니다."

原文 予惟乙卯에 朝至于洛師하니이다. 我卜河朔黎水하고 我乃卜澗水東과 瀍水西나 惟洛食이더이다. 我又卜瀍水東이나 亦惟

<ruby>洛食<rt>락 식</rt></ruby>이더이다. <ruby>伻來<rt>팽 래</rt></ruby>하여 <ruby>以圖及獻卜<rt>이 도 급 헌 복</rt></ruby>하나이다.”

註解　•乙卯(을묘)—성왕 7년 3월 12일(「소공이 널리 고하는 말」 참조). •洛師 (낙사)—낙읍. 사(師)는 경사(京師)의 사(師)자. •朔(삭)—북쪽. •黎水(려수)—지 금의 하남성 위휘부(衛輝府) 준현(濬縣) 동북쪽에 있음. •澗水(간수)—하남성 민 지현(澠池縣)에서 시작하여 낙양(洛陽)에서 낙수와 합쳐진다. •瀍水(전수)—하남 성 맹진현(孟津縣)에서 시작, 언사(偃師)에서 낙수에 합쳐진다. •食(식)—좋은 징 조(吉兆), 점친 좋은 결과(『釋義』). •伻來(팽래)—성왕으로 하여금 오시도록 한 것. '팽'은 사(使)의 뜻. •圖(도)—낙읍의 지도. •獻卜(헌복)—점친 결과를 바치 는 것.

　임금님도 손을 이마에 대고 머리를 땅에 조아리며 말씀하셨다.

　“공께서는 하늘의 복 주심을 감히 공경하지 않을 수 없으시어, 낙 땅으로 와서 도읍할 곳을 살펴보고, 주나라 도읍을 바로 세워 복 주 심에 합당토록 하셨습니다. 공께서 도읍할 곳을 정하여 놓으시고, 오 라고 하시기에 왔습니다. 점친 결과가 아름답고 언제나 좋은 것을 보 니, 우리 두 사람이 다 같이 하는 일이 합당한 때문인 것 같습니다. 공께서는 제게 억만 년을 두고 하늘의 복 주심을 공경하라 하셨으니, 손을 이마에 대고 머리를 조아리며 가르치신 말씀을 받들겠습니다.”

原文　<ruby>王拜手稽手曰<rt>왕 배 수 계 수 왈</rt></ruby>；“<ruby>公不敢不敬天之休<rt>공 불 감 불 경 천 지 휴</rt></ruby>니 <ruby>來相宅<rt>내 상 택</rt></ruby>하고 <ruby>其作<rt>기 작</rt></ruby> <ruby>周匹休<rt>주 필 휴</rt></ruby>로다. <ruby>公旣定宅<rt>공 기 정 택</rt></ruby>하고 <ruby>伻來<rt>팽 래</rt></ruby>하니 <ruby>來<rt>내</rt></ruby>하니라. <ruby>視予卜休恒吉<rt>시 여 복 휴 항 길</rt></ruby>하니 <ruby>我二人共貞<rt>아 이 인 공 정</rt></ruby>이로다. <ruby>公其以予萬億年<rt>공 기 이 여 만 억 년</rt></ruby>을 <ruby>敬天之休<rt>경 천 지 휴</rt></ruby>하니 <ruby>拜手稽首<rt>배 수 계 수</rt></ruby> <ruby>誨言<rt>회 언</rt></ruby>하노라.”

•休(휴)-복을 내려주시는 것. •作周(작주)-주나라를 바로 세우는 것. 「모시서(毛詩序)」의 '문왕수명작주(文王受命作周)'의 '작주(作周)'와 같은 뜻. •匹休(필휴)-하늘의 복 주심에 합당토록 하는 것. •卜休恒吉(복휴항길)-점을 쳐보면 점괘가 좋고 항상 길하다는 뜻. •貞(정)-당(當). 하는 일이 합당한 것. •誨言(회언)-가르치시는 말을 받들겠다는 뜻.

　주공이 아뢰었다.

　"임금님은 처음부터 은나라 예를 따라 새 도읍에서 제사지내시되, 모든 일을 질서를 따라 문란하지 않게 하십시오. 저는 여러 관리들을 정렬시켜 주나라로부터 임금님을 따르도록 하겠습니다. 저는 오직 바라건대 '맡은 일들을 잘 해주시오!' 하고 당부하겠습니다.

　　周公曰;"王肇稱殷禮하사 祀于新邑하시되 咸秩無文하소서. 予齊百工하여 伻從王于周하고 予惟曰;'庶有事라'하리이다.

•肇(조)-처음. 시작. •稱(칭)-따르다. 거행하다. •文(문)-문(紊). 어지러운 것. 문란한 것. •齊(제)-가지런히 하다. 정돈하다. •伻(팽)-……하게 하다. •庶(서)-바라건대. •有事(유사)-맡은 일들을 잘해달라.

　임금님께서는 곧 명하시기를 '이룩한 공로를 기록하여 높여주며, 공로를 내세워 크게 제사지내도록 하라'고 하십시오. '그대들은 명을 받은 대로 착실히 도와 달라. 이루어 놓은 일을 잘 살펴보고, 당신들은 모든 일을 그것을 본받아 일해 주시오'하고 명하십시오.

　　今王卽命曰;'記功宗하여 以功作元祀하라'하소서. 惟命

曰 ; '汝受命篤弼하라. 丕視功載니 乃汝其悉自敎工하라'하소서.
_왈　_{여 수 명 독 필}　　_{비 시 공 재}　_{내 여 기 실 자 교 공}

　어린 사람은 패거리를 이루기 쉽습니다. 어린 사람은 패거리를 이루기 쉽습니다. 앞으로 불이 솔솔 타오르기 시작하는 것처럼 그런 짓을 하게 두어서는 안 됩니다. 그것이 활활 타오르게 되면 그것을 끌 수도 없게 됩니다.

原文　孺子其朋이니이다. 孺子其朋이니이다. 其往에 無若火始燄燄이니이다. 厥攸灼이면 敍弗其絕이니이다.
_{유 자 기 붕}　　　_{유 자 기 붕}　　　_{기 왕}　_{무 약 화 시 염 염}　　_{궐 유 작}　_{서 불 기 절}

　법을 따라 일을 처리하도록 하십시오. 그러면 저는 주나라 관리들을 데리고 새 도읍으로 가서, 동료들을 각자 맡은 일에 힘쓰도록 하여 나랏일을 이룩하고, 나라를 풍요롭게 함으로써 당신은 영원토록 칭송을 듣게 할 것입니다."

_{궐 약 이 급 무 사} 厥若彛及撫事하소서. _{여 여 유 이 재 주 공} 如子惟以在周工으로 _{왕 신 읍} 往新邑하여 _팽 伻

_{향 즉 유 료} 嚮卽有僚하고 _{명 작 유 공} 明作有功하며 _{돈 대 성 유} 惇大成裕하여 _{여 영 유 사} 汝永有辭하리이다."

註解 •若彛(약이)-법을 따르는 것. •撫事(무사)-일을 처리하는 것. •在周工(재주공)-주나라에 있는 관리들. •伻(팽)-하게 하다. 시키다. •嚮(향)-향하게 하다. •卽(즉)-나아가다. •有僚(유료)-우료(友僚). 동료들. •明作(명작)-힘써 일하다. 면작(勉作). •惇(돈)-치(致). 이루다. •裕(유)-나라가 부유한 것. 풍요로운 것. •辭(사)-여기서는 찬양하는 말의 뜻.

주공은 또 말하였다.

"그리고 당신께서는 어린 사람이니 끝까지 잘하십시오. 당신께서 공경히 하시면, 여러 제후들이 공물 바치는 것에 대하여도 알게 될 것이고, 또 그들이 성실히 바치지 않는 것도 분별하게 될 것입니다. 공물을 바치는 데에는 예절이 많은데, 예절이 물건을 따르지 못한다면 성실히 바치지 않는 것입니다. 공물을 바치는 데에 마음을 쓰지 않는다면, 모든 백성들이 공물을 바치지 않는다고 생각하게 되어, 나랏일이 어긋나고 또 얕보이게 될 것입니다.

原文 _{공 왈} 公曰;"_{이 여 유 충 자} 已汝惟沖子니 _{유 종} 惟終하시이다. _{여 기 경} 汝其敬이면 _{식 백 벽} 識百辟

_향 享하고 _{역 식 기 유 불 향} 亦識其有不享이리이다. _{향 다 의} 享多儀니 _{의 불 급 물} 儀不及物이면 _{유 왈 불 향} 惟曰不享

이니이다. _{유 불 역 지 우 향} 惟不役志于享하면 _{범 민 유 왈 불 향} 凡民惟曰不享하여 _{유 사 기 상 모} 惟事其爽侮리이다.

註解 •終(종)-끝까지 잘하는 것. •識(식)-알다. •百辟(백벽)-여러 제후들. •享(향)-공물을 바쳐오는 것. •儀(의)-예의, 의식. •役志(역지)-마음을 쓰는

것. 곧 성의를 다하는 것. •爽(상)-어긋나는 것. •侮(모)-임금의 일을 얕보는 것.

  당신께서는 젊으시나 스스로 일을 분별하여야 할 것이니, 저는 일에 대하여 참견할 틈이 없습니다. 저는 당신에게 백성들을 도와주는 법만을 가르쳐드릴 따름입니다. 당신께서 만약 힘쓰지 않으시면, 당신의 시대가 길지 못할 것입니다. 당신의 장관들을 잘 이끄시어 따르지 않는 이가 없도록 하시면, 저도 감히 당신의 명을 저버리지 못하게 될 것입니다. 당신은 가셔서 공경히 하십시오. 이에 저도 일에 힘쓰겠습니다. 우리 백성들을 부유하게 해주면서, 먼 곳 사람들도 소홀히 하지 마십시오.”

原文 乃惟孺子頒이니 朕不暇聽이니이다. 朕敎汝于棐民彝니이다. 汝乃是不蘉이면 乃時惟不永哉리이다! 篤敍乃正父하여 罔不若이면 予不敢廢乃命하리이다. 汝往敬哉하시이다. 茲予其明農哉리이다. 彼裕我民하고 無遠用戾하시이다.”

註解 •乃(내)-너. 그대. •頒(반)-일을 분별하여 처리하는 것. •暇(하)-틈. 여유. •聽(청)-일에 대하여 듣고 참견하는 것. •棐(비)-돕다. •蘉(망)-힘쓰는 것. •正(정)-장관(長官). •父(보)-장관(長官).(『釋義』). •明農(명농)-민면(黽勉). 일에 힘쓰는 것. •彼(피)-피(被)와 통하여, ‘해주는 것’. •遠(원)-먼 곳의 사람들. •戾(려)-중지하다, 소홀히 하다.

  임금님은 대답하셨다.

"공께서는 이 어린 사람을 힘써 보호하여 주십시오. 공께서 밝은 덕을 드러내셔서, 이 작은 사람으로 하여금 문왕과 무왕의 업적을 드러내어 발전시킬 수 있게 하며, 하늘의 명을 받들어 보답할 수 있게 하시고, 사방의 백성들이 화합하고 순종하며 이 도읍을 중심으로 살아가게 해주십시오.

原文 　王若曰 ; "公明保子沖子하라. 公稱丕顯德하여 以予小子로 揚文武烈하며 奉答天命하고 和恒四方民하여 居師케 하라.

註解 　• 稱(칭)－드러내는 것. • 答(답)－보답의 뜻. • 恒(항)－일정케 하는 것. • 師(사)－경사(京師), 도읍. 곧 낙읍을 가리킴.

정중히 전례(典禮)를 행하며, 큰 제사를 질서있게 행하되, 모두가 질서에 따라 어지러워지는 일이 없도록 해주십시오.

原文 　惇宗將禮하여 稱秩元祀하되 咸秩無文케 하라.

註解 　• 惇宗(돈종)－정중한 것. • 將(장)－행하다. • 稱(칭)－거(擧)와 통하여 거행의 뜻. 칭질(稱秩)은 질서있게 행하는 것. • 文(문)－문(紊)의 뜻. 어지러운 것.

공의 덕은 밝게 하늘과 땅에 빛나고 있으며, 부지런히 세상을 위하여 일하시어 널리 아름답게 다스렸고, 정사를 맡아 문왕과 무왕의 간곡한 가르침을 어기지 않고 계십니다. 이 어린 사람은 이른 아침부터 밤늦게까지 삼가 제사를 지내겠습니다."

^{유 공 덕 명 광 우 상 하}惟公德明光于上下하며 ^{근 시 우 사 방}勤施于四方하여 ^{방 작 목 목}旁作穆穆하고 ^아迓

^{형 불 미 문 무 근 교}衡不迷文武勤教니라. ^{여 충 자}予沖子는 ^{숙 야 비 사}夙夜毖祀하리라."

註解 • 旁(방) — 널리. • 穆穆(목목) — 아름다운 모습. • 迓衡(아형) — 『삼국지(三國志)』 위문제기(魏文帝紀) 배주(裴註)에서 연강(延康) 원년의 조서(詔書)를 인용하여 '어형(御衡)'이라 쓰고 있다. 어형은 '정사를 맡아보는 것'.

임금님은 또 말씀하셨다.

"공이 이루어 놓은 업적은 아름답고도 위대합니다. 이와 같지 않음이 없도록 하십시오."

原文 ^{왕 왈}王曰 ; "^{공 공 비 적 독}公功棐迪篤하니 ^{망 불 약 시}罔不若時하라."

註解 • 棐(비) — 斐(비)와 통하여 아름다운 것. • 迪(적) — 조사. • 篤(독) — 위대한 것. • 若(약) — 같은 것. • 時(시) — 이것.

임금님이 말씀하셨다.

"공이여! 이 작은 사람은 물러가 주나라의 임금 자리로 되돌아가고, 공에게는 여기에 남아 계시기를 명합니다.

原文 ^{왕 왈}王曰 ; "^공公이여! ^{여 소 자}予小子는 ^{기 퇴 즉 벽 우 주}其退卽辟于周하고 ^{명 공 후}命公後하노라.

註解 • 卽(즉) — 나아가다. 즉벽(卽辟)은 임금 자리로 되돌아가는 것. • 後(후) — 뒤에 남는 것.

세상은 아직도 혼란하여 큰 일의 전례(典禮)도 안정되지 못하고 있고, 공의 일도 제대로 모두 끝냈다고 할 수는 없습니다.

原文 ^{사 방 적 란}四方迪亂이니 ^{미 정 우 종 례}未定于宗禮하고 ^{역 미 극 미 공 공}亦未克敉公功이라.

註解 •宗禮(종례)－나라의 큰 일의 전례, 존중해야 할 의례. •敉(미)－다 끝난다.

뒤에 남아 일을 주관하고 나의 관리들을 감독해 주십시오. 문왕과 무왕으로부터 물려받은 백성들을 잘 보호하여 그들을 거느리고 잘 다스리어 사방의 울타리처럼 되어 주십시오.”

原文 ^{적 장 기 후}迪將其後하여 ^{감 아 사 사 공}監我士師工하라. ^{탄 보 문 무 수 민}誕保文武受民하여 ^{난 위}亂爲^{사 보}四輔하라.”

註解 •將(장)－일을 주관하는 것. •士(사) · 師(사) · 工(공)－모두 관리들임. •亂(난)－다스리다. 거느리다. •四輔(사보)－사방의 보좌자(輔佐者). 사방의 울타리.

임금님이 말씀하셨다.

“공은 머무시고, 나는 가게 됩니다. 공의 맡은 일은 줄어들어 즐겁게 되고, 공은 어려움이 없으실 것입니다. 나는 오직 게을리 않으면 일이 편히 될 것입니다. 공이 법도를 어기지 않으신다면 사방에서 대대로 공물을 바쳐오게 될 것입니다.”

　<ruby>王<rt>왕</rt></ruby><ruby>曰<rt>왈</rt></ruby>；"<ruby>公<rt>공</rt></ruby><ruby>定<rt>정</rt></ruby>하고 <ruby>予<rt>여</rt></ruby><ruby>往<rt>왕</rt></ruby><ruby>已<rt>이</rt></ruby>라. <ruby>公<rt>공</rt></ruby><ruby>功<rt>공</rt></ruby>은 <ruby>肅<rt>숙</rt></ruby><ruby>將<rt>장</rt></ruby><ruby>祗<rt>지</rt></ruby><ruby>歡<rt>환</rt></ruby>하고 <ruby>公<rt>공</rt></ruby><ruby>無<rt>무</rt></ruby>

<ruby>困<rt>곤</rt></ruby><ruby>哉<rt>재</rt></ruby>리라. <ruby>我<rt>아</rt></ruby><ruby>惟<rt>유</rt></ruby><ruby>無<rt>무</rt></ruby><ruby>斁<rt>역</rt></ruby>이면 <ruby>其<rt>기</rt></ruby><ruby>康<rt>강</rt></ruby><ruby>事<rt>사</rt></ruby>리라. <ruby>公<rt>공</rt></ruby><ruby>勿<rt>물</rt></ruby><ruby>替<rt>체</rt></ruby><ruby>刑<rt>형</rt></ruby>이면 <ruby>四<rt>사</rt></ruby><ruby>方<rt>방</rt></ruby><ruby>其<rt>기</rt></ruby><ruby>世<rt>세</rt></ruby><ruby>享<rt>향</rt></ruby>

하리라."

註解　•定(정)—머무르다. •肅(숙)—줄어들다. •祗歡(지환)—즐겁게 되다. 기
뻐하게 되다. 지(祗)는 치(致)의 뜻. •斁(역)—싫어하다. 게으름 피다. •康事(강
사)—일이 편케 잘되어 가는 것. •刑(형)—법.

　주공이 손을 이마에 대고 머리를 조아리며 아뢰었다.

　"임금님께서 제게 오라고 명하시어, 당신의 할아버지 문왕께서 천
명에 의하여 받으신 백성들을 잘 보호하고, 당신의 빛나는 공 많은
아버지 무왕의 위대한 교훈을 공경히 받들겠습니다.

原文　<ruby>周<rt>주</rt></ruby><ruby>公<rt>공</rt></ruby><ruby>拜<rt>배</rt></ruby><ruby>手<rt>수</rt></ruby><ruby>稽<rt>계</rt></ruby><ruby>首<rt>수</rt></ruby> <ruby>曰<rt>왈</rt></ruby>；"<ruby>王<rt>왕</rt></ruby><ruby>命<rt>명</rt></ruby><ruby>予<rt>여</rt></ruby><ruby>來<rt>래</rt></ruby>하사 <ruby>承<rt>승</rt></ruby><ruby>保<rt>보</rt></ruby><ruby>乃<rt>내</rt></ruby><ruby>文<rt>문</rt></ruby><ruby>祖<rt>조</rt></ruby><ruby>受<rt>수</rt></ruby><ruby>命<rt>명</rt></ruby><ruby>民<rt>민</rt></ruby>하

고 <ruby>越<rt>월</rt></ruby><ruby>乃<rt>내</rt></ruby><ruby>光<rt>광</rt></ruby><ruby>烈<rt>렬</rt></ruby><ruby>考<rt>고</rt></ruby><ruby>武<rt>무</rt></ruby><ruby>王<rt>왕</rt></ruby><ruby>弘<rt>홍</rt></ruby><ruby>朕<rt>짐</rt></ruby><ruby>恭<rt>공</rt></ruby>하리이다.

註解　•越(월)—조사. •弘(홍)—큰 것. •朕(짐)—훈(訓). 교훈(孫星衍『尚書古
今文注疏』).

　어린 분이 오셔서 도읍으로 삼을 곳을 살피신 것은, 은나라 어진
백성들을 크게 쓰기 위해서입니다. 사방의 새로운 제후들을 잘 거느
리어, 먼저 공경히 주나라를 바로 세우십시오."

<ruby>孺<rt>유</rt></ruby><ruby>子<rt>자</rt></ruby><ruby>來<rt>래</rt></ruby><ruby>相<rt>상</rt></ruby><ruby>宅<rt>택</rt></ruby>은 <ruby>其<rt>기</rt></ruby><ruby>大<rt>대</rt></ruby><ruby>惇<rt>돈</rt></ruby><ruby>典<rt>전</rt></ruby><ruby>殷<rt>은</rt></ruby><ruby>獻<rt>헌</rt></ruby><ruby>民<rt>민</rt></ruby>이니이다. <ruby>亂<rt>난</rt></ruby><ruby>爲<rt>위</rt></ruby><ruby>四<rt>사</rt></ruby><ruby>方<rt>방</rt></ruby><ruby>新<rt>신</rt></ruby><ruby>辟<rt>벽</rt></ruby>하여 <ruby>作<rt>작</rt></ruby><ruby>周<rt>주</rt></ruby><ruby>恭<rt>공</rt></ruby><ruby>先<rt>선</rt></ruby>하시이다."

註解 • 大惇典(대돈전) - 크게 쓰다, 크게 등용하다(屈萬里). • 獻(헌) - 현명한 것. • 亂(난) - 다스리다. • 新辟(신벽) - 새로 임명된 제후. • 作周(작주) - 주나라를 바로 세우는 것. • 恭先(공선) - 무엇보다도 먼저 공경히 일하는 것.

이어 말하였다.

"이로부터 중화 땅이 잘 다스려져서 온 나라가 다 평화롭게 되면, 임금님의 업적은 이룩되는 것입니다.

原文 <ruby>曰<rt>왈</rt></ruby>；"<ruby>其<rt>기</rt></ruby><ruby>自<rt>자</rt></ruby><ruby>時<rt>시</rt></ruby><ruby>中<rt>중</rt></ruby><ruby>乂<rt>예</rt></ruby>하여 <ruby>萬<rt>만</rt></ruby><ruby>邦<rt>방</rt></ruby><ruby>咸<rt>함</rt></ruby><ruby>休<rt>휴</rt></ruby>면 <ruby>惟<rt>유</rt></ruby><ruby>王<rt>왕</rt></ruby><ruby>有<rt>유</rt></ruby><ruby>成<rt>성</rt></ruby><ruby>績<rt>적</rt></ruby>하리이다.

註解 • 自時(자시) - 이로부터. • 中(중) - 중화 땅. • 乂(예) - 다스리다. • 績(적) - 업적, 공적.

이 단은 많은 저의 아들들과 관리들을 거느리고, 옛사람들의 이루어 놓은 일들을 착실히 계승하여 백성들에게 보답할 것이며, 성실함을 앞세워 주나라를 바로 세우겠습니다. 나의 밝은 임금이 법도를 따르게 하여 할아버지 문왕의 덕을 발휘하겠습니다.

原文 <ruby>予<rt>여</rt></ruby><ruby>旦<rt>단</rt></ruby><ruby>以<rt>이</rt></ruby><ruby>多<rt>다</rt></ruby><ruby>子<rt>자</rt></ruby><ruby>越<rt>월</rt></ruby><ruby>御<rt>어</rt></ruby><ruby>事<rt>사</rt></ruby>로 <ruby>篤<rt>독</rt></ruby><ruby>前<rt>전</rt></ruby><ruby>人<rt>인</rt></ruby><ruby>成<rt>성</rt></ruby><ruby>烈<rt>렬</rt></ruby>하여 <ruby>答<rt>답</rt></ruby><ruby>其<rt>기</rt></ruby><ruby>師<rt>사</rt></ruby>하며 <ruby>作<rt>작</rt></ruby><ruby>周<rt>주</rt></ruby><ruby>孚<rt>부</rt></ruby><ruby>先<rt>선</rt></ruby>하리이다. <ruby>考<rt>고</rt></ruby><ruby>朕<rt>짐</rt></ruby><ruby>昭<rt>소</rt></ruby><ruby>子<rt>자</rt></ruby><ruby>刑<rt>형</rt></ruby>하여 <ruby>乃<rt>내</rt></ruby><ruby>單<rt>단</rt></ruby><ruby>文<rt>문</rt></ruby><ruby>祖<rt>조</rt></ruby><ruby>德<rt>덕</rt></ruby>하리이다.

註解　•子(자)－주공의 아들들.　•越(월)－여(與)의 뜻.　•答(답)－보답.　•師(사)－백성들.　•作周(작주)－주나라를 바로 세우는 것.　•孚(부)－성신(誠信). 성실함.　•考(고)－이루다.　•昭(소)－밝은.　•子(자)－성왕을 가리킴.　•刑(형)－법. 법도를 따르다.　•單(단)－다하다. 발휘하다.

　저를 오도록 부르시어 은나라 사람들에게 실정을 알려주고, 또 그들을 편안케 해주도록 명하셨습니다. 또 제게 검은 기장 술을 두 병 보내시며 '정결하게 제사를 지내되, 손을 이마에 대고 머리를 조아리고 잘 제사지내도록 하라'고 하셨습니다. 저는 감히 묵히지 않고 곧 문왕과 무왕께 정결한 제사를 지냈습니다.

原文　伻來毖殷하사 乃命寧하시니이다. 予以秬鬯二卣하시며
日 ; '明禋하되 拜手稽首休享케 하라'하시이다. 予不敢宿하고 則
禋于文王武王하리이다.

註解　•伻來(팽래)－주공을 오라고 부른 것.　•毖(비)－사실을 알리다. 고하다.　•殷(은)－은나라 사람들.　•寧(녕)－편안케 해주는 것.　•秬鬯(거창)－제사 때 쓰는 검은 기장으로 빚은 술.　•卣(유)－큰 병같이 생긴 술그릇.　•明(명)－정결의 뜻.　•禋(인)－신들에게 깨끗이 지내는 제사의 일종.　•休(휴)－잘, 아름답게.　•享(향)－제사지내다.　•宿(숙)－하룻밤을 넘기는 것.

　모두가 편안하고 순조로워 변고가 없게 되면, 만년토록 당신의 덕은 풍성하여져 성대함이 오래도록 이어지게 될 것입니다.

惠篤敍하여 無有遘自疾이면 萬年厭于乃德하여 殷乃引考
하리이다.

・惠(혜)—유(惟)와 같은 조사. ・篤敍(독서)—안순(安順). 편안하고 순조
로운 것. ・遘(구)—만나다. 당하다. ・自(자)—어(於)의 뜻. ・厭(염)—만족. 풍성
한 것. ・殷(은)—성(盛). 성대함. ・引考(인고)—장수(長壽), 오래 이어지는 것.

　임금님이 은나라 사람들로 하여금 모두 당신을 따르게 하신다면,
만년토록 영원히 우리 임금님을 바라보며 임금님의 덕을 그리게 될
것입니다."

王伻殷乃承敍시면 萬年其永觀朕子하여 懷德하리이다."

・殷(은)—은나라 사람들. ・承敍(승서)—잘 따르는 것.

　무진 날에 임금님은 새로운 도읍에서 겨울제사로 지난 한 해를 제
사하셨다. 문왕에게는 붉은 소 한 마리, 무왕에게도 붉은 소 한 마리
를 제물로 올렸다. 임금님은 문서 만드는 관리 일(逸)에게 글을 지어
기도를 드리게 하시고, 주공이 뒤에 남게 되는 사실도 고하셨다. 임
금님이 제사 받으실 신들을 마중하기 위하여 제물로 짐승을 잡고 정
결한 제사를 지내니, 모든 신이 내려오셨고, 임금은 큰 방으로 들어
가시어 검은 기장 술을 땅에 뿌리셨다.

戊辰에 王在新邑하사 烝祭歲라. 文王에 騂牛一이요 武王

도 ^{성우일}駵牛一이러라. ^{왕 명 작 책 일 축 책}王命作册逸祝册하시고 ^{유 고 주 공 기 후}惟告周公其後러라. ^왕王
^빈賓에 ^{살 인}殺禋하니 ^{합 격}咸格하여 ^{왕 입 태 실 관}王入太室祼하시다.

註解 •戊辰(무진)−성왕 7년 12월 그믐(『釋義』). •烝(증)−겨울 제사의 이름.
•祭歲(제세)−지난 한 해 또는 올 한 해를 제사지내는 것. •駵(성)−짐승털이 붉은
것. •作册(작책)−관명(官名). 문서 만드는 사람. •逸(일)−사람 이름. •祝册(축
책)−글을 지어 읽게 빌게 하는 것(「쇠줄로 묶어놓은 궤짝」편 참조). •惟告周公其
後(유고주공기후)−문왕과 무왕에게 제사하여 '주공을 뒤에 남겨 놓는 일을 고하였
다'는 뜻. •賓(빈)−제사 이름. 제사를 받을 신을 마중하는 의식임. •殺(살)−살생
(殺牲). 곧 제물이 될 짐승을 죽이는 것. •禋(인)−깨끗이 제사를 지내는 것. •咸
(함)−다. 모두. •格(격)−여기서는 신이 강림하는 것. •太室(태실)−묘당 가운데
의 큰 방. •祼(관)−강신제 지내는 것. 신을 마중하는 뜻으로 검은 기장 술을 땅에
뿌린다.

임금님이 주공에게 명하시어 뒤에 남아 있게 한 일을 문서 만드는
관리 일(逸)로 하여금 널리 고하게 하니, 12월의 일이다. 주공이 문
왕과 무왕께서 받으신 하늘의 명을 잘 받든 지 7년 되는 해다.

原文 ^{왕 명 주 공 후}王命周公後를 ^{작 책 일}作册逸이 ^고誥하니 ^{재 십 유 이 월}在十有二月이라. ^{유 주 공}惟周公
이 ^{탄 보 문 무 수 명}誕保文武受命하여 ^{유 칠 년}惟七年이러라.

註解 •七年(칠년)−주공이 어린 성왕을 위하여 섭정한 지 7년째 되는 해 12월
에 일(逸)이 이 글을 지었다는 뜻이 된다.

解說 임금이 도읍을 옮긴다는 것은 정치를 새롭게 하고자 하는 의욕을
수반한다. 그러기에 성왕은 낙읍이 이룩된 이 해를 기념하기 위하여, 다시

이 해를 원년(元年)으로 삼는다. 성왕이 도읍을 다 시찰하고 일단 호경(鎬京)으로 주공만을 남겨 놓고 돌아갈 때, 두 사람이 주고받는 말 속에는 나라를 잘 다스리려는 뜨거운 의욕이 느껴진다. 많은 역사 학자들이 동쪽에 새로운 도읍인 낙읍을 건설한 것은, 주공이 동쪽 은나라 옛 지방을 정벌한 뒤 주나라보다 훨씬 앞선 은나라의 한자와 여러 가지 제도 및 문화를 본받기 위하여 많은 학자들과 기술자들을 서쪽으로 끌고 와 낙읍에 머물게 하면서 그들을 이용하려는 데에도 목적이 있었다고 보고 있다. 주공은 권력을 탐내기는커녕, 성왕에게 더 많은 일을 친히 처리할 것을 부탁한다. 반대로 성왕은 그대로 주공이 나라를 잘 다스려 줄 것을 당부한다. 이렇게 하여 주공은 임금은 아니었지만 후세에 성인의 한 사람으로 추앙받게 되는 것이다.

16. 여러 관리들에게 알림(多士)

서서(書序)

성주가 완성된 뒤에 은나라의 완고한 백성들을 그곳으로 옮겼다. 주공은 왕의 명으로 널리 고하면서 「여러 관리들에게 알림」을 지었다.

成周旣成, 遷殷頑民. 周公以王命誥, 作多士.

이 편은 금문과 고문에 모두 들어 있다. 성왕은 낙읍을 이룩한 뒤, 여러 번 은나라 백성들을 그곳으로 옮겨와 살게 하였다. 이 편은 다시 은나라 백성들을 낙읍으로 옮겨오려고, 먼저 그들의 지도계급인 은나라 관리들을 주공이 달랜 말이다. 여기서 '사(士)'를 관리라 옮겼지만 실은 은나라의 한자를 아는 지식인들과 여러 기술자들이 포함된 말이라고 보아야 한다.

3월 달, 주공은 처음으로 새 도읍 낙에서 상나라 임금의 관리였던 사람들에게 고하였다.

原文　惟三月에 周公初于新邑洛에 用告商王士하니라.

註解　•惟三月(유삼월)—성왕 개원 원년(成王 8년) 3월. 이때 주공은 낙읍을 다스렸고, 성왕은 친히 정사를 도맡고 있었다. •士(사)—관리(官吏)의 뜻.

임금의 명으로 주공은 다음과 같이 말하였다.

"그대들 은나라가 남긴 여러 관리들이여! 불행히도 하늘은 은나라에 큰 천벌을 내리셨소. 우리 주나라 임금님은 하늘의 명을 따라 하늘의 분명한 벌을 행하시고 임금으로서의 징벌을 이룩하시어 은나라의 명을 하늘의 뜻에 따라 끝맺게 하셨소.

原文　王若曰 ; "爾殷遺多士여! 弗弔히 昊天大降喪于殷하시니라. 我有周佑命하사 將天明威하시고 致王罰하사 勑殷命終于帝하시니라.

註解　•遺(유)—남기다. 유민(遺民). •弗弔(불조)—불행의 뜻(『釋義』). •昊天(호천)—하늘. •降喪(강상)—천벌을 내린 것. •有周(유주)—주나라 임금. •佑命(우명)—하늘의 명을 받들어 돕는 것. •將(장)—행하다. •勑(칙)—영(令) 또는 사(使)의 뜻. ……하게 하다. •終于帝(종우제)—하늘의 뜻에 의하여 끝맺는 것.

그러니 그대들 여러 관리여! 우리 조그만 나라가 감히 은나라 명을 뺏은 것이 아니오. 하늘은 간사한 자, 남을 속이는 자, 고루한 자, 미혹된 자들 편이 되지 아니하시고, 우리를 도우신 것이오. 우리가 어찌 감히 천자의 자리를 추구하였겠소? 하늘이 은나라 편이 되어주지 않으신 것은 오직 우리 낮은 백성들의 마음가짐과 행동 때문이니, 그래서 하늘의 벌을 밝히게 된 것이오.

原文　肆爾多士여! 非我小國敢弋殷命이라. 惟天不畀允罔固亂하사 弼我시니 我其敢求位오? 惟帝不畀는 惟我下民秉爲니 惟天

명 외
明畏니라.

註解　•肆(사)-조사. •弋(익)-빼앗다. •畀(비)-여(與)와 통하여, '뜻을 함께하는 것', 편이 되는 것. •允(윤)-녕(佞)의 뜻으로, 간사한 자. •罔(망)-무(誣)의 뜻으로, 남을 잘 속이는 자. •固(고)-고루한 자. •亂(란)-미혹된 자(이상 孫星衍『尙書古今文注疏』). •其(기)-기(豈)의 뜻. •位(위)-천자의 자리. •秉(병)-마음가짐. •爲(위)-행위. 백성들의 마음이나 행동이 은나라를 지지하지 않았기 때문이라는 뜻. •畏(외)-하늘이 나쁜 자에게 내리시는 벌.

　내가 듣건대 '하나님은 사람들을 안락하게 이끌어 준다.' 하였소. 하나라 임금이 백성들을 매우 안락하게 이끌고 나아가자, 곧 하나님이 내려오셔서 하나라를 도우셨소. 그러나 하나님의 뜻을 따르지 못하고 너무 즐기며 놀아 죄를 짓게 되었소. 하늘에 대하여 생각하지도 들으려 하지도 않고 그들이 위대한 하늘의 명을 저버리자, 벌을 내리셨던 것이오.

　　　　　　　아 문 왈　　상 제 인 일　　　　　유 하 불 적 일　　　즉 유 제 강 격
原文　我聞曰；'上帝引逸'이라. 有夏不適逸하니 則惟帝降格
　　　향 우 시 하　　　　　불 극 용 제　　　대 음 일　　　유 사　　　유 시 천
하사 嚮于時夏하니라. 不克庸帝하고 大淫泆하니 有辭라. 惟時天
　망 념 문　　　궐 유 폐 원 명　　　강 치 벌
罔念聞하고 厥惟廢元命하니 降致罰하니라.

註解　•引(인)-이끄는 것. 인일(引逸)은 백성들이 잘살도록 이끄는 것. •不(불)-비(丕)와 통함. 매우, 잘. •適逸(적일)-백성들을 안락하게 이끌고 나아가는 것. •降格(강격)-강림(降臨). 더 나아가서는 '복을 내려준다'는 뜻(『釋義』). •嚮(향)-향하다. 곧 도왔다는 뜻. •庸(용)-쓰다. 따르다. •帝(제)-하나님. •淫泆(음일)-지나치게 즐기고 노는 것. •有辭(유사)-죄를 짓게 되다(孫星衍), 잘못에

대한 말이 있게 되다. •罔念聞(망념문)−생각하지도 듣지도 않는 것. 곧 거들떠보
지도 않는 것. •元命(원명)−위대한 하늘의 명.

이에 그대들의 선조 탕임금에게 명하여 하나라의 하늘의 명을 바
꾸도록 하시고, 뛰어난 사람들로 하여금 세상을 다스리게 하셨소.

原文 <ruby>乃<rt>내</rt></ruby><ruby>命<rt>명</rt></ruby><ruby>爾<rt>이</rt></ruby><ruby>先<rt>선</rt></ruby><ruby>祖<rt>조</rt></ruby><ruby>成<rt>성</rt></ruby><ruby>湯<rt>탕</rt></ruby><ruby>革<rt>혁</rt></ruby><ruby>夏<rt>하</rt></ruby>하사 <ruby>俊<rt>준</rt></ruby><ruby>民<rt>민</rt></ruby><ruby>甸<rt>전</rt></ruby><ruby>四<rt>사</rt></ruby><ruby>方<rt>방</rt></ruby>하시니라.

註解 •革(혁)−하늘의 명을 바꾸는 것, 혁명. •俊(준)−뛰어난 사람. •甸
(전)−다스리는 것.

탕임금으로부터 제을에 이르기까지는 덕을 밝히고 제사를 삼가지
않은 이가 없었소. 이에 하늘도 은나라를 세워주고 보호하여 주니,
은나라 임금도 감히 하늘의 뜻을 잃지 않아, 모두가 하늘의 뜻에 부
합하게 되어 그 은택을 입게 되었던 것이오.

原文 <ruby>自<rt>자</rt></ruby><ruby>成<rt>성</rt></ruby><ruby>湯<rt>탕</rt></ruby><ruby>至<rt>지</rt></ruby><ruby>于<rt>우</rt></ruby><ruby>帝<rt>제</rt></ruby><ruby>乙<rt>을</rt></ruby>로 <ruby>罔<rt>망</rt></ruby><ruby>不<rt>불</rt></ruby><ruby>明<rt>명</rt></ruby><ruby>德<rt>덕</rt></ruby><ruby>恤<rt>휼</rt></ruby><ruby>祀<rt>사</rt></ruby>하니라. <ruby>亦<rt>역</rt></ruby><ruby>惟<rt>유</rt></ruby><ruby>天<rt>천</rt></ruby><ruby>丕<rt>비</rt></ruby><ruby>建<rt>건</rt></ruby><ruby>保<rt>보</rt></ruby>
<ruby>乂<rt>예</rt></ruby><ruby>有<rt>유</rt></ruby><ruby>殷<rt>은</rt></ruby>하니 <ruby>殷<rt>은</rt></ruby><ruby>王<rt>왕</rt></ruby><ruby>亦<rt>역</rt></ruby><ruby>罔<rt>망</rt></ruby><ruby>敢<rt>감</rt></ruby><ruby>失<rt>실</rt></ruby><ruby>帝<rt>제</rt></ruby>하여 <ruby>罔<rt>망</rt></ruby><ruby>不<rt>불</rt></ruby><ruby>配<rt>배</rt></ruby><ruby>天<rt>천</rt></ruby><ruby>其<rt>기</rt></ruby><ruby>澤<rt>택</rt></ruby>하니라.

註解 •恤(휼)−삼간다는 뜻. •丕建(비건)−세우는 것. •保乂(보예)−보호해
주는 것. •配天(배천)−하늘의 뜻에 합당하게 되는 것. •其澤(기택)−하늘의 은
택을 입는 것.

그 뒤를 이은 임금은 전혀 하늘에 자신의 덕을 밝히지 못하였소.
하물며 그가 자기네 선왕들이 나라를 위하여 부지런히 일하였던 사

실을 살피고 따르려 들었겠소? 그는 지나치게 편히 놀고 즐기며, 하늘의 밝은 도와 백성들의 어려움은 거들떠보지도 않았소. 이에 하늘은 그를 보호하지 아니하고 크게 멸망을 내리셨던 것이오.

原文 在今後嗣王은 誕罔顯于天이라. 矧曰其有聽念于先王勤家아? 誕淫厥泆하여 罔顧于天顯民祗하니라. 惟時上帝不保하고 降若玆大喪하니라.

註解 • 今後嗣王(금후사왕)-그 뒤를 이은 임금. 주왕을 가리킴. • 顯于天(현우천)-그의 덕이 하늘에 밝혀지는 것. • 矧(신)-하물며. • 家(가)-국가. 나라. • 泆(일)-음란한 것. 편히 즐기는 것. • 天顯(천현)-하늘의 밝은 도. • 民祗(민지)-백성들의 어려움. 백성들의 고난(『尙書故』). • 惟時(유시)-시이(是以), '이리하여'의 뜻.

하늘이 함께 하지 않으신 것은 그가 덕을 밝히지 않은 때문이오. 모든 세상의 작고 큰 나라들이 망한 것은 모두 죄를 지고 벌을 받은 때문이었소."

原文 惟天不畀는 不明厥德이니라. 凡四方小大邦喪은 罔非有辭于罰이니라."

註解 • 有辭(유사)-죄를 짓는 것.

임금의 명은 계속되었다.

"그대들 은나라 여러 관리여! 지금 우리 주나라 임금님은 하늘의 일을 잘 받들고 계시오. '은나라를 빼앗으라!'는 명이 내려졌는데, 하늘로부터 내려진 명령이었소.

原文 王若曰；"爾殷多士여! 今惟我周王은 丕靈承帝事하시니라. 有命曰；'割殷하라!'하니 告勑于帝하니라.

註解 •靈(령)-잘하는 것. •割(할)-빼앗는 것. •告勑于帝(고칙우제)-하나님께서 내리신 명령.

우리는 맡은 일 이외의 다른 짓은 하지 않으니, 그대들 나라는 우리를 따라 일을 하시오. 내가 말하고 싶은 것은, 그대들은 매우 법도가 없어서 우리가 그대들을 흔들지 않았는데도 스스로 그대들 도읍에서 일을 그렇게 만든 것이오. 나는 또 하늘이 은나라에게 큰 벌을 내리셨음을 생각하고, 이에 잘 바로잡아 주려는 것이오."

原文 惟我事不貳適이니 惟爾王家는 我適하라. 予其曰, 惟爾洪無度하니 我不爾動이나 自乃邑이라. 予亦念天卽于殷大戾하고 肆不正이니라."

註解 •貳適(이적)-하늘이 명하신 일 이외에 또 딴 일을 하는 것. •王家(왕가)-왕국의 뜻. •適(적)-따라서 일하는 것. •洪(홍)-큰 것. 매우. •度(도)-법. 법도. •自乃邑(자내읍)-너의 도읍에서 스스로가 망하도록 만들었다는 뜻. •卽(즉)-나아가는 것. •戾(려)-허물. 잘못. •肆(사)-그러므로. 이에. •不(부)-비

(丕)와 통하여, 매우, 잘.

   임금의 명으로 또 말하였다.

   "아아! 그대들 여러 관리들에게 고하오. 나는 그래서 그대들을 서쪽으로 옮기어 살게 하려는 것이오. 나 한 사람의 지닌 성격이 편안히 지내는 것을 좋아하지 않아서가 아니라, 이것은 하늘의 명이오. 어기지 마오! 나는 감히 뒤로 미루지 못하겠으니 나를 원망치 마시오.

原文 王曰；"猷라! 告爾多士하노라. 予惟時其遷居西爾로다. 非我一人奉德不康寧이오 時惟天命이니라. 無違하라! 朕不敢有後니 無我怨하라.

註解 • 猷(유)－감탄사. • 西(서)－낙읍을 가리킴. 낙읍은 은나라의 서쪽에 있었다. • 奉(봉)－병(秉)과 통하여, 지닌 것(孫星衍). • 德(덕)－여기서는 성격(性格), 품성(品性). • 不康寧(불강녕)－편안히 지내는 것을 좋아하지 않는 것. • 後(후)－은나라 백성들을 낙읍으로 옮기는 일을 뒤로 미룬다는 뜻.

   그대들도 알다시피 은나라 옛 분들에게 문서와 책이 있는데, 은나라가 하나라의 명을 바꾼 일이 기록되어 있소.

原文 惟爾知惟殷先人이 有册有典하나니 殷革夏命이라.

註解 • 册(책)－옛날 대쪽에 쓴 문서. • 典(전)－보다 큰 대쪽에 글을 쓴 더 중요한 문서. 여기에서는 '책'이라 옮겼다. • 殷革夏命(은혁하명)－은나라가 하나라

의 명을 바꾼 일.

　지금 그대들은 또 말하리라. '하나라 관리들을 뽑아 은나라 임금의 궁전에서 일하게 하여 그들은 직책을 맡아 여러 관직에 있었다.'고. 나 한 사람은 오직 덕 있는 사람만을 골라 쓰고 있으니, 그래서 나는 감히 큰 상나라 도읍으로 와서 그대들 중에서 인재를 찾고 있는 것이오. 내가 그렇게 하는 것은 그대들을 아끼기 때문이오. 내 잘못이 아니라, 바로 하늘의 명으로 그렇게 하는 것이오."

原文 　今爾又曰 ; '夏迪簡在王庭하여 有服在百僚라.' 予一人은 惟聽用德이니 肆予敢求爾于天邑商이라. 予惟率肆矜爾라. 非予罪요 時惟天命이니라."

註解 　•夏(하)-하나라 관원. •迪(적)-조사. •簡(간)-고르다. 우수한 인재를 뽑아 쓰는 것. •在王庭(재왕정)-은나라 임금의 궁정에서 일하게 하는 것. •有服(유복)-일을 맡는 것. •在百僚(재백료)-여러 가지 관직에 있었다는 뜻. 이 구절은 은나라 관리들이 주나라에서 벼슬하지 못함을 불평한 말이다. •聽(청)-청종(聽從). 따르다. 골라 쓰다. •德(덕)-덕 있는 사람. •肆(사)-조사. •天(천)-대(大)의 뜻. 옛날에는 천(天)자와 대(大)자가 비슷하여 혼동한 것이다. 갑골문(甲骨文)에 '대읍상(大邑商)'이란 말이 자주 보이니, 여기에서도 '큰 상나라의 도읍'으로 봄이 좋다(『釋義』). •率(솔)-용(用)의 뜻. •肆(사)-조사. 솔사(率肆)는 '그렇게 하는 것은'의 뜻. •矜(긍)-동정하다. 아껴주다. •非子罪(비여죄)-'내 잘못이 아니다', 곧 그대들을 쓰지 못한 것은 성왕의 잘못이 아니라는 뜻.

　임금의 명으로 또 말하였다.
　"여러 관리들이여! 옛날 나도 엄 땅으로부터 옮겨왔소. 나는 그대들 온 세상 백성들에게 한 가지 명을 내리는 바이오. 나는 하늘의 벌을 분명히 이룩하고, 그대들에게 먼 이곳으로 옮겨와 살라는 것이오. 신하로서 우리 주나라를 친근히 하고 잘 섬기며 순종하게 하려는 것이오.”

原文 王曰 ; “多士여! 昔朕來自奄이로다. 予大降爾四國民命하노라. 我乃明致天罰하고 移爾遐逖이로다. 比事臣我宗多遜이니라.”

註解 • 奄(엄)－땅 이름. 지금의 산동성 곡부현(曲阜縣) 동쪽에 있었다. 엄 땅으로부터 왔다는 것은 성왕 3년의 일. 이때 삼감(三監)이라 부르는 무경·관숙·채숙과 함께(「세상에 널리 고하는 말」참조) 엄(奄)나라가 반란을 일으켰다. 성왕은 주공을 시켜 이들을 치고, 엄 땅으로부터 개선하였다. • 降(강)－명을 내리다. 반포하다. • 四國(사국)－사방의 여러 나라. 온 세상. • 遐逖(하적)－먼 곳. 곧 낙읍을 가리킴. • 比(비)－친한 것. • 事(사)－섬기다. • 臣我宗(신아종)－우리 종실의 신하노릇을 한다는 뜻. • 遜(손)－순종하는 것.

임금의 명으로 말하였다.

“그대들 은나라의 여러 관리들에게 고하오. 지금 나는 그대들을 죽이지 않기로 하고, 나는 그러한 명령을 거듭 내리고 있소. 지금 내가 이 낙 땅에 큰 도읍을 만든 것은, 세상에는 아직도 우리에게 복종 않는 자들이 있다고 생각했기 때문이오. 그대들 여러 관리들은 복종하여 우리의 신하로서 부지런히 일하며 잘 따르기 바라오.

原文 王曰 ; “告爾殷多士하노라. 今予惟不爾殺하고 予惟時命

有申이로다. 今朕作大邑于茲洛은 予惟四方罔攸賓이라. 亦惟爾
多士攸服하여 奔走臣我多遜하라.

註解 •時命(시명)−그대들을 죽이지 않겠다는 명령을 가리킴. •申(신)−거듭
하는 것. •四方(사방)−사방의 나라. 온 세상. •罔攸賓(망유빈)−빈복(賓服)하지
않는 자. 복종하지 않는 자. •攸服(유복)−복종하는 바가 되는 것. •奔走(분주)−
분주히 일하는 것.

그대들은 이제 그대들의 땅을 갖게 될 것이며, 그대들은 이제 편히
몸을 간수하게 될 것이오. 그대들이 잘 공경한다면 하늘이 그대들을
아껴주실 것이나, 그대들이 공경히 일하지 못한다면 그대들은 그대
들의 땅을 갖지 못하게 될 뿐만이 아니라, 나는 또 하늘의 벌을 그대
들 자신에게 내려줄 것이오.

原文 爾乃尙有爾土하며 爾乃尙寧幹止니라. 爾克敬하면 天惟
畀矜爾려니와 爾不克敬이면 爾不啻不有爾土요 予亦致天之罰于
爾躬하리라.

註解 •尙(상)−여기서는 '……하게 될 것'이라는 미래의 가능성을 나타냄. •幹
(간)−몸. 신체. •止(지)−조사. •寧幹止(녕간지)−편히 몸을 간수하는 것. •畀矜
(비긍)−아껴주는 것, 동정하여 주는 것. •不啻(불시)−부단(不但). 곧 '……뿐만 아
니라'의 뜻.

이제 그대들은 그대들의 고을에 살며 그대들의 삶을 이어, 그대들

은 이 낙읍에 영원토록 몸을 보전하시오. 그대들의 젊은이들은 일어나 그대들을 따라 옮겨올 것이오."

原文 今爾惟時宅爾邑하며 繼爾居하여 爾厥有幹有年于兹洛하라. 爾小子는 乃興從爾遷하리라."

註解 •時宅(시택)－그곳에 살다. •繼(계)－계속 이어가다. •有幹(유간)－몸을 보전하는 것. •有年(유년)－여러 해. 영원히. •小子(소자)－젊은이들. •興(흥)－일어나는 것.

임금의 명으로 말하고 또 말하였다.
"이렇게 내가 간절히 말하는 것은 그대들의 살 곳을 위해서요."

原文 王曰 ; 又曰 ; "時予乃或言은 爾攸居니라."

註解 •王曰(왕왈)－이 밑의 글은 빠져 달아난 듯하다(江聲 『尚書集注音疏』). •時(시)－이렇게. •或言(혹언)－간절히 말하는 것. •攸居(유거)－소거(所居). '살 곳'.

解說 앞의 「소공이 널리 고하는 말」을 보더라도 낙읍을 세울 때 이미 많은 은나라 사람들을 데려다가 일을 시키고 있다. 여기서 또 은나라 옛 관리들을 낙읍으로 많이 옮기고 그들을 달래고 있는 것은, 이들 은나라 지식인들과 기술자들을 통하여 은나라 문화와 여러 가지 좋은 제도를 물려받고자 하는 때문일 것이다. 주나라에서는 이들을 통하여 한자도 이어받아 쓰기 시작하게 되고, 또 청동기(青銅器)도 만들어 쓰게 되는 것이다.

이처럼 반항적인 은나라 백성들을 낙읍으로 데려온다는 것은, 그들을 달래어 다스리는 방법의 하나도 되었을 것이다. 본문에서 임금은 은나라 백성들이 벼슬을 주지 않는 것을 불평하고 있을 것이라 말하고 있으니, 망한 은나라 백성들을 따로 차별하여 다스렸다고 보는 수밖에 없을 것이다.

17. 편히 놀지만 마십시오(無逸)

서서(書序)

주공이 「편히 놀지만 마시오」를 지었다.

周公作無逸.

이 편도 금문과 고문에 모두 들어 있다. 편히 놀지만 말고 나라 다스리는 일에 힘쓰라는 충고를 주공이 성왕에게 하고 있어 이런 제목을 붙인 것이다. 성왕이 장성하자, 주공이 정권을 성왕에게 넘기며, 그를 훈계한 것이 이 글이라 한다(『史記』).

주공이 아뢰었다.

"아아! 백성을 다스리는 사람은 편히 놀지 않아야 합니다.

原文 **周公曰 ; "嗚呼라! 君子所其無逸**이니이다.

註解 •君子(군자) - 백성을 다스리는 사람. 후대에 와서 '덕을 닦은 사람'의 뜻으로 쓰이게 되었다. 소인(小人)은 군자의 반대로 본시는 '낮은 백성들'의 뜻. 후세에 와서 '덕이 없는 사람'의 뜻으로 쓰였다. •所其(소기) - 강조하는 뜻으로 붙인 조사.

먼저 농사짓는 어려움을 알고 나서 편히 논다면, 낮은 백성들의 어려움도 이해하게 될 것입니다.

原文　^{선 지 가 색 지 간 난}　^{내 일}　^{즉 지 소 인 지 의}
先知稼穡之艱難하고 乃逸하면 則知小人之依니이다.

註解　•稼穡(가색)－농사의 뜻. •艱(간)－어려움. •依(의)－어려움, 고통.

　낮은 백성들을 볼 것 같으면, 그의 부모들이 부지런히 일하며, 씨 뿌리고 거둬들여도 그의 자식들이 씨 뿌리고 거둬들이는 어려움을 알지 못한다면, 그들은 편히 놀고 즐기며 방종하게 될 것입니다. 그래서 그의 부모를 업신여기고 '옛날 사람들이라 아는 것이 없다' 고 말하게 될 것입니다."

原文　^{상 소 인}　^{궐 부 모 근 로 가 색}　^{궐 자 내 부 지 가 색 지 간}
相小人하면 厥父母勤勞稼穡이로되 厥子乃不知稼穡之艱
^난　　^{내 일 내 언 기 탄}　　^{부 즉 모 궐 부 모 왈}　^{석 지 인}
難이면 乃逸乃諺旣誕하니이다. 否則侮厥父母曰；'昔之人이니
^{무 문 지}
無聞知라'하리이다."

註解　•相(상)－보다. •諺(언)－『한석경(漢石經)』엔 헌(憲)으로 되어 있는데, 즐긴다는 뜻임. •誕(탄)－방종한 것. •否則(부즉)－비즉(丕則)과 같은 말로, 이에. 그래서. •聞知(문지)－아는 것. 식견(識見).

　주공이 아뢰었다.
　"아아! 제가 듣건대, 옛날 은나라 임금 중종은 엄숙하고 삼가고 공경하고 조심하며 하늘의 명을 잘 헤아리어 백성을 다스림에 공경히 하며 두려워하고, 감히 함부로 놀지 않았습니다. 그래서 중종이 나라

를 다스린 기간이 75년이나 되었습니다.

原文　周公曰;"嗚呼라! 我聞曰;昔在殷王中宗은 嚴恭寅畏

하여 天命自度하여 治民祗懼하고 不敢荒寧하니이다. 肆中宗之享

國이 七十有五年이니이다.

註解　•中宗(중종)－조을(祖乙). 옛날에는 모두 태무(太戊)의 묘호라 하였으나, 왕국유(王國維)가 갑골문(甲骨文)과 『태평어람(太平御覽)』(卷83)에 인용된 『죽서기년(竹書紀年)』으로서 중종(中宗)이 조을임을 증명하였다(『觀堂集林』 卷9). •嚴(엄)－행동과 몸가짐이 엄숙한 것. •恭(공)－행동이 공손한 것. •寅(인)－마음으로 하늘이나 조상을 공경하는 것. •畏(외)－나랏일을 그르칠까 조심하는 것. •度(탁)－헤아리는 것. •荒(황)－함부로, 멋대로. •寧(녕)－편히 놀며 즐기는 것. •肆(사)－조사. •享國(향국)－나라를 다스리는 것.

그리고 고종 때에는 오랫동안 밖에서 일하며 낮은 백성들과 더불어 지내셨습니다. 그가 즉위할 무렵에는 아버지 상을 당하시어 3년 동안 말을 하지 않았습니다. 그는 말하지 않았으나, 말하기 시작하자 온화하였으며, 감히 함부로 놀지 아니하니 은나라가 훌륭하게 안정되었습니다. 낮은 사람 높은 사람 할 것 없이 이 분을 아무도 원망하는 이가 없었습니다. 그래서 고종의 나라를 다스린 기간이 59년이나 되었던 것입니다.

原文　其在高宗時엔 舊勞于外하고 爰曁小人이니이다. 作其卽

位하여 乃或亮陰하니 三年不言이니이다. 其惟不言이나 言乃雍하며 不敢荒寧하니 嘉靖殷邦이니이다. 至于小大이 無時或怨이니이다. 肆高宗之享國이 五十有九年하니이다.

註解 • 高宗(고종)─무정(武丁). • 舊勞于外(구로우외)─임금이 되기 이전의 일로 '오랫동안 밖에서 낮은 백성들과 함께 일하며 지냈다'는 뜻(「說命」下 참조). • 爰(원)─이에. • 暨(기)─함께하다. • 作(작)─급(及)과 통하여, '……함에 이르는'의 뜻. • 或(혹)─'전혀'의 뜻으로 삼년불언(三年不言)을 강조한다고 보는 수밖에 없을 것 같다. • 亮陰(양음)─양음(諒陰)(『論語』), 양암(諒闇)(『禮記』), 양음(凉陰)(『漢書』五行志), 양암(梁闇)(『尙書大傳』) 등으로 쓰며, 부모의 상(喪)을 당하였을 때 움막에서 상을 치르는 것(「부열에게 내린 명령」上 참조). • 雍(옹)─온화(溫和)한 것. • 嘉(가)─훌륭한 것. 아름다운 것. • 靖(정)─안정되다. • 小(소)─낮은 사람. • 大(대)─높은 사람들. • 時(시)─무정(武丁)을 가리킴. • 或(혹)─'아무도'. 전혀. • 五十有九年(오십유구년)─『사기』에는 55년, 『한석경(漢石經)』에는 100년으로 되어 있다.

다시 조갑에 이르러는 자기가 임금이 되는 것이 의롭지 않다 하여, 오랫동안 낮은 백성으로 있었습니다. 그가 즉위하게 되자, 낮은 백성들의 어려움을 알고 있어 백성들을 보호하고 사랑하고, 홀아비나 과부들도 감히 업신여기지 아니하였습니다. 그래서 조갑의 나라를 다스린 기간이 33년이나 되었던 것입니다.

原文 其在祖甲하여 不義惟王이라 하여 舊爲小人이니이다. 作其卽位하여는 爰知小人之依하니 能保惠于庶民하고 不敢侮鰥寡하니이다. 肆祖甲之享國이 三十有三年이니이다.

註解 • 祖甲(조갑)─무정의 아들. 조갑(祖甲)에게는 형인 조경(祖庚)이 있었다.

그러나 무정은 조갑이 더 어질다고 여기어 그에게 왕위를 물려주려 하였다. 조갑은 맏아들을 제쳐놓고 자기가 임금이 되는 것은 불의라 생각하고 도망하여 민간에 숨어 살았다. "불의유왕(不義惟王), 구위소인(舊爲小人)"은 그것을 가리킨다. •惠 (혜)-사랑하는 것.

　이 뒤로부터 왕위에 오른 임금들은 나면서부터 바로 편히 놀기만 하였습니다. 나면서부터 편히 놀기만 하니, 씨뿌리고 거두는 어려움을 알지 못하고 낮은 백성들의 수고로움도 듣지 못하였으며, 오직 지나친 즐거움만을 추구하였습니다. 이 뒤로부터는 아무도 오랫동안 나라를 다스리지 못하여, 어떤 이는 10년, 어떤 이는 7~8년, 어떤 이는 5~6년, 어떤 이는 3~4년을 다스렸을 따름입니다."

原文　自時^{자시}厥後^{궐후}로 立王^{입왕}生^생則^즉逸^일이니이다. 生^생則^즉逸^일하니 不知稼穡之^{부지가색지} 艱難^{간난}하고 不聞小人之勞^{불문소인지로}하며 惟耽樂之從^{유탐락지종}이니이다. 自時厥後^{자시궐후}론 亦^역 罔或克壽^{망혹극수}하여 或十年^{혹십년}하고 或七八年^{혹칠팔년}하며 或五六年^{혹오륙년}하고 或四三年^{혹사삼년} 하니이다."

註解　•時(시)-이것. 이때. •立(입)-즉위의 뜻. •生(생)-출생(出生). •耽 樂(탐락)-마음껏 즐기는 것. •之從(지종)-시종(是從), 곧 '…말을 좇았다', '만은 추구하였다'는 뜻. •壽(수)-여기서는 나라를 오랫동안 다스리는 것.

　주공이 아뢰었다.
　"아아! 다만 우리 주나라의 태왕과 왕계께서는 스스로 겸손하였고 하늘의 명을 두려워하셨습니다.

周公曰 ; "鳴呼라! 厥亦惟我周太王王季는 克自抑畏니이다.

주공왈　오호　　궐역유아주태왕왕계　　극자억외

•抑(억)-스스로 겸손한 것. •畏(외)-하늘의 명을 두려워하는 것.

　문왕께서는 허름한 옷을 입으시고 거친 들판의 일과 농사일을 하셨습니다. 훌륭하고 부드럽고 아름답고 공손하시어 낮은 백성들을 아끼고 보호하시고, 홀아비와 과부들도 사랑하고 잘 돌보아주셨습니다. 아침부터 한낮을 거쳐 해가 지기까지 밥 잡수실 겨를도 없이 만백성들을 모두 화평케 하셨습니다.

文王은 卑服으로 卽康功田功하시니이다. 徽柔懿恭하사 懷保小民하시고 惠鮮鰥寡하시니이다. 自朝至于日中昃으로 不遑暇食하사 用咸和萬民하시니이다.

문왕　비복　　즉강공전공　　　　　휘유의공　　　회

보소민　　　혜선환과　　　　자조지우일중측　　　불황하

식　　용함화만민

•卑服(비복)-허름한 옷을 입는 것. •卽(즉)-나아가다. 임하다. •康(강)-황(荒)과 통하여 거친 들판(楊筠如『尙書覈詁』). •田功(전공)-농사일. •徽(휘)-훌륭하다, 착하다. •懿(의)-아름다운 것. •懷(회)-아낀다는 뜻. •惠(혜)-사랑하는 것. •鮮(선)-선(善)과 통하여 잘 돌봐준다는 뜻. •中(중)-해가 가운데 있는 한낮. •昃(측)-해가 기우는 것. •遑(황)-겨를. •暇(하)-틈.

　문왕께서는 감히 돌아다니며 사냥하기를 즐기지 않으시고, 여러 나라를 다스림에 공경스런 태도로 하셨습니다. 문왕께서는 중년에 하늘의 명을 받으시어, 나라를 50년 동안 다스리셨습니다."

　^{문 왕 불 감 반 우 유 전}文王不敢盤于遊田하시고　^{이 서 방 유 정 지 공}以庶邦惟正之供하시니이다.　^문文

^{왕 수 명 유 중 신}王受命惟中身하사 ^{궐 향 국 오 십 년}厥享國五十年이니이다."

註解 ・盤(반)－즐기고 노는 것. ・田(전)－전(畋)자와 통하여 사냥하는 것. ・惟
正之供(유정지공)－『국어(國語)』 초어(楚語)에는 '유정지공(惟政之恭)'이라 인용하
고 있다. 지(之)는 시(是)의 뜻. 따라서 이는 '다스림에 오직 공손함으로 하였다'는
뜻. ・中身(중신)－중년(中年). 문왕은 48세에 임금이 되었다(『禮記』).

　주공이 또 아뢰었다.

　"아아! 지금으로부터 임금 자리를 계승하는 임금은 지나치게 구경
하고 즐기고 놀고 사냥하지 마시고, 만백성들을 다스림에 공경스런
태도로 하십시오. '오늘은 마음껏 즐기자'고 말하는 일이 없어야 합
니다. 백성들이 교훈으로 삼을 상대도 못되고 하늘의 뜻도 따르지 않
는다면, 그런 사람은 그에 따라 허물을 지게 됩니다. 은나라 임금 수
(受)처럼 미혹되고 어지러워져서 술주정을 일삼는 행위는 마십시
오."

原文 　^{주 공 왈}周公曰; "^{오 호}嗚呼라! ^{계 자 금 사 왕}繼自今嗣王은 ^{즉 기 무 음 우 관 우 일 우}則其無淫于觀于逸于

^{유 우 전}遊于田하시고 ^{이 만 민 유 정 지 공}以萬民惟正之供하소서. ^{무 황 왈}無皇曰; '^{금 일 탐 락}今日耽樂이라'

하소서. ^{내 비 민 유 훈}乃非民攸訓이요 ^{비 천 유 약}非天攸若이면 ^{시 인 비 즉 유 건}時人丕則有愆하니이다. ^무無

^{약 은 왕 수 지 미 란}若殷王受之迷亂하사 ^{후 우 주 덕 재}酗于酒德哉하소서."

註解 　・繼自今(계자금)－지금으로부터의 뜻. ・淫(음)－지나친 것. 과한 것. ・觀

(관)-구경하는 것. •正之供(정지공)-앞의 '유정지공(惟正之供)' 주해 참조할 것.
•皇(황)-황(遑)과 통함, 겨를, …하는 일. •攸訓(유훈)-교훈으로 삼을 상대. •若
(약)-따르다. •時人(시인)-즐겨 놀기만 하는 사람. •丕則(비즉)-이에, 그래서.
•愆(건)-허물. •受(수)-주왕의 이름. •酗(후)-술주정하는 것. •德(덕)-행동의
뜻.

주공이 아뢰었다.

"아아! 제가 듣건대, '옛날 사람들은 모두가 서로 훈계하고, 서로
보호해주고 사랑하며, 서로 가르치고 깨닫게 하여, 백성들은 아무도
서로 속이고 혼란을 일삼는 일이 없었다' 합니다. 이런 방법을 따르
지 않는다면 관리들도 바로 그것을 본받아, 옛 임금의 올바른 법을
바꾸고 어지럽혀, 작고 큰 일이 모두 그렇게 되기에 이를 것입니다.
백성들은 이에 그들의 마음으로 한하고 원망하게 될 것이며, 그래서
그들의 입으로 저주하게 될 것입니다."

原文 周公曰;"嗚呼라! 我聞曰;'古之人은 猶胥訓告하고 胥
保惠하며 胥敎誨하여 民無或胥讒張爲幻이라'하니이다. 此厥不聽
하시면 人乃訓之하여 乃變亂先王之正刑하여 至于小大하리이다.
民否則厥心違怨하며 否則厥口詛祝하리이다."

註解 •胥(서)-서로. •惠(혜)-사랑하다. •誨(회)-깨우치다, 가르치다. •或
(혹)-'아무도'의 뜻. •讒張(주장)-거짓말로 남을 속이는 것. •爲幻(위환)-혼
란하게 만드는 것. •厥(궐)-임금의 자리에 뒤이어 오른 사람들을 가리킴. 뒤에
나오는 것도 같음. •人(인)-관리들을 가리킴. •刑(형)-법. •小大(소대)-작고
큰 일들을 가리킴. •否則(부즉)-비즉(丕則), 이에, 그래서. •違(위)-한(恨) 하는

것. • 怨(원) — 임금을 원망하는 것. • 詛(저) — 저주하는 것. • 祝(주) — 주(呪)와 통함. 저주하다.

주공이 아뢰었다.

"아아! 은나라 임금 중종으로부터 고종과 조갑과 우리 주나라의 문왕, 이 네 분들은 슬기로웠던 분들이십니다.

原文　周公曰 ; "嗚呼라! 自殷王中宗으로 及高宗과 及祖甲과 及我周文王의 茲四人은 迪哲하니이다.

註解　• 迪(적) — 유(攸)와 통함. 조사. • 哲(철) — 슬기로운 것.

그분들에게 누가 아뢰기를, '백성들이 당신을 원망하고 당신을 욕하고 있다'고 하면, 곧 급히 자신의 행동을 삼가셨습니다. 그분들의 허물을 지적했을 적에는 '나의 허물이 진실로 그와 같다'고 말하시며, 전혀 노여워하지 않으셨을 뿐만이 아닙니다.

原文　厥或告之曰 ; '小人怨汝詈汝라'하면 則皇自敬德하시니이다. 厥愆이면 曰 ; '朕之愆이 允若時라'하시니 不啻不敢含怒시니이다.

註解　• 詈(리) — 욕하는 것. • 皇(황) — 황(遑)과 통함. 황급히. • 德(덕) — 여기서도 행동의 뜻. • 允(윤) — 진실로. • 不啻(불시) — ……일 뿐이 아니다. ……일 따름이 아니다.

이런 도리를 그분들이 따르지 않았다면, 관리들은 서로 속이어 혼란해졌을 것입니다.

原文 此^차厥^궐不^불聽^청이면 人^인乃^내或^혹譸^주張^장爲^위幻^환하리이다.

누가 말하기를, '낮은 백성들이 당신을 원망하고 당신을 욕하고 있다'고 하면 곧 그것을 믿으십시오. 정말로 그러하다면, 임금이 해야 할 일을 언제나 생각치 않고 마음이 너그럽지 못하여, 함부로 죄 없는 사람을 벌하고 허물없는 사람을 죽이게 될 것입니다. 원망이 쌓여 임금 자신에게로 모이게 될 것입니다."

原文 曰^왈；'小^소人^인怨^원汝^여詈^리汝^여라'하면 則^즉信^신之^지하소서. 則^즉若^약時^시면 不^불永^영念^념厥^궐辟^벽하고 不^불寬^관綽^작厥^궐心^심하여 亂^난罰^벌無^무罪^죄하고 殺^살無^무辜^고하리이다. 怨^원有^유同^동하여 是^시叢^총于^우厥^궐身^신하리이다."

註解 ・則若時(즉약시)─'곧 이와 같다면. 정말로 그러하다면'. ・辟(벽)─'임금의 할 일'. ・寬(관)─너그러운 것. ・綽(작)─너그러운 것. ・同(동)─쌓이다, 합치다. ・叢(총)─한 곳으로 모이는 것.

주공은 또 아뢰었다.
"아아! 선왕을 계승한 임금은 이 말을 거울로 삼아야 할 것입니다."

原文 周公曰 ; "嗚呼라! 嗣王은 其監于茲하소서."

（주 공 왈　　오 호　　사 왕　　기 감 우 자）

解說　이 편은 일반적으로 주공이 성왕을 훈계한 것이라 한다. 그러나 본문을 보면, 오래 나라를 다스린 임금으로서 은나라 임금들과 함께 주나라에서는 문왕만을 들고 있다. 또 이제껏 주공이 성왕에게 한 말을 보면, 성왕을 흔히 '어린 사람'(沖子, 孺子 등)이라 부르고 있는데, 여기에서는 그런 말이 보이지 않는다. 그래서 굴만리(屈萬里)는 이 편을 주공이 무왕을 훈계한 말인 듯하다고 하였다(『尙書釋義』). 이치에 맞는 말이라고 생각된다. 이전 왕조의 은나라 주임금만 보더라도 지나치게 여자와 술 및 여러 가지 지나친 놀이를 즐기다가 나라를 망쳤다. 그러니 주공 같은 사람이 '놀기만을 즐기지 마라'고 임금에게 훈계한 것은 당연한 얘기이다.

18. 소공 석을 만류함(君奭)

서서(書序)

소공이 태보(太保)가 되고 주공은 태사(太師)가 되어 성왕을 도와 대신이 되었는데, 소공이 기뻐하지 않았다. 이에 주공이 「소공 석을 만류함」을 지었다.

召公爲保, 周公爲師, 相成王爲左右, 召公不說. 周公作君奭.

이 편도 금문과 고문에 모두 들어 있다. 군(君)은 존칭, 석(奭)은 소공(召公)의 이름. 「서서」에서는 "소공이 기뻐하지 않아" 주공이 소공을 달래기 위하여 이 글을 지었다고 하였으나, 실은 소공이 늙었음을 이유로 벼슬 자리에서 물러나려 하자, 주공이 만류한 내용이다. 사관이 그때 주공의 말을 기록한 것이 이 편이라 한다.

주공이 다음과 같이 말하였다.

"석공(奭公)! 불행히도 하늘이 은나라에 큰 벌을 내리시어 은나라는 하늘의 명을 잃었고, 우리 주나라가 그것을 물려받았습니다. 내가 우리나라의 터전은 영원히 복 주심에 합치되어야 하고, 하늘은 믿고 있을 수만은 없다는 것을 알지 못하겠습니까? 내가 우리나라가 마침내 상서롭지 못한 결과로 나아가게 될 수도 있다는 것을 또한 알지 못하겠습니까?

주공약왈　군석　　불조　천강상우은　　은기추궐
周公若曰；"君奭이여! 弗弔히 天降喪于殷하사 殷旣墜厥

명하고　아유주기수　　아불감지왈　　궐기영부우휴　　약천
命하고 我有周旣受로다. 我不敢知曰；厥基永孚于休하고 若天

비침　　　아역불감지왈　기종출우불상
棐忱이리까? 我亦不敢知曰；其終出于不祥이리까?

•弗弔(불조)－불행의 뜻. •墜(추)－잃는 것. •敢(감)－조사. •基(기)－
기업(基業). 공업(功業). •孚(부)－부(符)와 통하여 부합(符合), 합치되는 것. •休
(휴)－하늘이 복주시는 것. •若(약)－조사. •棐忱(비침)－믿고만 있을 수 없는
것. •不祥(불상)－'좋지 못한 것', 곧 멸망의 뜻.

　아아, 공이여! 이미 하늘은 우리를 인정하셨습니다. 우리는 감히
하늘의 명을 편히 누리면서 하늘의 위엄과 우리 백성들을 영영 생각
하지 않는 일이 없어야, 사람들 중에 아무도 원한을 품는 이가 없을
것입니다. 우리 뒤를 이은 자손들이 하늘과 백성을 크게 공경치 못하
게 되면, 옛 조상들이 나라를 빛냈던 업적도 모두 잃게 될 것입니다.
하늘의 명을 지키는 일이 쉽지 않다는 것과 하늘을 믿고만 있어서는
안 된다는 것을 알지 못하면, 그들은 하늘의 명을 잃어 조상들의 공
경스럽고 밝은 덕을 오래도록 계승하지 못하게 될 것입니다.

오호　군　　이왈시아　　아역불감녕우상제명
嗚呼라 君이여! 已曰時我로다. 我亦不敢寧于上帝命하며
불영원념천위월아민　　　망우위유인　　재아후사자손
弗永遠念天威越我民이라야 罔尤違惟人이라. 在我後嗣子孫이
대불극공상하　알일전인광재가　　부지천명불이　천난
大弗克恭上下면 遏佚前人光在家하리라. 不知天命不易와 天難
심　내기추명　　불극경력사전인공명덕
諶이면 乃其墜命하여 弗克經歷嗣前人恭明德하리라.

註解 ·已曰(이왈)－이미 그전부터 사람들이 말했다는 뜻. ·時我(시아)－우리를 좋게 여기다, 우리를 인정하다. ·寧(녕)－편히 즐기기만 하는 것. ·越(월)－여(與, ……과)의 뜻. ·尤(우)－원망하는 것. ·違(위)－한(恨)을 지니는 것. ·惟人(유인)－모든 사람들이. ·上(상)－하늘. ·下(하)－밑의 백성들. ·遏(알)－그치다. 끊이다. ·佚(일)－잃다. ·家(가)－국가의 뜻. ·易(이)－쉬운 것. 불이(不易)는 지키기 어려운 것. ·諶(심)－믿는 것. 천난심(天難諶)은 하늘은 그 사람의 행동에 따라 명을 마음대로 바꾸니 믿고 있기가 어렵다는 뜻. ·經歷(경력)－오래 잇다, 오래도록.

　지금 이 작은 사람 단은 잘하는 일이 없으나, 오직 옛 분들의 빛나는 업적을 우리 어린 임금을 통하여 베풀고자 하는 바입니다."

原文　在今予^{재 금 여 소 자 단}小子旦은 非克有正^{비 극 유 정}이나 迪惟前人光^{적 유 전 인 광}을 施于我沖^{시 우 아 충}子^자니라."

註解 ·迪(적)－조사. ·光(광)－광영(光榮), 영광스런 업적.

　또 말하였다.

"하늘은 믿고 있을 수만은 없는 것입니다. 나의 길은 오직 나라를 편케 하신 무왕의 덕을 연장시키어, 문왕께서 받으신 하늘의 명을 하늘이 빼앗지 않토록 하는 것입니다."

原文　又曰^{우 왈} ; "天不可信^{천 불 가 신}이라. 我道는 惟寧王德延^{아 도　유 녕 왕 덕 연}하여 天不庸釋^{천 불 용 석}于文王受命^{우 문 왕 수 명}이니라."

• 寧王(녕왕) – '나라를 편케 한 임금'으로 무왕을 가리킴. • 延(연) – 연장하다. • 庸釋(용석) – 버리다. 폐기하다.

공은 말하였다.

"석공이여! 내가 듣건대, 옛날 탕 임금께서 하늘의 명을 받으셨는데, 그때엔 이윤 같은 분이 계시어 하늘의 뜻에 따랐습니다. 태갑에게는 그때에 보형 같은 분이 계셨습니다. 태무에게는 그때에 이척과 신호 같은 분이 계시어 하늘의 뜻에 맞도록 하였고, 또 무함이 있어 나라를 잘 다스리었습니다. 조을에게는 그때에 무현 같은 분이 계셨습니다. 무정에게는 그때에 감반 같은 분이 계셨습니다.

原文 公曰; "君奭이여! 我聞컨대 在昔成湯既受命하시니 時則有若伊尹하여 格于皇天이라. 在太甲엔 時則有若保衡이라. 在太戊엔 時則有若伊陟臣扈하여 格于上帝하고 巫咸이 乂王家라. 在祖乙엔 時則有若巫賢이라. 在武丁엔 時則有若甘盤이니라.

• 格于皇天(격우황천) – 하늘의 뜻을 따르다. 하늘의 뜻에 알맞게 하다. • 保衡(보형) – 이윤(伊尹). 「태갑 임금에게 준 교훈(太甲)」 상과 『시경』 상송(商頌)의 아형(阿衡), 「부열에게 내린 명령(說命)」 하의 보형(保衡)과 같이 이윤을 가리킨다. • 太戊(태무) – 태갑(太甲)의 손자. • 伊陟(이척) – 이윤의 아들. • 臣扈(신호) – 「서서(書序)」에 의하면 탕(湯) 임금의 신하. 그가 태무(太戊) 때까지 살았다고 보기는 어려우니 동명이인의 어진 사람이라 봄이 좋겠다. • 巫咸(무함) – 어진 신하. 여기서는 무무(巫戊)의 잘못이라 봄이 좋겠다(『經義述聞』). • 祖乙(조을) – 보통 하단갑(河亶甲)의 아들이라 하나(『史記』), 갑골문에 의하면 중정(仲丁)의 아들임(『釋義』). • 巫賢(무현) – 무함(巫咸)의 아들이라 한다(『正義』). • 甘盤(감반) – 무

정 때의 현명한 사람(「부열에게 내린 명령」下 참조)

   그런 이들이 벼슬자리에 있으면서 은나라를 보호하고 다스렸기 때문에, 은나라의 의례는 위로 올라가 하늘의 뜻에 맞게 되어, 여러 해 나라를 다스릴 수 있게 되었던 것입니다.

原文 率惟茲有陳하여 保乂有殷하니 故로 殷禮陟配天하여 多歷年所하니라.
　　　　솔 유 자 유 진　　　보 예 유 은　　　고　　은 례 척 배 천　　다
　　　　력 년 소

註解 •率(솔)―용(用). 그렇기 때문에. •有陳(유진)―열위(列位)로써, 벼슬하는 사람들. 이 구절부터는 앞에 든 여러 임금들을 보좌한 어진 신하들의 공적을 애기한 것이다. •陟(척)―올라가다. •配天(배천)―하늘의 뜻에 합당하게 되는 것. •歷年(력년)―여러 해 나라를 다스리는 것. •所(소)―조사.

   하늘이 정성껏 보좌하는 신하들을 내려주시니, 상나라는 충실해져서, 여러 관리들과 임금 집안 사람들은 덕을 행하며 모두가 나라의 걱정을 잘 이해하고, 낮은 관리들과 후복(侯服)·전복(甸服)의 제후들도 모두 부지런히 섬기게 되었습니다. 이들은 오직 덕만을 행하며 그의 임금의 다스림을 위하여 섬겼습니다. 그러므로 한 사람이 온 세상을 다스렸으되, 거북점이나 역점(易占)처럼 그분을 믿지 않는 이가 없었습니다."

原文 天惟純佑命하니 則商實하여, 百姓王人이 罔不秉德明恤하니 小臣屛侯甸이 矧咸奔走라. 惟茲惟德稱하고 用乂厥辟이라.
　　　　천 유 순 우 명　　　즉 상 실　　　백 성 왕 인　　망 불 병 덕 명 휼
　　　　소 신 병 후 전　　신 함 분 주　　유 자 유 덕 칭　　용 예 궐 벽

故로 一人有事于四方이로되 若卜筮하여 罔不是孚하니라."

註解　•純(순)−오로지 하다. 전념하다. 정성껏 하다. •佑(우)−돕다. 여기서
는 보좌하는 신하. •命(명)−내려주는 것. •實(실)−충실해지는 것. 『맹자』의 "어
질고 현명한 사람들을 믿지 않으면 나라가 공허하여진다(不信仁賢, 則國空虛)"란
말의 반대뜻(「蔡傳」). •百姓(백성)−백관(百官)의 뜻. •王人(왕인)−임금 집안의
벼슬하는 사람들. •秉德(병덕)−덕을 행하는 것. •明恤(명휼)−나라의 어려움이
나 걱정을 잘 이해하는 것. •小臣(소신)−낮은 관리. •屛(병)−병(幷). 곧 '……과
……' 의 뜻. •侯(후)−후복(侯服)의 제후. •甸(전)−전복(甸服)의 제후들. •矧
(신)− '역시', '또한' 의 뜻. •奔走(분주)−분주히 임금을 섬기는 것. •茲(자)−이
들 어진 은나라의 신하들을 가리킴. •稱(칭)−거(擧)와 통하여, 거행의 뜻. •一人
(일인)−임금을 가리킴. •有事于四方(유사우사방)−사방에 일이 있다는 것은 온
세상을 다스리는 것. •孚(부)−옛날 사람들이 거북점이나 역점(易占)의 영험함을
믿듯이 임금을 믿고 따랐다는 뜻. 서(筮)는 점가치를 이용하여 치는 역점(易占)임.

　공이 말하였다.

　"석공이여! 하늘은 옛날에 은나라에 내려오시어 은나라를 보호하
여 다스려지게 하셨습니다. 은나라가 하나라를 계승하게 되자, 하늘
은 벌을 내리지 않게 되었습니다. 이제 당신께서도 이런 것을 언제나
잘 생각하여, 하늘의 명을 굳건히 지키며 우리의 새로 세운 나라를
다스리어 빛나게 해주십시오."

原文　公曰 ; "君奭이여! 天壽平格하여 保乂有殷이라. 有殷嗣하
니 天滅威라. 今汝永念하여 則有固命하고 厥亂明我新造邦하라."

註解　•壽(수)−주(疇)와 통하여, 옛날. 그전. •平(평)−비(조)의 뜻으로, 조사.

•格(격)−내려오는 것. 이 구절은 은나라 초기의 정치를 얘기한 것임. •有殷嗣
(유은사)−은나라가 하(夏)나라를 계승한 것을 뜻함. •滅威(멸위)−위압을 없애
다. 벌이나 재난을 내리지 않게 되는 것. •固命(고명)−하늘의 명을 굳건히 지키
는 것. •厥亂(궐란)−잘 다스리는 것.

공은 말하였다.

"석공이여! 옛날에 하늘은 나라를 편히 하신 문왕의 덕을 거듭 살
피시고 나서, 위대한 하늘의 명을 그분의 몸에 내려주셨습니다.

|原文| 公曰;"君奭이여! 在昔上帝割申勸寧王之德하시고 其集
大命于厥躬하시니라.

|註解| •割(할)−개(蓋)와 통하는 조사. •申(신)−거듭. •勸(권)−관(觀)의 잘못
(『禮記』緇衣). 살피는 것. •厥躬(궐궁)−그의 몸. 곧 문왕 자신을 가리킴.

문왕께서는 또한 우리 중원 땅을 다스리어 화평케 하셨습니다. 그
리고 괵숙 같은 분이 계셨고, 굉요 같은 분이 계셨으며, 산의생 같은
분이 계셨고, 태전 같은 분이 계셨으며, 남궁괄 같은 분도 계셨습니
다."

|原文| 惟文王은 尚克修和我有夏시니라. 亦惟有若虢叔하고 有
若閎夭하며 有若散宜生하고 有若泰顚하며 有若南宮括하니라."

|註解| •尚(상)−또한. •修(수)−나라를 잘 다스리는 것. •有夏(유하)−중원

땅. •虢叔(괵숙)—문왕의 아우이며 현명한 신하. •閎夭(굉요)—문왕의 어진 신하. •散宜生(산의생)—문왕의 어진 신하. •泰顚(태전)—문왕의 어진 신하. •南宮括(남궁괄)—문왕의 어진 신하.

또 말하였다.

"이분들이 부지런히 법을 시행하고 교화를 펴지 못하였다면, 문왕께서도 나라 사람들에게 아무런 덕도 펴지 못하셨을 것입니다.

原文 　　^{우 왈}　　　^{무 능 왕 래 자 적 이 교}　　^{문 왕 멸 덕 강 우 국 인}
又曰 ; "無能往來玆迪彝敎면 文王蔑德降于國人이리라.

註解 •無能(무능)—이하는 앞에 든 문왕의 어진 신하들에 대한 얘기. •往來(왕래)—분주(奔走)처럼, 왔다갔다하며 부지런히 임금을 섬기는 것. •迪(적)—행하다. •彝(이)—법. •蔑(멸)—없다. 아니하다. •降(강)—밑의 백성에게 펴는 것.

또한 덕을 지니고 정성껏 보좌하고 하늘의 벌을 이해하였으므로, 이에 문왕을 보좌하여 하늘에 그들 업적이 드러나고 알려져서, 이 때문에 은나라가 지녔던 하늘의 명을 물려받게 되었던 것입니다.

原文 　^{역 유 순 우 병 덕}　　　^{적 지 천 위}　　^{내 유 시 소 문 왕}　　^{적 현}
亦惟純佑秉德하고 迪知天威하니 乃惟時昭文王하여 迪見
^{모 문 우 상 제}　　^{유 시 수 유 은 명 재}
冒聞于上帝하니 惟時受有殷命哉니라.

註解 •亦惟(역유)—이하도 이들 어진 신하들의 얘기를 쓴 것. •迪(적)—조사. •惟時(유시)—소(昭)를 강조한다. •昭(소)—돕다. 보좌하다. •迪見(적현)—'……가 드러나게 되다'. 분명히 알려지다. •冒聞(모문)—위로 들리다. 위에 알려지다. •惟時(유시)—이시(以是). '이 때문에'의 뜻.

무왕 때에도 이분들 중의 네 분이 그대로 벼슬을 하고 있었습니다. 뒤에 그들은 무왕과 더불어 하늘의 뜻에 따른 벌을 행하시어 그들의 원수를 모두 죽였습니다. 이 네 분은 무왕을 보좌하여 힘써 일하였으니, 위대한 덕을 실천할 수가 있었던 것입니다.

原文 武王은 惟玆四人이 尙迪有祿이라. 後曁武王으로 誕將天威하여 咸劉厥敵하니라. 惟玆四人은 昭武王하여 惟冒하니 丕單稱德하니라.

註解 •惟玆四人(유자사인)－문왕의 어진 신하 중의 네 사람. 무왕 때에는 괵숙(虢叔)이 죽어 네 사람만 남아 있었다. •尙(상)－아직도. •迪(적)－조사. •有祿(유록)－녹을 받고 있다. 벼슬을 하다. •曁(기)－더불어. 함께. •誕(탄)－조사. •將(장)－행하다. •劉(유)－죽이다. •冒(모)－힘쓰는 것. •單(단)－큰 것. 위대한 것. •稱(칭)－행하다. 실천하다.

지금 이 작은 사람 단은 큰 냇물을 헤엄치고 있는 것과 같은 형편입니다. 나는 앞으로 당신 석과 함께하여야만 물을 건널 수가 있을 것입니다. 이 작은 사람은 어리석기 짝이 없는데도 관원들 중에는 나를 질책하는 이가 전혀 없습니다. 힘쓰지 못하여 일을 제대로 하지 못하는 것이 많고, 늙어서 백성들에게 덕을 펴지도 못하고 있습니다. 나는 우는 새소리도 듣지 못하는 위인이거늘, 하물며 하늘을 감응시킬 수가 있겠습니까?"

原文 今在予小子旦은 若游大川이라. 予往曁汝奭其濟하리라.

^{소 자 동 미}　^{재 위 탄 무 아 책}　　^{수 망 욱 불 급}　　^{구 조 덕 불 강}
小子同未나 在位誕無我責이라. 收罔勗不及이면 耇造德不降이리

^{아 즉 명 조 불 문}　　^{신 왈 기 유 능 격}
라. 我則鳴鳥不聞이어늘 矧曰其有能格고?

註解　•往(왕)-앞으로의 뜻. •濟(제)-물을 건너는 것. •小子(소자)-주공 자
신을 가리킴. •同未(동미)-동매(詞昧). 어리석다. 무지하다. •誕(탄)-조사. •責
(책)-꾸짖다. 질책하다. •收(수)-유(攸)와 같은 조사. •勗(욱)-힘쓰는 것. •不
及(불급)-부족. 미급(未及)의 뜻. •耇(구)-늙다. •造(조)-이르다. •降(강)-백
성들에게 펴는 것. •鳴鳥不聞(명조불문)-우는 새소리도 듣지 못한다. 곧 식견이
얕은 것을 스스로 말한 것. 옛사람들은 새를 봉황새로 보아 '봉황새 울음소리도 들
리지 않는다'. 곧 좋은 조짐이 나타나지 않는다는 뜻으로 흔히 풀이하였다(『正
義』·『蔡傳』). •格(격)-하늘을 감동시키어 복을 내리도록 하는 것.

공이 말하였다.

"아아, 공이여! 그러니 이상의 말을 잘 헤아려 주십시오. 우리가 받
은 하늘의 명은 한없이 복된 것이나, 또한 크게 지키기 어렵기도 한
것입니다. 공에게 이러한 도리를 고하는 것은 우리가 후세 사람들을
미혹시키지 말아야 하기 때문입니다."

原文　^{공 왈}　^{오 호}　　^군　　^{사 기 감 우 자}　　^{아 수 명 무 강 유}
公曰；"嗚呼라! 君이여! 肆其監于玆하라. 我受命無疆惟

^휴　^{역 대 유 간}　　^{고 군 내 유 유}　^{아 불 이 후 인 미}
休나 亦大惟艱이라. 告君乃猷裕니 我不以後人迷니라."

註解　•肆(사)-그러므로. •無疆(무강)-끝없는 것. •休(휴)-복된 것. •猷裕
(유유)-도리(道理).

공이 말하였다.

"옛 분들이 그분들의 마음을 펴시어 모든 일을 당신에게 알려주신 것은 당신을 백성들의 인도자로 삼기 위해서였습니다. 말씀하시기를, '그대는 힘써 임금을 보좌하고, 정성을 다하여 이 위대한 하늘의 명을 받들어라. 오직 문왕의 덕을 계승하고 한없이 그것을 계승할 것만을 걱정하라.'고 하셨습니다."

原文 公曰; "前人敷乃心하시고 乃悉命汝하사 作汝民極이라. 曰; '汝明勖偶王하고 在亶하여 乘茲大命하라. 惟文王德을 丕承하고 無疆之恤하라' 하시니라.

註解 •前人(전인)－문왕과 무왕을 가리킴. •敷乃心(부내심)－그분들의 마음을 펴시어. 곧 마음을 다하여의 뜻. •悉(실)－모든 일의 뜻. •極(극)－여기서는 영도자의 뜻. •明勖(명욱)－힘쓰는 것. •偶(우)－유(侑)와 통하여, 보좌하는 것. •亶(단)－진실로. 정성을 다하다. •乘(승)－받들다(孫星衍). •無疆(무강)－한없이 계승하는 것, •之(지)－시(是)와 같은 강조의 뜻을 나타내는 조사. •恤(휼)－걱정하다, 근심하다.

공이 말하였다.

"공이여! 당신에게 나의 진심을 말씀드립니다. 태보(太保) 석이여! 당신은 공경히 나와 함께 은나라가 망하여 큰 불행을 당했던 일을 살피고, 우리에게도 하늘이 벌을 내리실지 모른다는 것을 유념하십시다. 나는 이처럼 더 말할 필요가 없을 것입니다. 내가 오직 말하고자 하는 것은, 우리 두 사람을 빼고 뜻이 서로 맞는 사람이 또 있느냐는 것입니다. 말들 하기를, 이 두 사람에게 하늘의 복이 더욱 많이 내려질 것이라고 하더군요. 이 두 사람은 그것을 감당하지 못할 듯합니다. 당신은 행동을 공경히 하며 우리의 뛰어난 사람들을 등용하여 후세 사람들에게 좋은 시대를 물려주도록 하여야 할 것입니다.

原文 公曰 ; "君이여! 告汝朕允하노라. 保奭이여! 其汝克敬以子 監于殷喪大否하고 肆念我天威하라. 子不允惟若茲誥라. 子惟日 襄我二人하고 汝有合哉아? 言曰 ; 在時二人에 天休滋至라 하니라. 惟時二人弗戡이라. 其汝克敬德하고 明我俊民하여 在讓後人 于丕時니라.

註解 •允(윤)－진심. •保(보)－태보(太保)로 소공(召公)의 벼슬. •以子(이여)－나와 함께의 뜻. •否(부)－불선(不善). 불행. •肆(사)－조사. •不允(불윤)－불용(不用). ……할 필요가 없다. •誥(고)－말하다. 고하다. •襄(양)－제(除)하다. 빼다. •我二人(아이인)－주공과 소공. •合(합)－뜻이 맞는 사람. •言曰(언왈)－'남들이 말한다'는 뜻. •在時二人(재시이인)－이들 두 사람에게. •休(휴)－복을 내리는 것. •滋至(자지)－많아지는 것. •戡(감)－승(勝)의 뜻. 불감(弗戡)은 불승(不勝), 감당하지 못한다는 뜻. •敬德(경덕)－공경히 행동하는 것. •讓(양)－물려주는 것. •丕時(비시)－'큰 때'. 곧 성세(盛世).

아아! 이 두 사람이 착실히 돕기만 하면, 우리는 곧 오늘을 행복한 경지에 이르게 할 수 있을 것입니다. 우리는 문왕의 공을 모두 이루기 위하여 게으름 피지 않아야 하고, 힘써 바다 모퉁이 어디든 해가 뜨는 곳이면 따르고 순종치 않는 곳이 없도록 하여야 할 것입니다."

原文 嗚呼라! 篤棐時二人이면 我式克至于今日休리라. 我咸成

문 왕 공 우 불 태　비 모　해 우 일 출　망 불 솔 비
文王功于不怠하고 丕冒면 海隅日出이 罔不率俾하리라.”

註解 •毖(비)-돕는 것. •式(식)-용(用：그러함으로써)의 뜻. •休(휴)-성세
(盛世). 곧 좋은 세상의 뜻. •冒(모)-힘쓰다. •海隅日出(해우일출)-바다 모퉁이
땅 끝의 해 돋는 곳이면 어디나의 뜻. •俾(비)-순종케 하는 것.

공이 말하였다.

"공이여! 나는 이처럼 많은 말을 할 생각은 없었습니다. 나는 오직
하늘과 백성을 걱정하기 때문에 말한 것입니다."

原文 　공 왈　　군　　　여 불 혜 약 자 다 고　　여 유 용 민 우 천 월 민
　　　公曰 ;“君이여! 予不惠若茲多誥라? 予惟用閔于天越民
이니라.”

註解 •惠(혜)-생각하다. •閔(민)-걱정하다. 민(憫)의 뜻.

공이 또 말하였다.

"아아, 공이여! 당신은 백성들의 성격을 알고 있으니, 처음부터 그
들을 잘 다스리면 끝까지 잘 다스려질 것입니다. 오직 이렇게 하여
앞으로는 공경히 잘 다스려 주십시오."

原文 　공 왈　　오 호　　군　　　유 내 지 민 덕　　　역 망 불 능 궐 초
　　　公曰 ;“嗚呼라 君이여! 惟乃知民德이니 亦罔不能厥初면
유 기 종　　　　지 약 자　　　왕 경 용 치
惟其終이리라. 祇若茲하여 往敬用治하라!”

註解 •德(덕)-덕성. 성격. 성질. •厥初(궐초)-처음부터 나라를 잘 다스리는

것. •終(종)―끝까지 나라를 잘 다스리는 것. •祗(지)―오직. 다만. •往(왕)―앞으로의 뜻.

解說　이 편의 글 내용을 음미해 보면, 주공이 어린 성왕(成王)을 대신하여 나라 일을 돌보게 되면서 소공(召公) 석(奭)에게 자신에게 협력하여 나라 일을 잘 도와줄 것을 간절히 부탁하는 것이다. 옛날부터 학자들 사이에 이 글이 언제 지어진 것인가를 놓고 쟁론이 많았으나 그것은 크게 문제가 되지 않는 것이다. 진몽가(陳夢家)가 금문(金文)의 소공에 대한 칭호와 견주면서 성왕 초기의 글이라고 말한 것(『考古學報』 第十冊)이 글의 내용과도 가장 잘 들어맞는 주장이다.

19. 채중에게 내린 훈령(蔡仲之命)

서서(書序)

　채숙이 죽은 뒤에 왕은 채중에게 명하여 제후의 자리에 오르도록
하였다. 이때 「채중에게 내린 훈령」이 지어졌다.
　蔡叔旣沒, 王命蔡仲, 踐諸侯位. 作蔡仲之命.

　이 편은 금문에는 없는 위고문에 속하는 글이다. 채는 나라 이름. 채
중은 채숙(蔡叔)의 아들. 앞에 이미 나온 것처럼 성왕은 주공으로 하여
금 반란을 일으킨 관숙(管叔)과 채숙을 치게 하였다. 채숙이 죽은 뒤 그
의 아들 채중은 현명하였으므로 다시 그를 채나라에 봉하였다. 그를 나
라에 봉하면서 주공이 임금의 명으로 훈계한 것이 이 편이라 한다.

　주공은 재상자리에 있으면서 여러 관리들을 거느렸다. 그러나 그
의 여러 형제들이 뜬소문을 퍼뜨리자, 이에 관숙을 상나라에서 처형
하고, 채숙을 곽린에 가두고, 수레 일곱 채만을 딸려 주었으며, 곽숙
은 서민으로 내치고 3년 동안 벼슬을 주지 않았다. 채중은 행동을 삼
갔으므로 주공은 그를 경사로 삼았다. 채숙이 죽으니, 이에 임금님께
품하여 그를 채나라에 봉하였다.

原文　惟周公位冢宰하여 正百工이라. 群叔流言하니 乃致辟管
（유주공위총재） （정백공） （군숙류언） （내치벽관）

^{숙 우 상} ^{수 채 숙 우 곽 린} ^{이 거 칠 승} ^{강 곽 숙 우 서 인}
叔于商하시고 囚蔡叔于郭鄰하고 以車七乘하시며 降霍叔于庶人

^{삼 년 불 치} ^{채 중 극 용 지 덕} ^{주 공 이 위 경 사} ^{숙 졸}
하여 三年不齒라. 蔡仲克庸祇德하니 周公以爲卿士라. 叔卒하니

^{내 명 저 왕} ^{방 지 채}
乃命諸王하여 邦之蔡하니라.

註解 • 冢宰(총재)─재상. 행정의 최고 장관. • 正(정)─장(長)의 뜻으로, 거느리는 것. • 百工(백공)─백관(百官), 여러 관리들. • 群叔(군숙)─임금의 여러 아저씨들. 곧 관숙, 채숙, 곽숙을 가리킨다. • 致辟(치벽)─처형하다. 곧 사형의 뜻. • 囚(수)─가두다, 잡아들이다. • 郭鄰(곽린)─땅 이름. 어느 곳인지는 알 수 없다. • 以車七乘(이거칠승)─수레 일곱 채를 채숙에게 붙여 주었다는 뜻. • 庶人(서인)─벼슬이 없는 평민. 곽숙은 죄가 가벼워 3년 동안 평민생활을 시킨 것이다. • 齒(치)─치록(齒祿). 곧 녹을 받는 사람들의 서열에 끼이게 하는 것. 제후로서의 지위를 되돌려줌을 말한다. • 庸(용)─조사. • 祇(지)─공경하는 것. • 卿士(경사)─임금의 육경(六卿) 중에서 정사를 맡고 있는 사람. • 命諸王(명저왕)─임금에게 명을 청하는 것. 곧 임금에게 품하는 것. • 邦(방)─나라에 제후로 봉(封)하는 것. • 蔡(채)─나라 이름. 지금의 하남성 상채현(上蔡縣) 서남쪽.

임금의 명으로 다음과 같이 말하였다.

"작은 사람 호여! 그대는 덕을 따라 행실을 고쳤고, 올바른 도를 삼가 지켰소. 그래서 나는 그대에게 명을 내려 동쪽 땅의 제후로 삼는 바요. 가서 그대를 봉한 땅에 취임하여 공경히 일하오.

原文
^{왕 약 왈} ^{소 자 호} ^{유 이 솔 덕 개 행} ^{극 신 궐 유}
王若曰 ; "小子胡여! 惟爾率德改行하고 克愼厥猷로다.

^{사 여 명 이} ^{후 우 동 토} ^{왕 즉 내 봉} ^{경 재}
肆予命爾하여 侯于東土하노라. 往卽乃封하여 敬哉하라.

註解 • 胡(호)─채중(蔡仲)의 이름. • 率(솔)─따르다. • 改行(개행)─그의 아버

지의 행동을 고치는 것. •歔(유)-도(道)의 뜻. •肆(사)-고로. 그래서. •侯
(후)-임금. •東土(동토)-채(蔡)나라를 가리킴. •往(왕)-가다. •卽(즉)-취임
하다. 나아가다. •乃(내)-너. 그대. •封(봉)-봉한 땅.

그대가 이전 사람들의 허물을 덮고자 한다면 오직 충성을 다하고
효성을 다해야 하오. 그대는 자기 자신부터 올바른 길을 따라 나아가
고, 부지런하고 게으르지 않음으로써 그대 후손에게 본보기를 보여
주도록 하오. 그대 할아버지 문왕의 법도와 훈계를 따르되, 그대 아
버지처럼 임금의 명령을 어기지 않도록 하오.

原文 爾尙蓋前人之愆이면 惟忠惟孝하라. 爾乃邁迹自身하고
克勤無怠하여 以垂憲乃後하라. 率乃祖文王之彝訓하되 無若爾
考之違王命하라.

註解 •尙(상)-바라다. •蓋(개)-덮다. 가리다. •愆(건)-허물. 그의 아버지
채숙(蔡叔)을 비롯한 여러 사람들의 허물. •邁(매)-나아가다. •迹(적)-여기서
는 올바른 자취. 올바른 길. •憲(헌)-본보기. 모범. •後(후)-후손. •彝(이)-
법. 법도.

하늘은 각별히 친한 사람 없이 오직 덕 있는 사람이면 그를 도우시
오. 백성들의 마음은 일정치 아니하고 오직 혜택을 주는 사람이면 그
를 따르오. 훌륭한 일은 모두 같지 않다 하더라도 그것은 다 같이 다
스림으로 귀결되고, 악을 행하는 일은 모두 같지 않다 하더라도 그것
은 다 같이 어지러움으로 귀결되는 것이니, 그대는 그 점을 조심해야
하오.

原文 ^{황천무친} 皇天無親하사 ^{유덕시보} 惟德是輔니라. ^{민심무상} 民心無常하고 ^{유혜지회} 惟惠之懷라.

^{위선부동} 爲善不同이나 ^{동귀우치} 同歸于治하고 ^{위악부동} 爲惡不同이나 ^{동귀우란} 同歸于亂하나니 ^{이 기} 爾其

^{계 재} 戒哉하라.

註解 •無親(무친)-특별히 친한 사람이 없다는 뜻. 왜냐하면 누구든 바르지 못하면 천벌을 내리기 때문이다. •惠(혜)-사랑하다. 혜택을 베풀다. •懷(회)-마음속으로 그리며 따르는 것. •爲善不同(위선부동)-선을 행함에는 여러 가지 차이가 있다는 뜻.

처음부터 삼가서 끝까지 잘하면 끝내 곤란하여지지 않을 것이나, 끝까지 잘하지 못하면 마침내 곤궁해질 것이오.

原文 ^{신 궐 초} 愼厥初하여 ^{유 궐 종} 惟厥終이면 ^{종 이 불 곤} 終以不困이나 ^{불 유 궐 종} 不惟厥終이면 ^{종 이} 終以

^{곤 궁} 困窮하리라.

그대의 공적을 쌓기에 힘쓰며 그대 사방의 이웃과 화목함으로써, 왕실의 울타리가 되고 형제들과 화친하며 낮은 백성들을 편히 살게 해주오.

原文 ^{무 내 유 적} 懋乃攸績하며 ^{목 내 사 린} 睦乃四鄰하여 ^{이 번 왕 실} 以蕃王室하고 ^{이 화 형 제} 以和兄弟하며

^{강 제 소 민} 康濟小民하라.

註解 •懋(무)-힘쓰다. •攸績(유적)-공적이 되는 일. 공적을 쌓는 것. •睦

(목)-화목한 것. •蕃(번)-번(藩)과 통함. 울타리. •康(강)-편안한 것. •濟
(제)-구제하다.

　가운데 바른 길을 따르고, 총명한 체하며 옛 법칙을 어지럽히지 마
오. 그대의 보는 것과 듣는 것을 상세히 하여, 비뚤어진 말을 듣고 법
도를 고치지 마오. 그러면 나 한 사람이 그대를 칭찬할 것이오."

原文　率自中하고 無作聰明하여 亂舊章하라. 詳乃視聽하여 罔
以側言改厥度하라. 則予一人이 汝嘉하리라.

註解　•率(솔)-따르다. •中(중)-중정지도(中正之道). 곧 가운데의 올바른 길.
•作聰明(작총명)-총명한 체하는 것. •章(장)-장정(章程). 곧 법칙의 뜻. •詳
(상)-상세히 하는 것. •側言(측언)-한쪽으로 치우쳐진 말, 비뚤어진 말. •嘉
(가)-칭찬하는 것.

　왕명으로 말하였다.
　"아아, 작은 사람 호여! 그대는 가서 나의 명령을 어기지 마오."

原文　王曰；"嗚呼라 小子胡여! 汝往哉하여 無荒棄朕命하라."

註解　•荒棄(황기)-아무렇게나 버리다. 멋대로 어기다.

解說　이 편의 위치가 「주서(周書)」의 어느 부분에 놓이는 것이 옳으냐에
대하여 옛날부터 의견이 여러 가지로 구구하였다. 채침(蔡沈)은 「낙 땅에
도읍을 만들고 널리 고하는 말(洛誥)」 앞에 놓임이 옳다고 하였고, 또 「노

나라 제후가 비 땅에서 한 훈시(費誓)」 앞에 놓임이 옳다고 본 이도 있다. 어떻든 이 채중(蔡仲)을 다시 채나라에 봉한 시대에 대하여는 의견이 일치하지 않음을 알 수 있겠다.

20. 여러 나라들에게 경고함(多方)

서서(書序)

성왕이 엄(奄)을 정벌하고 돌아와 종주에 안착하여 여러 나라에게 고하였다. 이때 지어진 것이 「여러 나라들에게 경고함」이다.

成王歸自奄, 在宗周, 誥庶邦. 作多方.

이 편은 금문과 고문에 모두 들어 있다. 성왕이 직접 정사를 맡은 뒤 회이(淮夷)와 엄(奄)나라가 다시 반란을 일으키었다. 성왕은 이들을 정벌하고 나서 주공으로 하여금 여러 나라, 특히 동쪽 은나라 유민(遺民)이 많이 사는 나라들을 향하여 훈계하도록 한 것이 이 편의 내용이라 한다. 방(方)은 나라, 다방은 여러 나라의 뜻이다.

5월 정해 날에 임금님은 엄 땅으로부터 돌아와 호경(鎬京)에 도착하셨다.

原文   惟五月丁亥에 王來自奄하사 至于宗周하시다.
　　　유 오 월 정 해　　왕 래 자 엄　　　지 우 종 주

註解　• 五月(오월) — 학자에 따라서 설이 구구하다. 그러나 본문의 "지금 그대들이 내 감독 아래 부지런히 일해 온 지 5년이 되었다(今爾奔走臣我監五祀)"란 구절로 보아 주공이 낙읍(洛邑)의 건설을 감독한 지 5년째 되는 해, 곧 성왕(成王 11년, 기원전 1105)의 5월이라 본다. • 來自奄(래자엄) — 엄(奄)으로부터 왔다는 것인

데, 앞의 「여러 관리들에게 알림(多士)」에 나온 성왕(成王) 3년에 엄나라를 친 것과는 꼭 같은 일이라 볼 수 없다. 그 뒤에도 엄나라는 반란이 잦았기 때문이다(『釋義』). ・宗周(종주)―호경(鎬京)을 가리킨다.

주공이 말하였다.

"임금님은 다음과 같이 말씀하셨소. '아아! 그대들 사방 여러 나라들에게 고하노라. 특히 은나라 제후들이 다스리는 백성들이여! 내가 그대들에게 대대적으로 명령을 내렸던 것을 그대들은 모르는 이가 없으리라.

原文 周公曰;"王若曰;'猷라! 告爾四國多方하노라. 惟爾殷侯尹民이여! 我惟大降爾命을 爾罔不知리라.

註解 ・猷(유)―감탄사. 아아. ・四國(사국)―사방의 나라. ・尹(윤)―다스리는 것. ・大降爾命(대강이명)―대대적으로 그대들에게 명령을 내리다.

그대들은 하늘의 명을 가벼이 버리고, 언제나 제사를 공경히 드릴 생각을 하지 않았소.

原文 洪惟圖天之命하고 弗永寅念于祀라.

註解 ・洪惟(홍유)―조사. ・圖(도)―옛날에는 비(鄙)와 통하여, 천히 여기다. 또는 '멀리한다'. 가벼이 여기고 버리다의 뜻(『釋義』). ・寅(인)―공경스러운 것.

하늘은 하나라에 복을 내리셨으되, 하나라 임금은 언제나 놀고 즐기기만을 일삼고 백성들을 걱정하지 않았소. 결국 크게 음란하고 혼미함으로써, 하루 종일 하늘의 길을 힘쓰지 못하였다는 것을 그대들도 들었을 것으로 믿소.

原文 惟帝降格于夏로되 有夏誕厥逸하고 不肯慼言于民이라.
乃大淫昏하여 不克終日勸于帝之迪을 乃爾攸聞이리라.

註解 ・降格(강격)－강림(降臨). 내려오다. 곧 '복을 내리는 것'을 말함. ・慼(척)－걱정하다. ・言(언)－조사. ・淫(음)－음란한 것. ・昏(혼)－혼미한 것. ・勸(권)－힘쓰다. ・迪(적)－길.

그들은 하늘의 명을 가벼이 버리고 백성들을 법에 걸리게 하여 어려움을 풀어주지 못하였소. 이에 큰 벌을 내리셨으나 하나라 임금은 더욱 어지러워져서, 그 때문에 내란이 연이어 일어났소. 백성들을 잘 보호해 주지 못하고 오직 모두가 재물을 바치도록 하면서 크게 백성들을 괴롭혔소. 그래서 하나라의 백성들은 탐욕과 다툼만이 날로 성하여져, 하나라 도읍을 망치게 되었던 것이오.

原文 厥圖帝之命하고 不克開于民之麗로다. 乃大降罰이나 崇亂有夏하여 因甲于內亂이라. 不克靈承于旅하고 罔丕惟進之恭하여 洪舒于民이라. 亦惟有夏之民은 叨懫日欽하여 劓割夏邑하니라.

註解 ・開(개)－풀다. ・麗(려)－라(羅)와 통하여 법에 걸리는 것(『釋義』). ・崇

(숭) - 여기서는 '더욱더 ⋯⋯해지다'의 뜻. • 甲(압) - 압(狎)과 통함. 곧 익숙해졌
다는 뜻. • 靈承(영승) - 보호해 주는 것. • 旅(려) - 백성들. • 丕(비) - 불(不)의 뜻.
罔丕(망비)는 모두의 뜻. • 恭(공) - 공(供)의 뜻. 진지공(進之恭)은 재물을 바쳐 오
는 것. • 舒(서) - 고문(古文)에선 도(荼)로 되어 있어, '해독을 끼치는 것'. • 叨
(도) - 탐욕. 탐욕을 부리다. • 懫(치) - 성내어 남과 다투는 것. • 欽(흠) - 흠(歆)과
통함. 일흠(日欽)은 날로 일어나는 것. 날로 성하여지는 것. • 劓(의) - 코를 베는
형벌. • 割(할) - 해치는 것. 의할(劓割)은 재할(宰割), 엉망으로 만들다, 망치다의
뜻.

하늘은 이에 백성들의 임금을 구하시어, 탕 임금에게 밝고 아름다
운 하늘의 명을 크게 내리시어, 하나라 임금을 벌하고 멸망시키게 하
시었소.

原文 天惟時求民主하여 乃大降顯休命于成湯하사 刑殄有夏하
시니라.

註解 • 民主(민주) - 백성들의 임금. • 顯休命(현휴명) - 밝고 아름다운 천명. • 刑
(형) - 벌하다. • 殄(진) - 멸망시키다.

하늘이 복을 주지 않으셨음은, 곧 그대들 여러 나라의 착한 백성들
에게 여러 가지 안락한 생활을 영원케 하지 못하였기 때문이오.

原文 惟天不畀純은 乃惟以爾多方之義民으로 不克永于多享
이라.

註解 • 畀(비) - 주다. • 純(순) - 선(善)과 통하여 복의 뜻. • 義民(의민) - 착한

백성. •享(향)-여기서는 향락. 즉 안락함을 누리는 것.

하나라의 벼슬하는 여러 관리들은 백성들을 힘써 보호하여 안락을 누리게 해주지 못하였소. 서로 백성들에게 포학한 짓만을 하여 여러 가지 하는 일이 전혀 백성의 어려움을 풀어줄 수가 없는 짓이었소.

原文 惟夏之恭多士는 大不克明保享于民이라. 乃胥惟虐于民하여 至于百爲이 大不克開니라.

註解 •恭(공)-供(공)과 통하여 공직(供職). 곧 벼슬한다는 뜻. •享(향)-안락을 누리는 것. •胥(서)-서로. •百爲(백위)-모든 행위. •大不克開(대불극개)-곧 백성들의 어려움을 풀어주지 못하였다는 뜻.

탕임금에 이르러서야 그대들 여러 나라들이 하나라를 대신하여 백성들의 주인이 될 수 있었소. 형벌을 삼가고 일에 힘쓰니, 백성들도 본받아 바른 일에 힘쓰게 되었소.

原文 乃惟成湯이 克以爾多方으로 簡代夏하여 作民主하니라. 愼厥麗乃勸하니 厥民刑用勸하니라.

註解 •簡代(간대)-바꾸어 대신하다. •麗(려)-법망의 뜻. •勸(권)-일에 힘쓰는 것. •刑(형)-본받다.

제을에게 이르기까지 모두가 덕을 밝히고 벌을 신중히 하며, 백성

들을 바른 일에 힘쓰도록 하였소. 갇힌 죄수 중에서 죄가 많아 죽여
야 할 자도 자기 일에 힘쓰게 해 주었고, 죄가 없어 풀어놓는 자도 자
기 일에 힘쓰도록 해 주었소.

原文 _{이 지 우 제 을} 以至于帝乙로 _{망 불 명 덕 신 벌} 罔不明德愼罰하고 _{역 극 용 권} 亦克用勸하니라. _{요 수} 要囚
_{진 륙 다 죄} 殄戮多罪도 _{역 극 용 권} 亦克用勸하고 _{개 석 무 고} 開釋無辜도 _{역 극 용 권} 亦克用勸하니라.

註解 •要囚(요수)－유수(幽囚). 즉 죄수를 가두는 것(「康誥」 참조). •殄戮(진
륙)－죽이다. •開釋(개석)－풀어놓는 것.

최근의 그대들 임금에 이르러는 그대들 여러 나라들이 하늘의 명
을 누리지 못하게 되었소.'

原文 _{금 지 우 이 벽} 今至于爾辟하여는 _{불 극 이 이 다 방} 弗克以爾多方으로 _{향 천 지 명} 享天之命이니라.'

註解 •今(금)－최근의 뜻. 최근의 임금이란 주왕(紂王)을 가리킴.

아아! 임금님은 또 말씀하셨소. '그대들 여러 나라에 고하노라. 하
늘이 하나라 임금을 버린 것도 아니요, 하늘이 은나라 임금을 버린
것도 아니오. 바로 그대들 임금이 그대들 여러 나라들과 함께 하늘의
명을 함부로 돌보지 않음으로써 죄가 많아졌기 때문이오.

原文 _{오 호} 嗚呼라! _{왕 약 왈} 王若曰 ; _{고 고 이 다 방} '誥告爾多方하노라. _{비 천 용 석 유 하} 非天庸釋有夏요

비 천 용 석 유 은
非天庸釋有殷이라. 乃惟爾辟이 以爾多方으로 大淫圖天之命하여
내 유 이 벽　　이 이 다 방　　　　대 음 도 천 지 명

설 유 사
屑有辭니라.

註解 • 釋(석)－버리다. • 圖(도)－돌보지 않다. 함부로 버리다. • 屑(설)－설연
(屑然). 곧 잡다한 것, 많아지는 것. • 有辭(유사)－죄를 짓는 것(「多士」참조).

　곧 하나라 임금은 그의 나라 다스리는 일을 버리어, 안락을 누리는
길로 나아가지 못하였소. 하늘은 이에 멸망을 내리시어 다른 나라로
그를 대신케 하셨소.

原文　乃惟有夏는 圖厥政하여 不集于享하니라. 天降時喪하사
　　　내 유 유 하　　도 궐 정　　　불 집 우 향　　　　천 강 시 상

유 방 간 지
有邦間之하시니라.

註解 • 圖(도)－함부로 버리는 것. • 集(집)－취(就)의 뜻. 그런 길로 나아가는
것. • 享(향)－안락을 누리는 것. • 時(시)－시(是). • 間(간)－바꾸는 것.

　그대들 상나라의 뒤 임금도 즐김에 빠져 그들의 나라 다스리는 일
은 팽개쳐두고 깨끗이 제사지내지도 않았으니, 하늘은 그러한 멸망
을 내리셨던 것이오.

原文　乃惟爾商後王이 逸厥逸하여 圖厥政하고 不蠲烝하니 天
　　　내 유 이 상 후 왕　　일 궐 일　　　도 궐 정　　　불 견 증　　　천

유 강 시 상
惟降時喪하시니라.

註解　•商後王(상후왕)-주왕을 가리킴. •逸(일)-위의 것은 '지나친 것', 아래의 것은 '즐기는 것'. •蠲(견)-깨끗한 것. •烝(증)-제사지내는 것.

　성인이라도 생각하지 않으면 바보가 되고, 바보라도 잘 생각할 줄 알면 성인이 되오. 하늘이 5년 동안 그 자손들에게 틈을 주어 기다리며, 백성들의 임금이 되기 바라셨으나, 그 뜻을 생각하지도 따르려고도 하지 않았소.

原文　惟聖罔念作狂이요 惟狂克念作聖이니라. 天惟五年을 須暇之子孫하사 誕作民主시어늘 罔可念聽하니라.

註解　•狂(광)-여기서는 마음이 사리를 분간 못하는 '바보'. •五年(오년)-'몇 해 동안'의 뜻. 중국의 고전에 나오는 숫자는 정수(正數)가 아닌 어림수의 경우가 많다. •須(수)-기다리다. •暇(하)-겨를. 틈. 수하(須暇)는 하늘이 은나라를 바로 멸하지 않고 '겨를을 주어 기다리며' 회개하기를 바랐다는 뜻. •誕(탄)-조사.

　하늘은 그대들 여러 나라를 문책하시고 크게 벌로 그대들을 주의시키고, 그대들이 하늘의 뜻을 따르도록 이끌었소. 그러나 그대들 여러 나라는 아무도 하늘의 뜻을 따르지 않았소.

原文　天惟求爾多方하시고 大動以威하사 開厥顧天하시니라. 惟爾多方은 罔堪顧之하니라.

• 求(구) – 문책(問責)하다. • 開(개) – 계도(啓導)하다, 이끌다. • 堪(감) –
능(能)의 뜻.

　우리 주나라 임금은 백성들을 잘 보호해 주고 덕을 잘 펴시어 신성
한 하늘만을 본떴소. 하늘은 이에 우리에게 복을 누리도록 하시고,
우리를 선택하여 은나라가 지녔던 명을 돌려주시어, 그대들 여러 나
라를 다스리게 하셨소.

原文　　惟我周王은 靈承于旅하고 克堪用德하사 惟典神天이라.

天惟式敎我用休하시고 簡畀殷命하사 尹爾多方하시니라.

註解 • 典(전) – 법도로 삼다. 본뜨다. • 式(식) – 용(用). 이(以). • 休(휴) – 복을
주는 것. 용휴(用休)는 이휴(以休), 즉 '복을 줌으로써'의 뜻. • 簡(간) – 선택하다.
뽑다. • 尹(윤) – 다스리다.

　지금 내가 어찌 감히 많은 말을 하겠소? 나는 오직 그대들 사방 나
라 백성들에게 대대적인 명령을 내렸는데, 그대들은 어찌하여 그대
들 여러 나라에 그것을 정성껏 일러주지 않소? 그대들은 어찌하여
우리 주나라 임금이 누리는 하늘의 명을 도와주어 잘 다스리게 하지
않소? 지금 그대들은 오히려 그대들의 집에 살고 그대들의 밭을 갈
고 있거늘, 그대들은 어찌하여 임금에게 순종하여 하늘의 명을 빛내
려 들지 않소?

原文　　今我曷敢多誥리오? 我惟大降爾四國民命이어늘 爾曷不

침 유 지 우 이 다 방 이 갈 불 협 개 예 아 주 왕 향 천 지 명 금 이 상
忱裕之于爾多方고? 爾曷不夾介乂我周王享天之命고? 今爾尙

택 이 택 전 이 전 이 갈 불 혜 왕 희 천 지 명
宅爾宅하고 畋爾田하거늘 爾曷不惠王하여 熙天之命고?

註解 •命(명)－명령을 내리다. •忱(침)－정성껏. 정성으로. •裕(유)－도(道).
일러주다(吳闓生『尙書大義』). •夾(협)－보좌하는 것. •介(개)－돕는 것. •尙
(상)－오히려. •畋(전)－경작(耕作)하는 것. •惠(혜)－순종하는 것. •熙(희)－빛
내다.

　그대들은 여러 번 소란한 짓을 하였고, 그대들의 마음은 순종하지
않고 있소. 그대들은 하늘의 명을 전혀 헤아리지 못하고 있소. 그대
들은 하늘의 명을 가벼이 어길 작정이오? 그대들은 스스로 법도에
어긋나는 짓을 하면서도, 올바른 사람에게 믿어주기를 바라오?

原文
이 내 적 루 부 정 이 심 미 애 이 내 불 대 택 천 명
爾乃迪屢不靜하고 爾心未愛로다. 爾乃不大宅天命이라.

이 내 설 파 천 명 이 내 자 작 부 전 도 침 우 정
爾乃屑播天命가? 爾乃自作不典하고 圖忱于正가?

註解 •迪(적)－행하다. 행동하다. •屢(루)－여러 번. •不靜(부정)－조용하지
못하다. 곧 소란을 일으켰다는 뜻. •愛(애)－혜(惠)와 통하여 순종의 뜻. •宅
(택)－헤아리는 것. •屑(설)－'아무렇게나' '가벼이'. •播(파)－버리다. 어기다.
•不典(부전)－법도에 어긋나는 짓을 하는 것. •圖(도)－꾀하다. 바라다. •忱
(침)－믿는 것. •正(정)－올바른 사람.

　나는 그래서 그대들을 가르치고 훈계하고, 나는 그래서 그대들을
모조리 잡아 가두기도 하되, 두 번 보아주고 세 번까지도 보아주겠
소. 그래도 내가 그대들에게 내린 명령을 따르지 않는 자가 있다면,

나는 그를 크게 벌하고 죽일 것이오. 이것은 우리 주나라 임금이 덕을 가지고 편안히 다스리는 것을 싫어해서가 아니라, 그대들 스스로가 죄를 지은 때문이오.'

原文 我惟時其敎告之하고 我惟時其戰要囚之하되 至于再하고 至于三하니라. 乃有不用我降爾命하면 我乃其大罰殛之하리라. 非我有周秉德不康寧이오 乃惟爾自速辜니라.'

註解 •敎告之(교고지)-그들을 가르치고 훈계하는 것. •戰(전)-단(單), 탄(殫)과 통하여 모두. 모조리. •有不用(유불용)-따르지 않는 자가 있다면. •殛(극)-죽이다. •速辜(속고)-죄를 빨리하다. 죄를 짓다.

임금님이 말씀하셨소. '아아! 그대들 여러 나라의 여러 관리들과 은나라의 여러 관리들에게 고하오. 지금 그대들이 내 감독 아래 부지런히 일해 온 지 5년이 되었소. 여러 관리들과 높고 낮은 여러 장관들이여! 그대들은 법을 지키지 않는 일이 없었소.

原文 王曰 ; '鳴呼, 猷라! 告爾有方多士와 旣殷多士하노라. 今爾奔走臣我監五祀라. 越惟有胥伯小大多正이여! 爾罔不克臬이니라.

註解 •我監(아감)-'우리의 낙읍을 보살피는 사람'. 곧 주공(周公)을 가리킴. •五祀(오사)-5년. •胥(서)-아전. •伯(백)-옛날 오관(五官)의 장(長). 서백(胥伯)은 여러 관리들. •正(정)-장관(長官)의 뜻. •臬(얼)-법을 지키는 것.

그러나 스스로 화합하지 못하는 경우가 있으니 그대들은 화합토록 하오. 그대들 집안도 화목치 않다면 그대들은 화목토록 하오. 그대들 고을이 흥성해지는 것은 그대들이 그대들 일에 부지런할 수 있음으로써 가능한 것이오.

原文 自作不和^{자 작 불 화}이니 爾惟和哉^{이 유 화 재}하라. 爾室不睦^{이 실 불 목}이면 爾惟和哉^{이 유 화 재}하라. 爾邑克明^{이 읍 극 명}이면 爾惟克勤乃事^{이 유 극 근 내 사}니라.

註解 • 睦(목) — 화목하다. • 明(명) — 성(盛). 흥성하다.

그대들은 바라건대, 흉악한 행동을 미워하고, 또 그대들의 직위를 공경히 지키며, 그대들의 도읍을 잘 돌보고 우리를 돕도록 힘쓰시오.

原文 爾尙不忌于凶德^{이 상 불 기 우 흉 덕}하고 亦則以穆穆在乃位^{역 즉 이 목 목 재 내 위}하며 克閱于乃^{극 열 우 내}邑^읍하고 謀介^{모 개}하라.

註解 • 不(불) — 비(조)와 통함. 매우, 크게. • 忌(기) — 미워하다. • 德(덕) — 행동. • 穆穆(목목) — 삼가고 공경하는 모양. 또는 온화하고 조용한 모양. • 閱(열) — 살피다. 돌보다. • 謀(모) — 꾀하다. • 介(개) — 돕는 것.

그대들은 지금부터 낙읍에서 언제나 그대들의 밭을 힘써 갈기 바라오. 하늘도 함께 하사 그대들을 가엾게 여기실 것이며, 우리 주나라 임금도 크게 도와주고 그대들에게 상을 주며 그대들 중에서 골라 주나라 조정에서 일하게 할 것이오. 바라건대, 그대들의 일에 힘쓰시오. 그러면 높은 지위의 관리로서 일하게 될 것이오.'

原文　爾乃自時洛邑에 尙永力畋爾田하라. 天惟畀矜爾하시며
我有周惟其大介賚爾하고 迪簡在王庭하리라. 尙爾事하라. 有服
在大僚리라.'

註解　•自時(자시)－이로부터, 지금부터. •尙(상)－바라는 것. •介(개)－돕다.
•賚(뢰)－상으로 물건을 주는 것. •迪簡(적간)－간택하다. 골라내다. •在王庭
(재왕정)－임금님의 궁전에서 일하게 하는 것(「여러 관리들에게 알림」 참조). •有
服(유복)－직함을 갖게 되는 것, 일하게 되는 것. •大僚(대료)－큰 관리, 높은 지
위의 관리(「여러 관리들에게 알림」 참조).

　임금님이 말씀하셨소. '아아! 여러 관리들이여! 그대들이 나의 명
령을 믿고 힘써 행하지 못한다면, 그대들은 안락을 누리지 못하게 될
것이오. 모든 백성들도 편치 못하다고 말하게 될 것이오. 그대들이
방탕하고 비뚤어진 짓을 하여 임금의 명령을 크게 어기면, 곧 그대들
여러 나라는 하늘의 노여움을 건드리게 되는 것이요, 나도 곧 하늘의
벌을 대신하여 그대들의 사는 곳으로부터 멀리 쫓아내 버리겠소.'

原文　王曰 ; '嗚呼라 多士여! 爾不克勸忱我命이면 爾亦則惟不
克享이요 凡民惟曰不享이라 하리라. 爾乃惟逸惟頗하여 大遠王命
이면 則惟爾多方探天之威요 我則致天之罰하여 離逖爾土하리라.'

註解 •勸(권)－힘쓰는 것. •忱(침)－믿는 것. •享(향)－안락을 누리는 것. •頗 (파)－비뚤어진 짓을 하는 것. •探(탐)－건드리는 것. •離逖(이적)－멀리 떠나 보 내다. 멀리 쫓아내다. •爾土(이토)－그대들의 사는 땅.

임금님이 말씀하셨소. '나는 많은 말을 하고 싶어하는 것이 아니 요, 나는 다만 그대들에게 명령을 선포하는 것이오.'

原文 　　 왕 왈　　 아 불 유 다 고　　 아 유 지 고 이 명
　　　　　王曰 ; '我不惟多誥요 我惟祇告爾命이니라.'

또 말씀하셨소. '이것은 그대들의 처음 시작이니 화합하고 공경하 지 못한다면, 곧 나를 원망하지 마시오.'"

原文 　　 우 왈　　 시 유 이 초　　 불 극 경 우 화　　 즉 무 아 원
　　　　　又曰 ; '時惟爾初니 不克敬于和면 則無我怨하라.'"

註解 •時(시)－이것. •則無我怨(즉무아원)－내가 그대들을 엄하게 벌하더라 도 '그대들은 나를 원망하지 마라'는 뜻.

解說 　망한 은나라 사람들은 좀체로 주나라에 쉽게 순종하지 않았다. 그 리하여 이미 앞에서 읽은 것처럼, 은나라 백성들을 낙읍으로 옮기기도 하 고 협박도 하고 달래기도 하였다. 그들의 임금이 정치를 잘했든 잘못했든 간에, 은나라 사람들은 은나라로 향하는 강력한 애국심이 있어 쉽사리 순 종치 않은 것이라 볼 수 있겠다.

21. 정치를 올바로 하는 법(立政)

서서(書序)

주공이 「정치를 올바로 하는 법」을 지었다.
　周公作立政.

　이 편은 금문과 고문에 모두 들어 있다. 입정의 뜻은 '정사(政事)를 세운다'는 것. 나라의 정사는 그것을 맡은 관리들에게 달렸으므로, 정(政)은 정(正)과 통하여 장관(長官)의 뜻으로 보고 입정을 '관리를 세운다'는 뜻으로 보아도 좋다. 이것은 주공이 성왕에게 아뢴 것을 사관이 기록한 것이라 한다.

　주공이 다음과 같이 아뢰었다.

　"손을 이마에 대고 머리를 조아리어 천자의 자리를 이은 임금님께 고합니다." 그리고 임금님과 임금 좌우의 상백과 상임과 준인과 철의와 호분들에게도 다 같이 훈계하였다.

原文　周公若曰 ; "拜手稽首하여 告嗣天子王矣니이다." 用咸戒于王과 曰王左右의 常伯과 常任과 準人과 綴衣와 虎賁하니라.

註解　•用(용)－'똑같은 말을 가지고서'의 뜻을 나타냄. •咸(함)－……다, 모

두. •戒(계)―……고하다. •曰(왈)―월(越)과 통하여 여(與, ……과)의 뜻 (『釋義』).
•常伯(상백)―임금의 바로 밑에서 나랏일을 처리하는 삼공구경(三公九卿) 같은 이
들. •常任(상임)―지방 장관들. 뒤의 목인(牧人)·목부(牧夫)와 같은 말이라 본다.
•準人(준인)―법을 다루는 관리. 이상 세 가지를 바로 뒤에 나오는 삼택(三宅)이라
보았다. •綴衣(철의)―의복을 맡은 관리. •虎賁(호분)―임금을 호위하는 무관(武
官).

주공이 말하였다.
"아아! 훌륭하십니다! 걱정할 줄 알아야만 되는 것입니다.

|原文| 周公曰 ; "嗚呼라! 休玆나 知恤鮮哉니이다.

|註解| •休(휴)―아름답다. •玆(자)―재(哉)와 같은 조사. •恤(휼)―근심. 나라
와 백성을 걱정하는 것. •鮮(선)―선(善)과 통하여, 좋다, 잘 된다.

옛날 사람들 중 하나라 사람들을 보면 대부들이 크게 노력하여 뛰
어난 인물들을 불러내어 하늘을 공경하게 하고, 아홉 가지 덕에 맞는
행동을 충실히 행할 줄 알고 있었습니다. 그리고 감히 그들의 임금에
게 아뢰었습니다. '손을 이마에 대고 임금님께 머리를 조아립니다.'
'당신의 정치를 보살필 관원들을 잘 헤아리어 임용하시고, 당신의
고을을 다스릴 관원을 잘 헤아리어 임명하시며, 당신의 법을 다스릴
관원을 잘 헤아리어 임용하시면, 곧 임금 노릇을 제대로 하게 될 것
입니다. 힘써 훌륭한 덕을 바탕으로 재능을 헤아리어 사람들을 벼슬
에 임용하시면, 이 세 가지 벼슬에 사람들을 잘 헤아리어 쓰게 되어
비뚤어진 사람이 없게 될 것입니다.'

原文 ^{고 지 인 적} 古之人迪에 ^{유 유 하} 惟有夏니 ^{내 유 실 대 경} 乃有室大競하여 ^{유 준 존 상 제} 籲俊尊上帝하고 ^{적 지 침 순 우 구 덕 지 행} 迪知忱恂于九德之行이니이다. ^{내 감 고 교 궐 후 왈} 乃敢告敎厥后曰; ^{배 수 계 수 후} '拜手稽首后 ^의 矣니이다.' ^왈 曰; ^{택 내 사} '宅乃事하고 ^{택 내 목} 宅乃牧하며 ^{택 내 준} 宅乃準이면 ^{자 유 후 의} 茲惟后矣니 이다. ^{모 면 용 비 훈 덕} 謀面用丕訓德으로 ^{즉 내 택 인} 則乃宅人이면 ^{자 내 삼 택 무 의 민} 茲乃三宅無義民이니이 다.'

註解 ・迪(적)－조사. 뒤의 것도 조사임. ・有室(유실)－유가(有家), 대부(大夫) 들을 가리킴(孫星衍『尙書今古文注疏』). ・大競(대경)－크게 노력하다. 잘하려 애 쓰다. ・籲(유)－불러내다. ・迪知(적지)－아는 것. ・忱恂(침순)－충실한 것. ・九 德(구덕)－「고요의 뜻(皐陶謨)」에 이미 나온 사람의 행실 중의 아홉 가지 덕. ・宅 (택)－잘 헤아려 쓰는 것. ・事(사)－정치 일을 돕는 관원들. ・牧(목)－주목(州牧). 곧 지방 장관. ・準(준)－준인(準人), 법을 다스리는 관리. ・謀面(모면)－민면(黽 勉), 힘쓰는 것(屈萬里). ・丕(비)－조사. ・訓(훈)－순(順)의 뜻. 따르다. ・乃 (내)－능(能). ・宅人(택인)－사람의 자질과 능력을 헤아리어 임용하는 것. ・三宅 (삼택)－앞에 보인 상백(常伯)・상임(常任)・준인(準人) 또는 정사(政事)를 맡은 사 람・고을을 다스리는 사람・법을 다스리는 사람 등 세 종류의 관리들을 잘 헤아리 어 임용(任用)하는 것. ・義(의)－아(俄)와 통하여 사(邪)의 뜻(『經義述聞』). 비뚤어 진 것.

　　걸임금의 행동은 옛날 관리를 임용하던 방법을 따르지 아니하고, 오직 포학한 행동을 일삼아 후세가 끊기었던 것입니다.

原文 ^{걸 덕} 桀德은 ^{유 내 불 작 왕 임} 惟乃弗作往任하고 ^{시 유 폭 덕} 是惟暴德하니 ^{망 후} 罔後하니이다.

註解 ・弗作(불작)－'행하지 않다' '따르지 않다'의 뜻. ・往任(왕임)－옛날에

임용하던 방법. •罔後(망후)−후세가 끊기다. 멸망의 뜻.

　또한 탕임금이 즉위하시자, 하늘의 빛나는 명을 잘 따르고 세 가지 벼슬의 사람들을 임명함에 그들의 자질과 능력을 헤아림이 적절하였으며, 그 세 직위에 뛰어난 이들이 추천되어 진실로 뛰어난 이들이 임용되었습니다. 엄연히 세상의 법도가 섰으니 세 가지 벼슬에 능력을 헤아리어 임용된 사람들이 세 직위 모두 뛰어난 사람들이었기 때문입니다. 그들은 상나라 고을에 있어서는 그 고을 사람들과 화합하였고, 사방의 나라에 있어서는 법도를 따라 훌륭한 덕을 발휘하였습니다.

原文　亦越成湯陟하사 丕釐上帝之耿命하고 乃用三有宅하니 克卽宅하며 曰三有俊하니 克卽俊이니이다. 嚴惟丕式하니 克用三宅三俊이니이다. 其在商邑엔 用協于厥邑하고 其在四方엔 用丕式見德이니이다.

註解　•亦越(역월)−'또한'의 뜻. 월(越)은 조사임. •陟(척)−즉위의 뜻. •釐(리)−다스리다, 따르다. •耿(경)−빛나는 것. •用(용)−어떤 일을 '행함'을 뜻한다. •三有宅(삼유택)−세 가지 벼슬에 사람들의 능력을 헤아리어 임용하는 것. •克卽宅(극즉택)−세 가지 벼슬에 사람들의 능력을 헤아리어 임용함이 적절하였다. •三有俊(삼유준)−세 직위에 추천된 훌륭한 사람들. •嚴(엄)−엄(儼)과 통하여 엄연(儼然)의 뜻. •式(식)−법. •見(현)−드러내다.

　아아! 수의 행동은 악독하여 형벌을 일삼고, 포악한 행동을 하는 사람들과 그의 나라를 함께 다스리고, 여러 가지 그릇된 행동이 습관이 된 사람들과 그의 다스림을 함께하였습니다. 하늘은 바로 그를 벌하시어, 우리 주나라로 하여금 상나라가 받았던 명을 계승하여 만백성들을 보살피고 다스리게 하셨습니다.

原文 嗚呼라! 受德䁈하여 惟羞刑暴德之人으로 同于厥邦하고 乃惟庶習逸德之人으로 同于厥政하니이다. 帝欽罰之하사 乃伻我 有夏로 式商受命하여 奄甸萬姓하니이다.

註解 •受(수)-주왕의 이름. •德(덕)-행동. •䁈(민)-악독한 것. •羞刑(수형)-형벌로만 백성을 다스리려는 사람. •同(동)-함께 다스리는 것. •習(습)-습관이 된 것. •逸(일)-그릇된 것. •欽(흠)-흠(廞)과 통하여 바로. •伻(팽)-하여금. •有夏(유하)-중화(中華)의 뜻으로 주(周)나라를 가리킴. •式(식)-이(以)의 뜻. •奄(엄)-보살피다. •甸(전)-다스리다.

또한 문왕과 무왕께서는 세 자리에 능력을 헤아리어 임명된 사람들의 마음을 알아보시고, 세 직위에 추천되어 임용한 뛰어난 사람들의 마음을 환히 알아보심으로써, 하늘을 공경히 섬기시고 백성들을 이끌어 줄 사람을 세우셨습니다.

原文 亦越文王武王은 克知三有宅心하시며 灼見三有俊心하사 以敬事上帝하시며 立民長伯하시니이다.

註解 •灼(작)-밝다. •伯(백)-장(長)의 뜻. 장백(長伯)은 백성들의 우두머리

로 그들을 이끌어 줄 사람.

　장관들을 임용하여, 정사를 맡을 임인과 법을 맡을 준부와 고을을
다스릴 목으로 삼경(三卿)을 삼았습니다.

原文 　立政^{입정}에 任人^{임인}과 準夫^{준부}와 牧^목으로 作三事^{작삼사}하시니이다.

註解 　•立政(입정)−설관(設官). 장관들을 임용하는 것. •任人(임인)·準夫(준
부)·牧(목)−삼택(三宅)을 가리킴. 곧 정치 일을 맡아 처리할 사람·법을 맡아 처
리할 관리·지방교육을 맡아 다스릴 사람. •三事(삼사)−삼경(三卿).

　호분과 철의와 취마와 낮은 관리의 장이 있었고, 좌우에서 일을 돕
는 사람들, 재물과 창고를 관리하는 사람들이 있었으며, 큰 고을의
우두머리와 작은 고을의 우두머리 및 세금을 거둬들이는 사람들, 나
라 땅의 경계를 관장하는 사람들과 고을의 여러 관리들이 있었고, 태
사와 관청의 우두머리 같은 여러 일정한 일을 하는 훌륭한 관리가 있
었고, 사도와 사마와 사공과 아려가 있었고, 이 땅, 미 땅, 노 땅, 증
땅, 삼박 땅, 판 땅, 윤 땅을 관리하는 관원도 임명하셨습니다.

原文 　虎賁^{호분}과 綴衣^{철의}와 趣馬^{취마}와 小尹^{소윤}이요 左右携僕^{좌우휴복}과 百司庶府^{백사서부}요
大都^{대도}와 小伯^{소백}과 藝人^{예인}과 表臣^{표신}의 百司^{백사}요 太史^{태사}와 尹伯^{윤백}의 庶常吉士^{서상길사}요
司徒^{사도}와 司馬^{사마}와 司空^{사공}과 亞旅^{아려}요 夷^이·微^미·盧^로·烝^증·三亳^{삼박}·阪^판·尹^윤
이니이다.

• 趣馬(취마)−말을 관리하는 사람. • 小尹(소윤)−낮은 관리들의 우두머리. • 左右携僕(좌우휴복)−임금의 옆에 있으면서 정사를 돕는 관리.『주례』의 태복(太僕), 사인(射人) 같은 사람들. • 百(백)−서(庶)나 마찬가지로 '여럿'의 뜻. • 司(사)−부(府)와 함께 재물이나 창고를 관리하는 관리.「곡례(曲禮)」에 의하면 천자의 육부(六府)에 사토(司土), 사목(司木), 사수(司水), 사초(司草), 사기(司器), 사황(司黃)이 있었고,『주례』에는 태부(太府), 왕부(王府), 내부(內府), 외부(外府), 천부(泉府), 천부(天府) 등이 있었다. • 大都(대도)−큰 고을의 우두머리. • 小伯(소백)−작은 고을의 우두머리. • 藝人(예인)−세금을 거둬들이는 관리(曾運建『尙書正讀』). • 表(표)−봉(封)의 잘못. 농(弄)과 봉(封)자는 표(表)자와 비슷하여 흔히 혼동했다. 표신(表臣)은 곧 봉인(封人)으로 나라의 강계(疆界)를 관리하는 일을 맡았다(『釋義』). • 百司(백사)−여기서는 고을의 여러 관리들. • 尹伯(윤백)−관청의 우두머리. • 庶常吉士(서상길사)−여러 일정한 직책을 가진 훌륭한 관리들의 뜻. • 司徒(사도)−백성들의 교육을 맡은 관리. • 司馬(사마)−군사를 거느리는 사람. • 司空(사공)−토지와 공사를 맡은 사람. • 亞旅(아려)−이상 여러 사람들의 차관(次官)(이상 네 가지「牧誓」참조). • 夷(이)−오랑캐 이름. • 微(미) · 盧(로)−「목 땅에서의 무왕의 훈시(牧誓)」에도 나온 오랑캐 이름. • 烝(증) · 판(阪) · 尹(윤)−모두 땅이름. 그곳에는 오랑캐들이 중국 사람들과 섞여 살았다 (『釋義』). • 三亳(삼박)−탕(湯) 임금의 옛 도읍지에서 문왕에게 복종하는 백성들을 세 곳에 나누어 살게 하였다. 그리고 그 몽(蒙) 땅을 북박(北亳), 곡숙(穀熟)을 남박(南亳), 언사(偃師)를 서박(西亳)이라 하였다. 이것을 삼박(三亳)이라 한다 (『正義』).

　문왕께서는 자신이 능력을 헤아리어 임명한 사람들의 마음을 가지시고, 일정한 직책을 수행하고 고을을 다스려 줄 사람들을 세우시니, 뛰어나고 덕 있는 이를 쓰실 수 있었던 것입니다. 문왕께서는 여러 가지 안건을 처리하는 일을 겸직하는 일이 없도록 하였으니, 여러 가지 소송사건과 여러 가지 사건을 심문하는 일을 전담하는 관리들이 법을 따라 원칙을 어기는 일이 없도록 하였습니다. 여러 소송사건과 여러 가지 사건을 심문하는 일에 대하여 문왕은 감히 아시려 하지도 않으셨습니다.

文王惟克厥宅心으로 乃克立茲常事司牧人하사 以克俊
有德이니이다. 文王罔攸兼于庶言하사 庶獄庶愼은 惟有司之牧夫
를 是訓用違하니이다. 庶獄庶愼을 文王罔敢知于茲하니이다.

註解 • 宅心(택심) − 능력을 헤아리어 벼슬자리에 임용된 사람들의 마음. • 常
事(상사) − 정치를 맡을 관리와 법을 맡아 처리할 관리. • 司牧人(사목인) − 지방 고
을을 맡아 다스리는 관리. 이들도 역시 삼택(三宅)을 뜻한다고 본다. • 以(이) − 용
(用)의 뜻. • 克俊(극준) − 재능이 뛰어난 사람. • 有德(유덕) − 덕있는 사람. • 兼
(겸) − 겸하여 일을 하는 것. • 庶言(서언) − 여러 가지 안건을 처리하는 것. • 庶獄
(서옥) − 여러 가지 송사(訟事)를 처리하는 것. • 庶愼(서신) − 신(愼)은 신(訊)과 통
하여, 여러 가지 안건을 심문하는 것. • 有司(유사) − 주관하는 사람. 전담하는 사
람. • 牧夫(목부) − 관리. • 訓(훈) − 순(順). 따르다. • 用(용) − 부정사인 무(毋)자를
잘못 쓴 것(『釋義』). • 違(위) − 어기는 것. • 知(지) − 참견하고 알려 하는 것.

또한 무왕께서도 이어받은 일을 완성하시고, 감히 문왕의 의로운
덕을 버리지 않으셨으며, 문왕의 밝은 덕을 참작하시고 따르심으로
써, 이 위대한 터전을 다 받으시게 되셨던 것입니다.

原文 亦越武王도 率惟敉功하사 不敢替厥義德하며 率惟謀從
容德하사 以竝受此丕丕基하시니이다.

註解 • 率(솔) − 용(用)의 뜻. • 敉(미) − 끝내다. 완성하다. • 替(체) − 버리다.
어기다. • 謀(모) − 참작하다. • 從(종) − 좇다. • 容(용) − 예(睿)의 잘못. 밝은 것.

• 竝(병) - '함께'. 모두. • 基(기) - 나라의 터전.

아아! 젊으시지만 임금이십니다. 지금으로부터 우리 임금님께서는 장관들을 임용하시고 여러 관리들을 임명하셔야 합니다. 법을 맡을 준인과 고을을 다스릴 목부는, 우리 임금님께서는 그가 순종하리라는 것을 분명히 알고서 그들로 하여금 직책을 다하도록 하셔야 할 것입니다. 우리 임금님께서 하늘로부터 물려받은 백성들을 잘 돌보고 우리의 여러 송사와 여러 가지 안건의 심문을 적절히 하게 하십시오. 이 일에 있어서는 일을 아무도 대신하지 못하도록 하고, 말 한 마디에 이르기까지 아무도 다른 사람은 대신하지 못해야 합니다. 우리 주나라는 끝내 위대한 덕을 지닌 훌륭한 사람으로 하늘로부터 물려받은 우리의 백성들을 다스리게 될 것입니다.

原文 嗚呼(오호)라! 孺子王矣(유자왕의)시니이다. 繼自今(계자금)으로 我其立政立事(아기립정립사)니이다. 準人(준인)과 牧人(목인)을 我其克灼知厥若(아기극작지궐약)하여 丕乃俾亂(비내비란)하시이다. 相我(상아) 受民(수민)하시고 和我庶獄庶慎(화아서옥서신)하소서. 時則勿有閒之(시즉물유간지)하여 自一話一言(자일화일언)이리이다. 我則末惟成德之彦(아즉말유성덕지언)으로 以乂我受民(이예아수민)하소서.

註解 • 我(아) - 우리 임금님의 뜻. • 立政(립정) - 장관을 임명하는 것. • 立事(립사) - 여러 관리들을 임명하는 것. • 灼(작) - 밝게. 분명히. • 若(약) - 따르다. 순종하다. • 亂(란) - 다스리는 것. • 相(상) - 돕다. 돌보다. • 受民(수민) - 하늘로부터 받은 백성. • 時(시) - 시(是). • 閒(간) - 대신하다. • 自(자) - 어(於). • 末(말) - 끝내. • 彦(언) - 훌륭한 사람.

아아! 이 단은 남에게서 배운 훌륭한 말들을 모두 젊으신 임금님께 아룁니다. 지금으로부터 문왕의 자손께서는 여러 송사와 여러 가지 심문하는 일에 그릇됨이 없어야 하고, 오직 법관만이 그것을 다스리도록 하십시오.

原文 嗚呼라! 子旦은 已受人之徽言을 咸告孺子王矣니이다. 繼自今으로 文子文孫은 其勿誤于庶獄庶愼하시고 惟正是乂之하소서.

註解 • 徽(휘)—아름다운 것. • 文子文孫(문자문손)—문왕의 자손. 문왕의 손자이며 무왕(武王)의 아들이라 보기도 한다. • 正(정)—형사(刑事)를 맡은 관리. 법관. • 乂(예)—다스리다.

옛 상나라 사람들과 우리 주나라 문왕께서는 장관을 임명하고 관리들을 임명함에 있어서, 곧 고을을 다스리는 목부와 법을 맡은 준인 등을 임명함에 있어서, 그들의 능력을 잘 헤아린 다음 그들을 간택하시어 나라의 일을 다스리도록 하셨습니다.

原文 自古商人과 亦越我周文王은 立政立事에 牧夫準人을 則克宅之하시되 克由繹之하사 茲乃俾乂하니이다.

註解 • 由(유)—用(용)의 뜻. • 繹(역)—택(擇)의 잘못. 가리다. 간택하다.

나라에서 제대로 장관을 임용하지 못하고, 간사한 자들을 써서 덕을 펴지 않으면 이 세상을 밝게 다스릴 수가 없을 것입니다. 지금으

로부터 장관을 임용하실 적에 간사한 자를 쓰지 마시고 오직 훌륭한
사람만을 쓰시어 힘써 우리나라를 돕도록 하십시오.

原文 國국則즉罔망有유立립政정하고 用용憸섬人인하여 不불訓훈于우德덕이면 是시罔망顯현在재厥궐
世세하리이다. 繼계自자今금立립政정엔 其기勿물以이憸섬人인하시고 其기惟유吉길士사하사 用용勵매
相상我아國국家가하소서.

註解 ·立政(립정)—장관을 임용하는 것. ·憸(섬)—간사한 것. ·顯(현)—덕을
밝히는 것. 밝게 다스리는 것. ·世(세)—세상. ·吉士(길사)—훌륭한 사람. ·勵
(매)—힘쓰다. ·相(상)—돕다.

　지금 문왕의 자손이신 젊으신 분이 임금이십니다. 여러 가지 송사
를 그르치지 마시고, 고을 다스리는 일은 고을을 다스리는 일을 맡은
목부에게 일을 맡아 하게 하십시오.

原文 今금文문子자文문孫손이신 孺유子자王왕矣의니이다. 其기勿물誤오于우庶서獄옥하시고 惟유
有유司사之지牧목夫부하소서.

　당신의 군비를 신중히 하여 우임금의 발자취가 닿은 천하를 차지
하시고, 널리 천하를 두루 시찰하여 바다 저쪽에 이르기까지 복종하
지 않는 자가 없도록 하십시오. 그리하여 문왕의 밝은 빛을 뚜렷이
하시고, 무왕의 큰 공을 드날리십시오.

原文 <ruby>其<rt>기</rt></ruby><ruby>克<rt>극</rt></ruby><ruby>詰<rt>힐</rt></ruby><ruby>爾<rt>이</rt></ruby><ruby>戎<rt>융</rt></ruby><ruby>兵<rt>병</rt></ruby>하여 <ruby>以<rt>이</rt></ruby><ruby>陟<rt>척</rt></ruby><ruby>禹<rt>우</rt></ruby><ruby>之<rt>지</rt></ruby><ruby>迹<rt>적</rt></ruby>하고 <ruby>方<rt>방</rt></ruby><ruby>行<rt>행</rt></ruby><ruby>天<rt>천</rt></ruby><ruby>下<rt>하</rt></ruby>하여 <ruby>至<rt>지</rt></ruby><ruby>于<rt>우</rt></ruby><ruby>海<rt>해</rt></ruby>

<ruby>表<rt>표</rt></ruby>이 <ruby>罔<rt>망</rt></ruby><ruby>有<rt>유</rt></ruby><ruby>不<rt>불</rt></ruby><ruby>服<rt>복</rt></ruby>케 하소서. <ruby>以<rt>이</rt></ruby><ruby>觀<rt>근</rt></ruby><ruby>文<rt>문</rt></ruby><ruby>王<rt>왕</rt></ruby><ruby>之<rt>지</rt></ruby><ruby>耿<rt>경</rt></ruby><ruby>光<rt>광</rt></ruby>하시고 <ruby>以<rt>이</rt></ruby><ruby>揚<rt>양</rt></ruby><ruby>武<rt>무</rt></ruby><ruby>王<rt>왕</rt></ruby><ruby>之<rt>지</rt></ruby><ruby>大<rt>대</rt></ruby>

<ruby>烈<rt>렬</rt></ruby>하소서.

註解 • 詰(힐)－삼가다. • 戎兵(융병)－군비(軍備). 무비(武備). • 陟(척)－밟다. 차지하다. • 迹(적)－발자취. • 方(방)－'널리'의 뜻. • 觀(근)－여기서는 '뚜렷이 한다'는 뜻. • 耿(경)－빛나다. • 烈(렬)－공, 공로.

아아! 지금으로부터 임금님은 장관을 임용함에 있어서 일정한 덕이 있는 사람을 쓰시도록 하십시오."

原文 <ruby>嗚<rt>오</rt></ruby><ruby>呼<rt>호</rt></ruby>라! <ruby>繼<rt>계</rt></ruby><ruby>自<rt>자</rt></ruby><ruby>今<rt>금</rt></ruby><ruby>後<rt>후</rt></ruby><ruby>王<rt>왕</rt></ruby>은 <ruby>立<rt>입</rt></ruby><ruby>政<rt>정</rt></ruby>에 <ruby>其<rt>기</rt></ruby><ruby>惟<rt>유</rt></ruby><ruby>克<rt>극</rt></ruby><ruby>用<rt>용</rt></ruby><ruby>常<rt>상</rt></ruby><ruby>人<rt>인</rt></ruby>하소서."

註解 • 常人(상인)－일정한 덕이 있는 사람.

주공이 또 말하였다.

"태사와 사구인 소공이여! 공경히 그대의 송사를 처리하여 우리 임금님의 나라를 영원토록 하시오. 이 법을 쓰는 일을 삼가하여 여러 가지 형벌을 알맞게 적용하도록 하시오."

原文 <ruby>周<rt>주</rt></ruby><ruby>公<rt>공</rt></ruby><ruby>若<rt>약</rt></ruby><ruby>曰<rt>왈</rt></ruby> ; "<ruby>太<rt>태</rt></ruby><ruby>史<rt>사</rt></ruby>와 <ruby>司<rt>사</rt></ruby><ruby>寇<rt>구</rt></ruby><ruby>蘇<rt>소</rt></ruby><ruby>公<rt>공</rt></ruby>이여! <ruby>式<rt>식</rt></ruby><ruby>敬<rt>경</rt></ruby><ruby>爾<rt>이</rt></ruby><ruby>由<rt>유</rt></ruby><ruby>獄<rt>옥</rt></ruby>하여 <ruby>以<rt>이</rt></ruby><ruby>長<rt>장</rt></ruby>

<ruby>我<rt>아</rt></ruby><ruby>王<rt>왕</rt></ruby><ruby>國<rt>국</rt></ruby>하라. <ruby>茲<rt>자</rt></ruby><ruby>式<rt>식</rt></ruby><ruby>有<rt>유</rt></ruby><ruby>愼<rt>신</rt></ruby>하여 <ruby>以<rt>이</rt></ruby><ruby>列<rt>렬</rt></ruby><ruby>用<rt>용</rt></ruby><ruby>中<rt>중</rt></ruby><ruby>罰<rt>벌</rt></ruby>하라."

註解 ・太史(태사)-사관(史官)의 장. 여기서는 이 말을 기록하라고 부른 것이다. ・司寇(사구)-법을 맡은 관리. ・蘇公(소공)-소분생(蘇忿生). 그는 무왕 때부터 성왕 때에 걸쳐 사구(司寇)의 직에 있었다(『左傳』成公 11년). ・式(식)-조사. ・由獄(유옥)-송사(訟事)를 결판하는 것. ・式(식)-법. 법을 쓰다. ・列(렬)-여러 가지 송사. ・中罰(중벌)-형벌을 알맞게 적용하는 것.

解說 주공에 의하면 나라를 올바로 다스리는 데 중심이 되는 것은, 덕 있고 능력 있는 사람을 장관에 임용하고, 또 적절한 사람들을 여러 가지 관직에 임명하는 것이다. 왜냐하면 높은 지위에 있는 사람들 중에는 진심으로 나라를 위하여 일하는 사람이 흔치 않기 때문이다. 역대로 정치를 잘한 임금들은 이 장관과 관리들을 임용하는 일을 잘하였다. 덕 있는 훌륭한 사람들이 중요한 자리에 앉아 임금을 제대로 보좌할 때, 나라는 잘 다스려질 것이다.

22. 주나라 관리들에게 훈계함(周官)

서서(書序)

성왕이 은나라의 하늘의 명을 물리치고 회이를 멸한 다음, 풍으로 돌아와 자리 잡고 있었다. 이때 「주나라 관원들에게 훈계함」이 지어졌다.

成王旣黜殷命, 滅淮夷, 還歸在豐. 作周官.

이 편은 금문에는 없고 고문에만 들어 있다. 주관이란 '주나라의 관리'란 뜻. 내용은 성왕이 주나라의 여러 관리들에게 훈계한 말을 사관이 기록한 것이다. 이 훈계를 통하여 주나라 관리제도가 어떠하였는가 엿볼 수 있는 것은 이 글을 읽는 또 하나의 소득이다.

주나라 임금은 모든 나라들을 어루만지고, 후복과 전복까지도 돌아다니며 살피셨으며, 사방의 조정으로 찾아오는 예를 갖추지 않는 제후들을 치시어 만백성들을 안정시켰다. 이에 여섯 복(服)의 여러 제후들은 주나라의 덕을 따르지 않는 이가 없게 되었다. 이에 호경(鎬京)으로 돌아오셔서 나라를 다스리는 관리들을 바로잡으셨다.

原文 惟周王撫萬邦하시고 巡侯甸하시며 四征弗庭하사 綏厥兆民하니라. 六服群辟이 罔不承德이라. 歸于宗周하사 董正治官하시다.

•周王(주왕)-주나라 성왕. •侯甸(후전)-후복(侯服)과 전복(甸服). 여섯 복(服) 중에서 도읍에 가장 가까운 두 복(服)임. •四(사)-사방의 뜻. •弗庭(불 정)-조정으로 찾아오는 예를 갖추지 않는 제후들, 곧 복종치 않는 제후들. •綏 (수)-편안한 것. •六服(육복)-후복(侯服)·전복(甸服)·남복(男服)·채복(采 服)·위복(衛服)·요복(要服). •辟(벽)-제후들. •宗周(종주)-호경(鎬京). •董 正(동정)-바로잡다. 정리하여 바르게 하다.

임금님이 말씀하셨다.

"옛날 위대한 도(道)가 행하여졌을 때에는 어지러워지기 전에 다스림을 조절하고, 위태로워지기 전에 나라를 보호하였소.

原文 　王曰；"若昔大猷엔 制治于未亂하고 保邦于未危하니라.

註解 •猷(유)-길. 도(道). 대유(大猷)는 나라를 다스리는 위대한 도.

요임금과 순임금은 옛날을 상고하여 백 명의 관리를 세우셨소. 안으로는 여러 가지 일을 맡은 관리와 사계절의 변화와 사방의 산을 주관하는 관리가 있었고, 밖으로는 고을을 다스리는 사람과 제후가 있었소. 모든 정사가 잘 조화되고 모든 나라들이 다 같이 평화로웠소. 하나라와 상나라는 관리를 배로 늘이고 역시 잘 다스렸소. 명철한 임금이 장관들을 임용함에 있어서는 그 벼슬보다도 그 사람들을 중히 여기셨소.

原文 　曰唐虞稽古하사 建官惟百하시니라. 內有百揆四岳하고 外有州牧侯伯하여 庶政惟和하고 萬國咸寧하니라. 夏商官倍하고 亦

克用乂라. 明王立政은 不惟其官이오 惟其人이니라.

[극용예] [명왕입정] [불유기관] [유기인]

註解 •日(왈)—조사. 그리고. •唐(당)—요(堯)의 나라 이름. •虞(우)—순(舜)의 나라 이름. •百揆(백규)—여러 가지 정사를 맡은 관리. •四岳(사악)—사계절의 변화를 돌보고 사방의 산(동쪽의 태산·남쪽의 형산·서쪽의 화산·북쪽의 항산)을 관리하는 사람(「순임금의 업적」참조). •惟其官(유기관)—그 벼슬 자체를 중히 여기는 것. •惟其人(유기인)—그 벼슬을 맡을 사람의 품성을 중히 여기는 것.

   지금 나 작은 사람은 덕을 공경하고 힘써 닦는 일을 언제건 부지런히 열심히 하고 있소. 우러르며 이전 시대의 정치를 따르고자 하여 그대들 관리들에게 훈계하고 이끌어 주려는 것이오.

原文 今予小子는 祗勤于德하여 夙夜不逮라. 仰惟前代時若하여 訓迪厥官하노라.

[금여소자] [지근우덕] [숙야불체] [앙유전대시약] [훈적궐관]

註解 •夙夜(숙야)—아침 일찍부터 밤늦게까지, 언제나 부지런히. •不逮(불체)—미치지 못할 것처럼 열심히 일하는 것. •時(시)—이것. •若(약)—이르다. •訓迪(훈적)—훈계하고 이끌어주는 것.

   태사와 태부와 태보를 세웠으니, 이들이 바로 삼공이오. 도를 따라 나라를 다스리고, 음양을 조화시키며 다스려야 하오. 벼슬자리는 반드시 다 갖추어지지 않아도 되나, 오직 쓸 사람만은 잘 골라야 하오.

原文 立太師·太傅·太保하니 兹惟三公이라. 論道經邦하고

[입태사] [태부] [태보] [자유삼공] [논도경방]

섭 리 음 양　　　관 불 필 비　유 기 인
燮理陰陽이라. 官不必備요 惟其人이라.

[註解] •太師(태사)-임금을 가르치는 사람. •太傅(태부)-임금의 일을 돕는 사람. •太保(태보)-임금을 보호하는 사람. •經(경)-다스리는 것. •燮(섭)-조화시키는 것.

소사와 소부와 소보는 이른바 삼고요. 삼공의 차관(次官)으로 교화를 넓히고, 하늘과 땅을 공경하고 밝히어 나 한 사람을 도와야 하오.

소 사　　소 부　　소 보　　왈 삼 고　　　이 공 홍 화　　　인 량 천 지
[原文] 少師 · 少傅 · 少保는 曰三孤라. 貳公弘化하고 寅亮天地
필 여 일 인
하여 弼予一人이니라.

[註解] •貳公(이공)-삼공(三公)의 차관이란 뜻. •化(화)-교화. •寅(인)-공경하는 것. •亮(량)-천지의 원리를 백성들에게 밝히는 것.

총재는 나라의 다스림을 장악하고, 여러 관리들을 거느리어, 온 세상을 고르게 하여야 하오.

총 재　　장 방 치　　　통 백 관　　　균 사 해
[原文] 冢宰는 掌邦治하고 統百官하여 均四海이니라.

[註解] •冢宰(총재)-『주례』에 의하면 천관(天官)에 속하며, 재상에 해당하는 사람. 태재(太宰)라고도 한다.

사도는 나라의 교육을 장악하고 다섯 가지 윤리를 펴서 만백성들을 순종케 만들어야 하오.

^{사 도} ^{장 방 교} ^{부 오 전} ^{요 조 민}
司徒는 掌邦敎하고 敷五典하여 擾兆民이니라.

註解 • 敷(부)−펴다. • 五典(오전)−다섯 가지 윤리 오상(五常). 오교(五敎).
또는 오륜(五倫). • 擾(요)−순종케 하는 것.

   종백은 나라의 예를 장악하고 신과 사람을 다스리어, 위아래를 화
합케 하여야 하오.

原文 ^{종 백} ^{장 방 례} ^{치 신 인} ^{화 상 하}
宗伯은 掌邦禮하고 治神人하여 和上下이니라.

註解 • 上下(상하)−하늘과 땅. 신과 사람. 임금과 신하. 윗사람과 아랫사람들
을 전부 가리킴.

   사마는 나라의 정벌을 장악하고 육군(六軍)을 거느리어, 나라를 평
안케 하여야 하오.

原文 ^{사 마} ^{장 방 정} ^{통 륙 사} ^{평 방 국}
司馬는 掌邦政하고 統六師하여 平邦國이니라.

註解 • 政(정)−정(征)과 통하여 정벌의 뜻. • 六師(육사)−육군(六軍), 임금 밑
의 전군(全軍).

   사구는 나라에서 금하는 법을 관장하고 간악한 자들을 추구하여
난폭한 자들을 벌주어야 하오.

原文　司寇는 掌邦禁하고 詰姦慝하여 刑暴亂이니라.
<small>사 구　장 방 금　힐 간 특　형 폭 란</small>

註解　•詰(힐)－심문하다, 추구하다. •姦(간)－간사한 자. •慝(특)－간악한
자.

사공은 나라 땅을 관장하고 사방의 백성들을 잘살게 하며 땅을 경
작하는 일이 때에 맞도록 해주어야 하오.

原文　司空은 掌邦土하고 居四民하여 時地利이니라.
<small>사 공　장 방 토　거 사 민　시 지 리</small>

이 육경들은 직책이 나뉘어 있으니, 각기 그의 부하들을 거느리고
아홉 주(州)의 책임자들을 잘 이끌어 만백성을 부하게 해주어야 하
오.

原文　六卿分職하고 各率其屬하고 以倡九牧하여 阜成兆民이니라.
<small>육 경 분 직　각 솔 기 속　이 창 구 목　부 성 조 민</small>

註解　•六卿(육경)－천관(天官) 총재(冢宰)·지관(地官) 사도(司徒)·춘관(春官)
종백(宗伯)·하관(夏官) 사마(司馬)·추관(秋官) 사구(司寇)·동관(冬官) 사공(司
空)의 여섯 사람. •倡(창)－인도하다. •九牧(구목)－구주(九州)의 목(牧). •阜成
(부성)－부하게 하여 주는 것.

6년 동안에 다섯 복에서 한 번 조정으로 찾아오며, 다음 6년 동안
에는 임금은 철에 따라 지방을 돌며 살피고, 사방의 산 아래에 가서
는 여러 가지 제도를 고찰하는 것이오. 제후들이 각 지방의 산으로
뵈러 오면, 내리치고 올려주고 하는 일을 매우 분명히 해야 하오."

原文　六年^{육 년}에　五服一朝^{오 복 일 조}하고　又六年^{우 육 년}에　王乃時巡^{왕 내 시 순}하여　考制度于^{고 제 도 우}

四岳^{사 악}이라. 諸侯各朝于方岳^{제 후 각 조 우 방 악}하면　大明黜陟^{대 명 출 척}이니라."

註解　•六年(육년)—6년에 오복일조(五服一朝)라 하였으나, 『주례』의 대행인 (大行人)에 의하면 '후복(侯服)은 매년 한 번, 전복(甸服)은 2년에 한 번, 남복(男服)은 3년에 한 번, 채복(采服)은 4년에 한 번, 위복(衛服)은 5년에 한 번, 요복(要服)은 6년에 한 번' 각기 공물을 가지고 조정으로 천자를 찾아 오게 되어 있다. 여기에서 오복(五服)이라 하였음은 가장 먼 곳의 요복(要服)이 제외된 것이라 하지만 이해하기 곤란하다. 여하튼 첫 6년 동안에는 제후들이 내조하였다고 보면 될 것이다. •又六年(우육년)—그 다음 6년 동안. •時巡(시순)—철에 따라 지방을 돌면서 시찰하는 것. 「순임금의 업적(舜典)」의 순임금이 지방을 돌며 시찰한 일을 참조 바람. •黜陟(출척)—공에 따라 벼슬을 올려주고 좌천시키고 하는 것.

임금님은 또 말씀하셨다.

"아아! 모든 나의 벼슬을 하는 관리들이여! 그대들이 맡은 일을 공경히 하고 그대들이 내리는 명령을 신중히 하시오. 명령을 내리면 실행토록 하여야지 도로 취소해서는 안되오. 사사로움을 버리고 공익(公益)을 위하면 백성들은 진심으로 따르게 될 것이오.

原文　王曰^{왕 왈};嗚呼^{오 호}라! 凡我有官君子^{범 아 유 관 군 자}여! 欽乃攸司^{흠 내 유 사}하고　愼乃出令^{신 내 출 령}

하라. 令出惟行^{영 출 유 행}이요　弗惟反^{불 유 반}이니라. 以公滅私^{이 공 멸 사}면　民其允懷^{민 기 윤 회}하리라.

註解　•攸司(유사)—맡은 바의 일.

옛것을 배우고 관청으로 들어가 일에 대하여 의논하고 나서 제도를 마련하면, 다스림이 미혹되지 않을 것이오. 그대들은 일정한 법도를 스승으로 삼고, 교묘한 말로 그대의 벼슬을 어지럽히지 마오. 의심이 쌓이면 계획이 실패할 것이고, 게으르고 소홀하면 정치가 거칠어질 것이오. 배우지 아니하면 벽을 향해 선 것 같아서 일을 처리하는 것이 번거롭게만 될 것이오.

原文 學古入官하여 議事以制면 政乃不迷하리라. 其爾典常作之師하고 無以利口亂厥官하라. 蓄疑敗謀요 怠忽荒政이라. 不學牆面이니 莅事惟煩하리라.

註解 • 制(제)—제도를 정하는 것. • 典常(전상)—상법(常法), 일정한 법. • 利口(리구)—교묘한 말. • 蓄(축)—쌓이는 것. • 謀(모)—계획의 뜻. • 牆面(장면)—벽을 향해 서 있어 벽 이외에는 아무것도 안 보임을 뜻함. • 莅(이)—이(涖)로도 쓰며, 이사(莅事)는 일을 처리하는 것. • 煩(번)—번거로운 것. 일이 잘 안되고 복잡해지는 것.

그대들 관리에게 훈계하오. 공적을 높이는 일은 뜻에 달려 있고, 업적이 넓어지는 것은 부지런함에 달려 있소. 과감하게 결단할 수 있어야만 뒷날의 어려움이 없게 될 것이오.

原文 戒爾卿士하노라. 功崇惟志요 業廣惟勤이라. 惟克果斷이면 乃罔後艱하리라.

註解 • 卿士(경사)—관리들을 총칭한 것이라고 봄이 좋다.

벼슬자리는 교만해서는 안 되고, 받은 녹은 사치하는 데 써서는 안 되오. 공손하고 검소하게 덕만을 행하고, 그대들은 거짓을 일삼지 마시오. 덕을 행하면 마음이 편안하고 날로 훌륭해지며, 거짓을 행하면 마음이 수고롭고 날로 형편없어질 것이오.

原文 位不期驕요 祿不期侈라. 恭儉惟德하고 無載爾僞하라. 作德이면 心逸日休하고 作僞면 心勞日拙하나니라.

註解 •期驕(기교)－교만하려 드는 것. 또는 교만함에 목표를 두는 것. •載(재)－일. 여기서는 행하는 것. •僞(위)－거짓. •日休(일휴)－날로 훌륭하게 되는 것.

영화를 누리고 있을 때 위태로움을 생각하고, 두려워하지 않는 일이 없도록 하시오. 두려워하지 않으면 두려워할 만한 일을 당할 것이오.

原文 居寵思危하고 罔不惟畏하라. 弗畏면 入畏하리라.

註解 •居寵(거총)－영화를 누리고 있는 것. •入畏(입외)－두려워할 만한 가운데로 들어간다. 곧 두려워할 만한 일을 당한다는 뜻.

어진 이를 밀어주고 능력 있는 이에게 사양하면 모든 관리들이 화합될 것이고, 화합되지 못하면 정사가 어지러워질 것이오. 천거한 이가 그 벼슬을 잘 감당한다면 그대들이 유능한 것이며, 그들이 적합한 사람이 아니라면 그대들이 임무를 수행치 못한 것이 되오."

原文 推賢讓能하면 庶官乃和하고 不和政尨하리라. 擧能其官하
면 惟爾之能이며 稱匪其人이면 惟爾不任이니라."

註解 • 尨(방)─어지러운 것. • 稱(칭)─일컬어지는 것. • 匪(비)─비(非). 아닌
것. • 其人(기인)─그 자리에 적합한 사람. • 不任(불임)─임무를 수행치 않는 것.

임금님이 또 말씀하셨다.

"아아, 삼공과 대부들이여! 그대들의 벼슬을 공경하고 그대들의 정
사를 잘 다스리어 그대들의 임금을 도우며 만민을 영원히 편케 하고,
온 세상 나라들이 싫어하지 않도록 하여주오."

原文 王曰；"鳴呼라! 三事曁大夫여! 敬爾有官하고 亂爾有政
하여 以佑乃辟하며 永康兆民하고 萬邦惟無斁케하라."

註解 • 三事(삼사)─앞에 나온 삼공(三公). • 大夫(대부)─삼사의 관속(官屬)들
을 가리킨다. • 亂(난)─다스리다. • 斁(역)─싫어하다.

解說 이 편에 기록된 주나라 시대의 관리제도는 『주례(周禮)』의 기록과
일치하지 않는다. 옛날부터 『주례』도 주공이 지은 것이라 전해지고 있는
데, 대체로 이 「주나라 관리들에게 훈계함」 등 옛 기록을 바탕으로 후세 사
람들이 주나라 제도를 보다 자세히 체계적으로 쓴 것이 『주례』일 것이다.
'가짜 고문'에 속하는 글이기는 하나, 전혀 근거없는 기록이라 내칠 수만
은 없는 것이다.

23. 군진에게 훈령을 내림(君陳)

서서(書序)

주공이 죽은 뒤에 군진에게 명을 내려 성주의 동쪽 교외를 나누어 주어 다스리게 하였다. 이때 「군진에게 훈령을 내림」이 지어졌다.

周公旣沒, 命君陳分正東郊成周. 作君陳.

이 편도 금문에는 들어 있지 않고 가짜 고문에만 있다. 군진은 사람이름. 성왕은 주공이 돌아가신 뒤 군진으로 하여금 주공을 대신하여 주공이 경영한 성주(成周)의 교외 동쪽 지역을 다스리게 하였다. 이때 성왕이 군진에게 훈계한 말을 사관이 기록한 것이 이 편이라 한다.

임금님은 다음과 같이 말씀하였다.

"군진이여! 그대는 아름다운 덕을 쌓았으며, 효도를 다하고 공손하다 하오. 효도를 다하고 형제가 우애를 다한 다음 그것을 정치에까지 넓혀. 나가야 하오. 그대에게 이 동쪽 교외 땅을 다스리게 하니, 공경히 일하시오.

原文 王若曰 ; "君陳이여! 惟爾令德孝恭이라. 惟孝友于兄弟하여 克施有政이라. 命汝尹茲東郊하나니 敬哉하라.

註解 •슦(령)-아름다운 것. •尹(윤)-다스리다. •東郊(동교)-성주(成周)의 동쪽 교외. 정현(鄭玄)에 의하면 옛날 도읍의 교(郊)는 도성으로부터 50리 안의 땅을 가리키었다(『正義』). 그렇다면 군진(君陳)은 주공이 경영한 도읍의 일부를 맡아 다스린 것이다.

옛날 주공은 만민을 이끌고 보호하여 백성들이 그의 덕을 따랐소. 가서 그대가 맡은 일을 신중히 하고, 일정한 법도를 따라 주공의 교훈을 힘써 밝히면, 백성들은 다스려질 것이오.

原文 昔周公師保萬民하니 民懷其德이라. 往愼乃司하고 兹率厥常하여 懋昭周公之訓이면 惟民其乂리라.

註解 •師保(사보)-이끌어주고 보호해 주는 것. •乃(내)-너. •司(사)-맡다. •厥常(궐상)-일정한 법도.

내가 듣건대, '지극한 다스림은 향내가 풍기는 것 같아 신명도 감응시킨다. 기장이 향기로운 것이 아니요, 밝은 덕만이 향기로운 것이다.'라고 하였소. 그대는 바라건대, 이 주공의 도와 교훈을 본받아 매일 부지런히 힘쓸 것이며, 감히 편히 놀지 말아 주기 바라오.

原文 我聞曰; '至治馨香하여 感于神明이라. 黍稷非香이요 明德惟香이라.' 爾尙式時周公之猷訓하여 惟日孜孜하며 無敢逸豫하라.

註解 • 馨(향)－향내가 풍기는 것. • 黍(서)－메기장. • 稷(직)－찰기장. 서직
(黍稷)은 제사에 쓰이는 곡식을 가리킴. • 尚(상)－바라다. • 式(식)－본뜨다. • 時
(시)－이것. • 猷(유)－길. 도. • 孜孜(자자)－부지런히 움직이는 모양. • 逸豫(일
예)－편히 놀기만 하는 것.

　보통사람은 성인을 만나보지 못하였을 적에는 만날 수 없는 것처
럼 여기고, 성인을 만난 뒤에는 또 성인을 따를 수 없다고 여기는 것
이오. 그대는 그것을 경계하오. 그대가 바람이라면 백성은 풀과 같은
것이오.

原文　　凡人未見聖엔 若不克見이요 旣見聖엔 亦不克由聖이라.
爾其戒哉하라. 爾惟風이요 下民惟草니라.

註解 • 由(유)－'길을 따르는 것'. • 風(풍)－바람이 풀을 한쪽으로 나부끼게
하듯, 백성들을 모두 바른 길로 교화시켜야 한다는 뜻에서 비유한 것이다.

　그곳을 다스릴 일을 계획하되 아무 일이건 어렵지 않다고 생각하
지 마오. 일은 폐지할 것도 있고 더 일으켜야 할 것도 있는데, 더하고
덜고 하는 것을 그대 백성들 뜻에 따를 것이며, 여러 사람의 말이 같
거든 곧 그 일을 시행하시오.

原文　　圖厥政하되 莫或不艱하라. 有廢有興에 出入自爾師虞하고
庶言同則繹하라.

·圖(도)-꾀하다. 계획하다. ·有廢有興(유폐유흥)-정치하는 일에는 있던 일을 없애는 것도 있고, 새로 시작하는 것도 있다는 뜻. ·出入(출입)-나가고 들어오는 것, 더 보태고 덜고 하는 것. ·師(사)-민중의 뜻. ·虞(우)-생각하는 것. ·繹(역)-시행하는 것.

그대에게 좋은 계획 좋은 생각이 있거든 곧 들어가 안으로 그대 임금에게 아뢰고, 그대는 곧 밖에서 그 생각을 따라 실행하도록 하오. 그리고 '이 계획과 이 생각은 오직 우리 임금님의 덕이십니다.' 고 말하시오. 아아! 신하와 임금이 모두 이와 같다면 정말 훌륭하고 밝게 될 것이오."

原文　爾有嘉謀嘉猷어든 則入告爾后于內하고 爾乃順之于外하라. 曰 ; '斯謀斯猷는 惟我后之德이라' 하라. 嗚呼라! 臣人咸若時면 惟良顯哉니라."

·嘉(가)-아름다운 것. ·謀(모)-계획. ·猷(유)-생각. ·之(지)-'좋은 생각과 좋은 계획'을 가리킴. ·人(인)-인주(人主). 곧 임금. ·良(량)-나라가 훌륭히 다스려지는 것. ·顯(현)-덕이 백성들에게 밝게 퍼지는 것.

임금님이 또 말씀하였다.
"군진이여! 그대는 오직 주공의 위대한 교훈을 널리 펴고, 권세에 의지하여 위세를 부리지 말 것이며, 법을 빙자하여 나쁜 짓을 마시오. 너그러우면서도 법도가 있어야 하며, 부드러움으로써 화합하시오.

原文　王曰 ; "君陳이여　爾惟弘周公丕訓하고　無依勢作威하며
無倚法以削하라. 寬而有制하며　從容以和하라.

註解　•倚(의)-기대다. 빙자하다. •削(삭)-백성들을 괴롭히고 나쁜 짓을 하는 것. •從容(종용)-조용하고 부드러운 것.

　은나라 백성들이 법에 걸렸을 때, 내가 처벌하라고 하더라도 그대는 덮어놓고 처벌하지 말 것이며, 내가 용서하라고 하더라도 그대는 덮어놓고 용서하지 말고 오직 공정함을 따르시오.

原文　殷民在辟할새　予曰辟이라도　爾惟勿辟하며　予曰宥라도　爾
惟勿宥하고　惟厥中하라.

註解　•辟(벽)-법. 재벽(在辟)은 법에 걸려 있는 것. •辟(벽)-법에 의한 처벌의 뜻. •中(중)-중정(中正). 가운데의 바른 길. 곧 공정한 것.

　그대의 다스림을 따르지 않는 자가 있고 그대의 교훈에 교화되지 않는 자가 있다면, 그들을 처벌함으로써 그런 행동을 방지하여야 형벌이 형벌답게 될 것이오.

原文　有弗若于汝政하고　弗化于汝訓이면　辟以止라야　辟乃辟하리라.

註解　•若(약)-따르다. •辟乃辟(벽내벽)-'형벌이 이에 형벌답게 쓰여지는

것'.

　간사하고 사악함에 습관이 된 자와, 법도를 어기는 자와 습속을
어지럽히는 자는, 세 가지 중의 조금을 범했다 하더라도 용서하지
마시오.

原文　<ruby>狃<rt>유</rt></ruby><ruby>于<rt>우</rt></ruby><ruby>姦<rt>간</rt></ruby><ruby>宄<rt>궤</rt></ruby>와 <ruby>敗<rt>패</rt></ruby><ruby>常<rt>상</rt></ruby><ruby>亂<rt>란</rt></ruby><ruby>俗<rt>속</rt></ruby>은 <ruby>三<rt>삼</rt></ruby><ruby>細<rt>세</rt></ruby><ruby>不<rt>불</rt></ruby><ruby>宥<rt>유</rt></ruby>니라.

註解　•狃(유)-익숙해지다. 익혀지다. •姦(간)-간사한 것. •宄(궤)-사악한
것. •敗常亂俗(패상란속)-법과 도덕을 문란케 하는 것. •三(삼)-이상 세 가지.
•細(세)-조금이라도 범하는 것.

　그대는 누가 미련하다고 해도 화내고 미워하지 말 것이며, 한 사람
에게 완전하기를 바라지 마오. 반드시 참고 견디어야 성공할 것이며,
너그러움이 있어야 덕이 커질 것이오.

原文　<ruby>爾<rt>이</rt></ruby><ruby>無<rt>무</rt></ruby><ruby>忿<rt>분</rt></ruby><ruby>疾<rt>질</rt></ruby><ruby>于<rt>우</rt></ruby><ruby>頑<rt>완</rt></ruby>하며 <ruby>無<rt>무</rt></ruby><ruby>求<rt>구</rt></ruby><ruby>備<rt>비</rt></ruby><ruby>于<rt>우</rt></ruby><ruby>一<rt>일</rt></ruby><ruby>夫<rt>부</rt></ruby>하라. <ruby>必<rt>필</rt></ruby><ruby>有<rt>유</rt></ruby><ruby>忍<rt>인</rt></ruby>이라야 <ruby>其<rt>기</rt></ruby><ruby>乃<rt>내</rt></ruby>
<ruby>有<rt>유</rt></ruby><ruby>濟<rt>제</rt></ruby>하며 <ruby>有<rt>유</rt></ruby><ruby>容<rt>용</rt></ruby>이라야 <ruby>德<rt>덕</rt></ruby><ruby>乃<rt>내</rt></ruby><ruby>大<rt>대</rt></ruby>하리라.

註解　•忿(분)-화내다. 분노. •疾(질)-미워하다. •頑(완)-백성들이 미련한
것. •備(비)-사람이 모든 것을 갖춘 것. 곧 완전한 사람. •濟(제)-일을 이루는
것.

　잘 수양이 된 사람을 골라 쓰되, 간혹 수양이 제대로 되지 않은 자
도 골라 쓸 것이며, 어진 이를 등용하여 간혹 있는 어질지 못한 자들

을 이끌어 주어야 하오.

簡厥修_{하되} 亦簡其或不修_{하며} 進厥良_{하여} 以率其或不良_{하라.}

原文 簡厥修하되 亦簡其或不修하며 進厥良하여 以率其或不良하라.

註解 •簡(간)-고르다. 골라 쓰다. •修(수)-덕을 닦은 사람, 수양이 잘된 사람. •簡其或不修(간기혹불수)-덕이 없는 자도 따로 가려 궂은 일을 하는 데 쓴다는 뜻. •進(진)-등용의 뜻. •良(량)-어진 사람.

백성들은 태어날 적에는 성질이 착실하나 사물로 말미암아 바뀌어지는 것이오. 그래서 위에서 명한 것을 어기고 그들이 좋아하는 것을 좇고자 할 것이오. 그대가 법을 공경하고 덕을 지킬 수 있다면, 곧 모두가 영향을 받아 바로잡히게 되어 진실로 위대한 도(道)가 행하여지게 될 것이오. 그러면 나 한 사람도 많은 복을 받게 될 것이고, 그대의 훌륭한 업적도 영원히 기림을 받게 될 것이오."

原文 惟民生厚_나 因物有遷_{이라.} 違上所命_{하고} 從厥攸好_{하나라.} 爾克敬典在德_{하면} 時乃罔不變_{하여} 允升于大猷_{하리라.} 惟予一人_이 膺受多福_{하고} 其爾之休_도 終有辭於永世_{하리라.}

註解 •民生厚(민생후)-사람의 성품은 나면서부터 돈후(敦厚)하다, 곧 착실하다는 뜻. •因物有遷(인물유천)-본시는 착하던 사람들의 본성이 사물로 인하여 차차 악하게 바뀌어 진다는 뜻. •時(시)-시(是). •變(변)-교화되는 것. •升于大猷(승우대유)-위대한 도가 행하여지는 올바른 세상이 된다는 뜻. •膺(응)-받

는 것. •休(휴)−아름다운 공로, 훌륭한 업적. •有辭(유사)−기림을 받는 것.

解說 군진을 앞에서 소공을 군석(君奭)이라 부른 것과 같이 이해하여, 어느 나라에건 한 번 봉해졌던 사람이라 보는 이도 있다. 그러나 그에 대하여 이밖에 자세한 기록이 없는 이상, 군진을 그대로 사람 이름이라 보는 수밖에 없다.

이처럼 군진에게 주공이 다스리던 성주(成周)의 일부를 맡기면서 누누이 훈계한 것은, 역시 그 땅에 옛 은나라 백성들이 살고 있었기 때문인 것 같다.

주공은 역사상에서도 그밖에 유례를 찾아보기 힘든 위대한 인물이다. 주공의 도움으로 올바른 임금 노릇을 하게 된 성왕이 주공의 옛 땅에 관리를 임명하며 주공을 생각하지 않았을 리가 없다. 임금은 오직 주공의 법도를 따르라고 신신당부한다.

서서(書序)

　성왕이 죽기에 앞서 소공과 필공에게 명하여 제후들을 거느리고
강왕을 도와주도록 하였다. 이때 지어진 것이 「성왕이 뒤에 강왕을
잘 돌보아달라고 내린 훈령」이다.
　成王將崩, 命召公畢公, 率諸侯相康王. 作顧命.

주나라 강왕의 초상, 『삼재도회(三才
圖會)』인물권(人物卷)에서

　이 편은 금문과 고문에 모두 들
어 있다.

　고(顧)는 돌아본다는 뜻. 명(命)
은 명령. 한나라 정현(鄭玄)과 마
융(馬融)이 주를 단 판본에서는
"고조과명(高祖寡命)" 이상의 글
을 「고명」, 그 뒤의 "왕약왈(王若
曰)" 이하의 글을 「강왕이 여러
사람들에게 고하는 말(康王之誥)」
이라 제목을 달고 있다. 가짜 고
문(僞古文)에는 이 부분이 뒤의
「강왕이 여러 사람들에게 고하는
말」에 들어 있다. 「서서(書序)」에
서도 이 편을 두 편으로 나누어, 성왕이 죽음을 앞두고 소공(召公)과 필
공(畢公)에게 명하여 제후들을 거느리어 뒤의 강왕(康王, 기원전
1078~기원전 1053 재위)을 잘 도와달라고 유언한 것을 「성왕이 뒤

의 강왕을 잘 돌보라고 내린 훈령」, 강왕이 왕위에 오른 다음, 천하의
제후들에게 고한 내용을 「강왕이 여러 사람들에게 고하는 말」이라 하고
있다. 어느 것이 옳은지는 알 길이 없다.

어떻든 이 편에 성왕의 유언이 들어 있다 하여 「성왕이 뒤의 강왕을
잘 돌보라고 내린 훈령」이라 제목이 붙여진 것이다. 바로 뒤에 또 「강왕
이 여러 사람들에게 고하는 말」편이 나오니, 그 해설을 참고하기 바란
다.

무엇보다도 중요한 이 편의 내용은 성왕의 빈소(殯所) 모습과 강왕이
즉위하는 의식을 쓴 것이라 할 것이다. 성왕은 37년간 나라를 다스렸다
고 한다. 그렇다면 죽은 해는 기원전 1068년, 이 해에 이 글도 쓰여진
것이라 보아야 할 것이다. 그러나 성왕이 죽은 해에 대하여는 여러 가지
다른 의견이 많으며 확실한 기록이 없다.

4월 달의 흰빛이 생기기 시작하던 월초에 임금님은 몸이 불편하셨
다.

原文 惟四月哉生魄에 王不懌하시다.
〔유 사 월 재 생 백   왕 불 역〕

註解 •四月(사월)—어느 해 4월인지 확실치 않다. 여기에서는 성왕(成王)이 죽
은 기원전 1068년 4월이라 보았다. •哉生魄(재생백)—달이 처음으로 하얗게 보이
기 시작하는 월초(「康誥」 주해 참조). •不懌(불역)—몸이 불편한 것.

갑자 날에 임금님은 물로 손과 얼굴을 씻으시고, 시중드는 관리가
관을 씌워드리고 조복(朝服)을 입혀드리자, 옥돌 안석에 기대어 앉으

셨다. 그리고 태보인 석과 예백·동백·필공·위후·모공 및 군사를 맡은 장군·임금을 호위하는 사람과 여러 장관 및 여러 관리들을 모두 부르셨다.

原文 甲子에 王乃洮頮水하시고 相被冕服하사 憑玉几하시다. 乃
同召太保奭과 芮伯彤伯과 畢公衛侯毛公과 師氏虎臣과 百尹
御事하시다.

註解 •甲子(갑자)—어느 날인지 확실치 않다. 주력(周曆)으로 4월 16일이라 여기에서는 가정한다. •洮(조)—손을 씻는 것. •頮(회)—낯을 씻는 것. •相(상)—임금의 옷과 위치를 바로잡아 주는 사람. 시중드는 관리. •冕(면)—대부 이상의 사람들이 썼던 관. •憑(빙)—기대다. •同召(동소)—함께 부르는 것. •奭(석)—소공(召公)의 이름. •芮伯(예백)—동백(彤伯)과 함께 제후. •畢公(필공)—이름이 고(高). •毛公(모공)—이름은 모르나 필공(畢公)과 함께 문왕의 서자. •衛侯(위후)—앞에 나온 강숙(康叔). •師氏(사씨)—군사를 거느리는 사람(「목 땅에서 내린 무왕의 훈시」 참조). •虎臣(호신)—호분(虎賁). 임금을 호위하는 사람. •百尹(백윤)—여러 관청의 우두머리, 장관. •御事(어사)—여러 가지 일을 맡은 관리들.

임금님이 말씀하였다.

"아아! 병이 크게 더하여져 위태롭게 되었소. 병이 날로 더하여져 이제 목숨이 끝나려 하며 겨우 붙어 있으니, 유언도 하지 못하게 될까 두려워 이에 나는 그대들에게 간곡히 훈계를 하게 된 것이오.

原文 王曰; "嗚呼라! 疾大漸하여 惟幾로다. 病日臻하여 旣彌

留하니 ^{공 불 획 서 언 사}恐不獲誓言嗣하여 ^{자 여 심 훈 명 여}茲子審訓命汝하노라.

註解 • 漸(점)─더 심해지는 것. • 幾(기)─위태로운 것. • 日臻(일진)─날로 더 해지는 것. • 彌留(미류)─목숨이 끝나려 하며 임시로 붙어 있는 것. • 不獲(불획)─부득(不得). 불능(不能)의 뜻. • 嗣(사)─사(辭)의 뜻(俞樾『羣經平議』). 서언사(誓言嗣)는 유언을 하는 것. • 審訓(심훈)─간곡히 훈계하다.

옛임금 문왕과 무왕께서는 거듭 빛을 펼치시어 법률을 정하고 가르침을 펴시느라 무척 수고하시었소. 수고를 하시면서도 도를 어기지 않으시어 은나라를 쳐 하늘의 명을 이루실 수가 있었소.

原文 ^{석 군 문 왕 무 왕}昔君文王武王은 ^{선 중 광}宣重光하사 ^{전 려 진 교}奠麗陳敎하시니 ^{즉 이}則肄니라.
^{이 불 위}肄不違하사 ^{용 극 달 은 집 대 명}用克達殷集大命하시니라.

註解 • 重光(중광)─문왕의 덕을 무왕이 이어 '거듭 빛냄'. • 奠(전)─정하다. • 麗(려)─법(法). 법률(「多方」참조). • 肄(이)─수고하는 것. • 不違(불위)─올바른 도를 어기지 않는 것. • 達(달)─달(撻)과 통하여, 치는 것. • 集(집)─이루다.

뒤의 어리석은 나에 이르러는, 하늘의 위엄을 공경히 맞아들이고, 문왕 무왕의 위대한 교훈을 이어받아 지키어 감히 소홀히 하거나 그르치지 아니하였소.

原文 ^{재 후 지 동}在後之侗은 ^{경 아 천 위}敬迓天威하고 ^{사 수 문 무 대 훈}嗣守文武大訓하여 ^{무 감 혼 유}無敢昏逾하니라.

註解 ・侗(동)－어리석은 자. 자기 자신을 가리킴. ・迓(아)－맞이하다. ・昏
(혼)－민(泯)의 뜻으로, 소홀히 하다. 가벼이 여기다. ・逾(유)－도를 지나치는 것.
즉 그르치는 것.

　지금 하늘이 내게 병을 내리시어, 거의 일어나지도 깨어나지도 못
할 것 같소. 그대들은 바라건대, 이 나의 말을 분명히 이해하여 태자
교(釗)를 삼가 보호하고 어려움을 무난히 넘겨주시오.

原文　今天降疾^{금천강질}하사　殆弗興弗悟^{태불흥불오}로다.　爾尙明時朕言^{이상명시짐언}하여　用敬^{용경}
保元子釗^{보원자교}하고　弘濟于艱難^{홍제우간난}하라.

註解　・殆(태)－거의. 아마도. ・弗興(불흥)－병이 나 일어나지 못하는 것. ・弗
悟(불오)－깨어나지 못하는 것. 즉 죽는 것. ・時(시)－이것. ・元子(원자)－태자(太
子). ・釗(교)－강왕(康王)의 이름. ・弘濟(홍제)－크게 건너다. 무난히 넘기다.

　먼 나라들은 달래고 가까운 나라들은 잘 도와주어 작고 큰 여러 나
라들이 잘 따르도록 격려하시오.

原文　柔遠能邇^{유원능이}하여　安勸小大庶邦^{안권소대서방}하라.

註解　・柔遠能邇(유원능이)－먼 나라는 달래고 가까운 나라를 돕는 것(「舜典」
참조). ・安(안)－조사. ・勸(권)－옳은 일을 행하고 잘 따르도록 격려하는 것.

　생각컨대 사람이란 스스로 위엄과 예의를 갖추려 하고 있으니, 그
대들은 교로 하여금 불법을 범하거나 거기에 빠지지 않도록 해주시

오."

原文　^{사 부 인 자 란 우 위 의　이 무 이 교 모 공 우 비 기}
思夫人自亂于威儀니 爾無以釗冒貢于非幾하라."

註解　•夫人(부인)－모든 사람들. •亂(란)－다스리다. 정돈하다. •冒(모)－촉(觸)의 뜻으로, 범하는 것(江聲『尚書集注音疏』). •貢(공)－빠지는 것(陸德明『經典釋文』). •幾(기)－법. 비기(非幾)는 불법. 곧 법도에 어긋나는 것.

　　이렇게 임금의 부탁을 받은 뒤에 돌아가서 임금 자리 위에 치는 차일(遮日)을 궁정에 내어놓았다. 이튿날 을축에 임금님은 돌아가셨다.

原文　^{자 기 수 명 환　　출 철 의 우 정　　월 익 일 을 축　　왕 붕}
茲旣受命還하고 出綴衣于庭하니라. 越翼日乙丑에 王崩하시니라.

註解　•綴衣(철의)－차일(遮日). 임금 자리 위에 치는 포장. •翼日(익일)－이튿날.

　　태보는 중환과 남궁모에게 명하여 제나라 제후 여급을 인도하게 하고, 다시 그들 두 사람은 방패와 창을 들고 임금의 호위병 백 명을 거느리고 가서 태자 교(釗)를 남쪽 문밖에서 맞아들이게 하였다. 그리고 옆방으로 인도하여 들이어 상복을 입고 상주 노릇을 하게 하였다.

原文　^{태 보 명 중 환 남 궁 모　　비 원 제 후 여 급　　이 이 간 과}
太保命仲桓南宮毛하여 俾爰齊侯呂伋하고 以二干戈하고

^{호분백인}
^{역자쇠어남문지외}
^{연입익실}
^{휼택종}
虎賁百人으로 逆子釗於南門之外하니라. 延入翼室하여 恤宅宗하
니라.

註解 • 仲桓(중환) – 남궁모와 함께 신하의 이름. • 俾(비) – 하여금. • 爰(원) –
이끄는 것. • 呂伋(여급) – 제나라 태공(太公)의 아들 정공(丁公). • 二(이) – 중환과
남궁모 두 사람. • 干(간) – 방패. • 戈(과) – 창. • 逆(역) – 맞이하다. • 延入(연
입) – 인도하여 들이는 것. • 翼室(익실) – 옆방. 왼편의 방(屈萬里). • 恤宅(휼택) –
상을 지키는 것. • 宗(종) – 상주 노릇 하는 것.

　정묘 날에는 문서 작성관에게 명하여 상례의 법도를 기록하게 하
였다. 7일이 지난 계유 날에는 소공이 관리들에게 명하여 장례에 필
요한 물건을 갖추도록 하였다.

原文　^{정묘} ^{명작책도} ^{월칠일계유} ^{백상명사수재}
丁卯에 命作冊度하니라. 越七日癸酉엔 伯相命士須材하니
라.

註解 • 丁卯(정묘) – 갑자(甲子)가 16일이라면 19일. • 作冊(작책) – 문서 작성관
(「洛誥」 참조). • 度(도) – 장사지낼 의식을 제정하여 기록하는 것. • 越七日癸酉
(월칠일계유) – 7일째 되는 25일. • 伯相(백상) – 방백(方伯)이며 재상인 소공(召公)
을 가리킴. • 須(수) – 여기서는 필요한 물건을 준비하는 것. • 材(재) – 물건.

　악사들을 시중하는 관리가 검고 흰 도끼 모양이 이어지는 무늬가
있는 병풍과 차일을 쳤다.

原文　^{적설보의철의}
狄設黼扆綴衣하니라.

창 사이에는 남쪽을 향하여 검고 흰 도끼 모양이 이어지는 무늬의 천으로 가를 댄 대껍질 자리를 겹으로 깔고, 오색의 옥으로 장식된 임금님이 평소에 쓰시던 안석을 놓았다.

原文 <ruby>牖<rt>유</rt></ruby><ruby>間<rt>간</rt></ruby><ruby>南<rt>남</rt></ruby><ruby>嚮<rt>향</rt></ruby>하여 <ruby>敷<rt>부</rt></ruby><ruby>重<rt>중</rt></ruby><ruby>篾<rt>멸</rt></ruby><ruby>席<rt>석</rt></ruby><ruby>黼<rt>보</rt></ruby><ruby>純<rt>준</rt></ruby>하고 <ruby>華<rt>화</rt></ruby><ruby>玉<rt>옥</rt></ruby><ruby>仍<rt>잉</rt></ruby><ruby>几<rt>궤</rt></ruby>라.

註解 • 牖間(유간)-들창과 문 사이. • 嚮(향)-향하다. • 篾(멸)-대나무 껍질. • 黼純(보준)-보 무늬의 천으로 가를 댄 것. • 華玉(화옥)-오색(五色)의 옥돌. • 仍(잉)-그대로. 여전히. 잉궤는 고인이 생전에 쓰던 안석.

당(堂) 서쪽 담 앞에는 동쪽을 향하여 가는 대로 촘촘히 짜고, 여러 가지 색깔의 천으로 가를 댄 자리를 겹으로 깔고, 무늬있는 조개로 장식된 임금님이 평소에 쓰시던 안석을 놓았다.

原文 <ruby>西<rt>서</rt></ruby><ruby>序<rt>서</rt></ruby><ruby>東<rt>동</rt></ruby><ruby>嚮<rt>향</rt></ruby>하여 <ruby>敷<rt>부</rt></ruby><ruby>重<rt>중</rt></ruby><ruby>底<rt>저</rt></ruby><ruby>席<rt>석</rt></ruby><ruby>綴<rt>철</rt></ruby><ruby>純<rt>준</rt></ruby>하고 <ruby>文<rt>문</rt></ruby><ruby>貝<rt>패</rt></ruby><ruby>仍<rt>잉</rt></ruby><ruby>几<rt>궤</rt></ruby>하니라.

註解 • 西序(서서)-당 서쪽의 담 앞. '묘당상상도(廟堂想像圖)'를 참조 바람. • 底(저)-치(致). 치(緻)와 통하여, 저석(底席)은 가는 대로 촘촘히 짠 자리. • 綴(철)-색깔을 잡철(雜綴)한 것. 곧 여러 가지 색깔을 섞은 것. • 文(문)-무늬. • 貝(패)-조개.

당의 동쪽 담 앞에는 서쪽을 향하여 구름무늬의 가를 댄 왕골자리

를 겹으로 깔고, 무늬가 새겨진 옥으로 장식된 임금님이 평소에 쓰던
안석을 놓았다.

原文 _{동 서 서 향} _{부 중 풍 석 화 준} _{조 옥 잉 궤}
原文 東序西嚮하여 敷重豐席畫純하고 彫玉仍几하니라.

註解 ・豐席(풍석)－왕골 종류의 풀로 짠 자리. ・畫(화)－구름무늬가 그려진
것(『正義』). ・彫玉(조옥)－무늬가 새겨진 옥돌.

  서쪽 옆방에는 남쪽을 향하여 검은 실로 짜 가를 댄 푸른 대자리를
겹으로 깔고, 칠을 한 임금님이 평소에 쓰던 안석을 놓았다.

原文 _{서 협 남 향} _{부 중 순 석 현 분 준} _{칠 잉 궤}
原文 西夾南嚮하여 敷重筍席玄紛純하고 漆仍几하니라.

註解 ・西夾(서협)－서쪽 옆방. '묘당상상도' 참조 바람. ・筍(순)－여기서는
부드러운 푸른 대. ・玄紛純(현분준)－검은 실로 짜서 가를 댄 것(『正義』) ・漆
(칠)－옻칠.

  또한 옥기(玉器)를 겹으로 다섯 군데에 놓았으니, 진보 및 붉은 옥
돌 칼과 큰 교훈이 새겨진 옥돌 및 큰 벽옥(璧玉)과 위가 둥근 옥홀
(玉笏) 및 위가 뾰족한 옥홀을 당의 서쪽 담 앞에 놓았다. 화산(華山)
에서 난 옥돌 및 동쪽 오랑캐의 옥돌과 하늘빛 옥돌 및 황하에서 난
무늬가 있는 옥돌은 당의 동쪽 담 앞에 놓았다.

原文 _{월 옥 오 중} _{진 보 적 도} _{대 훈 홍 벽} _{완 염} _{재 서 서}
原文 越玉五重하니 陳寶赤刀와 大訓弘璧과 琬琰을 在西序하

묘당상상도(廟堂想像圖)

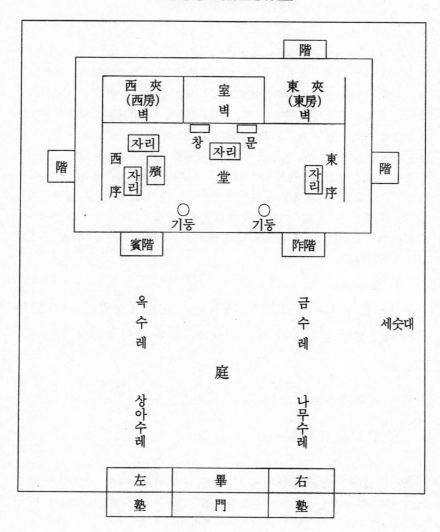

이것은 이해를 돕기 위하여 청(淸) 강성(江聲)이 『상서집주음소(尙書集註音疏)』에 그린 그림을 중심으로 하여 보충한 것. 상상도인 만큼 옛날의 집이나 설비가 꼭 이러하였다고 보증하기는 힘들다.

니라. 大玉夷玉과 天球河圖는 在東序하니라.

대 옥 이 옥　　천 구 하 도　　재 동 서

註解　•越(월)－월(粵). 왈(曰)과 통하는 어조사.　•玉五重(옥오중)－옥기(玉器)를 겹으로 다섯 군데에 놓았다는 뜻. 오중(五重)은 뒤의 진보(陳寶) 적도(赤刀)가 일중(一重), 대훈(大訓)과 홍벽(弘璧)이 일중(一重), 완(琬)과 염(琰)이 일중(一重), 대옥(大玉)과 이옥(夷玉)이 일중(一重), 천구(天球)와 하도(河圖)가 일중(一重), 도합 오중을 가리킨다(『釋義』).　•陳寶(진보)－옥기(玉器)의 이름, 진(秦)나라 문공이 얻은 것이라 한다(『釋義』).　•赤刀(적도)－붉은 옥돌 칼(『釋義』).　•大訓(대훈)－선왕(先王)의 교훈이 새겨진 옥돌.　•弘璧(홍벽)－크고 둥글게 조각한 옥.　•琬(완)－위가 둥근 옥홀(玉笏).　•琰(염)－위가 뾰족한 옥홀.　•大玉(대옥)－화산(華山)에서 났다는 큰 둥근 옥.　•夷玉(이옥)－동쪽 오랑케의 옥돌(『正義』).　•天球(천구)－옹주(雍州)에서 바쳐왔다는 하늘색의 옥돌(『正義』).　•河圖(하도)－황하에서 난 무늬 있는 옥돌(『釋義』).

윤이 만든 춤옷과 큰 조개 및 큰 북은 서쪽 방에 놓았다. 태가 만든 창과 화가 만든 활과 수가 만든 대화살은 동쪽 방에 놓았다.

原文　胤之舞衣와 大貝鼗鼓는 在西房하니라. 兌之戈와 和之弓

윤 지 무 의　　대 패 분 고　　재 서 방　　　　　　태 지 과　　화 지 궁

과 垂之竹矢는 在東房하니라.

수 지 죽 시　　재 동 방

註解　•胤(윤)－춤 옷을 만든 사람의 이름.　•大貝(대패)－산의생(散宜生)이 강회(江淮)의 물가에서 얻었다는 수레바퀴 같은 큰 조개.　•鼗(분)－큰 북.　•兌(태)·和(화)·垂(수)－모두 물건을 만든 사람의 이름.

옥으로 꾸며진 큰 수레는 손님이 오르는 서쪽 섬돌 앞에 놓였고, 금으로 장식된 수레는 주인이 오르는 동쪽 섬돌 앞에 놓였으며, 상아

로 장식된 수레는 왼쪽 문간방 앞에 놓였고, 나무로 만든 수레는 오른쪽 문간방 앞에 놓였다.

原文 大輅在賓階面하고 綴輅在阼階面하며 先輅在左塾之前하고 次輅在右塾之前하니라.

註解 •大輅(대로)—옥으로 꾸며진 큰 수레. •賓階(빈계)—손님들이 오르는 서쪽 섬돌. •面(면)—앞의 뜻. •綴輅(철로)—금으로 꾸민 둘째로 큰 수레. •阼(조)—동편 섬돌. 조계(阼階)는 주인이 오르는 섬돌. •先輅(선로)—상아로 꾸민 수레. •左塾(좌숙)—왼쪽 문간방. '묘당상상도' 참조 바람. •次輅(차로)—나무로만 만든 수레.

두 사람이 검붉은 관을 쓰고 세모창을 들고서 묘당 안문 안에 서 있다. 네 사람이 검푸른 관을 쓰고 날이 바깥쪽으로 향하도록 창을 들고 두 섬돌을 끼고 양가에 서 있다. 한 사람이 관을 쓰고 끝 뾰족한 도끼를 들고 묘당(廟堂) 동쪽에 서 있다. 한 사람이 관을 쓰고 도끼를 들고 묘당 서쪽에 서 있다. 한 사람이 관을 쓰고 긴 삼지창을 들고 동쪽 담 옆에 서 있다. 한 사람이 관을 쓰고 짧은 삼지창을 들고 서쪽 담 옆에 서 있다. 한 사람이 관을 쓰고 뾰족한 창을 들고 동쪽 옆방 뒤쪽의 섬돌에 서 있다.

原文 二人雀弁執惠하고 立于畢門之內하니라. 四人綦弁으로 執戈上刃하고 夾兩階戺하니라. 一人冕執劉하고 立于東堂이라. 一人冕執鉞하고 立于西堂이라. 一人冕執戣하고 立于東垂라. 一人

^{면집구} ^{입우서수} ^{일인면집예} ^{입우측계}
冕執瞿하고 **立于西垂**라. **一人冕執銳**하고 **立于側階**하니라.

註解 •雀(작)-참새 머리 같은 검붉은 빛. •弁(변)-모양은 면(冕)과 같으나
조류(藻旒, 밑으로 늘인 장식)가 없는 관이라 한다. 일반 관리들이 제사에 참례할
때 쓴 것. 장사 때 쓰는 것과 비슷한 것이라 볼 수 있을 것이다. •執(집)-잡다. 들
다. •惠(혜)-무기의 일종. 세모창. •畢門(필문)-묘당의 안 문. •綦(기)-검푸
른 빛. •上刃(상인)-창날이 바깥쪽을 향하게 드는 것. •阼(사)-담 모퉁이. 섬돌
양옆의 당 위를 뜻함. •冕(면)-대부 이상 사람들의 관. •劉(류)-끝이 뾰족한 도
끼. 무기의 일종. •東堂(동당)-당의 동쪽. •鉞(월)-도끼. 무기의 일종. •戣
(규)-삼지창(『正義』). •垂(수)-가. 옆. 당의 옆. •瞿(구)-역시 규(戣)와는 다른
삼지창의 일종(『正義』). 여기서는 편의상 길고 짧은 것으로 구분하였다. •銳
(예)-창의 일종. •側階(측계)-동쪽 옆방 뒤 북쪽으로 나있는 섬돌.

임금님은 삼베 관을 쓰고 보 무늬 바지를 입고 서쪽 손님의 섬돌로
부터 올라오셨다. 공경대부와 제후들은 삼베 관을 쓰고 검은 바지를
입고 들어와 각기 제자리로 나아갔다.

原文 ^{왕마면보상} ^{유빈계제} ^{경사방군} ^{마면의상}
王麻冕黼裳으로 **由賓階隮**하시니라. **卿士邦君**은 **麻冕蟻裳**
으로 ^{입즉위}**入卽位**하다.

註解 •麻冕(마면)-삼베로 만든 관. •黼裳(보상)-검고 흰빛 도끼 무늬가 있
는 바지. 마면보상(麻冕黼裳)은 임금이 제사지낼 때 많이 입는 예복으로, 순전한
상복도 아니고 즐거울 때 입는 복식도 아니다. •賓階(빈계)-강왕(康王)이 이곳을
통하여 오른 것은 아직 정식으로 임금에 즉위하는 책명(册命)을 받지 못하였기 때
문이다. •隮(제)-오르다. •蟻裳(의상)-개미 같은 검은색의 바지. •卽位(즉
위)-각기 모두 제자리로 나아가는 것.

태보와 태사와 태종은 모두 삼베 관에 붉은 바지를 입었다. 태보는 큰 홀(笏)을 받쳐 들었고, 태종은 옥잔과 옥잔 뚜껑을 들고 동쪽 주인의 섬돌로부터 올라왔다. 태사는 서책을 들고 서쪽 섬돌로부터 올라와서 임금을 마중하여 서책의 훈령을 읽었다.

太保太史太宗은 皆麻冕彤裳이라. 太保承介圭하고 上宗奉同瑁하여 由阼階隮하니라. 太史秉書하고 由賓階隮하여 御王册命하니라.

•太宗(태종)-대종백(大宗伯)으로 의례를 도맡은 관리. •彤裳(동상)-붉은 바지. 즐거울 때 입는 옷임. •介(개)-큰 것. •圭(규)-옥으로 만든 홀(笏). •上宗(상종)-태종(太宗). •同(동)-옥으로 만든 술잔. •瑁(모)-옥 술잔 뚜껑. •秉(병)-잡다. 들다. •書(서)-서책으로 명령이 쓰여 있는 대쪽. •御(어)-마중하다. •册命(책명)-서책(書册)의 훈령을 읽는 것.

훈령은 이러하였다.

"위대한 임금님께서 옥돌 안석에 기대시어 마지막 부탁으로 말씀하셨습니다. 당신에게 명하시어 옛 훌륭한 임금의 교훈을 계승하여 주나라의 임금으로 군림하게 하셨습니다. 위대한 법도를 지키고 따라서 온 천하를 조화시키어, 문왕과 무왕의 빛나는 교훈에 보답하고 그것을 드날리십시오."

曰;"皇后憑玉几하사 道揚末命하시니라. 命汝嗣訓하사 臨君周邦하시니라. 率循大卞하고 燮和天下하여 用答揚文武之光

^훈
訓하라."

註解 ・曰(왈)-태사(太史)가 책명을 읽는 것임. ・皇(황)-크다. 위대하다. ・后(후)-임금. 황후는 대왕(大王)의 뜻. ・道揚(도양)-성명(聲明). 선언의 뜻. ・末命(말명)-마지막 부탁. 유촉(遺囑)으로 하는 명령. ・嗣訓(사훈)-선왕의 교훈을 이어 지키는 것. 즉 임금이 되는 것. ・臨君(임군)-임금으로 군림하는 것. ・率循(솔순)-지키고 따르는 것. ・卞(변)-법. 법도. ・燮(섭)-조화시키다. ・答(답)-보답. ・揚(양)-드날리다.

임금님은 두 번 절하고 일어나서 대답하셨다.

"작고 작은 이 끝머리의 어린 사람이, 어찌 세상을 다스리어 하늘의 위엄을 공경하고 두려워하며 따를 수가 있겠습니까?"

原文 ^{왕 재 배 흥}王再拜興하시고 ^{답 왈}答曰；"^{묘 묘 여 말 소 자}眇眇予末小子가 ^{기 능 이 란 사 방}其能而亂四方하여 ^{이 경 기 천 위}以敬忌天威아?"

註解 ・眇眇(묘묘)-작고 작은 모양. ・其(기)-어찌. 기(豈)와 통함. ・亂(란)-다스리다. ・忌(기)-두려워하며 따르는 것.

그리고 옥돌 잔과 옥돌 뚜껑을 받으시고, 임금은 세 번 앞으로 나아가 세 번 술잔을 올리고 세 번 뒤로 물러나셨다. 태종은 "음복(飮福)하십시오."하고 아뢰었다.

原文 ^{내 수 동 모}乃受同瑁하시고 ^{왕 삼 숙 삼 제 삼 타}王三宿三祭三咤하시니라. ^{상 종 왈}上宗曰；"^향饗"이라 하니라.

• 乃受同瑁(내수동모) — 그런 뒤 임금이 태종으로부터 옥 술잔과 그 덮개를 받은 것. • 宿(숙) — 숙(肅)과 통하여 앞으로 나아가는 것. • 祭(제) — 잔에 술을 부어 올리고 절하는 것. • 咤(타) — 잔을 드리고 물러 나오는 것(『正義』). 한 번 제사지내는데 세 번 잔을 올린다. • 饗(향) — 여기서는 임금에게 음복하라고 권하는 말.

태보는 음복하신 술잔을 받아들고 당을 내려가 세수를 하고, 다른 술잔을 잔대에 받쳐 들고서 자신이 술을 따라 마셨다. 종인에게 술잔을 주고 절하니, 임금님도 답하여 절하셨다.

原文　太保受同降盥하고 以異同으로 秉璋以酢하니라. 授宗人同하고 拜하니 王答拜하시니라.

• 太保受同(태보수동) — 임금이 음복하신 잔을 태보가 받은 것. • 降(강) — 섬돌 아래로 내려가는 것. • 盥(관) — 손을 씻는 것. • 璋(장) — 크기가 규(圭)의 반 모양의 잔대. • 酢(작) — 여기서는 자기가 잔에 술을 따라 마시는 것. 상대가 임금이라 술을 따르게 하지 못하는 것이다. • 宗人(종인) — 소종백(小宗伯)으로 태종을 돕는 사람.

태보는 다시 술잔을 받아 술을 올리고 제사지내며 술잔을 입에 댔다가 뒤로 물러나왔다. 종인에게 술잔을 주고 절하니 임금님도 답하여 절하셨다.

原文　太保受同하며 祭嚌하고 宅하니라. 授宗人同하고 拜하니 王答拜하시니라.

註解 • 受同(수동)－종인(宗人)으로부터 술잔을 받은 것. • 嚌(제)－술을 입에 만 대었다가 떼는 것임. • 宅(택)－타(咤)와 통하여 물러서는 것.

태보가 내려가니 모두 거두고, 제후도 묘당 문밖으로 나와 기다렸다.

原文　太保降하니 收하고 諸侯出廟門俟하니라.

註解 • 降(강)－당으로부터 내려가는 것. • 收(수)－제상을 다 거두는 것. • 俟(사)－기다리는 것.

解說 이 편에서는 성왕의 유언에 따라 강왕이 임금 자리에 오르고 있다. 본문의 대부분이 강왕이 임금 자리에 오를 때의 의식을 묘사하고 있다. 강왕은 상주이기 때문에 의식은 성왕에 대한 제사를 중심으로 하여 진행되고 있다. 이러한 기록은 옛사람들의 의식이나 제도를 엿볼 수 있는 귀중한 자료이다.

25. 강왕이 여러 사람들에게 고하는 말 (康王之誥)

서서(書序)

강왕이 천자 자리에 오른 뒤 마침내 제후들에게 고하였다. 이때 지어진 것이 「강왕이 여러 사람들에게 고하는 말」이다.

康王旣尸天子, 遂誥諸侯. 作康王之誥.

금문에서는 이 편이 「성왕이 뒤의 강왕을 잘 돌보라고 내린 훈령(顧命)」에 합쳐져 있다. 어떤 이(鄭玄 · 王肅)들은 중간의 임금이 한 말만을 떼어 「강왕이 여러 사람들에게 고하는 말」이라 하기도 한다. 어떻든 금문이 옳다고 보아야 할 것이다.

임금은 묘문을 나가 응문 안에 머무셨다. 태보는 서쪽의 제후들을 거느리고 응문 왼쪽으로 들어오고, 필공은 동쪽의 제후들을 거느리고 응문 오른쪽으로 들어왔다. 모두 네 마리의 몸은 누렇고 말갈기는 붉은 말을 갖고 와서 벌여놓았다.

原文 왕 출 재 응 문 지 내   태 보 솔 서 방 제 후   입 응 문 좌
王出在應門之內라. 太保率西方諸侯하여 入應門左하고
필 공 솔 동 방 제 후   입 응 문 우   개 포 승 황 주
畢公率東方諸侯하여 入應門右라. 皆布乘黃朱라.

  손들은 홀과 폐백을 받쳐 들고 아뢰었다.

  "여러 왕실을 호위하는 신하들이 감히 토산물을 가져다 바치는 바입니다." 그리고 모두 두 번 절하고 머리를 조아리었다. 임금님은 올바른 적자(嫡子)로써 답례로 절하셨다.

<table>
<tr><td>原文</td><td>賓稱奉圭兼幣하고 曰; "一二臣衛이 敢執壤奠이니이다."</td></tr>
</table>

原文 賓稱奉圭兼幣하고 曰; "一二臣衛이 敢執壤奠이니이다."
하고 皆再拜稽首라. 王義嗣德이니 答拜하시니라.

  태보와 예백이 모두 나와 서로 읍을 하고는, 모두 임금에게 두 번 절을 하고 머리를 조아리며 아뢰었다.

  "감히 천자님께 공경히 아룁니다. 위대한 하늘이 큰 나라 은나라의 명을 바꾸시어, 주나라 문왕과 무왕이 하늘의 인도하심을 받고 따라 서쪽 땅을 돌보아주게 되었습니다. 새로 즉위하신 임금님은 상과 벌을 모두 적절하게 쓰시고 그분들의 이루어 놓은 일을 잘 안정시키어,

뒷사람들에게 복을 널리 끼쳐 주십시오. 임금님은 그렇게 되시도록 공경하셔야 합니다. 나라의 육군(六軍)을 잘 유지하시어 우리의 높은 할아버지들의 얻기 힘드셨던 하늘의 명을 깨치지 마십시오."

原文 太保曁芮伯이 咸進相揖하고 皆再拜稽首하고 曰;"敢敬 告天子하노이다. 皇天改大邦殷之命하사 惟周文武이 誕受羑若하 여 克恤西土하시니이다. 惟新陟王은 畢協賞罰하고 戡定厥功하사 用敷遺後人休하소서. 今王敬之哉니이다. 張皇六師하사 無壞我 高祖寡命하소서."

註解 • 羑(유) – 인도하는 것. 유약(羑若)은 하늘의 인도하심을 따르는 것. • 恤 (휼) – 돌보아주는 것, 사랑하는 것. • 陟(척) – 임금자리에 오르는 것. • 畢(필) – 모두. 다. • 協(협) – 알맞게 하는 것. • 戡(감) – 잘, 제대로. • 敷(부) – 널리. • 休 (휴) – 복(福). 아름다움. • 張皇(장황) – 장대(張大). 크게 유지하는 것. • 六師(육 사) – 육군(六軍). 전군(全軍). • 壞(괴) – 무너뜨리다. 깨뜨리다. • 高祖(고조) – 높 은 할아버지 문왕(文王). • 寡命(과명) – 받기 어려운 명, 얻기 어려운 하늘의 명.

임금님은 다음과 같이 말씀하셨다.
"여러 나라 제후들과 후복 · 전복 · 남복 · 위복의 제후들이여! 이 한 사람 교가 널리 고하오. 옛 임금 문왕과 무왕께서는 백성들을 고루 부하게 하시고 그들의 허물을 벌하기에 애쓰지 않으셨소. 백성들 모두가 믿도록 하시어 천하에 덕을 밝히셨소. 그리고 또 곰과 말곰 같은 용사들과 두 마음을 갖지 않는 신하들이 있어서 왕실을 보호하고 다스려 주었소. 그리하여 하늘로부터 명을 받아 다스리기 시작했던 것이오. 위대한 하늘은 올바른 도를 가르쳐 주시며 세상을 우리에게 맡겨 주신 것이오.

原文   王若曰; "庶邦侯甸男衛여! 惟予一人釗가 報誥하노라. 昔君文武는 丕平富하시고 不務咎하며 底至齊信하사 用昭明于天下하시니라. 則亦有熊羆之士와 不二心之臣하여 保乂王家하고 用端命于上帝하시니라. 皇天用訓厥道하사 付畀四方하시니라.

註解   • 庶邦(서방)―여러 나라의 제후. • 侯甸男衛(후전남위)―후복・전복・남복・위복의 여러 제후들. • 報誥(보고)―여러 사람에게 알리는 훈계를 하겠다는 뜻. • 平富(평부)―백성들을 고루 모두 부하게 해주는 것. • 務咎(무구)―애써 백성들의 허물을 꼬집어내어 다스리는 것. • 底(저)―이루다. 齊(제)―백성들 모두를 가리킴. • 昭明(소명)―덕을 밝히는 것. • 則(즉)―그리고. • 熊羆之士(웅비지사)―곰이나 말곰처럼 용감하고 센 군사들을 가리킴. • 不二心之臣(불이심지신)―오직 한마음으로 임금을 섬기는 신하. • 端(단)―시작하다. 다스리기 시작하는 것. • 訓厥道(훈궐도)―그(하늘)의 도로써 가르치는 것. • 付畀(부비)―주어 맡기는 것.

또 명하여 제후들을 세우고 왕실의 울타리를 만들어 우리 후세 사람들을 돌보아주셨소. 지금 나의 여러 아저씨들은 바라건대, 서로 저를 돌보아주시어 당신들 앞의 분들이 선왕에게 신하로서 일하던 방식을 계승하여 주시오. 비록 당신들의 몸은 밖에 있더라도, 당신들의 마음은 언제나 왕실에 있도록 해주시오. 그러함으로써 신중히 훌륭한 덕을 받들어 어린 이 사람에게 부끄러움이 끼쳐지지 않도록 해주시오."

原文　乃命建侯樹屛하여 在我後之人이라. 今予一二伯父는 尚
내 명 건 후 수 병　　재 아 후 지 인　　금 여 일 이 백 부　　상

胥曁顧하여 綏爾先公之臣服于先王하라. 雖爾身在外라도 乃心
서 기 고　　수 이 선 공 지 신 복 우 선 왕　　수 이 신 재 외　　내 심

罔不在王室하라. 用奉恤厥若하여 無遺鞠子羞하라."
망 부 재 왕 실　　용 봉 휼 궐 약　　무 유 국 자 수

註解　•建侯(건후)–제후들을 세우는 것. •樹(수)–세우다. •樹屛(수병)–나라
의 울타리를 세우는 것. 결국은 건후(建侯)와 같이 제후를 봉하는 것을 뜻함. •在
(재)–돌보는 것. •伯父(백부)–임금과 같은 성의 임금 윗대의 제후들. •尚(상)–
바라다. •胥(서)–서로. •曁(기)–더불어. 함께. •顧(고)–돌보아주다. •綏(수)–
계승하는 것(王引之『經義述聞』). •奉(봉)–받들다. •恤(휼)–삼가. 신중히. •厥
(궐)–조사. •若(약)–선(善). 훌륭한 덕. •鞠子(국자)–임금 자신을 가리킴.

　　여러 제후들은 모두 명령을 듣고 나서 서로 읍하며 나아갔다. 임금
님도 관을 벗으시고 상복을 되입으셨다.

原文　群公旣皆聽命하고 相揖趨出하니라. 王釋冕하시고 反喪服
군 공 기 개 청 명　　상 읍 추 출　　왕 석 면　　반 상 복
하시니라.

註解　•反喪服(반상복)–상복을 되입는 것. 임금의 자리에 오르는 의식은 상중
(喪中)이나 길례(吉禮)에 속하므로 길복과 흉복의 중간 예복을 입었다. 식이 끝났
지만 임금은 상주이므로 다시 상복을 입는 것이다.

解說　내용에 있어서 앞「성왕이 뒤의 강왕을 잘 돌보라고 내린 훈령(顧
命)」편의 계속이다. 강왕이 임금 자리에 오른 뒤, 신하들은 임금에게 잘 다
스려 줄 것을 부탁하고, 임금은 이에 대하여 신하들이 임금을 잘 도와주어
야 함을 강조하고 있다.

26. 강왕이 필공에게 내린 훈령(畢命)

서서(書序)

　강왕이 공문을 작성하여 필공에게 명을 내려 백성들이 사는 마을을 나누어 주나라의 교외를 이룩하도록 하였다. 이때 지어진 것이 「강왕이 필공에게 내린 훈령」이다.

　　康王命作册畢, 分居里, 成周郊. 作畢命.

　이 편은 금문에는 없는 고문에만 있는 가짜 글이다.

　강왕은 성주(成周)의 백성들을 필공(畢公)에게 보호하고 다스리도록 하였다. 임금이 필공을 이 성주 땅에 임명하며 훈계한 말이 이 편이라 한다.

　12년 6월 달빛이 뵈기 시작하는 초사흘 경오 날에서 사흘째인 임신 날에 임금님은 아침에 호경(鎬京)으로부터 걸으시어 풍 땅에 이르셨다. 그리고 필공에게 명하여 성주의 백성들을 거느리고 동쪽 교외 지방을 보호하고 다스리도록 하셨다.

原文　惟十有二年六月庚午朏의 越三日壬申에 王朝步自宗周하사 至于豐하시니라. 以成周之衆으로 命畢公하여 保釐東郊하시니라.

註解 ·十有二年(십유이년) — 강왕(康王) 12년(기원전 1056). ·朏(비) — 달빛이 가늘게 드러나기 시작하는 초사흘. 따라서 경오(庚午)는 초사흘, 임신(壬申)은 5일. ·宗周(종주) — 호경(鎬京). ·豐(풍) — 문왕의 도읍 터였으며, 그의 묘가 있는 곳. ·成周(성주) — 낙읍(洛邑)을 주공(周公)이 경영한 뒤 붙인 이름. ·釐(리) — 다스리다.

임금님은 이렇게 말씀하셨다.

"아아 보사여! 문왕과 무왕께서는 천하에 큰 덕을 펴시어 은나라의 명을 물려받으실 수 있으셨소.

原文 王若曰 ; "嗚呼라 父師여! 惟文王武王은 敷大德于天下하사 用克受殷命하시니라.

註解 ·父師(보사) — 태사(太師)와 같은 말. 태사였던 주공의 자리에 필공이 있었던 것이다.

주공께서는 선왕들을 보좌하시어 나라를 안정시키셨소. 은나라의 미련한 백성들을 신중히 다루어 낙읍으로 옮겨놓고, 왕실과 아주 가깝게 지내도록 하고 교훈을 본받아 교화되게 하였소. 이미 36년이 지나 세상도 변하고 풍속도 바뀌어져 온 세상이 근심없게 되니, 나 한 사람도 편안하여졌소.

原文 惟周公左右先王하사 綏定厥家하니라. 毖殷頑民하여 遷于洛邑하고 密邇王室하니 式化厥訓이라. 旣歷三紀하니 世變風移하

여 四方無虞하니 子一人以寧이라.

註解　• 左右(좌우) – 보좌의 뜻.　• 綏(수) – 편안한 것.　• 家(가) – 국가.　• 毖
(비) – 신중히 다루다. 삼가다.　• 頑(완) – 미련한 것. 완고한 것.　• 密(밀) – 매우 가
까운 것.　• 邇(이) – 가까운 것.　• 式(식) – 본뜨다.　• 化(화) – 교화의 뜻.　• 紀(기) –
12년. 따라서 삼기(三紀)는 36년(『正義』).　• 虞(우) – 걱정하다.

　세상의 법도는 잘 지켜질 때와 어지러울 때가 있고, 정사는 풍속으
로 말미암아 개혁되는 것이오. 백성들이 훌륭하다 생각하는 것을 훌
륭하게 해주지 못하면 백성들을 권면할 방법이 없게 될 것이오.

原文　道有升降하고 政由俗革이라. 不臧厥臧하면 民罔攸勸이라.

註解　• 道(도) – 세상의 법도. 세도(世道).　• 升(승) – 도가 잘 행하여지는 것.
• 降(강) – 도가 땅에 떨어지는 것, 어지러워지는 것.　• 俗(속) – 풍속.　• 臧(장) – 선
(善). 훌륭한 것.

　공께서는 오직 덕에 힘써 작은 일에도 부지런하고, 문왕으로부터
지금에 이르는 4대의 왕실을 돕고 빛내 주시오. 바른 얼굴빛으로 아
래 백성들을 거느리어 스승의 말처럼 공경하지 않는 자가 없도록 하
십시오. 아름다운 공적을 이전 임금님들 때보다 많이 쌓아서, 이 작
은 사람은 옷자락을 늘어뜨리고 팔짱을 끼고 앉아 성공만을 바라고
있도록 해주시오."

原文　惟公懋德하여 克勤小物하고 弼亮四世하라. 正色率下하여

망 불 지 사 언　　　　가 적 다 우 선 왕　　　여 소 자 수 공 앙 성
罔不祗師言케 하라. 嘉績多于先王이면 子小子垂拱仰成하리라.”

[註解]　•物(물)－사물.　•弼(필)－돕다. 보좌하다.　•亮(량)－밝히다.　•四世(사세)－문(文)·무(武)·성왕(成王)을 거쳐 강왕(康王)에게까지 4세(世) 내려오는 주나라 왕실을 뜻함.　•正色(정색)－바른 얼굴빛. 근엄한 얼굴빛.　•下(하)－밑의 사람.　•垂(수)－옷자락을 늘어뜨리고 몸 편히 있는 것.　•拱(공)－팔짱을 끼는 것.
•仰成(앙성)－일이 이루어지기만을 우러러 바라보고 있겠다는 말.

　임금님이 말씀하셨다.
　“아아 보사여! 지금 나는 공에게 주공이 하시던 일을 하도록 삼가 명하노니 가십시오.

[原文]　　왕 왈　　　오 호　　보 사　　금 여 지 명 공 이 주 공 지 사　　　왕
王曰 ; “嗚呼라 父師여! 今予祗命公以周公之事하노니 往
재
哉하라.

　착한 이와 악한 자를 분명히 구별하여 그들이 사는 마을을 구별해 주어 착함을 드러내고, 악함을 눌러 풍습을 바로잡고 덕으로 이끄는 일이 바로 서도록 하시오. 교훈과 법을 따르지 않거든 정전(井田)의 경계를 달리하여 두려워 따르도록 하십시오. 교외와 직할지의 경계를 거듭 나누고 봉해받은 땅을 삼가 굳건히 지키어 온 세상을 편안케 하시오.

[原文]　　정 별 숙 특　　　표 궐 택 리　　　창 선 단 악　　　수 지 풍 성
旌別淑慝하여 表厥宅里하고 彰善癉惡하여 樹之風聲하라.
불 솔 훈 전　　　수 궐 정 강　　　비 극 외 모　　　신 획 교 기　　　신 고
弗率訓典커든 殊厥井疆하여 俾克畏慕하라. 申畫郊圻하고 愼固

봉 수　　이 강 사 해
封守하여 以康四海하라.

註解　•旌別(정별)-분명히 구분하다. 잘 가려내다. •淑慝(숙특)-선한 자와 악한 자. •表(표)-드러내다. 분명히 하다. •彰(창)-밝히다. 드러내다. •癉(단)-억누르다. •樹(수)-세우다. •風聲(풍성)-풍습을 바로잡고 덕으로 백성을 이끄는 것. •殊(수)-따로 구별하는 것. •井(정)-정전(井田). •疆(강)-경계. 지경. •畏(외)-악을 행함을 두려워하는 것. •慕(모)-따르는 것. 흠모하는 것. •申(신)-거듭. •畫(획)-긋다. 나누다. •圻(기)-직할지역의 경계. •封(봉)-봉해 준 땅.

　정치는 일정한 원칙을 지키는 일이 소중하고, 말은 구체적이면서도 간결한 것이 좋소. 기이함을 좋아하지 마시오. 상나라 풍속은 경박하여 교묘한 말을 하는 것을 현명하다 하였소. 그 여풍이 없어지지 않았으니 공께서는 그 점을 유념하시오.

정 귀 유 항　　　사 상 체 요　　　불 유 호 이　　　상 속 미 미
原文　政貴有恒이오 辭尙體要니라. 不惟好異하라. 商俗靡靡하여
이 구 유 현　　　여 풍 미 진　　　공 기 념 재
利口惟賢이라. 餘風未殄이니 公其念哉하라.

註解　•恒(항)-상(常)과 통하여, '일정하고 변함없는 것'. •體(체)-구체적(具體的)인 것. 내용이 차있는 것. •要(요)-간결한 것. •靡靡(미미)-경박한 모양. 또는 타락한 모양. •利口(이구)-사실과 다른 교묘한 말. •殄(진)-끊기다. 죽다. 없어지다.

　내가 듣건대, '대대로 녹을 받은 집안에 예를 따르는 이가 드물어 방탕하게 지내며 덕 있는 이들을 업신여기고 있다. 이는 실로 하늘의 도를 거스르는 짓인데, 교화를 해치고 사치하며 화려함을 좋아하는

것이 만세를 두고 같은 흐름이라.'고 하였소.

原文　_{아 문 왈} _{세 록 지 가} _{선 극 유 례} _{이 탕 릉 덕} _{실 패}
我聞曰 ;‘世祿之家는 鮮克由禮하여 以蕩陵德이라. 實悖

_{천 도} _{폐 화 사 려} _{만 세 동 류}
天道니 敝化奢麗이 萬世同流라 하니라.’

註解　•世祿(세록)－대대로 녹(祿)을 받고 벼슬해 온 집안. •鮮(선)－드물다.
•由禮(유례)－예를 행하는 것. 예를 좇는 것. •蕩(탕)－방탕한 것. •陵(능)－업신
여기다. •悖(패)－거스르는 것. •敝(폐)－해치다. 망치다. •化(화)－교화. •萬世
同流(만세동류)－만세토록 같은 흐름. 교화를 해치고 사치를 좋아하여 하늘의 도를
거스르는 짓이 만세토록 변함이 없다는 뜻이다.

　이 은나라 여러 관리들은 영화를 누려온 지 오래되어, 사치하는 일
에 바빠 의로움을 저버리고, 옷이나 남보다 아름답게 입으려 하고 있
소. 방자함이 지나치고 자만하면 장차 나쁜 결과로 끝맺게 될 것이
오. 비록 풀어진 마음을 거두어들이려 한다 하더라도 그렇게 되는 것
을 막기는 어려울 것이오.

原文　_{자 은 서 사} _{석 총 유 구} _{호 치 멸 의} _{미 복 우 인}
茲殷庶士는 席寵惟舊하여 怙侈滅義하고 美服于人이라.

_{교 음 긍 과} _{장 유 악 종} _{수 수 방 심} _{한 지 유 간}
驕淫矜侉면 將由惡終이라. 雖收放心이라도 閑之惟艱이리라.

註解　•席(석)－자리를 깔고 앉아 있듯이 ‘누렸다’는 뜻. •寵(총)－총애. 영화.
•怙(호)－의지하다. 어떤 일만을 하는 것. •美服于人(미복우인)－남보다 아름다
운 옷을 입으려고만 하는 것. •驕(교)－방자한 것. •淫(음)－지나친 것. 과한 것.
•矜(긍)－자랑하는 것. •侉(과)－뽐내는 것. •由惡終(유악종)－나쁜 결과로 끝
장을 보게 되는 것. •收(수)－수습(收拾)하다. 거두어들이다. •放心(방심)－은나

라 백성들의 풀어진 마음. ·閑(한) — 막다.

　재산이 부하면서도 교훈을 따른다면 오랜 수명을 누릴 것이오. 덕과 의가 바로 위대한 교훈이오. 옛 교훈을 따르지 않고 또 그 무엇을 따르겠소?"

|原文| 資富能訓이면 惟以永年이라. 惟德惟義가 時乃大訓이니라. 不由古訓하고 于何其訓고?"

|註解| ·資(자) — 자산. 재물. ·時(시) — 이것.

　임금님이 또 말씀하셨다.
　"아아 보사여! 나라의 편안함과 위태로움은 오직 이 은나라 사람들에게 달려 있소. 강하지도 않고 부드럽지도 않게 다루어야만 그들의 덕이 닦이어질 것이오.

|原文| 王曰 ;"嗚呼라 父師여! 邦之安危는 惟玆殷士니라. 不剛不柔라야 厥德允修하리라.

　주공께서 이미 삼가 그 일을 시작하셨고, 군진은 그 중간을 잘 조화롭게 하여 놓았으니, 공께서는 그 끝머리를 잘 완성시켜 주시오. 세 분의 마음이 화합되어 함께 바른 길로 나아가게 되면, 도가 멀리까지 퍼지고 정사가 다스려져 백성들이 윤택하게 될 것이오. 왼쪽으

로 옷섶을 여미는 사방의 오랑캐들도 모두 복종하며 따르지 않는 자가 없게 된다면, 이 작은 사람은 영원히 많은 복을 받게 될 것이오.

原文 惟周公克愼厥始하고 惟君陳克和厥中이니 惟公克成厥終하라. 三后協心하여 同底于道하면 道洽政治하여 澤潤生民이리라. 四夷左衽도 罔不咸賴리니 子小子永膺多福이로다.

註解 • 三后(삼후)−주공(周公)・군진(君陳)과 필공(畢公)을 가리킴. • 底(저)−이르다. 나아가다. • 洽(흡)−널리 퍼지다. • 澤潤(택윤)−윤택하여지는 것. • 四夷(사이)−사방의 오랑캐. • 左衽(좌임)−왼쪽으로 옷섶을 여미는 것. 보통 문화인은 오른쪽으로 옷섶을 여미었으며, 좌임(左衽)은 오랑캐 풍습이었다. • 賴(뢰)−기대다. 의지하다. 복종하며 따르다. • 膺(응)−받다. 누리다.

공이 이 성주에 무궁한 터전을 세워주면, 또한 무궁한 칭송을 듣게 될 것이오. 자손들도 그 이루어 놓은 법도를 본받아 잘 다스려 가게 될 것이오.

原文 公其惟時成周에 建無窮之基하면 亦有無窮之聞하리라. 子孫訓其成式하여 惟乂하리라.

註解 • 時(시)−시(是). 이것. • 聞(문)−기리는 말을 듣는 것. • 訓(훈)−본받다. 따르다. • 式(식)−법. 법도.

아아! 할 수 없다고 말하지 말고, 오직 자기 마음을 다하시오. 백성들이 적다고 말하지 말고, 오직 일을 신중히 하시오. 이전의 임금님들이 이루어 놓으신 업적을 공경히 따라서, 옛날 정치보다도 더 훌륭히 하시오."

原文 嗚呼라! 罔曰弗克이라 하고 惟旣厥心하라. 罔曰民寡라 하고 惟愼厥事하라. 欽若先王成烈하여 以休于前政하라."

註解 •惟旣厥心(유기궐심)-오직 마음을 다하여 나라 위해 일하라는 뜻. •若(약)-따르다. •休于前政(휴우전정)-앞분들의 정치보다 아름답게 되는 것.

解說 앞의 성왕과 이 강왕의 시대는 주나라 전체를 통하여서도 가장 평화로운 시대였다. 이 시대에는 40여 년 동안 형벌을 쓰지 않았다 한다(『史記』). 그러기에 특별한 사건도 적었다. 고작해야 이처럼 필공을 옛 주공의 자리에 임명하는 정도가 큰 일이었다. 그러기에 은나라 백성들을 다스릴 필공에 대한 훈계인데도, 앞에서처럼 각박(刻薄)한 말들이 없다. 사치에 빠져 안일하게 사는 것을 경계하는 데 주안점을 두고 있는 것도, 이때의 태평을 말해 주는 것인 듯하다.

27. 목왕이 군아에게 내린 훈령(君牙)

서서(書序)

목왕이 군아에게 명하여 주나라 대사도가 되게 하였다. 이때 지어진 것이 「목왕이 군아에게 내린 훈령」이다.

穆王命君牙, 爲周大司徒. 作君牙.

이 편도 금문에는 없고, 고문에만 있다. 내용은 목왕(穆王, 기원전 1101~기원전 947 재위)이 군아를 대사도(大司徒)란 벼슬에 임명하며 훈계한 말을 사관이 기록한 것이라 한다.

강왕이 죽은 뒤에는 그의 아들 소왕(昭王, 기원전 1052~기원전 1002 재위)이 뒤를 이어 51년간 나라를 다스린 뒤, 다시 그의 아들 목왕이 즉위하였다.

임금님이 다음과 같이 말씀하셨다.

"아아 군아여! 그대의 할아버지와 아버지는 대대로 성실히 충성을 다하여 왕실을 위해 수고로이 일하였소. 그분들의 이루어 놓은 공적이 깃발 위에도 기록되어 있소.

原文 王若曰 ; "嗚呼라 君牙여! 惟乃祖乃父는 世篤忠貞하고

복 로 왕 가　　 궐 유 성 적　　 기 우 태 상
服勞王家하여 厥有成績이 紀于太常이니라.

註解　•服(복)－일하다. •紀(기)－기록하다. •太常(태상)－해와 달이 그려 있는 임금의 깃발. 임금은 공로 있는 사람의 이름과 공적을 그때그때 이 깃발에 기록케 하였다(『正義』).

　이 작은 사람이 문왕·무왕·성왕·강왕께서 끼치신 일을 이어받아 지키고 있소. 또한 이전 임금님들의 신하들이 도와주고 세상을 다스려 준 덕분이라 믿소. 마음의 근심과 위태로움이 호랑이 꼬리를 밟는 것과 같고, 봄에 얼음 위를 건너는 것과 같소.

原文　　유 여 소 자　　 사 수 문 무 성 강 유 서　　　 역 유 선 왕 지 신　　 극
惟予小子이 嗣守文武成康遺緒로다. 亦惟先王之臣이 克
좌 우 란 사 방　　　 심 지 우 위　　 약 도 호 미　　 섭 우 춘 빙
左右亂四方이니라. 心之憂危이 若蹈虎尾하고 涉于春冰이로다.

註解　•遺緒(유서)－끼친 일. 유업(遺業). •左右(좌우)－임금을 옆에서 보좌하는 것. •亂(란)－다스리다.

　지금 그대에게 명하여 나를 돕도록 하노니, 팔다리와 마음과 등뼈가 되어 주오. 그대 집안의 옛 전통을 이어, 할아버지와 아버지들을 욕되게 하지 마시오.

原文　　금 명 이 여 익　　　 작 고 굉 심 려　　 찬 내 구 복　　 무 첨 조
今命爾予翼하노니 作股肱心膂하라. 纘乃舊服하여 無忝祖
고
考하라.

•翼(익)-돕다. •膂(려)-등뼈. •纘(찬)-잇다. 계승하다. •乃舊服(내구복)-그대 집안의 옛 전통. •忝(첨)-욕되는 것.

다섯 가지 윤리를 널리 펴서, 백성들이 법을 따르고 서로 화합케 하오. 그대 몸이 바르다면 감히 바르지 않은 자가 전혀 없게 될 것이오. 백성들의 마음은 바르기만 한 것이 아니니, 그대의 바름으로 바로잡아 주어야만 하는 것이오.

原文 弘敷五典하고 式和民則하라. 爾身克正이면 罔敢弗正이라. 民心罔中이니 惟爾之中이라.

•五典(오전)-오상(五常), 오륜(五倫), 다섯 가지 윤리. •式(식)-공경하다. •惟爾之中(유이지중)-그대의 올바름으로써 바로잡으라는 뜻.

여름에 덥고 비가 오면 낮은 백성들은 원망하고 탄식하오. 겨울에 심하게 추워도 낮은 백성들은 역시 원망하고 탄식하오. 그들은 다루기 어려운 존재요. 그 어려움을 생각하여 그들을 쉽게 다스리기에 힘쓰면 백성들은 곧 편안해질 것이오.

原文 夏暑雨면 小民惟曰怨咨요 冬祁寒도 小民亦惟曰怨咨니라. 厥惟艱哉인저! 思其艱以圖其易면 民乃寧하리라.

•咨(자)-탄식하다. •祁(기)-큰 것. 심한 것. •圖其易(도기이)-백성들이 쉽게 다스려지도록 힘쓰라는 뜻.

아아! 매우 밝도다, 문왕의 계획이시어! 크게 잘 받드는도다, 무왕의 큰 공로여! 우리 후세 사람들을 깨우치고 도와서 모두 일그러짐이 없이 바르게 하여 주시는도다. 그대는 이 가르침을 공경히 밝히어 이전의 임금님들을 받들고 따르시오. 문왕과 무왕의 빛나고 밝으심에 응답하고 또 그것을 드날리어, 옛사람들과 같이 될 수 있도록 해주오."

原文 嗚呼라! 不顯哉라 文王謨여! 不承哉라 武王烈이어! 啓佑
我後人하여 咸以正罔缺이로다. 爾惟敬明乃訓하여 用奉若于先王
하라. 對揚文武之光明하여 追配于前人하라."

註解 ·謨(모)-꾀. 계획. ·啓(계)-열다. ·若(약)-따르다. ·對(대)-응대하는 것. ·追配(추배)-힘써 짝이 되도록 하는 것. 곧 비슷해지도록 하는 것.

임금님이 또 말씀하셨다.
"군아여! 그대는 오직 옛 장관들과 옛 법을 본받으오. 백성들의 다스려지고 어지러워짐이 여기에 달려 있소. 그대 할아버지와 아버지의 행한 바를 따라서, 그대의 임금으로서의 다스림을 밝혀 주시오."

原文 王若曰 ; "君牙여! 乃惟由先正舊典時式하라. 民之治亂
이 在茲라. 率乃祖考之攸行하여 昭乃辟之有乂하라."

註解 ·正(정)-장관, 관청의 우두머리. ·式(식)-본뜨다. ·在茲(재자)-이에

달려 있다는 뜻.

解説 소왕(昭王)과 목왕(穆王)은 모두 50여 년이나 나라를 다스렸다 한
다. 이 오랜 세월에 걸쳐 주나라는 태평하여 별로 사건이 없었다. 그러나
『사기』에서 사마천(司馬遷)은 소왕 때 이미 나라가 기울기 시작하여, 목왕
때에는 더욱 나라의 정치가 어지러워지기 시작했다고 말하고 있다. 오랜
태평 속에 백성들의 마음이 해이해진 때문이리라.

28. 목왕이 백경에게 내린 훈령(冏命)

서서(書序)

목왕이 백경에게 명하여 주나라 태복의 우두머리가 되게 하였다.
이때 지어진 것이 「목왕이 백경에게 내린 훈령」이다.
穆王命伯冏, 爲周太僕正. 作冏命.

이 편도 금문에는 없고 고문에만 들어 있다. 내용은 목왕(穆王)이 백경(伯冏)을 태복(太僕)에 임명하며 훈계한 말. 따라서 「목왕이 백경에게 내린 훈령」은 원제가 「경명」이 아니고 「백경지명(伯冏之命)」이어야 올바른 것이다.

태복은 하대부(下大夫)로서 별로 높지 않은 관리이지마는 임금과의 관계가 밀접하다. 임금의 옷·임금의 자리·임금의 명령을 전하는 일 등을 하며 언제나 임금과 붙어다닌다. 따라서 낮으면서도 중요한 자리인 것이다. 공영달(孔穎達) 같은 이는 태복은 중대부(中大夫)인 『주례』의 태어(太御)일 것이라 보았다.

임금님이 다음과 같이 말씀하셨다.

"백경이여! 나는 덕을 닦지도 못했으면서 아버님 뒤를 이어 대왕의 자리에 앉아 있소. 두려워 조심하며 위태로이 여기고 밤중에 일어나서도 허물을 지은 일은 없는가 생각해보고 있소.

王若曰 ; "伯冏이어! 惟予弗克于德이어늘 嗣先人하여 宅
丕后니라. 怵惕惟厲하고 中夜以興하여 思免厥愆이라.

• 宅(택)−자리잡고 있는 것. • 丕后(비후)−대왕(大王)의 뜻. • 怵惕(출
척)−두려워하고 조심하는 것. • 厲(려)−위태로운 것.

옛날의 문왕과 무왕께서는 총명하시고 존엄하고 성인다우셨소. 높
고 낮은 신하들도 모두 충성심을 품고 있었고, 그분들을 시중하며 심
부름하며 따라다니는 사람들까지도 바르지 않은 사람이 없었소. 아
침저녁으로 그들의 임금님을 받들고 도왔으며, 나가고 들어가고 하
는 일상생활에서 공경하지 않는 일이 없었소. 명령을 내리고 법령을
시행하는 것이 훌륭하지 않은 것이 없었으니, 낮은 백성들은 공경히
따랐고, 온 나라가 모두 아름다웠소.

原文 昔在文武는 聰明齊聖이라. 小大之臣도 咸懷忠良하고 其
侍御僕從도 罔匪正人이라. 以旦夕承弼厥辟하며 出入起居에 罔
有不欽이라. 發號施令이 罔有不臧하니 下民祇若하고 萬邦咸休
하니라.

註解 • 齊(제)−존엄한 것. • 聖(성)−모든 일에 성인처럼 통달한 것. • 匪
(비)−비(非). 부정사. • 承弼(승필)−받들고 돕다. • 起居(기거)−일상생활 • 發號
(발호)−경계하는 뜻으로 군령 같은 것을 내리는 것. • 施令(시령)−정부의 법령을
시행하는 것. • 臧(장)−선(善), 훌륭한 것. • 若(약)−따르다.

나 한 사람만은 어질지 못하니, 실로 좌우와 앞뒤 벼슬하는 이들에 힘입어 능력이 미치지 못하는 것을 바로잡고자 하오. 허물을 바로잡고 잘못을 고치어 옳지 않은 마음을 바로잡아 줌으로써, 옛 분들의 공덕을 이을 수 있게 하려는 것이오.

原文 惟予一人無良하니 實賴左右前後有位之士로 匡其不及이라. 繩愆糾謬하며 格其非心하여 俾克紹先烈하노라.

註解 •匡(광)—바로잡다. •繩(승)—나무에 먹줄을 치듯이 바로잡는 것. •愆(건)—허물. •糾(규)—잘못 같은 것을 찾아내어 고쳐주는 것. •謬(류)—그릇됨. •格(격)—바로잡는 것. •非心(비심)—옳지 못한 마음. •先烈(선렬)—이전 임금님들의 많은 공.

지금 나는 그대를 태복에 임명하오. 여러 심부름하고 시중드는 신하들의 우두머리가 되어, 그대 임금의 덕을 위하여 힘쓰며 미흡한 점을 함께 닦아 주오.

原文 今予命汝作大正하노라. 正于群僕侍御之臣하여 懋乃后德하며 交修不逮하라.

註解 •大正(대정)—태복(太僕)의 뜻. 태복은 여러 시종들을 거느린다는 뜻에서 대정(大正)이라 하였음. •正(정)—장(長). 우두머리. •僕(복)—심부름하는 것. •侍(시)—시중하는 것. •御(어)—모시는 것. •交(교)—서로. 모두. •不逮(불체)—불급(不及). 미흡한 점.

그대의 아래 사람들을 신중히 뽑아 교묘한 말을 하는 자, 비위 맞추는 얼굴을 하는 자, 남의 눈치만 보는 자, 아첨하는 자는 쓰지 말고 오직 올바른 사람들만을 쓰오.

原文 **愼簡乃僚**하여 **無以巧言令色便辟側媚**하고 **其惟吉士**하라.
신 간 내 료　　무 이 교 언 령 색 편 피 측 미　　기 유 길 사

註解 •簡(간)－가리다. •僚(료)－동료. 여기서는 함께 일하는 밑의 사람의 뜻. •巧言(교언)－교묘한 말. •令色(령색)－남의 비위를 맞추기 위하여 적당히 얼굴을 꾸미는 것. •便辟(편피)－지나치게 남의 눈치만 보는 자. 편(便)은 남의 뜻에 무조건 따르는 것. 피(辟)는 남의 싫어하는 일은 무조건 피하는 것. •側媚(측미)－비뚤어지게 아첨하는 것.

아래의 신하가 바르면 그의 임금도 바르게 될 것이요, 아래의 신하가 아첨하면 그의 임금은 자신이 성인이라 여기게 될 것이오. 임금의 덕이 많은 것도 신하에게 달려 있고, 덕이 없는 것도 신하에게 달려 있는 것이오. 그대는 간사한 자와 가까이하여 그들을 임금의 귀와 눈이 되는 관리에 충당함으로써, 임금을 옛 임금의 법도에서 어긋나는 길로 인도하지 않도록 해주시오.

原文 **僕臣正**이면 **厥后克正**이오 **僕臣諛**면 **厥后自聖**이니라. **后德惟臣**이요 **不德惟臣**이니라. **爾無昵于憸**하여 **充耳目之官**하고 **迪上以非先王之典**하라.
복 신 정　　궐 후 극 정　　복 신 유　　궐 후 자 성　　후 덕 유 신　　부 덕 유 신　　이 무 닐 우 험　　충 이 목 지 관　　적 상 이 비 선 왕 지 전

註解 •僕臣(복신)－시중하는 신하, 아래의 신하. •諛(유)－아첨하는 것. •自聖(자성)－스스로 성인인 체하여 남의 말은 전혀 듣지 않고 멋대로 일하는 것. •昵

(닐)-친한 것. •憸(험)-간사한 것. •耳目之官(이목지관)-임금의 귀가 되고 눈이 되는 관리. 즉 임금을 가까이서 시중하는 아래의 신하들.

사람 자체를 존중하지 않고 재물만을 존중한다면, 그런 자들은 그의 벼슬자리를 병폐 있게 만들 것이오. 그러면 그대는 그대 임금을 크게 공경치 못하게 될 것이고 나와 그대는 죄를 짓게 될 것이오."

原文 　_{비 인 기 길} 非人其吉하고 _{유 화 기 길} 惟貨其吉이면 _{약 시 관 궐 관} 若時瘝厥官이라. _{유 이 대 불} 惟爾大弗 _{극 지 궐 벽} 克祗厥辟이오 _{유 여 여 고} 惟予汝辜니라."

註解 •吉(길)-좋게 생각하다, 존중하다. •瘝(관)-병, 병폐.

임금님이 말씀하셨다.
"아아! 공경하여야 하오. 영원히 그대 임금을 일정한 법도로 도우시오!"

原文 　_{왕 왈} 王曰 ; _{오 호}"嗚呼라! _{흠 재} 欽哉어다. _{영 필 내 후 우 이 헌} 永弼乃后于彝憲하라."

註解 •彝憲(이헌)-일정한 법.

解說 　이 편에서처럼 별로 높지 않은 관리를 임명하며 훈계한 말을 기록한다는 것은 쉽지 않은 일이다. 목왕은 55년이나 나라를 다스렸지만 나라의 질서가 대단히 문란하였다 한다. 이 편 내용은 한 마디 한 마디가 모두 훌륭한 말이나, 별로 높지 않은 신하를 임명하면서 이런 말을 했다는 것은 역시 정치가 어지러웠던 탓일 것 같다.

29. 여후가 제정한 형법(呂刑)

서서(書序)

여후가 목왕에게 아뢰어 하나라의 돈을 내고 형벌을 면하던 법을 교훈으로 삼기로 하였다. 이때 지어진 것이 「여후가 제정한 형법」이다.

　呂命穆王, 訓夏贖刑. 作呂刑.

이 편은 금문과 고문에 모두 들어 있다. 『예기』 표기(表記)편과 치의(緇衣)편 · 『효경』 천자장(天子章) · 『상서대전(尙書大傳)』과 『사기』에서는 이 편 이름을 모두 『보형(甫刑)』이라 하고 있다.

「서서(書序)」에서는 "여후(呂侯)가 목왕(穆王)의 명으로 하(夏)나라 때의 돈을 내고 형벌을 면하던 법을 밝히고 본떠서 『여형』을 지은 것이다"고 하였고, 『사기』 주본기(周本紀)에서는 "보후(甫侯)가 임금에게 말하여 형법을 고쳐 짓고…… 『보형』이라 불렀다" 하였다. 최술(崔述) 등 많은 학자들이 '여(呂)'와 '보(甫)'는 옛날에 통용되던 글자로 보고 있다.

따라서 『여형』이란 '여후'가 목왕의 명을 받들어 새로 정리 제정한 형법'의 뜻으로 보면 된다. 다만 근래에 와서는 이 글이 목왕보다도 더 후세에 이루어진 글이라 주장하는 학자들이 많다(傅斯年 『中國古代文學史講義』 및 錢穆 『周官著作時代考』 등). 그렇다고 후대의 글이란 확실한 증거가 있는 것은 아니다.

여후가 목왕에게 아뢰었다.

"임금님께서는 백 세가 되도록 나라를 다스리어 노인이 되셨으니, 크게 헤아려 형법을 만들어 세상 사람들에게 알려주도록 하십시오."

原文　惟呂命이라. "王享國百年耄에 荒度作刑하여 以詰四方하소서."

註解　•享國(향국)－나라를 다스리다. 목왕은 쉰 살이 넘어 즉위하여 55년 동안 나라를 다스렸다 하니, '향국백년'은 백 살이 되도록 나라를 다스리며 늙었다는 뜻이다. •耄(모)－늙은 것. •荒(황)－크게. •度(탁)－헤아리다. 옛날의 형법(刑法)이나 사회의 실정을 헤아리는 것. •詰(힐)－삼가다, 책하다의 뜻으로 풀기도 하나, 고(誥)와 통하는 자이니, 곧 '알리다'의 뜻으로 봄이 좋다(屈萬里).

임금님이 말씀하셨다.

"옛날의 교훈이 있소. 치우가 처음 난리를 일으키니, 백성들에게까지 영향이 미치어 도둑질과 남을 해치는 짓을 않는 자가 없고, 모두가 경박한 짓, 사악한 짓을 일삼으며 난리를 일으키고 서로 약탈하고 훔치며 난동과 혼란을 일삼았소.

原文　王曰；"若古有訓이라. 蚩尤惟始作亂하니 延及于民하여 罔不寇賊하고 鴟義姦宄하여 奪攘矯虔이라.

註解　•若(약)－월(越)과 통하는 조사. •蚩尤(치우)－태곳적 황제(黃帝)의 구려국(九黎國) 제후. 반란을 일으켰다가 황제에게 탁록(涿鹿)에서 패하였다 한다. •延及(연급)－영향이 미치는 것. •寇(구)－도둑질하다. •賊(적)－남을 해치는 것. •鴟

(치)-경박한 것, 가벼운 것(屈萬里 引 馬融). •義(의)-아(俄)와 통하여, 사악한 것.
•姦(간)-안에서 반란을 일으키는 것. •宄(궤)-밖에서 반란을 일으키는 것. •奪
(탈)-뺏는 것. •攘(양)-훔치는 것. •矯虔(교건)-요요(撓擾), 난동을 부리고 혼란
을 일으키는 것(『釋義』).

묘나라 백성은 명령을 따르지 않아 형벌로 제재하였소. 곧 다섯 가
지 가혹한 형벌을 만들어 놓고 법이라 하면서 죄 없는 사람들을 죽였
소. 비로소 코 베고 귀 베고 불알 까고 얼굴에 문신(文身)을 하는 지
나친 형벌이 생겨났소. 이에 법에 걸리어 모두가 제재를 당하게 되었
으니 죄를 진 자만을 가리어 처벌하는 것이 아니었소.

．

原文 　묘민불용령 　　제이형 　　유작오학지형왈법
苗民不用靈하고 制以刑이라. 惟作五虐之刑曰法이라 하고
살륙무고 　　　원시음위의이탁경 　　　월자려형병제 　　　망
殺戮無辜하니라. 爰始淫爲劓刵椓黥이라. 越兹麗刑并制하니 罔
차유사
差有辭니라.

註解 　•苗(묘)-치우(蚩尤)가 반란을 일으킨 구려(九黎) 땅에 사는 사람들의 이
름, 즉 순(舜)과 우(禹)가 친 삼묘(三苗)(「舜典」및 「大禹謨」참조). •靈(령)-령
(令)과 통하여, 불용령(不用靈)은 명령을 따르지 않았다는 뜻. •制(제)-제재(制
裁). 잘못을 처벌하는 것. •五虐之刑(오학지형)-뒤에 보이는 코를 베어내는 것
(劓)·귀를 잘라내는 것(刵)·탁(椓, 古文에는 월〈刖, 다리를 자르는 것〉이라고도
써있으나, 뒤의 불알을 까는 형벌(宮刑)과 같은 말)·경(黥, 얼굴에 문신을 하는 묵
형(墨)과 같은 말) 및 사형(死刑, 뒤의 大辟)의 다섯 가지. 이러한 형벌은 중국에
옛날부터 있어 왔으나 "지나친 형벌"이라 한 것은, 이것을 함부로 썼기 때문이다.
•爰(원)-조사. •淫(음)-지나친 형벌이 생기는 것. •麗(려)-라(羅)와 통하여,
여형(麗刑)은 법에 걸리게 하는 것. •并(병)-모든 백성들을 아울러. •制(제)-제
재(制裁)의 뜻. •罔差(망차)-가리지 않다. •有辭(유사)-죄를 진 사람.

백성들도 일어나 서로 물들어 어수선하고 어지러워졌고, 마음에
믿음이 없어져서 신에 대한 약속과 맹세를 뒤엎었소. 가혹한 형벌로
죽음을 당한 여러 사람들이 이에 하늘에 자신들의 죄 없음을 아뢰었
소. 하늘이 백성들을 둘러보시니 향기롭고 아름다운 덕이란 것은 없
고 형벌에서 나는 비린내만이 났소.

原文 民興胥漸하여 泯泯棼棼하고 罔中于信하여 以覆詛盟이라.
虐威庶戮이 方告無辜于上이라. 上帝監民하시니 罔有馨香德하고
刑發聞惟腥이라.

註解 •胥(서)-서로. •漸(점)-물들어 가는 것. •泯泯(민민)-어수선한 것.
•棼棼(분분)-어지러운 모양. •中(중)-심(心). 마음. •覆(복)-뒤엎는 것. •詛
(저)-신(神)에게 빌면서 하는 약속. •盟(맹)-맹세. •虐威(학위)-가혹한 형벌.
•庶戮(서륙)-여러 죽음을 당한 사람들. •刑發(형발)-형벌에서 발하는. •聞惟
腥(문유성)-비린내만 났다는 뜻.

하나님께서는 죄도 없이 죽음을 당한 사람들을 불쌍히 여기시어,
포학한 자들을 징벌로 보복해 주시고, 묘나라 백성들은 멸망시켜 없
앰으로써 땅 위에서 대를 이어가지 못하게 하였소.

原文 皇帝哀矜庶戮之不辜하사 報虐以威하시고 遏絕苗民하여
無世在下하니라.

註解 •皇帝(황제)-상제(上帝). 하나님. •威(위)-징벌(懲罰). •遏(알)-멸망

의 뜻. •世(세)-후대의 뜻. •在下(재하)-지상.

　　그리고 중과 여에게 명하여 땅과 하늘 사이의 연락을 끊으시니, 신
(神)이 내려오시는 일이 없게 되었소. 그러자 여러 제후들은 백성들
을 돌보는 일에 매우 힘쓰게 되어, 홀아비와 과부들조차도 해를 입는
일이 없게 되었소.

乃命重黎하사 絶地天通하시니 罔有降格이라. 群后之逮在
下는 明明棐常하여 鰥寡無蓋하니라.

註解　•重黎(중려)-전욱(顓頊) 때에 하늘과 땅을 각각 다스리던 사람이라고 한
다(『國語』楚語).　•絶地天通(절지천통)-땅과 하늘의 통함을 끊었다는 것. 「초어
(楚語)」의 설명에 의하면, 구려(九黎)가 반란을 일으키자, 어느 집이나 함부로 신을
모시어 엄연하던 신과 사람의 구분이 흐려졌다. 그리하여 재난이 연달아 일어나므
로 전욱씨는 남정(南正)인 중(重)에게 명하여 하늘을 맡아 신들을 모으게 하고, 화
정(火正)인 여(黎)에게 명하여 땅을 맡아 사람들을 모으게 하였다. 그리하여 옛날
처럼 다시 신과 사람의 구분이 명확하여졌다. 그 위에 신이 땅에 내려오지도 않게
되었다.　•降格(강격)-신이 땅으로 내려오는 것.　•逮在下(체재하)-백성들을 돌
보아주는 것. 『시경』 모시서(毛詩序)의 '후비체하야(后妃逮下也)'의 경우와 같다
(『釋義』). 재하(在下)는 밑에 있는 백성들.　•明明(명명)-힘쓰고 노력하는 것.　•棐
(비)-『묵자(墨子)』 상현 중(尙賢 中)에 인용하여 불(不)자로 쓰고 있다. 비상(棐常)
은 비상(非常). 매우, 심히.　•蓋(개)-해(害). 해를 입다.

　　하나님께서 밑의 백성들에게 분명히 물어보시니, 홀아비와 과부들
이 묘나라 사람들에게 죄가 많다고 말하였소. 그리하여 행동이 포학
한 자들에겐 징벌을 가하고, 행동이 밝은 사람들은 밝게 드러내 주었
소.

原文 　^{황 제 청 문 하 민}　皇帝淸問下民하시니　^{환 과 유 사 우 묘}鰥寡有辭于苗라.　^{덕 위 유 외}德威惟畏요　^{덕 명}德明

原文 ^{황제청문하민} 皇帝淸問下民하시니 ^{환과유사우묘} 鰥寡有辭于苗라. ^{덕위유외} 德威惟畏요 ^{덕명} 德明

^{유명} 惟明이니라.

註解　•淸(청)－밝게. 자세히.　•有辭(유사)－잘못이나 죄가 있는 것.　•德威(덕위)－행동이 포학한 것.　•畏(외)－위(威)와 통하여, 징벌을 가하는 것.　•德明(덕명)－행실이 분명한 것.　•明(명)－밝게 드러내 주다.

　그리고 세 분들에게 명하시어 백성들을 위하여 삼가 일하도록 하였소. 백이는 법령을 반포하여 백성들을 형벌로부터 막았소. 우는 물과 땅을 다스리고 산과 냇물의 이름을 짓는 일을 주관하였소. 직은 씨 뿌리는 법을 널리 펴서 농사를 지어 아름다운 곡식을 생산케 하였소. 세 분들이 공을 이루자 백성들은 올바로 살게 되었던 것이오.

原文　^{내 명 삼 후} 乃命三后하여　^{흘 공 우 민} 恤功于民하시니라.　^{백 이 강 전} 伯夷降典하여　^{절 민 유 형} 折民惟刑

하니라.　^{우 평 수 토} 禹平水土하여　^{주 명 산 천} 主名山川하니라.　^{직 강 파 종} 稷降播種하여　^{농 식 가 곡} 農殖嘉穀이

라.　^{삼 후 성 공} 三后成功하니　^{유 은 우 민} 惟殷于民하니라.

註解　•三后(삼후)－뒤의 백이(伯夷)·우(禹)·직(稷)의 세 사람.　•恤(휼)－삼가는 것.　•功(공)－일하는 것.　•降(강)－백성들에게 반포하는 것.　•折(절)－막는 것. 절민유형(折民惟刑)은 백성들이 법을 어기지 않게끔 형벌로써 막았다는 뜻.　•主(주)－동사로 '다스리는 것'.　•名(명)－이름을 붙이는 것.　•稷(직)－후직(后稷). •農殖(농식)－농사 지어 생산하는 것.　•嘉(가)－아름다운 것.　•殷(은)－올바르게 되는 것.

사(士)는 백성들을 알맞은 형벌로 제재하여 가르침으로써 덕을 공경하도록 하였소.

原文 士制百姓于刑之中하여 以敎祗德하니라.
_{사 제 백 성 우 형 지 중} _{이 교 지 덕}

註解 • 士(사) − 송사(訟事)를 다스리는 관리. • 中(중) − 알맞은 것.

위의 임금은 공경히 삼가 다스리고 아래 백성들은 자기들 일에 힘쓰게 되었소. 온 세상에 업적이 밝게 드러나, 모두가 덕에 부지런히 힘쓰게 되었소. 그러므로 형벌을 공정히 하기에 힘써, 법을 어기는 백성들을 다스리게 되었던 것이오.

原文 穆穆在上하고 明明在下라. 灼于四方하여 罔不惟德之勤
_{목 목 재 상} _{명 명 재 하} _{작 우 사 방} _{망 불 유 덕 지 근}
이라. 故乃明于刑之中하여 率乂于民棐彝니라.
_{고 내 명 우 형 지 중} _{솔 예 우 민 비 이}

註解 • 穆穆(목목) − 공경히 삼가는 모습. • 在上(재상) − 임금님을 가리킴. • 明明(명명) − 힘써 일하는 모양. • 在下(재하) − 백성들. • 灼(작) − 업적이 밝게 드러나는 것. • 明(명) − 면(勉). 힘쓰는 것. • 中(중) − 중정. 공정한 것. • 棐彝(비이) − 법을 어기는 것. 불법자들.

옥사를 다스리는 것은 백성을 벌하는 데 목적이 있지 아니하고, 그들을 잘살게 하는 데 목적이 있소. 공경하고 두려워하여 자신에게 욕될 말이 생기지 않게 하시오. 하늘의 덕을 따르고 스스로 하늘의 명을 따라 나라를 다스리면, 밑의 세상 사람들은 하늘의 명에 들어맞는 삶을 누리게 될 것이오."

原文 　典獄非訖于威요　惟訖于富니라. 敬忌하여　罔有擇言在身
하라. 惟克天德하고　自作元命하면　配享在下하리라."

[註解] ・典獄(전옥)－옥사를 다스리는 것. ・訖(글)－끝이 있는 것. 목표가 있는
것. ・訖于威(글우위)－백성을 벌하는 데 목적을 두는 것. ・富(부)－백성들을 잘
살게 하는 것. ・忌(기)－두려워하는 것. ・擇(택)－역(斁)과 통하여, 택언(擇言)은
싫어하는 말, 또는 욕하는 말(『釋義』). ・作元命(작원명)－큰 하늘의 명을 따라 나
라를 다스리는 것. ・配享(배향)－하늘의 명에 들어맞는 삶을 누리다. ・在下(재
하)－밑에 있는 세상 사람들.

　임금님이 말씀하셨다.

"아아! 세상의 정사를 맡고 옥사를 다스리는 이들이여! 그대들은
하늘을 대신하여 백성들을 돌보는 사람이 아니오? 지금 그대들은 무
엇을 거울로 삼겠소? 백이가 법령을 시행하던 방법이 아니겠소? 지
금 그대들은 무엇을 경계하겠소? 오직 묘나라 백성들이 옥사에 관한
법을 잘 살피지 못하고, 좋은 사람을 골라 다섯 가지 형벌을 공정하
게 살펴 쓰도록 하지 못한 일일 것이오. 그들은 위세만 부리고 남의
재물을 약탈하는 자들로 하여금 다섯 가지 형벌을 멋대로 쓰게 함으
로써, 죄 없는 사람들을 괴롭혔던 것이오. 하늘은 그들을 용서하지
않고, 묘나라에 벌을 내리셨소. 묘나라 백성들은 벌하심에 변명도 못
하고, 바로 그들의 후대가 끊기게 되었던 것이오."

原文 　王曰 ; "嗟아! 四方司政典獄이어! 非爾惟作天牧가? 今爾

何監가? 非時伯夷播刑之迪가? 其今爾何懲가? 惟時苗民이 匪
<small>하 감　　비시백이파형지적　　기금이하징　　유시묘민　비</small>

察于獄之麗하고 罔擇吉人하여 觀于五刑之中이라. 惟時庶威奪
<small>찰우옥지려　　망택길인　　관우오형지중　　유시서위탈</small>

貨로 斷制五刑하여 以亂無辜니라. 上帝不蠲하사 降咎於苗하니
<small>화　단제오형　　이란무고　　상제불견　　강구어묘</small>

苗民無辭于罰하고 乃絶厥世하니라."
<small>묘민무사우벌　　내절궐세</small>

註解 • 司政典獄(사정전옥) — 정사를 맡고 옥사를 다스리는 사람. 곧 제후(諸侯)
들. • 天牧(천목) — 하늘의 명으로 목자(牧者)처럼 백성들을 돌보는 사람. • 監
(감) — 감(鑑)과 통하여 본뜨는 것. 거울로 삼는 것. • 伯夷(백이) — 앞의 주해 참조.
• 播(파) — 펴다. 시행하다. • 刑(형) — 법. • 迪(적) — 길. 도리. 방법. • 懲(징) — 경
계하다. • 匪(비) — 비(非). 부정사. • 麗(려) — 법(法)의 뜻. • 觀(관) — 잘 살펴 쓰는
것. • 五刑(오형) — 얼굴에 문신을 새기는 것(墨)·코를 베는 것(劓)·다리를 자르
는 것(剕)·불알을 까는 것(宮)·사형(大辟)의 다섯 가지 형벌. • 中(중) — 알맞음.
공정함. • 庶威(서위) — 여러 위세를 부리는 자들. • 奪貨(탈화) — 재물을 약탈하는
사람들. • 斷(단) — 멋대로. • 制(제) — 생각대로 쓰는 것. • 不蠲(불견) — 용서하지
않는 것. • 無辭(무사) — 변명도 못하는 것.

　임금님은 또 말씀하셨다.
　"아아! 그것을 잘 생각하오. 큰아버지·큰형·둘째 아저씨·동
생·어린 아들·어린 손자들이여! 모두 내 말을 들으오. 여기에는 하
늘이 내려 주신 명이 있소. 이제 그대들은 매일 부지런히 힘쓰지 않
는 이가 없어야 하오. 그대들은 부지런히 일하지 않아 주의 받는 이
가 없어야 하오. 하늘은 백성들을 돕고자 하시어 우리에게 시일을 내
려주셨으나, 나라의 운명이 끝나지 않아야 할 때 끝나게 되는 것은
사람에게 달린 일이오. 그대들은 바라건대, 하늘의 명을 공경히 맞아
들이어 나 한 사람을 잘 받들어 주오. 비록 처벌하라고 하였다 하더

라도 덮어놓고 처벌하지 말고, 비록 용서하라고 하였다 하더라도 덮어놓고 용서하지 마시오. 오직 다섯 가지 형벌을 공경히 씀으로써 세 가지 덕을 이루어 주오. 천자 한 사람에게 경사가 있게 되면 천하의 모든 백성들도 이에 힘입게 되고, 나라의 편안함도 영원하여질 것이오."

原文 王曰；"嗚呼라! 念之哉어다! 伯父伯兄仲叔季弟幼子童孫이어! 皆聽朕言하라. 庶有格命이니라. 今爾罔不由慰日勤이니라. 爾罔或戒不勤이니라. 天齊于民하사 俾我一日이시나 非終惟終은 在人이라. 爾尙敬逆天命하여 以奉我一人하라. 雖畏勿畏하며 雖休勿休하고 惟敬五刑하여 以成三德하라. 一人有慶이면 兆民賴之하고 其寧惟永하리라."

註解 • 庶(서)—아마도. 틀림없이. • 格命(격명)—하늘이 명을 내려 주시는 것. • 慰(위)—면(勉). 힘쓰다(『釋義』). • 日勤(일근)—매일 부지런히 일하는 것. • 戒(계)—경계하는 것. 주의하는 것. • 齊(제)—자(資)의 뜻으로 돕는 것. • 俾(비)—가(假)와 통하여, 내려주는 것. • 一日(일일)—적은 날들, 시일(時日). • 非終惟終(비종유종)—국운(國運)이 끝장나지 않아야 할 때 끝장나는 것. • 逆(역)—맞아들이다. • 畏(외)—위(威)와 통하여 벌하는 것. 외물외(畏勿畏)는 「군진에게 훈령을 내림(君陳)」편의 "여왈벽, 이유물벽(子曰辟, 爾惟勿辟, 내가 벌하라고 말하더라도 그대는 함부로 벌하지 마라)'과 같은 말. • 休(휴)—형벌을 그만두는 것. 휴물휴(休勿休)는 「군진에게 훈령을 내림」편의 '여왈유, 이유물유(子曰宥, 爾惟勿宥, 내가 용서하라 하더라도 그대는 함부로 용서하지 마라)' 라는 말과 같은 뜻. • 三德(삼덕)—강(剛) · 유(柔) · 정직(正直)(「洪範」 참조). • 一人(일인)—임금을 가리킴.

임금님이 말씀하셨다.

"아아! 오시오, 나라와 땅을 다스리는 이들이여! 그대들에게 좋은 형법을 알려주겠소. 지금 그대들이 백성을 편히 살게 해주려고 함에 있어서 무엇을 가려 쓰고 있소? 훌륭한 사람이 아니겠소? 무엇을 공경히 하오? 형벌이 아니겠소? 무엇을 헤아리오? 형벌을 적절히 쓰는 방법이 아니겠소?

原文 王曰 ; 吁라! 來하라! 有邦有土여! 告爾祥刑하리라. 在今 爾安百姓에 何擇고? 非人가? 何敬고? 非刑가? 何度고? 非及가?

註解 •有邦有土(유방유토) - 나라와 땅을 다스리는 사람들. 즉 제후. •祥 (상) - 선(善)과 통하여, 상형(祥刑)은 좋은 형벌. •及(급) - 『사기』 주본기(周本紀) 에는 의(宜)로 되어 있다. 형벌을 적절히 쓰는 것.

양편의 소송자들이 모두 갖추어지거든 형벌을 관장하는 관리는 다섯 가지 형벌을 근거로 하여 그들의 변명을 들으시오. 그들의 말이 다섯 가지 형벌에 해당하면 다섯 가지 형벌을 올바로 집행하시오. 다섯 가지 형벌이 죄 진 사실에 맞지 않거든 다섯 가지 벌금으로 올바르게 처벌하시오. 다섯 가지 벌금에도 승복치 않거든 다섯 가지 허물을 근거로 죄를 따지세요. 다섯 가지 허물의 판단이 잘못되기 쉬운 것은 관권을 쓰는 것, 원한이나 은혜를 갚는 것, 집안사람을 이용하여 내통하는 것, 뇌물 쓰는 것, 친분을 이용하여 청탁하는 것 때문이오. 그 죄는 고르게 다스려야만 하는 것이니 잘 살피어 처리하도록 하오.

^{양 조 구 비}兩造具備커든 ^{사 청 오 사}師聽五辭하라. ^{오 사 간 부}五辭簡孚커든 ^{정 우 오 형}正于五刑하라.

^{오 형 불 간}五刑不簡커든 ^{정 우 오 벌}正于五罰하라. ^{오 벌 불 복}五罰不服커든 ^{정 우 오 과}正于五過하라. ^{오 과 지}五過之

^자疵는 ^{유 관 유 반 유 내}惟官惟反惟內와 ^{유 화 유 래}惟貨惟來라. ^{기 죄 유 균}其罪惟鈞이니 ^{기 심 극 지}其審克之하라.

註解 • 造(조)－조(曹)와 통하여, 무리. 양조(兩造)는 양쪽 사람들, 즉 원고(原告)와 피고(被告). • 師(사)－사사(士師)로서 형벌을 관장하는 관리. • 五辭(오사)－오형(五刑)에 대한 소송인들의 변명. 곧 벌하려는 데 대한 변명. • 簡(간)－핵(核)과 통하여 핵실(核實). 즉 실제의 모양을 조사하는 것. • 孚(부)－부(符)와 통하여 사실과 부합하는 것. • 五罰(오벌)－다섯 가지 벌금. 돈으로 오형을 대속(代贖)하는 것(뒤에 나옴). • 五過(오과)－다섯 가지 허물. 바로 뒤에 설명이 나옴. • 疵(자)－병폐. 잘못. • 官(관)－관권(官權)을 쓰는 것. • 反(반)－옥사의 처결을 이용하여 은혜나 원한을 갚는 것. • 內(내)－집안 사람을 이용하여 옥관과 내통하는 것. • 貨(화)－뇌물을 쓰는 것. • 來(래)－친분을 이용하여 부탁하는 것. • 鈞(균)－고르게 다스리는 것. • 克之(극지)－잘 처리하여야 한다는 뜻.

다섯 가지 형벌로 처벌하는 것이 의심스러울 경우에는 용서를 하시오. 다섯 가지 벌금으로 처벌하는 것도 의심스러우면 용서를 하시오. 모든 것을 잘 살피어 사실을 밝히도록 하시오.

原文 ^{오 형 지 의 유 사}五刑之疑有赦요 ^{오 벌 지 의 유 사}五罰之疑有赦니라. ^{기 심 극 지}其審克之하라.

註解 • 疑有赦(의유사)－형벌이 너무 과하지 않은가 하고 의심이 나면 그 형벌을 쓰지 말라는 뜻. • 克(극)－핵(覈)과 뜻이 통하여 '조사하여 사실을 밝히는 것'.

여러 범죄자들을 조사할 적에는 잘 심문하고 또 잘 따져보시오. 범죄 사실을 확인할 수 없다면 벌을 내리지 말고, 모두 하늘이 내리시는 벌을 공경히 기다리시오.

原文 簡孚有衆이니 惟貌有稽하라. 無簡不聽하고 具嚴天威하라.

註解 •簡孚(간부)—범죄사실을 조사하는 것. •有衆(유중)—여러 범죄자들. •貌(모)—『사기』에서는 신(訊)이라 쓰고 있다. 유모유계(惟貌有稽)는 심문해 보고 또 잘 따져보라는 뜻. •無簡(무간)—범죄사실을 확인할 수 없는 것. •聽(청)—청옥(聽獄). 곧 옥사를 다스리는 것, 벌을 내리는 것. •具(구)—모두의 뜻. •嚴(엄)—공경히 하다.

문신을 얼굴에 새기는 형벌을 가하는 것이 의심스러워 용서할 자는 백환의 벌금을 내도록 하되, 그 죄의 내용을 잘 살피시오. 코 베는 형벌을 가하는 것이 의심스러워 용서할 자는 벌금을 두 배 내도록 하되, 그 죄의 내용을 잘 살피시오. 다리를 자를 형벌을 가하는 것이 의심스러워 용서할 자는 5백 환의 벌금을 내도록 하되, 그 죄의 내용을 잘 살피시오. 불알 까는 형벌을 가하는 것이 의심스러워 용서할 자는 6백 환의 벌금을 내도록 하되, 그 죄의 내용을 잘 살피시오. 사형을 가하는 것이 의심스러워 용서할 자는 천환의 벌금을 내도록 하되, 그 죄의 내용을 잘 살피시오.

문신을 얼굴에 새기는 형벌에는 천 가지 죄가 있소. 코 베는 형벌에도 천 가지 죄가 있소. 발 자르는 형벌에는 5백 가지 죄가 있소. 불알 까는 형벌에는 3백 가지 죄가 있소. 사형에는 그 종류가 2백 가지 있소. 다섯 가지 형벌에는 도합 3천 가지 죄가 있는 것이오.

墨辟疑赦는 其罰百鍰이니 閱實其罪하라. 劓辟疑赦는 其罰惟倍니 閱實其罪하라. 剕辟疑赦는 其罰惟倍差니 閱實其罪하라. 宮辟疑赦는 其罪六百鍰이니 閱實其罪하라. 大辟疑赦는 其罪千鍰이니 閱實其罪하라.

墨罰之屬千이오 劓罰之屬千이오 剕罰之屬五百이오 宮罰之屬三百이오 大辟之罰은 其屬二百이니라. 五刑之屬三千이니라.

註解 ・鍰(환)−금붙이를 다는 무게의 단위. 여기서는 주대(周代)에 쓰인 둥근 모양의 동과 쇠를 섞어 만든 돈 이름. ・閱(열)−살피는 것. ・實(실)−사실. 즉 내용. ・倍(배)−문신을 얼굴에 새기는 형벌의 두 배로 2백 환(鍰). ・剕(비)−발꿈치를 자르는 형벌. ・倍差(배차)−코를 베는 형벌의 두 배하고도 얼마를 더한 5백 환(鍰)(『正義』・『蔡傳』)이라고도 하고, 두 배가 부족한 3백 환(『釋義』)이라 보기도 한다. ・屬(속)−죄의 종류.

위아래로 죄를 견주어 보고, 범인의 함부로 지껄이는 변명으로 판단을 그르치지 마오. 이미 통행되지 않는 형벌은 쓰지 말고, 오직 살피고 법을 따라 사실을 잘 살피어 처결하도록 하오.

原文 上下比罪하고 無僭亂辭하라. 勿用不行하고 惟察惟法하여 其審克之하라.

註解 ・上下(상하)−위의 무거운 형벌과 아래의 가벼운 형벌. ・比(비)−죄를 견주어 보는 것. ・僭(참)−판단을 그르치는 것. ・亂辭(란사)−함부로 지껄이는

변명. • 不行(불행) ― 행하여지지 않던 형벌.

　무거운 형벌로 판결하였다 하더라도 가벼이 해주어야겠으면 그 밑의 형벌을 쓰시오. 가벼운 형벌의 판결을 하였다 하더라도 무겁게 하여야겠으면 그 위의 형벌을 쓰시오. 여러 가지 형벌을 가볍게 하고 무겁게 함엔 요량이 있어야 하오. 형벌은 시대에 따라 가볍기도 하고 무겁기도 한 것이나, 오직 바르지 못한 자를 바르게 하기 위한 것이니, 조리가 있고 공정해야 하오.

原文　上刑適輕下服하고 下刑適重上服하라. 輕重諸罰有權이니라. 刑罰世輕世重이나 惟齊非齊니 有倫有要니라.

註解　• 適輕(적경) ― 가볍게 벌해야만 알맞는 것. • 下服(하복) ― 그 밑의 더 가벼운 형벌을 쓰는 것. • 權(권) ― 요량하여 적절히 처리하는 것. • 世輕世重(세경세중) ― 시대에 따라 형벌이 가볍기도 하고 무겁기도 하였다는 뜻. • 惟齊非齊(유제비제) ― 바르지 못한 자를 바르게 하는 것. • 有倫(유륜) ― 조리(條理)가 있는 것, 원칙이 있는 것. • 要(요) ― 중정(中正). 공정한 것.

　징벌은 죽음은 아니나 사람들은 극히 괴롭게 여기오. 간사한 자가 범죄를 판결하도록 하지 말고 어진 이가 범죄를 처리케 하여, 공정하지 않은 일이 없도록 하오.

原文　罰懲非死나 人極于病이라. 非佞折獄하고 惟良折獄하여 罔非在中하라.

•罰懲(벌징)－징벌. 벌을 내리는 것. •病(병)－괴롭게 여기는 것. •佞(녕)－여기서는 영인(佞人). 곧 간사한 사람의 뜻. •折獄(절옥)－범죄를 재판하여 판결하는 것. •中(중)－중정(中正). 올바름.

  변명하는 말의 잘못을 살피어 복종하지 않는 자는 복종하도록 해야만 하오. 동정하는 마음을 가지고 범죄를 처리하여야 하며, 형법 문서를 분명히 공개하여 서로 헤아려보게 하여 모두 다 공정하게 처리되도록 하오. 쓰는 형벌을 잘 살피어 처리하시오. 범죄에 대한 판결이 이루어지면 사실과 부합하여야 하며, 임금에게 아뢰는 것도 사실과 부합하여야 하오. 행하여진 형벌은 상부에 보고하고 기록하여, 두 가지 형벌을 받을 자는 그 중 한 가지 형벌을 집행하시오.”

原文 察辭于差하여 非從惟從하라. 哀敬折獄하며 明啓刑書胥占하여 咸庶中正하라. 其刑其罰을 其審克之하라. 獄成而孚하고 輸而孚니라 其刑上備하고 有并兩刑하라.”

•辭(사)－변명. •差(차)－말이 어긋나는 것. 잘못. •從(종)－형벌에 마음으로 따르는 것. •明啓(명계)－분명히 공개하는 것. •刑書(형서)－옥사를 처리한 문서. •胥(서)－서로. •占(점)－검토해 보는 것. •獄成(옥성)－옥사가 다 끝나는 것. •孚(부)－모두가 사실과 부합하는 것. •輸(수)－주(奏)와 통하여, 임금에게 아뢰는 것. •上備(상비)－위로 다 기록하여 보고하는 것. •并兩刑(병량형)－두 가지 형벌을 받을 자는 무거운 벌 한 가지를 골라 집행하라는 뜻.

  임금님이 말씀하셨다.
  “아아! 공경히 해주시오! 형을 집행하는 기관의 우두머리와 내 일가 여러분이여! 내 말에는 두려워할 일이 많았소. 나는 형벌을 공경히 집행하여 덕 있는 사람만이 벌을 다스리게 하라고 하였소. 지금 하늘은 백성들을 돕고 계시니 세상을 이에 알맞게 다스리려면, 한쪽의 변호하는 말을 분명히 잘 살펴야 하오. 백성들을 다스림에는 소송하는 양편 당사자들의 변명을 바로 듣지 못하는 일이 없어야 되는 것이니, 소송하는 양편 당사자들의 변명을 사사로이 어지럽히는 일이 없어야만 하오. 범죄를 판결할 적에 먹는 뇌물은 보배가 되지 못하고 오직 죄짓는 일만이 쌓이어 여러 사람의 원망으로 보복을 당하게 될 것이오.

原文　王曰 ; "嗚呼라! 敬之哉어다! 官伯과 族姓이어! 朕言多懼로다. 朕敬于刑하여 有德惟刑이라. 今天相民이시니 作配在下면 明淸于單辭하라. 民之亂은 罔不中聽獄之兩辭이니 無或私家于獄之兩辭하라. 獄貨非寶요 惟府辜功하여 報以庶尤리라.

註解　•官伯(관백)－관장(官長). 여기서는 형을 집행하는 기관의 우두머리. •族姓(족성)－임금과 같은 성의 신하들. •懼(구)－두려워하는 것. 다구(多懼)는 두려워할 만한 말이 많았다는 뜻. •相(상)－돕는 것. •作配(작배)－배합되게, 즉 알맞도록 일하는 것. •明淸(명청)－밝게 살피는 것. •單辭(단사)－피고나 원고의 한편이 자기가 유리하도록 변호하는 말. 뒤의 양사(兩辭)와 대(對)가 되는 말임. •亂(란)－다스리다. •中(중)－올바른 것. •獄之兩辭(옥지량사)－재판할 적의 원고와 피고 양편의 말. •家(가)－혼(圂)을 잘못 적은 것. 옛글자는 '가'와 '혼'의 모양이 비슷하다. 따라서 사가(私家)는 사사로이 어지럽히는 것. •獄貨(옥화)－옥사에서 먹은 뇌물. •府(부)－동사로 쓰여, '쌓이는 것'. •辜功(고공)－죄짓는 일. •庶尤(서우)－여러 사람들이 원망하는 것.

영원히 두려워하며 형벌을 써야 하오. 하늘은 공정하지 않은 일이 없으시니, 사람들은 하늘의 명을 잘 살펴야만 하오. 하늘의 벌이 백성들에게 미치지 못하면, 세상에는 훌륭한 정치가 이루어지지 않을 것이오."

原文 永畏惟罰^{영외유벌}이라. 非天不中^{비천부중}이니 惟人在命^{유인재명}이라. 天罰不極庶^{천벌불극서}民^민이면 罔有令政在于天下^{망유령정재우천하}리라."

註解 •中(중)—바른 것. •在命(재명)—하늘의 명을 잘 살피는 것. •極(극)—미치는 것. •令政(령정)—선정(善政), 훌륭한 정치.

임금님이 말씀하셨다.

"아아! 조상들을 뒤이은 자손이여! 지금으로부터 무엇을 본떠야 할까요? 덕이 아니겠소? 백성들에 관한 판결은 밝게 일을 처리하여 주시오. 어진 사람이 형벌을 처리하여 끝없는 칭송이 다섯 가지 형벌을 쓰는 일에 붙게 되면, 모든 일이 바르게 되고 좋은 일이 생기게 될 것이오. 임금의 어진 백성들을 물려받아, 이 좋은 형벌을 잘 살펴 쓰도록 하시오."

原文 王曰^{왕왈} ; "嗚呼^{오호}라 嗣孫^{사손}이어! 今往何監^{금왕하감}고? 非德^{비덕}고? 于民之^{우민지}中^중에 尙明聽之哉^{상명청지재}어다. 哲人惟刑^{철인유형}하여 無疆之辭^{무강지사}가 屬于五極^{속우오극}이면 咸中有慶^{함중유경}이리라. 受王嘉師^{수왕가사}하여 監于茲祥刑^{감우자상형}하라."

•嗣孫(사손)−선조들의 뒷자리를 이은 자손들. 제후는 세습이었으므로 제후들을 가리킴. •中(중)−사건을 올바로 판결하는 것. •聽(청)−청옥(聽獄), 곧 옥사를 처리하는 것. •辭(사)−칭송하는 말. •極(극)−형벌을 쓰는 것. •中(중)−중정(中正). •嘉師(가사)−양민, 어진 백성들.

解說 여기의 목왕의 형법에 의하면, 돈만 있으면 사형까지라도 면할 수 있다. 그러기에 내용은 덕과 올바름〔中〕으로 법을 다스리라는 교훈이 중심을 이루고 있지마는, 많은 비평가들의 비난을 받았다. 목왕은 지나치게 사방으로 놀러 다녀 나라의 재정을 궁핍하게 만들고 백성들을 괴롭히었다. 하는 수 없이 생각해낸 수가 이 형벌을 돈으로 대속(代贖)케 하자는 것이라 한다. 이것도 나라가 망해 가는 조짐의 한 가지라 할 것이다.

앞의 「순임금의 업적(舜典)」에도 “돈으로 형벌을 대속케 한다.”는 말이 있지마는, 그것은 공부하는 학교의 형벌이었다. 이처럼 모든 죄를 돈으로 살 수 있다는 것은 아무래도 지나친 것 같다.

30. 평왕이 문후에게 내린 훈령(文侯之命)

서서(書序)

평왕이 진(晉)나라 문후에게 검은 기장과 향초로 빚은 술(秬鬯)과 옥 구기(圭瓚)를 내려주었다. 이때 「평왕이 문후에게 내린 훈령」을 지었다.

平王錫晉文侯秬鬯圭瓚. 作文侯之命.

이 편은 금문과 고문에 모두 들어 있다. 내용은 평왕(平王, 기원전 770~기원전 720 재위)이 진(晉)나라 문후(文侯)를 제후[方伯]에 임명하며 훈계한 말을 사관이 기록한 것이다.

문후의 이름은 구(仇). 신후(申侯)와 견융(犬戎)이 유왕(幽王, 기원전 781~기원전 771 재위)을 죽이자, 문후는 정(鄭)나라 무공(武公)과 함께 태자 의구(宜臼)를 평왕으로 세우고 도읍을 동쪽의 낙읍(洛邑)으로 옮기었다. 이로부터 뒤의 주나라를 동주(東周)라 부르고 이전을 서주(西周)라 하여 구분한다.

앞편의 목왕(穆王, 기원전 1001~기원전 947 재위)과 평왕 사이에는 2백 년의 시대적인 틈이 있다. 목왕 뒤에는 공왕(共王, 기원전 946~기원전 935 재위)·의왕(懿王, 기원전 934~기원전 910 재위)·효왕(孝王, 기원전 909~기원전 895 재위)·이왕(夷王, 기원전 894~기원전 879 재위)·여왕(厲王, 기원전 878~기원전 828 재위)·선왕(宣王, 기원전 827~기원전 782 재위)·유왕(幽王)의 일곱 임금을 거쳐 평왕에게로 임금 자리가 전해진 것이다. 이 사이의 기록은 전혀 『서경』에는 들어 있지 않다. 없어졌다는 편명조차도 없다. 이 사이는 주나라가 쇠약하여지던 때이고, 별로 어진 사람이 없던 시대여서 『서경』에 넣을 만한 기록이 남지 않은 것이라 볼 수밖에 없다.

　임금님이 다음과 같이 말씀하셨다.

　"아저씨 의화여! 명철하신 문왕과 무왕께서는 덕을 삼가 밝히시니, 하늘에까지 밝게 위로 알려지고, 널리 온 세상에도 알려졌소. 그리하여 하늘은 그의 명을 문왕에게 내리셨던 것이오. 또한 옛날 장관들이 잘 보좌하여 그들의 임금을 도우며 섬기었으므로, 이에 작고 큰 계책들이 모두 뜻에 따라 이루어지게 되었던 것이오. 그리하여 선조님들께서는 편안히 임금자리에 계실 수 있으셨소.

原文　王若曰;"父義和여! 丕顯文武는 克愼明德하시니 昭升于上하고 敷聞在下하니라. 惟時上帝集厥命于文王하시니라. 亦惟先正이 克左右昭事厥辟하니 越小大謀猷에 罔不率從하니라. 肆先祖懷在位하시니라.

註解　•父(부)-같은 성의 손 윗분을 존경하여 붙인 말. •義和(의화)-진문후(晋文侯)의 자(字). •升(승)-'위로 알려지는 것'. •時(시)-시(是). •集(집)-모이다. 내리다. •正(정)-장관, 관청의 우두머리 •左右(좌우)-좌우(佐佑). 보좌하는 것. •昭(소)-돕다. 보조하다(屈萬里). •謀猷(모유)-임금이 나라를 다스리는 계책. •罔不率從(망불솔종)-백성들이 모두 계책에 따라 그것이 잘 이루어졌다는 뜻. •肆(사)-그러므로. •先祖(선조)-문왕과 무왕을 가리킴. •懷(회)-편안한 것.

아아! 가련한 이 작은 사람은 임금 자리에 올라 하늘의 큰 벌을 받았소. 낮은 백성들의 재물이 모두 없어지고, 견융의 침입으로 우리나라가 어려움을 당하였소. 지금 나의 일을 보는 관리들을 보면 나이 먹고 경험 많고 뛰어난 사람들이 한 사람도 일하는 자리에 없어 나는 일을 제대로 할 수가 없소. 그러니 할아버지와 아저씨들이여! 저 자신을 걱정해 주십시오. 아아! 공적을 이루어 주기만 하신다면 나 한 사람은 영원히 편안하게 임금 자리에 있게 될 것입니다.

原文 嗚呼라! 閔予小子嗣하여 造天丕愆이라. 殄資澤于下民하고 侵戎으로 我國家純이라. 卽我御事는 罔或耆壽俊在厥服이니 予則罔克이라. 曰；惟祖惟父여! 其伊恤朕窮하라. 嗚呼라! 有績이면 予一人이 永綏在位리라.

註解 •閔(민)－가련한 것. •嗣(사)－왕위를 계승하는 것. •造(조)－만나다, 받다. •愆(건)－천벌의 뜻으로 임금의 아버지인 유왕(幽王)이 견융(犬戎)에게 죽음을 당하고, 나라가 동도(東都)인 낙읍(洛邑)으로 옮겨 오게 된 것을 가리킨다. •殄(진)－끊기다, 없어지다. •資澤(자택)－재물. 재산. 택(澤)은 녹(祿)과 통하여(『孟子』公孫丑 趙岐 注), 역시 재물의 뜻임. •戎(융)－견융(犬戎). 유왕은 포사(褒姒)라는 여자에게 빠져 나라를 어지럽히다가, 신후(申侯)와 견융의 침공으로 목숨을 잃었다. •純(준)－옛날(金文)에는 준(屯)과 통하였음. 어려움. •卽(즉)－'곧 ……하였기 때문' 이란 뜻을 나타낸다. •御事(어사)－나랏일을 보는 관리들. •耆(기)－노인. 늙은이. •壽(수)－나이 많아 경험이 많은 사람. •俊(준)－재능이 뛰어난 사람. •服(복)－일. 일하다. •罔克(망극)－무능(無能). 일을 제대로 못하는 것. •曰(왈)－율(聿)과 같은 어조사. •祖(조)·父(부)－임금과 같은 성의 조상들을 가리킨다. •伊(이)－어조사로 유(惟)와 같은 뜻. •恤(휼)－걱정하다. •有績(유적)－'공적을 이루어 주는 사람이 있다면' 의 뜻.

아저씨 의화여! 당신은 당신의 명철하신 할아버지들을 계승하고, 당신은 문왕과 무왕을 본떠서 당신 임금을 밝게 드러내기에 힘써서 당신의 조상들에게 효도를 더하도록 하시오. 당신은 전공(戰功)이 매우 뛰어나고 나를 어려움에서 보호하였소. 당신과 같은 분을 나는 기리는 바이오."

原文　父義和여! 汝克昭乃顯祖하고, 汝肇刑文武하여 用會紹乃辟하고 追孝于前文人하라. 汝多修하고 扞我于艱이니 若汝를 予가 嘉하노라.

註解　•昭(소)－소(紹)와 통하여, 계승하다. •顯祖(현조)－덕을 백성들에게 밝힌 할아버지. 진(晉)나라 선조에는 당숙(唐叔) 같은 나라를 위하여 많은 공을 세운 분이 있었다. •肇(조)－어조사. •刑(형)－본뜨다. •會(회)－노력하는 것. •紹(소)－소(昭). 밝게 드러내다. •追孝(추효)－효도를 더하는 것. •前文人(전문인)－조상들. 훌륭하신 조상들. •多修(다수)－전공(戰功)이 많은 것. 수(修)는 훌륭한 것. •扞(한)－막다. •嘉(가)－칭찬하다, 기리다.

임금님이 말씀하셨다.

"아저씨 의화여! 돌아가 당신의 백성들을 보살피어 당신의 나라를 편안히 하시오. 당신에게 검은 기장술 한 병과 붉은 활 한 개와 붉은 화살 백 대와 검은 활 한 개와 검은 화살 백 대와 말 네 필을 내리는 바이오. 아저씨는 돌아가시오. 먼 사람들은 달래고 가까운 사람들은 도우며, 아래 백성들을 사랑하여 편안하게 해주시오. 지나치게 편히 놀지 말고 당신의 나라를 살피고 걱정하여 당신의 밝은 덕을 이루시오."

王曰;“父義和여! 其歸視爾師하여 寧爾邦하라. 用賚爾
秬鬯一卣와 彤弓一과 彤矢百과 盧弓一과 盧矢百과 馬四匹하노
라. 父往哉하라! 柔遠能邇하며 惠康小民하라. 無荒寧하고 簡恤爾
都하여 用成爾顯德하라.”

註解 • 歸(귀)―자기 나라로 돌아가는 것. • 視(시)―돌보는 것. • 師(사)―백성
들. • 賚(뢰)―하사(下賜). 내려주다. • 秬(거)―검은 기장. • 鬯(창)―술 이름. • 卣
(유)―술통. • 彤(동)―붉은 것. • 盧(노)―검은 것. • 惠(혜)―사랑하다. • 荒(황)―
지나친 것. • 簡(간)―잘 살피는 것.

解說 평왕이 태자였을 때 임금인 아버지 유왕은 포사(褒姒)에게 빠져 어
머니 신황후(申皇后)를 버리고 태자를 쫓아냈다. 태자가 신(申)나라로 도망
가 있는 동안 유왕은 신후(申侯)와 견융(犬戎)에게 죽음을 당하였다. 이때
이곳에 나오는 진(晉) 문후(文侯)와 정(鄭) 무공(武公)이 그를 모셔다가 평
왕(平王)으로 세웠다.

  말하자면, 문후는 평왕에게 있어서 큰 공신(功臣)의 한 사람이었다. 그러
기에 문후를 제후 중에서도 우두머리격인 방백(方伯)에 임명한 것이다. 그
를 임명할 때에 한 말에도, 훈계보다는 그의 큰 공을 칭송하는 뜻이 더 강
하게 나타나 있음은 당연한 일이라 할 것이다.

31. 노나라 제후가 비 땅에서 한 훈시(費誓)

서서(書序)

　노나라 제후 백금(伯禽)이 곡부(曲阜)에 자리 잡았을 적에 서주 땅의 오랑캐(徐戎)와 회 땅의 오랑캐(淮夷)가 함께 일어나 동쪽 지방은 안정되지 못하였다. 이들을 치려고 할 적에 「노나라 제후가 비 땅에서 한 훈시」가 이루어졌다.

　魯侯伯禽, 宅曲阜, 徐夷竝興, 東郊不開. 作費誓

　이 편은 금문과 고문에 모두 들어 있다. 이 비(費)는 비(柴, 『周禮』雍氏, 『禮記』曾子問 鄭注)로도 쓰며, 정현본(鄭玄本)에는 이 편이 「여후가 제정한 형법(呂刑)」 앞에 놓여 있다.

　서주(徐州) 땅의 오랑캐와 회(淮) 땅의 오랑캐가 함께 반란을 일으키어, 노(魯)나라 제후가 이들을 쳤다. 이때 노나라 제후가 이들을 치기에 앞서 군사들을 모아놓고 비(費, 지금의 山東省 費縣 근처) 땅에서 전쟁에 관한 훈시를 한 것이 이 편이다.

　옛날에는 이 노나라 제후는 주공(周公)의 아들인 백금(伯禽)이며, 성왕(成王) 때의 일이라 보아 왔다. 그러나 근래 학자들은 주나라 말엽의 작품이라 보는 이가 많다. 왜냐하면 문체와 용어가 주나라 초기의 글 같지 않고, 또 주나라 초기 같으면 천자의 명으로 전쟁을 하였을 터인데 왕명에 관하여는 한 마디 언급도 없다. 따라서 제후들이 멋대로 서로 싸움하던 주나라 말엽의 글일 가능성이 많다. 그런데 『시경』 노송(魯頌) 「비궁(閟宮)」과 「반수(泮水)」에는 서융(徐戎)과 회이(淮夷)를 쳐부순 공을 읊은 구절이 나온다. 그리고 「비궁」에는 장공(莊公)의 아들이란 말이 나와, 정현(鄭玄)은 이것을 노나라 희공(僖公) 때의 일이라 하였다.

굴만리(屈萬里)는 『좌전(左傳)』의 글을 인용하여 이 「노나라 제후가 비 땅에서 한 훈시」는 노나라 희공 13년(기원전 647) 또는 16년(기원전 644)에 지어진 것일 거라 하였다(『釋義』). 『서경』의 각 편이 시대 순으로 배열된 것을 생각할 때에 가장 합리적인 주장으로 여겨진다.

공이 말하였다.

"아아! 여러 사람들은 떠들지 말고 명령을 들으시오. 지금 회 땅의 오랑캐와 서주 땅의 오랑캐들이 함께 일어났소. 그대들의 갑옷과 투구를 잘 고르고, 그대들의 방패끈을 잘 이어, 감히 완전하지 않은 것이 없도록 하시오. 그대들의 활과 화살을 갖추고, 그대들의 창을 벼리고, 그대들의 창끝과 칼날을 갈아, 감히 좋지 않은 것이 없도록 하시오.

原文 公曰; "嗟아! 人無譁하고 聽命하라! 徂玆淮夷徐戎이 竝興이라. 善敹乃甲冑하고 敿乃干하여 無敢不弔하라. 備乃弓矢하고 鍛乃戈矛하며 礪乃鋒刃하여 無敢不善하라.

註解 • 譁(화)─떠들썩한 것. • 徂(조)─어조사. • 淮夷(회이)─회수(淮水) 북쪽 일대의 오랑캐들. • 徐戎(서융)─서주(徐州) 일대의 오랑캐들. • 敹(료)─가리다 (『說文』). • 敿(교)─끈을 매다(『說文』). • 干(간)─방패. • 不弔(부조)─불선(不善). 잘 되지 않은 것. • 鍛(단)─벼리다. 칼이나 연장을 불에 달구어 두드림으로써 더욱 날카롭고 단단하게 하는 것. • 礪(려)─숫돌에 가는 것. • 鋒(봉)─창끝. • 刃 (인)─칼날.

지금부터는 외양간의 소와 말을 풀어놓을 것이니, 그대들의 덫을 걷고 그대들의 함정을 메워, 감히 풀어놓은 짐승들이 상하지 않도록 하시오. 풀어놓은 짐승들이 상하면 그대들은 곧 일정한 형벌을 받게 될 것이오.

原文 今惟淫舍牿牛馬하리니 杜乃擭하고 敜乃穽하여 無敢傷牿하라. 牿之傷엔 汝則有常刑하리라.

註解 ·淫舍(음사)-방목(放牧). 풀어놓아 주다. 군대에서는 소말을 아무 곳이건 필요에 따라 몰고 다니게 됨을 뜻한다. ·牿(곡)-외양간. ·杜(두)-막다. 여기서는 걷는 것. ·擭(확)-덫. ·敜(엽)-막다. ·穽(정)-함정. ·牿(곡)-외양간에서 풀려나온 소와 말의 뜻. ·常刑(상형)-일정한 형벌.

마소가 암수컷이 어울려 달아나거나 하인 하녀가 도망치더라도, 감히 대오를 넘어 쫓지 말 것이며, 그것들을 공경히 힘써 되돌아오게 하시오. 그러면 나는 따져서 그대들에게 상을 내릴 것이오. 그대들이 제자리를 넘거나 되돌아오게 하지 못한다면, 그대들은 곧 일정한 형벌을 받게 될 것이오. 감히 약탈이나 도둑질을 하거나 담을 넘어가 마소를 훔치지 말 것이며, 하인과 하녀를 꾀어내지 마시오. 잘못하면 그대들은 곧 일정한 형벌을 받게 될 것이오.

原文 馬牛其風하고 臣妾逋逃라도 無敢越逐하고 祇復之하라. 我商賚爾리라. 乃越逐不復이면 汝則有常刑하리라. 無敢寇攘하고 踰垣牆하여 竊馬牛하며 誘臣妾하라. 汝則有常刑하리라.

•風(풍)-동물의 암수컷이 바람이 나 어울려 멀리 달아나는 것. •臣(신)-하인(下人). •妾(첩)-하녀. •逋(포)-도망가는 것. •越逐(월축)-군인이 자기의 부서 또는 대오를 떠나 뒤쫓아가는 것. •祇復之(지복지)-달아난 마소나 하인 하녀를 공경히 노력하여 되돌아오게 하라는 뜻. •商(상)-공을 따지는 것. •寇(구)-남의 것을 약탈하는 것. •攘(양)-남의 것을 훔치는 것. •踰(유)-넘다. •垣牆(원장)-담. 남의 집 담장.

갑술 날 나는 서융을 칠 것이오. 그대들의 말린 양식을 갖추어, 감히 부족하지 않도록 하시오. 잘못하면 그대들은 큰 형벌을 받게 될 것이오.

原文 甲戌에 我惟征徐戎하리라. 峙乃糗糧하여 無敢不逮하라. 汝則有大刑하리라.

註解 •甲戌(갑술)-날짜. 몇 월 몇 일 인지는 알 길이 없다. •峙(치)-갖추다. •糗糧(구량)-건량(乾糧), 말린 휴대용 양식. •不逮(불체)-불급(不及). 부족.

세 교와 세 수의 노나라 사람들이여! 그대들의 담틀을 갖추시오. 갑술 날 나는 성을 쌓을 것이니, 바치지 못하는 일이 감히 없도록 하시오. 잘못하면 그대들에게 곧 모든 형벌을 다 가할 것이니, 죽이지만 않을 따름일 것이오.

原文 魯人三郊三遂여! 峙乃楨榦하라. 甲戌에 我惟築하리니 無敢不供하라. 汝則有無餘刑이오 非殺이니라.

•郊(교)-도읍 밖의 땅. •遂(수)-교(郊) 밖의 땅. 천자의 육군(六軍)은 육향(六鄕)에서 주로 모집하고 육수(六遂)에서 보충한 것임에 비하여, 제후들 중의 큰 나라는 삼군(三軍)이고, 그들은 삼교(三郊)에서 주로 모집하고 삼수(三遂)에서 보충하였다 한다. '삼교삼수'는 노나라의 전군을 가리킨다. •楨(정)-담틀. 담을 쌓을 때 쓰는 틀. •榦(간)-축장목(築牆木). 담틀에 흙을 다지는 나무. 정간(楨榦)은 담틀 전체를 뜻한다. •築(축)-성을 쌓는 것. •無餘刑非殺(무여형비살)-죽이지만 않는 가장 무거운 형벌을 쓰겠다는 뜻.

세 교와 세 수의 노나라 사람들이여! 그대들의 마초와 여물을 갖추어 감히 부족함이 없게 하시오. 잘못하면 그대들은 큰 형벌을 받게 될 것이오."

原文 魯人三郊三遂여! 峙乃芻茭하여 無敢不多하라. 汝則有大刑하리라."

•芻茭(추교)-군마(軍馬)에게 먹일 풀.

解說 이 편과 마지막 「진나라 목공의 훈시(秦誓)」 두 편은 다른 『서경』의 내용들이 천자에 관한 기록인 데 비하여 제후에 관한 기록이다. 『시경』에도 「주송(周頌)」·「상송(商頌)」과 함께 「노송(魯頌)」이 들어 있다. 이처럼 『시경』과 『서경』 두 책에 모두 이례적으로 노나라에 관한 기록이 들어 있음은 무슨 까닭일까? 여러 가지 다른 이유가 많겠지만 천자의 권위가 희미해진 주나라 말엽에 노나라는 다른 어느 나라보다도 천자에 견줄 만한 문물제도(文物制度)를 갖추고 있었기 때문이 아닌가 한다.

내용을 보더라도 이제껏 나온 서(誓)들은 모두가 싸움을 하게 된 이유를 백성과 부하들에게 이해시킴에 주목적이 있었으나, 여기서는 단순히 부하들과 백성들에게 전쟁 준비를 명령하고 있을 따름이다. 전쟁이 잦아진 주나라 말엽에 있어서, 백성들에게 전쟁의 이유를 설명하여 마음으로부터 전쟁을 이해하고 협조해 주기를 바라는 일을 포기한 것은 세태가 어렵게 되었기 때문이 아닐까? 그 밖에 공자가 노나라 출신이라는 것도 노나라와 관련된 글이 『시경』과 『서경』에 들어가게 된 까닭의 하나가 될 수 있다.

32. 진나라 목공의 훈시(秦誓)

서서(書序)

진나라 목공이 정(鄭)나라를 치려 하였다. 진(晉)나라 양공(襄公)은 군사를 거느리고 효(殽) 땅에서 목공을 공격하여 쳐부수었다. 목공은 나라로 돌아와 「진나라 목공의 훈시」를 지었다.

秦穆公伐鄭, 晉襄公帥師敗諸殽. 還歸作秦誓.

이 편도 금문과 고문에 모두 들어 있다.

이것도 주나라 양왕(襄王, 기원전 651~기원전 619 재위) 때, 곧 기원전 626년 무렵의 일이다. 이때 가장 힘이 센 나라는 진(秦)과 진(晉)의 두 나라였다. 진(秦)나라 목공(穆公)이 정(鄭)나라를 치려고 군사를 보냈으나 도중에 효산(殽山)에서 진(晉)나라 군사에게 크게 패하였다. 목공이 정나라를 탐내다가 패하였음을 뉘우치고 여러 신하들에게 훈시한 말이 이 편이다.

공이 말하였다.

"아아! 나의 신하들이여! 떠들지 말고 들으시오. 나는 여러분께 하고 싶은 많은 말 중에서 요점만을 가려 훈시하겠소.

原文　公曰 ; "嗟아! 我士여! 聽無譁하라. 予誓告汝群言之首하리라.

•首(수)-요점. 근본. 군언지수(群言之首)는 하고 싶은 여러 말들 중에서 요점이 되는 말.

옛 분이 말씀하시기를 '사람들은 모두 자기 본위여서 모순이 많다. 남을 책하기는 어렵지 않으나, 거리낌 없이 책함을 받는다는 것은 어려운 일이다.'고 하였소.

原文 古人有言曰 ; '民訖自若是多盤이라. 責人斯無難이나 惟受責俾如流는 是惟艱哉라'하니라.

註解 •訖(흘)-'모두'. 다. •自若(자약)-자기 본위의 행동을 하는 것. •盤(반)-반(反)과 통하여, 하는 짓이 모순되는 것. •俾如流(비여류)-물의 흐름같이 만든다. 즉 거리낌이 없는 것.

내 마음의 걱정은 해와 달이 지나가고 있어 다시 돌아오지 않는다는 것이오.

原文 我心之憂는 日月逾邁하여 若弗云來니라.

註解 •憂(우)-목공이 정(鄭)나라를 잘못 치려 한 것을 뉘우치는 것. •逾邁(유매)-지나가는 것. •云(운)-어조사. 약불운래(若弗云來)는 세월은 흘러가 돌아오지 않는 것이어서 지난날의 잘못은 되돌려 고칠 수가 없을 것 같다는 뜻.

옛날의 일을 계획하던 사람들은 지금 내가 가까이 대할 수가 없고, 오직 지금 일을 계획하는 사람들이나 가까이하는 수밖에 없소. 비록

그렇다 하더라도 아직도 이 머리가 백발이 되어가는 노련한 분들과
상의하면 잘못을 저지르는 일은 없게 될 것이오.

<table>
<tr><td>原文</td><td>惟古之謀人은 則曰未就予忌하고 惟今之謀人을 姑將以
爲親이라. 雖則云然이나 尙猷詢茲黃髮하면 則罔所愆하리라.</td></tr>
</table>

原文　惟^유古^고之^지謀^모人^인은 則^즉曰^왈未^미就^취予^여忌^기하고 惟^유今^금之^지謀^모人^인을 姑^고將^장以^이
爲^위親^친이라. 雖^수則^즉云^운然^연이나 尙^상猷^유詢^순茲^자黃^황髮^발하면 則^즉罔^망所^소愆^건하리라.

註解　•謀人(모인)―임금과 함께 나랏일을 모의하던 사람. •日(왈)―조사. •就
予(취여)―내가 가까이 대하는 것. •忌(기)―조사. •姑將(고장)―고차(姑且), 하는
수 없이 …하고 있다. •尙(상)―아직도. •猷詢(유순)―일을 상의하는 것. •黃髮
(황발)―백발이 되어 가는 나이 많고 어진 사람.

　머리 희끗희끗한 어진 신하들은 근력은 이미 잃었으나 나는 그래
도 그들과 함께하고 싶소. 팔팔한 용감한 사람들은 활쏘기 말달리기
는 어김 없이 잘하나 나는 그래도 그들과 상의하지는 않겠소.

原文　番^파番^파良^량士^사는 旅^여力^력旣^기愆^건이나 我^아尙^상有^유之^지니라. 仡^흘仡^흘勇^용夫^부는 射^사
御^어不^불違^위나 我^아尙^상不^불欲^욕이라.

註解　•番(파)―파(皤)와 통하여 파파(番番)는 머리가 희끗희끗한 나이 많은 사
람. •旅(여)―려(膂)와 통함, 힘. •愆(건)―잃다. 없어지다. •仡仡(흘흘)―용감하
고 힘 있는 모습. 팔팔한 것. •射(사)―활쏘기. •御(어)―수레 몰기.

　술술 교묘한 말을 잘하여 윗사람으로 하여금 가볍고 게으르게 하
는 자들과 내가 함께할 많은 틈이 있겠소?

註解　•截截(절절)－교묘히 말을 잘하는 모양. •諞(편)－교묘한 말. •易辭(이사)－『공양전(公羊傳)』문공(文公) 12년에서는 '이태(易怠)'로 인용. 하휴(何休) 주(注)에 경타(輕惰)의 뜻이라 하였다. 가볍고 나태해지는 것. •皇(황)－황(遑)과 통함. 틈. 겨를. •有之(유지)－그들과 함께하는 것.

　곰곰이 나는 생각하여 보았소. 만약 한 신하가 있어 정말로 다른 재주는 없으나, 그의 마음이 착하면 그와 같은 사람은 받아들이겠소. 남이 가진 재주를 자기가 그것을 가진 듯이 생각하고, 남이 뛰어나고 어진 것을 그의 마음으로부터 좋아하여 그의 말로만 표현하는 데 그치지 않는다면, 그런 사람은 받아들일 수 있을 것이오. 이들로서 우리 자손과 백성들을 보전케 하면 실로 매우 이로운 일이 될 것이오.

原文　매 매 아 사 지
昧昧我思之로다. 如有一介臣이 斷斷猗無他技나 其心休
휴 언　　　기 여 유 용　　　인 지 유 기　　약 기 유 지　　　인 지 언 성
休焉이면 其如有容이라. 人之有技를 若己有之하며 人之彦聖을
기 심 호 지　　　불 시 약 자 기 구 출　　　시 능 용 지　　　이 보 아 자 손
其心好之하여 不啻若自其口出이면 是能容之니라. 以保我子孫
려 민　　　역 직 유 리 재
黎民이면 亦職有利哉리라!

註解　•昧昧(매매)－'말없이 곰곰이'의 뜻. •介(개)－『대학(大學)』에선 개(个)로 인용하고 있으니, 일개(一介)는 한 사람. •斷斷(단단)－'정말로'의 뜻. •猗(의)－혜(兮)와 같은 조사. •休休(휴휴)－마음이 착한 모습. •容(용)－받아들인다. 등용한다는 뜻. •彦(언)－뛰어난 것. •聖(성)－성인처럼 어진 것. •不啻(불시)－부단(不但)의 뜻. 불시약자기구출(不啻若自其口出)은 스스로의 입으로만 좋

다고 말할 뿐만 아니라, 그렇게 실천도 한다는 뜻. •職(직)—실로.

남이 재주가 있는 것을 시새워서 그를 미워하며, 남이 뛰어나고 어진 것을 싫어하여 그들의 뜻을 이루지 못하게 한다면, 이들은 받아들일 수가 없는 것이오. 이들로서는 우리 자손과 백성들을 보전케 할 수 없을 뿐더러 매우 위태로운 일이 될 것이오.

原文 人之有技를 冒疾以惡之하며 人之彦聖을 而違之하여 俾
不達하면 是不能容이라. 以不能保我子孫黎民이오 亦曰殆哉리라.

註解 •冒(모)—모(媚)와 통함. 시기하다. •疾(질)—질(嫉)과 통함. 질투하다. •違之(위지)—그의 뜻을 어기다, 싫어하다. •達(달)—뜻을 이루는 것. •殆(태)— 위태로운 것.

나라의 불안함은 한 사람으로 말미암는 것이고, 나라가 번영하고 안락하게 되는 것도 나 한 사람이 잘 해야 되는 일이오."

原文 邦之杌隉은 曰由一人이오 邦之榮懷도 亦尙一人之慶이니
라."

註解 •杌隉(올얼)—불안한 것. 위태로운 것. •榮(영)—번영의 뜻. •懷(회)— 편안한 것. •尙(상)—아마도. 거의. •慶(경)—착한 것, 일을 잘 하는 것.

解說 일반적으로 서(誓)라면 전쟁을 하기 전에 임금이 온 군사들을 전부

모아놓고 하는 훈시였다. 그러기에 『사기』에서는 이 편도 진(秦)나라 목공이 효산(崤山)에서 진(晉)나라에게 패한 지 3년째 되는 해에, 그 원수를 갚으려고 군사를 일으켰을 때 한 훈시로 보고 있다. 그러나 본문의 내용을 보면 처음부터 끝까지 어질지 못한 사람의 말을 듣고 일을 그르친 데 대한 후회와, 앞으로는 어질고 경험 많은 사람을 등용하겠다는 목공의 결심으로 일관되어 있다. 아무래도 정나라를 치려다 실패한 뒤 후회하는 뜻에서 여러 사람들에게 한 말이라고 봄이 좋겠다.

서경 연표(年表)

이곳의 서기 기년은 청 도광(道光) 4년 간 제소남(齊召南)편, 완복(阮福) 중교
(重校) 『역대제왕연표(歷代帝王年表)』(台北 世界書局 論複, 1956)의거

나라 이름	임 금	년	서기 (기원전)	기　　사	유관 서경 편명 (有關 書經 篇名)
당(唐)	요(堯)	1	2357	제곡(帝嚳)의 아들. 성(姓) 이 기씨(伊耆氏), 이름은 방훈(放 勳). 재위 100년.	요전(堯典)
〃	〃	61	2297	사악(四岳)이 곤(鯀)을 천거하여 나라의 강물을 다스리게 함.	〃
〃	〃	70	2288	순(舜)을 등용, 그에게 명하여 네 큰 죄인들을 벌하게 함.	순전(舜典)
〃	〃	72	2286	순이 우(禹)로 하여금 물을 다 스리게 함. 익(益)·직(稷)· 설(契)·고요(皐陶)를 등용함.	순전(舜典)· 우공(禹貢)
〃	〃	73	2285	순이 섭정함.	순전(舜典)
〃	〃	80	2278	우(禹)가 강물을 다스리는 일 에 성공함.	우공(禹貢)
〃	〃	100	2258	요임금 죽음. 순은 요의 아들에 양보하는 뜻에서 즉위 않음.	
우(虞)	순(舜)	元	2255	전욱(顓頊)의 5세손. 성(姓)은 요(姚), 이름은 중화(重華). 재 위 48년.	순전(舜典)
〃	〃	32	2224	우(禹)에게 임금자리에 오르게 함	대우모(大禹謨)
〃	〃	36	2220	삼묘(三苗)를 침.	〃
〃	〃	?	?		고요모(皐陶謨) 익직(益稷)
		48	2208		우공(禹貢)

나라 이름	임 금	년	서기 (기원전)	기　　사	유관 서경 편명 (有關 書經 篇名)
하(夏)	우(禹)	元	2205	전욱(顓頊)의 증손, 곤(鯀)의 아들. 임금자리를 순임금에게서 물려 받아 임금이 됨.	
〃			2198	우(禹) 죽음.	
〃	계(啓)	元	2197	우의 아들	
〃	〃	3	2199	유호(有扈)를 침.	감서(甘誓)
			2189	계(啓) 죽음.	
〃	태강(太康)	元	2188	계(啓)의 아들	
〃	〃	29	2160	유궁(有窮)의 제후 예(羿)가 태강(太康)을 사냥길에서 못 돌아오게 막음.	오자지가 (五子之歌)
〃	중강(仲康)	元	2159	태강의 아우, 예(羿)가 태강을 폐하고 세움. 재위 13년.	
〃	〃	2	2158	윤후(胤侯)에게 명하여 희(羲)씨와 화(和)씨를 치게 함.	윤정(胤征)
			2147	중강 죽음.	
〃	상(相)	28	2119	한착(寒浞)이 그의 아들 요(澆)로 하여금 상(相)을 죽이게 하여 40년간 왕통이 끊어짐.	
〃	소강(少康)	元	2079	상(相)의 아들. 재위 22년.	
〃	저(杼)	元	2057	소강(少康)의 아들. 재위 17년.	
〃	괴(槐)	元	2040	저(杼)의 아들. 재위 26년.	
〃	망(芒)	元	2014	괴(槐)의 아들. 재위 18년.	
〃	설(泄)	元	1996	망(芒)의 아들. 재위 16년.	
〃	불강(不降)	元	1980	설(泄)의 아들. 재위 59년.	
〃	경(扃)	元	1921	설(泄)의 아들. 재위 21년.	
〃	근(廑)	元	1900	경(扃)의 아들. 재위 21년.	
〃	공갑(孔甲)	元	1879	불강(不降)의 아들. 재위 31년.	
〃	고(皋)	元	1848	공갑(孔甲)의 아들. 재위 11년.	

나라 이름	임　금	년	서기 (기원전)	기　　사	유관 서경 편명 (有關 書經 篇名)
하(夏)	발(發)	元	1837	고(皐)의 아들. 재위 19년.	
〃	걸(桀)	元	1818	이름은 계(癸), 발(發)의 아들.	
〃		53	1766	상(商)나라 탕(湯)이 걸(桀)을 침. 하(夏)나라 멸망.	탕서(湯誓) 중훼지고 (中虺之誥) 탕고(湯誥)
상(商)	탕(湯)	元	1766	이름은 이(履). 천을(天乙)이라고도 부름. 재위 13년.	
〃	〃	2	1754	탕임금 죽음.	
〃	태갑(太甲)	元	1753	탕(湯)의 손자. 태종(太宗)이라고도 부르며, 재위 12년. 이윤(伊尹)이 태갑(太甲)을 동(桐)으로 보냄.	이훈(伊訓) 태갑 상·중·하 (太甲 上·中·下)
〃	〃	3	1751	이윤(伊尹)이 임금을 박(亳)으로 모셔 옴.	함유일덕 (咸有一德)
〃			1721	태갑 죽음.	
〃	옥정(沃丁)	元	1720	태갑(太甲)의 아들. 재위 29년.	
〃	태경(太庚)	元	1691	옥정(沃丁)의 아우. 재위 25년.	
〃	소갑(小甲)	元	1666	태강(太康)의 아들. 재위 17년.	
〃	옹기(雍己)	元	1649	소갑(小甲)의 아우. 재위 12년.	
〃	태무(太戊)	元	1637	중종(中宗)이라고도 하며 옹기(雍己)의 아우. 재위 75년.	
〃	중정(仲丁)	元	1562	태무(太戊)의 아들. 재위 13년.	
〃	〃	6	1555	도읍을 박(亳)으로부터 효(囂)로 옮김.	
〃	복임(卜壬)	元	1549	외임(外壬)이라고도 하며, 중정(仲丁)의 아우. 재위 15년.	
〃	하단갑 (河亶甲)	元	1534	복임(卜壬)의 아우. 재위 9년. 도읍을 효(囂)로부터 상(相)으로 옮김.	

나라 이름	임 금	년	서기 (기원전)	기　　　사	유관 서경 편명 (有關 書經 篇名)
상(商)	조을(祖乙)	元	1525	중종(中宗)이라고도 부르며, 중정(仲丁)의 아들. 재위 20년.	
〃	조을(祖乙)	9	1515	도읍을 상(相)으로부터 형 (邢:耿)으로 옮김.	
〃	조신(祖辛)	元	1506	조을(祖乙)의 아들. 재위 16년.	
〃	옥갑(沃甲)	元	1490	강갑(羌甲), 개갑(開甲)이라고 도 하며, 조신(祖辛)의 아우. 재위 25년.	
〃	조정(祖丁)	元	1465	조신(祖辛)의 아들. 재위 32년.	
〃	남경(南庚)	元	1433	옥갑(沃甲)의 아들. 재위 25년.	
〃	양갑(陽甲)	元	1408	호갑(虎甲), 화갑(和甲)이라고 도 하며, 조정(祖丁)의 아들. 재위 7년.	
〃	반경(盤庚)	元	1401	양갑(陽甲)의 아우. 재위 28 년, 도읍을 형(邢)으로부터 엄 (奄)으로 옮김.	
〃	〃	2	1400	도읍을 다시 박(亳)으로 옮겨, 은(殷)이라 부르고 중흥을 꾀 함.	반경 상·중· 하(盤庚 上· 中·下)
〃	소신(小辛)	元	1373	반경(盤庚)의 아우. 재위 21년.	
〃	소을(小乙)	元	1352	소신(小辛)의 아우. 재위 28년.	
〃	〃	8	1345	고공단보(古公亶父)가 기(岐) 땅으로 옮기어 주(周)나라를 세움.	
〃	무정(武丁)	元	1324	소을(小乙)의 아들. 고종(高 宗)이라고도 하며 재위 59년, 감반(甘盤)이 재상이 됨.	
〃	〃	3	1322	부열(傅說)을 재상에 임명함.	열명 상·중· 하(說命 上· 中·下) 고종융일 (高宗肜日)

나라 이름	임 금	년	서기 (기원전)	기　　사	유관 서경 편명 (有關 書經 篇名)
상(商)	조경(祖庚)	元	1265	무정(武丁)의 아들. 재위 7년.	
〃	조갑(祖甲)	元	1258	조경(祖庚)의 아우. 재위 33년.	
〃	〃	28	1231	주(周)나라 고공단보(古公亶父) 죽음, 아들 계력(季歷)이 뒤이음.	
〃	늠신(廩辛)	元	1225	조갑(祖甲)의 아들. 재위 6년.	
〃	경정(庚丁)	元	1219	강정(康丁)이라고도 하며, 늠신(廩辛)의 아우. 재위 21년.	
〃	무을(武乙)	元	1198	경정(庚丁)의 아들. 재위 4년.	
〃	태정(太丁)	元	1194	문정(文丁), 문무정(文武丁)이라고도 부르며, 무을(武乙)의 아들. 재위 3년.	
〃	제을(帝乙)	元	1191	태정(太丁)의 아들. 재위 37년. 주공(周公) 계력(季歷)이 후백(侯伯)이 됨.	
〃	〃	7	1183	주공 계력이 죽고 문왕(文王) 창(昌)이 서백(西伯)이 됨.	
〃	주(紂)	元	1154	이름은 수(受), 제신(帝辛)이라고도 하며, 제을(帝乙)의 아들. 재위 2년.	
〃	〃	11	1144	서백을 유리(羑里)에 가뒀다가 3년 뒤에 놓아 줌.	
〃	〃	19	1136	서백이 숭(崇)을 치고, 도읍을 기(岐)로부터 풍(豐)으로 옮김.	
〃	〃	20	1135	문왕(文王)이 죽고, 무왕(武王) 발(發)이 서백이 됨.	
〃	〃			서백 발이 여(黎)나라를 침.	서백감려 (西伯戡黎)
〃	〃	32	1123	비간(比干)을 죽이고, 기자(箕子)를 가둠. 미자(微子)는 나라를 떠남.	미자(微子)

나라 이름	임 금	년	서기 (기원전)	기　　　사	유관 서경 편명 (有關 書經 篇名)
상(商)	〃	33	1122	주(周) 무왕이 주(紂)를 치려 고 군사를 일으킴.	태서 상·중· 하(泰誓 上· 中·下) 목서(牧誓)
주(周)	무왕(武王)	元	1122	은(殷)나라를 쳐부수고 천자 가 됨. 재위 7년 .	무성(武成)
〃	〃	2	1121	호경(鎬京)으로 도읍을 옮김.	홍범(洪範)
〃	〃				여오(旅獒)
〃	성왕(成王)	元	1115	이름은 송(誦) 무왕의 아들. 재 위 37년, 주공(周公)이 섭정함.	금등(金縢)
〃	〃	3	1113	주공이 무경(武庚)을 침. 미자 를 송(宋)나라에 봉함.	대고(大誥) 미자지명 (微子之命)
〃	〃	4	1112	강숙(康叔)을 위(衛)나라에 봉함.	강고(康誥) 주고(酒誥) 자재(梓材)
〃	〃	7	1109	낙읍(洛邑)을 경영함.	소고(召誥)
〃	〃	8	1108	주공에게 낙읍을 다스리게 함.	낙고(洛誥)
〃	〃	9	1107	은나라의 백성들 낙읍으로 옮김.	다사(多士) 무일(無逸) 군석(君奭) 채중지명 (蔡仲之命) 다방(多方) 입정(立政) 주관(周官) 비서(費誓)
〃	〃	11	1105	주공 죽음. 군진(君陳)에게 동 도(東都) 낙읍을 다스리게 함	군진(君陳)
〃	〃	37	1079	성왕(成王)이 죽음	고명(顧命) 강왕지고 (康王之誥)

나라 이름	임 금	년	서기 (기원전)	기 사	유관 서경 편명 (有關 書經 篇名)
주(周)	강왕(康王)	元	1078	이름은 교(釗), 성왕의 아들. 재위 26년.	
〃	〃	12	1067	필공(畢公)에게 동도(東都)를 다스리게 함.	필명(畢命)
〃	소왕(昭王)	元	1052	이름은 하(瑕), 강왕(康王)의 아들. 재위 51년.	
〃	목왕(穆王)	元	1001	이름은 만(滿), 소왕(昭王)의 아들. 재위 55년.	군아(君牙) 경명(冏命)
〃	〃	50	952	다섯 가지 형벌(五刑)을 벌금 (罰金)으로 대속(代贖)케 함.	여형(呂刑)
〃	공왕(共王)	元	946	이름은 예호(繄扈), 목왕(穆王)의 아들, 재위 16년.	
〃	의왕(懿王)	元	934	이름은 간(囏), 공왕(共王)의 아들, 재위 25년.	
〃	효왕(孝王)	元	909	이름은 벽방(辟方), 공왕의 아우, 재위 15년.	
〃	이왕(夷王)	元	894	이름은 섭(燮), 의왕(懿王)의 아들. 재위 16년.	
〃	여왕(厲王)	元	878	이름은 호(胡), 이왕(夷王)의 아들. 재위 51년.	
〃	선왕(宣王)	元	827	이름은 정(靖), 여왕(厲王)의 아들. 재위 46년.	
〃	유왕(幽王)	元	781	이름은 열(涅), 선왕(宣王)의 아들. 재위 11년.	
〃	〃	11	771	신후(申侯)와 견융이 함께 침입, 유왕(幽王)이 견융에게 잡혀 죽음. 서주(西周) 망함.	
〃	평왕(平王)	11	770	이름은 의구(宜臼), 유왕(幽王)의 아들. 재위 51년. 도읍을 동도(東都) 낙읍으로 옮김.	

나라이름	임 금	년	서기(기원전)	기　　사	유관 서경 편명(有關 書經 篇名)
〃	〃			진(晉) 문후(文侯)를 방백(方伯)에 임명함.	문후지명(文侯之命)
〃	환왕(桓王)	元	719	이름은 임(林), 평왕(平王)의 손자. 재위 23년.	
〃	장왕(莊王)	元	696	이름은 타(佗), 환왕(桓王)의 아들. 재위 15년.	
〃	희왕(僖王)	元	681	이름은 호제(胡齊), 장왕(莊王)의 아들. 재위 5년.	
〃	혜왕(惠王)	元	676	이름은 낭(閬), 희왕(僖王)의 아들. 재위 25년.	
〃	양왕(襄王)	元	651	이름은 정(鄭), 혜왕(惠王)의 아들. 재위 33년.	
〃	〃	6	646	노(魯) 희공(僖公)이 서융(徐戎)을 침.	
〃	〃	26	626	진(秦)나라 목공(穆公)이 정(鄭)나라를 치려다 진(晉)나라 군사에게 패함.	진서(秦誓)
〃	경왕(頃王)	元	618	이름은 임신(壬臣), 양왕(襄王)의 아들. 재위 6년.	
〃	광왕(匡王)	元	612	이름은 반(班), 경왕(頃王)의 아들. 재위 6년.	
〃	정왕(定王)	元	606	이름은 유(瑜), 광왕(匡王)의 아우. 재위 21년.	
〃	간왕(簡王)	元	585	이름은 이(夷), 정왕(定王)의 아들. 재위 14년.	
〃	영왕(靈王)	元	571	이름은 설심(泄心), 간왕(簡王)의 아들. 재위 27년.	
〃	경왕(景王)	元	544	이름은 귀(貴), 영왕의 아들. 재위 25년.	
〃	도왕(悼王)	元	520	이름은 맹(猛), 경왕(景王)의 아들. 재위 1년.	

나라 이름	임 금	년	서기 (기원전)	기　　사	유관 서경 편명 (有關 書經 篇名)
주(周)	경왕(敬王)	元	519	이름은 개(丐), 경왕의 아들. 재위 44년.	
〃	원왕(元王)	元	475	이름은 인(仁), 경왕(敬王)의 아들. 재위 7년.	
〃	정정왕 (貞定王)	元	468	이름은 개(介), 원왕(元王)의 아들. 재위 28년.	
〃	고왕(考王)	元	440	이름은 외(嵬), 정정왕(貞定王)의 아들. 재위 15년.	
〃	위열왕 (威烈王)	元	425	이름은 오(午), 고왕(考王)의 아들. 재위 24년.	
〃	안왕(安王)	元	401	이름은 교(驕), 위열왕(威烈王)의 아들. 재위 26년.	
〃	열왕(烈王)	元	375	이름은 희(喜), 안왕(安王)의 아들. 재위 7년.	
〃	현왕(顯王)	元	368	이름은 경(扃), 안왕의 아들. 재위 48년.	
〃	신정왕 (愼靚王)	元	320	이름은 정(定), 현왕(顯王)의 아들. 재위 6년.	
〃	난왕(赧王)	元	314	이름은 연(延), 신정왕(愼靚王)의 아들.	
〃	〃	59	256	주나라가 진(秦)나라에게 망함. 난왕 죽음.	

찾아보기

ㅂ

ㅅ

ㅈ

새로 옮긴 **서경(書經)**

초판 1쇄 발행 _ 2012년 2월 25일
초판 2쇄 발행 _ 2016년 12월 15일

저　자 _ 김학주
발행자 _ 김동구
편　집 _ 이명숙 · 양철민
발행처 _ 명문당(1923. 10. 1 창립)
서울시 종로구 윤보선길 61(안국동)
우체국 010579-01-000682
Tel　(영)733-3039, 734-4798
　　　(편)733-4748 Fax 734-9209
Homepage : www.myungmundang.net
E-mail : mmdbook1@hanmail.net
등록 1977. 11. 19. 제1~148호
• 낙장 및 파본은 교환해 드립니다.
• 불허복제
값 30,000원
ISBN 978-89-7270-961-9　　93140